白话全译彩图珍藏版

山海經

徐客 编著

中国出版集团
现代出版社

鲑
明 胡文焕图本

吉祥之鸟——朱雀
汉 酒器

山狎
明 胡文焕图本

可避邪的兽面纹玉铺首
西汉 玉器

目　录

奇幻瑰丽的《山海经》	10
第一卷　南山经	20
南次一经	22
南次二经	36
南次三经	48
第二卷　西山经	58
西次一经	60
西次二经	80
西次三经	88
西次四经	110
第三卷　北山经	122
北次一经	124
北次二经	144
北次三经	154
第四卷　东山经	174
东次一经	176
东次二经	184
东次三经	194
东次四经	202
第五卷　中山经	210
中次一经	212

中次二经	220
中次三经	228
中次四经	234
中次五经	240
中次六经	250
中次七经	260
中次八经	270
中次九经	282
中次十经	292
中次十一经	298
中次十二经	314
第六卷　海外南经	326
第七卷　海外西经	342
第八卷　海外北经	362
第九卷　海外东经	378
第十卷　海内南经	388
第十一卷　海内西经	400
第十二卷　海内北经	410
第十三卷　海内东经	430
第十四卷　大荒东经	440
第十五卷　大荒南经	456
第十六卷　大荒西经	470
第十七卷　大荒北经	490
第十八卷　海内经	506
《山海经》原经文	529
索引	569

五色鸟
清 汪绂图本

腾云飞龙
春秋 玉器

祖状尸
清 汪绂图本

玉羽人
商晚期 玉器

奇幻瑰丽的《山海经》

一部想象力非凡的惊世之作

《山海经》是中国先秦古籍,被认为是一部富有神话色彩的最古地理书,也是一部关于中国古代物种演化、地理变迁的传奇之作。在物欲横流、市声喧嚣的现代社会,对于习惯"快餐式阅读"的现代人来说,它是一片静土,是远古时期极富想象力的惊世之作。它通过诡异的文字与形象的绘画,让我们依稀解读那些或已进化或已绝迹的远古生命,了解我们的祖先几千年前的生活和思想,感悟那天、地、人、兽的无穷奥秘。

《山海经》主要记述古代地理、物产、神话、巫术、宗教等信息,也包括古史、医药、民俗、民族等方面的内容。有些学者认为《山海经》不单是神话,也是远古地理,包括了海内外丰富的山川鸟兽资源。除此之外,《山海经》还以流水账的方式记载了一些奇闻逸事,然而这些事件至今仍然存有较大争议。《山海经》全书十八卷,其中《山经》五卷、《海经》八卷、《大荒经》四卷、《海内经》一卷。记载了一百多个

炎帝神农氏

佚名 辽 山西省雁北地区工作站藏

《山海经》不单是一部瑰丽古老的地理著作,它还蕴含了丰富奇幻的神话传说,而这些传说虽不敢说是真的历史,但在某种程度上也是真实历史演变而成。"炎黄子孙"早已成为中华民族的称谓,关于炎帝的传说,《山海经》中已有详述,他就是传说中的上古帝王神农氏。

邦国、五百五十座山、三百条水道以及诸多邦国山水的地理、风土、物产等信息。中国古代也一直把《山海经》当作史书看待，它是中国各代史家的必备参考书。由于该书成书年代久远，连司马迁写《史记》时也认为："至《禹本纪》，《山海经》所有怪物，余不敢言之也。"

《山海经》的作者与成书年代，众说纷纭。过去认为是禹、伯益所作，大约出于周、秦人的记载。然而北齐《颜氏家训·书证篇》又据《山海经》文中有长沙、零陵、桂阳、诸暨等秦汉以后的地名，认为绝非禹、伯益所作。后世，随着考古学的发展，禹、益之说日趋被否定。现代中国学者一般认为《山海经》的成书非一时，作者也非一人，时间大约是从战国初年到汉代初中期，于西汉校书时才合编在一起，而且书中许多内容可能来自口头传说。《山海经》现在最早的版本是经西汉刘向、刘歆父子校刊而成的。晋代郭璞曾经为《山海经》作注，考证注释者还有清代毕沅的《山海经新校正》和郝懿行的《山海经笺疏》等。

汇集中国历史上最优美的神话

《山海经》是一部极具挑战性的古书、怪书，同时又是我们民族某些根深蒂固思想的源泉。在古代，它曾以异端邪说之渊源的身份对"不语怪力乱神"的正统思想提出挑战，对通行的经、史、子、集图书分类有某种潜在的威胁；而在现代，它

明清《山海经》图本

明清两代至民国初年，《山海经》流传广泛，出现了十四种带图的《山海经》刻本。

《山海经图赞》书影 晋 郭璞

《山海经》集历代众人的智慧而成，它是我国最早的有图有文的经典。据记载，最早提到《山海经》是有图的，是东晋学者、训诂学家郭璞，在他的注文与《图赞》中，多次出现"图""像""画"等文字。

夸父逐日

《山海经》中记载了大量的神话传说,"夸父逐日"即是其中一个。夸父迈开大步追赶太阳的情景,相对于人类面对自然初期重视"神性"——如"女娲补天"来说,是人类征服自然过程中自身能力逐步提高的一种体现。夸父执着地追求光明恰是中华民族不屈不挠精神的体现。

又给既定的学科划分和专业界限造成很大的麻烦。无论是中国古时候的知识分类还是现代国际通行的学科体制,都无法使它对号入座。地理学家、历史学家、宗教学家、方志学家、科学史家、民族学家、民俗学家、文学批评家,乃至思想史家都不能忽视它的存在,但无论谁也无法将它据为己有。"它不属于任何一个学科,却又同时属于所有学科。"

《山海经》最重要的价值之一在于它保存了大量神话传说,这些神话传说除了我们大家都很熟悉的如"夸父逐日""大禹治水""精卫填海"等之外,还有许多是人们不大熟悉的。如《海外北经》中记载的禹杀相柳的神话传说充满了奇幻色彩,可从文学或神话学的角度来研究,从中也

牛耕图

晋 彩墨 砖画 纵17厘米 横36厘米 甘肃省嘉峪关市文物管理所藏

《山海经》中记载了大量先人的发明创造,反映了当时的科技水平。"农业先祖"后稷教导人们播种百谷,百姓生活渐渐安定;他的孙子叔均发明牛耕,使农业的发展又迈进了一大步。牛耕这项技术延续了几千年,直至今天有些地方还在使用。

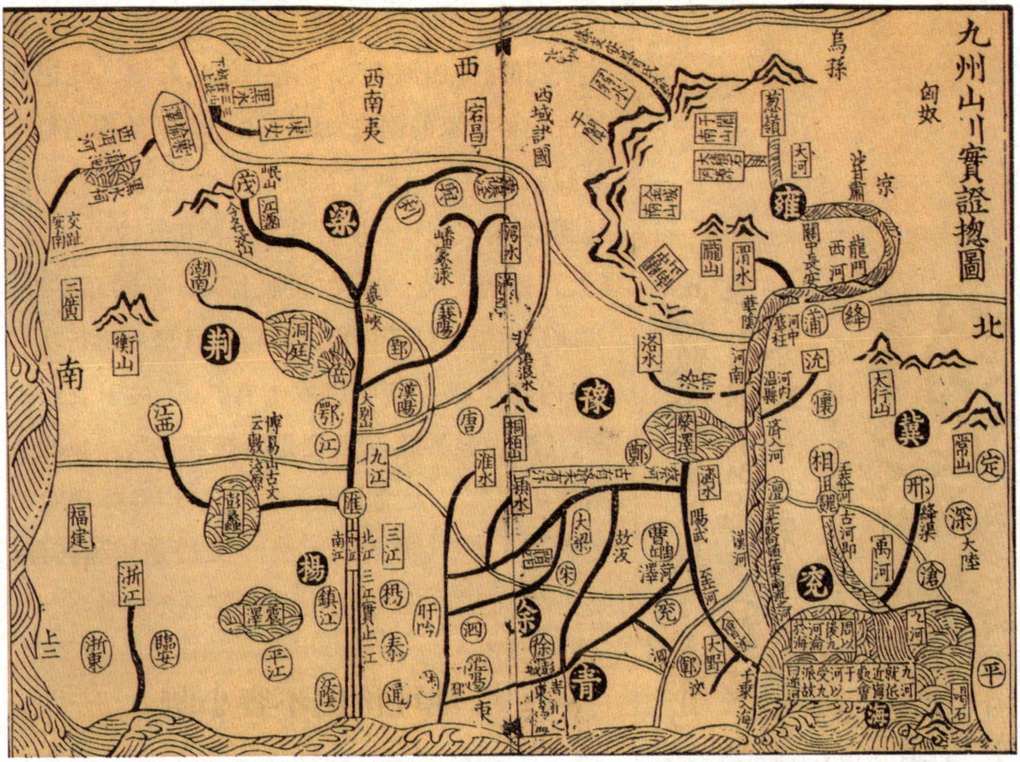

不难看出共工、相柳和禹三人之间的关系，由此可见古代民族部落之间的战争。《山海经》中大量存在的这些神话传说，是今天我们研究原始宗教难得的珍贵材料。

拨开神话见历史

《山海经》中的神话传说不仅仅是神话传说，在一定程度上又是历史。虽然由于浓郁的神话色彩和较强的夸饰性，事物本身的真实性要大打折扣，但是，它们毕竟留下了历史的身影。如果把几条类似的材料加以比较，还是不难看到历史的真实面貌。例如《大荒北经》中黄帝大战蚩尤的记载，剔除其神话色彩，我们可以从中看到一场

九州山川实证总图 宋 雕刻 墨印

《山海经》是一部古地理书，记载了远古地理风貌、古老中国的山川河流走向、丰富的鸟兽资源及各地风土民俗等，堪称我国最早的山川河流地理书。在古代，九州泛指全中国，这幅《九州山川实证总图》，为我国现存最早的雕版墨印地图实物。图中所辖范围，《山海经》中多有记述。

古代部落之间的残酷战争。

同时,《山海经》又是一部科技史,既记载了古代科学家的创造发明,也记载了他们的科学实践活动,还反映了当时的科学思想以及已经达到的科学技术水平。例如,关于天文、历法,《大荒西经》载:"帝令重献上天,令黎邛下地。下地是生噎,处于西极,以行日月星辰之行次。"《海内经》载:"噎鸣生岁十有二。"关于农业生产,《海内经》载:"后稷是始播百谷","叔均是始作牛耕"。《大荒北经》载:"叔均乃为田祖。"关于手工业,《海内经》载:"义均是始为巧倕,是始作下民百巧。"诸如此类的记载不胜枚举。

地理价值不容小觑

《山海经》在地理学史上也占有很重要的位置。作者以《中山经》所记地区为世界的中心,四周由《南山经》《西山经》《北山经》《东山经》所记地区构成大陆,大陆被海包围着,四海之外又有陆地和国家,再外还有荒远之地,这就是古人心目中原始的"世界"。《山海经》的结尾还指出:"天地之东西二万八千里,南北二万六千里。"这在科学发展迅猛的今天来看似乎是幼稚可笑的,但反映了两千多年前,《山海经》的作者及当时的人类已认为世界不是不可知的,而是可以认识的;世界是有极限的,是可以测量的。这在地理学研究史上是极为珍贵的资料。

《山经》以山为纲,分中、南、西、北、东五个山系,分叙时把有关的地理知识附加上去。全

郑振铎为胡文焕《山海经图》写的按语
明清十四种带图的《山海经》刻本中,明代胡文焕的《山海经图》在内容和艺术上颇具特色,是已见《山海经》图的代表作之一,受到著名藏书家郑振铎的高度赞誉,图为他在《中国古代版画丛刊二编》中为胡文焕《山海经图》写的按语。

奇幻瑰丽的《山海经》

文以方向与道路互为经纬，有条不紊。在叙述每座山岳时还记述山的位置、高度、走向、陡峭程度、形状、谷穴及其面积大小，并注意两山之间的相互关联，有的还涉及植被覆盖密度、雨雪情况等，显然已具备了山脉的初步概念。在叙述河流时，也一定言明其发源及流向，还注意到河流的支流或流进支流的水系，包括某些水流的伏流和潜流的情况，以及盐池、湖泊、井泉的记载，堪称我国最早的山川河岳地理书。

《山海经》在物质资源分布的篇幅中，对于矿产的记载尤其详细，提及矿物产地三百余处，有用矿物达七八十种，并把它们分成金、玉、石、土四类。《山海经》中还注意到矿物的共生现象，并据其硬度、颜色、光泽、透明度、构造、敲击声、医药性等特性阐述识别矿物的方法，详细记述动植物形态、性能和医疗功效。因此，《山海经》在矿物学分类上有着突出的贡献。撰写《中国科学技术史》，被誉为"百科全书式的人物"的英国科学家李约瑟说：《山海经》是一个名副其实的宝库，我

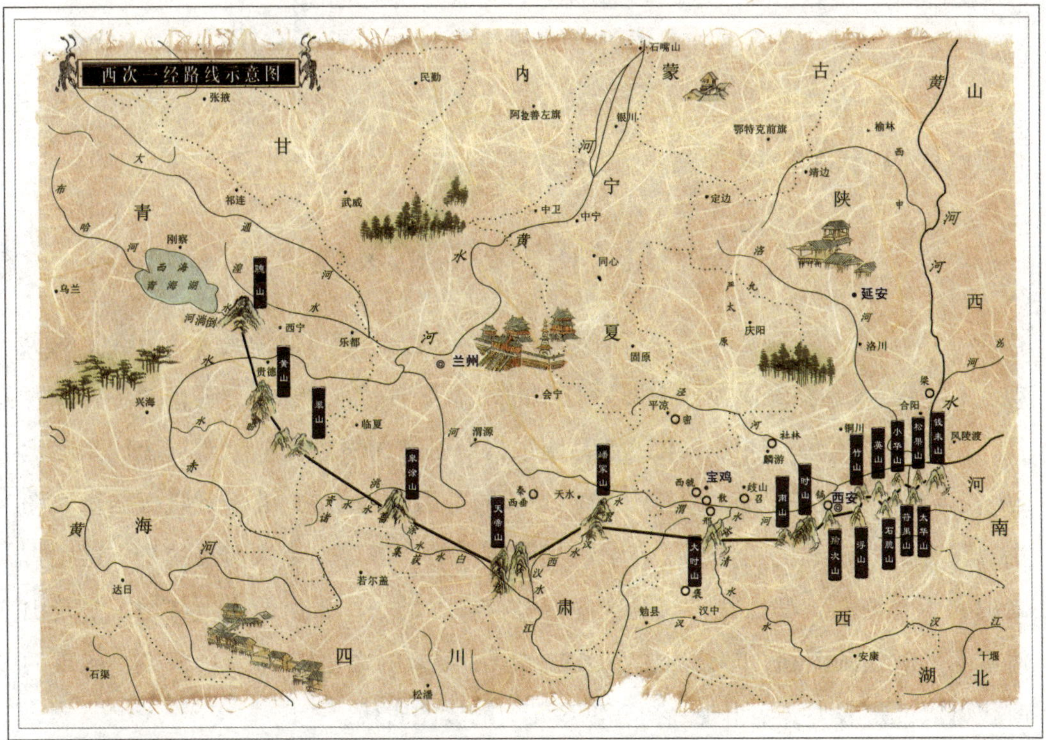

《山海经》考证地图

张步天教授认为，《山经》是古人根据西汉之前历朝历代人所走的二十六条路线的考察结果而写成，《海经》则主要来自荒远地区的记闻。据此，张步天教授经过潜心研究绘成三十幅《山海经》考据地图，清晰地标注了古山川在后世中的方位，使《山海经》变得真实可感。这幅《西次一经线路图》即是其一。由于各路线并非成于一时，故各图所反映的年代也有别。

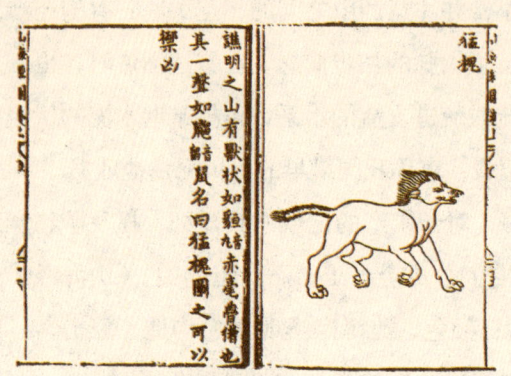

《山海经图》图本内图　明　胡文焕

　　图与说并举是胡氏图本的一个特点，而体态飘逸、线条流畅的猛槐则代表了胡本的绘图风格。

《山海经存》图本内图　清　汪绂

　　汪绂所绘图像极为生动传神，虽是神怪，仍不失写实之风；着墨自然，笔力苍劲，图像多桀骜独特。

们可以从中得到许多古人是怎样认识矿物和药物之类物质的知识。"

图画是《山海经》的灵魂

　　《山海经》是我国最早的一部有图有文的经典，图画可以说是《山海经》的灵魂。有人说，《山海经》是先有图后有文的一部奇书。郭璞在注解《山海经》的时候，为它配了整套的插图；梁武帝时期张僧繇画《山海经图》十卷；唐代张彦远《历代名画记》卷三记载了在唐代业已失传的《山海经图》；北宋舒雅根据皇家图书馆保存的张僧繇之图重画了《山海经图》十卷，等等。令人惋惜的是，这些古老的《山海经图》都亡佚了。但这些曾经存在过的古图，以及出土文物中与《山海经》同时代的图画，却开启了我国古代以图记事的文化传统。《山海经》出现的时代可以说是人类文字出现之初真正意义上的读图时代。

集大成者的新版本

　　《山海经》这部孕含中华古文明的上古百科全书，它的神秘诡异和璀璨多姿奇幻瑰丽的《山海经》

《山海经广注》康熙图本内图 清 吴任臣

该图本是清代最早的《山海经》图本，流传非常广。其形象多源自胡文焕图本。

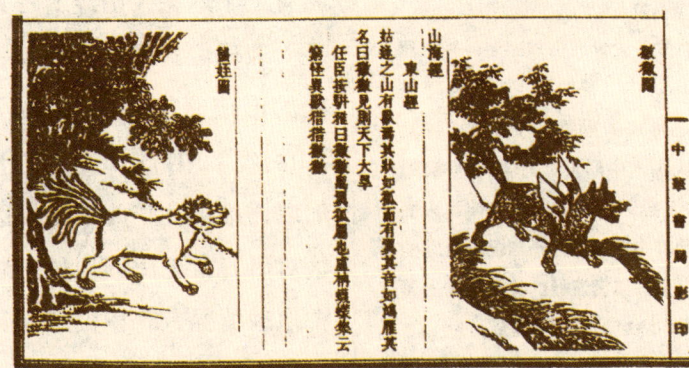

《古今图书集成·博物汇编·禽虫典》图本内图

《禽虫典》本和《神异典》本的图像较为相似，最大的不同可能就是《禽虫典》中图像有的设置背景，而有的没有背景。

在几千年后的今天仍让人无限神往。本书吸取了前人丰富的研究成果，并立足于《山海经》与古代文明的衍生关系，有以下几点创新之处：

一是图像丰富。关于《山海经》图画，今日所见均为明清以后所画，共有十四种刻本，本书引用了其中十个版本中的三百二十多幅图，并对其进行比较，做成"珍贵古版插图类比"。同时，编者还在分析明清诸《山海经》图本的基础上，选取明代蒋应镐所绘图画，在每幅图上部附上图中地理位置和出现神灵的星形方位图，清晰地标注出《山海经》中所记载的山川地理及奇禽异兽，不仅具有较强较好的视觉效果，而且形象、生动的画面可以使读者对《山海经》中所出现的神仙、怪兽有较直观、全面的了解。

二是古地图真实可考。书中收录了三十幅《山海经》地理位置考察路线图，及十余幅古老山河图，古朴的色彩，河流山川清晰的走势，加强了《山海经》的远古气息和磅礴气势。关于《山海经》的成书，历来说法不一，而禹、伯益所作的说法显然不可考。著名的《山海经》研究专家张步天教授认为，经中所记山川走向应是前人实地探索、考察的结果，而对考察时沿途所经的地理风貌加以记载所绘制的路线，可能就是《山海经》的真正由来。张步天教授在国内"山海经"研究领域一直

17

《山海经》之女床山周边
明 蒋应镐图本

将故事设置在山川湖海、树木屋宇等环境中,神、兽、人皆各得其所,是蒋本的重要特点,而山神又是蒋氏图本中形象最为丰满的篇章。《西次二经》中的人面马身神和人面牛身神神态庄严地立于自己所管辖的山头之上。缜密流畅的构图流露出蒋氏对《山海经》的独特理解。

享有盛誉,成就颇丰。他经过多年潜心研究,绘制有二十六幅《山经》考察路线图,和四幅《海经》地理位置图,不但一一注明了每条路线及经文的形成时期,而且根据自己的考证结果,将《山海经》中古山川、古国度的方位在现代地图中加以详细标注。此三十幅图本书中皆有收录,相信对研究古老民族地域、原始山川河流走向及远古地理情况有着积极意义。在此谨对张步天教授

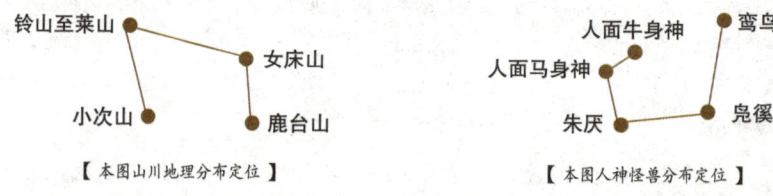

【本图山川地理分布定位】　　　　【本图人神怪兽分布定位】

本书参考古今《山海经》版本

作者	著作	年代	特点
蒋应镐	《山海经（图绘全像）》	明万历二十五年	属万历金陵派插图式刻本，共七十四幅图，包括神与兽三百四十八例。
胡文焕	《山海经图》	明万历二十一年	共一百三十三幅图，合页连式，右图左说，无背景。
汪绂	《山海经存》	清光绪二十一年	神与兽共四百二十六例，无背景一图多神或一图一神的编排格局。
陈梦雷、蒋廷锡	《古今图书集成·博物汇编·禽虫典》	清雍正四年	图像分有背景和无背景。
吴任臣	《山海经广注》康熙图本	清康熙六年	共一百四十四幅图，按神、兽、鸟、虫、异域分为五类。
吴任臣	《增补绘像山海经广注》近文堂图本	清	属民间粗本，一函四册，共一百四十四幅图。
毕沅	《山海经新校正》	清光绪十六年	一函四册，十八篇，收图一百四十四幅。
郝懿行	《山海经笺疏》	清光绪十八年	一函六册，有图五卷，一百四十四幅图。
蒋廷锡	《古今图书集成·博物汇编·神异典》	清	一图一说，有背景。
陈梦雷	《方舆汇编·边裔典》	清	共五十二幅图，多描绘《海经》中的异国异人。

注：按各版本在本书中所引用的比重排序。

及那些对《山海经》研究做出杰出贡献的专家、学者致以诚挚的谢意！

除此之外，本书还收集了很多能够反映《山海经》文化的上古时期出土文物图像，并对其器形、纹理做了研究，惊奇地发现它们身上负载的浓郁的《山海经》文化。另外，由于《山海经》在地理方面的贡献，经中所记诸山水很多都已考证出今日的所在地，我们也选取其中一部分的考据位置制作成专题，希望对读者更好地了解《山海经》中的地理环境有一定帮助。

《山海经》这部宏大瑰丽的巨著能够破解国人两千多年来遥远而神秘的旧梦，寻求根源于荒古时代的影响民族观念的巨大力量，揭开中国五千年文明的神秘面纱。我们在查阅大量资料及前人研究成果的基础上，整理编译了这部神秘瑰奇的古代巨著，试图探讨"山海经图"的学术价值及历史影响，并寻找古老文明遗留下的文化轨迹。希望本书的出版对《山海经》的传播起到积极的推动作用。

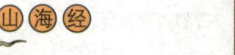

第一卷

南山经

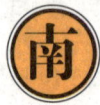

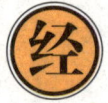

《南山经》记录了以招摇山、柜山及天虞山为首的三列山系的自然风貌、其间出没的鸟兽及出产的物品。

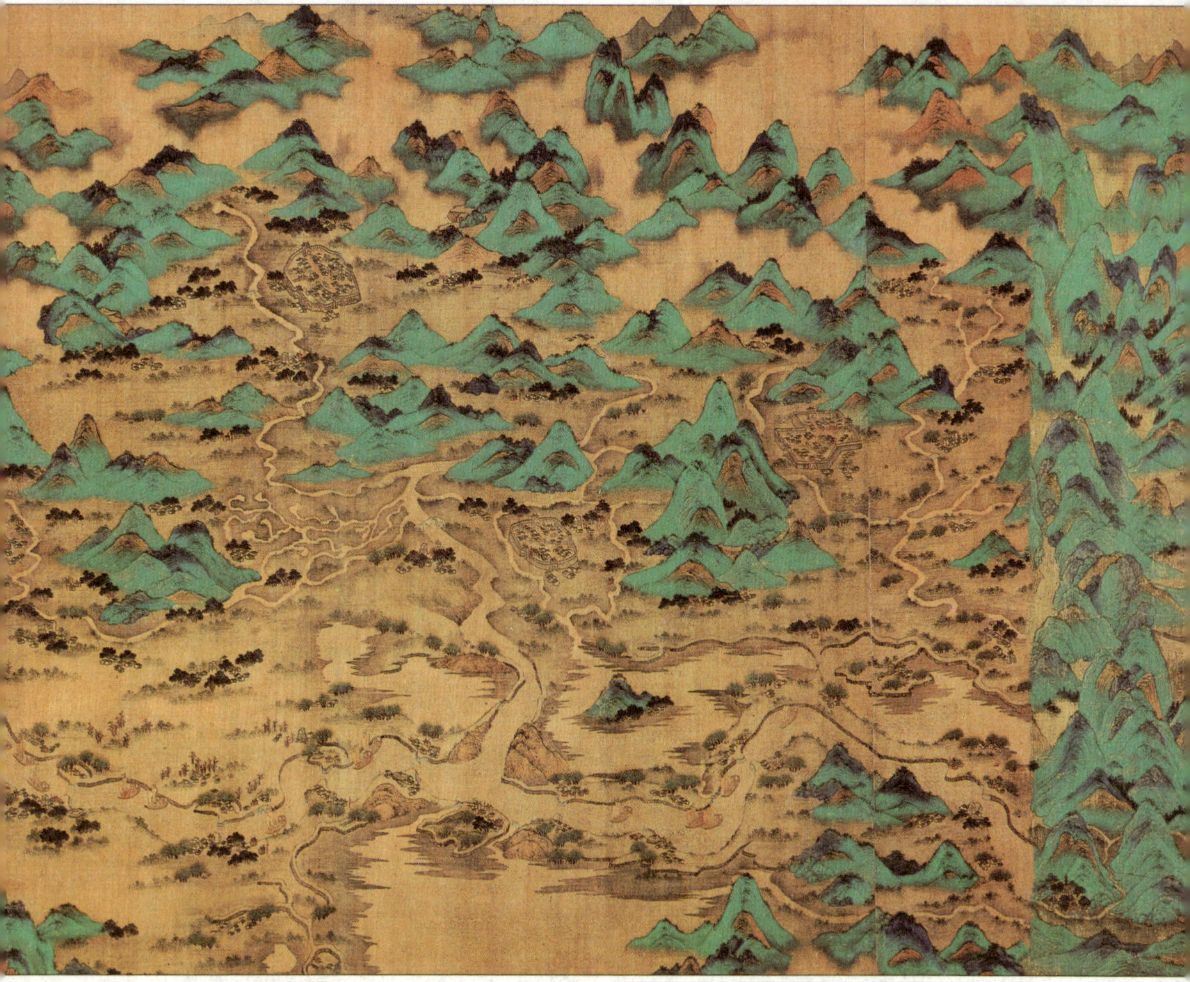

第一卷　南山经

京杭道里图（局部）　清中期　绢底　彩绘　青绿设色　纵78.5厘米　横1783.6厘米　浙江省博物馆藏
　　这幅清代中期的地图，从北京到杭州，将大运河沿途的地形用绘画的形式表现出来，既有相应的地理方位，又形象地反映了山水风光，堪称一幅地图与绘画相结合的杰作。

　　关于《山海经》的成书，《山海经》研究专家张步天教授认为，它是古人根据西汉之前各朝各代人所走的二十六条路线的考察结果写成。由于各路线并非成于一时，故各图所反映的年代也有别。本图根据张步天教授《〈山海经〉考察路线图》绘制，图中记载了《南次一经》中招摇山至箕尾山的地理位置，经中所记十座山，实则只有九座。

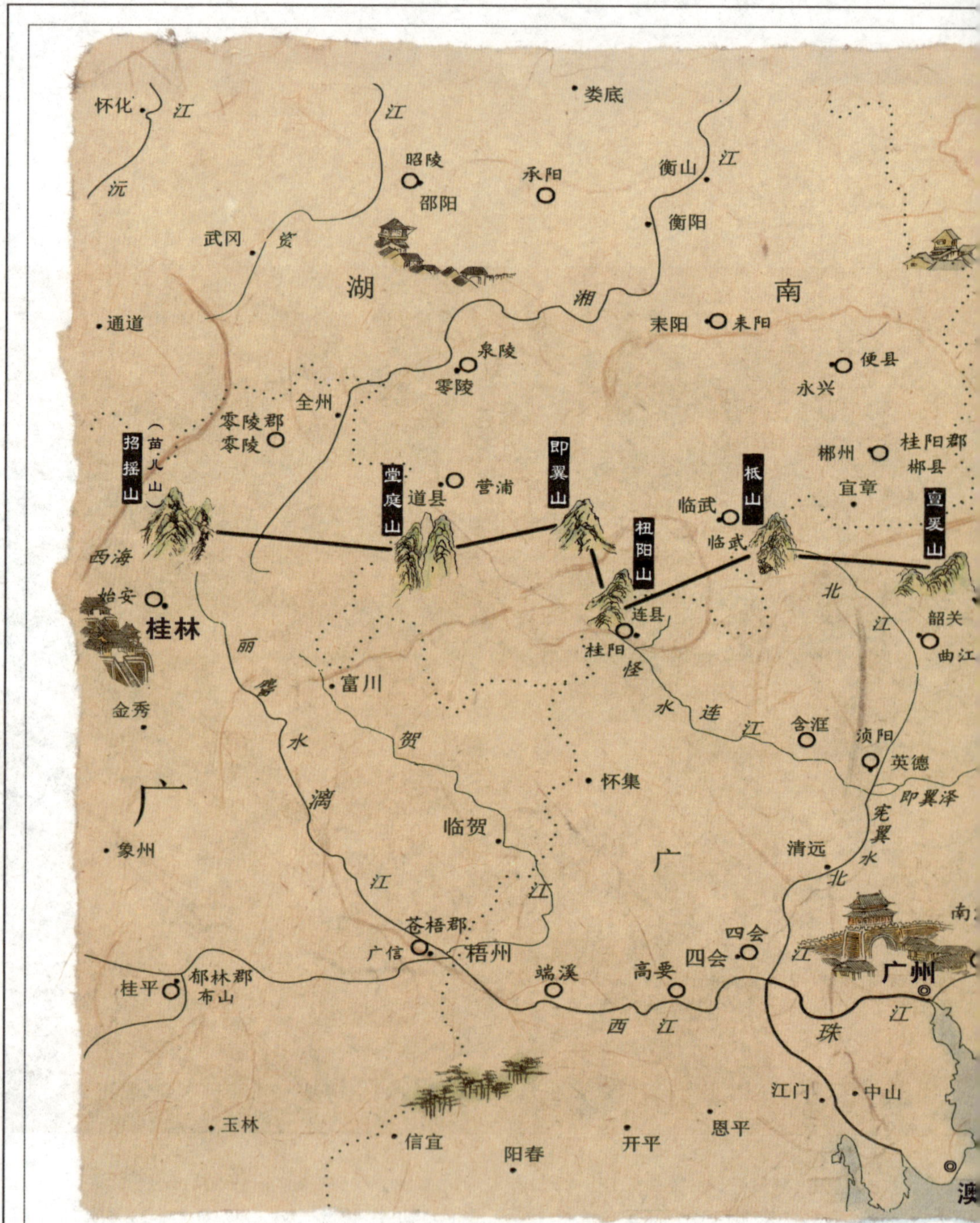

（此路线形成于西汉早中期）

南次一经

招摇山

南方首列山系叫作䧿（què）山山系。䧿山山系的头一座山，也是最西边的一座山，是招摇山，它屹立在西海岸边，山上生长着许多桂树，又蕴藏着丰富的金属矿物和玉石。山中有一种草，形状像韭菜却开着青色的

招摇山一带
明 蒋应镐图本

招摇山上那个后腿直立、猿猴模样的兽是狌狌。堂庭山上生长着茂盛的棪木，上有几只攀缘玩耍的白猿。即翼山上多怪兽、怪木，从山后探出半个身子的兽即为经中所说的怪兽；山前水滨的怪木上匍匐着一条头上有针的蝮虫；树根处还缠绕着一条怪蛇。

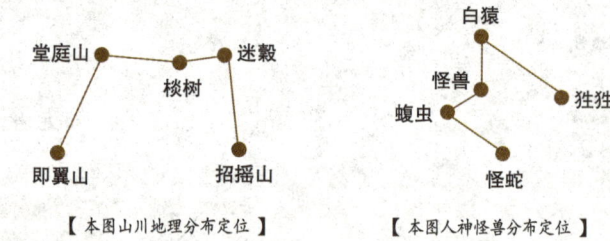

【本图山川地理分布定位】　【本图人神怪兽分布定位】

《山海经》珍贵古版插图类比

狌狌 胡本的狌狌样子像人。蒋本之狌狌为人面猪形。而《吴友如画宝》中的狌狌，在《山海经》绘本中最接近猩猩的形象。

→明 蒋应镐图本　　→清《吴友如画宝》　　→明 胡文焕图本

花朵，名字叫祝余，人吃了它就不会感到饥饿。山中又有一种树木，形状像构树，却呈现黑色的纹理，它的花开放后会发出耀眼的光芒，照耀四方，名字叫迷穀，人佩带它在身上就不会迷失方向。

狌狌

山中还有一种野兽，形状像猿猴但长着一双白色的耳朵，既能匍匐爬行，又能像人一样直立行走，名字叫狌狌（xīng xing）。狌狌就是今天的猩猩，性情颇像人，高约四五尺，口内有牙齿三十二颗，鼻梁塌陷。狌狌一般在山林中用树叶建造小屋，然后居住其中。如果在年幼时将其捕捉，则能够被驯化而和主人和谐相处。古代的人认为吃了它的肉可以使人走得飞快。远古时期，中国南方气候湿热，类似于今天东南亚的热带岛屿，到处是原始森林，当时也许就有猩猩栖息。现在印度尼西亚的原始雨林中还有红毛猩猩分布，招摇山的猩猩大概就属这个种类。

古人传说猩猩会说人话，经常结为一群，出没山谷之中。它们知道过去却不能预测未来，还特别贪心，十

◇《山海经》考据

招摇山——苗儿山

招摇山是《山海经》中记载的第一座山，关于它的地理位置，有四种说法：一为今岷山；二是今雅鲁藏布江源头的狼阡喀巴布山；三在今广东连县；四即今广西兴安县的苗儿山。其中，认为招摇山应为广西苗儿山的说法最可信。苗儿山海拔2141米，是广西乃至华南地区的第一高峰，山中及附近一带以产桂著称。由此，从招摇山发源的丽麂水当是漓江。

刺桐

刺桐是一种古老的植物，高大挺拔，枝叶茂盛，花色鲜红欲滴，如一串串火红的辣椒。原始先民把它当作祥瑞的象征，认为如果头年花期偏晚，且花势繁盛，那么来年一定会五谷丰登、六畜兴旺，否则相反。

灵巧的"猿"手
汉 高13.3厘米 重0.16千克
河北省博物馆藏

古人对猩猩的认识，除了能像人一样直立行走外，还在于它们灵巧的躯体和长而有力的手臂，以及它们几分像人的形貌。所以，一些原始部族把它们作为图腾来崇拜；还有一些能工巧匠模仿它们的形态制作一些器具，这件花形悬猿铜钩即是其一。

分好酒和摆弄草鞋。于是当时的土人便常在路上摆酒，旁边还放上几十双连在一起的草鞋，猩猩走过便知道放置这两样东西的土人和他们祖先的名字。开始它们喊着土人和他们祖先的名字，还一边大骂："又来诱惑我，才不上你们的当呢！"然后就走开。但过了一会儿它们又返回，眼睛盯着酒和草鞋，又骂，然后又走开。如此来回几次，终因抵受不住酒和草鞋的诱惑，便相互嚷着要喝酒，还把草鞋套在脚上。结果喝得大醉，这时土人便出来捕捉它们，醉醺醺的脑袋和连着的草鞋让它们想跑都跑不动，便一起被土人捉住。它们知道人类摆酒的目的，却因为贪心，禁不住诱惑而成为人类的盘中餐。古人认为猩猩的嘴唇很好吃，猩唇是"山八珍"之一。而且古人还保留着一种原始观念，认为只要吃了某种强悍的动物的肉，便会将对方的力量和灵气吸收到自己身上来。猩猩唇不光味道甘美，吃了它的肉，便能吸收猩猩"善走"的本领，从而健步如飞。估计中国古代的猩猩就是因此而灭绝的吧。

招摇山除了有猩猩，还孕育了丽䴢(jī)水，这条河从山涧发源后，向西奔腾流入大海。水中有许多叫作育沛的东西，人佩带它在身上就不会生蛊胀病。

堂庭山 白猿 棪木

招摇山往东三百里，是堂庭山，山上生长着茂密的棪(yǎn)木，棪木是一种乔木，其果实红了就可以吃。山中又有许多白色的猿猴，白猿样子像猴而手臂粗壮有力，腿长，动作敏捷，擅长攀缘，其喊叫的声音听起来很哀怨，古有"猿三鸣而人泪下"之说。擅长攀缘和独特的鸣叫是白猿的两大特征。有人认为白猿是银色乌猿，

《山海经》珍贵古版插图类比

白猿 胡本刻画了长臂伸展、苍劲有力、双目炯炯有神的白猿形象。汪本的白猿在从山石中伸出的榉木虬枝上攀缘嬉戏。

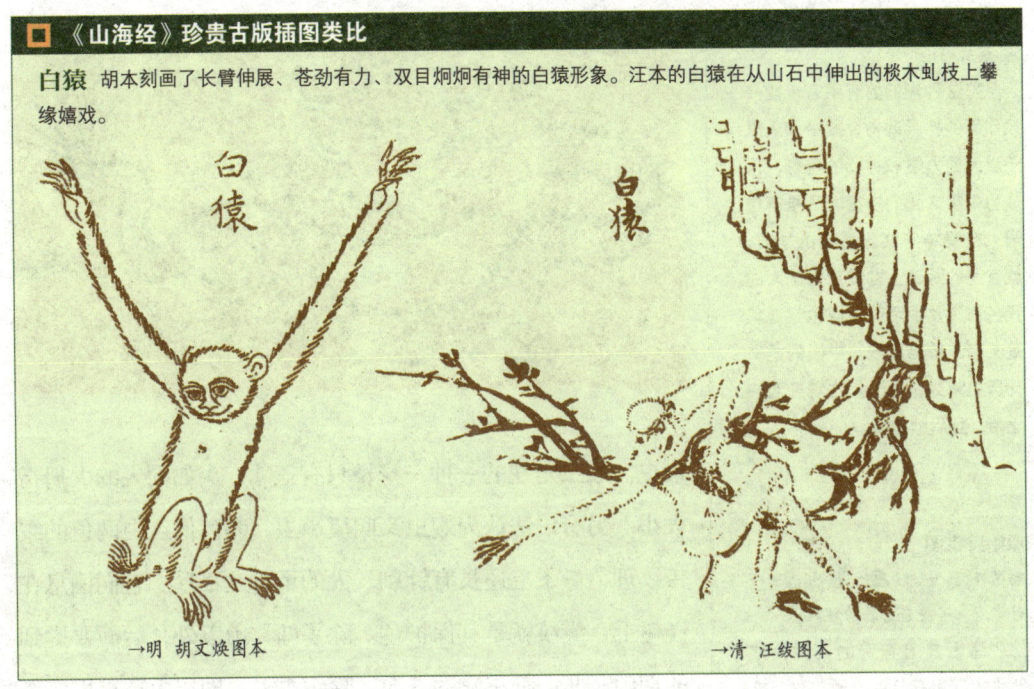

→明 胡文焕图本　　　　　　　　　　　　　　　　→清 汪绂图本

它周身银白，唯有前爪和脸是黑色的，所以得此名。银色乌猿生长于印度，中国也有。传说，猿是长寿的动物。古人认为猴子活到八百岁就变成了猿。李时珍在《本草纲目》中也说，猿产于神山广川之中，手臂非常长，能够吸取自然之精气，所以其寿命很长。堂庭山中的白猿估计以榉树的果子为食吧。堂庭山还盛产水晶。这种水晶也叫水玉，传说神农时代的雨师赤松子，正是因为服用了这种水玉，不但能够教神农，还能入火自烧而不死；炎帝的小女儿曾效法赤松子，也成了神仙。除了水玉以外，堂庭山中还蕴藏着丰富的黄金。

即翼山　野兽　蝮虫　怪蛇

堂庭山往东三百八十里，是即翼山。山上生长着许多怪异的野兽，水中生长着许多怪异的鱼，还盛产白玉，有很多

蝮虫
清《尔雅音图》
　　蝮虫又被称为蝮蛇。在古代传说中是一种非常可怕的怪物，屈原在《离骚·大招》的招魂词中，就呼唤灵魂不要去南方，因为南方有千里炎火、蝮蛇和其他一些可怕的动物。

彩绣金龙
清 绢底彩绘

龙这种虚幻的有鳞有爪能兴风作雨的神异动物，被中国人赋予强大的力量和神秘的色彩，而成为中国文化的象征。凡是有中国人或受中华文化熏陶的地方，就有龙的踪迹；龙成为中国人的代名词，龙的活动领域也就是华夏文明的覆盖区域。中国的龙文化历史悠久，源于盘古劈开混沌之始，且后续无限。

原始狩猎图
彩墨 砖画 纵17厘米 横36厘米
甘肃省嘉峪关市文物管理所藏

马因其善奔跑的习性，成为古人不可替代的交通工具，是将士驰骋战场奋勇杀敌的有力助手，也是狩猎时的必备工具。古人将马视为祥瑞之物，连鹿蜀之类的其他一些瑞兽也被赋予马的形态。

蝮虫。蝮虫是蛇的一种，身长只有三寸，头如同人的大拇指大小。另有说法认为蝮虫又叫反鼻虫，颜色像红白两色的绶带纹理，鼻子上还长有针刺，大的重可达百斤。它们栖息在怪树上，绶纹就是其保护色。除了即翼山以外，后面要提到的羽山、非山都有它的分布。除蝮虫外，即翼山还有很多奇怪的蛇，很多奇怪的树木，十分险恶，人是上不去的。

杻阳山 鹿蜀 旋龟

即翼山往东三百七十里，就到了杻（niǔ）阳山。山的

《山海经》珍贵古版插图类比

鹿蜀 吴本的鹿蜀为一只虎斑纹马,正站立着凝视前方。而汪本之鹿蜀周身披有刺毛,形貌、四蹄与尾巴都不像马。

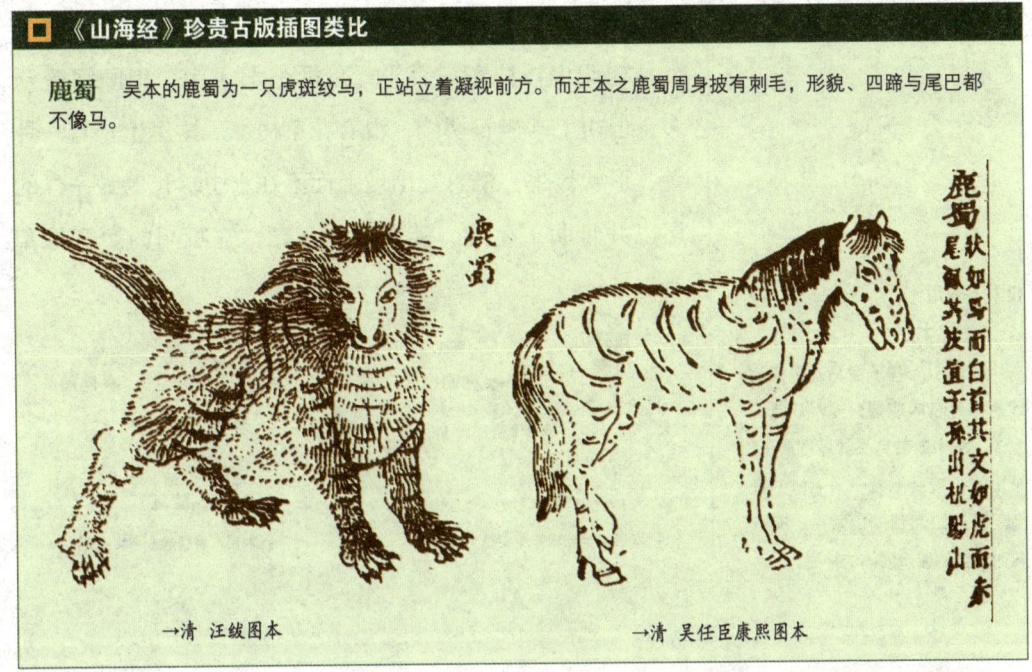

→清 汪绂图本　　　　　　　　　　→清 吴任臣康熙图本

南坡盛产黄金,山的北坡盛产白银。杻阳山有一种瑞兽,名叫鹿蜀,它的形状像马,白头红尾,通身是老虎的斑纹,鹿蜀的鸣叫像是有人在唱歌。据说谁披上它的皮毛,谁就可以子孙满堂,因此它们经常遭到人们的捕杀,但鹿蜀十分警觉,一有响动就立刻藏匿。怪水从杻阳山发源,向东流去,注入宪翼水。水中经常会发出一种像是敲击木头的难听的声音,这是一种叫旋龟的动物发出来的,它外形像普通的乌龟,却长着鸟头和蛇尾。旋龟时而在岸边爬行,时而在水中游动。佩带旋龟甲能使人的耳朵不聋,而且它还可以用来治疗脚茧。传说大禹治水时,应龙在前面用尾巴划地,指引禹沿着它所划的地方开凿水道,将洪水引入大海;而玄龟则背上驮着息壤,跟在禹身后,以便禹能随时把一小块一小块的息壤取来投向大地,息壤落到地面后迅速生长,很快就把恣肆的洪水填平了。可见玄龟又是治水的重要角色。

柢山 鯥

杻阳山再往东三百里，是柢（dǐ）山，山间河流众多，但山上却怪石嶙峋，没有花草树木。这里生长有一种鱼，形状像牛，栖息在山坡上而不在水中，长着蛇一样的尾巴并且肋下生翅，能在天空飞翔，它吼叫的声音像犁

杻阳山附近
明 蒋应镐图本

杻阳山上样子像马却身披豹纹的神兽名叫鹿蜀。怪水从此山发源，水中游着鸟头蛇尾的旋龟。柢山的山坡上趴着一条名鯥的怪鱼。亶爱山起伏的山陵中，有一只叫作类的雌雄同体的神兽。

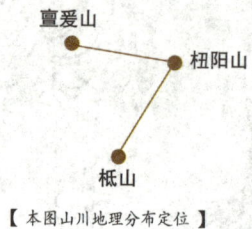

【本图山川地理分布定位】

【本图人神怪兽分布定位】

30

《山海经》珍贵古版插图类比

鲑 胡本的鲑兽头高昂,四条牛腿似乎正奔走于波浪之上。而吴本的鲑没有了腿,更突出了展翅飞翔的姿态。汪本中,鲑全然没了牛的样子,连翅膀也没了。

→明 胡文焕图本　　　　→清 吴任臣康熙图本　　　　→清 汪绂图本

牛。这种鱼的名字叫鲑(lū),它冬天蛰伏而夏天复苏,吃了它的肉就能使人不患痈肿的疾病。这类被神化了的爬行动物,常以不同的姿态出现于殷商铜器的纹饰中。

亶爰山 类

柢山再往东四百里,是亶爰(chán yuán)山,山间也有很多河流,山上怪石嶙峋,草木不生,人难以攀登。山中有一种野兽,形状像野猫却长着向下垂到眉毛的长头发,名叫类,它雌雄同体,就是一身具有雄雌两种性器官,自己受孕,自己繁殖。吃了它的肉就会使人不产生妒忌心。相传在明朝时,云南蒙化府一带经常可以见到这种野兽,当地人称它为香髦。又有传说在南海山谷中有一种形貌像狸的灵猫,自为雌雄,可能也是类。

基山 猼訑 𪃮𪁺

亶爰山再往东三百里,是基山,基山南坡盛产玉石,山北坡生长着很多奇怪的树木。山中有一种野兽,形状像羊,长着九条尾巴和四只耳朵,眼睛却长在背上,名

崇奉阴阳同体
新石器时代 马厂文化
高33.4厘米

原始宗教里,如同"类"这种雌雄同体的生灵被看作集阴阳双性于一体,统领天地之间,拥有威力至上和强大神秘的神性与神格。这件彩陶壶即是这种思想的表现之一,其表面被捏塑出一个裸体双性人像,下腹夸张地一同塑出男女两性生殖器。

31

字叫猼訑（bō shī），人披上它的毛皮就会勇气倍增，无所畏惧。山上还有一种鹦䳨（chǎng fū）鸟，它长相似鸡，却有三个头、六只眼睛、六只脚、三个翅膀，由于三个头经常意见不一致，所以常常打架，以至于把身体打得遍体鳞伤。传说，人若吃了类似鹦䳨这种长有多个眼睛的禽鸟的肉，就可以将它身上的神灵之气吸收到自己身上来，所以就不必闭上眼睛睡觉了。据说古时富人买下它给自己的

基山周围的山水
明 蒋应镐图本

基山的山坡上那个形似羊却双目长在背上的怪兽是猼訑；还有一种三首六目、六足三翼的奇鸟叫鹦䳨。青丘山的山坡上，九尾狐在回首下望；山顶上立着样子像鸠的鸟叫灌灌。英水由此山发源，南流注入即翼之泽，水中有人面鱼名赤鱬。

【本图山川地理分布定位】　　【本图人神怪兽分布定位】

雇工吃，可以使他们不知疲劳地工作，而很少休息。

青丘山 九尾狐 灌灌 赤鱬

基山再往东三百里，是青丘山，山上向阳的南坡盛产玉石，而背阴的北坡则盛产青䨼(huǒ)。青䨼是一种矿物颜料，古人常用它来涂饰器物。山中有一种奇兽，形状像狐狸，却长着九条尾巴，吼叫的声音如同婴儿在啼哭。它很凶猛，能吞食人，吃了它的肉就能使人不中妖邪毒气。在中国古代，九尾狐同时又是祥瑞和子孙昌盛的象征。传说禹治水直到三十岁时，还没有娶妻。有一次他走过涂山，见到一只九尾白狐，不禁想起涂山当地流传的一首民间歌谣，大意是说：谁见了九尾白狐，谁就可以为王；谁见了涂山的女儿，谁就可以使家道兴旺。于是禹便娶涂山女子娇为妻。结果禹果然为王，而且子孙繁盛，统治中国。除此之外，古人还传说当为王者不好色、政治清明的时候，九尾狐就会出现。汉画像石中常见九尾狐与玉兔、金蟾、三足乌等并列于西王母身旁，既是西王母的使者、随从与动物伙伴，又是祥瑞与子孙兴旺的象征。九尾狐具有祥瑞的品格，源于它的一些习性，如它死后一定要将头朝向它出生地的方向，于是古人认为它不忘本。而它的九条尾巴蓬松美丽，古人则认为象征子孙繁衍、后世昌盛。

《山海经》珍贵古版插图类比

九尾狐 胡本中，硕大尾巴是九尾狐作为瑞兽的标志，灵性的大眼睛又表明它同时具有灵兽与神兽的神格。郝本的九尾狐图像采自胡本，但图说却清楚地交代了此兽食人的特性。

→明 胡文焕图本　　　　→清 郝懿行图本

吉祥之鸟——朱雀
汉 高11.2厘米 重0.24千克
河北省博物馆藏

和一些长相怪异、象征灾难的凶鸟不同，朱雀是中国古代传说中的神鸟、南方之神，被人们当作同凤凰一类的祥瑞之鸟加以崇拜。这件朱雀衔环铜杯全身装饰金银花纹，雀身镶嵌绿松石，羽翼伸展；不仅造型精美，而且是件吉祥之物。

夏禹王像
南宋 马麟 立轴 绢本 设色 纵249厘米 横113厘米 中国台北故宫博物院藏

夏禹，传说中古代夏后氏部落的领袖，华夏文明的先祖，人人称颂的治水英雄。他的一生被赋予浓烈的神话色彩：他是天神鲧死后在腹中孕育三年而生；他治水有应龙、神龟相助；九尾狐显现预示他必将成王。这种种传说都表现了人们对这位贤德之主的爱戴和崇敬。

然而，九尾狐作为古代神话中的重要角色，其寓意却不断产生变化，由祥瑞之兽演变成青丘山的食人畏兽，再到蛊惑人的妖兽。如《封神演义》中，九尾狐就是妖精，控制妲己，迷惑纣王，搞得殷商天下大乱，九尾狐又成了妖精、乱世的象征。传说它不仅迷惑中国帝王，还东渡日本，化作名为玉藻前的美女，成为日本鸟羽天皇的宠姬，企图祸国殃民，后被识破，现出九尾狐原形，在东国下野的那须野原被杀，化作杀生石。

青丘山中还有一种禽鸟，名叫灌灌（guān guan），它样子像斑鸠，啼叫的声音如同人在互相斥骂。据说灌灌鸟的肉很好吃，尤其是烤熟以后味道十分鲜美，而且把它的羽毛插在身上就不会被迷惑。

英水从这青丘山发源，然后向南流入即翼之泽。泽中有很多赤鱬（rú），形状像普通的鱼，却有一副人的面孔，大概就是人鱼吧，它发出的声音如同鸳鸯鸟在叫，吃了它的肉就能使人不生疥疮。

《山海经》珍贵古版插图类比

赤鱬 赤鱬的形象到清代后产生了变化，毕本的赤鱬虽仍保留人面形象，但已没了人头。汪本中，赤鱬纯粹成了鱼形神，人面的特点已消失殆尽。

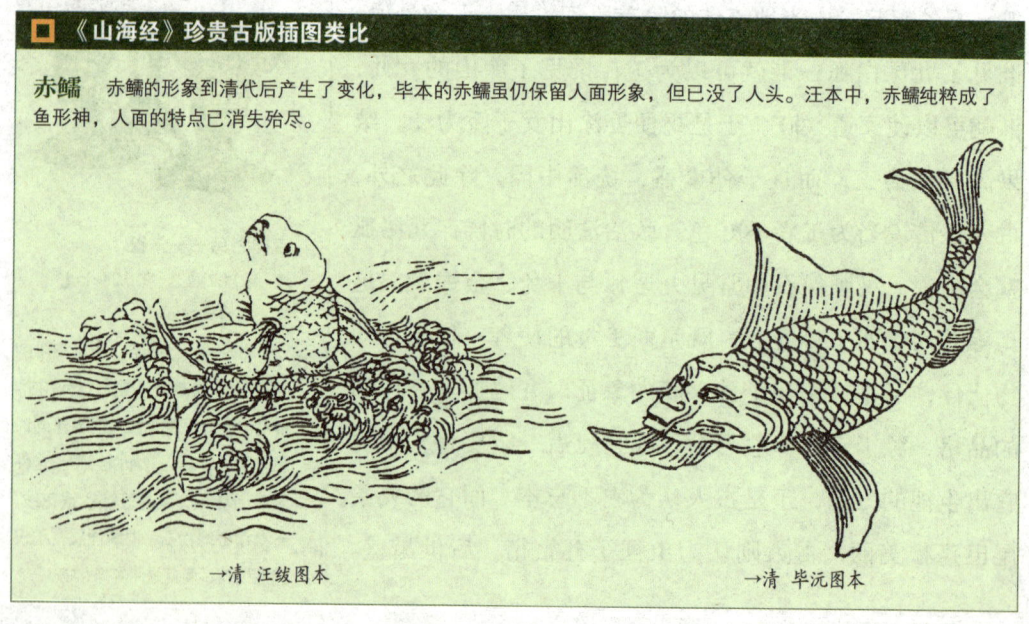

→清 汪绂图本　　　　　　→清 毕沅图本

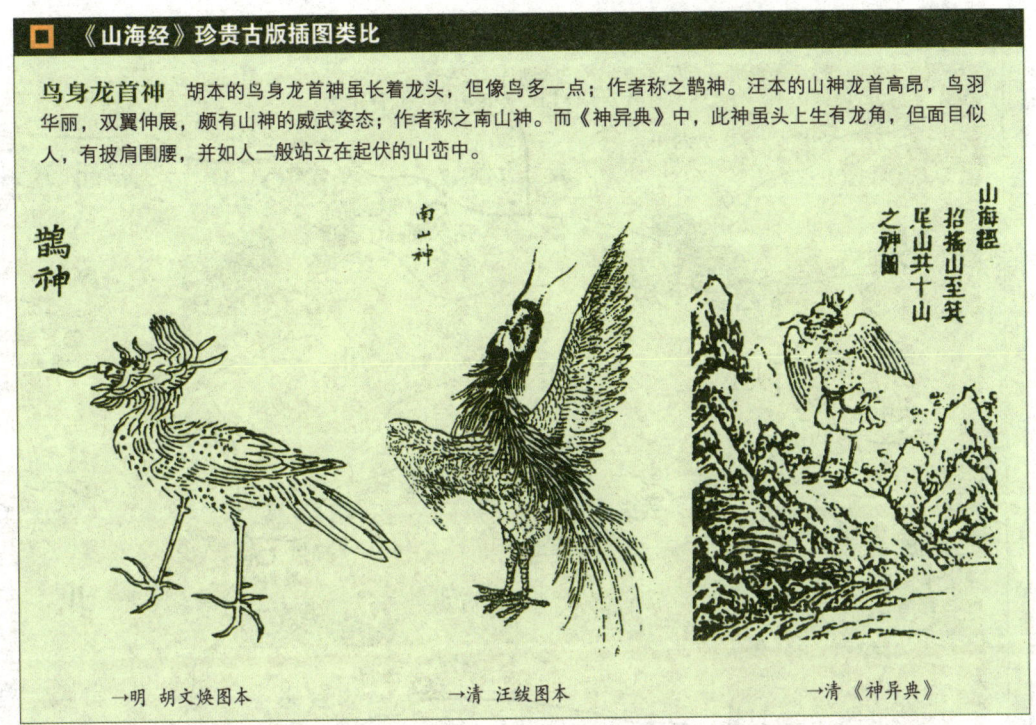

《山海经》珍贵古版插图类比

鸟身龙首神 胡本的鸟身龙首神虽长着龙头，但像鸟多一点；作者称之鹊神。汪本的山神龙首高昂，鸟羽华丽，双翼伸展，颇有山神的威武姿态；作者称之南山神。而《神异典》中，此神虽头上生有龙角，但面目似人，有披肩围腰，并如人一般站立在起伏的山峦中。

→明 胡文焕图本　　→清 汪绂图本　　→清《神异典》

由青丘山往东三百五十里是箕尾山，它雄踞于东海之滨，山上的沙石很多。汸（fāng）水从这座山发源，然后向南流入淯（yù）水，水中盛产白色玉石。

南方首列山系诸山神

总计䧿山山系之首尾，从招摇山起，直到箕尾山止，一共是十座山，东西蜿蜒二千九百五十里。诸山山神没有神名，形象都是鸟的身子、龙的头。它们彼此之间没有统属关系，没有等级，没有至上之神，也不受其他天神的统领。祭祀这些山神的礼仪是把畜禽和璋一起埋入地下，祀神的米用稻米，用白茅草当作神的席位。从山神的形貌来看，这一山系所居住的族群，都以鸟为信仰；再看他们用稻米来祭祀的情形，他们应该属于农耕民族或处于农耕阶段。

本图根据张步天教授《〈山海经〉考察路线图》绘制，图中记载了《南次二经》中柜山至漆吴山共十七座山的地理位置。

（此路线形成于西汉早中期）

南次二经

柜山 狸力 鸰

南方第二列山系的首座山是最西边的柜（jǔ）山，它的西边临近流黄酆（fēng）氏国和流黄辛氏国。柜山很高，在山顶向北可以望见诸毗（pí）山，向东可以望见长右山。英水从这座山发源，向西南流入赤水，水中有很多

柜山一带
明 蒋应镐图本

南方首列山系鹊山山系的山神都是鸟身龙首神。南方第二列山系的首座山柜山中，栖息着猪形鸡足的怪兽名狸力；天空还飞翔着人足鸟鸰鸟。长右山上蹲坐着名叫长右的四耳怪猴。尧光山的洞穴中，人面怪兽猾褢探出头来。

【本图山川地理分布定位】

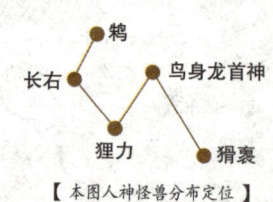

【本图人神怪兽分布定位】

白色玉石，还有很多粟粒般大小的丹砂，这条河一定很好看，水底红白相间。山中有一种野兽，形状像普通的小猪，却长着一双鸡爪，叫的声音如同狗叫，其名字叫狸力，哪个地方出现狸力，哪里就一定会有繁多的水土工程。山中还有一种鸟，形状像鹞鹰却长着人手一样的爪子，啼叫的声音如同痹鸣，名字叫鴸（zhū），它的鸣叫声就是自呼其名，十分难听。

鴸是一种不祥之鸟，它在哪个地方出现，哪里就一定会有众多的文士被流放，因为它是流放者灵魂的化身。传说鴸是尧的儿子丹朱所化，丹朱是尧的十个儿子中最大的一个，也是最不成器的一个。他为人傲虐而顽凶，喜欢到处游玩，那时候洪水为害，他便整天坐着船东游西逛，觉得很有意思。后来，洪水被大禹治理平息了，他仍指使人昼夜不停地替他推船，这便是"陆地行舟"的由来。尧看丹朱实在没有担当治理国家重任的能力，便把天下让给了舜，而把他流放到南方的丹水去做诸侯。当时住在中原的一个叫"三苗"的部族的首领很同情丹朱，便联合他一起抗尧，结果失败，三苗首领也被杀。丹朱带着他的残军，一路逃到了南海，对着茫茫大海，进退无路，羞愧难当，于是自投南海而死。死后他的灵魂便化为鴸。由于鴸外形凶恶，叫声和"诛"相似，十分不吉利，因此常常招人厌恶。而丹朱的后裔聚集在南海附近，渐渐建立

被尧打败的三苗

三苗是传说中黄帝至尧舜禹时代的古老民族，主要分布在长江中游以南。尧时，三苗曾作乱，尧发兵征讨，与其大战于丹水，三苗被击败，其首领驩兜被杀，也有人认为驩兜向尧俯首称臣，成为"诸侯"。相传三苗敢公然反对尧，是因为驩兜联合了尧的忤逆子丹朱，打着"子承父业"的旗号，认为抗尧之战志在必得。未料想，落得个身败名裂的下场。有学者认为，现代的苗族就是三苗的后裔。

□《山海经》珍贵古版插图类比

䴅 胡本的䴅，满头长发和一脸笑容的人面下，是羽翼丰满的鸟身，两只人手代替鸟的双足稳稳地站着。汪本中，䴅周身黑色羽毛，伸展双翅，正欲俯冲；其人面、人手的形态均未显现。

→明 胡文焕图本　　　　　　　　　　　　→清 汪绂图本

凝聚神力的铁匕首
汉　长36.7厘米　刃长23厘米
宽4.3厘米　重0.39千克
河北省博物馆藏

　　在远古的战争中，人们认为胜利主要取决于神性的力量，而在兵器上雕刻种种兽面纹及祥云纹，将会使神更多地赐予他们力量，赐予他们战争中的胜利。这件铁匕首的匕身为一面火焰纹，一面云纹，环首镂空镶嵌金片形成卷云纹，而在环首靠近柄部也镶嵌金片组成兽面纹，这些都有助于使用者得到强大无比的神性。

了一个国家，叫𩑎（huān）头国，也就是丹朱国。那里的人样子非常奇异，都长着人的面容和鸟的翅膀，背上的鸟翅膀不能飞，只能当拐杖扶着走路。

长右山　长右

　　从柜山往东南四百五十里，是长右山。从柜山山顶就能望见它，山上没有花草树木，但水源丰富。山中有一种野兽，形状像猿猴却长着四只耳朵，它因山得名，名字也叫长右，其叫声如同人在呻吟。传说有人曾在山中看到了长右，并且听到了它的啼叫，结果当地出现了百年不遇的大洪水。第二年当地又出现了长右，结果发生了更大的水灾。看来长右的出现是水灾的征兆。有人推测长右可能是传说中被禹制服的巫支祁一类的猴形水怪。传说禹治理洪水时，曾三次到过桐柏山，那里总是电闪雷鸣，狂风怒号，石头树木啸叫，使治水工程无法进展。禹知道是妖物作怪，于是号召群神，齐心合力终于将水怪擒获。那怪物能说人言，而且对答如流，其形状像猿猴，白首青身，眼睛闪耀万道金光，力气敌过九头大象。禹命人用大铁链锁住怪物的脖颈，鼻孔又给穿上了金铃，然后镇压在今天江苏淮阴的龟山脚下。从此，禹的治水工作才得以顺利进行，淮水从此也平安流入大海。据说千年以后，明洪武时，太祖皇帝经过淮水，曾命人将铁链拉出来，众人费尽力气终于将长长的铁链拉到头。随着铁链的穷尽，传说中的水怪出现了。它一下子跳到船上，说起了人话，众人皆惊愕讶然。

尧光山 猾褢

从长右山往东三百四十里，是尧光山，山南阳面多产玉石，山北阴面多产金。山中有一种怪兽，形状像人却全身长满猪样的鬣毛，冬季蛰伏在洞穴中，而夏天出来活动，名字叫猾褢（huái），其叫声如同砍木头时发出

◆《山海经》考据

长右山——金华山

南次二经中的长右山，在今日的何地，有两种比较普遍的说法。一是认为长右山曾经被认为在会稽山之右，故曰"长右"，汉末时考据在今金华县，已经无所谓右，所以将"右"字去掉而称长山，即今日的金华山。原文中有长右山多水的记载，至今金华三洞地下暗流泉水常年流淌，正符合多水之说。第二种说法认为"长右"应是"长舌"的误写，在今湖南省新化县一带。

《山海经》珍贵古版插图类比

狸力 汪本的狸力猪头猪身猪尾，四只鸡爪尤其明显。而《禽虫典》中，狸力猪首猪身猪尾猪足，与家猪无异。

→清 汪绂图本　　　　　　　　　　　　　→清《禽虫典》

《山海经》珍贵古版插图类比

长右 四只耳朵是长右作为水怪的特征,吴本突出了它的这一特性。而《禽虫典》中,一猴形怪兽置身于滔滔水边,表现了长右与水的联系。

→清 吴任臣近文堂图本

→清《禽虫典》

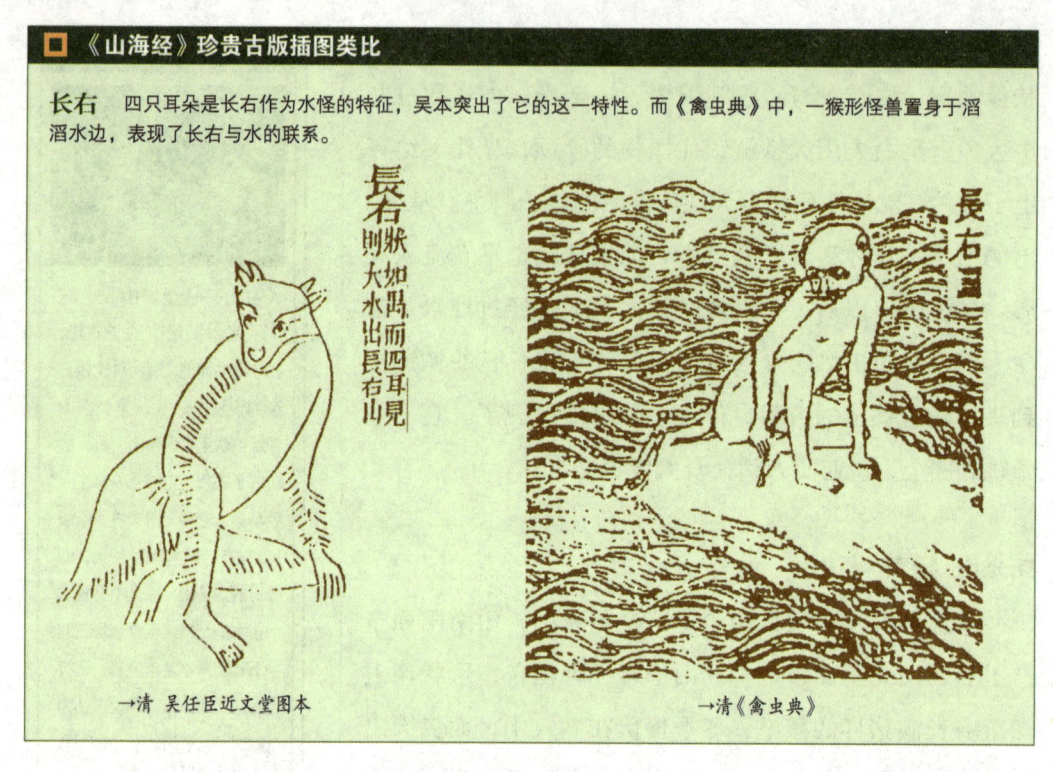

的响声。猾褢形象丑恶,人们往往把它和灾祸联系在一起,认为哪个地方出现猾褢,哪里就会出现动乱。

羽山 蝮虫

尧光山往东三百五十里,是羽山,山下有很多流水,山上经常下雨,但山中却没有花草树木。这草木不生的羽山也是治水先驱鲧牺牲的地方。传说由于地上的人做错了事,天帝降下大洪水惩罚人类。于是,整个大地洪水滔天,人民几乎无法生存。大神鲧也就是天帝的孙子,看见黎民百姓所受的灾难,心痛难忍,便决心想办法平息洪水,解救苍生。终于,趁天帝不注意,他偷了息壤到下界填堵洪水。这息壤果然灵妙,只需一点,便可迅速生长而积山成堤。可这件事很快就被天帝知道了,他盛怒之下,便派赤帝祝融夺回息壤,并将鲧杀死在羽山。

鲧死后，不但身体不化，还孕育了大禹，来完成他未完成的心愿。所以，鲧就是禹的父亲。和即翼山一样，羽山里也有很多的蝮虫。

羽山往东三百七十里，是瞿父山，山上没有花草树木，但蕴藏有丰富的金属矿物和各色玉石。

瞿父山再往东四百里，是句余山，特征和瞿父山类似，没有花草树木，但有丰富的金属矿物和各色玉石。

浮玉山　彘　鮆鱼

句余山再往东五百里，是浮玉山。登上山顶，向北可以望见具区泽，向东可以望见诸毗水。山中有一种野兽，形状像老虎却长着牛的尾巴，发出的叫声如同狗叫，名字叫彘（zhì），是能吃人的。它与长右一样，也是发大水的征兆。苕水从这座山的北麓发源，向北流入具区泽，它里面生长着很多鮆（cǐ）鱼。具区泽就是现在江苏省境内的太湖，古代太湖有很多名称，如具区、震泽、洞庭等。苕水就是现在浙江湖州的苕溪，在浙江北部，由东苕溪和西苕溪在湖州汇合而成，向北注入太湖，是太湖的主要水源。太湖盛产鮆鱼，也就是刀鱼，它头长而身体狭薄，腹

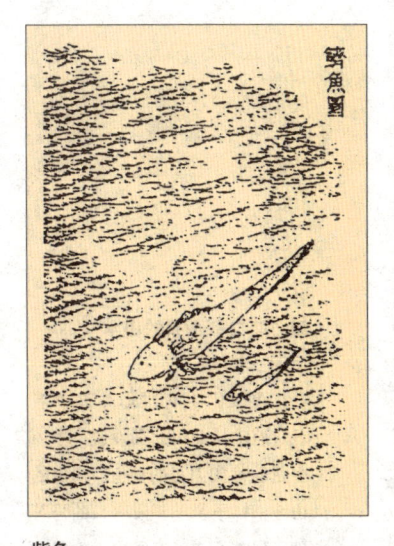

鮆鱼
清《禽虫典》

鮆鱼又叫刀鱼，其头长而身体窄薄，腹背如刀刃。据说吃了它的肉可防狐臭。

《山海经》珍贵古版插图类比

猾褢　胡本的猾褢为人面猴，全身披毛，四肢呈猴状，四足均为人手。汪本的猾褢身披黑毛，俯卧在地，人手人足异常刺眼。

→明 胡文焕图本　　　　　　　　　　→清 汪绂图本

43

背如刀刃，嘴边有两条硬胡须，鳃下有长长的硬毛像麦芒一样，肚子底下还有硬角，锋利如快刀，故名刀鱼；大的有一尺多长，现在太湖还有出产。传说鲨鱼生活在江湖中，每年三月出来；吃了这种鱼可以防治狐臭。

成山附近

由浮玉山往东五百里，是成山，它的形状像四方形的

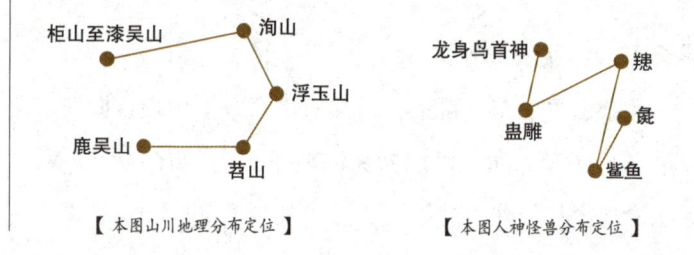

南方第二列山系的山水
明 蒋应镐图本

浮玉山上有虎形牛尾兽名彘。苕水从此山北面发源，水中生活着背如刀刃的鲨鱼。洵山的山坡，样子像羊却没有口的怪兽㺷正昂首行走。鹿吴山上似鸟非鸟的食人怪兽是蛊雕。南方第二列山系的山神都为龙身鸟首神。

柜山至漆吴山　　洵山
　　　　　　浮玉山
鹿吴山　　　苕山

【本图山川地理分布定位】

龙身鸟首神　　㺷
　　　蛊雕　　彘
　　　　　　鲨鱼

【本图人神怪兽分布定位】

《山海经》珍贵古版插图类比

麂 胡本的麂虽长有虎毛牛尾，但人面猴形清晰可见。而汪本中，麂为一只长着牛尾的巨熊，双目炯炯，一副要吃人的样子。

→清 汪绂图本

→明 胡文焕图本

三层土坛，高高耸立着，山上盛产金属矿物和玉石，山下则盛产青雘。阆（zhuō）水从这座山发源，然后向南流入虖勺（chū shuò）水，河水的沙石中蕴藏有丰富的黄金。

再往东五百里，是会稽山，它也呈四方形，山上有丰富的金属矿物和玉石，山下盛产晶莹透亮的砆石。勺水从这座山发源，然后向南流入湨（jú）水。会稽山就在今天的浙江绍兴，是古代和"五岳"齐名的"五镇"之一，自古以来就是中华名山，文化积淀深厚，大禹、勾践、秦始皇、王羲之、葛洪、王守仁等历史名人都曾在会稽山留下他们的动人故事，天下第一行书《兰亭集序》就出自这里。直到今天，它仍是著名的风景名胜区。

夷山周边

会稽山往东五百里，是夷山，山上没有花草树木，沙石遍布。湨水从这座山发源，然后向南流入列涂水。

虎牛相斗 战国 长12.7厘米 宽7.4厘米 重237.625克

在人类尚未占据先进的生存优势时，老虎、野牛之类的猛兽活动猖獗，远古人类对它们既敬又畏，把它们看作勇气和力量的象征，于是除了出现类似"麂"这种虎牛同体的怪兽的神话传说外，猛兽相斗的纹饰也渐渐出现于人们的生活中，这件虎牛咬斗金牌即是其一。

饮酒写诗的文人
唐 孙位 绢本 设色 纵45.2厘米 横168.7厘米 上海博物馆藏

会稽山一带山岭，其岩石历史非常悠久，为一亿年前侏罗纪火山喷发期的沉积岩所构成，经亿万年风、日、水的洗礼后，形成了后世的奇峰怪石。除了奇异的自然风光，会稽山还有灿烂的历史文化遗产；遥想当年，王羲之和众贤士曾集此山，挥毫泼墨，留下了天下第一行书《兰亭集序》。图为魏晋时期饮酒作诗的"竹林七贤"。

再往东五百里，是仆勾山，山上有丰富的金属矿物和美玉，山下有茂密的花草树木，但山中没有禽鸟野兽，也没有河流和水源。

再往东五百里，是咸阴山，山上光秃秃的，没有花草树木，也没有流水。

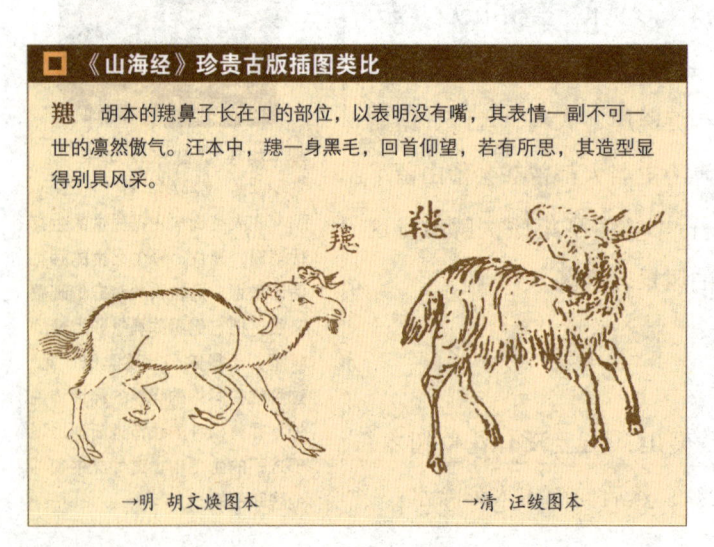

咸阴山往东四百里，是洵山，其山南阳面盛产金属矿物，山北阴面多出产玉石。山中有一种野兽，形状像普通的羊却没有嘴巴，不吃不喝也能生活自如，名字叫羠（huǎn）。洵水从这座山发源，然后向南流入阏（è）泽，水里面有很多紫色的螺。

□《山海经》珍贵古版插图类比

羠 胡本的羠鼻子长在口的部位，以表明没有嘴，其表情一副不可一世的凛然傲气。汪本中，羠一身黑毛，回首仰望，若有所思，其造型显得别具风采。

→明 胡文焕图本　　→清 汪绂图本

洵山往东四百里，是虖勺山，山上到处是梓树和楠木树，山下生长许多牡荆树和枸杞树。滂水从这座山发源，然后向东流入大海。

再往东五百里，是区吴山，山上没有花草树木，沙石遍布。鹿水从这里发源，然后向南流入滂水。

《山海经》珍贵古版插图类比

蛊雕　胡本的蛊雕为独角巨豹，却长着一副雕的嘴喙，扬起的巨大豹尾，显示出食人猛兽的威风。汪本中，蛊雕凌空飞舞，似乎在注视着澎湃的激流，其双翅伸展，右足收腹，流露出食人巨雕的霸气。

→清 汪绂图本　　　　　　　　　　　　　　→明 胡文焕图本

鹿吴山周边

再往东五百里，是鹿吴山，山上没有花草树木，但有丰富的金属矿物和玉石。泽更水从这座山发源，然后向南流入滂水。水中有一种叫蛊雕的野兽，其形状像普通的雕鹰却头上长角，叫声如同婴儿啼哭，十分凶猛，是能吃人的。

再往东五百里，是漆吴山，这是南方第二列山系中最东边的一座山。山中没有花草树木，盛产可以用作棋子的博石，但不产玉。这座山突兀于东海之滨，在山上远望丘山，有神光闪耀，这里是观看日出的好地方。

南方第二列山系诸山神

总计南方第二列山系之首尾，从柜山起到漆吴山止，一共十七座大山，蜿蜒全长七千二百里。诸山山神的形状都是龙的身子、鸟的头。其鸟、龙结合的形象具有相同的鸟信仰的文化含义。它们的祭礼和第一列山系䧿山山系基本相同，把畜禽和玉璧一起埋入地下，并精选稻米以供神享用。所以，可以认为这两个山系的农耕方式与鸟信仰传统是相互适应的。

美玉何来？
战国　长10.3厘米　宽2.4厘米　厚0.3厘米

可以说，"玉"的身上承载了中国人的信仰，比如仁义礼智信，比如生则益性灵，葬则尸免腐朽等。然而，美丽纯洁的玉从何而来呢？《山海经》中曾有关于玉的记载，那些野兽出没的原始山林中往往也蕴藏着丰富的玉石；后世逐渐开采并加工成精美绝伦的玉器。这件玉璜为青白色，圆润饱满，立体感强，几千年前随主人一起深埋于地下。

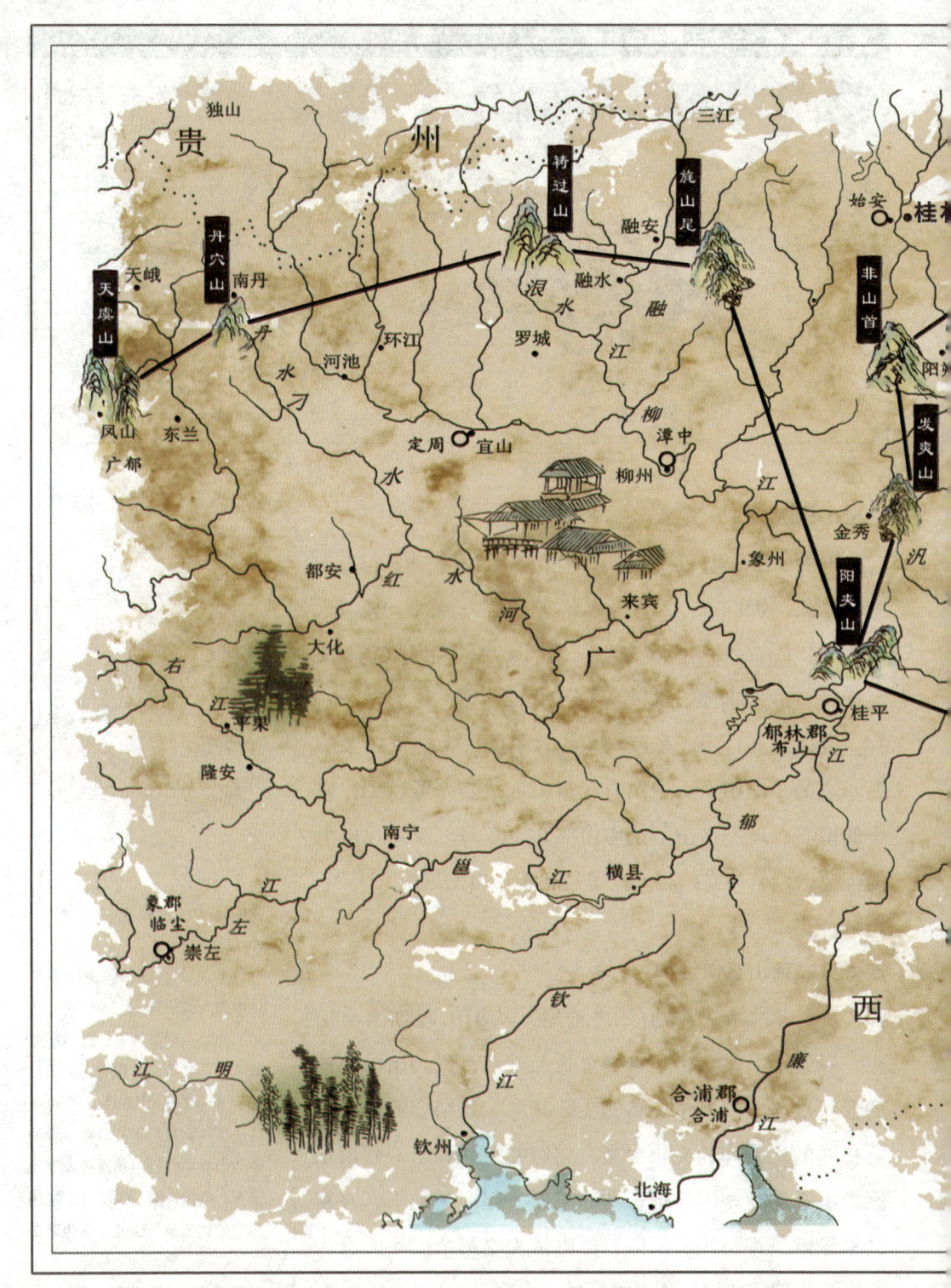

本图根据张步天教授《〈山海经〉考察路线图》绘制，图中记载了《南次三经》中天虞山至南禺山的地理位置，经中所记共十四座山，实则只有十三座。

南次三经路线示意图

（此路线形成于西汉早中期）

南次三经

祷过山 犀 瞿如 虎蛟

南方第三列山系的最西一座山，是天虞山，山下到处是水，人很难攀登上去。

从天虞山往东五百里，是祷过山。山上盛产金属矿物

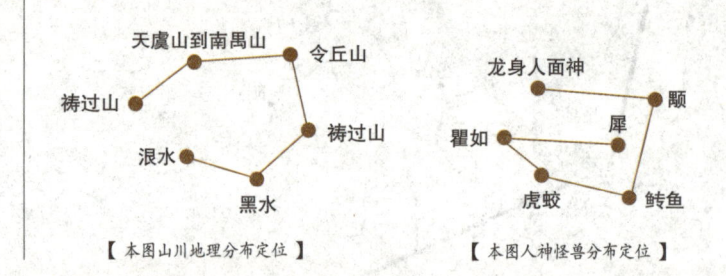

祷过山周边
明 蒋应镐图本

祷过山上栖息着形似犀牛的三角怪兽名犀；还生活着人面三足鸟瞿如。浪水从此山发源，水中游着鱼身蛇尾的虎蛟。鸡山是黑水的发源地，水中有种身披猪毛的怪鱼叫䱧鱼。令丘山上貌似猫头鹰的人面鸟叫颙。南方第三列山系的山神皆是龙身人面神。

【本图山川地理分布定位】

【本图人神怪兽分布定位】

和玉石，山下有很多犀、兕。祷过山的犀样子像水牛，周身黑色，头像猪，脚似象，只长了三只蹄子，但体态健壮。它头上长有三只角，一个在顶上，一个在额上，还有一个在鼻上。犀喜欢吃荆棘刺草，所以口唇常常鲜血直流。野生犀牛如今在我国已经没有了，但在古代，犀牛曾经广泛分布于我国南方。古人认为犀角是犀牛的精灵所聚，可解百毒，是名贵的中药材。传说有一种叫通天犀的灵兽，它吃草时只吃有毒之草，食树木时则专挑有刺的吃，从来不尝柔滑鲜嫩的草木；它这么做的目的是以身试药，练就一身本领，然后为人解毒，极其富有自我牺牲精神。犀被认为是灵异之兽，是勇者的化身，是威武与力量的象征；后世的青铜器中出现了大量犀的形象。犀角也被认为是神物，具有通灵、避邪的功用。人们还常常将犀角雕刻成精致的工艺品，以供赏玩。正是因为人们对犀角的喜爱，犀牛遭受了灭顶之灾，被大肆捕杀，到20世纪20年代，我国境内最后一只犀牛被杀死，犀牛终于在中国灭绝了。现在印尼和非洲等地还有犀牛分布，但数量已经

独角兽

独角兽 魏晋 彩绘砖 长17.5厘米 宽36.5厘米 甘肃嘉峪关魏晋13号墓

关于独角兽的记载，可追溯到公元前398年，它们身形高大，前额正中长出一只锋利的角，约半米长。古人视这些奇异的庞然大物为神兽，认为它们的独角集天地精华，可驱邪除恶。事实上，那些神奇的独角兽就是犀牛。祷过山中就出现了以身试毒的通天犀和独角犀牛兕。

可避邪的犀牛
战国 长 17.5 厘米 高 6.5 厘米

六千万年前，地球上就有了犀牛的身影，它身躯庞大，在陆生动物中仅次于大象位居第二。古人认为犀牛是神兽，其犀角乃神灵所聚，可避邪，故很多装饰品被制作成犀牛的形态而随身携带。这件犀牛带钩造型逼真，其鼻向前伸、身体后坐的姿态栩栩如生。

相当稀少了。兕和犀牛相似，通体黑色，但它只有一个角，是种独角兽，它的艺术形象经常出现在青铜器上。传说除非遇到绝境，兕是不咬人的，它喜欢安静，晚上经常独自站在绝壁山崖上，听泉水松风，直到鸡鸣天亮才回自己的窝，十分浪漫。《左传》还记载着"犀兕甚多"，但之后就再无迹可考了，估计在春秋战国之际就灭绝殆尽了吧！除了犀、兕，祷过山还生活有很多大象，这三种大型野兽都和平共处于祷过山之中。

除野兽之外，祷过山中还有一种禽鸟，其形状像鵁（jiāo），却是白色的脑袋，长着三只脚和人一样的脸，其名字是瞿如，它鸣叫起来就如同在呼唤自己的名字。

浪（yín）水从这祷过山发源，奔出山涧，然后向南流入大海。河水里有一种叫虎蛟的动物，身子像普通的鱼，后面却拖着一条蛇一样的尾巴，其叫声和鸳鸯很像，吃了它的肉就能使人不生痈肿的疾病，还可以治愈痔疮。

《山海经》珍贵古版插图类比

犀　《禽虫典》中，独角犀体态飘逸，正举头望月。《吴友如画宝》中，双角犀身形巨大，体格健壮如水牛。而汪本中，三角犀坐卧在地，回首观望。

→清 汪绂图本　　→清《禽虫典》　　→清《吴友如画宝》

《山海经》珍贵古版插图类比

瞿如 胡本的瞿如三首二足，正闲庭信步。汪本之瞿如三足并生而有力，圆眼怒视下方，正欲振翅高飞。《禽虫典》本的瞿如，是诸图本中比较符合瞿如形象的。

→清 汪绂图本

→清《禽虫典》

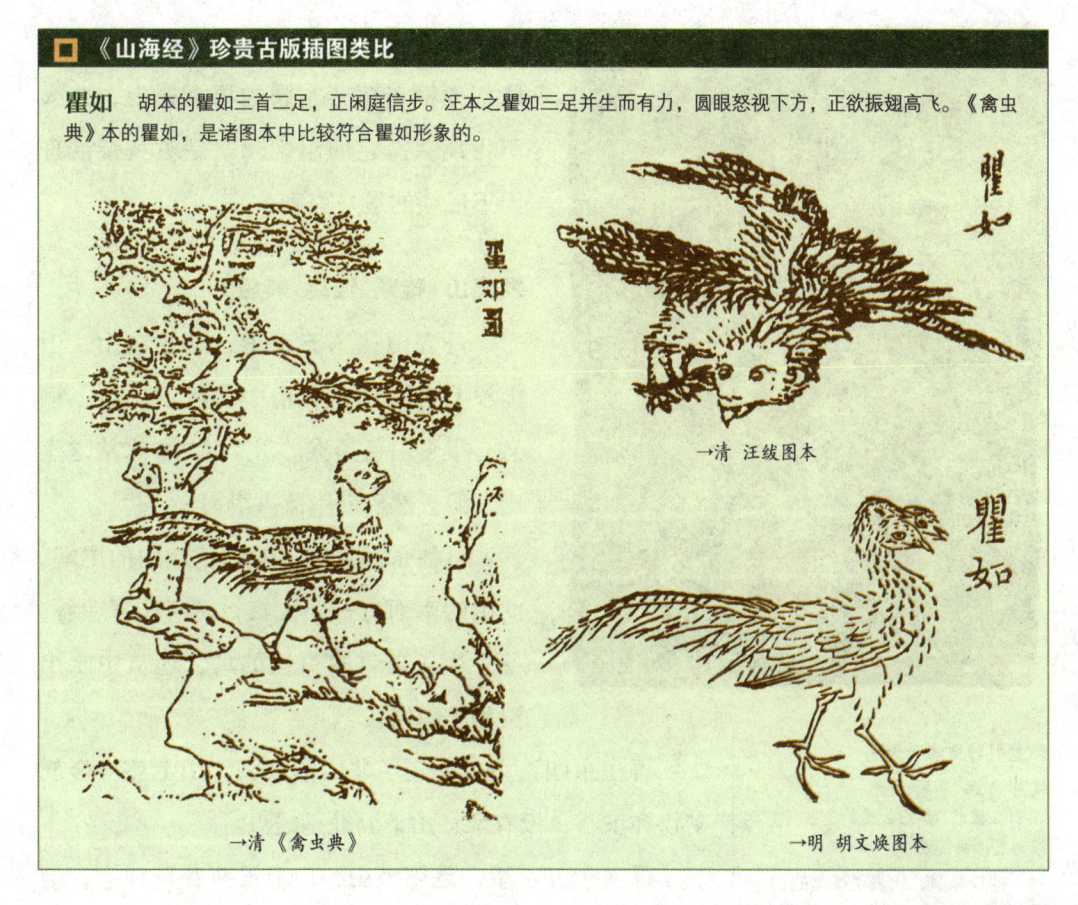

→明 胡文焕图本

丹穴山　凤凰

从祷过山往东五百里，就到了丹穴山，山上盛产金属矿物和玉石。丹水从这座山发源，然后向南流入渤海。山中有一种鸟，形状像普通的鸡，全身上下长满五彩羽毛，名叫凤凰，它头上的花纹是"德"字的形状，翅膀上的花纹是"義"字的形状，背部的花纹是"禮"字的形状，胸部的花纹是"仁"字的形状，腹部的花纹是"信"字的形状。这种叫作凤凰的鸟，吃喝很自然从容，常常是自个儿边唱边舞，一出现天下就会太平。相传黄帝时期，社会安定，人们安居乐业，黄帝便穿上黄袍，系上黄带，戴上黄帽，站在殿中祈祷，凤凰便遮天蔽日

枸橘

枸橘是一种非常古老的常绿灌木，别名臭橘、枸棘子。它的分布极其广泛，其珍贵的药用价值也逐渐被发现。其根皮、树皮屑、棘刺、叶、幼果、将成熟的果实和种子都是良好的药材。

凤龙引导灵魂升天图
战国 帛画 墨笔 设色
纵31.2厘米 横23.2厘米
湖南省博物馆藏

神鸟凤凰，代表了高尚的德行，乃天下太平的祥瑞之兆。同时，它美丽的姿态又是对女子美好的祝愿和比喻，常出现在女子的衣物、饰品及名号中。这幅楚墓中的帛画，画面中的细腰女子为墓主人形象，她上方展翅高飞的凤和盘旋飞舞的龙，是引导她的灵魂升天的仙界神灵。

地飞来，在殿上盘旋，黄帝叩首再拜，凤凰便栖于黄帝东园的梧桐树上，久久不肯离去。它的出现，就是对黄帝治理天下成绩的最好表彰。

发爽山 猿猴 怪鸟 鲐鱼

丹穴山往东五百里，是发爽山，山上没有花草树木，山中多流水，山上栖息有很多白色猿猴。汎（fān）水从这座山发源，然后向南流入渤海。

再往东四百里，便到了旄山的尾端。此山的南面有一个大峡谷，叫作育遗谷，谷中生长着许多奇怪的鸟，还从中吹出温和的南风。

再往东四百里，便到了非山的尽头。山上盛产金属矿物和玉石，没有水；山下到处是蝮虫。

再往东五百里，是阳夹山，山上没有花草树木，但水源却很丰富。

再往东五百里，是灌湘山，山上生长着茂密的树林，

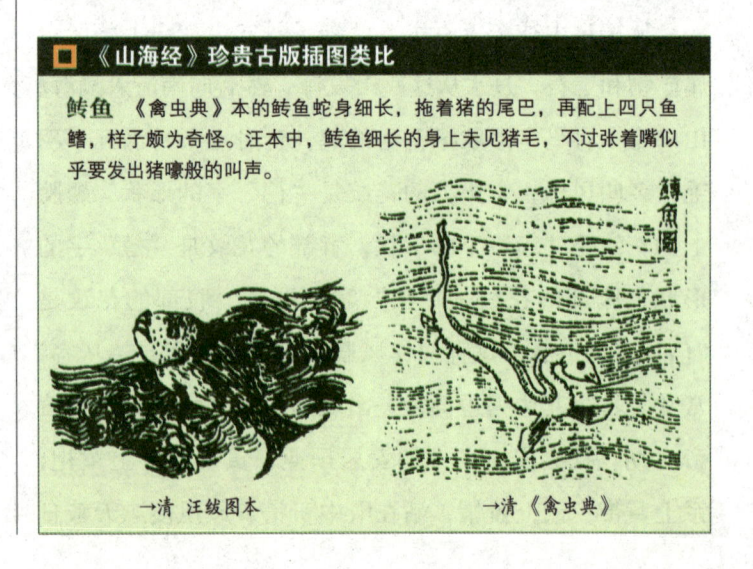

《山海经》珍贵古版插图类比

鲐鱼《禽虫典》本的鲐鱼蛇身细长，拖着猪的尾巴，再配上四只鱼鳍，样子颇为奇怪。汪本中，鲐鱼细长的身上未见猪毛，不过张着嘴似乎要发出猪嚎般的叫声。

→清 汪绂图本　　　　　→清《禽虫典》

《山海经》珍贵古版插图类比

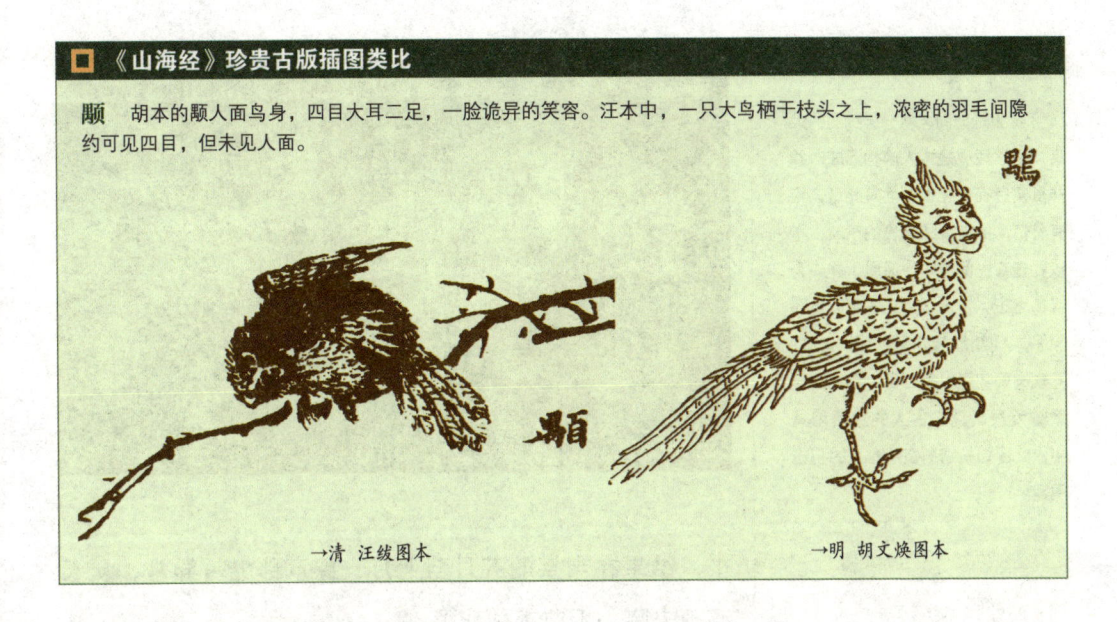

颙 胡本的颙人面鸟身，四目大耳二足，一脸诡异的笑容。汪本中，一只大鸟栖于枝头之上，浓密的羽毛间隐约可见四目，但未见人面。

→清 汪绂图本　　　　　　　　　　　　　　→明 胡文焕图本

但却不生杂草；山中还有许多奇怪的禽鸟，却没有野兽。

鸡山一带

再往东五百里，是鸡山，山上有丰富的金属矿物，山下则盛产一种叫丹膜的红色颜料。黑水从这座山发源，然后向南流入大海。水中有一种鱄（zhuān）鱼，形状像鲫鱼，却长着猪毛，发出如同小猪叫一样的声音；也有种说法认为鱄鱼样子像蛇，却长着猪的尾巴。传说鱄鱼是美味佳肴。和长右相反，它一出现就会天下大旱。

鸡山往东四百里，是令丘山，没有花草树木，到处是野火。山的南边有一峡谷，叫作中谷，从这个谷里刮出来的是十分强劲的东北风。山中有一种禽鸟，形状像猫头鹰，却长着一副人脸和四只眼睛，而且有耳朵，名字叫颙（yōng）[1]，它发出的叫声就像在呼唤自己，和鱄鱼一样，颙也是大旱的征兆。传说在明万历二十年，颙鸟曾在豫章的城宁寺聚集，燕雀都不喜欢它，都鼓噪起

---

[1] 编者注：此字在现代汉语中读 yóng，但郭璞在《山海经校注》中写道该字"音娱"。

漆盒上的孔雀图
(日)正仓院藏

　　孔雀是如同凤凰一样美丽的大鸟，由于凤凰是古人虚构而成，并非真实存在，孔雀则确有此鸟，且有着惊人的美貌和高贵的气质，所以孔雀在民间被叫作凤凰，并成为百鸟之王。古人认为孔雀可以避邪除恶，事实上，《本草纲目》记载，孔雀肉确实可以解百毒。孔雀的形象曾大量出现在古人的生活用具中，此图即是镌刻在漆盒上的孔雀图案。

牛皮靴
西汉

　　庞大、有灵性的犀牛曾影响了古代人的生活及信仰，而和犀牛体形很像的家牛，也在人们的生活中扮演了重要角色，比如它的肉可以使人们免受饥饿，而皮能帮助人们抵御风寒。这双靴子即为一千多年前楼兰人用牛皮制成的。

来，结果在当年的五月至七月，豫章郡酷暑异常，夏天滴雨未降，禾苗都枯死了。

仑者山附近

　　令丘山往东三百七十里，是仑者山，山上有丰富的金属和玉石矿藏，山下盛产青色的颜料。山中有一种树木，形状像一般的构树，却是红色的纹理，其枝干能分泌出一种像漆一样的汁液，味道像用麦芽做的酒，很甜，人喝了它就不会感到饥饿，也不会觉得烦恼。这种汁液名字叫白䓘（gāo），可以用它把玉石染得鲜红。

　　仑者山往东五百八十里，就到了禹槀（gǎo）山，山中有很多奇怪的野兽，还有很多大蛇。

　　从禹槀山再往东五百八十里处，是南禺山。南禺山是南方第三列山系的最东边一座山，山上盛产金属矿物和玉石，山下有很多溪水。山中有一个洞穴，水在春天流入洞穴，在夏天流出洞穴，在冬天则闭塞不通。佐水从这座山发源，然后向东南流入大海，佐水流经的地方有凤凰和鹓（yuān）雏栖息。

鹓雏是和凤凰、鸾鸟同类的神鸟，也是纯洁吉祥的象征。庄子曾说："鹓雏从南海飞向北海，沿途非梧桐不栖，非练食（竹子的果实）不吃，非醴泉不饮。"可见其圣洁。南禺山既有凤凰又有鹓雏，想必是非常神圣的地方了。

南方第三列山系诸山神

总计南方第三列山系之首尾，从天虞山起到南禺山止，一共十四座山，共蜿蜒六千五百三十里。诸山山神都是龙身人面。祭祀山神时，都是用一条白色的狗作祭牲，用血涂祭；祀神的米用稻米。这种所谓的"祭祀"是一种非常古老的祭祀仪式，有时不必杀牲，仅以牲血涂抹祭祀之物以祭神。

以上是南方群山的记录，大大小小总共四十座，总计一万六千三百八十里。

《山海经》珍贵古版插图类比

龙身人面山神　《禽虫典》中，山神姿态似人，站立于高山之上。头部两旁的祥云，是山神伟大神性的标志。汪绂认为《南山经》三个山系以鸟信仰为主，故其山神应以鸟形神来描绘。

→清《禽虫典》　　　　　　　　　　→清　汪绂图本

第二卷

西山经

《西山经》记录了以钱来山、钤山、崇吾山及阴山为首的四列山系，其丰富的物产及山间出没的种种异兽给人留下深刻的印象。

第二卷　西山经

台湾省地理全图　清　彩绘　纵40.5厘米　横440厘米　北京图书馆藏

　　台湾省因与大陆距离遥远，自古就被赋予某种神秘色彩。这幅台湾地理图是我国现存最早的手绘台湾省地图之一，图中重点表示了西部的地形、水系及居民地，还标识了炮台等兵要内容，使地图兼有军事用途。

西次一经路线示意图

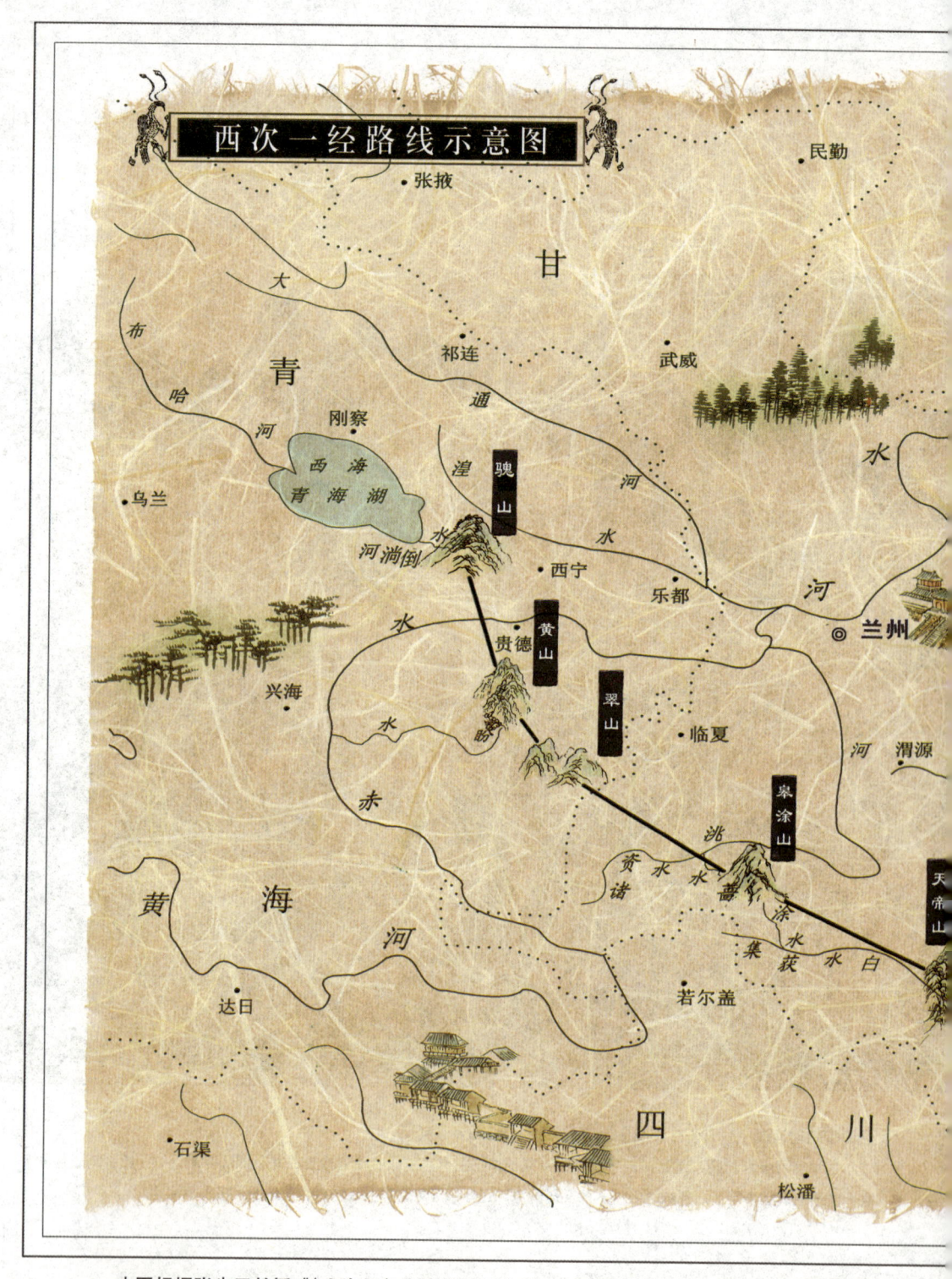

本图根据张步天教授《〈山海经〉考察路线图》绘制，图中记载了《西次一经》中钱来山到䲝山共十九座山的地理位置。

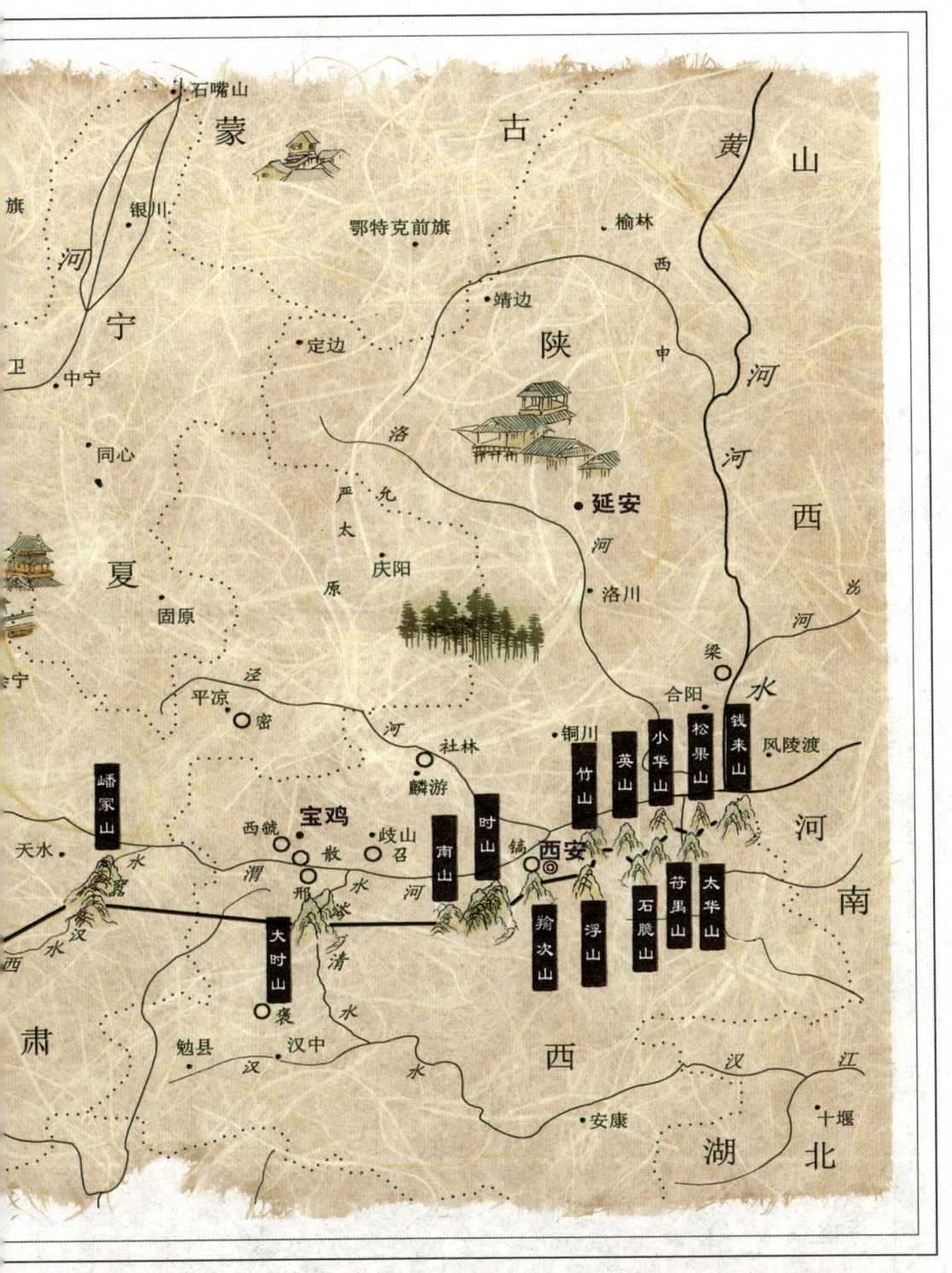

（此路线形成于西周早中期）

西次一经

钱来山 羬羊

西方第一列山系华山山系之首座山，叫作钱来山，山上有许多松树，山下有很多洗石，这些洗石含碱性，可以在洗澡时用来洗掉身上的污垢。山中有一种野兽，

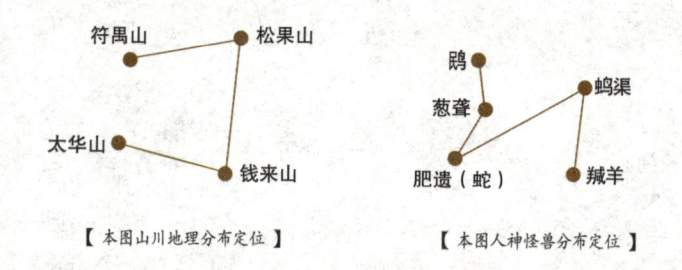

钱来山周边
明 蒋应镐图本
　　钱来山的山坡上走动着羊身马尾的羬羊。松果山上有种形似野鸡却黑身红爪的奇鸟叫螐渠。太华山上生活着的可怕的六足四翼毒蛇叫肥遗。符禺山上生活着野羊葱聋，树枝上栖息着名为鴖的红嘴奇鸟。

【本图山川地理分布定位】

【本图人神怪兽分布定位】

《山海经》珍贵古版插图类比

羬羊 胡本的羬羊正回首眺望。郝本之羬羊伸头引颈，似在探寻什么。汪本中，羬羊双角直立，站姿端庄，一副泰然自若的模样。

→清 郝懿行图本　　　　→明 胡文焕图本　　　　→清 汪绂图本

形状像普通的羊却长着马的尾巴，名字叫羬（qián）羊。据说普通的羊长到六尺就会变成羬，羬羊的油脂可以用来治疗干裂的皮肤，传说古代大月氏国就有这种羬羊。

松果山　太华山

从钱来山往西四十五里，是松果山。濩（huò）水从这座山发源，向北流入渭水，水中蕴藏着丰富的铜矿石。山中有一种名叫螐（tóng）渠的鸟，其形状像一般的野鸡，却有着黑色的身子和红色的爪子，它可以用来治疗皮肤干皱，古人还认为它可以避灾殃，是一种奇鸟。

松果山往西六十里，是太华山，也就是现在大名鼎鼎的西岳华山。华山以险而名闻天下，当初古人对华山的险峻就有深刻的认识，说它的山崖陡峭，像刀劈斧削一样，整个山呈现四方形，高五千仞，宽十里。禽鸟野兽无法栖身，但山中却有一种蛇，名叫肥遗，它长着六只脚和四只翅膀，是一种毒蛇，和鲐鱼、颙一样，它也是干旱的象征。传说商汤曾经在阳山下看到它，结果商朝干旱了七年。古人常说"商汤贤德，亦不免七年之旱"

◇《山海经》考据

太华山——美丽的华山

西次一经中的太华山，经考证就是今天的华山。华山由一块硕大且完整的花岗岩体构成，如《山海经》所述："太华之山，削成而四方，其高五千仞，其广十里。"它的历史演化可追溯到1.2亿年前。

《西次一经》中其他山的地理位置，也考证如下：钱来山在陕西潼关附近，符禺山在陕西罗敷一带，羭次山在陕西高塘附近，大时山可能是陕西太白山，嶓冢山为陕西宁强嶓冢山，皋涂山则在甘肃理川附近，而䰠山在川西若尔盖附近。

象征长生不老的鸠杖
汉 高5.7厘米 重0.1千克
河北省博物馆藏

鸟类在天空中展翅飞翔的情景让古时人类非常羡慕，于是许多鸟类被赋予超凡和吉祥的寓意；比如蜪渠被认为可以躲避灾难，鸠鸟则被称为"不噎之鸟也"，象征着长生不老。周时，人们就有献鸠敬老的风俗；到汉时，取鸠鸟长寿吉祥之意，将玉杖之首雕成鸠鸟之形，送给老人，企盼老人长命百岁。这件鸠杖即是其中之一。

就源于此。据说现今华山还有肥遗穴，当地人叫老君脐，明末大旱时肥遗曾在那里现身。

小华山 赤鷩 萮荔

再往西八十里，是小华山，山上的树木大多是牡荆树和枸杞树，山中的野兽大多是㸲（zuō）牛，据说其重可达千斤。山北阴面盛产磬石，山南阳面盛产琈（tū fú）玉。山中有许多叫赤鷩（bì）的鸟，它很像山鸡，但比山鸡要小，羽毛非常鲜艳，冠背金黄色，头绿色，胸腹和尾部赤红色，十分漂亮。因为漂亮，所以其性格非常自恋。据说它们往往自恋于自己的艳丽羽毛，而整天在水岸边看自己在水中的倒影，结果羽毛的光芒把自己射得头晕目眩，最后不自觉地跌入水中而溺死。虽然自恋，赤鷩却是一种奇鸟，古人相信如果饲养它就可以避火。

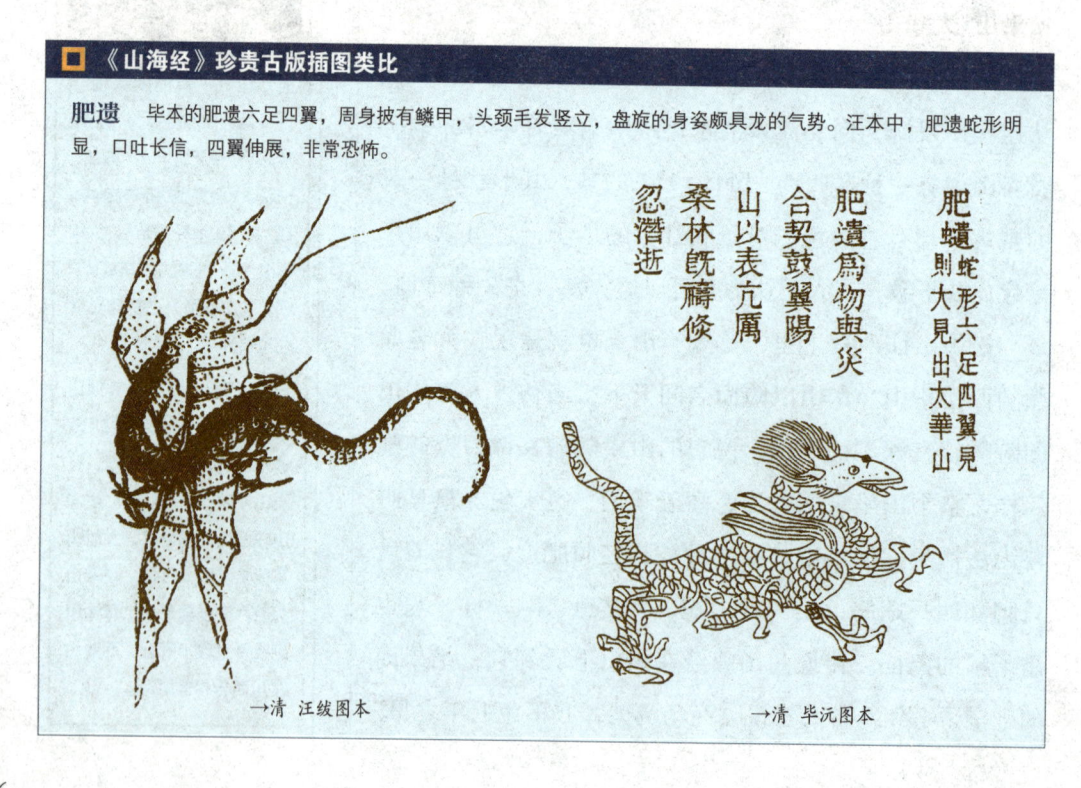

《山海经》珍贵古版插图类比

肥遗 毕本的肥遗六足四翼，周身披有鳞甲，头颈毛发竖立，盘旋的身姿颇具龙的气势。汪本中，肥遗蛇形明显，口吐长信，四翼伸展，非常恐怖。

肥蠵则大见出太華山蛇形六足四翼見

肥遺爲物與災合契鼓翼陽山以表亢厲桑林既禱俟忽潛逝

→清 汪绂图本

→清 毕沅图本

小华山中还有一种叫作萆（bì）荔的草，形状像乌韭，但生长在石头缝里，有的也攀缘树木而生长，人吃了它就能治愈心痛病。

符禺山　葱聋　鴖鸟

从小华山再往西八十里，有座符禺山。其向阳的南坡蕴藏有丰富的铜，背阴的北坡则蕴藏有丰富的铁。山上还有一种树木，名叫文茎，它的果实就像枣，可以用来治疗耳聋。山上生长的草主要是一种条草，其形状就像山葵菜，但它开出的花是红色的，结出的果实则是黄色的，外形就像婴儿的舌头，吃了它人就不会被邪气迷惑。山间有条名叫符禺水的溪流流出，向北流入渭河。生活在山上的野兽主要是一种名叫葱聋的动物，它的外形像羊，但长着一把红色的胡须。栖息在山上的鸟大多是

华山图
王履　明　册页　纸本水墨
纵34.5厘米　横50.5厘米
北京故宫博物院藏

　　华山是中华民族的重要发祥地之一，历代帝王如秦始皇、汉武帝、唐高祖、唐玄宗、宋真宗、清康熙皇帝都曾在华山留下足迹。华山也流传着许多动人的神话传说，如"巨灵劈山""沉香劈山救母""吹箫引凤"等。《华山图册》是王履在华山一带登山采药归来后，历时半年整理的写生画册，此图是其中之一，虽画幅不大，却蕴含深邃宏伟的气概，笔法刚健老硬。

《山海经》珍贵古版插图类比

葱聋 胡本的葱聋尾巴不太像羊尾。吴本的葱聋造型采自胡本，但线条与形象简单而充满童趣，显示了民间通俗刻本的朴素风格。汪本中，葱聋毛色深重，神情桀骜。

→明 胡文焕图本　　　　→清 吴任臣近文堂图本　　　　→清 汪绂图本

以瑞兽装饰的铜灯
汉 高18.5厘米 长23厘米
重1.75千克 河北省博物馆藏

"羊"在古代有吉祥之意，因此，很多想象中的祥瑞之兽都或多或少地采用了羊的形象；同时，羊形器物也逐渐出现，这只卧羊形象的铜灯即为其中一个。羊脖上装有活纽，臀部有小提纽，可将羊背向上翻开平放于羊头上作为灯盘。无须照明时，即可将灯盘内剩余灯油通过流嘴倾倒于羊腹中。既方便了日常生活，又讨了吉祥之意。

鹋（mín）鸟，其外形像一般的翠鸟。据说翠鸟有两种：一种是山翠，暗青色羽毛，体形如鸠鸟般大小；还有一种是水翠，体态娇小如燕，红嘴喙，尾巴短小，羽毛为鲜艳的青色。鹋鸟形貌像山翠，却有着水翠的红嘴喙。和赤鷩一样，饲养鹋鸟也可以避火。

符禺山再往西六十里，是石脆山，山上草木繁茂，树大多是棕树和楠木树，而草大多是条草。和符禺山的条草不同，这里的条草形状与韭菜相似，但开白色花朵，结黑色果实，人吃了这种果实就可以治愈疥疮。山南坡盛产㻬琈玉，而北坡盛产铜。灌水从这座山发源，然后向北流入禺水。这条河里有硫黄和赤铁，将它涂抹在牛马的身上就能使牛马更加健壮、百病不生。

英山 鲜鱼 肥遗

石脆山往西七十里，就到了英山，山上到处是杻树和橿（jiāng）树；山的北坡盛产铁，而南坡则盛产黄金。禺水从这座山发源，向北流入招水，水中有很多鲜（bàng）鱼，形状像一般的鳖，发出的声音如同羊叫。山南面还生长有很多箭竹和𥲤（méi）竹。箭竹是竹子中的一种，这种竹子节长、皮厚、根深，笋可食用且味道十分鲜美。野兽大多是牦牛、羬羊。山中还有一种禽鸟，形状像一般的鹌鹑，但却是黄身子、红嘴巴，名字叫肥遗，人吃了它的肉就能治愈疯癫病，还能杀死体内寄生虫。太华山的肥遗是毒蛇，一出现就天下大旱；而英山的肥遗是鸟，能治病杀虫，二者美恶不同。

竹山 黄雚 鯢鱼

从英山西行五十二里，就到了竹山，山上到处是高大的树木，山的北坡蕴藏有丰富的铁。山中有一种名叫黄雚（guǎn）的草，其形状像樗树，但叶子像麻叶，开白色的花朵结红色的果实，果实外表的颜色像赭色，用它浸在水里洗浴就可治愈疥疮，还可以治疗浮肿病。竹水从山的北坡发源，向北流入渭水。

◇《山海经》考据

棕树——棕榈树

　　石脆山上生长着茂盛的棕树，据考证为今日的棕榈树。棕榈树是亚热带常绿木本。其皮很特别，呈片状，可以编织各种日用器具，热带的人们常用它编制草鞋；还用它的树叶制作扇子。棕榈树现在分布的北界已缩到长江以南；《山海经》时代黄河流域远比现在湿热，渭河以南秦岭一带多生长高大的棕榈树。

木槿

　　古时野山中不仅蛇蟒毒兽出入频繁，还生长着许多植物，它们中很多都是珍贵的药材。木槿即为其中一种，其花、根、茎、果皆有解毒止痛、利水消肿的效果，实为不可多得的珍贵药材。

竹水北岸生长着茂密的竹箭，还蕴藏着很多青色的玉石。丹水从这里发源，向东南流入洛水，水中多出产水晶石，还有很多人鱼。这里的人鱼就是鲵鱼，它外形似鲇鱼却长有四只脚，叫声如同小孩啼哭，所以俗称它为娃娃鱼。鲵用脚走路，所以古人觉得很神奇，甚至说它们会上树。传说在大旱的时候，鲵便含水上山，用草叶盖住自己

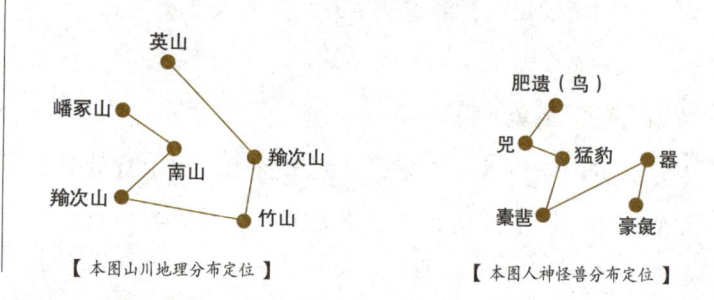

英山一带
明 蒋应镐图本

英山上生活着形如鹌鹑的益鸟肥遗。竹山上有种样子像猪的野兽名豪彘。羬次山中有善于投掷的猴形兽嚣；还有一种人面独足鸟叫橐𦙔。南山上口衔长蛇的巨兽是猛豹。嶓冢山上生活着很多兕，从山中露出半个身子的独角兽便是。

【本图山川地理分布定位】

【本图人神怪兽分布定位】

《山海经》珍贵古版插图类比

豪猪 豪猪和野猪比较相像，《吴友如画宝》中有野猪图，并说此兽"其力甚大，其性极凶"。胡本的豪猪身体像猪，脚像狸，遍体是刺，奔跑起来横冲直撞。

→明 胡文焕图本

→清《吴友如画宝》

的身体，将自己隐藏起来，然后张开口，等天上的鸟来它口中饮水时，就乘机将鸟吸入腹中吃掉。

豪𤟤

竹山山中还生活有一种野兽，其形状像小猪却长着白色的毛，毛如簪子粗细，其尖端呈黑色，名字叫豪𤟤，也就是现在的豪猪。豪猪经常二三百头一起，成群结队地去偷吃农民地里的庄稼，给周围人们的生活带来很大困扰。在受到驱赶或追捕时，豪𤟤会使劲鼓气，将自己身上又尖又长的刺发射出去，刺伤猎食者，从而救自己一命。不过有意思的是，这刺能保护自己，却也给豪𤟤带来诸多不便，传说寒冷时，豪𤟤便聚在一起，它们拼命地拥挤着、紧挨着，以相互取暖。但是由于每头豪𤟤的身上都长满了尖刺，挤得太紧，它们就痛得嚎叫起来，于是，豪𤟤又互相闪开，本能地拉开距离。但过不多大会儿，它们禁不住

葬礼中的石猪
西汉 大者长18.3厘米
小者分别长4.9厘米、4.5厘米、3.7厘米

相对于豪猪的野蛮和危险，古人更喜欢温顺的家猪，并且把它看作财富的象征。甚至在墓葬中，猪都是必不可少的随葬；汉代时，还流行随葬石猪、玉猪。在我国古代，在死者手中放置的玉器或其他器物在丧葬礼仪中被称为"握"，也称作"握猪"或"握豚"等。握猪葬俗在汉魏六朝盛极一时，延续于唐宋，波及于元明，随后日渐衰微。

寒冷的侵袭，又挤挨在一起，然后疼痛又让它们再次分开。就这样分分合合，合合分分，到最后也不得消停。

竹山再往西一百二十里是浮山，山上生长着茂密的盼木，这种树长着枳树一样的叶子却没有刺，树木上的虫子便寄生于此。山中还有一种薰草，其叶子像麻叶却长着方方的茎干，开红色的花朵而结黑色的果实，气味像蘼芜，很香，把它插在身上就可以治疗疯癫病。

性情中"花"——曼陀罗

曼陀罗是一种古老的常绿花木，开花于冬春之际，花姿绰约，花色鲜艳。它也是一种"怪"花。相传，此花笑着采去酿酒饮，会令人发笑；舞着采去酿酒饮，则令人起舞。它这种"怪异"的性情为其蒙上一层神秘的面纱，也使人们将其看作神性之花。同时，曼陀罗的花、根均是非常珍贵的药材。

䬠次山 嚣 橐𪄻

再往西七十里，是䬠（yū）次山，漆水发源于此，向北流入渭水。山上有茂密的棫（yù）树和橿树，山下有茂密的小竹丛；山北阴面有丰富的赤铜，而山南阳面则遍布婴垣之玉。山中有一种野兽，形状像猿猴而双臂很长，擅长投掷，名字叫嚣，也有人把这种野兽叫作猱猴。山中还有一种禽鸟，形状像一般的猫头鹰，长着人一样的面孔而只有一只脚，叫作橐𪄻（tuó féi），它的习性比较特殊，别的动物都是冬眠，而它却是夏眠，常常是冬天出现而夏天蛰伏，夏天打雷都不能把它震醒。正因为如此，古人认为把它的羽毛放在衣服里就能使人不怕打雷。类似橐𪄻这种形态奇异的独足鸟，受到后世很多学者的关注。李时珍在《本草纲目》中对独足鸟有专门的记载，认为独足鸟性情乖僻，昼伏夜出，喜爱成群在一起大声鸣叫；它们只吃虫豸，不食稻谷。《河图》中也说，独足鸟是一种祥瑞之鸟，看见它的人则勇猛强悍。传说南朝陈快要灭亡的时候，就有一群独足鸟聚集在殿庭里，纷纷用嘴喙画地写出救国之策的文字。那些独足鸟就是橐𪄂。《拾遗录》中也记载，有一种名叫青𩵋（huī）的独足鸟，长有人面鸟嘴和八个翅膀。民间传说青𩵋鸣叫，意味着太平盛世。每遇到太平昌盛年间，青𩵋便在一些湖泽边飞翔，栖息于山川之中。只要青𩵋聚集的地方，必定有圣人出现。

《山海经》珍贵古版插图类比

嚣 汪本的嚣腾空跃起，突出了它的猿形特点。《禽虫典》本的嚣坐在地上抛掷石子，刻画了嚣善投掷的特性。胡本中，嚣为人面兽，身披长毛。

→清 汪绂图本

→明 胡文焕图本

→清《禽虫典》

《山海经》珍贵古版插图类比

猛豹　《尔雅音图》中的猛豹样子像熊,但长着象鼻。胡本的猛豹既不像豹,也不像熊,倒像一只能吃铜铁的长尾巨兔。汪本中,猛豹为一只浑身黑色硬毛的巨豹。

→清《尔雅音图》

→清 汪绂图本

→明 胡文焕图本

时山一带

　　输次山再往西一百五十里,就到了时山,山上没有花草树木。逐水从这座山发源,向北流入渭水,水中有很多水晶石。

　　时山往西一百七十里,是南山,山上遍布粟粒大小的丹砂。丹水从这座山发源,向北流入渭水。山中的野兽大多是猛豹,和现在的豹不一样,古人认为猛豹的身体像熊,但毛皮光泽而有花纹,能吃蛇,还能吃铜铁,一顿甚至可以吃数十斤。传说睡在猛豹的皮上可以避免瘟疫,而将它的形象画在画上就可以避邪。南山上猛豹的邻居,是一种鸟,名叫尸鸠。据说它体态和鸠差不多大小，羽毛为黄色，鸣叫的时候相互呼应却不聚集在一起；它们自己不会筑巢，大多居住在树穴或空的喜鹊巢中。它们哺育幼鸟的习惯很有趣，早上从上而下喂，晚上则从下到上喂。它们在二月谷雨后开始鸣叫，一般要到夏至后才能停止。还有一种说法认为尸鸠就是布谷鸟，在农忙时节，飞翔在田地里，大声鸣叫着"布谷！布谷"提醒农民谷物可以播种了。

南山再往西一百八十里，是大时山，山上有很多构树和栎树，山下则有很多杻树和橿树；山北面盛产银，而山南面有丰富的白色玉石。大时山还孕育了涔、清二水，涔水从大时山北坡发源，向北流入渭水；清水则从南坡发源，向南流入汉水。

嶓冢山　兕

再往西三百二十里，是嶓（bō）冢山，汉水发源于此，然后向东南流入沔（miǎn）水；嚣水也从这里发源，向北流入汤水。山上到处是葱茏的桃枝竹和钩端竹。和祷

◇《山海经考据》

尸鸠——布谷鸟

　　南山中栖息着一种名叫尸鸠的鸟，有人认为那就是布谷鸟。布谷鸟学名杜鹃，传说中"杜鹃啼血"的杜鹃鸟就是俗称布谷鸟的四声杜鹃。布谷鸟产蛋时自己不会筑巢，而是选择一些比它小的鸟类的巢，在十五秒内移走原来那窝蛋中的一个，并产下自己的蛋取而代之。幼鸟会比其他蛋先孵化，出来后立刻把别的蛋扔出巢外。它这样做，是因为它很快就会长得很大，需要吃光养母所能找到的全部食物。图中的小布谷鸟已经比喂养它的京燕个头还大了。

□《山海经》珍贵古版插图类比

兕　《尔雅音图》中的兕正沿着山坡往下奔走，头上长长的独角向斜后方直立着。胡本的兕昂首阔步中，头上的独角呈半圆形向前弯曲，非常威风。

→明　胡文焕图本

→清《尔雅音图》

充满神异色彩的星相
南宋 碑刻 碑高181.3厘米
宽95.8厘米 苏州市碑刻博物馆藏

幽幽苍穹中的璀璨明星其实也是传说中神异动物的来源之一，人们通过丰富的联想，将颗颗明星用线条连起来，勾勒出某种神兽的形象；在日复一日的时光流逝中，再附加各种美丽或惊人的传说，增加其神奇色彩，后世就可能形成某种图腾。一些占星学家也通过星体位置预测地球上发生的事。这是国内目前发现最早的石刻科学星图，记录了1434颗恒星。

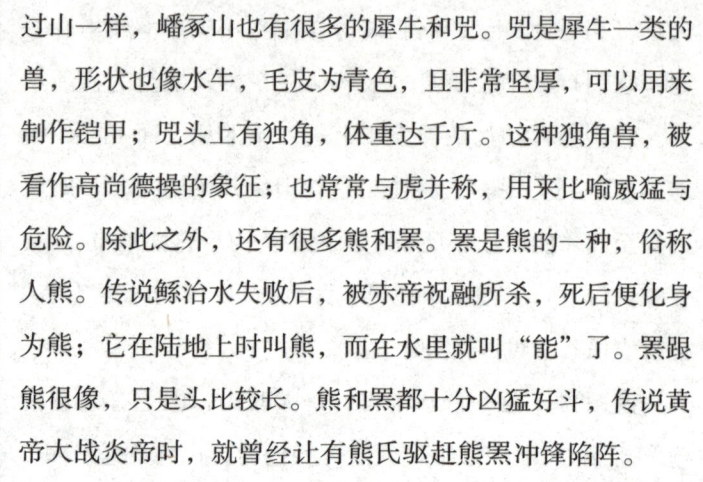

过山一样，嶓冢山也有很多的犀牛和兕。兕是犀牛一类的兽，形状也像水牛，毛皮为青色，且非常坚厚，可以用来制作铠甲；兕头上有独角，体重达千斤。这种独角兽，被看作高尚德操的象征；也常常与虎并称，用来比喻威猛与危险。除此之外，还有很多熊和罴。罴是熊的一种，俗称人熊。传说鲧治水失败后，被赤帝祝融所杀，死后便化身为熊；它在陆地上时叫熊，而在水里就叫"能"了。罴跟熊很像，只是头比较长。熊和罴都十分凶猛好斗，传说黄帝大战炎帝时，就曾经让有熊氏驱赶熊罴冲锋陷阵。

嶓冢山水草丰美，还栖息着许多鸟类，其中最多的就是白翰和赤鷩。赤鷩就是小华山上那种可以避火而十分自恋的鸟；白翰就是白雉，是一种吉祥之鸟，只有统治者德及鸟兽、天下万物太平的时候它才会出现。山中有一种草，叶子长得像蕙草叶，茎干却像桔梗，开黑色花朵但不结果实，名叫䔄（gū）蓉，人吃了它就会失去生育能力。

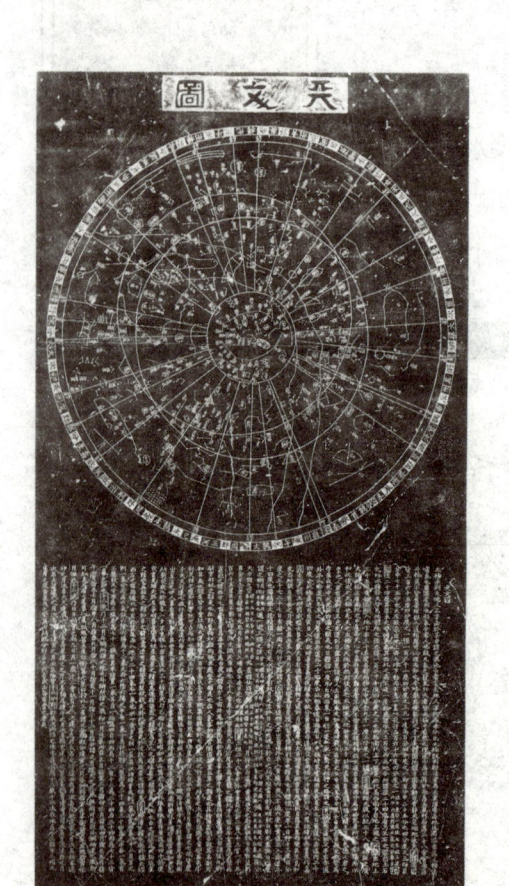

天帝山 溪边

嶓冢山再往西三百五十里，是天帝山，山上生长着茂密的棕树和楠木树，山下则布满了茅草和蕙草。山中有一种野兽，形状像普通的狗，名字叫谿边，人坐卧时铺垫上谿边兽的皮就不会中妖邪毒气。但谿边毕竟是传说中的兽，人是捉不到的，所以人们无法真正用它来驱邪。幸好谿边长得像犬，犬几乎家家都有，于是人们便宰杀白犬，用它的血涂在门上，来达到和垫谿边皮一样的驱邪作用。就因为长得像，无辜的狗便成了谿边的替死鬼。

天帝山中还生活着一种禽鸟，形状像一般的鹌鹑，但长着黑色的花纹和红色的颈毛，名字叫栎，吃它的肉可以治愈痔疮。山中还有一种草，形状像葵菜，但散发出和蘼芜一样的气味，名叫杜衡，马吃了它就会成为千里马，而人吃了它就可以治愈脖子上的赘瘤。

皋涂山 獀如 数斯

天帝山往西南三百八十里，是皋涂山，蔷（qiāng）

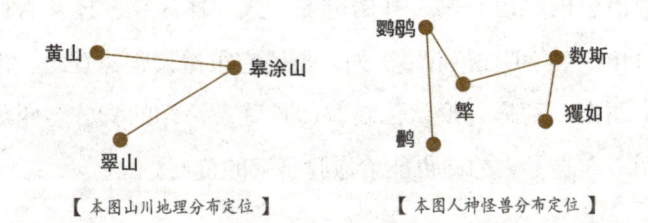

【本图山川地理分布定位】

【本图人神怪兽分布定位】

皋涂山附近
明 蒋应镐图本

皋涂山上生活着的四角怪兽名獀如；还有名叫数斯的人足鸟在山坡上返身张望。黄山的山坡上奔跑着大眼黑牛犛，山顶上空还飞翔着会说话的灵鸟鹦䳇。翠山上站着的二首四足怪鸟名鸓。

獂

獂如

明 胡文焕图本

胡本的獂如鹿首鹿身，头上两只鹿角，身上还有梅花点；前胸有长毛，尾巴分成三股；前两脚似人手，后二脚似马蹄，充分表现了獂如集鹿、马、人为一体的特征。

水发源于此，奔腾出山涧后向西流入诸资水；涂水也从这里发源，然后向南流入集获水。山的南坡布满了粟粒大小的丹砂，山的北坡则盛产黄金、白银。山上长着茂密的桂树林。山中有一种白色的石头，名字叫礜（yù），它可以用来毒死老鼠。山中又有一种名叫无条的草，其形状像槀茇，叶子像葵菜的叶子，而背面是红色的，也可以用来毒死老鼠。山中还有一种野兽，其外形非常奇特，集鹿、马、人的特点于一身，外形像普通的鹿却长着白色的尾巴、马一样的脚蹄、人一样的手，还长有四只角，名字叫獂（jué）如，据说它很擅长爬树登山。山中还有一种鸟，形状像鹞鹰却长着人一样的脚，名叫数斯，人吃了它的肉也能治愈脖子上的赘瘤。

黄山　擎　鹦鹉

皋涂山再往西一百八十里，就到了黄山，有人认为这就是现在的安徽黄山。当时黄山上没有花草树木，到

《山海经》珍贵古版插图类比

数斯　汪本的数斯头部和羽翼有几分像猫头鹰。胡本中，数斯的样子像乌鸦，一双人脚正在迈步。

→明 胡文焕图本　　　　　　　　　　　→清 汪绂图本

处是郁郁葱葱的竹丛。盼水从这里发源，向西流入赤水，水中有很多玉石。山中有一种野兽，形状像普通的牛，但其皮毛是黝黑色，眼睛比一般的牛眼要大，名叫䏟（mǐn）。山中还生活着一种鸟，其形状像一般的猫头鹰，却长着青色的羽毛和红色的嘴，嘴里面还有像人一样的舌头，能学人说话，名叫鹦䳇，也就是鹦鹉。"鹦鹉学舌"这个成语就来源于此。古人认为鹦鹉学舌就像是小孩跟母亲学说话，因此组成其名字的这两个字里面有"婴""母"两个偏旁。也有人认为鹦䳇能说人话，是因为这种鸟的舌头构造像小孩的舌头，所以能吐出字词的发音；而且它眨眼的时候，上下眼睑都同人眨眼时一样，只有这种鸟有这种特性。

翠山　旄牛　麝

黄山再往西二百里，是翠山，山上是茂密的棕树和楠木树，山下到处是竹丛；山的南坡盛产黄金、美玉，山背阴的北坡则生活着很多旄牛、羚羊和麝。旄牛又叫牦牛，身上的毛很长，尤其是尾部、背部、后颈和膝上的毛特别长，古人便将它剪下来系在旗帜的顶端，用以显示军队的威严。羚羊跟羊类似，只是角比较细长，据说晚上将羚羊角挂在木头上可以避免灾患。麝，也称香獐，就是产生麝香的那种动物，形状像鹿，但比鹿小，

鹦鹉戏蝶图

清　立轴　绢本　设色　纵98.2厘米　横50.3厘米　上海博物馆藏

鹦鹉出现的历史非常悠久，山经时代就已经有了它的身影。鹦鹉能模仿人说话，所以古人相信它们有人类的灵魂，而将其视为可通往冥界的神灵之鸟。后世，鹦鹉又成了爱情和欢乐的象征，出现在众多的文艺作品中。图中鹦鹉戏蝶的可爱神情让人看后心情愉悦轻松。

雌雄都不长角，雄麝脐与生殖孔之间有麝香腺，发情期特别发达。麝香自古就是名贵的中药材，还是顶级的香水定香剂，十分贵重，正因为如此，麝遭到了人类的大肆捕杀。传说麝性子刚烈，当被狩猎者逼至悬崖绝壁，走投无路时，便扯破自己的香囊，然后毅然投崖而死，所以人们常说"投岩麝退香"，用来比喻那种宁为玉碎，不为瓦全的精神。

鸓鸟

翠山中的禽鸟大多是鸓（léi）鸟，形状像一般的喜鹊，却长着红黑色的羽毛和两个脑袋、四只脚，人养着

鸓鸟止火
清《点石斋画报》
鸓，是一种样子像鹊的奇鸟，黑色，二首一身四足，被视为避火之鸟。传说翠山曾燃起大火，火势无人能控制。正当人们几近绝望之时，鸓鸟翩然而至，于是火焰渐渐熄灭。

它可以避火。传说翠山中有一次突然起火，火势越来越大，无法控制，忽然看见一只鸟，翩然落下，于是火焰渐渐熄灭。众人仔细观看那只鸟，发现其相貌很像喜鹊，但长着两个头和四只脚。有一个见多识广的人说，那就是鶓鸟。正因为它有可避火的神性，鶓鸟的形象常常出现在古代宫殿之中。

翠山再往西二百五十里，就到了𩵦（guī）山，它坐落于西海之滨，山中寸草不生，却蕴藏有丰富的玉石。凄水从这座山发源，向西流入大海，水中有许多彩石，色彩斑斓，还有黄金和很多粟粒大小的丹砂。

西方第一列山系诸山神

总计西方第一列山系之首尾，自钱来山起到𩵦山止，一共十九座山，蜿蜒二千九百五十七里。华山神是诸山神的宗主，祭祀华山山神的礼仪是：用猪、牛、羊齐全的三牲作祭品献祭。羭次山神是神奇威灵的，也要单独祭祀。祭祀羭次山山神用烛火，斋戒一百天后用一百只毛色纯正的牲畜，随一百块美玉埋入地下，烫上一百樽美酒，再陈列上一百块玉珪和一百块玉璧。祭祀其余十七座山山神的典礼相同，都是用一只完整的羊作祭品。所谓的烛，就是用百草制作的火把但未烧成灰的时候，而祀神的席位是用各种颜色的花纹参差有序地将边缘装饰起来的白茅草席。

用于祭祀的玉璧
战国 直径11.4厘米 厚0.5厘米
陕西省咸阳市旬邑县博物馆藏

祭祀是古人生活中非常重要的仪式，每逢初一、十五，都会祭天或祭神。在这项庄严神圣的典礼中，除了美酒和牲畜外，美玉自然是少不了的。首先将美玉埋入地下，再陈列上玉珪和玉璧。中国的古代文化认为，玉器集天地之灵性，能够传达人们对神的敬意，并有利于得到神的赐福。这种传统一直流传到后世，《周礼》就有"以苍璧礼天"之说。

西次二经路线示意图

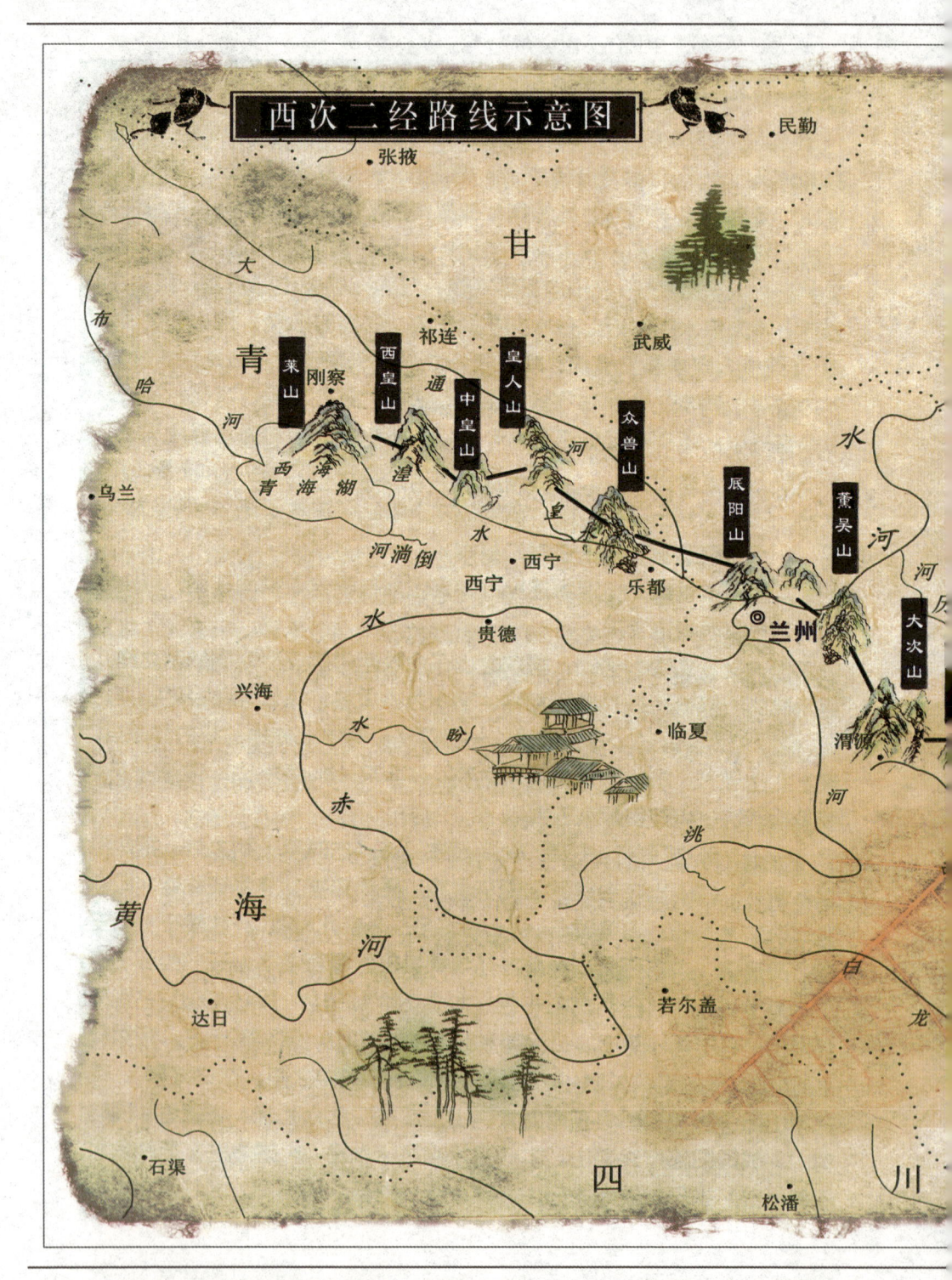

本图根据张步天教授《〈山海经〉考察路线图》绘制,图中记载了《西次二经》中钤山至莱山共十七座山的考据位置。

（此路线形成于西周早中期）

西次二经

钤山周边

西方第二列山系之首座山，叫作钤（qián）山，山上盛产铜，山下盛产玉；山中树木茂盛，以杻树和橿树为最多。

钤山向西二百里，是泰冒山，其山南坡盛产黄金，

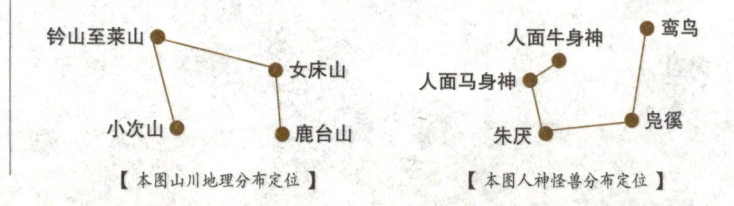

女床山周边
明 蒋应镐图本

女床山上有美丽的祥瑞之鸟鸾鸟。鹿台山上的人面鸟名凫徯。小次山上形如猿猴、白首赤足的凶兽是朱厌。西方第二列山系的山神有两种不同形貌，人面马身神管辖其中的十座山，而另外七座山则由人面牛身神主管。

【本图山川地理分布定位】　　　　【本图人神怪兽分布定位】

鸾鸟
清 萧云从《离骚图》

鸾鸟是与凤凰同类的祥瑞之鸟,其声如铃。屈原《离骚》有"鸾皇为余先戒兮,雷师告余以未具"的佳句。图中左上方的二鸟即为"鸾皇"。鸾为传说中凤凰一类的神鸟,皇为凰;凤凰中雄为凤,雌为凰。

山北坡盛产铁。洛水从这座山发源,向东流入黄河,水中有很多带纹理的美玉,还有很多白色的水蛇。

再往西一百七十里,是数历山,山上盛产黄金,山下盛产白银;山中的树木以杻树和橿树为主,而禽鸟大多是鹦鹉。楚水从这座山发源,然后向南流入渭水,水中有很多白色的珍珠。

再往西北方向五十里的山,名叫高山,山上有丰富的白银,山下到处是青绿色的美玉和雄黄;山中的树木大多是棕树,而草丛大多是小竹丛。泾水从这座山发源,然后向东流入渭水,水中有很多磬石和青绿色的美玉。

女床山 鸾鸟

高山往西南三百里,是女床山,山向阳的南坡多出

◇《山海经》考据

钤山在今韩城附近

经考证,钤山在今陕西韩城附近。韩城的历史非常悠久,当地的居民大多很早就世代定居在此,他们四四方方的房屋形态从先辈时代流传至今,非常富有特点,被誉为"东方人类古代传统居住村寨的活化石"。

《西次二经》中其他山的地理位置大致为:泰冒山在陕西合阳一带,而数历山在陕西铜川附近;龙首山在甘肃彭阳周边,鸟危山可能在甘肃会宁附近;皇人山、中皇山和西皇山则在青海境内的湟水岸边,莱山即为今天青海的托来山。

《山海经》珍贵古版插图类比

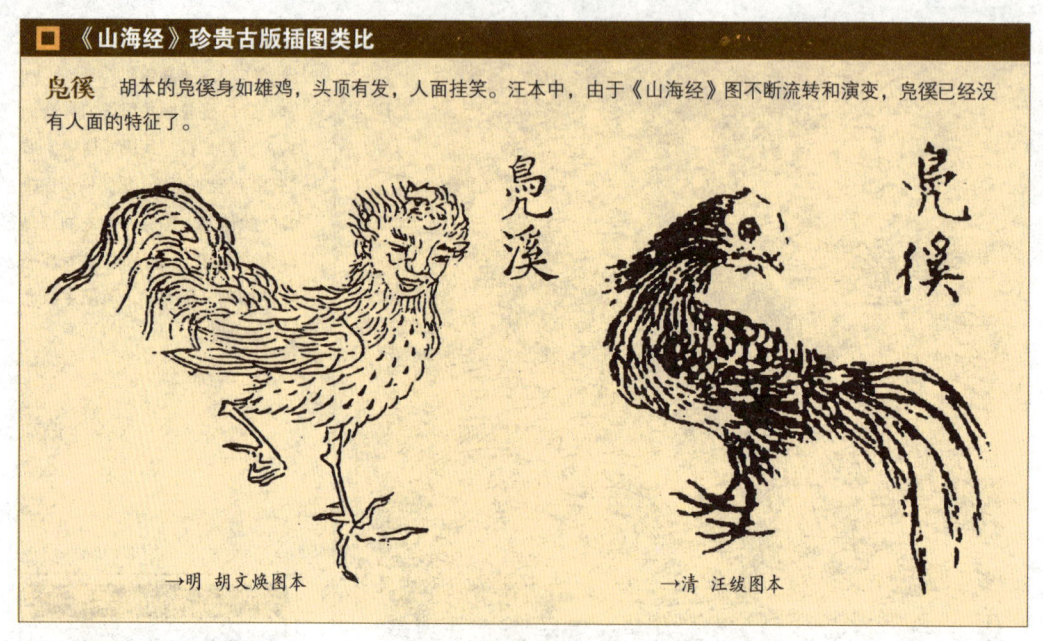

凫徯 胡本的凫徯身如雄鸡，头顶有发，人面挂笑。汪本中，由于《山海经》图不断流转和演变，凫徯已经没有人面的特征了。

→明 胡文焕图本

→清 汪绂图本

凤图腾

商后期 长13.6厘米 厚0.7厘米

在中国，凤凰是同龙并称的图腾，其代表阴柔。《史记》中记载，殷契的母亲简狄在户外洗澡时，吃了玄鸟（即凤凰）卵而怀孕生了契，即所谓"天命玄鸟，降而生商"。契成年后协助大禹治水有功，后来成为殷商的始祖。殷商崇信玄鸟，因而商代的青铜器上铸有很多变幻无穷的凤纹图案。商王武丁之妻妇好的墓出土了很多玉龙，而玉凤仅此一件，说明妇好对凤的极端重视。

产红铜，而背阴的北坡多出产可用来画眉的黑石脂，山中的野兽以老虎、豹子、犀牛和兕居多。山里还生活着一种禽鸟，形状像野鸡却长着色彩斑斓的羽毛，名叫鸾鸟。鸾鸟是传说中和凤凰同类的神鸟，它也分雌雄，雄的叫鸾，雌的叫和，它的叫声有五个音阶，十分动听。传说西域的罽（jì）宾王养了一只鸾，三年不曾鸣叫。后来用镜子照它，鸾看到自己在镜中的影子便悲伤地鸣叫起来，然后冲上云霄，再也不见踪迹。后来古人便用"鸾镜"来表示临镜生悲。鸾鸟不轻易现身，一般要到政治清明、天下太平时才会出现。因为鸾鸟的声音动听如铃，周朝时有种大备法车，车上常缀有大铃，好像鸾鸟的声音，后世所称銮车即是由此而来。

龙首山　凫徯

女床山往西二百里，是龙首山，其向阳的南坡盛产黄金，背阴的北坡则盛产铁。苕水从这座山发源，向东南注入泾水，河水中有很多美玉。

龙首山再往西二百里，就到了鹿台山，山上盛产白玉，山下盛产银，山中的野兽以牲牛、羬羊、白豪居多。白豪与竹山的豪彘类似，也是豪猪的一种，只是它的毛是白色的，所以称白豪。山中还有一种禽鸟，形状像普通的雄鸡却长着人一样的脸，名叫凫徯（fú xī），它的叫声就像是自呼其名，它出现在哪里，哪里就会有战争。传说某年夏天，天气大旱，庄稼颗粒无收，农民生活困顿，郴江地区就出现了凫徯；尽管当时的人整日担忧、处处小心，但第二年还是发生了战争。

鸟危山一带

鹿台山往西南二百里的地方，是鸟危山，山的南坡多出产磬石，而山的北坡则生长着茂密的檀树和构树；山中生长着很多女床草，据说就是女肠草。鸟危水从这座山发源，向西流入赤水，水中也有许多粟粒大小的丹砂。

◇《山海经》考据

朱厌——白头叶猴

小次山中的朱厌，后人认为是白头叶猴。它和人类的相貌有着惊人的相似：头上的白冠如同人老后的苍发，漂亮的脸形几乎和人类一样，而较平的口型及口内洁白整齐的牙齿，是其他任何动物都没有的。这种白头叶猴即使在山经时代也非常少见，且头顶白发，所以被古人视为不祥。图为和白头叶猴同样珍贵的狐猴。

《山海经》珍贵古版插图类比

朱厌 《禽虫典》本的朱厌白首白身，正抓耳挠腮，作跳跃状。汪本中，朱厌白首黑身，四肢细长，姿势颇为古怪。

→清 汪绂图本

→清《禽虫典》

再往西四百里，是小次山，山上盛产白玉，山下盛产赤铜。山中有一种野兽，形状像普通的猿猴，但头是白色的，脚是红色的，名叫朱厌，和凫徯一样，它也是兵乱的征兆，它一出现就会硝烟四起，天下大乱。

大次山周边

小次山往西三百里，是大次山，其南坡盛产垩土，北坡则多出产碧玉，山中的野兽以牦牛、羚羊居多。

由大次山再往西四百里，是薰吴山，山上不生长草木，却盛产金属矿物和玉石。

薰吴山再往西四百里，是厎（zhǐ）阳山，山中的树木大多是水松树、楠木树、枕树和樟树。传说枕树和樟树在幼小时十分相像，人们不能分辨，而认为它们是同一种树木；等到长了七年之后，才能把它们分别开来。厎阳山的野兽大多是犀牛、兕、老虎、牦牛，还有豥（zhuó），它是一种长得像豹但不带豹纹的野兽。

厎阳山再往西二百五十里，是众兽山，山上遍布㻬琈玉，山下到处是檀香树和构树，还蕴藏着丰富的黄金，山中的野兽以犀牛、兕居多。

再往西五百里，是皇人山，山上蕴藏有丰富的金属矿物和玉石，山下有丰富的石青、雄黄。皇水从这里发源，向西流入赤水，水中有很多粟粒大小的丹砂。

贲鹿图

清 立轴 纸本 设色 纵 198.3 厘米 横 93 厘米 北京故宫博物院藏

鹿是长寿的仙兽，传说千年为苍鹿，二千年为玄鹿，民间传说中的老寿星总是与鹿相联系。鹿乃纯阳之物，生命力极强，动作矫健，素有"草上飞"之称，即使腿骨折断，无须治疗也能自然长合。"鹿"字又与三吉星"福、禄、寿"中的禄字同音，因此它常被用来表示长寿和繁荣昌盛。图中所绘为一只体形健壮的贲鹿在山坡上驻足张望。

皇人山再往西三百里，是中皇山，山上多出产黄金，山下长满了蕙草和棠梨树。

西皇山 麋 罗罗鸟

再往西三百五十里，是西皇山，山的南坡多出产黄金，山的北坡多出产铁，山中的野兽以麋、鹿、牦牛居多。麋就是有名的"四不像"，其角似鹿非鹿，头似马非马，身似驴非驴，蹄似牛非牛，在古代中国分布很广，而现在在野外已经灭绝，只剩几个保护区内圈养的了。鹿在古代分布也很广，古人十分喜欢鹿，认为它是瑞兽，是长寿的象征。鹿一般在夏至左右解角（蜕去鹿茸），古代传说如果鹿到了夏至仍不解角将会天下大乱。

西皇山再往西三百五十里，是莱山，山中的树木大多是檀香树和构树，而禽鸟大多是罗罗鸟，估计它的叫声就是"啰啰"吧。这种鸟非常凶猛，是能吃人的。

西方第二列山系诸山神

总计西方第二列山系之首尾，自钤山起到莱山止，一共十七座山，东西全长四千一百四十里。其中十座山的山神，都是人脸马身。还有七座山的山神都是人脸牛身，长着四只脚和一条胳膊，拄着拐杖行走，这就是所谓的飞兽之神。祭祀这七位山神，要在带毛禽畜中用猪、羊作祭品，将其放在白茅草席上。祭祀另外那十位山神，则在带毛禽畜中选用一只公鸡来作祭品，祀神时不用米，毛物的颜色要杂而不必纯一。

黄金的应用
汉 高17.6厘米 宽8.1厘米
长44.1厘米 重3.4千克
河北省博物馆藏

黄金从原始山林中开采出来后，即因其绚丽的色泽和稳固的质地而被人们追逐甚至崇奉，被认为是富贵、吉祥、权威的象征。这件出自王室之家的铜枕，通体鎏金，两端配以龙首，四矮足为龙爪形。

人面牛身神
清 汪绂图本

人兽合体的山神，作兽行走状，突出了山神的兽性特征。

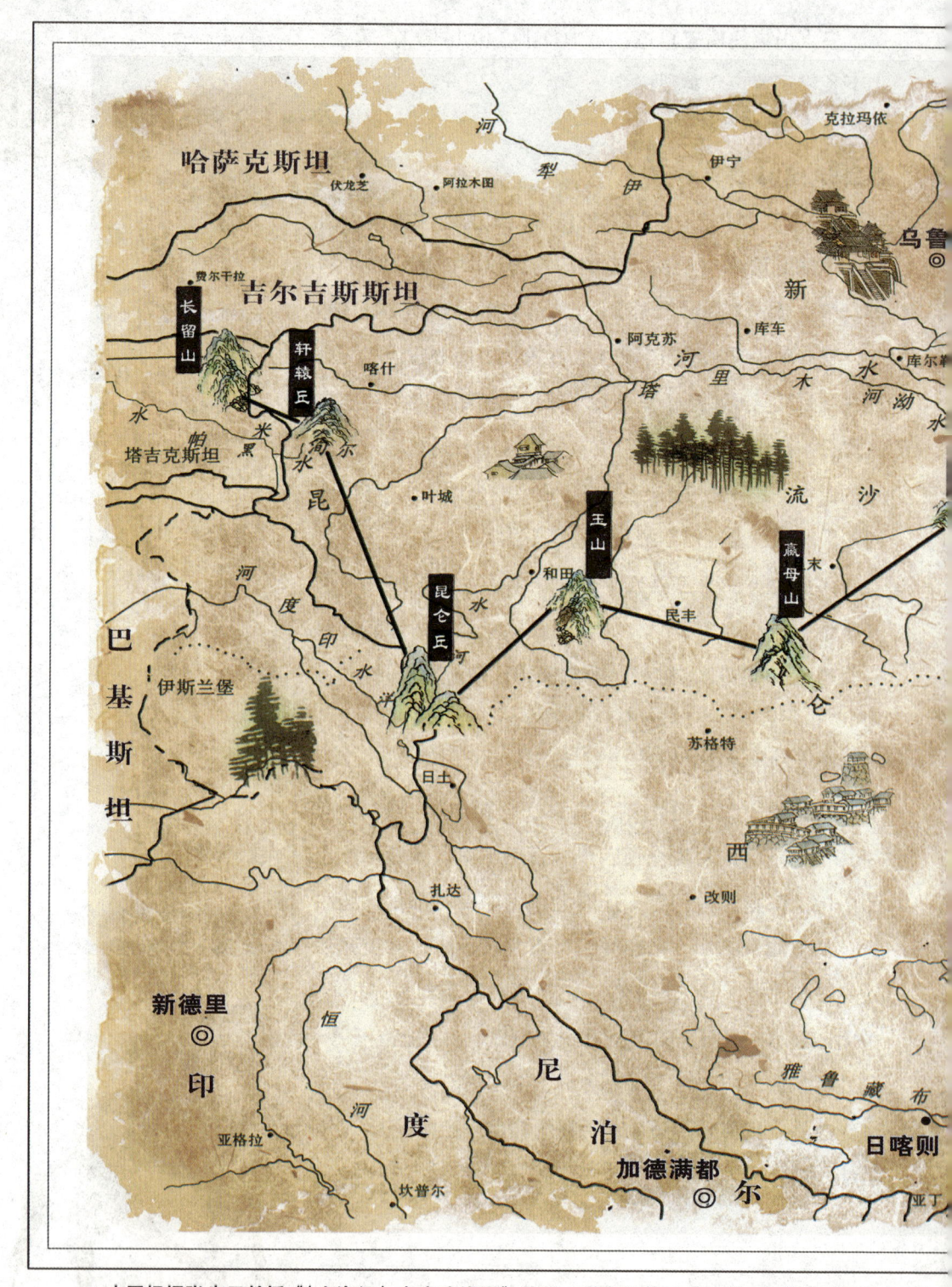

本图根据张步天教授《〈山海经〉考察路线图》绘制，图中记载了《西次三经》中崇吾山到翼望山的考据位置，经中所说二十三座山，实则只有二十二座。

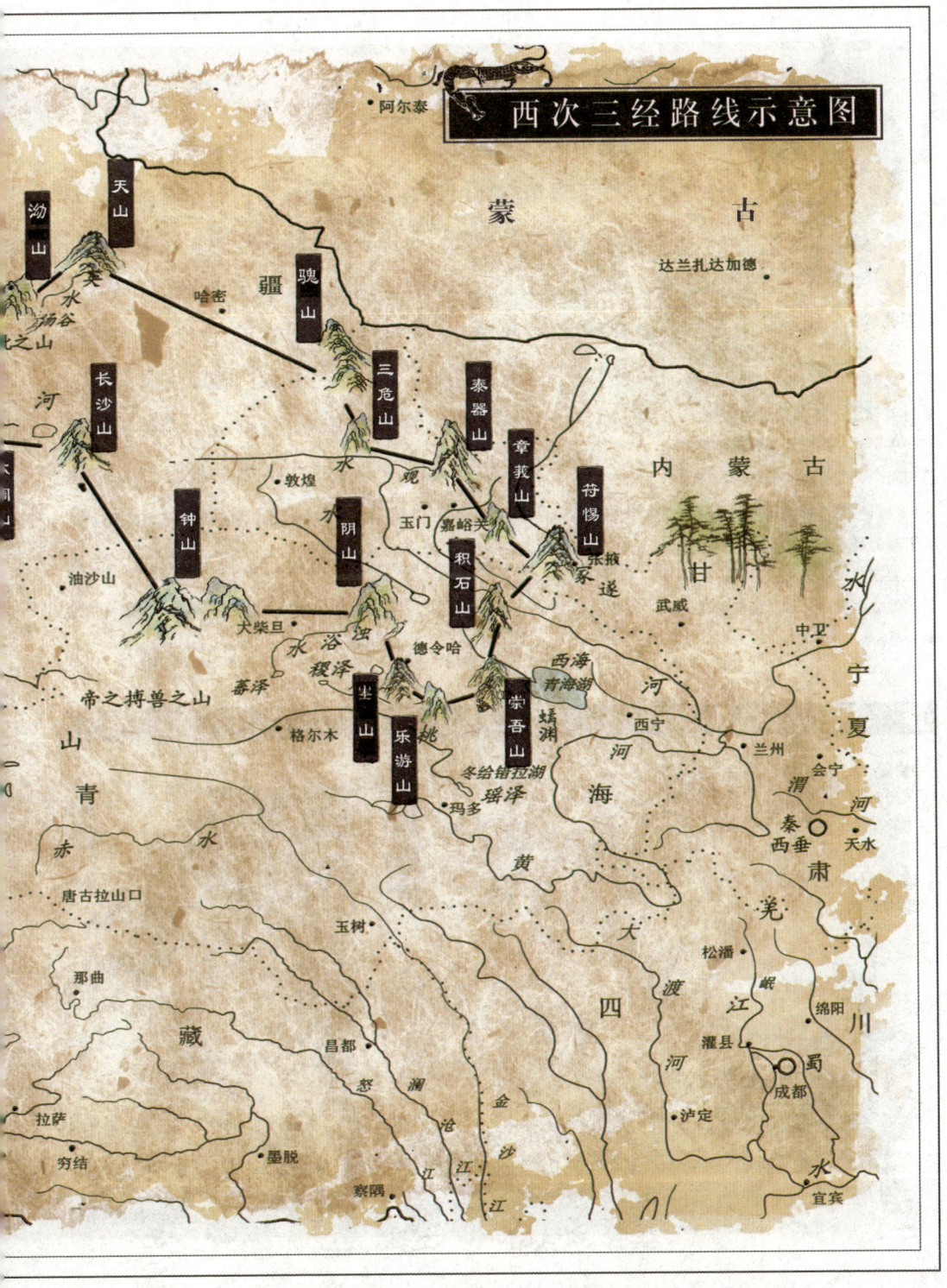

（此路线形成于西周时期）

西次三经

崇吾山 举父 蛮蛮

　　西方第三列山系最东边的一座山，叫作崇吾山，它雄踞于黄河的南岸，在山顶向北可以远眺冢遂山，向南可以望见猺（yáo）泽，向西可以看到天帝的搏兽丘，向东可以望见㛢（yān）渊。山中生长有一种树木，圆圆的叶子白色的花萼，开红色的花朵，花瓣上有黑色的纹理，结的果实与枳的果实相似，它有利于人类繁衍后代，人吃了就会儿孙满堂。山中生活有一种野兽，形状像猿猴，而胳膊上却有斑纹，后面长着豹子一样的尾巴，它擅长投掷，名叫举父。它有抚摸自己头的习惯，能举起石头掷人，所以名为举父。另外，山中还生活着一种鸟，其形状像一般的野鸭子，却只长了一只翅膀和一只

鸭形礼尊
战国 高28厘米 河北省文物研究所藏

　　比翼齐飞、出入成双的比翼鸟有着鸭子一样不起眼的形貌，却代表了共结连理的美好愿望而流传至今，成为白头偕老的代名词。外貌相像的鸭子显然没有这些美丽的寓意，但它却为人们带来更实在的美味享受，它的形象还被做成酒器——尊，跻身为礼器一员。

《山海经》珍贵古版插图类比

举父　《尔雅音图》中，举父坐在树下，左顾右盼。汪本的举父样子像猴，双臂奇长。《禽虫典》本之举父正欲投掷石块，突出了举父善投的特点。

→清 汪绂图本　　　　→清《尔雅音图》　　　　→清《禽虫典》

眼睛，因此无法独自飞翔，需要两只鸟结对比翼齐飞，它的名字叫蛮蛮，它一旦出现天下就会发生水灾。蛮蛮就是比翼鸟，其羽毛青红色，双鸟不并在一起就无法飞翔，因此古人把它作为夫妻同心的象征，夫妻恋人往往有"在天愿做比翼鸟"的誓言。周成王六年时，燃丘国献来一对雌雄比翼鸟，它们精力充沛，筑巢时从南海衔来丹泥，从昆仑山衔来元木。遇到圣贤的人治理国家时，它们就会飞出来汇集在一起，这也是周公治国有方、天下大治的祥瑞之兆。传说崇丘山有种鸟，只有一只脚、一个翅膀和一只眼睛，必须两只鸟在一起才能飞翔。这是种吉鸟，人如果见到它，就会交好运；而如果能骑上它，则可长寿千岁。南方还有种比翼凤，无论飞翔、静止还是吃食、喝水，都不分离；即使死去，复生后也要在一起。除了比翼鸟之外，古人还有比目、比翼、比肩的说法。《尔雅·释地·五方》中记载，东方有种叫鲽的比目鱼，双鱼交绕，一起游动；西方则有比肩兽，与一种叫邛邛岠虚的兽相伴，经常给邛邛岠虚喂食甜草根，一旦遇到灾难，它就背着邛邛岠虚行走；北方还有比肩民，他们朝夕相处，共同进食，共同生活。古人视成双成对为吉祥，因此，不比不飞、不比不行的观念成为中国吉祥文化的重要内容。

长沙山一带

　　崇吾山往西北三百里，是长沙山。传说当年周穆王西游瑶池拜会西王母，归国时，西王母曾送穆王到长沙山。泚（cǐ）水从这里发源，流出山涧后便向北奔流入

戏水鸳鸯
明末清初　纵115厘米　横47.3厘米
　　鸳鸯同比翼鸟一样是永结同心、相亲相爱的美好象征，有人认为"鸳鸯"二字是"阴阳"二字谐音转化而来，取它们"止则相偶，飞则相双"的习性。人们甚至认为鸳鸯一旦一方不幸死亡，另一方也不再寻觅新的配偶，只是孤独终老。其实这只是人们通过联想产生的美好愿望，是人们将自己的幸福理想赋予美丽的鸳鸯。

《山海经》珍贵古版插图类比

互比　中国吉祥文化中，除了比翼鸟外，还有不比不视的比目鱼、互为首尾的枳首蛇、不比不行的比肩兽及共同生活的比肩民。

东方有比目鱼

比目鱼　清《尔雅音图》

南方有比翼鸟

比翼鸟　清《尔雅音图》

中有枳首蛇

枳首蛇　清《尔雅音图》

西方有比肩兽

比肩兽　清《尔雅音图》

北方有比肩民

比肩民　清《尔雅音图》

洇（yōu）水，山上寸草不生，但盛产石青和雄黄。

长沙山再往西北三百七十里，是不周山。不周山很高，是天柱之一。其山形有缺，有不周全的地方，因而名叫不周山。它不周全，是共工怒触所致。水神共工与颛顼争夺帝位失败，转而怒触不周山，将天柱撞断，使得系着大地的绳子也绷断了，于是天往西北方向倾斜，而大地则往东南方向塌陷。因为天向西北方向倾斜，所以

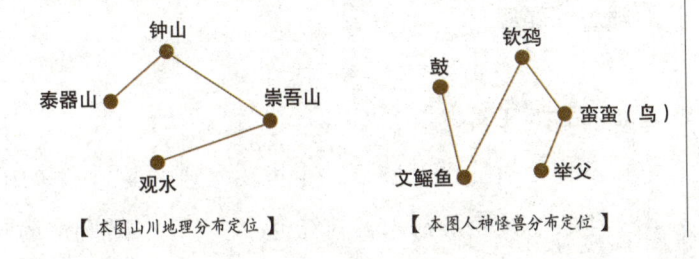

【本图山川地理分布定位】

【本图人神怪兽分布定位】

崇吾山一带
明 蒋应镐图本

崇吾山上站立着名叫举父的大猴，天空中还飞翔着双头鸟蛮蛮。钟山上站立着人面龙身的山神鼓；高高的天空中，灾鸟钦䲹在虎视眈眈地飞翔。泰器山是观水的发源地，水中游着鱼身鸟翼的文鳐鱼。

◇《山海经》考据

《西次三经》中诸山的位置

《西次三经》脱离了《西山经》的地理方位顺序，越过二经到四经之间正常排序的地理方位，直接放在了四经以北以西的地域，明显与西次一、二、四经相分离。三经所记载地域的各山，位置分别为：崇吾山应在陕西佳县一带，不周山则应在内蒙古准噶尔旗到山西平朔间，泑泽可能在内蒙古黄河前套（土默川盆地），钟山、槐江山大致在内蒙古乌拉特前旗地区，昆仑丘应该在陕西鄂尔多斯高原西南方，嬴母山大概是宁夏贺兰山，玉山应在甘肃冷龙岭或乌鞘岭，三危山疑是甘肃敦煌三危山，翼望山应在今日的新疆罗布泊地区。

日月星辰都是东起西落；因为大地向东南方塌陷，所以大江大河纷纷改道，流向东海。站在不周山山顶，向北可以望见诸毗山，它高高地踞于岳崇山之上，向东可以望见泑泽；泑泽是河水潜入地下而形成的，从地下流出的水犹如喷泉涌出一样。这里还有一种特别珍贵的果树，其结出的果实与桃子很相似，叶子却很像枣树叶，开着黄色的花朵，而花萼却是红色的，人吃了这种果实就可以治愈忧郁症。

崟山　丹木　玉膏

不周山再往西北四百二十里，就到了崟（mì）山，山上生长着茂密的丹木，其红色的茎干上长着圆形的叶子，开黄色的花朵而结红色的果实，果实的味道很甜，人吃了它就不会觉得饥饿。丹水从这座山发源，向西流入稷泽，水中有很多白色的玉石。这里有玉膏，玉膏之源涌出时一片沸腾的景象，黄帝常常服食享用这种玉膏。这里还出产一种黑色玉石。用这里涌出的玉膏，去浇灌丹木，丹

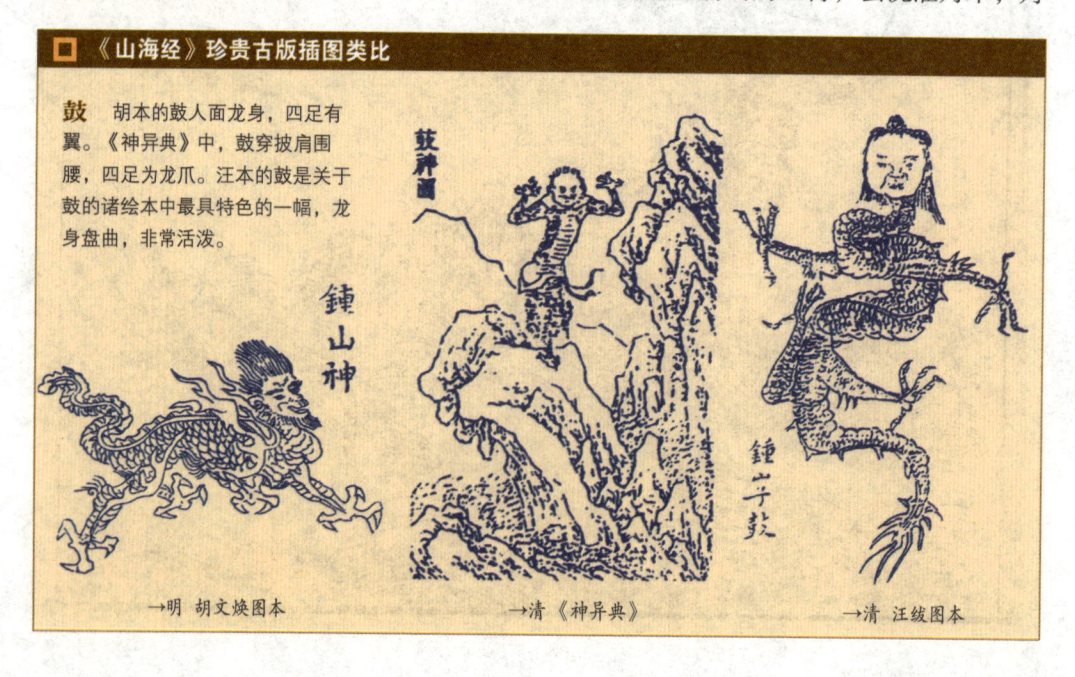

□ **《山海经》珍贵古版插图类比**

鼓　胡本的鼓人面龙身，四足有翼。《神异典》中，鼓穿披肩围腰，四足为龙爪。汪本的鼓是关于鼓的诸绘本中最具特色的一幅，龙身盘曲，非常活泼。

→明　胡文焕图本　　→清《神异典》　　→清　汪绂图本

木再经过五年的生长，便会开出光艳美丽的五色花朵，结下味道香甜的五色果实。黄帝于是就采撷峚山中玉石的精华，而投种在钟山向阳的南坡，后来便生出瑾和瑜这类美玉，坚硬而致密，润厚而有光泽，五彩缤纷，刚柔相济，非常和谐。无论是天神还是地鬼，都来服食享用；君子佩带它，就能吉祥如意，避免灾殃。从峚山到钟山，间隔四百六十里，其间全部是水泽。在这里生长着许许多多奇鸟、异兽、神鱼，都是一些非常罕见的动物。

钟山　鼓

峚山再往西北四百二十里，就到了钟山。鼓是钟山山神烛阴的儿子，其形貌是人面龙身。钟山神在西方第三列山系的诸山神中占有较高地位，而且还兼有其他神职；虽然没有固定的祭祀仪式，但仍然受到世人祭拜。传说古时天上诸侯常有纷争，有一次，鼓施用诡计，联合一个叫钦䲹（pī）的天神，在昆仑山南面将另一个名叫葆江的天神杀死了，天帝因此将肇事者鼓与钦䲹杀死在钟山东面一个叫崤（yáo）崖的地方。二神死后灵魂不散，钦䲹化为一只大鹗，形状像普通的雕鹰却长有黑色的斑纹和白色的脑袋，还有红色的嘴巴和老虎一样的爪子，发出的叫声如同晨鹄（hú）鸣叫。钦䲹是一种灾鸟，它一出现就有大的战争。鼓死后也化为鵕（jùn）鸟，形状像鹞鹰，但长着红色的脚和直直的嘴，身上是黄色的斑纹，而头却是白色的，发出的声音与鸿鹄的鸣叫很相似，它在哪个地方出现，哪里就会有旱灾。

苍鹰图
明 立轴 纸本 设色 纵127厘米
横57.5厘米 上海博物馆藏

　　钟山山神鼓死后所化的鵕鸟，样子像鹞鹰，却是种灾鸟，和鹰形象惯有的寓意稍有出入。鹰这种苍劲有力的猛禽，历来是自由、力量、勇猛和胜利的象征，它锐利的双眼、极速的俯冲、捕猎时的果决，都让古人为之震惊。这幅苍鹰伫立在梅树干上的图，是画者用手指所作，相当精彩。

《山海经》珍贵古版插图类比

文鳐鱼 胡本的文鳐鱼鸟翅鱼身,身上有黑斑,嘴边没有须,正展翼飞翔。汪本中,文鳐鱼身上有深色斑纹,展翅飞翔中鱼须随风飘动。

→明 胡文焕图本

→清 汪绂图本

泰器山 文鳐鱼

钟山再往西一百八十里,是泰器山,观水从这里发源,向西流入流沙。这观水中有很多文鳐（yáo）鱼,形状像普通的鲤鱼,有着鱼一样的身子和鸟一样的翅膀,浑身布满苍色的斑纹,却长着白色的脑袋和红色的嘴巴,常常在西海行走,在东海畅游,在夜间飞行。有人见过文鳐鱼在南海游动,大的有一尺多长,身上长着与尾巴相齐的翅膀。也有人把它叫作飞鱼,它们群飞过海面时,海边的人以为起了大风。传说歙（shē）州赤岭下有条很大的溪流,当地的人要在那里造一条横溪,文鳐鱼不得不下半夜从此岭飞过。那里的人于是张网进行捕捉,文鳐鱼飞过时,有一部分穿过了网,还有很多没穿过网的,就变成了石头。直到今天,每每下雨,那些石头就会变成红色,赤岭因此得名。文鳐鱼发出的声音如同鸾鸡啼叫,其肉味是酸中带甜,人吃了之后就可治好癫狂病,它一出现天下就会五谷丰登。

槐江山 英招

再往西三百二十里,是槐江山。丘时水从这座山发

人物画陶尊
汉　高约18厘米　口径21厘米
河南省洛阳市文物工作队藏

人类在不断摸索的发展过程中,思想逐渐从那些伟大神秘的图腾转移到了"人",意识到自身的重要性。于是很多图腾式的神兽都被赋予人的面孔,连生活中器物上的图案也逐渐添加了人的形象。这件陶尊最吸引人之处就在于它的彩绘人物画,画面线条流畅、人物传神。

源，然后向北流入泑水。水中有很多螺蛳，传说神农氏教百姓播种五谷之前，原始先民多以螺为食物。槐江山上蕴藏着丰富的石青、雄黄，还有很多的琅玕（似珠玉的美石）、黄金、玉石，山的南坡布满了粟粒大小的丹砂，而山的北坡多出产带符采的黄金白银。这槐江山的确可以说是天帝悬在半空的园圃，它由天神英招主管，而天神英招长着马的身子和人的面孔，身上的斑纹和老虎的类似，还长着鸟才有的翅膀。它巡行四海而传布天帝的旨命，发出的声音如同用辘轳抽水声。在槐江山山

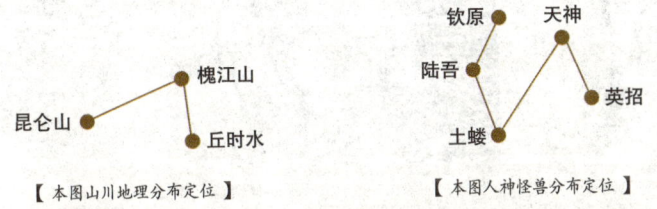

【本图山川地理分布定位】

【本图人神怪兽分布定位】

槐江山附近
明 蒋应镐图本
　　槐江山旁的水边站立着山神英招；山中还生活着双头怪兽，被称为天神。昆仑山中生活着人面虎身九尾兽名陆吾；山坡上走动的四角如羊的怪兽是土蝼；天空中还飞翔着名叫钦原的毒鸟。

《山海经》珍贵古版插图类比

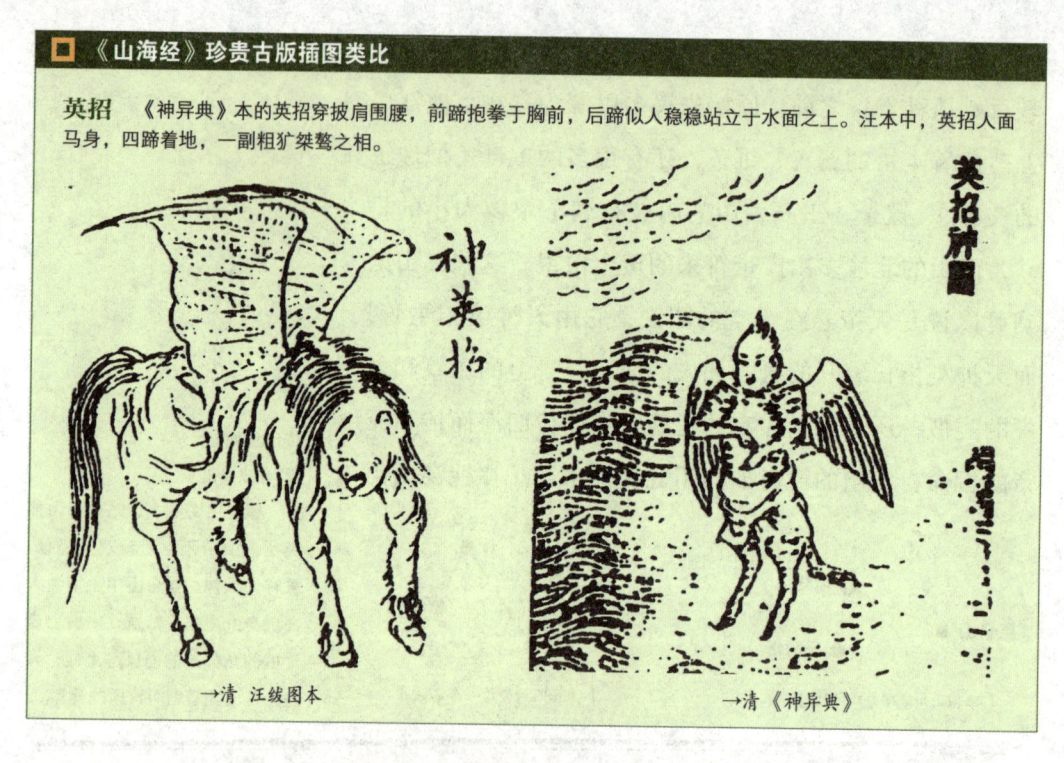

英招 《神异典》本的英招穿披肩围腰，前蹄抱拳于胸前，后蹄似人稳稳站立于水面之上。汪本中，英招人面马身，四蹄着地，一副粗犷桀骜之相。

→清 汪绂图本

→清 《神异典》

顶向南可以望见昆仑山，那里光焰熊熊，气势恢弘。向西可以望见大泽，那里是后稷死后的埋葬之地。后稷是周的始祖，是姜嫄踏巨人脚印受孕而生。传说他刚出生时，就聪颖而先知先觉，他在尧舜时期担任掌管农业的官职，教黎民百姓种植农作物。他死后便遁入湖中，化身为大泽之神。大泽里面蕴藏有丰富的美玉，其南岸则生长有许多奇形怪状的树木。站在槐江山顶，向北还可以望见诸毗山，是一个叫作槐鬼离仑的神仙所居住的地方，也是鹰鹯（zhān）等飞禽的栖息地。山顶向东还可以望见那四重高的恒山，有穷鬼居住在那里，各自分类聚集在一起。槐江山中还有一条叫瑶水的河流，它清灵激荡，清冷彻骨。有个天神住在槐江山中，它的形状像普通的牛，却长着八只脚、两个脑袋，后面还拖着一条马的尾巴，它叫起来的声音如同人在吹奏乐器时薄膜发出的声音。它是兵祸的象征，在哪个地方出现，哪里就有战争。

昆仑山 陆吾 土蝼 钦原

槐江山往西南方向四百里，是昆仑丘，它是天帝在下界的都邑，由天神陆吾主管。这位天神有着老虎的身子和九条尾巴，一副人的面孔，还长着老虎的爪子。它还兼管天上九域之部界，以及天帝苑囿之时节，因此又称天帝之神。《山海经》中，昆仑山共有三位山神，分别是《西次三经》中的陆吾，《海内西经》中的开明兽和《大荒西经》中的人面虎身神。这三位山神名虽不同，实则同一：它们神职相同，都是昆仑山神，且它们的形象都为人面虎。这三位英名显赫的山神，其形象大量出现在后世的器具上或画像中。山中还生活着一种野兽，其形状像普通的羊却长着四只角，名叫土蝼，是能吃人的。山中还栖息着一种鸟，形状像一般的蜜蜂，而大小却和鸳鸯差不多，名叫钦原。这种钦原鸟有剧毒，如果它蜇了其他鸟兽，这些鸟兽就会死掉，它刺蜇树木也会使树木枯死。除钦原外，山中还有另一种禽鸟，名叫鹑鸟，它主管天帝日常生活中各种器具和服饰。山中还生长着一种树木，形状像普通的棠梨树，却开着黄色的花朵，并结出红色的果实，其味道像李子却没有核，名字叫沙棠，可以用来避水，人吃了它就能入水不沉。山中还有一种草，名字叫蘋（pín）草，

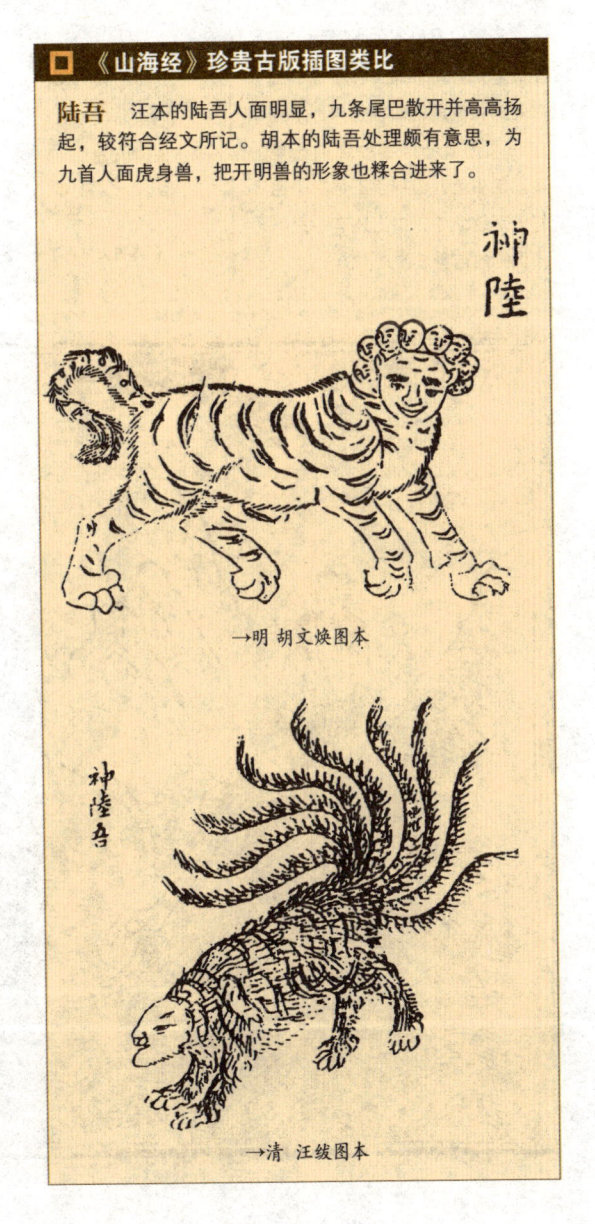

《山海经》珍贵古版插图类比

陆吾 汪本的陆吾人面明显，九条尾巴散开并高高扬起，较符合经文所记。胡本的陆吾处理颇有意思，为九首人面虎身兽，把开明兽的形象也糅合进来了。

→明 胡文焕图本

→清 汪绂图本

山海经

形状很像葵菜，但味道与葱相似，吃了它就能使人解除烦恼忧愁。黄河水从这座山发源，然后向南而东流注入无达水。赤水也发源于这座山，然后向东南流入氾天水。洋水也发源于这座山，然后向西南流入丑涂水。黑水也发源于这座山，然后向西流到大杅山，这座山中有许多奇怪的鸟兽。

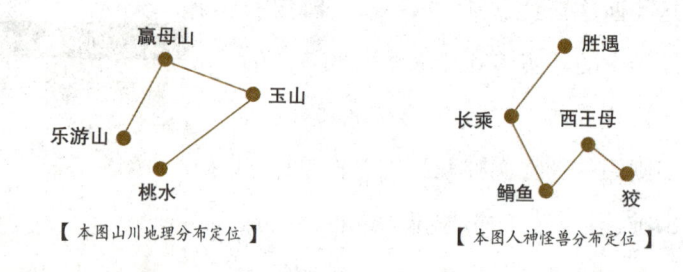

乐游山周边
明 蒋应镐图本

　　乐游山是桃水的发源地，水中有四足蛇形鱼鳋鱼。嬴母山上站着身拖豹尾的山神长乘，天空中还飞翔着一只名胜遇的长尾鸟。玉山上，山神西王母在一团祥云环绕之中，山上还有一只样子像狗的吉兽是狡。

【本图山川地理分布定位】

【本图人神怪鸟兽分布定位】

乐游山 鳋鱼 长乘

昆仑山再往西三百七十里，是乐游山。桃水从这座山发源，向西流入稷泽，这里到处有白色玉石，水中还有很多鳋（huā）鱼，形状像普通的蛇却长着四只脚，是能吃其他鱼类的。传说鳋鱼在晚上能发光，其叫声和鸳鸯类似，它在哪里出现哪里就会有大旱灾。

往西走四百里水路，就到了流沙，从这里再西行二百里便是嬴（luǒ）母山。天神长乘主管这里，他是上天的九德之气所化，其外形像人，背后却长着一条豹的尾巴。相传大禹治水到洮水时，有一个长人代表天帝把黑玉书交给了他，这个人就是长乘。嬴母山上有很多美玉，山下则青石遍布而没有水。

玉山 西王母

嬴母山再往西三百五十里，就到了玉山，这是西王母居住的地方。西王母的形貌与人很像，但却长着豹一样的尾巴和老虎一样的牙齿，而且喜好啸叫，她蓬松的头发上戴着玉胜，相貌十分怪异，她就是掌管灾厉和刑杀的天神。传说东方天帝帝俊有十个太阳儿子，他们非常顽劣，常常一起出现在天空，烤得大地禾苗不生，百姓叫苦连连。神人后羿带着妻子嫦娥来到下界，看到民不聊生的情况，便拉开神弓射下了九个太阳，使人间又恢复了生机。可因射死了帝俊的九个儿子，后羿和妻子嫦娥被贬下了凡间，不允许再踏上天庭一步。嫦娥惧怕人间生老病死，就让后羿到西王母那里求取不死灵药，以求长生不死。后羿到了玉山后，西王母非常慷慨地给了后羿两份由不死树的果实炼成的不死药；结果

华贵的王母
清 任薰 立轴 纸本 设色 纵243.5厘米 横122.2厘米 天津艺术博物馆藏

西王母又称王母娘娘，是中国神话中的重要人物。西王母之名最初见于《山海经》，为半人半兽形象，由混沌道气中西华至妙之气集结成形。有人认为她可能是母系氏族时期原始部落的女首领，是部族的最高权威，是天地鬼神的代言人，负责主持祭祀。后世，西王母的形象逐渐演变为美貌华贵的女神，且拥有至高权力。图中云雾缭绕的瑶池里，众仙女吹拉弹唱演奏着美妙的乐曲。仙乐飘飘中，五彩斑斓的彩凤载着她从云端徐徐降落。

《山海经》珍贵古版插图类比

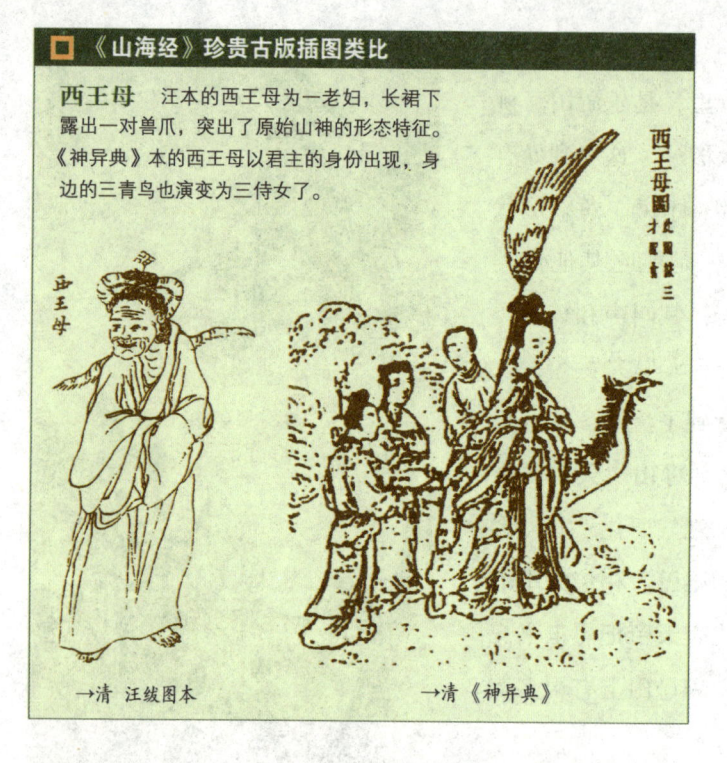

西王母 汪本的西王母为一老妇，长裙下露出一对兽爪，突出了原始山神的形态特征。《神异典》本的西王母以君主的身份出现，身边的三青鸟也演变为三侍女了。

→清 汪绂图本　　　　→清《神异典》

象征权力的杜岭方鼎
商 高100厘米 河南省博物院藏
大禹治水之后曾铸九鼎以示权威，自此之后，鼎便成为王侯身份与权力的象征。杜岭方鼎是商代中期体形最大的礼器，斗形方腹，立耳，四个圆柱形空足，腹部装饰有饕餮纹和乳钉纹。

两份灵药都被嫦娥偷吃，嫦娥也因此飞上了月宫。到周穆王西游时，这位东方的天子行到玉山，曾受到西王母的热烈欢迎和盛情款待。穆王心存感激，向西王母施以大礼。当晚，西王母在瑶池为天子作歌，祝福他长寿，并希望他下次再来。穆王也即席对歌，承诺顶多三五载，将再来看望故人。玉山中还栖息有一种野兽，其形状像普通的狗，身上却长着豹子的斑纹，头上还长着一对牛角，名字叫狡，它吼叫起来如同狗叫。狡是一种瑞兽，它在哪个国家出现，哪个国家就会五谷丰登。另外，山中还有一种鸟，形状像野鸡，通身长着红色的羽毛，名叫胜遇，是一种能吃鱼的水鸟，它的叫声如同鹿鸣，是水灾的象征；哪个国家出现胜遇，哪个国家便会发生水灾。

轩辕丘周边

玉山再往西四百八十里，是座轩辕丘，山上没有花草树木。洵水从轩辕丘发源，向南流入黑水，水中有很多粟粒大小的丹砂，还有很多石青、雄黄。相传轩辕丘是轩辕黄帝居住的地方，黄帝曾在此娶西陵氏女，因此这座山叫作轩辕丘。

轩辕丘再往西三百里，是积石山，山下有一个石门，黄河水漫过石门向西流去。此山物产丰富，万物俱全，无所不有。传说大禹治理黄河时，曾经凿开积石山，让黄河水通过，并从这里率领众人疏导黄河，一直到龙门。大禹治水的千秋功业，就是从积石山开始的。

积石山再往西二百里，是长留山，天神白帝少昊就居住在这里。少昊是西方的天帝，金天氏，名挚，传说他曾在东海之外的大壑，即五神山之一的归墟，建立了一个国家，名叫少昊之国。少昊之国是一个鸟的王国，其百官由百鸟担任，而少昊挚（鸷）便是百鸟之王。后来，他来到西方做了西方天帝，和他的儿子金神蓐收共同管理着西方一万二千里的地方。长留山的物产很特别，都带有花纹：山中的野兽都是花尾巴，而禽鸟都是花脑袋，连山上盛产的玉石也带着五彩的花纹。山上有神䰠（wěi）氏的宫殿，这个神主要掌管太阳落下西山后向东方的反照之景。

章莪山 狰 毕方

长留山再往西二百八十里，是章莪山，山上寸草不生，却遍布着瑶、碧一类的美玉。山中生活着一种野兽，其形状像赤豹，却长着五条尾巴和一只角，吼叫的声音如同敲击石头的响声，它的名字叫狰。山中还有一种禽鸟，形状像仙鹤，但只有一只脚，身上的羽毛是青色的，上面有红色的斑纹，还长着一只白色的嘴，其名字叫毕方，它整天叫着自己的名字。毕方是一种神鸟，传说是木头所生，故被称为木之精。

鹤——有仙性的神鸟
东汉 高67厘米

中国人的思维中，鹤总是跟"仙"字联系在一起，称为仙鹤。这种联系并非凭空而起，而是源于很久以前，人类虚幻的具有某种象征意义的神兽，如"毕方"之类的神鸟即生着鹤的模样。后来，鹤又成了长寿的象征，古人有仙人驾鹤西去的传说。这件陶鹤似乎在向天鸣唳，又仿佛欲振翅高飞，形象简练却栩栩如生。

□《山海经》珍贵古版插图类比

狰 胡本的狰身披豹纹，独角偏右，五条尾巴向下卷曲，满脸威猛桀骜地朝我们走来。汪本的狰浑身黑色，五条尾巴高高扬起，正昂头向天呼唤。

→明 胡文焕图本　　　　→清 汪绂图本

章莪山边的群山
明 蒋应镐图本

　　章莪山上生活着独角五尾怪兽㹇，山顶上还站立着独足长嘴的奇鸟毕方。阴山中形似狸猫的怪兽为天狗。三危山上的四角怪兽名獓狠，站在高高山岩上的鸟是鸱。天山上那个四翼怪物便是帝江。

相传当年黄帝在西泰山上召集鬼神时，毕方扮演的就是随行神鸟的护卫角色：六条蛟龙为黄帝驾象车，毕方随车而行，蚩尤在前面开道；风伯扫尘，雨师清道；虎狼在前，鬼神在后；腾蛇在地上匍匐，凤凰在天空飞舞，整个队伍气势壮观，威风异常。传说汉武帝时期，其他国家曾经献独足鹤作为贡品，满朝官员都不认识，只有东方朔知道它是《山海经》里所记载的毕方，于是一时

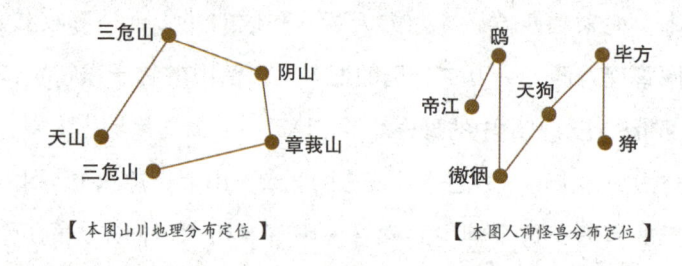

【本图山川地理分布定位】

【本图人神怪兽分布定位】

间，满朝皆习《山海经》。毕方还是一种兆火之鸟，它在哪个地方出现，哪里就会发生怪火。传说毕方常常衔着火种在人家屋子上兴怪火。据说陈后主时，很多独足鸟汇聚在大殿上，纷纷用嘴划地，并写出文字，大意为：独足鸟上高台，一切都要化为灰烬。古人把毕方看作火之兆，某地发生大火之后，当地文人往往以为是毕方所为，于是便撰《逐毕方文》之类的文章以禳灾。另外，因为毕方形貌似鹤，而鹤被古人认为是一种寿禽，所以也有一种毕方主寿的说法，认为人如果见到毕方鸟，就可长寿。

阴山附近

从章莪山再往西三百里，是阴山。浊浴水从这里发源，然后向南流入蕃泽，水中有很多五彩斑斓的贝类。山中栖息着一种野兽，形状像狸猫，白脑袋，名字叫天狗，常发出"猫猫"的叫声，人饲养它便可以抵御凶害之事的侵袭。传说白鹿原上原来有一个叫狗枷堡的村子，在秦襄公的时候，曾有天狗降临，只要有贼，天狗便狂吠而保护整个村子。天狗有食蛇的本领，它也被看作是可以抵御凶灾的奇兽，这种说法直到今天仍在流传。

阴山再往西二百里，是符惕（tì）山，山上森林茂密，树木以棕树和楠木树为主；山下蕴藏有丰富的金属矿物和玉石。一个叫江疑的神居住于此。在这座山上，常常落下怪异之雨，风和云也从这里兴起。

三危山 三青鸟 徼徊

符惕山再往西二百二十里，是三危山，也就是现在敦煌的三危山。上古帝尧时期，三苗作乱，尧

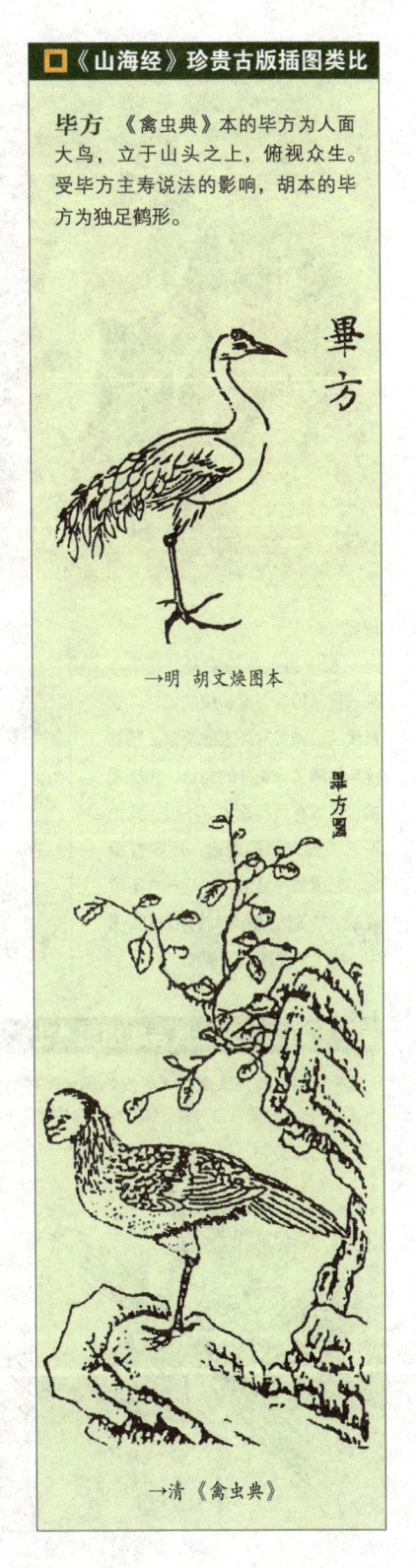

《山海经》珍贵古版插图类比

毕方 《禽虫典》本的毕方为人面大鸟，立于山头之上，俯视众生。受毕方主寿说法的影响，胡本的毕方为独足鹤形。

毕方

→明 胡文焕图本

毕方图

→清 《禽虫典》

发兵征讨，战败三苗于丹水，三苗首领驩兜暂时"臣服"。哪知他安静一段时间后又多次作乱，尧便将三苗的一部分民众流放到西北的三危山。三青鸟就栖息在这三危山中，青鸟就是专门为西王母取食的神鸟。这座三危山占地广阔，方圆百里，山上有一种野兽，形状像普通的牛，身子是白色的，头上还长着四只角，它身上的硬毛又长又密好像披着蓑衣，名字叫獓狠（áo yē），它很凶猛，是一种食人兽。山中还栖息着一种奇怪的鸟，它长着一个脑袋却有三个身子，外形与鸺（luō）鸟很相似，名字叫鸱（chī），据说就是猫头鹰。鸱是一种神鸟，它的形象作为威猛与必胜的象征，大量出现在商周的礼器中。鸱的形象还带有某种神圣的性质，到了汉代，鸱作为灵魂世界的引导者、守护者，

出猎

狗作为人类的挚友，几千年来一直承担着看家护院的重任。它极度的忠诚及对外人的凶狠，使其逐渐扮演了保护神的角色，狗枷堡的村民就有天狗相护。不过，狗也不乏其他方面的用途，比如打猎时，它就如同弓箭、骏马一样不可或缺。在忽必烈庞大的出猎队伍中，猎犬早已冲出了视线。

□《山海经》珍贵古版插图类比

鸱 鸱俗称猫头鹰，《吴友如画宝》中有猫头鹰图。胡本的鸱形态似雕，未见一首三身的特征。汪本中，鸱一首三身，是诸绘本中与经文最切合的了。

→清 汪绂图本　　→明 胡文焕图本　　→清《吴友如画宝》

《山海经》珍贵古版插图类比

混沌 胡本的浑沌颇符合经文所记,在一副肉皮囊上长有四翼六足。汪本中,混混沌沌的一堆周围,伴有火光,以表示混沌作为中央之帝的神性。

→明 胡文焕图本　　→清 汪绂图本

鸱尊 安阳殷墟妇好墓出土

商周时期,鸱的形象作为威猛与必胜的象征,大量出现在当时的礼器中,与后世形成鲜明对比。这件大型的鸱尊,周身布满纹饰,其形象带有神圣的气质。汉代时,猫头鹰因其大眼睛,也被作为灵魂世界的引导者、守护者,常见于与丧葬有关的绘画中。而在后世,这种猛禽,由于其外形与声音丑恶,却一直被视为不祥之鸟。

騩山　天山　耆童　浑沌

三危山再往西一百九十里,就到了騩山,山上遍布美玉,却没有石头。天神耆童居住在这里,他发出的声音常常像是在敲钟击磬,他是颛顼之子,相传是音乐的创始人。騩山山下到处是一堆一堆的蛇。

从騩山再往西三百五十里的地方,是天山,山上蕴藏有丰富的金属矿物和玉石,还盛产石青和雄黄。英水从这座山发源,然后向西南流入汤谷。山里住着一个神,外形像黄色口袋,皮肤红得像丹火,长着六只脚和四只翅膀,混混沌沌没有面部和眼睛,但他却精通唱歌跳舞,还是原始先民的歌舞之神,他就是帝江(hóng)。帝江就是浑沌,是中央之帝。传说东海之帝倏和南海之帝忽常常相会于浑沌之地,浑沌待之极好。倏与忽便商量要报答浑沌的深情厚谊,他们认为,人人都有眼耳鼻口七窍,用来视听食息,唯独浑沌什么都没有,便决定为浑沌凿开七窍。于是他们一日一窍,一连凿了七天;七窍凿成,浑沌却死了。

饰蛇纹的玉人 商后期 高7厘米

崇奉龙的中国人,似乎对蛇也有着某种虔敬和畏惧;可追溯到远古时期,蛇被当作龙的近亲,成了具有神性的生灵,但凡颇具神力的神或怪都会操蛇,蛇仿佛就是其伟大神格的标志。蛇的神性被流传到后世,这件玉人的右腿即饰S形蛇纹,再配上人物雍容的气度,他可能是一个上层贵族或弄臣。

山海经

泐山 翼望山

再往西二百九十里的地方，是泐山，天神蓐收居住在这里。蓐收是西方天帝少昊的儿子，为西方的刑神、金神，掌管上天的刑狱。蓐收和他的父亲少昊同时又是司日入之神。蓐收又名神红光，指的是太阳升降时，日光在天空中遇到不同的云层，呈现不同的颜色和不同形状的光彩。传说蓐收右耳有蛇，长着人的脸面和老虎的爪子，后面还拖着一条白色的尾巴，手上拿着斧钺，威风凛凛。泐山上盛

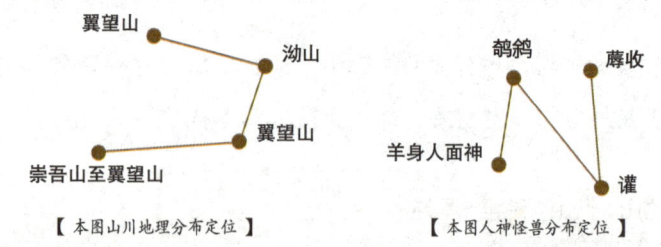

西方第三列山系中的诸山
明 蒋应镐图本

泐山上，人面兽身的山神蓐收高踞于云端。翼望山中的独目怪兽名讙；高山之巅还站立着三头奇鸟名鸰鵋。西方第三列山系的山神均为羊身人面神。

翼望山　　泐山　　　　鸰鵋　　蓐收

　　　　翼望山　　羊身人面神　　讙

崇吾山至翼望山

【本图山川地理分布定位】　　【本图人神怪兽分布定位】

108

产一种可用作颈饰的玉石，在其向阳的南坡，遍布着瑾、瑜一类美玉，而其北坡则遍布石青、雄黄。站在这座山上，向西可以望见太阳落山的情景，红日浑圆，气象万千。天神红光，也就是蓐收掌管着太阳落山时的景象。

《山海经》珍贵古版插图类比

讙　《禽虫典》本的讙为狸状怪兽，其独目为纵目，长在脸面正中间。胡本中，讙形象独特，为二目五尾的豹状怪兽，五尾呈扫把状而高高扬起。

→清《禽虫典》

→明 胡文焕图本

从渤山往西走一百里水路，便到了翼望山。山上光秃秃的，没有花草树木，但蕴藏有丰富的金属矿物和玉石。山中有一种野兽，体形和一般的狸猫类似，但只长着一只眼睛，后面还有三条尾巴，其名字叫讙（huān）。它能发出百种动物的鸣叫声，饲养它可以避除凶邪之气，人吃了它的肉就能治好黄疸病。山中还栖息着一种鸟，外形像普通的乌鸦，却长着三个脑袋、六条尾巴，还经常发出像人笑声般的声音，它的名字叫鵸鵌（qí tú），吃了它的肉，人就不会做噩梦，还可以避除凶邪之气。《北山经》中的带山上有种鸟，也叫鵸鵌，它的样子像乌鸦，羽毛为有红色纹理的五彩色，乃雌雄同体，可自行繁殖；与翼望山的鵸鵌同名却不同形，也不同类。

西方第三列山系诸山神

总计西方第三列山系之首尾，从崇吾山起，到翼望山止，一共二十三座山，连绵六千七百四十四里。诸山山神的形貌都是羊的身子人的面孔。祭祀山神时，要把祀神的一块吉玉埋入地下，祀神的米用稷米。

玛瑙串饰
战国　每粒长 0.8—2 厘米
河北省文物研究所藏

　　玛瑙色泽温润，华美异常，历来与珍珠齐名。我国自古盛产玛瑙，数千年来，玛瑙一直作为中国雕饰的重要原材料。这套串饰即由玛瑙制成，简单大方却又精美绝伦。

西次四经路线示意图

本图根据张步天教授《〈山海经〉考察路线图》绘制，图中记载了《西次四经》中阴山到崦嵫山共十九座山的今日考证位置。

第二卷　西山经

（此路线形成于西周时期）

西次四经

阴山一带

西方第四列山系之首座山，叫作阴山，山上生长着茂密的构树，但没有石头。这里的草以莼菜、蕃草为主。阴水从这座山发源，向西注入洛水。

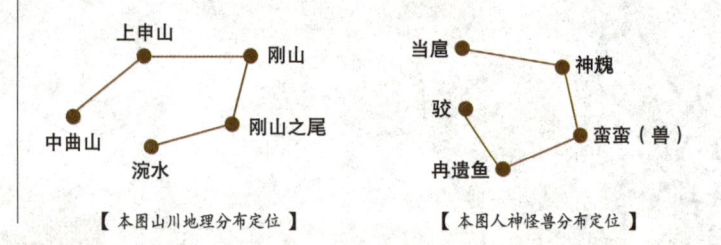

【本图山川地理分布定位】

【本图人神怪兽分布定位】

上申山附近
明 蒋应镐图本

上申山的上空飞翔着长尾的当扈鸟。刚山上站立着独足山神魃。刚山之尾的山丘上，伸头的长尾小兽是蛮蛮。英鞮山是涴水的发源地，水中游着的怪鱼为冉遗鱼。中曲山的山坡上走动着独角怪兽驳。

阴山往北五十里，是劳山，这里生长着茂盛的紫草。弱水从这座山发源，然后向西流入洛水。

劳山往西五十里，是罢谷山，洱水从这里发源，然后向西流入洛水，水中有很多紫石、碧玉。

往北一百七十里，是申山，山上生长着茂密的构树林和柞树林，山下森林里的树种则主要是杻树和橿树，山南坡还蕴藏有丰富的金属矿物和玉石。区（oū）水从这里发源，然后向东流入黄河。

再往北二百里，是鸟山，山上是茂密的桑树林，山下则到处是构树林。山的北坡盛产铁，而山的南坡盛产玉石。辱水从这座山发源，然后向东流入黄河。

上申山 白鹿 当扈鸟

鸟山再往北二十里，是上申山，山上草木不生，遍布着大石。而山下则生机勃勃，生长着茂密的榛树和楛（hù）树。榛树的幼枝有软毛及腺毛，叶呈圆形，顶端较平整，雌雄同株，种子可食用或榨油。山上的野兽以白鹿居多。白鹿是一种瑞兽，据说普通的鹿生长千年毛皮就会变成苍色，再生长五百年其毛皮才能变白，足见白鹿之珍贵。古人认为只有天子体察民情、政治清明的时候，白鹿才会出现。上申山里最多的禽鸟是当扈鸟，其形状像普通的野鸡，但脖子上长着髯毛，它飞翔时不用翅膀，而是用髯毛当翅膀来奋起高飞。吃了它的肉就能使人不眨眼睛。汤水从这座山发源，向东流入黄河。

诸次山周边

上申山再往北八十里的地方，是诸次山。诸次水从这里发源，然后向东流入黄河。在诸次山上，到处生长着茂密的林木，却没有花草，也没有禽鸟野兽栖居，但

模拟动物鸣叫的骨哨
新石器时代 河姆渡文化

骨哨是用一截禽类的骨管制成的，有的骨管内还插有一根可以移动的肢骨，用来调节声调。骨哨的发明主要是为了模拟动物的叫声，特别是鹿的鸣叫，用以诱引异性，从而伺机猎杀。骨哨的出土，证明了乐器最初的发源，是来自于生产劳动。

◇《山海经》考据

阴山在今黄龙山附近

西方第四列山系的首座山阴山，据考证应在陕西黄龙到韩城之间。黄龙是一个很奇异的地方，其岷山主峰终年积雪，一条长3.6公里的金色钙化体从山峰中滚滚而下，宛若一条金色巨龙飞腾而出，当地人认为是神意使然，对其的膜拜之情几千年不减。

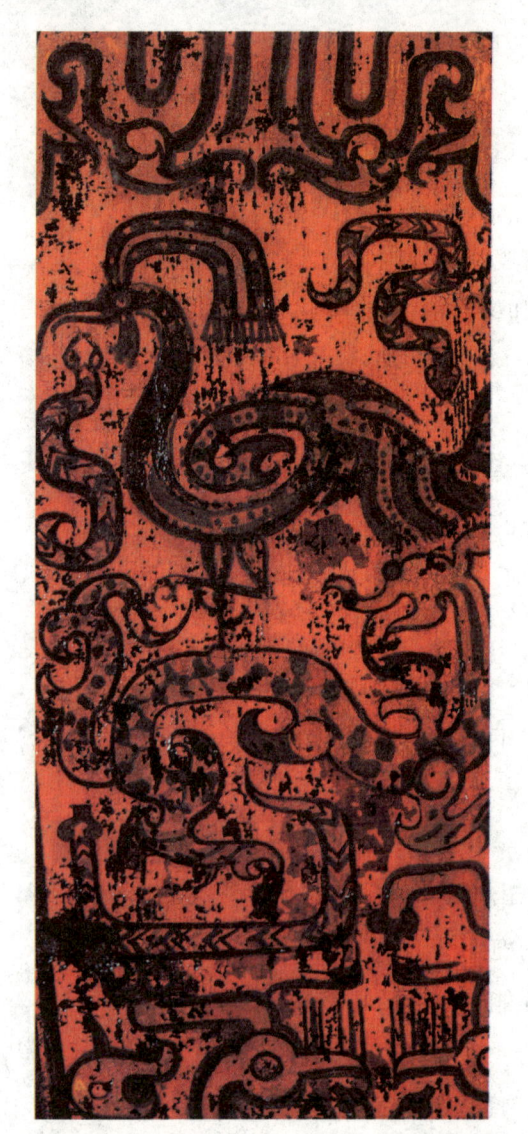

有许多蛇聚集在这里。

再往北一百八十里,是号山,山里的树木大多是漆树、棕树,而草以白芷、川芎等香草为主。山中还盛产泠(jīn)石,它又叫云泥,石质非常柔软,就像泥一样。端水从这座山发源,然后向东流入黄河。

号山再往北二百二十里,就到了孟山。这座山的北坡盛产铁,南坡盛产铜。山中的动物都是白色的,野兽大多是白狼和白虎。白虎是一种瑞兽,它和苍龙、朱雀、玄武并列,是天之四灵之一,为守护西方之神。古人认为只有当君主德至鸟兽、仁政爱民时才会出现。山上的飞鸟也大多是白色的野鸡和白色的翠鸟。生水从这座山发源,然后向东流入黄河。

白於山 鸮鸟

孟山再往西二百五十里,是白於山,山上是茂密的松树林和柏树林,山下则生长着茂密的栎树和檀香树,山中的野兽大多是牦牛、羬羊,而禽鸟则以鸮(xiāo)鸟居多。鸮鸟也就是猫头鹰,它的喙和爪都弯曲呈钩状,并且十分锐利;它的两只眼睛不像一般的鸟一样生在头部的两侧,而是生在脸面正前方。它夜间和黄昏出来活动,主要捕食鼠类,也食小鸟和昆虫,属农林益鸟。除此以外,洛水发源于这座山的南麓,向东流入渭水;夹水发源于这座山的北麓,也向东流,注入生水。

白於山往西北三百里，是申首山，山上没有花草树木，山顶终年积雪。申水从山上发源，形成壮观的瀑布，一路奔流到山下，水中有很多精美的白色美玉。

再往西五十五里，是泾谷山。泾水从这座山发源，向东南流入渭水，山上蕴藏着丰富的白银和白玉。

刚山 神𩳁 蛮蛮

再往西一百二十里，是刚山，山上覆盖着茂密的漆树林，盛产㻬琈玉。刚水从这里发源，向北流去，最后注入渭水。这里有很多神𩳁（chì），神𩳁就是传说中的厉鬼，它们有人的面孔野兽的身子，但只长着一只脚一只手，发出的声音就像人在呻吟；也有一种说法认为它叫的声音如同人打呵欠。

再往西二百里，便到了刚山的尾端。洛水就发源于此，然后向北流入黄河。这里有很多蛮蛮，但它不是比

朱雀白虎图（左页图）
战国 墓内棺漆画

孟山之中有白虎，白虎乃天下四灵兽之一。传说中这种属阳的神兽具有驱邪避恶的能力。古老的星宿信仰中，它和青龙、朱雀、玄武共同掌管天空。四神之中，朱雀同凤凰一样，是祥瑞的象征，是东方部族最初崇拜的图腾。白虎因体态勇武，主要被人们当作避邪的神灵，其形象多出现在宫阙、殿门、墓葬建筑及器物上。这幅曾侯乙墓内棺上的朱雀白虎漆画，用于震慑邪魔，保卫墓主的灵魂安宁。

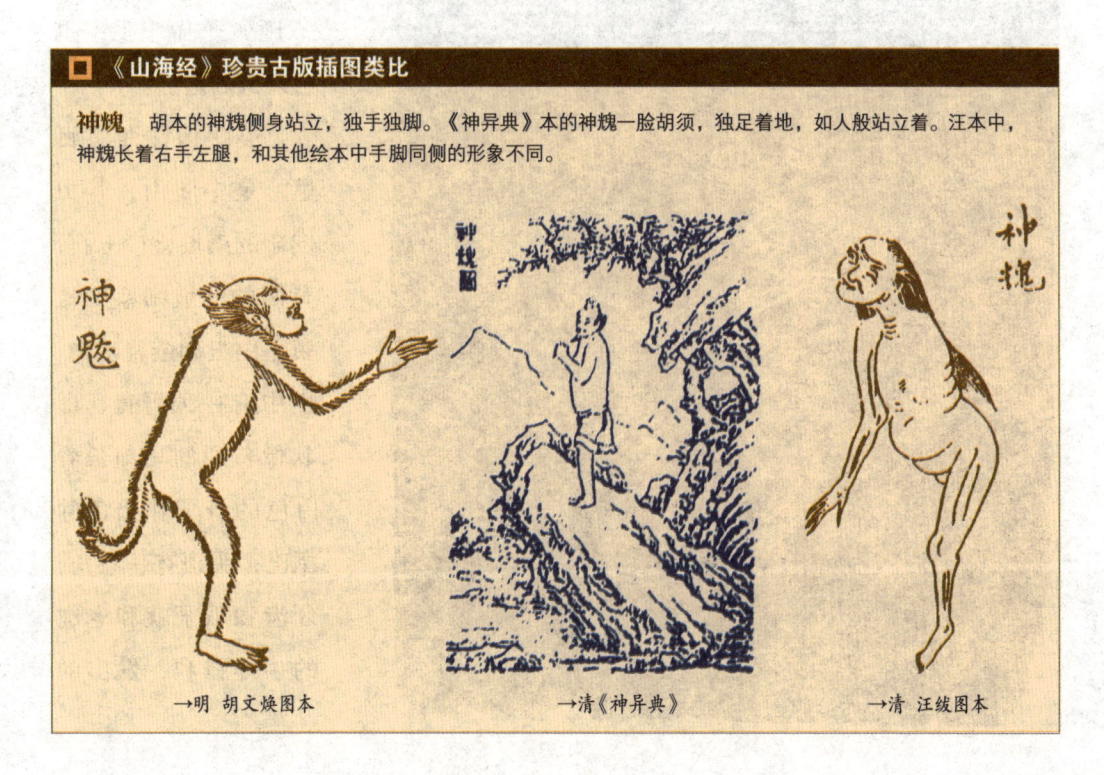

■《山海经》珍贵古版插图类比

神𩳁 胡本的神𩳁侧身站立，独手独脚。《神异典》本的神𩳁一脸胡须，独足着地，如人般站立着。汪本中，神𩳁长着右手左腿，和其他绘本中手脚同侧的形象不同。

→明 胡文焕图本　　　　→清《神异典》　　　　→清 汪绂图本

黄河——养育了中华民族的"高祖河"

明 碑刻 纵119.2厘米 横93.3厘米
陕西省碑林博物馆藏

　　黄河是中国人的伟大图腾，黄河流域是一部巨大的史书；她不但孕育了辉煌的华夏文明，也孕生了河伯和龙王是其水神的美丽神话传说。可以说，她是养育了华夏民族的"高祖河"。这幅碑刻地图是我国现存最早的治理黄河的水利工程图，分别记载了黄河五次入运河及自明初以来治理黄河、运河的若干史实。

翼鸟蛮蛮，而是一种野兽，其形状像普通的老鼠却长着甲鱼的脑袋，叫起来的声音就如同狗叫；它生活在水边，以捕鱼为生。

英鞮山 冉遗

　　从刚山尾部再往西三百五十里，是英鞮（dī）山，山上生长着茂密的漆树，山下蕴藏着丰富的金属矿物和美玉，山上栖息的禽鸟野兽都是白色的。涴（yuān）水从这座山发源，然后向北流去，注入陵羊泽。水里有很多名叫冉遗的鱼，它长着鱼的身子、蛇的头，还有六只脚，眼睛长长的，轮廓就像马的耳朵。吃了冉遗的肉就能使人睡觉不做噩梦，也可以御凶避邪。

　　英鞮山往西三百里，是中曲山，其山向阳的南坡盛产玉石，背阴的北坡则盛产雄黄、白玉和金属矿物。山中有一种野兽，形状像普通的马却长着白色的身子和黑色的尾巴，头顶有一只角，牙齿和爪子就和老虎的一样锋利，发出的

《山海经》珍贵古版插图类比

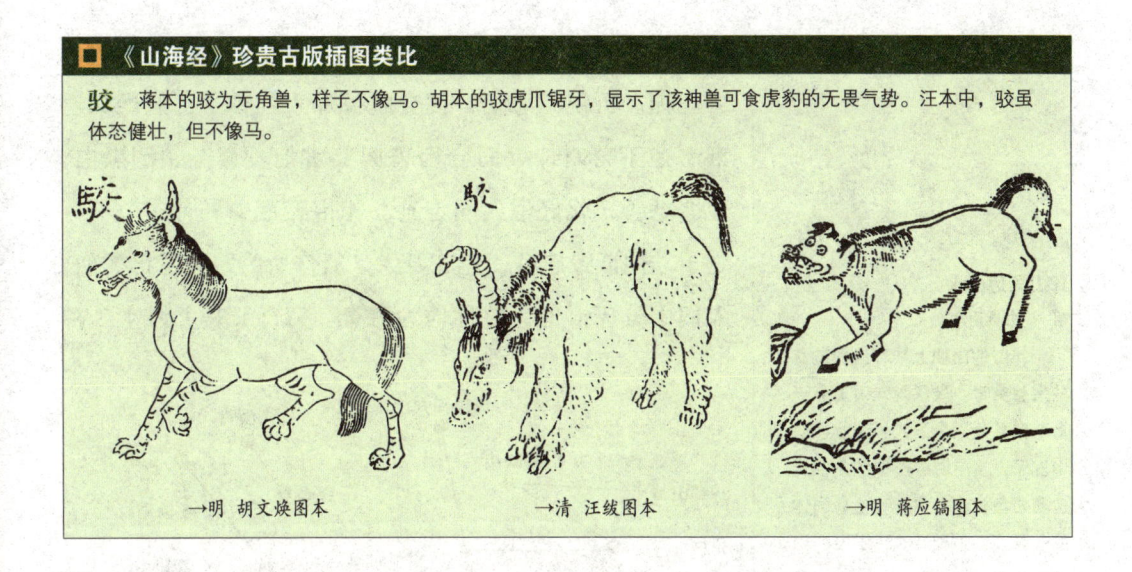

驳 蒋本的驳为无角兽，样子不像马。胡本的驳虎爪锯牙，显示了该神兽可食虎豹的无畏气势。汪本中，驳虽体态健壮，但不像马。

→明 胡文焕图本　　　　→清 汪绂图本　　　　→明 蒋应镐图本

声音如同击鼓的响声，名字叫驳（bō）。它是兽中之英，威猛之兽，能以老虎和豹子为食，饲养它可以避免兵刃之灾。传说齐桓公骑马出行，迎面走来一头老虎，老虎不但没有扑过来，反而趴在原地不敢动。桓公很奇怪，便问管仲，管仲回答说："你骑的是驳马，它是能吃虎豹的，所以老虎很害怕，不敢上前。"《宋史》中也有记载，顺州山中有种奇异的怪兽，样子像马，却能吃虎豹。当地人不认识，便请教刘敞，刘敞回答那是驳，还一一说出了驳的形貌。问话的人很惊奇，问他怎么知道的，他说是读了《山海经》和管子的书才得知的。山中还生长有一独特的树木，其形状像棠梨，但叶子是圆的，并结红色的果实，果实有木瓜大小，名字叫櫰（guī）木，人吃了它能增强体力。

邽山　穷奇

中曲山往西二百六十里，是邽（guī）山。山上生长有一种野兽，其形状像一般的牛，但全身长着刺猬毛，名叫穷奇，它发出的声音如同狗叫，是能吃人的。传说

以马为原型的驹尊
西周　高32.4厘米　长34厘米
重5.68千克

此器为驹形，昂首站立，竖耳垂尾，是西周少数写实的动物形尊之一。颈下有铭文九行九十四字，记述了周王在某地举行执驹典礼，赐某官驹两匹，该官感谢皇恩，特铸驹尊一对，以纪荣宠。《山海经》中异兽的灵性在特别上等的骏马身上也可发现，它们性情刚烈，极富力量，甚至可以与虎狼一搏。

穷奇还能听懂人的话。它听到有人争斗，便将胜利的一方吃掉。听说谁忠信，便会吃掉那人的鼻子；但当知道谁恶逆不善时，反而会衔兽肉奖赏他。穷奇颠倒黑白，奖恶惩善，就好似人间走狗。相传天帝少昊有一个不肖之子，他诋毁忠良，包庇奸人，所作所为跟穷奇兽类似，人们十分痛恨他，就称他为穷奇。穷奇又是大傩十二神

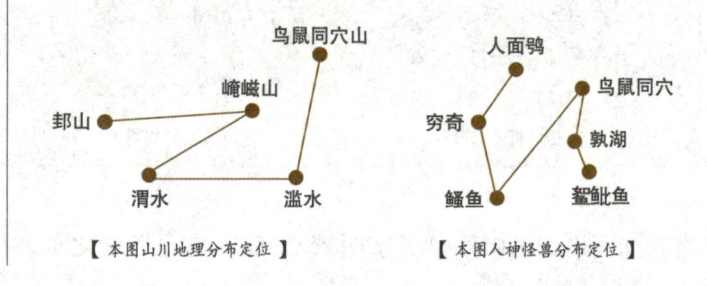

邽山周边山水
明 蒋应镐图本

邽山的山坡上站着虎视眈眈的恶兽穷奇。鸟鼠同穴山上有一鸟一鼠共处一个洞穴。渭水从此山发源，水中游着形似鳣鱼的䱨鱼名鳋鱼；滥水中则有鱼鸟同体的有翼奇鱼叫䰷魮。崦嵫山的山坡上站着人面有翼怪兽孰湖，天空中还飞翔着人面鸮。

【本图山川地理分布定位】

【本图人神怪兽分布定位】

《山海经》珍贵古版插图类比

穷奇 蒋本的穷奇形态似虎，背生双翼，一脸凶相。汪本中，穷奇形貌像牛，身披长毛，作站立状。

→明 蒋应镐图本　　　　　　　　　　　　　　→清 汪绂图本

中食蛊的逐疫之神，又称天狗，众妖邪见了它，无不仓皇逃走；后世画像中的穷奇大多就是以大傩之神的面目出现的。除此之外，濛水从邽山发源，向南注入洋水，水中有很多黄贝；还有一种蠃鱼，它长着鱼的身子却有鸟的翅膀，发出的声音就像鸳鸯鸣叫，它在哪个地方出现，哪里就会有水灾。

鸟鼠同穴山　鳋鱼　鳛鱼

邽山再往西二百二十里，就到了鸟鼠同穴山，山中有鸟鼠同穴，鸟的名字叫鵌，鼠的名字是鼵（tū），它们穿凿地面数尺深，鼠在里边，鸟在外面，二兽和睦相处。另外，山上有很多白虎，白玉遍布。渭水从这座山发源，然后向东流入黄河，水中生长着许多鳋（sāo）鱼，其形状就像一般的鳣（zhān）鱼，它在哪个地方出没，哪里就会有兵灾发生。滥（jiàn）水从鸟鼠同穴山的西面发源，向西流入汉水。水中生活着很多鳛鱼（rú pí）鱼，

鳖鮞鱼是类似珠母蚌且鱼鸟同体的奇鱼。其形状很奇特，像一个反转过来的铫（有柄有流嘴的小锅），在鸟状脑袋的下面，长着鱼翼和鱼尾，叫起来就像敲击磬石发出的响声，最奇怪的就是它体内能够孕生珍珠美玉。

玉鱼
西周 长10厘米 中宽3.1厘米 厚0.4厘米 陕西省历史博物馆藏
中国玉文化历史悠久，源远流长。早在七八千年前，我国的先人就已知道如何发现和利用美玉。濫水中生活的鳖鮞鱼具有一种奇异的特性，它的身体能够孕育美玉。这件玉鱼形态小巧，雕琢精美，体现了中国古人琢玉水平的高超。

崦嵫山　丹树　孰湖

鸟鼠同穴山往西南三百六十里，是崦嵫（yān zī）山，山上生长着茂密的丹树，这种树的叶子像构树叶，结出的果实有瓜那么大，果皮是红色的，里面的果肉是黑色的，人吃了它就可以治愈黄疸病，还可以避火。山南面有很多乌龟，而山北面则遍布玉石。苕水从这座山

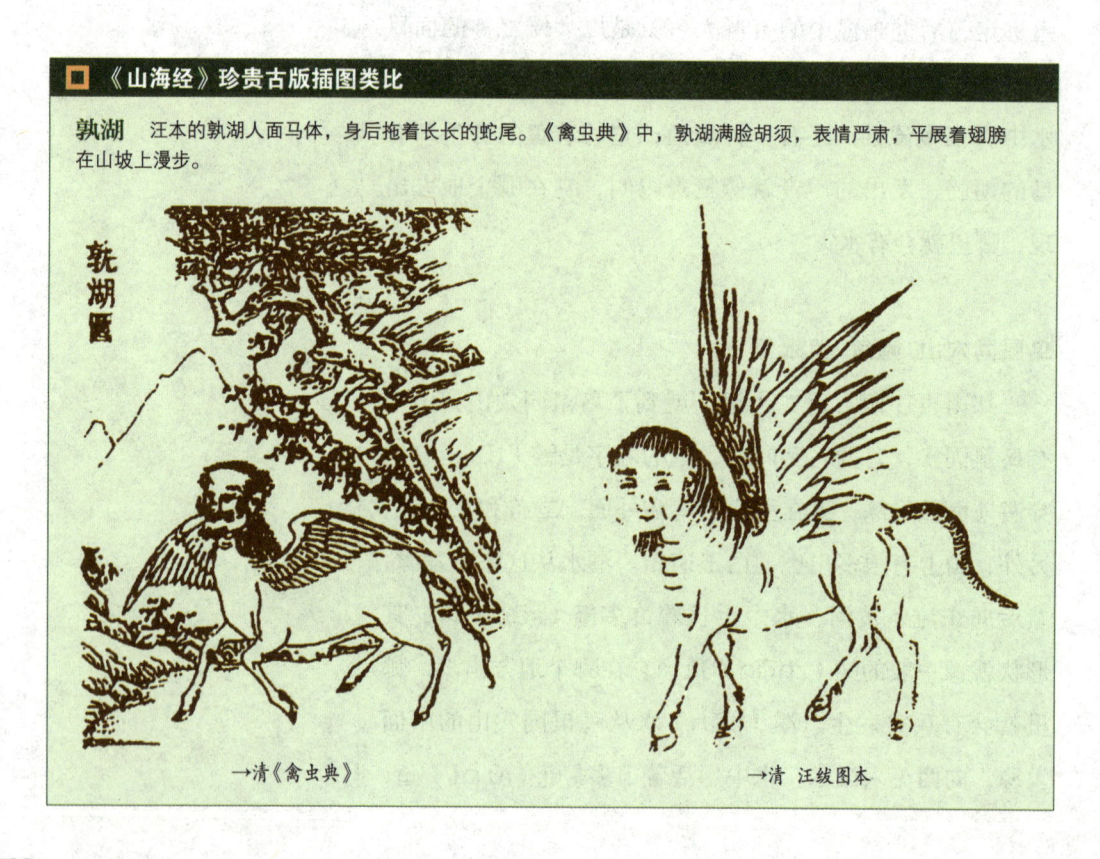

《山海经》珍贵古版插图类比

孰湖　汪本的孰湖人面马体，身后拖着长长的蛇尾。《禽虫典》中，孰湖满脸胡须，表情严肃，平展着翅膀在山坡上漫步。

→清《禽虫典》　　　　　　　　　　→清 汪绂图本

发源，然后向西流入大海，水中有很多砥砺石，这种石头可以用来磨刀。山中还生长着一种野兽，它的身体像马，却有鸟的翅膀、人的面孔和蛇的尾巴，很喜欢把人抱着举起来，名字叫孰湖。山中还栖息着一种禽鸟，形状像一般的猫头鹰，却长着人的面孔和猴一样的身子，后面还拖着一条狗尾巴，它啼叫起来就像是在呼唤自己的名字。这种鸟在哪个地方出现，哪里就会有大旱灾。

西方第四列山系诸山神

总观西方第四列山系，从阴山开始，直到崦嵫山为止，一共十九座山，连绵三千六百八十里。祭祀诸山山神的礼仪，都是用一只白色的鸡献祭，祀神的米用精选的稻米，并用白茅草编织的席子作为神的座席。

以上就是西方诸山的记录，总共七十七座山，蜿蜒长达一万七千五百一十七里。

杀鸡图

晋 彩墨 砖画 纵16厘米 横35厘米 甘肃省博物馆藏

鸡作为家禽至今已有几千年的历史，已经成为人们日常饮食中不可缺少的一部分。而远古时代，鸡除了用于食用外，还有一种重要的用途，即祭祀。祭祀一般选用健壮的公鸡，再根据不同的祭祀对象选择不同的毛色，如《西次四经》中的山神要用白色的鸡献祭。此画像砖描绘了两位侍女杀鸡宰禽的情景。

第三卷 北山经

《北山经》记录了以单狐山、管涔山、太行山为首的三列山系,其中"沙漠之舟"橐驼,蚩尤被皇帝斩首后脑袋化作的饕餮,都颇具神奇色彩;祭祀诸山神的礼仪也独具特色。

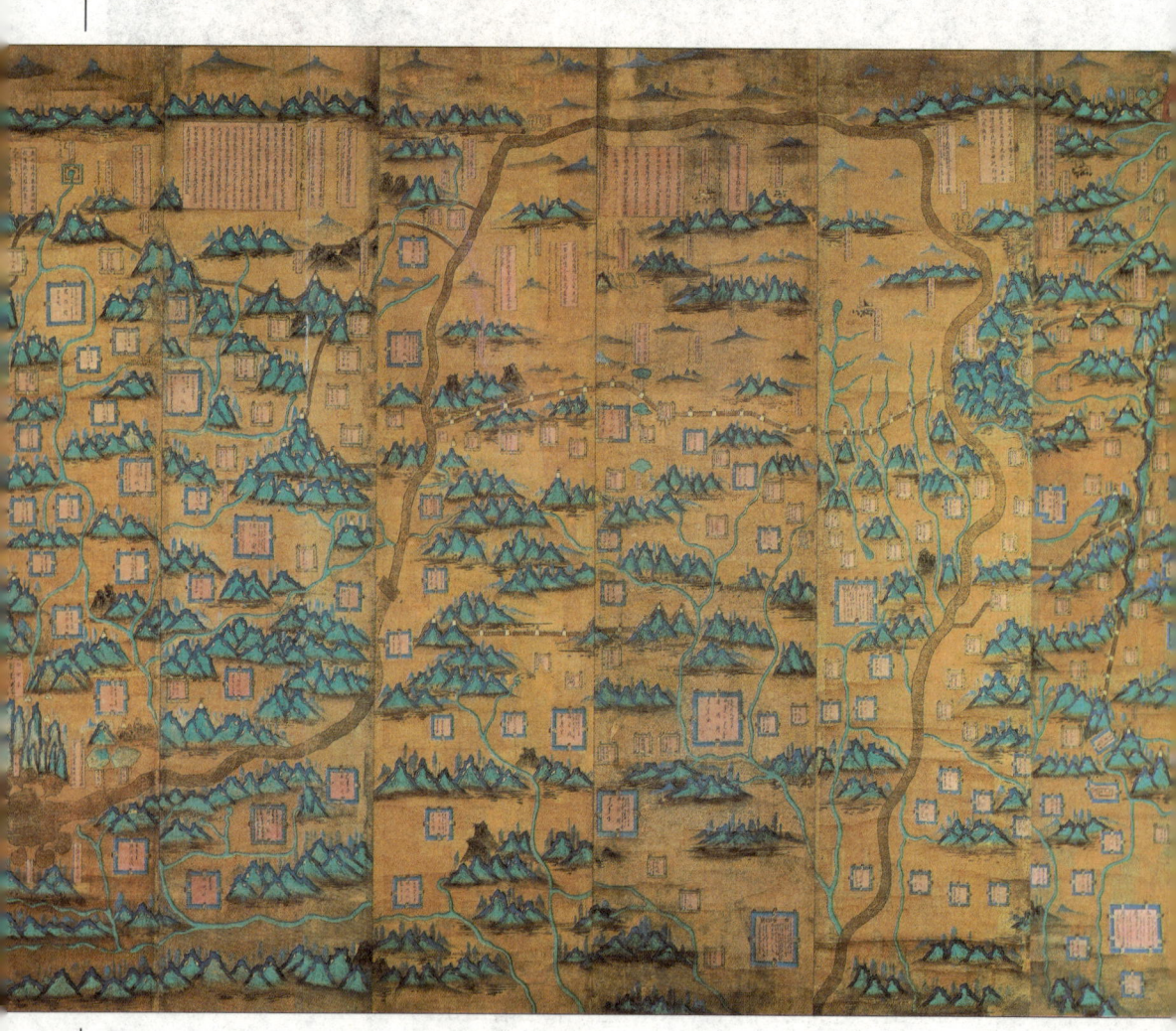

第三卷 北山经

九边图 明 彩色摹绘本 纵208厘米 横567.6厘米 辽宁省博物馆藏

这是一幅明朝典型的军事边防地图。以青绿重彩将中国北方的崇山峻岭、滔滔黄河、逶迤的长城及大小城堡绘在十二条幅上，色彩夺目，气势雄浑。

北次一经路线示意图

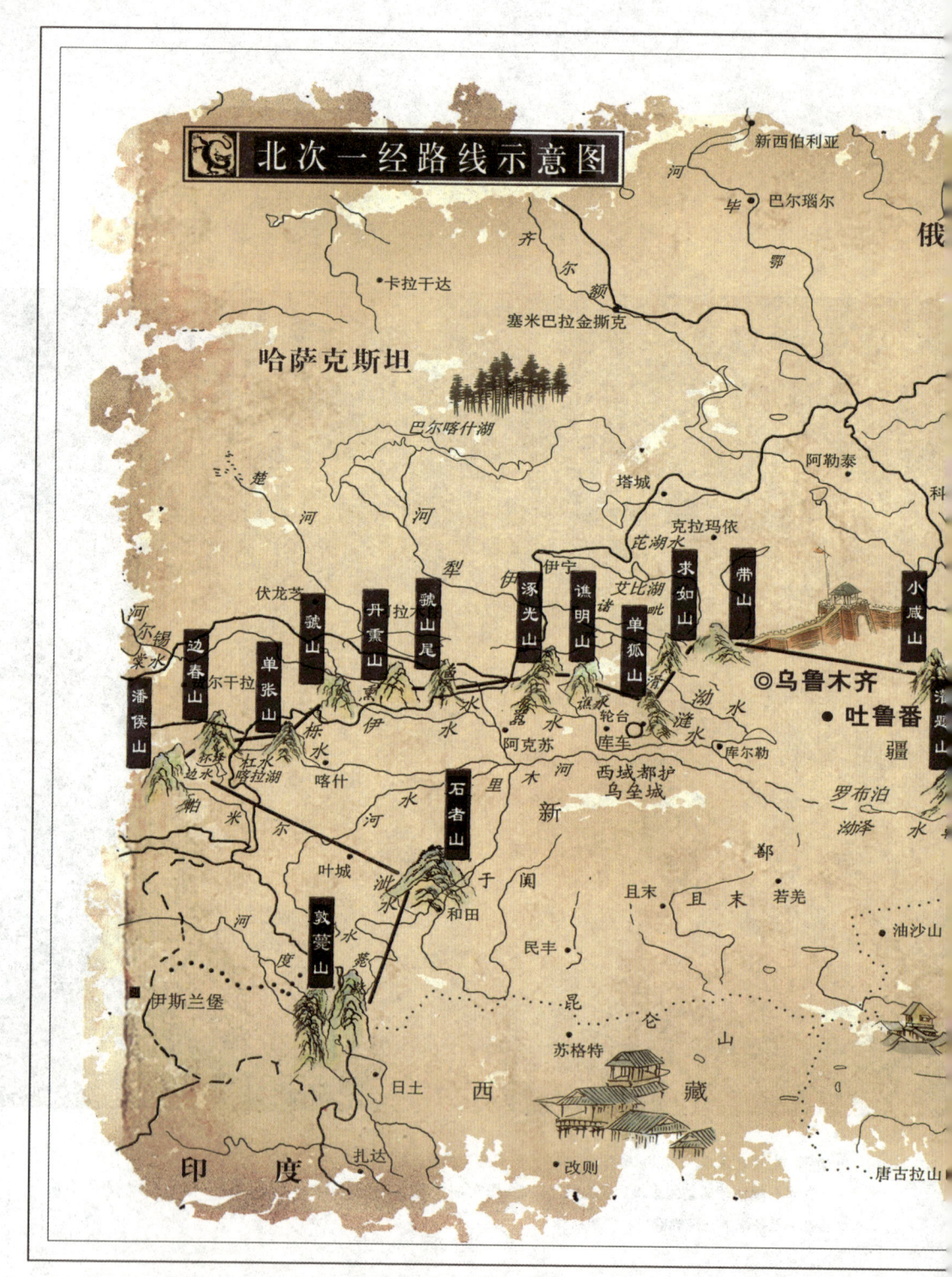

本图根据张步天教授《〈山海经〉考察路线图》绘制，图中记载了《北次一经》中单狐山到隄山的地理位置，此山系共有二十五座山。

第三卷 北山经

（此路线形成于西汉中期）

北次一经

求如山一带

明 蒋应镐图本

求如山是滑水的发源地，水中游着形似黄鳝的滑鱼。带山上的独角兽名臛疏，山的上空飞翔着可自为雌雄的鹐鹐鸟。彭水由此山发源，水边站着的六足怪鱼是儵鱼。谯明山中有一状若豪猪的怪兽名孟槐。谯水从此山发源，水中生长着许多一首十身的何罗鱼。涿光山下的嚻水中游动着鸟鱼共体的鳛鳛鱼。

单狐山

北方第一列山系之首座山，叫作单狐山，山上生长着茂密的机（qī）树，还有茂盛的华草。漨（féng）水从这座山发源，然后向西流入泑水，水中有很多紫石和纹石。

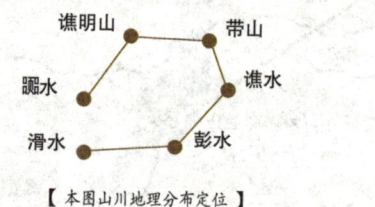

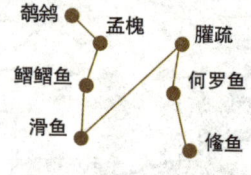

【本图山川地理分布定位】

【本图人神怪兽分布定位】

《山海经》珍贵古版插图类比

水马 汪本的水马前腿上没有斑纹,背上却有,长着牛尾,低着头似有所思。胡本的水马腿部也没有斑纹,尾巴也不像牛尾,正回首张望。

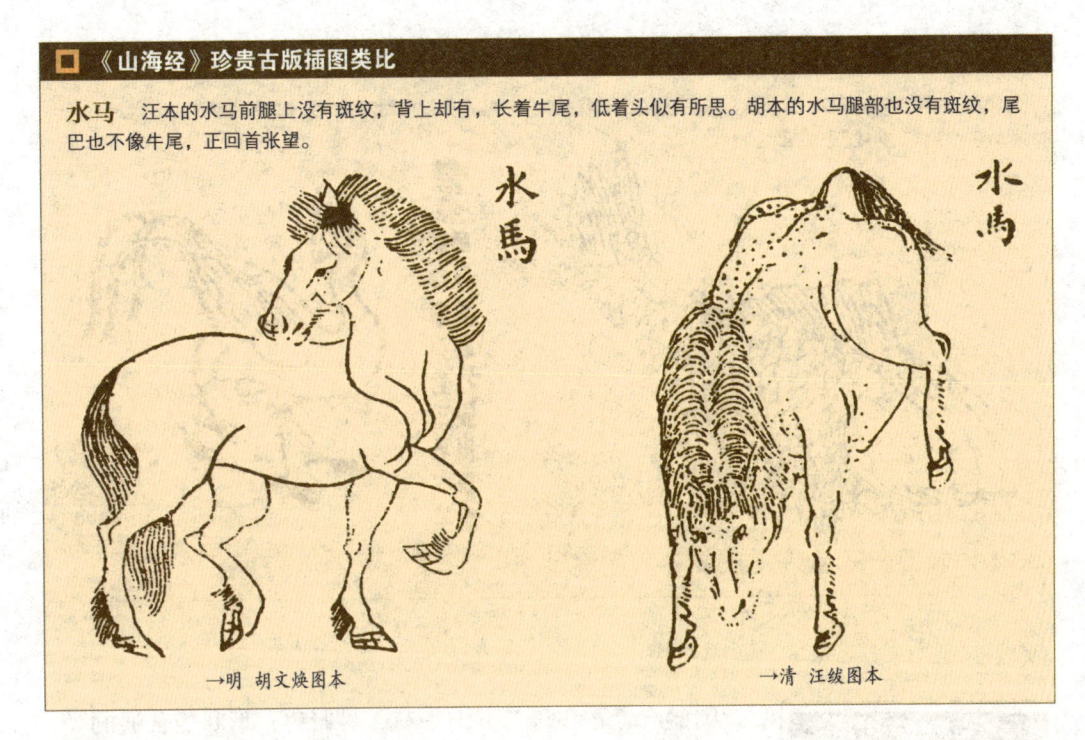

→明 胡文焕图本

→清 汪绂图本

求如山 滑鱼 水马

单狐山往北二百五十里,是求如山。山上蕴藏着丰富的铜,山下有丰富的玉石,整座山岩石裸露,没有花草树木。滑水从这座山发源,然后向西注入诸毗水。水中有很多滑鱼,其外形像一般的鳝鱼,却有着红色的脊背,发出的声音就像人在弹奏琴瑟,人吃了这种滑鱼,能治好赘疣病。水中还生长着很多水马,其外形与一般的马相似,但前腿上长有花纹,后面还拖着一条牛尾一样的尾巴,它叱咤的声音就像人在呼喊。水马是一种灵瑞之兽,它的出现是吉祥的征兆。史书中记载,历代多次在河水、方泽中得到的神马、异马,其实都是龙马,它被称为龙精。

避邪的马头鹿角金饰件
北朝 高16.2厘米 重70克

古人羡慕鹿与马灵活、矫健的身姿,从而把它们看成是美好的象征。南北朝鲜卑族贵妇头上模仿鹿与马的形象制成的"马头鹿角金步摇",就具有避邪和祥瑞的意义。饰件上的桃形叶片是活动的,随着佩戴者脚步的移动,叶片会摇摆发出清脆的声响。

带山 䑏疏 儵鱼

求如山往北三百里,是带山,山上盛产玉石,山下

《山海经》珍贵古版插图类比

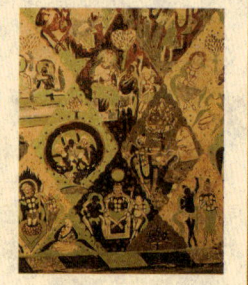

儵鱼 胡本的儵鱼四首三身三尾，六足不明显，"状如鸡"的特征也没得到表现。吴本的儵鱼为鸡形，六足三尾，可"四首"变成了"四目"。

→明 胡文焕图本　　　　　　　　　　　　→清 吴任臣近文堂图本

《山海经》考据

谯明山在今库车以北

《北次一经》中的谯明山，经考据可能在今天新疆维吾尔自治区的库车东北一带。库车意为悠久、长久，古时称龟兹。据说龟兹国离洛阳八千二百八十里，国内城池都建造三重城墙。国人以田种畜牧为业，国中男女都将头发剪至脖子长短。佛教在龟兹国盛行了两千多年，国中有佛塔庙宇几千座，石窟壁画无数。这种神秘的菱形图案是龟兹佛窟独有的特色。

则盛产青石和碧玉。山中有一种野兽，形状像普通的马，但其头顶长着一只角，质地如同粗硬的磨刀石，名叫�（huān）疏，人饲养它可以避火。山中还栖息着一种禽鸟，其体形与普通的乌鸦相似，但浑身长着带有红色斑纹的五彩羽毛，名称是鹑鹑，这种鸟雌雄同体，可以独自繁衍后代，吃了它的肉就能使人不患痈疽病。彭水从这座山发源，然后向西注入芘湖。水中有很多儵（tiāo）鱼，其形状像一般的鸡却长着红色的羽毛，还长着三条尾巴、六只脚、四个脑袋（一说四只眼睛），它的叫声与喜鹊鸣叫相似，吃了它的肉就能使人乐而忘忧，传说儵鱼还可以御火。

谯明山 何罗鱼

带山再往北四百里，是谯（qiáo）明山。谯水从这座山发源后，向西流入黄河。水中生长着很多何罗鱼，它们都只长着一个脑袋，却有十个身子，发出的声音好似狗叫，人吃了这种鱼的肉就可以治愈痈肿病，传说十首一身的姑获鸟就是由这种一首十身的何罗鱼变化而来。谯明山中还有一种野兽，其形状像豪猪，但毛是红色的，叫声如同辘轳抽水的响声，名称是孟槐，人饲养它可以避除凶邪之气。这座谯明山上没有生长花草树木，却到处遍布着石青和雄黄。

涿光山　鳛鳛鱼

谯明山再往北三百五十里，是涿光山。嚣水从这座山发源，然后向西注入黄河。水中生长着很多鳛鳛（xí xí）鱼，其形状像一般的喜鹊却长有十只翅膀，鳞甲全长在翅膀的前端，它发出的声音就好像喜鹊在鸣叫，它可以避火，人如果吃了它的肉就能治好黄疸病。鳛鳛鱼有十翼，但能否飞翔，历来说法不一。涿光山上生长着茂密的松树林和柏树林，而山下则由棕树林和橿树林所占据。山中的野兽以羚羊居多，禽鸟则以蕃鸟为主。

"沙漠之舟" 骆驼
唐 长 56.8 厘米 高 81 厘米
陕西省咸阳博物馆藏

虢山中的野兽以橐驼居多，而橐驼就是今天的骆驼。这种动物体形庞大而优雅，因背上的肉峰可以贮存水分和养料，可数十天不饮不食，具有极佳的耐力。这件唐代的三彩骆驼单峰高耸，引颈昂首，张口嘶鸣，健壮的四足和匀称的体态显示其雄健的体魄，是唐三彩中难得一见的珍品。

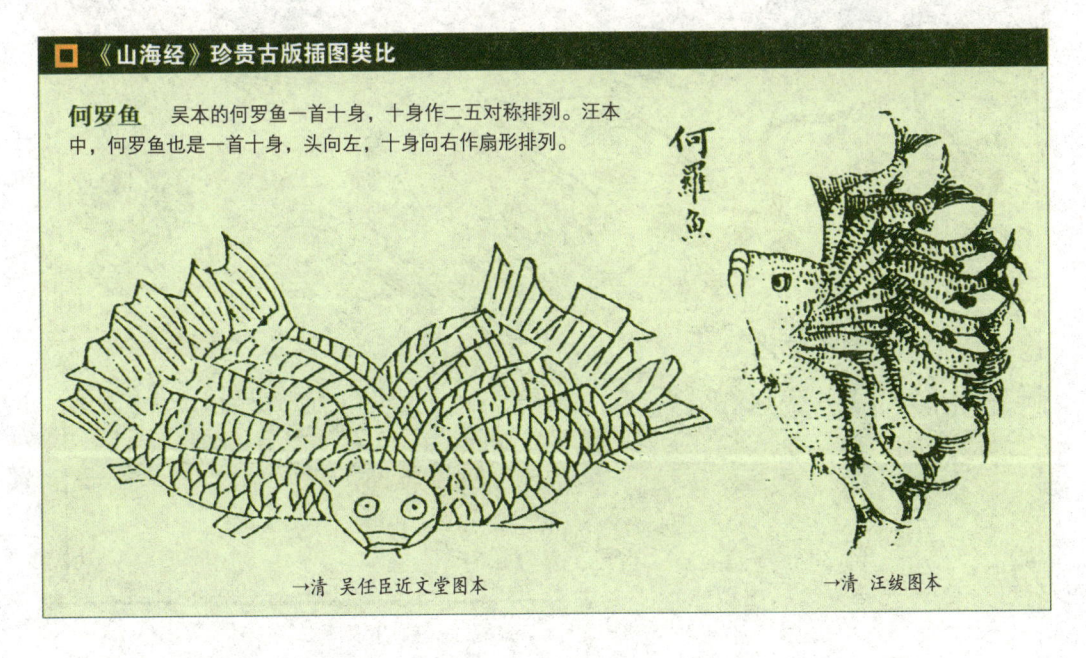

■《山海经》珍贵古版插图类比

何罗鱼　吴本的何罗鱼一首十身，十身作二五对称排列。汪本中，何罗鱼也是一首十身，头向左，十身向右作扇形排列。

→清 吴任臣近文堂图本　　　　　　　　→清 汪绂图本

虢山 橐驼 寓鸟

涿光山再往北三百八十里，是虢（guó）山，山上覆盖着茂密的漆树林，山下则生长着茂密的梧桐树和椐（jū）树。其向阳的南坡，遍布着各色美玉；而背阴的北坡，则蕴藏有丰富的铁。伊水从这座山发源，向西流入黄河。山中的野兽以橐驼为最多，橐驼就是骆驼，是著

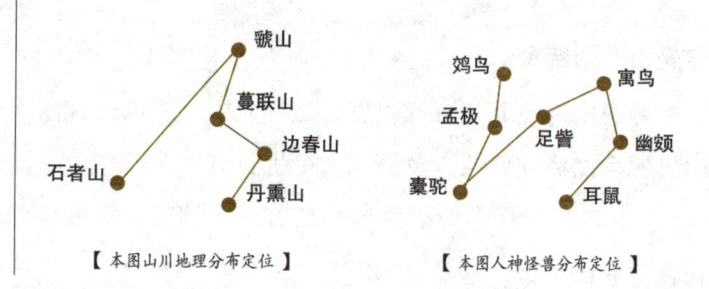

虢山周边
明 蒋应镐图本

虢山中的野兽以橐驼为最多，天空中还飞着样子像鼠的寓鸟。丹熏山上跑着的兔首麋身的兽是耳鼠。石者山上的长尾兽名孟极。边春山中，站在山坡上的猴形兽是幽頞。蔓联山上，那个非猴非牛非马的兽是足訾，山的上空还飞翔着名为䳇的鸟。

【本图山川地理分布定位】

【本图人神怪兽分布定位】

橐驼
清《吴友如画宝》

橐驼即今日之骆驼。其背上有驼峰,善于在沙漠中行走,据说能日行三百里,能背负千斤重物,而且知道水源所在的方位。

天山出行图
清 立轴 纸本 设色 纵 159.1 厘米 横 52.8 厘米 北京故宫博物院藏

骆驼在中国有着悠久的历史,早在两千多年前,就有不少的骆驼分布在天山南北。古代除将骆驼奉为上贡的奇畜外,还将其作为交通和战争的主要运输工具;它还被草原上以畜牧为主的牧民尊为"万牲之王"。图中白雪皑皑的天山脚下,一人一驼在雪地上缓步前行。

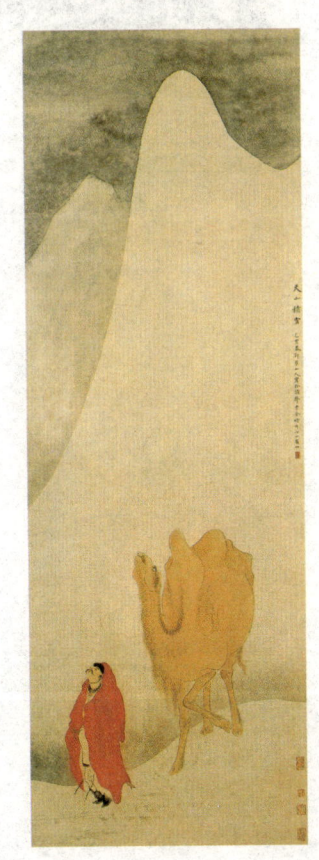

名的"沙漠之舟"。古人认为骆驼擅长在流沙中行走,能日行三百里,而且能身负千斤重量,并知道水源在哪里;只要有骆驼的地方,就会有泉渠。《汉书》中记载,大月氏曾出产一峰橐驼,即独峰驼。而山中的禽鸟大多是寓鸟,它的形状与一般的老鼠相似,却长着鸟一样的翅膀,发出的声音就像羊叫,据说人饲养它可以避除邪气,不受兵戈之苦。

再往北四百里,便到了虢山的尾端,山上到处是美玉而没有其他的石头。鱼水从这里发源,向西流入黄河,水中有很多五彩缤纷、花纹斑斓的贝。

丹熏山 耳鼠

从这里再往北二百里,是丹熏山,山上生长着茂密的臭椿树和柏树,山上的草以韭和薤(xiè)为最多,除此之外,这座山还盛产丹雘。熏水从这座山的山麓发源,然后向西流入棠水。山中有一种名叫耳鼠的野兽,其体

《山海经》珍贵古版插图类比

幽鴳 汪本的幽鴳为猿猴状，全身未见有斑纹。胡本的幽鴳全身斑纹，圆目佯笑，卧倒在地。《禽虫典》中，一全身斑纹的人面猴，侧卧于山坡之上。

→明 胡文焕图本

→清 汪绂图本

→清《禽虫典》

形像一般的老鼠，却长着兔子的脑袋和麋鹿的耳朵，发出的声音如同狗在嗥叫，它的翅膀和尾部由宽而多毛的薄膜连在一起，能够借此滑翔，故又被称为飞生鸟。人吃了它的肉就可以治愈大肚子病，或不做噩梦，还可以避除百毒之害。

石者山 孟极 幽鴳

丹熏山再往北二百八十里，是石者山，山上岩石裸露，没有生长花草树木，但有很多瑶、碧之类的美玉。氵此水从这座山发源，然后向西流入黄河。山中栖息着一种野兽，形状像普通的豹子，额头上有斑纹，身上的毛皮是白色的，名字叫孟极。它善于伏身隐藏，叫声就如同呼唤自己的名字。

石者山再往北一百一十里，是边春山，山上生机盎然，生长着茂盛的野葱、葵菜、韭菜、野桃树和李树等植物。杠水从这座山发源，然后向西注入泑泽。山中有一种野兽，形状像猕猴，全身有斑纹，喜欢嬉笑，看见人就爱耍小聪明，倒地装睡。它的名字叫幽䪳（è），吼叫时的声音就像在自呼其名。

蔓联山 足訾 䴅

边春山再往北二百里，是蔓联山，山上光秃秃的，不生长花草树木。山中有一种野兽，体形像猿猴却身披鬣毛，还长着牛的尾巴、马的蹄子，前腿上有花纹，一看见人就呼叫，它的名字叫足訾（zī），它叫的声音也就是它自身名称的读音。山中又栖息着一种禽鸟，它们喜欢成群栖息、结队飞行，其尾巴与雌野鸡相似，名称是䴅（jiāo）。和足訾一样，它叫的声音也就是它自身名称的读音，人吃了它的肉就能治好风痹症。据说䴅可以避火，古时江东人家便饲养它以避除火灾。李时珍在《本草纲目》中还说，将䴅烤熟了食用可以解所中的各种鱼虾的毒。䴅后来在《诗经》中也被叫作鸡雉，脖子细，身子长，颈上还长着白色羽毛，能入水捕鱼。

单张山 诸犍 白鵺

蔓联山再往北一百八十里，是单张山，山上山石裸露，没有花草树木。山中栖息着一种野兽，其形状像豹子，身后拖着一条长长的尾巴，还长着人的脑袋和牛的耳朵，却只有一只眼睛，名称是诸犍（jiān），喜欢大声

缕悬式指南针

单张山以西的泑泽中出产大量磁铁石，人们很早就发现了这些磁铁石吸铁的能力，把它们视为"金铁之母"。中国最早的指南针是用天然磁石制成勺状，放在地盘上任其自由转动，静止时即指示南方。以一根磁化的铁针指向的缕悬式指南针出现的时间相对较晚，但相对轻便，易于携带。

山海经

吼叫；行走时它会用嘴衔着尾巴，休息时就将尾巴盘蜷起来。山中还生长着一种鸟，形状像普通的野鸡，但头上有花纹，翅膀上的羽毛是白色的，脚则是黄色的，它的名字叫白䳈（yè），人吃了它的肉就能治愈咽喉疼痛，还可以治愈痴呆症、癫狂病。栎水从这里发源，奔出山涧后向南注入杠水。

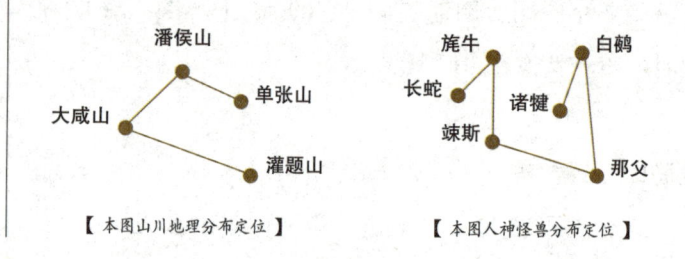

单张山附近诸山
明 蒋应镐图本

单张山上栖息着独目衔尾的怪兽诸犍，天空中还飞翔着样子像雉的鸟名白䳈。灌题山上奔跑着的兽是那父，在山上观望的人面鸟为竦斯。潘侯山上奔跑着旄牛。大咸山上盘曲着恐怖的长蛇。

【本图山川地理分布定位】

【本图人神怪兽分布定位】

134

《山海经》珍贵古版插图类比

那父 《禽虫典》本的那父为一头白尾健壮的牛，奔跑于水边山坡上。汪本中，那父白尾后翘，牛眼清澈，倔强而忠厚。

→清 汪绂图本

→清《禽虫典》

灌题山 那父 𣢟斯

单张山再往北三百二十里，是灌题山，山上生长着茂密的臭椿树和柘（zhè）树，山下到处是流沙，还有很多磨刀石。山中栖息着一种野兽，形状像普通的牛，但后面却拖着一条白色的尾巴，它发出的声音就如同人在高声呼唤，其名称是那父。山中还生活着一种鸟，形状像一般的雌野鸡，却长着人的面孔，一看见人就跳跃起来。这种鸟的名字是𣢟（sǒng）斯，它叫起来就像是在呼唤自己的名字。匠韩水从这座山发源，然后向西流入泑泽，水中有很多磁铁石，我国四大发明之一的指南针，就是用它制成的。

潘侯山 㹈牛

灌题山再往北二百里，是潘侯山，山上覆盖着茂密的松柏林，山下则生长着茂密的榛树和楛树。其山向阳的南坡遍布着丰富的玉石，背阴的北坡则蕴藏着丰富的铁。山中有一种野兽，形状像一般的牛，但四肢关节上

骑牛的星宿神
唐 长卷 绢本 设色 纵28厘米 横491.2厘米
（日）大阪市立美术馆藏

牛这种动物，虽体高力大，却非常温顺，在中国农业的发展过程中起到了不可替代的作用。它的形象也曾作为力大勇猛的兽类出现，如《山海经》中多次出现的犀和兕，以及灌题山中牛形的那父。除了兽以外，牛还被赋予神异的色彩，如图中五星二十八宿之一的星宿神，就骑着一头健壮的黑牛。

135

《山海经》珍贵古版插图类比

长蛇 胡本的长蛇身上有斑纹，盘曲引颈，口吐长信。《禽虫典》本的长蛇造型采自胡本，只是置身于险山丛林之中。

→明 胡文焕图本

→清《禽虫典》

都长着长长的毛，所以它的名称就叫旄牛。古代军队行军打仗，先锋部队或指挥阵营的旗杆上就会绑上旄牛的长毛，以作先锋和指挥之用，成语"名列前茅"就出于此。边水发源于潘侯山，然后向南流入栎泽。

小咸山附近 赤鲑

潘侯山再往北二百三十里，是小咸山，山上没有花草树木，冬季和夏季都有积雪。

小咸山往北二百八十里，是大咸山，山上也没有花草树木，山下盛产各色美玉。这座大咸山，山体呈四方形，巍峨陡峭，人是攀登不上去的。山中有一种蛇叫作长蛇，它身体长达几十丈，身上还长着像猪鬃一样的刚毛，发出的声音就像是有人在敲击木梆。传说这种长蛇食量惊人，甚至能吞下整头鹿。传说当年天帝派后羿到下界去诛除那些祸害人民的恶禽猛兽，长蛇就在被诛除之列。它被后羿杀死在洞庭，墓就在巴陵的巴丘一带。

大咸山再往北三百二十里，是敦薨山，山上生长着茂密的棕树和楠树，山下是大片的紫草。敦薨水从这座山发源，然后向西注入泑泽。这泑泽位于昆仑山的东北角，其实就是黄河的源头，水里面有很多赤鲑。那里生长繁衍的野兽以兕、牦牛为最多，而禽鸟大多是布谷鸟。

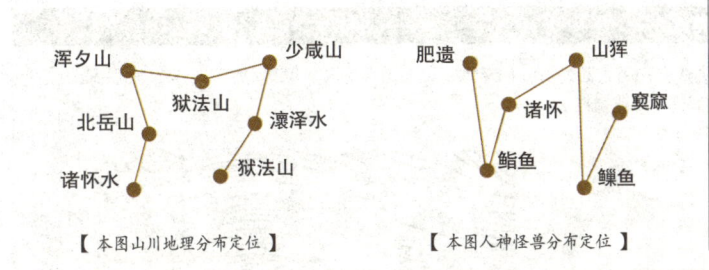

少咸山一带山水
明 蒋应镐图本

少咸山上观望的人面兽为窫窳。狱法山上奔跑着的人面狗形兽是山狈。㴼泽水从此山发源，水边站着的鸡足鱼名䱤鱼。北岳山上有四角兽叫诸怀。从此山发源出诸怀水，水中游着叫鮨鱼的狗头鱼。浑夕山中伸头吐舌的双尾蛇是肥遗。

【本图山川地理分布定位】

【本图人神怪兽分布定位】

少咸山　窫窳

敦薨山再往北二百里，是少咸山，山上岩石裸露，没有花草树木，但遍布着青石碧玉。山中栖息着一种野兽，形状像普通的牛，却长着红色的身子、人的面孔、马的蹄子，名叫窫窳（yā yǔ），它发出的声音如同婴儿啼哭，是能吃人的。传说窫窳是古代的一个天神，人面

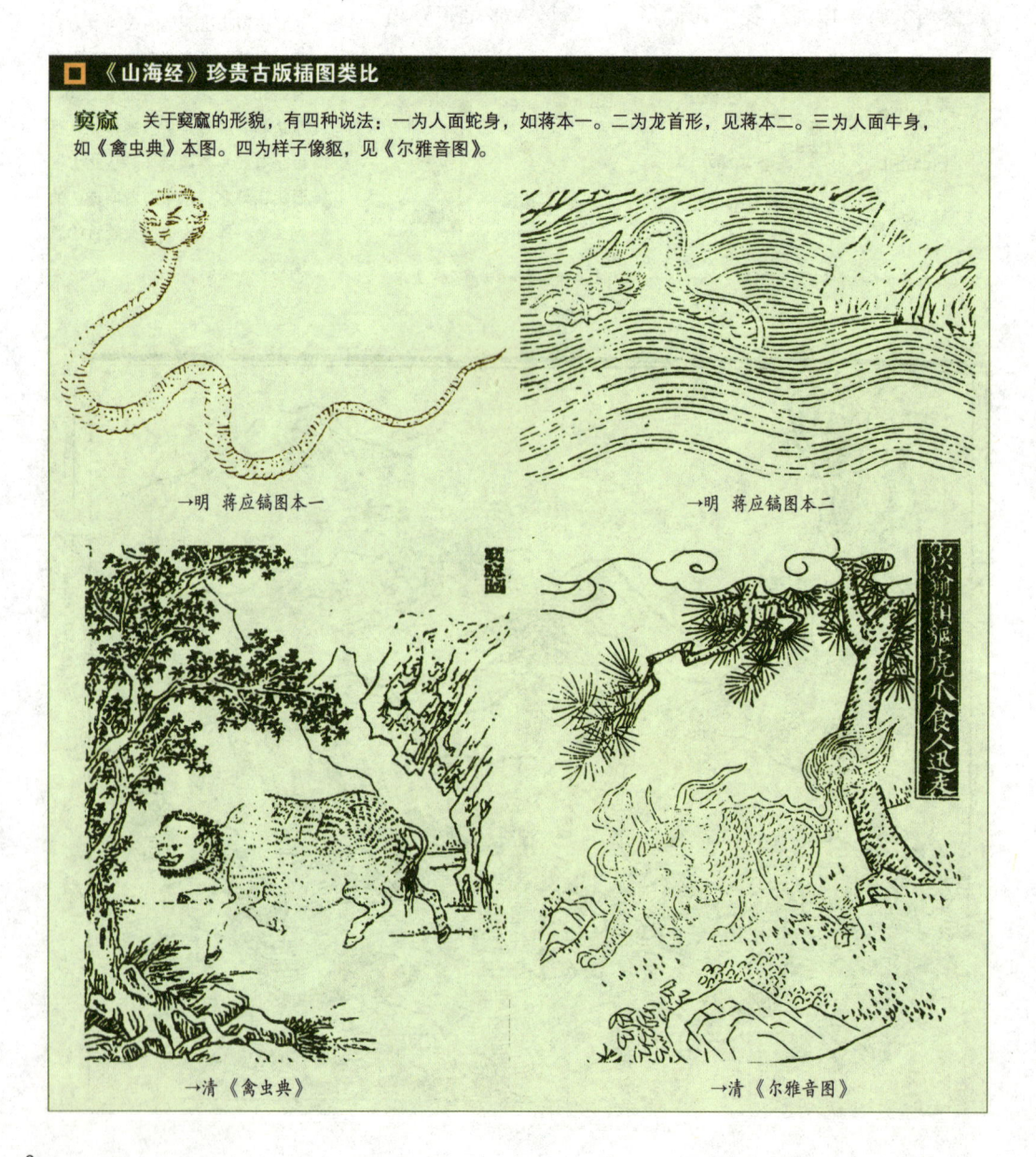

《山海经》珍贵古版插图类比

窫窳　关于窫窳的形貌，有四种说法：一为人面蛇身，如蒋本一。二为龙首形，见蒋本二。三为人面牛身，如《禽虫典》本图。四为样子像貙，见《尔雅音图》。

→明　蒋应镐图本一

→明　蒋应镐图本二

→清《禽虫典》

→清《尔雅音图》

《山海经》珍贵古版插图类比

山㺄 《尔雅音图》中的山㺄形如狒狒，毛发很长，行走急速，食人。胡本中，山㺄人面犬身，一脸笑容。

→明 胡文焕图本

→清 《尔雅音图》

蛇身，后来犯了一点过失便被另一位天神贰负杀死。天帝怜悯他，命巫师用不死之药将它救活。窫窳复活后，便以野兽的面目出现，专以吃人为生，成了为祸人间的恶兽。后来在帝尧时期，窫窳和凿齿、九婴、修蛇等怪物一同出来害人，尧便命后羿为民除害，将害人的窫窳杀死。敦水从少咸山发源，向东流入雁门水，水中生长着很多鮅鮅（bèi bèi）鱼，人吃了它的肉就会中毒而死。

狱法山 鱲鱼 山㺄

少咸山再往北二百里，是狱法山。瀤（huái）泽水从这里发源，然后向东北流入泰泽。水中生长着很多鱲（zǎo）鱼，其形状像鲤鱼却长着鸡爪子，是一种半鱼半鸟的怪物，人吃了它的肉就能治愈赘瘤病。山中还栖息着一种野兽，其形状像普通的狗却长着一张人脸，

玉羽人

商晚期 高 11.5 厘米 厚 0.8 厘米

《山海经》中出现了许多人身兽面或人面兽身的怪兽，狱法山中的山㺄即是其一。商代的玉器之中也发现一种奇特的鸟头人身玉羽人。这件玉羽人呈赭红色，侧身蹲坐，粗眉，臣字形眼，钩喙，头戴高羽冠，冠后连接着三个长圆形的活结。

滋养大地的黄河
清 绢底 彩绘

嚣水从浑夕山发源，流向西北，最终注入大海。而华夏大地上最伟大的大河——黄河则发源于青藏高原，然后一路向东，奔流入海。多条河流的滋养使远在六七千年前的华夏文明就已进入农耕社会，而随后才出现"禹、稷躬稼而有天下"，"帝俊生后稷，稷降以百谷"，以及"后稷教民稼穑，树艺百谷，五谷熟而民人育"的传说。该图精细地描绘了西自黄河交汇口东至大海的黄河及其两岸的形势，河道的走势犹如一条巨龙。

擅长投掷，一看见人就哈哈大笑，名称是山㧪（huī）。它健步如飞，行走神速，往往能带起一阵大风。只要它一出现，天下就会刮起大风。也有人认为山㧪就是举父，为枭阳之类的动物，长有巨口，喜欢吃人肉。

北岳山 诸怀 鮨鱼

狱法山再往北二百里，是北岳山，山上到处是枳树、荆棘等带刺的灌木和檀木、柘木等质地坚硬的乔木。山中栖息着一种野兽，其形状像普通的牛，但有四只角，头上还长着人的眼睛、猪的耳朵，发出的声音如同鸿雁鸣叫，名字是诸怀。它十分凶恶，是能吃人的。诸怀水就从这座山发源，然后向西流入嚣水。水中有很多鮨（yì）鱼，它们长着鱼的身子却有一只狗头，吼叫的声音像婴儿啼哭，人吃了它的肉就能治愈疯狂病。有学者认为鮨鱼鱼身鱼尾而狗头的形貌，与今天的海狗很相像，极有可能就是今日之海狗。

浑夕山 肥遗

北岳山再往北一百八十里，是浑夕山，山上没有花草树木，但盛产铜和玉石。嚣水从这座山发源，然后向西北流去，注入大海。这里有一种长着一个头两个身子的蛇，名称是肥遗，它在哪个国家出现哪个国家就会发生大旱灾。前面在《西次一经》中的太华山也提到有肥遗，只是太华山的肥遗，有六只脚，还长着四个翅膀，而浑夕山的肥遗则是一个脑袋，两个身子。这两个肥遗都是天下大旱之兆。由于肥遗能带来大旱，古人便认为肥遗是涸水之精，常常将它的形象画在墓室墙壁或棺椁上，以达到保持墓室干燥、保护墓主的目的。

北单山周边

浑夕山再往北五十里，是北单山，山上没有花草树木，却生长着茂盛的野葱和野韭菜。

再往北一百里的地方，是罴差山，山上也没有花草树木，却生活着很多野马。

再往北一百八十里，是北鲜山，这里也有很多野马。鲜水从这座山发源，奔出山涧后向西北流入涂吾水。

御龙升天图
战国 帛画 墨笔 设色
纵 37.5 厘米 横 28 厘米
湖南省博物馆藏

古人相信人死后，生命虽息，灵魂未止；魂魄还会进入一个更广阔的世界，从而拥有活着时所无法拥有的神力。于是，尊敬死去的人成为古人德行的一部分。在一些丧葬习俗中，人们在已故者的墓室中画上涸水之精肥遗，以期保持墓室干燥；挂上画有墓主人升天的帛画，祝愿逝去的人得道成仙。这则帛画描绘的就是墓主人手驾龙舟，遨游天际，迎风而行的飘逸形象。

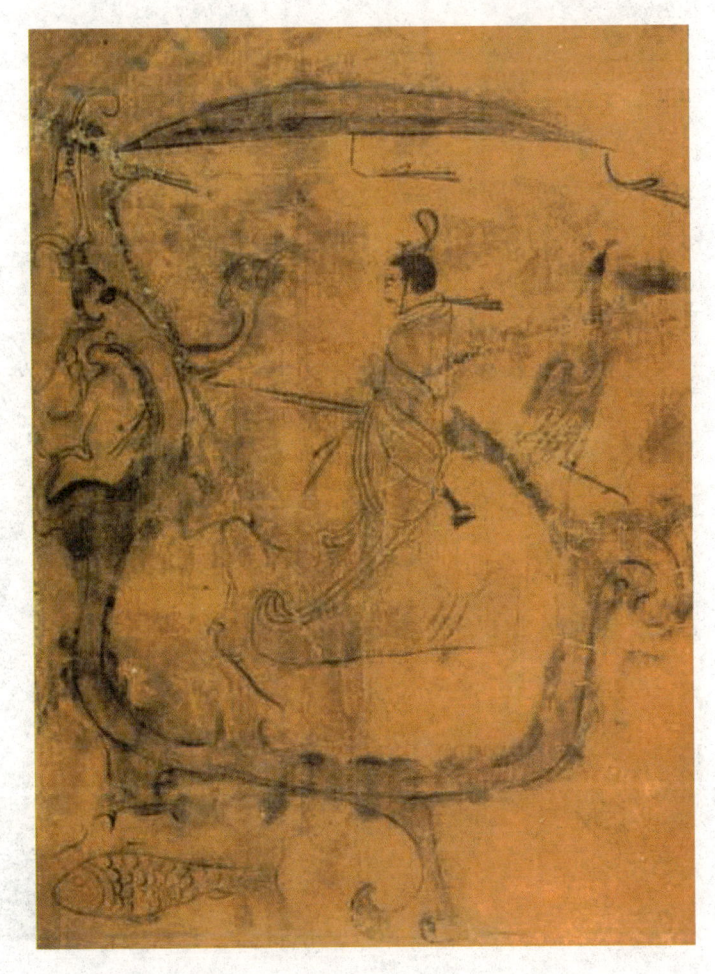

再往北一百七十里，是隄山，这里也生活着许多野马。另外，山中还有一种野兽，形状像普通的豹，而脑袋上有斑纹，其名称是㺢（yǎo）。隄水从这座山发源，然后向东注入泰泽，水中有很多龙龟。传说龙龟名叫吉吊，蛇头龟身，是由龙生的三个卵中的一个孵化而来，既能在水中生活，也能上树。

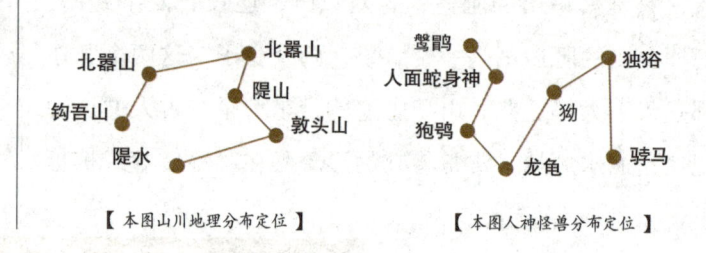

隄山周边群山
明 蒋应镐图本

隄山上奔跑着的豹形兽为㺢。隄水从此山发源，水中游着许多龙龟。北方第一列山系的山神都是人面蛇身神。敦头山上栖息着非牛非马的独角神兽名䮝马。钩吾山上人面羊身的怪兽是狍鸮。北嚻山上向下张望的兽为独狢，山顶上的人面鸟名鴹鹖。

【本图山川地理分布定位】

【本图人神怪兽分布定位】

《山海经》珍贵古版插图类比

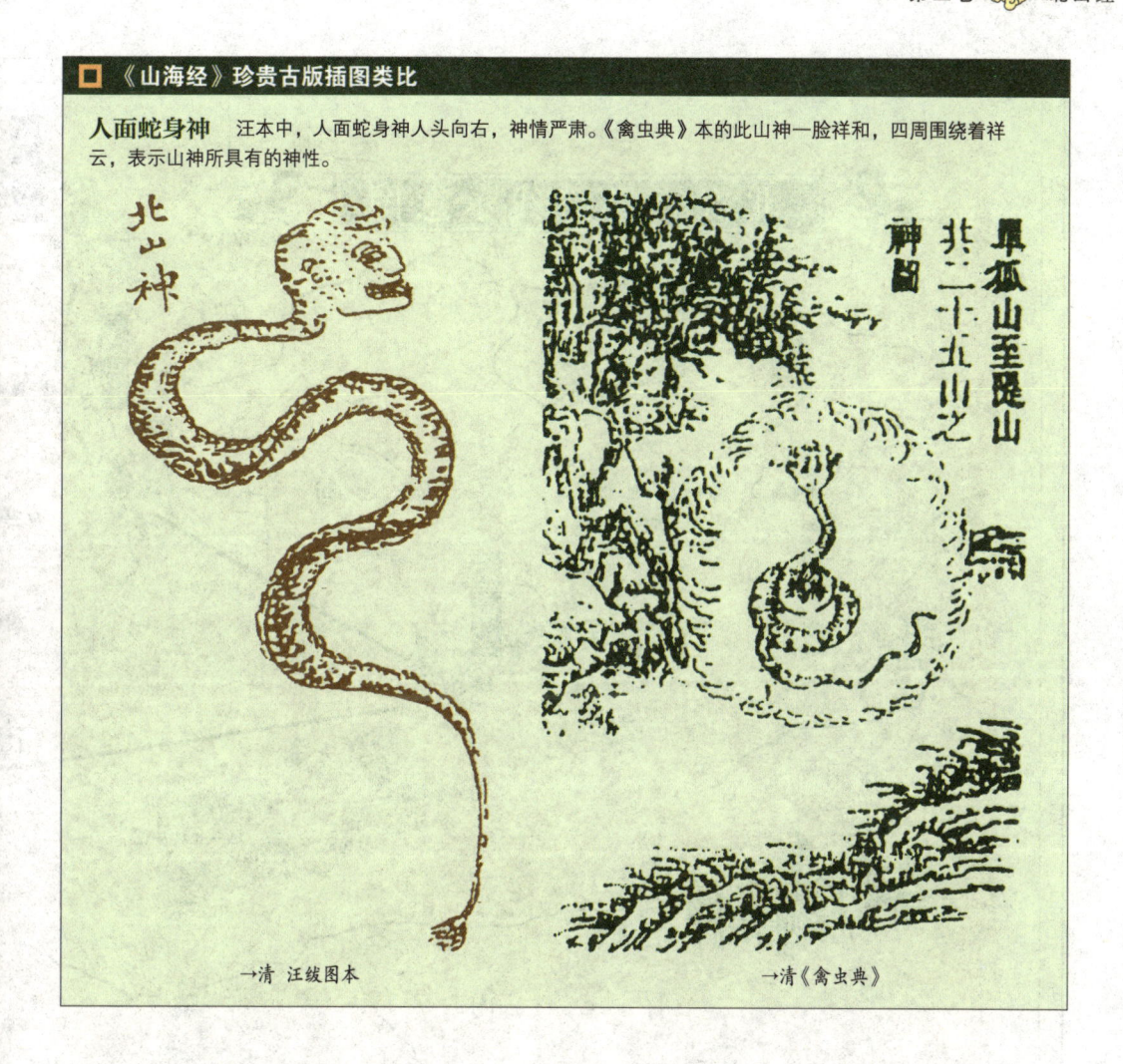

人面蛇身神　汪本中，人面蛇身神人头向右，神情严肃。《禽虫典》本的此山神一脸祥和，四周围绕着祥云，表示山神所具有的神性。

→清 汪绂图本　　　　　　　　　　　　　　　→清《禽虫典》

北方第一列山系诸山神

总计北方第一列山系之首尾，自单狐山起到隄山止，一共二十五座山，绵延五千四百九十里，诸山山神的形状都是人的面孔蛇的身子。祭祀山神的礼仪是：将一只带毛的鸡和一只带毛的猪埋入地下；吉玉用一块珪，也将其埋入地下；祀神不用精米。住在这些山北面的人，都吃生食，而不用火将食物做熟。可知当时那里的人还处于较低级的阶段，他们祭祀山神的方式也是比较原始的。

北次二经路线示意图

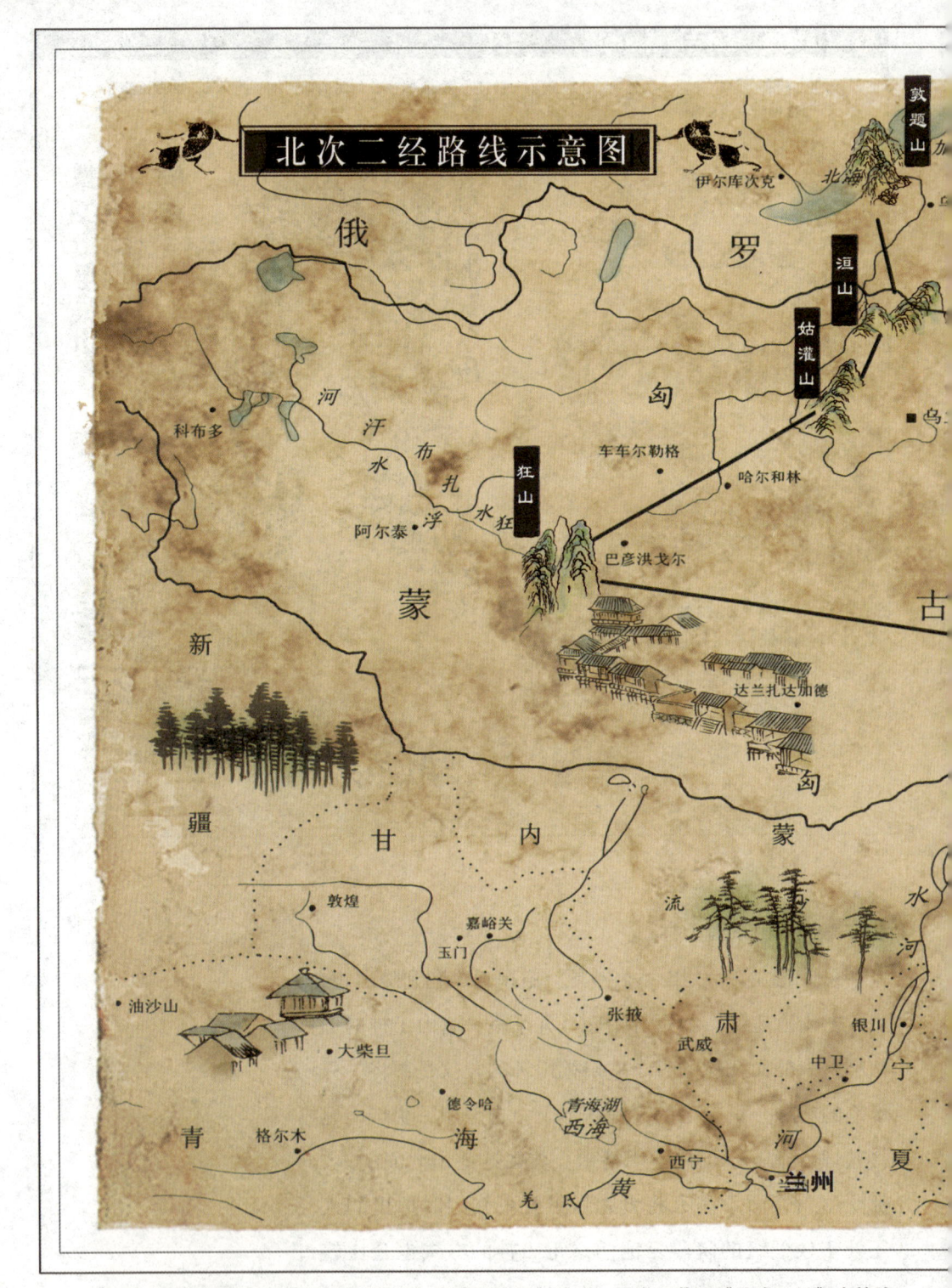

本图根据张步天教授《〈山海经〉考察路线图》绘制，图中记载了《北次二经》中管涔山到敦题山共十七座山的地理位置。

第三卷 北山经

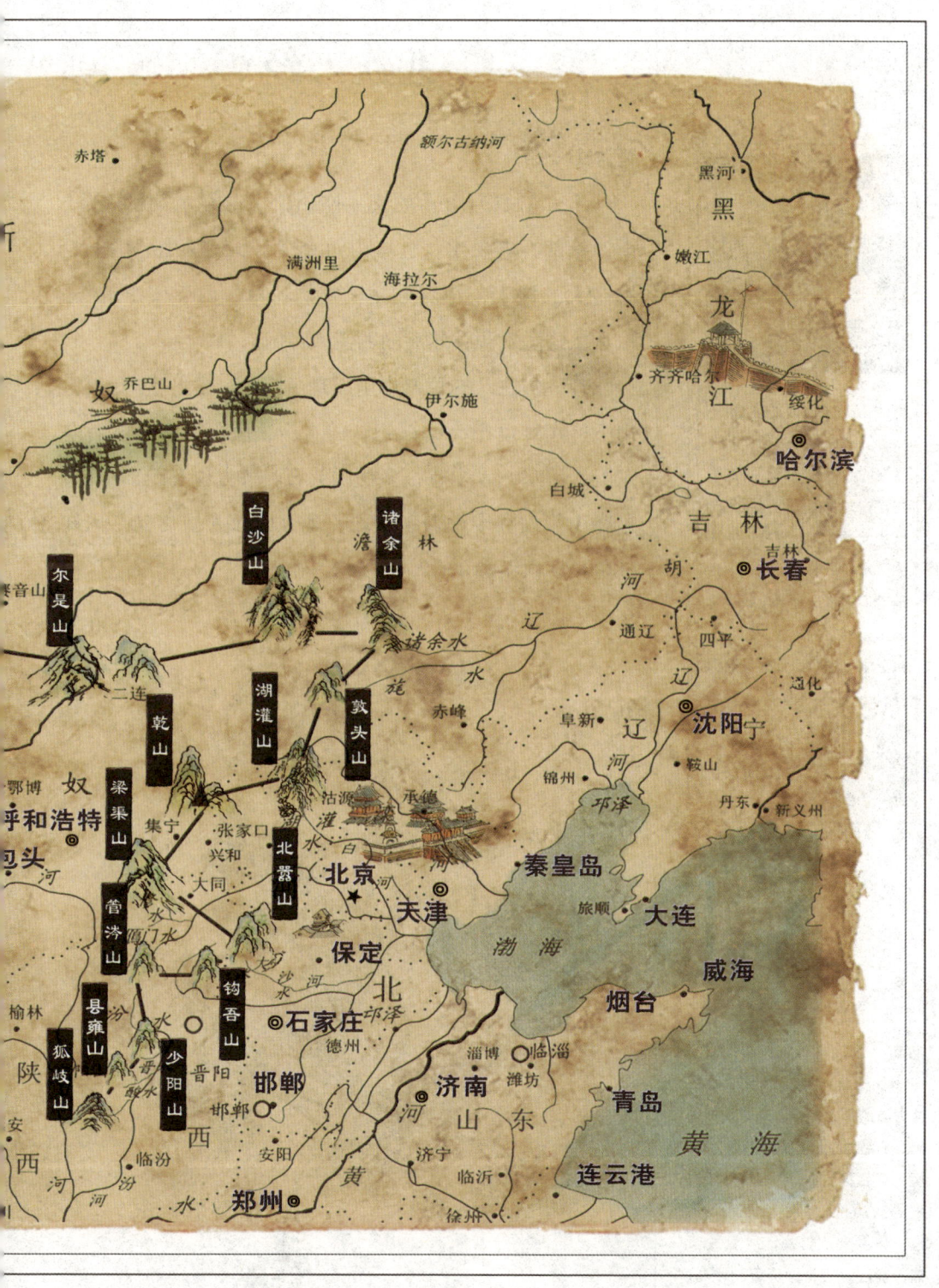

（此路线形成于战国中期）

北次二经

管涔山一带

北方第二列山系的头一座山，坐落在黄河的东岸，山的头部枕着汾水，这座山叫管涔（cén）山。山上没有高大的树木，却到处是茂密的花草，山下盛产玉石。汾水从这里发源，然后向西流入黄河。

管涔山往北二百五十里，是少阳山。山上盛产玉石，山下盛产纯度很高的白银。酸水从这座山发源，然后向东流入汾水，水中有很多优质赭石。按方位和距离推断，这座少阳山在今山西省境内，现今山西人爱食醋，也许就是长期饮用酸水养成的饮食习惯吧。

◇《山海经》考据

管涔山——汾河的发源地

管涔山确有其山，就在现在的山西省宁武、岢岚等县境内，是山西的母亲河汾河的发源地。从管涔山发源的汾水即是汾河。据说，以前汾河之水流量很大，从管涔山上伐下的木材，都靠汾河之水运送。汾河附近降雨充沛，五千多年前，平均气温比现在高2-3摄氏度；当地除了丰富的农作物外，养殖业也很发达。

毛茛

毛茛是一种株干低矮而生命力强的植物，漫山遍野都可见到。它喜爱凉爽湿润的半阴环境，花色富于变化。它还具有很强的药用价值，主治疟疾、黄疸、偏头痛、胃痛、风湿关节痛、痈肿、恶疮、疥癣、牙痛、火眼。

少阳山再往北五十里，是县雍山。山上蕴藏着丰富的玉石，山下蕴藏着丰富的铜。山中生活的野兽主要是山驴和麋鹿；而禽鸟则以白色野鸡和白鹬（yù）居多，白鹬就是前文提到的白翰。晋水从县雍山发源，然后向东南流淌，注入汾水。水中生长着很多鮆鱼，其形状像小鲦鱼却长着红色的鳞片，发出的声音就如同人的叱责声，吃了它的肉，人就不会有狐臭。

狐岐山周边

县雍山再往北二百里，是狐岐山。山上光秃秃的，没有生长花草树木，却遍布着名贵的青石碧玉。胜水从这里发源，然后向东北流入汾水，水中还有很多苍玉。

狐岐山再往北三百五十里，是白沙山，方圆三百里。白沙山山如其名，山上到处是沙子，一片荒凉，既没有花草树木，也没有禽鸟野兽。鲔（wěi）水从这座山的山顶发源，然后潜流到山下，水中有很多白色美玉。

白沙山再往北四百里，是尔是山，山上也没有花草树木，还十分干燥，没有河流发源。

尔是山再往北三百八十里，是狂山。山上山石裸露，没有生长花草树木。这里气候寒冷，山间终年有雪。狂水从这座山发源，然后向西流淌，注入浮水，水中有很多珍贵的美玉。

狂山再往北三百八十里，是诸余山。山上蕴藏着丰富的铜和玉石，山下则生长着茂密的松树和柏树。诸余水从这里发源，然后向东流入㫋水。

灰陶狗
汉 高 36.5 厘米 长 43 厘米
河南省博物馆藏

狗是中国古代六畜之一，是重要的肉食来源；并因其天性的忠诚，还被用来狩猎和看家。这件灰陶狗身躯肥大、形象逼真，正虎视眈眈，昂头狂吠，应为看守犬的形象。

□ 《山海经》珍贵古版插图类比

䮝马 汪本的䮝马独角直立,鬃毛长而硬,张口瞪目,似在嘶鸣。《禽虫典》本中,䮝马身后垂着牛尾,作站立回首状。

→清 汪绂图本

→清《禽虫典》

敦头山 䮝马 狍鸮

诸余山再往北三百五十里,是敦头山。山上蕴藏有丰富的金属矿物和玉石,但不生长花草树木。旄水从这座山发源,然后向东流入邛泽。山中有很多䮝(bó)马,它有牛一样的尾巴和白色的身子,头上还长着一只角,发出的声音如同人在呼喊。䮝马是一种神兽,有角的就叫䮝,没有角的则称为䯄。据记载,在东晋年间,曾经有人在九真郡(就是现在的越南)捕获过一匹䮝马。

敦头山再往北三百五十里,是钩吾山。山上遍布着各色美玉,山下则蕴藏着丰富的铜。山中栖息着一种野兽,其身子像羊,长着人的面孔,而眼睛却长在腋窝下面,牙齿像老虎牙,脚爪又像人的手,它发出的是如同婴儿啼哭般的声音，名字叫狍鸮（xiāo），十分凶恶，是能吃人的。狍鸮就是饕餮，传说黄帝大战蚩尤，蚩尤被斩，其首落地化为饕餮。这种怪兽十分贪吃，把能吃的都吃掉之后，竟然把自己的身体也吃了，最后只剩下一个头。在商周的青铜鼎上就铸有它的形象，但因为身体已经被它自己吃掉了，所以只有头部。鼎最初是用来盛食物的，其上面铸饕餮纹就是为了让食客引以为戒。传说缙云氏有个不肖之子，贪于饮食，奢侈敛财，十分令人厌恶，天下百姓就把它称为饕餮，从此饕餮就成了贪吃者的代名词。由于饕餮的形象凶恶可怕，商周以后，铜器上的裂口巨眉者、两眉直立者、有首无身者全被归入了饕餮名下。后来它作为贪吃者的寓意逐渐产生变异，被赋予驱邪避祸的功能，因为它庄严肃穆、冷淡狰狞的

带饕餮纹的铜鼎

饕餮因是蚩尤死后所化，故性情格外凶残而贪吃。商周时期用于献祭的礼器常以饕餮为纹饰，希望能凭借它的威猛守护器中的食物。饕餮纹多以鼻为中心，眉、眼皆对称雕饰，有些还带有突出的獠牙。

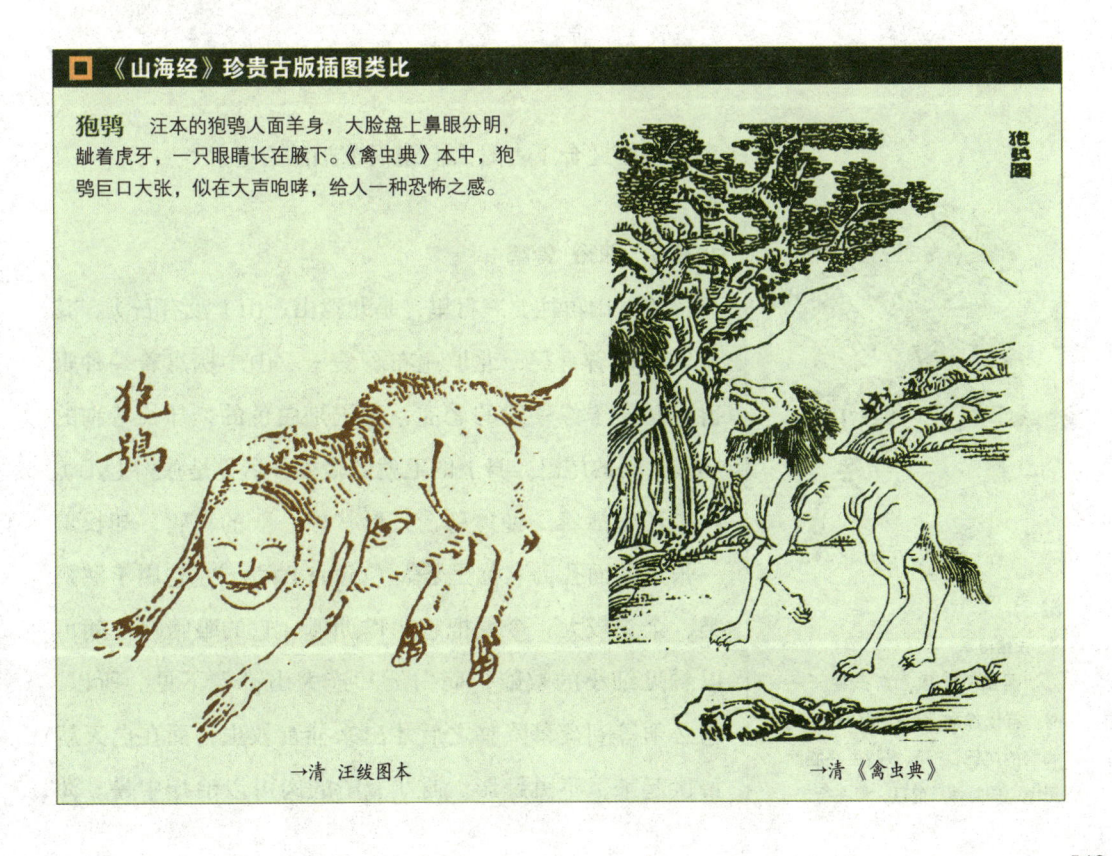

《山海经》珍贵古版插图类比

狍鸮 汪本的狍鸮人面羊身，大脸盘上鼻眼分明，龇着虎牙，一只眼睛长在腋下。《禽虫典》本中，狍鸮巨口大张，似在大声咆哮，给人一种恐怖之感。

→清 汪绂图本

→清《禽虫典》

《山海经》珍贵古版插图类比

居暨 《尔雅音图》中的居暨形态像鼠，毛如刺猬。汪本的居暨俨然一只小刺猬。《禽虫典》中，居暨既不像鼠也不像刺猬，而是一只肥头小兽。

→清 汪绂图本　　　　→清《尔雅音图》　　　　→清《禽虫典》

𩳁

清 汪绂图本

𩳁集鸟、猴、狗三牲于一身，样子像猴，却长着两对翅膀和狗的尾巴，一只眼睛生在脸面正中，伸着两只前爪，似在行走。

表情正好迎合了古时人们避祸求福的心态。

北嚣山　独𤝔　𪅀䳚

钩吾山再往北三百里，是北嚣山。山上没有石头，其南坡遍布着青碧，北坡遍布着美玉。山中栖息着一种野兽，其样子像一般的老虎，身子是白色的，却长着狗的脑袋，马的尾巴，身上的毛就像猪鬃，名称是独𤝔（yù）。山中还生活着一种禽鸟，其形状像一般的乌鸦，却长着一张人的面孔，名称是𪅀䳚（pān māo），它属于鹎鵋类，个头较大，今人把它叫作训狐。它的眼睛在夜间可以看见细小的蚊虫，而白天却连大山都看不见。所以，它必须等到夜幕降临之后才出来捕食蚊虫，而在白天就蛰伏起来，不见踪影。吃了𪅀䳚的肉可以治疗中暑。涔水从北嚣山发源，然后向东流入邛泽。

梁渠山 居暨 嚣

北嚣山再往北三百五十里，是梁渠山。山上不生长花草树木，但蕴藏有丰富的金属矿物和玉石。脩（xiū）水从这里发源，然后一路东流，注入雁门水。山中的野

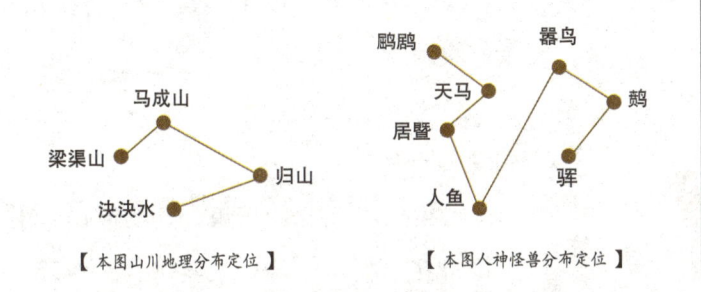

梁渠山周边
明 蒋应镐图本

梁渠山上生活着小兽居暨，天空中还飞翔着四翼狗尾的嚣鸟。归山上观望的四角兽是驿，山岩上还站着六足鸟鹒。龙侯山是决决水的发源地，水中游着人鱼。马成山上飞着名叫天马的狗头兽，山岩顶端栖息着的鸟为鹠鹠。

【本图山川地理分布定位】

【本图人神怪兽分布定位】

陶楼

汉 高147厘米 河南省博物馆藏

这件陶楼造型奇特，共分三层，通体施釉。最下面一层五人相聚言谈；第二、三层均有一榻。汉代时，这种高大的阁楼空前盛行，它一方面是庄园的望楼，居高临下，易守难攻，是军事防守的据点；另一方面，它又是财富的象征。这种高台楼阁反映了东汉时期封建庄园经济的空前发展，也是豪强贵族聚族而居、坞壁林立的一种真实写照。

兽以居暨为最多。居暨形状像老鼠，但浑身长着和刺猬一样的毛刺，只是其颜色是红的，它发出的声音如同小猪叫。山中还栖息着一种禽鸟，形状像夸父兽，长着四只翅膀，却只有一只眼睛，身后还有一条狗尾巴，名称是嚣，它的叫声与喜鹊相似，人吃了它的肉就可以止住肚子痛，还可以治好腹泻。

姑灌山一带

梁渠山再往北四百里，是姑灌山，山上没有花草树木。这里气候寒冷，冬天夏天都有雪。

姑灌山再往北三百八十里，是湖灌山。其山向阳的南坡盛产玉石，背阴的北坡则盛产碧玉。山上生活着许多个头较小的野马。湖灌水从这里发源，然后向东流入大海，水里面有很多鳝鱼。山中还生长着一种树木，其叶子像柳树叶，却有着红色的纹理。

湖灌山再往北行五百里水路，然后又经过三百里流沙，便到了洹（huán）山，山中蕴藏着丰富的金属矿物和各色美玉。山上生长着一种名叫三桑的树木，这种树光杆笔直，不长枝条，树干高达八十丈。除三桑树外，山上还生长着各种果树，山下则栖息着很多怪蛇。

洹山再往北三百里，是敦题山。山上

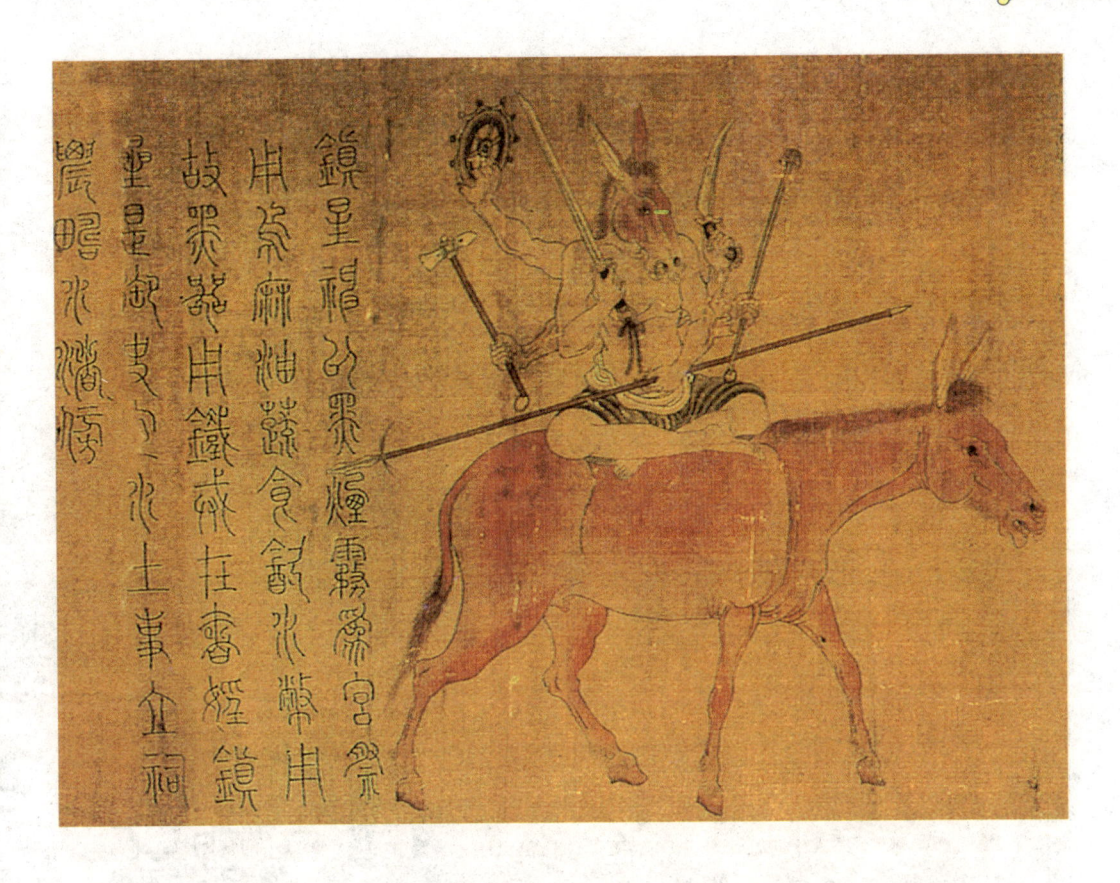

岩石裸露，草木不生，但蕴藏有丰富的金属矿物和各色美玉。它雄踞于北海岸边，北望大海。

北方第二列山系山神的祭祀

总计北方第二列山系之首尾，自管涔山起到敦题山止，一共十七座山，绵延五千六百九十里。诸山山神的形象都是蛇的身子、人的面孔。祭祀这些山神的礼仪：从带毛的禽畜中精选一只公鸡、一头猪一起埋入地下，再选用一块玉璧和一块玉珪一起投向山中，祭祀时不用精米祀神。

形貌奇异的星宿神
唐 长卷 绢本 设色 纵 28 厘米 横 491.2 厘米
（日）大坂市立美术馆藏

远古时代，但凡具有威力的神、怪、兽等都被赋予了不平常的相貌，多为几兽共体或人兽共体，如《山海经》中的诸山神，基本上没有一个面相周正的。连星宿神因和占卜相关联，也被赋予人、鸟、兽等形象。图为驴首人身、六条手臂持有各种兵器的荧惑星神。

北次三经路线示意图

1. 饶山	2. 陆山	3. 沂山	4. 维龙山	5. 绣山	6. 敦与山	7. 松山	8. 柘山
9. 景山	10. 题首山	11. 小侯山	12. 彭毗山	13. 孟门山	14. 沮洳山	15. 马成山	16. 发鸠山
17. 虫尾山	18. 贲闻山	19. 龙侯山	20. 归山	21. 王屋山	22. 天池山	23. 教山	24. 平山
25. 景山	26. 阳山	27. 少山	28. 泰头山	29. 高是山			

第三卷 北山经

本图根据张步天教授《〈山海经〉考察路线图》绘制，图中记载了《北次三经》中太行山到无逢山共四十六座山的地理位置。
（此路线形成于西周早中期）

北次三经

太行山 䮔 䴅

北方第三列山系之首座山，叫作太行山。太行山很长，其首端叫归山，山上蕴藏着丰富的金属矿物和各色美玉，山下也蕴藏着珍贵的碧玉。山中栖息着一种野兽，形状像普通的羚羊，头上却有四只角，还长着马一样的尾巴和鸡一样的爪子，名称是䮔（hún）。它不光样貌奇异，而且能够轻易翻越高山险峰，最奇特之处是它还善于旋转起舞，它发出的叫声就如同在呼唤自己的名字。山中还生活有一种禽鸟，其形状和普通喜鹊相似，却长着白身子、红尾巴，腹部还长着六只脚，名称是䴅（bēn），这种鸟十分警觉，它啼叫起来也像是在呼唤自己的名字。

龙侯山 鲛鱼

太行山往东北二百里，是龙侯山。山上山石遍布，不生长花草树木，但蕴藏有丰富的金属矿物和各色美玉。决决（jué jue）水从这座山发源，然后向东流入黄河。水中有很多人鱼，形状像一般的鲩（tí）鱼，长有四只脚，发出的声音像婴儿哭啼，吃了它的肉人就不会患上

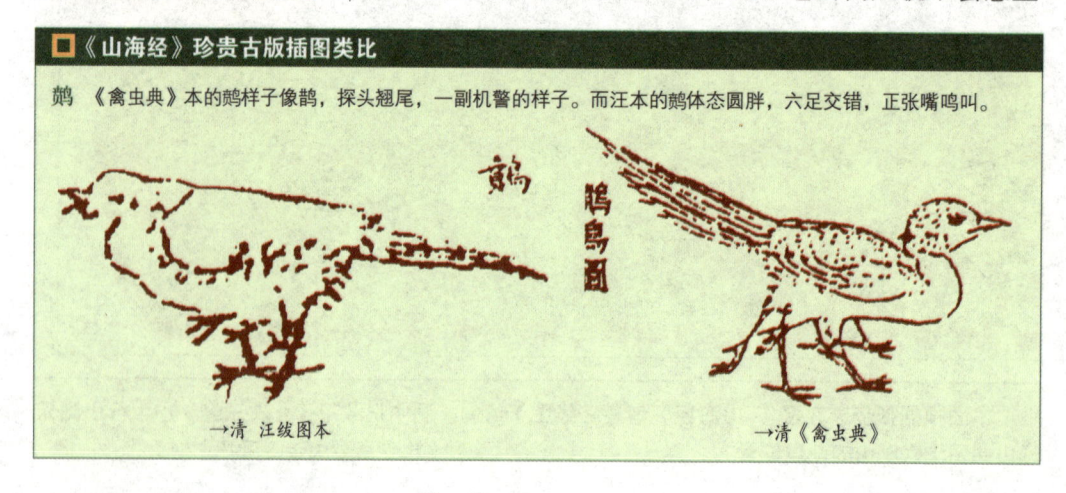

◇《山海经》考据

太行山——太行山脉

北方第三列山系的首座山太行山，即今天山西、河北之间的太行山脉。经中虽以"太行之山"为名，但所记的四十六山并非都在今天的太行山沿线上。太行山为古名，据记载，南起河南济源县，北达京郊昌平县，绵延八百里。其首山归山的所在位置，有三种说法：一说在河北阳城东南部的大乐岭，其山高一千八百五十五米；清朝毕沅主张归山在河南省辉县西北；还有种说法认为是山西省永济县西南的雷首山。

□《山海经》珍贵古版插图类比

䴅 《禽虫典》本的䴅样子像鹊，探头翘尾，一副机警的样子。而汪本的䴅体态圆胖，六足交错，正张嘴鸣叫。

→清 汪绂图本　　　　　　→清《禽虫典》

疯癫病。这里的鲵鱼，实际上就是现在的大鲵，也就是俗称的娃娃鱼，是一种两栖类动物，从西山第一列山系的竹山发源的丹水里的人鱼也是这种鱼。相传东汉末年，在武陵山区的澧水源头，四周都是悬崖峭壁，没有人烟。一位五十来岁的文人老者携妻子为逃避战乱来到这里，身体虚弱又饥寒交迫，走投无路正准备投渊自尽时，却发现水中有一群长有四条腿，叫声酷似婴儿啼哭的鱼。这位老者就钓了几尾煮来充饥，其肉鲜味美。老者吃了后精神焕发，苍白的头发不久就变黑了，脱落的牙齿又长了出来，视物观象直通鬼神，身体也日渐强壮。他妻子也年轻了许多，就好像枯木逢春。一直无后的他们在这之后生下了八个孩子，个个健康强壮、聪明伶俐。这时蜀中道士张道陵（道教的创始人）寻药来此，遇到了这位老者，向他讨了一碗汤喝。喝完后张道陵顿觉身体变轻，一道霞光闪过，眼前出现了两尾鱼头尾相交的场面，感到十分惊讶，便问老者原由。老者介绍了自己的离奇经历。道士听完后便到深渊一探究竟，顿时领悟到阴阳变化的玄机，创建了太极图，并给这种鱼取名鲵，意思就

琴高乘鲤图
明 立轴 绢本 设色 纵164.2厘米 横95.6厘米 上海博物馆藏

　　鲤鱼这种今天非常普通的鱼，从一开始就被赋予神话色彩——如"鲤鱼跳龙门"，同形态怪异的娃娃鱼一样，成了仙家之物。得道成仙的琴高正骑在鲤鱼背上，回身抱拳，向众弟子辞别，这位仙人就要消失在渺茫的江水之中。

吴王青铜器

春秋　高35厘米　口径57厘米

青铜是人类历史上一项伟大的发明,它是红铜和锡、铝的合金,也是金属冶炼史上最早的合金。中国早在六七千年前就发明并使用青铜,将其铸造成各种器皿。这件盛水或冰的器具,是吴王光嫁女于蔡的陪嫁品。吴王光,即吴王阖闾,他曾在砚石山上建筑馆娃宫,宫内饰有大量金银和珠玉。

是送儿的鱼。从此这种鱼就叫大鲵了。人鱼最大的特征就是鱼以足行,并由此衍生出美人鱼之类的神奇故事来。鲵鱼在远古时代,可能是一部分族群崇拜的动物,从后世出土的一些画有人鱼形象的陶器看,新石器时代,居住在西北高原一带的原始先民就可能以鲵鱼为图腾。而今天,鲵鱼属于受保护的珍稀动物,在我国华北、华中、华南和西南等多个地区都有发现。

马成山　天马　鸜鹍

龙侯山再往东北二百里,是马成山,山上遍布着带有纹理的美石,其背阴的北坡还蕴藏着丰富的金属矿物和各色美玉。山里栖息着一种神兽,形状像普通的白狗却长着黑色的脑袋;它还长有翅膀,一看见人就腾空飞起,其名字就叫天马,它叫起来犹如在呼唤自己的名字。天马是我国古人很喜欢的一种神兽,传说它在天上名叫勾陈,在地上就叫天马,其形象经常出现在各种装饰器物上。文人所用的"天马行空"之语,可能指的就是这类神兽。天马也是骏马的名字,《史记·大宛列传》中记载,汉武帝曾得到一匹非常好的乌孙马,名叫"天马"。它体格强壮,日行千里,赶得上大宛的汗血宝马了。后来,汉武帝将那匹乌孙马改名为"西极",而叫大宛马为"天马"。另外,马成山里还生长着一种禽鸟,其体形像普通的乌鸦,却长着白色的脑袋和青色的身子,脚爪是黄色的,名字叫鸜鹍(qū jū),它的名字也就是它的叫声,吃了它的肉人就不会觉得饥饿,还可以医治老年健忘症。

咸山 器酸

马成山再往东北七十里，是咸山。山上有美玉，山下则盛产铜；山上覆盖着茂密森林，森林中的树以松柏为主，草以紫草最多。条菅水从这座山发源，然后向西南奔涌而去，注入长泽。泽中出产一种叫器酸的食物，这种器酸三年才能收成一次，吃了它就能治愈人的疯癫病。

天池山 飞鼠

咸山再往东北二百里，是天池山。山上山石裸露，没有覆盖花草树木，但遍布着一种带有花纹的美石。山中生活着一种野兽，其形状像兔子，却长着老鼠的头；它背上长着很长的毛，平时收敛，要飞的时候就将毛扬起，借助背上的毛飞行，飞的时候仰面朝上，它的名字是飞鼠。据说明天启三年十月，凤县出现很多大鼠，它们长着肉翅而没有脚，黄黑色毛，尾巴毛皮丰满好像貂，

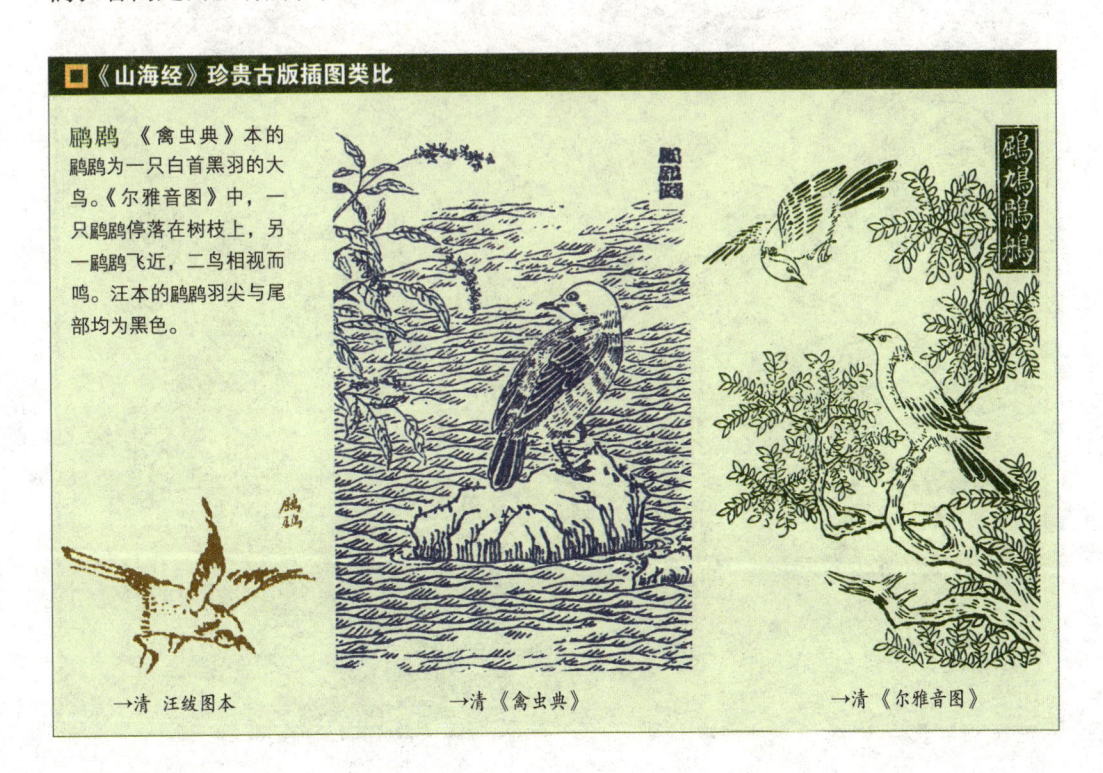

《山海经》珍贵古版插图类比

鹧鸪 《禽虫典》本的鹧鸪为一只白首黑羽的大鸟。《尔雅音图》中，一只鹧鸪停落在树枝上，另一鹧鸪飞近，二鸟相视而鸣。汪本的鹧鸪羽尖与尾部均为黑色。

→清 汪绂图本　　→清《禽虫典》　　→清《尔雅音图》

能够飞着吃粮食，当地人怀疑就是这类飞鼠。杨慎也在《山海经补注》中说，这类飞鼠在云南姚安蒙化也有，他本人就亲眼见过；飞鼠的肉可以食用，皮还能治疗难产。除此以外，浥水从这座山发源，然后潜流到山下，水中有很多黄色垩土。

阳山　领胡　象蛇　鲐父鱼

再往东三百里，是阳山。山上布满了各色美玉，山

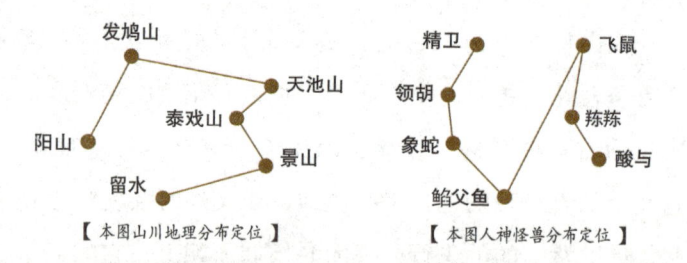

天池山附近
明　蒋应镐图本

　　天池山中生活着名飞鼠的小兽。阳山上走着的牛形怪兽为领胡，山坡上站着自为雌雄的奇鸟名象蛇。留水由此山发源，水中的鱼首猪身怪鱼是鲐父鱼。景山中，水边三足六目的怪鸟为酸与。发鸠山上，精卫鸟在天空展翅飞翔。泰戏山上回首张望的独角兽是㺀㺀。

【本图山川地理分布定位】

【本图人神怪兽分布定位】

160

《山海经》珍贵古版插图类比

领胡 《尔雅音图》中的领胡为一健壮大牛,颈上肉团高起如斗。《禽虫典》本之领胡侧身站立,颈上肉团高高鼓起。汪本中,领胡为一头大黑牛,威武严肃。

→清 汪绂图本

→清《尔雅音图》

→清《禽虫典》

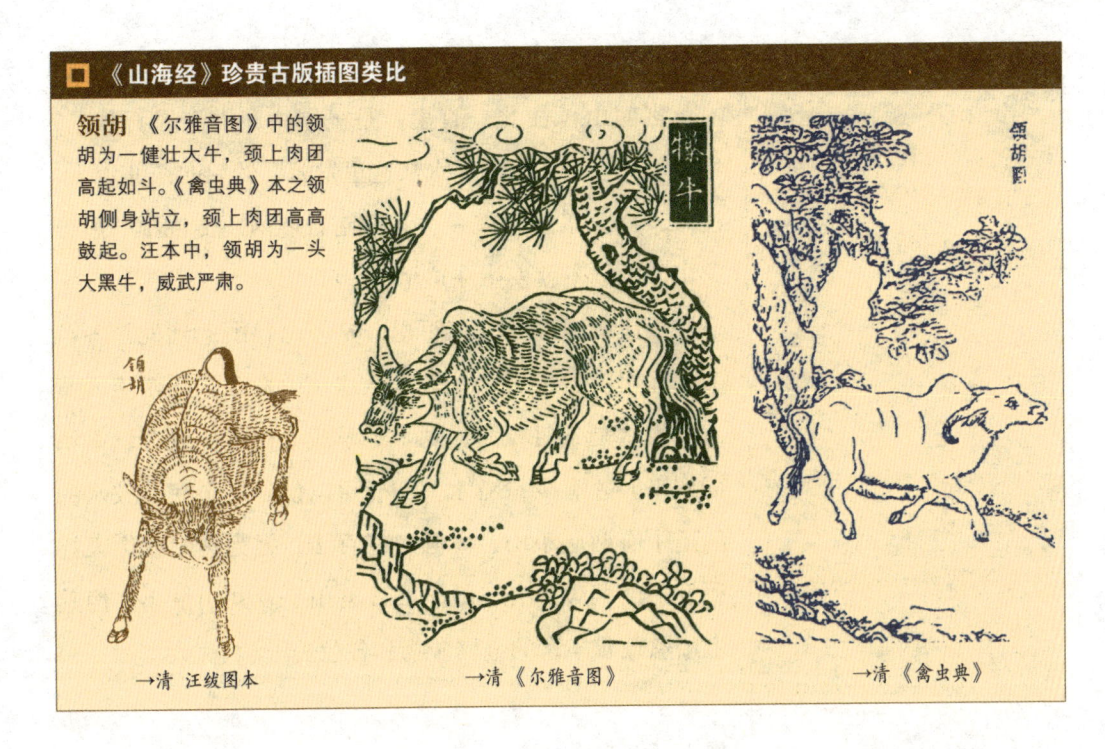

下蕴藏着丰富的金铜。山中有一种野兽,形状像牛,长着红色的尾巴,脖子上长有肉瘤,高高凸起,形状像斗一样,其名称是领胡。它发出的吼叫声就像是在呼唤自己的名字,人吃了它的肉就能治愈癫狂症。据说这种牛能日行三百里,后世在很多地方都出现过。山中还生活着一种鸟,形状像雌性野鸡,而羽毛上有五彩斑斓的花纹,它一身兼有雄雌两种性器官,能自我繁殖而无须交配,名称是象蛇,它发出的叫声便是自身名称的读音。留水从这座山发源,然后向南流入黄河。留水中生长着鮨(xiān)父鱼,其形状像普通的鲫鱼,长着鱼的头,而身子却像猪,人吃了它的肉就可以治愈呕吐。

贲闻山附近

阳山再往东三百五十里,是贲闻山。山上苍玉遍布,山下则盛产黄色垩土,还有许多可以用来制作黑色颜料

红蓝

古人很早就善于利用天然物质制成颜料,山顶洞人时期就出现了染红的绳、兽牙等物品。又名红花、黄蓝的红蓝花也是颜料最常见的来源之一。它的花为管状,红色或橘红色,可以制成红色的颜料。除此之外,它还是一种药材,有活血通经的效用。

的黑石脂。

贲闻山再往北一百里，是王屋山，山上岩石裸露，怪石嶙峋。㵎（lián）水从这里发源，然后向西北流去，注入泰泽。王屋山就在今天河南省境内，传说中"愚公移山"的故事就发生在这里。

王屋山再往东北三百里，是教山，山上到处是各色美玉而没有普通石块。教水从这座山发源，向西流入黄河。教水是条时令河，到了冬季便干枯了，只有夏季汛期到来时才有少量流水，的确可以说是条干河。教水的河道中有两座小山，方圆各三百步，因为它们就像天神所发射的两颗弹丸，故名曰发丸山。发丸山虽小，但其上却蕴藏着丰富的金属矿物和各色美玉。

景山　酸与

教山再往南三百里，是景山。在景山山顶，向南可以远眺盐贩泽，向北可以远眺少泽。山上生长着茂密的

《山海经》珍贵古版插图类比

酸与　汪本的酸与样子像蛇，六目四翼三足，比较符合经文所记。吴本中，酸与为鸟形，与汪本中造型明显不同。

→清 吴任臣康熙图本　　　　→清 汪绂图本

草和薯蓣，这里的草以秦椒为最多。其山背阴的北坡多出产赭石，而向阳的南坡则盛产美玉。山里栖息着一种鸟，其形状像蛇，却长有两对翅膀、六只眼睛、三只脚，名字叫酸与，它啼叫起来就像是在呼唤自己的名字。酸与是一种凶鸟，它在哪个地方出现，哪里就会发生可怕的事情。据说吃了它的肉可以使人不醉。

孟门山一带

景山再往东南三百二十里，是孟门山。山上遍布着精美的苍玉，还蕴藏有丰富的金属矿物；山下则到处是黄色垩土，还有许多可以制作黑色颜料的黑石脂。

孟门山再往东南三百二十里，是平山。平水从这座山的顶上发源，然后潜流到山下，水中有很多优质美玉。

平山再往东二百里，是京山。山上盛产美玉，生长着很多漆树，还有很多竹林。在这座山的南坡出产赤铜，山的北坡则出产黑色磨刀石。高水从这座山发源，奔腾向南，最后注入黄河。

京山再往东二百里，是虫尾山。山上蕴藏有丰富的金属矿物和各色美玉，山下竹林密布，还出产很多青石碧玉。丹水从虫尾山发源，向南注入黄河；薄水也从这

长江名胜图
清 白甫 绢底 彩绘 纵25.2厘米 横1119厘米 北京图书馆藏

长江亦是华夏文明的发源地之一，至今在它流经的地域还可找到为数众多的古代遗址。而沿岸丰富的铜矿资源，成就了其中最为璀璨、区别于黄河流域文明的青铜器文明。这幅地图以传统的山水画表现手法描绘了长江两岸的风光，图中各要素均采用透视符号表示。

龙纹觥
商后期长24.1厘米
山西石楼花庄出土

草木丛生的山中多半有蛇，太华山、浑夕山上都出产一种名叫肥遗的怪蛇。怪蛇是扭曲升腾的龙的原型，象征着强大的神秘力量，常被用来作为器皿上的饰物。这尊酒觥的首部为双角龙，龙口有齿，可作为注酒之用。

木之精华——柏
矿藏丰富的谒戾山上生长着茂密的柏树，古人认为树木本是气化而生，根叶华实，坚脆质美。柏树的树形较为高大，果实如同小铃铛，散发着甘香的味道，服用后可使人耳聪目明，不饥不老。

里发源，却向东南流淌，注入黄泽。

彭毗山 肥遗

虫尾山再往东三百里，是彭毗山。山上光秃秃的，没有花草树木，但蕴藏有丰富的金属矿物和各色美玉。山麓水源丰富，蚤林水从这里发源，向东南流入黄河；肥水也从这里发源，却向南流淌，最后注入床水，水中有很多叫作肥遗的蛇。此肥遗是太华山的六足四翼蛇还是浑夕山的一首两身蛇，不得而知。

彭毗山再往东一百八十里，是小侯山。明漳水从这座山发源，向南流入黄泽。山中栖息着一种禽鸟，其形体很像一般的乌鸦，羽毛上却有白色斑纹，名称是鸪鹳（gū xí），吃了它的肉就能使人的眼睛明亮而不昏花。

小侯山再往东三百七十里，是泰头山。共水从这座山发源，向南流入虖沱水。山上有丰富的金属矿物和各色美玉，山下布满了小竹丛。

轩辕山 黄鸟

泰头山再往东北二百里，是轩辕山。山上盛产铜，山下生长着茂密的竹林。山中栖息着一种禽鸟，其外形像一般的猫头鹰，却长着白色的脑袋，名字叫黄鸟，它鸣叫起来就好像在呼唤自己的名字，人如果吃了它的肉，就不会产生妒嫉心。古人误以为这黄鸟就是黄莺，因此认为黄莺也可以治疗嫉妒心。传说梁武帝萧衍的皇后郗氏生性嫉妒，尤其对梁武帝的其他嫔妃嫉妒不已，梁武帝知道后曾让她信佛，还请高僧为她讲经，但她依然嫉妒如故。后来梁武帝又以黄莺做膳来给郗氏吃，就是希望能治愈她的嫉妒心，其结果当然是于事无补。后来郗氏三十岁就死了，死后化为蛇，还托梦给梁武帝，向他忏悔。

谒戾山　丹林

轩辕山再往北二百里，是谒戾山。山上生长着茂密的松树和柏树，还蕴藏着丰富的金属矿物和各色美玉。沁水从这座山发源，向南流入黄河。在谒戾山的东面还有一片茂密的树林，叫作丹林。丹林水便从这里发源，向南流入黄河；婴侯水也从这里发源，却向北流淌，注入汜水。公元前202年，汉高祖登上皇帝位时，就是在汜水之阳。

谒戾山再往东三百里，是沮洳（jū rù）山。山上岩石裸露，不生长花草树木，但蕴藏有金属矿物和各色美玉。濝（qí）水从这座山发源，向南注入黄河。

沮洳山再往北三百里，是神囷（qūn）山。山上有很多带有花纹的漂亮石头，山下则生长着许多白蛇还有飞虫。黄水从这座山发源，然后向东流入洹水；滏（fǔ）水也从神囷山发源，却向东流入欧水。

发鸠山　精卫

神囷山再往北二百里，是发鸠山，山上生长着茂密的柘树林。山中栖息着一种禽鸟，其形状像普通的乌鸦，但头部的羽毛上有花纹，还长着白色的嘴巴、红色的足爪，名字叫精卫，它发出的叫声就是自己的名字。精卫

黄莺图

宋 团扇 绢本 设色 纵约25厘米 横约25厘米 北京故宫博物院藏

　　黄莺在很早之前就已存在，它圆润清脆的歌声让古人为之着迷，于是把它的鸣唱称为"莺歌""黄簧"，它美妙的歌声也被看作对君王明治的赞誉。黄莺非常柔弱，刚捕获的野生黄莺，常会因胆怯而拒食，并渐渐体力衰竭而死。黄莺还被视为一种治疗嫉妒的奇鸟，梁武帝就曾以黄莺做膳来给他生性爱嫉妒的妻子郗氏吃。

锋利的铜矛
战国 高 28.3 厘米
四川省彭州市博物馆藏

兵器在汉代之前都称刺兵，取其刺杀之意；为求刃部的锋利，就以磨刀石反复磨擦。《山海经》中少山东北的锡山即以盛产磨刀石闻名。这是两柄古矛，一锋两刃，刃口锋利，矛的根部饰有精美的蝉形花纹。

鸟原是炎帝的小女儿，名叫女娃。她到东海游玩，不慎淹死在东海里，死后她的灵魂就变成了精卫鸟。她悲愤自己年轻的生命被葬送海底，因此常常衔了西山的树枝石子，投到东海里，想把大海填平。传说现在的山东半岛和辽东半岛，就是精卫填成的。后来民间传说，这种鸟就住在海边，和海燕结成配偶，生下的孩子，雌的像精卫，雄的像海燕。至今东海还有精卫誓水的地方，因为曾经淹死在那里，就发誓不再喝那里的水，所以精卫又被称为誓鸟、信鸟，古人认为它是一种有志气的禽鸟，并把它当作追求理想和毅力的化身。

精卫的父亲炎帝就是神农氏，他是少典娶有蛟氏而生的孩子，最早居住在姜水流域，后来向东发展，一直到中原地区。炎帝曾与黄帝在阪泉大战，结果兵败，退避到南方，偏安一隅，做了南方的天帝。在炎帝时代，天上降下谷粟，炎帝把这些谷粟收集起来后种在地下，于是百果结实，五谷丰收，吃了这些果物的人从此长寿不死。因此，炎帝又叫神农。精卫栖息的这座发鸠山，还孕育了漳水，漳水向东流淌，最后注入黄河。

《山海经》珍贵古版插图类比

精卫　胡本的精卫为一只长尾美丽的大鸟，寄托着人们无限的希望。《禽虫典》本的精卫造型采自胡本。汪本中，精卫身小尾短，显得桀骜执着。

→明 胡文焕图本　　→清 《禽虫典》　　→清 汪绂图本

少山一带

发鸠山再往东北一百二十里,是少山。山上蕴藏有金属矿物和各色美玉,山下则蕴藏着铜。清漳水从这座山发源,向东流去,注入浊漳水。

少山再往东北二百里,是锡山。其山上遍布着各色美玉,山下则盛产磨刀石。牛首水从这座山发源,然后向东流去,注入滏水。

锡山再往北二百里,是景山。山中遍布着各种精美的玉石,质量上乘。景水从这座山发源,向东南流淌,最后注入海泽。

景山再往北一百里,是题首山。这里也出产美玉,山上怪石嶙峋,但十分干燥,没有河流从这里发源。

题首山再往北一百里,是绣山。山上盛产美玉、青碧;山中森林茂密,生长的树木大多是栒(xún)树,而生长的草则以芍药、川芎之类的香草为主。洧(wěi)水从这座山发源,然后向东流入黄河,水中生长着很多鳠(hū)鱼和黾(měng)蛙。鳠鱼体态较细,呈灰褐色,头扁平,其背鳍、胸鳍相对有一硬刺,后缘有踞齿。黾蛙是青蛙的一种,形体同蛤蟆相似,但要小一些,皮肤青色。

刘海戏蟾
明 刘俊 立轴 绢本 设色 纵139厘米 横98厘米 中国美术馆藏

蟾蜍是一种有着极高药用价值的动物,它虽然外表丑陋却有许多美丽的传说。相传月宫中有三条腿的蟾蜍,因此后人把月宫也叫蟾宫,后用"蟾宫折桂"来比喻考取进士。民间还流传着刘海戏金蟾的神话故事。相传憨厚善良的刘海在仙人的指点下,获得一枚金光夺目的金钱,后来刘海就用这枚金钱戏出了井里的金蟾,从而得到了幸福。于是蟾又是幸福的象征。

美玉之斧

红山文化 高17.5厘米 宽0.7厘米

自白马山向北的连绵山脉中，绝大多数都盛产美玉，其色泽、质地却不尽相同。这枚玉斧是由岫岩玉所制，呈透明的碧绿色，光洁可爱，已失却最早的石斧砍凿的作用，而演变为标志古代部落酋长身份的一种礼器。

松山一带

绣山再往北一百二十里，是松山。阳水从这座山发源，然后向东北流入黄河。

松山再往北一百二十里，是敦与山。山上光秃秃的，没有生长花草树木，但蕴藏着丰富的金属矿物和各色美玉。溹（suǒ）水从敦与山的南麓发源，然后折向东流，注入泰陆水；泜（zhī）水从敦与山的北麓流出，也折向东流，但注入彭水；槐水也发源于这座山，然后向东注入泜泽。

敦与山再往北一百七十里，是柘山。其山南坡蕴藏有丰富的金属矿物和各色美玉，山北坡则蕴藏着丰富的铁。历聚水从这座山发源，然后向北流入洧水。

柘山再往北三百里，是维龙山。山上盛产碧玉，山的南坡蕴藏有丰富的黄金，山的北坡则蕴藏着丰富的铁。肥水从这座山发源，然后向东流入皋泽，水中有很多高耸的大石头。敞铁水也发源于这里，但向北流淌，最后注入大泽。

维龙山再往北一百八十里，是白马山。山的南坡遍布着石头和美玉，山的北坡则蕴藏有丰富的铁，还有丰富的赤铜。木马水从这座山发源，然后向东北流入虖沱水。

白马山再往北二百里，是空桑山。山上没有花草树木，山上气候寒冷，冬天夏天都有雪。空桑水从这座山发源，然后向东流入虖沱水。

泰戏山 䍺䍺

空桑山再往北三百里，是泰戏山。山上寸草不生，十分荒凉，但蕴藏着丰富的金属矿物和各种玉石。山中生长着一种野兽，其长相怪异，外形像普通的羊，却只长着一只角、一只眼睛，而且眼睛在耳朵的背后，名称是䍶䍶（dōng dong），它发出的叫声便是自身的名称。传说䍶䍶是一种吉祥之兽，它出现的话当年就会获得丰收。但也有人说它是兆凶之兽，一出现皇宫中便会发生祸乱。虖沱水从这座山发源，然后向东流入溇（lóu）水；液女水发源于这座山的南麓，然后向南流入沁水。

石山周边

泰戏山再往北三百里，是石山，山中蕴藏有丰富的金属矿物和各色玉石。濩濩（huò huo）水从这座山发源，然后向东流入虖沱水；鲜于水也从这座山发源，但却向南流淌，注入虖沱水。

石山再往北二百里，是童戎山。皋涂水从这座山发源，奔出山涧后，向东流入溇液水。

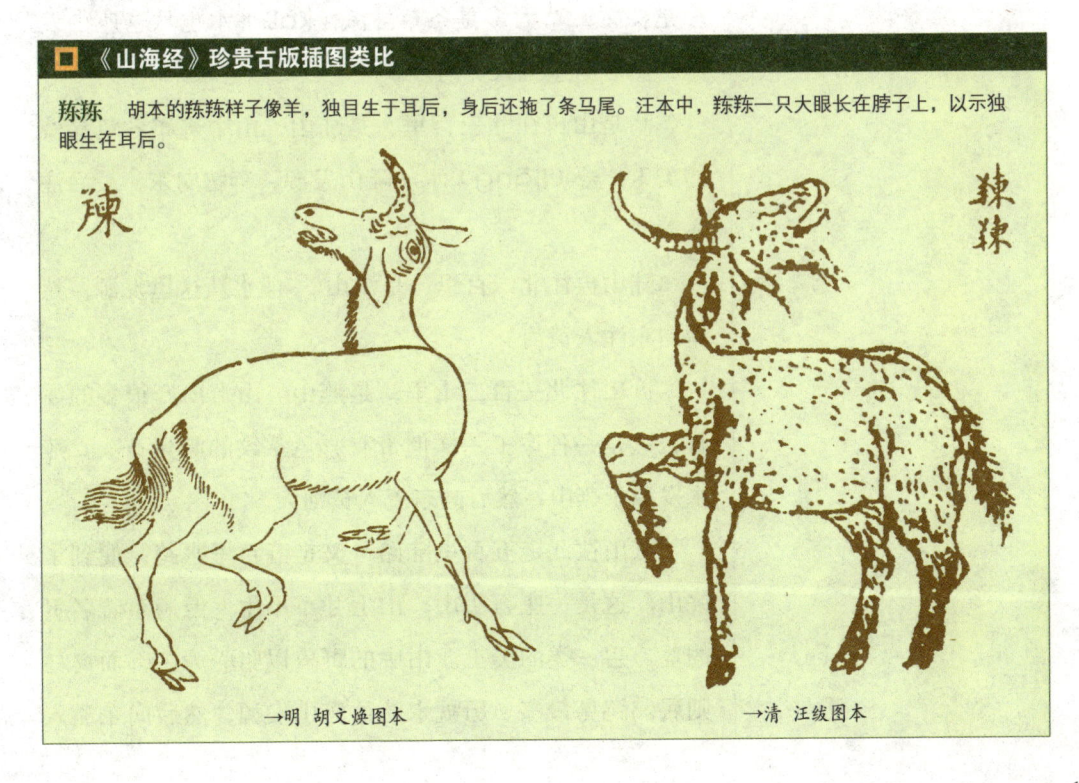

《山海经》珍贵古版插图类比

䍶䍶　胡本的䍶䍶样子像羊，独目生于耳后，身后还拖了条马尾。汪本中，䍶䍶一只大眼长在脖子上，以示独眼生在耳后。

→明 胡文焕图本　　　　　　　　　　　　→清 汪绂图本

《山海经》珍贵古版插图类比

獂 毕本的獂，低垂的尾巴不太像牛尾。《禽虫典》中，獂双角奇长，坐于山坡之上。汪本的獂毛色深重，双角直立，牛眼圆睁。

鹅鹗三头獂兽
三尾俱禦不祥
消凶辟昧君子
服之不逢不雠

獂出萆山
獂牛形三足

獂图

→清 汪绂图本　　→清 毕沅图本　　→清《禽虫典》

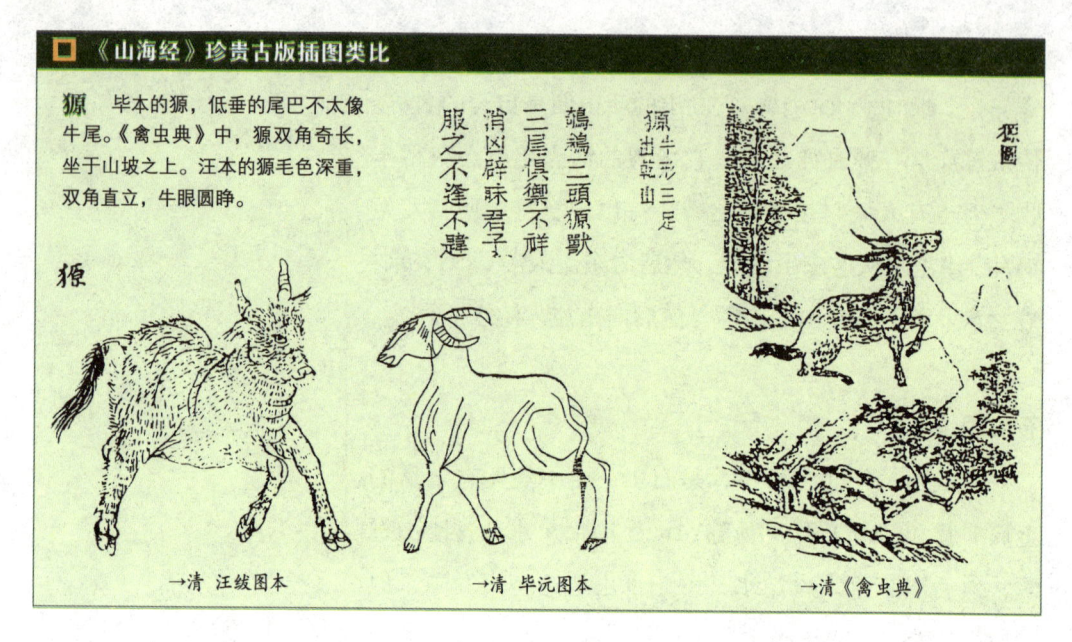

童戎山再往北三百里，是高是山。滋水发源于这座山，然后向南流入滹沱水。山上草木茂盛，林中树木大多是棕树，草大多是条草。浽（kōu）水也从这座山发源，然后向东流入黄河。

高是山再往北三百里，是陆山，山中遍布各色晶莹的美玉。郮（jiāng）水从陆山发源，奔腾向东，最后注入黄河。

陆山再往北二百里，是沂山。 般水从这里发源，然后向东注入黄河。

沂山往北一百二十里，是燕山。山上出产很多的婴石，这是一种像玉一样但带有彩色条纹的漂亮石头。燕水发源于燕山，然后向东流入黄河。

燕山往北走五百里陆路，又走五百里水路，便到了饶山。这是一座石头山，山上寸草不生，但遍布着名贵的瑶、碧一类的美玉。山中的野兽以骆驼为主，而禽鸟则属䳃鹛鸟最多。历虢水从这座山发源，然后向东流入黄河；水中有很多师鱼，这种鱼有剧毒，人吃了它的肉就会中毒而死。

乾山　獂

饶山再往北四百里，是乾山。这也是一座石山，山上没有花草树木。其山向阳的南坡蕴藏着丰富的金属矿

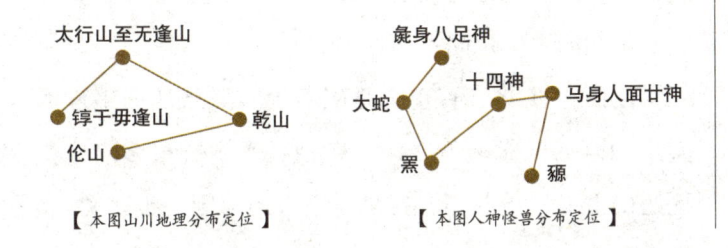

太行山至无逢山
錞于毋逢山　乾山
伦山

【本图山川地理分布定位】

彘身八足神
大蛇　十四神　马身人面廿神
罴　獂

【本图人神怪兽分布定位】

乾山周边
明　蒋应镐图本

　　乾山中生活着形似牛的三足兽是獂。伦山上貌似麋鹿的兽为罴。錞于毋逢山上盘绕身躯的蛇名大蛇。北方第三列山系的四十六座山，由三种不同神容的山神掌管，分别为彘身八足神、十四神和马身人面廿神。

171

祭祀的礼器——提梁卣
西周早期 高24厘米 腹部15厘米
中国社会科学院考古研究所藏

强烈而充满变化的自然之力令古人充满敬畏，于是他们想象出许多具有好恶取向的神灵加以祭祀，祈求能借献祭而获得平安。卣，是一种酒器，专用以盛放祭祀时使用的一种香酒，盛行于商代和西周时期。卣的形状通常是椭圆口，深腹，圈足，有盖和提梁，腹部或圆或椭圆或方形，也有做成怪兽食人状的。这件西周早期的卣形制复杂，纹饰繁复，但又显得古朴大方，娟秀典雅。

马身人面神 清 汪绂图本
此兽马头上长着长长的人脸，管理从太行山到少山的二十座山，故称马身人面廿神。

物和各色玉石，而背阴的北坡则蕴藏丰富的铁。山间干燥，没有水流从这里发源。山中生活着一种野兽，其外形很像普通的牛，却只长着三只脚，名称是獂（huán），它的吼叫声就如同呼唤自己的名字。

乾山再往北五百里，是伦山。伦水从这座山发源，然后向东流入黄河。山中栖息着一种野兽，其形状像麋鹿，而肛门却长在尾巴上面，它的名称是罴，又称罴九，它和像熊的罴不是同一种野兽。

伦山再往北五百里，是碣石山。绳水从这里发源，奔出山涧后向东流淌，注入黄河，水中有很多蒲夷鱼。这座山上遍布着晶莹剔透的玉石，山下则有很多美丽的青石碧玉。

碣石山再往北行五百里水路，便到了雁门山。这是一座石头山，山上没有花草树木。

雁门山再往北行四百里水路，便到了泰泽。泰泽烟波浩渺，在其中央还屹立着一座山，这座山叫作帝都山，方圆有一百里左右。帝都山虽然神奇，但山上却很荒凉，寸草不生，只是蕴藏有一些金属矿物和各种玉石。

錞于毋逢山　大蛇

帝都山往北五百里，是錞于毋逢山。錞于毋逢山山体巍峨，站在山顶，向北可以望见鸡号山，从那里吹出强劲的大风，十分寒冷；向西可以望见幽都山，浴水就从那里奔涌而出。这座幽都山中还栖息着一种大蛇，红色的脑袋，白色的身子，长长的身子能够盘绕幽都山两周；它伸头吐舌，发出的声音如同牛叫，令人胆战心惊。它在哪个地方出现，哪里就会有大旱灾。

北方第三列山系诸山神

总计北方第三列山系之首尾，自太行山起到錞于毋逢山止，一共四十六座山，绵延一万二千三百五十里。其中二十座山山神的形状都是马身人面，称为马身人面廿神。祭祀它们的礼仪是：把用作祭品的藻和茞之类的香草埋入地下。还有十四座山的山神有猪一样的身子却佩戴着玉制饰品。祭祀这些山神的礼仪是：用祀神的玉器礼祭，不埋入地下。另外十座山的山神也都有猪一样的身子，却长着八只脚和蛇一样的尾巴。祭祀这些山神的礼仪是：用一块玉璧礼祭，然后将其埋入地下。总共四十四个山神，都要用精选的米来祭祀；这些山神都只吃生食，不吃用火做熟的食物。四十六座山却只讲祭祀四十四位山神，是因为这四十四位山神是吃生食的，而另外两位太行山和高是山的山神是吃熟食的，需要单独祭祀。

以上就是北山经中北方诸山的概况，总共是八十七座山，蜿蜒长达二万三千二百三十里。

吃熟食的生活
十六国时期 纸本 设色
纵 46.2 厘米 横 105 厘米
新疆维吾尔族自治区博物馆藏

在对北方第三列山系山神的祭祀中，有两位山神要用熟食做祭品，反映出当时的人已经告别茹毛饮血的原始阶段，而过上了有火、吃熟食的定居生活。这幅描绘墓主人生前生活的图中，一女仆正忙碌于炉灶边，为主人备食；美味的食物旁有各种调味品。太阳下还画有树木、田地和农具。

十神 清 汪绂图本

十神是从陆山到錞于毋逢山十座山的山主，汪本中，此神除长有八条腿外，其他和猪头神基本无异。

第四卷 东山经

《东山经》所记述的神异内容，主要是围绕以樕䔄山、空桑山、尸胡山、北号山为首的四列山系进行的，除了独特的地貌及丰富的物产，山中能预测水灾、旱灾及兵灾的各种神奇动物更是让人惊叹不已。

大清万年一统地理全图 清 双色套印 纵134厘米 横236厘米 北京图书馆藏

　　这幅由二十四块拼合起来的清代地图中，对黄河的表示较为突出，河源显示正确。清代的省、府、州、县及长城、洞庭湖等内容在图中也得到详细标绘。此图色彩雅正，极富气势，非常精美。

东次一经路线示意图

本图根据张步天教授《〈山海经〉考察路线图》绘制，《东次一经》中从樕䮻山到竹山的十二座山，其地理位置皆在此图中有所体现。（此路线形成于战国时期）

东次一经

楸蛫山 鳙鳙鱼

东方第一列山系之首座山,叫作楸蛫(sū zhū)山,其北面与乾昧山相邻。食水从这座山发源,然后向东北流去,最后注入大海。水中生长着很多鳙鳙(yōng

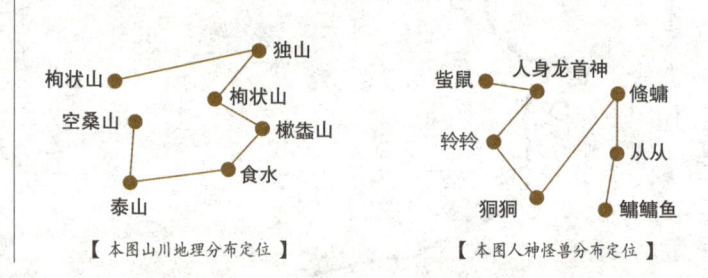

楸蛫山周边群山
明 蒋应镐图本

楸蛫山是食水的发源地,水中生活着牛头鱼尾的鳙鳙鱼。枸状山上的六足怪兽名从从,站在山顶上形似鸡的鸟是蚩鼠。独山上栖息着有翼怪兽名䖳䗤。泰山上行走的猪形兽叫狪狪。东方第一列山系的山神都是龙首人身神。空桑山上四处张望的牛形兽名𬴕𬴕。

【本图山川地理分布定位】

【本图人神怪兽分布定位】

《山海经》珍贵古版插图类比

鳙鳙鱼 汪本的鳙鳙鱼头部像牛，但没有角，体形庞大。《禽虫典》的鳙鳙鱼头像牛，也没有角，鱼尾极长，徜徉于食水的波涛中。

→清 汪绂图本　　　　　　→清《禽虫典》

yong）鱼，它的形状像犁牛，发出的声音如同猪叫。鳙鳙鱼因为体形像牛，所以也被称作牛鱼，传说它还生活在东海中，而且皮能够预测潮起潮落。将它的皮剥下后悬挂起来，当要涨潮时，皮上的毛就会竖起来；潮水要退去时，毛就会伏下去。鳙鳙鱼还特别爱睡觉，而且受惊后发出的声音很大，甚至一里外都能听见。

蔂山附近

　　椒蛋山再往南三百里，是蔂（lěi）山。山上遍布各色美玉，而山下则蕴藏有丰富的黄金。湖水从这座山发源，奔出山涧后，向东注入食水，水中生长着很多蝌蚪。

　　蔂山再往南三百里，是栒状山。山上蕴藏有丰富的金属矿物和各色美玉，山下则遍布晶莹剔透的青碧石。山中栖息着一种野兽，形状像普通的狗，却长着六只脚，名称是从从，它发出的叫声就像在呼唤自己的名字。据说从从是一种吉兽，当皇帝体恤百姓、政治清明时它才会出现。山中还生活着一种禽鸟，其形状像普通的鸡，

鱼足陶鼎

新石器时代　良渚文化　高 31.6 厘米

　　东方山系中的椒蛋山盛产一种鳙鳙鱼，它的皮可以使人预先知道潮水的涨落。以鱼为造型的器物在我国新石器时代就已经出现。这件夹砂灰陶鼎是一种炊具，鼎下部有三个鱼鳍形扁足，足表面还刻有象征鳍骨的线纹。工匠似乎是在模仿鱼鳍支撑鱼的身体的形象。这种造型的陶鼎是良渚文化特有的器型之一。良渚文化遗址还出土了稻谷、玉器、刻纹黑陶、竹编器物、丝麻织品等，都反映出该地区这一时期高度的文化水平。

《山海经》珍贵古版插图类比

蚩鼠 胡本的蚩鼠样子像鸡,长长的尾巴高高翘起,怎么看都不像鼠尾。汪本中,蚩鼠无论造型还是神态,都像一只黑色的公鸡。

→清 汪绂图本

→明 胡文焕图本

后面却长着像老鼠一样的尾巴,名称是蚩(zī)鼠。它在哪里出现,哪里就会有大旱灾。汦(zhǐ)水从枸状山山麓发源,向北注入湖水,水中生长着很多箴鱼,其形状像儵鱼,却有像针一样的喙,它也因此而得名。据说人吃了箴鱼的肉就不会染上瘟疫。

勃垒山周边

枸状山再往南三百里,是勃垒(qí)山。山上岩石裸露,没有花草树木生长,也没有河流从这里发源。

勃垒山再往南三百里,是番条山。山上荒芜,没有花草树木生长,而且到处是沙子,是座沙山。减水从这座山发源,然后向北流入大海,水中有很多鳡(gǎn)鱼。鳡鱼又叫竿鱼,是一种黄色鲇鱼,吻长口大,生性凶猛,专以其他小鱼为食。

番条山再往南四百里,是姑儿山。山上覆盖着茂密的漆树林,山下则生长着很多桑树和柘树。姑儿水从这座山发源,向北流入大海,水里面也生长着很多鳡鱼。

姑儿山再往南四百里，是高氏山。山上遍布着各种晶莹美玉，山下则盛产可用来制作医疗器具砭针的箴石。诸绳水发源于这里，向东流淌，注入湖泽，河床上蕴藏着丰富的沙金和各色美玉。

高氏山再往南三百里，是岳山。山上覆盖着郁郁葱葱的桑树林，山下则生长着茂密的臭椿树。泺（luò）水从这座山发源，也向东流入湖泽，水中的河床上也蕴藏有丰富的沙金和各色美玉。

岳山再往南三百里，是犲（chái）山。山上荒芜苍凉，没有花草树木，但山下水流很多，水中有很多堪㺄（xū）鱼。山中栖息着一种野兽，其形状像猿猴，却长着一身猪毛，发出的声音如同人在呼叫。它是一种不祥之兽，一旦现身，天下就会出现大洪水。

独山 䏽蟰

犲山再往南三百里，是独山。山上蕴藏有丰富的金

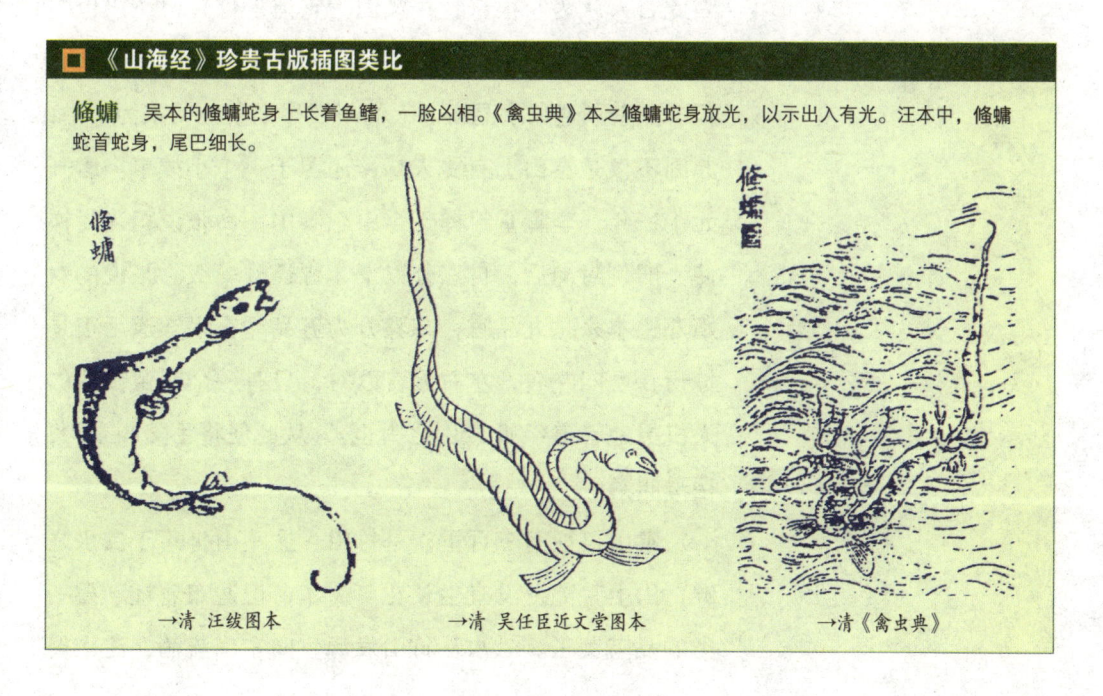

《山海经》珍贵古版插图类比

䏽蟰 吴本的䏽蟰蛇身上长着鱼鳍，一脸凶相。《禽虫典》本之䏽蟰蛇身放光，以示出入有光。汪本中，䏽蟰蛇首蛇身，尾巴细长。

→清 汪绂图本　　　　　→清 吴任臣近文堂图本　　　　　→清《禽虫典》

◇《山海经》考据

汶水——巢湖

《东次一经》中的泰山经考证并非今天山东境内的泰山，而应是安徽境内的霍山。此处的汶水指安徽的巢湖，战国时即有此湖，环水东流注入湖中，今天仍有此水。巢湖是我国第五大淡水湖，湖形狭长，从空中鸟瞰，像只鸟巢，故名"巢湖"。历史上，这里曾发生过许多耐人寻味的故事，如"商汤放桀于巢湖""伍子胥过昭关""楚霸王乌江自刎"等都家喻户晓。

属矿物和各色美玉，山下则遍布各种五颜六色的漂亮石头。末涂水从这座山发源，然后向东南流淌，最后注入沔（miǎn）水，水中有很多鯈鱅（tiáo yóng），其形状与黄蛇相似，而且还长着鱼一样的鳍，出入水中时闪闪发光。它在哪里出现，哪里就会发生大旱灾。因为鯈鱅出入水中时身体闪闪发光，于是古人将它和火联系到了一起，说它的出现还是火灾的征兆，将它视为一种不祥的动物。

泰山 狪狪

独山再往南三百里，是泰山。山上遍布各色美玉，山下蕴藏有丰富的金属矿物。山中生活着一种奇兽，形状与普通的猪相似，但它体内却孕育着珍珠，名称是狪狪（tōng tong），它发出的叫声犹如在呼唤自己的名字。珍珠一般只是蚌类生产，在传说中也只是龙、蛇等灵异动物会吐出一些，而狪狪作为兽类也能孕育珍珠，因此古人认为它很奇特；又因为它体形像猪，所以也把它叫作珠豚。环水从泰山发源，向东流入汶水，水中有很多晶莹剔透的水晶石。人们习惯称妻子的父亲为泰山，原因不仅是泰山上有丈人峰，还源于一个小故事。唐开元十三年，李隆基封禅于今山东泰山，命张说担当封禅使。旧例封禅后，自三公以下，皆迁升一级。张说的女婿郑镒本来是九品官，却骤升为五品。玄宗知道后很是惊讶，便问左右，左右无言以对，只有一个叫黄幡绰的人机灵地答道："此泰山之力也。"从此便将岳父叫泰山，岳母叫泰水。

泰山再往南三百里，是竹山。这座山坐落于汶水之畔，山上荒芜，没有生长花草树木，但遍布着瑶、碧一类的晶莹美玉。激水从竹山发源，向东南流淌，注入娶檀水，水中生长着很多紫色的螺。

东方第一列山系诸山神

　　总计东方第一列山系之首尾，自樕𧐄山起到竹山止，一共十二座山，总计三千六百里。诸山山神的形貌都是人的身子龙的头。祭祀山神时从带毛的禽畜中选用一只狗作为祭品，不将其杀死，只取其血涂抹在祭器上；同时选一条鱼，也用其血来涂抹祭器。这种以血涂祭的祭祀方式在民俗研究中非常重要，从杀牲血祭到以血涂祭标志着人与神关系的一种质的变化。类似这种在神的口边抹血的祭祀习俗，目前在我国及世界许多民族中还有保留。

源于祭祀的古老乐舞图瓷扁壶
北齐 高 20.5 厘米 口径 5.1 厘米
足径 10.1 厘米

　　东方山系的山神都是人身龙头的模样，为了祭祀它们，古人必须以活狗与活鱼来献祭。祭祀的仪式逐渐转化为民间的舞蹈。这件瓷壶呈扁圆状，两面饰有一模一样的胡人乐舞图。从舞蹈者和伴奏者的形象、服饰来看，是典型的西域乐舞，来自当时的"石国"（即今中亚塔什干地区），也就是后来盛行于唐代的"胡腾舞"。

升天图
汉 帛画 设色 纵 205 厘米
上横 92 厘米 下横 47.7 厘米
湖南省博物馆藏

　　祭祀是古人生活中重要的一部分，其对象、种类及仪式繁多，他们献祭的目的除了祈求生活平安外，死后升天也是他们极其向往的——他们相信生前多行善、多敬神，死后是可以升天的。这幅马王堆墓出土的帛画，表现的就是墓主人升天的情景。构图分天上、人间、冥府三部分，在画面中部的"人间"，年迈的老妇人即墓主人正在三个侍女的陪同下缓缓升天。

183

山海经

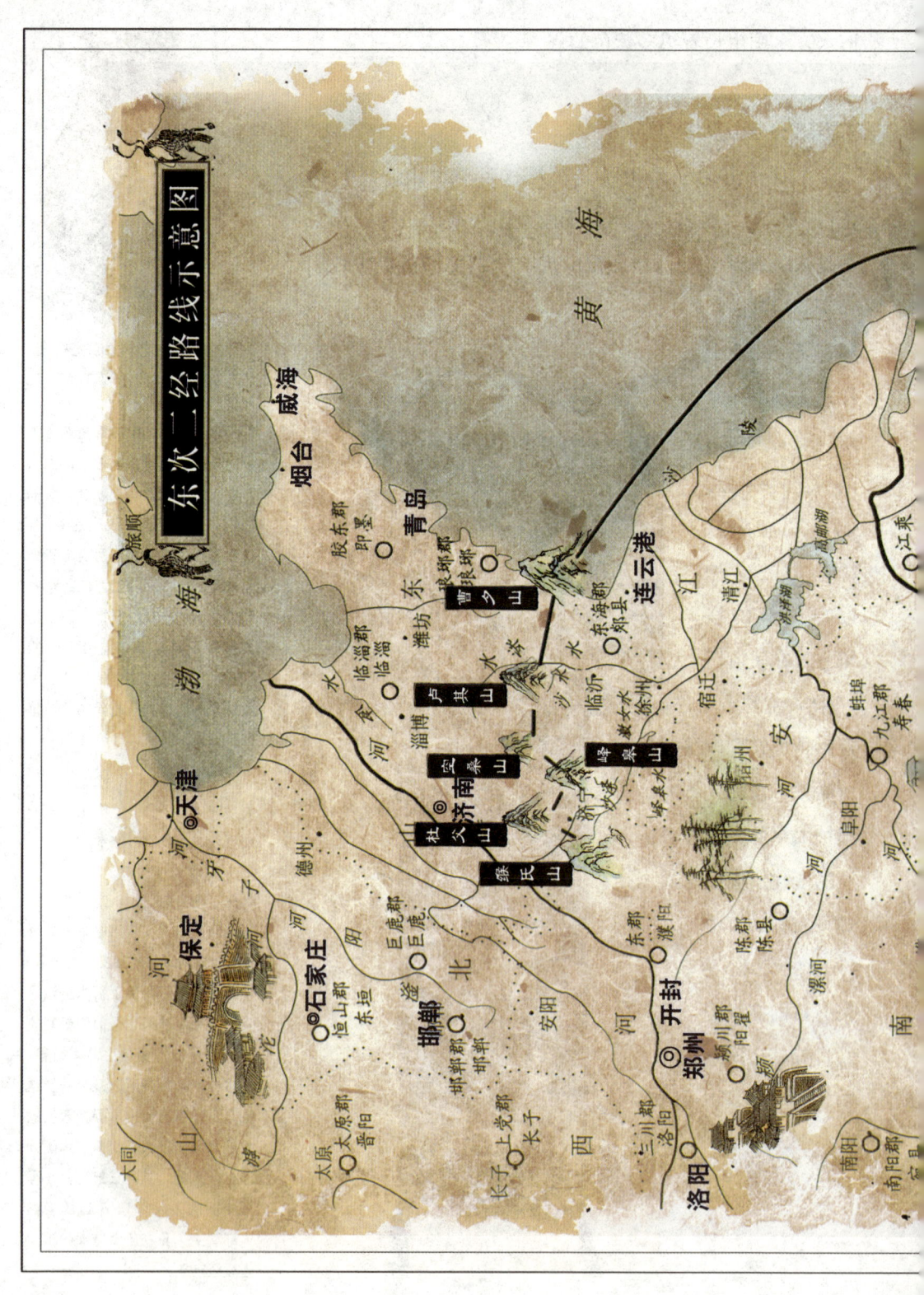

东次二经路线示意图

本图根据张步天教授《〈山海经〉考察路线图》绘制，图中记载了《东次二经》中空桑山到䃌山共十七座山的地理位置。（此路线形成于秦代初期）

东次二经

空桑山 轮轮

东方第二列山系之首座山，叫作空桑山。这座山北面临近食水，山势高峻，站在山顶上向东可以望见沮吴，向南可以远眺沙陵，向西则可以看到㟅（mǐn）泽。山

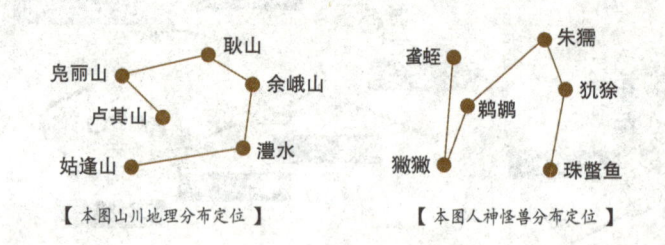

【本图山川地理分布定位】

【本图人神怪兽分布定位】

葛山一带
明 蒋应镐图本

葛山是澧水的发源地，水中游动着的六足怪鱼叫珠鳖鱼。余峨山上生活着形如兔子的怪兽名犰狳。耿山上侧卧着的怪兽是朱獳。卢其山的河岸边站着名叫鹅鹕的人足怪鸟。姑逢山上有种有翼长尾怪兽獙獙。凫丽山上有九头九尾怪兽蠪蛭。

《山海经》珍贵古版插图类比

𫘪𫘪 汪本的𫘪𫘪为一头健壮的大牛，双角上弯，全身虎纹。《禽虫典》中，𫘪𫘪为一虎形兽，站在波浪起伏的水边，以示𫘪𫘪的水兽身份。

→清 汪绂图本　　　　　　　　　　　　　　　　　→清《禽虫典》

中栖息着一种野兽，其外形像普通的牛，而毛皮上却有老虎一样的斑纹，名称是𫘪𫘪（líng líng）。它叫起来的声音如同人在呻吟，又像是在呼唤自己的名字。它是洪水的征兆，一旦出现，天下就会发生大水灾。

空桑山再往南六百里，是曹夕山。山下生长着郁郁葱葱的构树，但没有河流从这里发源；山上栖息着成群的禽鸟野兽。

曹夕山再往西南四百里，是峄（yì）皋山。山上蕴藏着大量的金属矿物和各色美玉，山下有丰富的白垩土。峄皋水从山中奔涌而出，向东注入激女（rǔ）水，水中有很多大蛤和小蚌，它们的甲壳十分漂亮，可以用作刀柄和弓箭上的装饰品。

峄皋山再往南行五百里水路，又经过三百里流沙，便到了葛山的尾端。这里荒芜苍凉，没有花草树木，遍布着可以用来磨刀的砥砺。

《山海经》考据

余峨山应在杭州西

秦朝时设立会稽郡余杭县,在今日浙江省杭州市以西。据考证,《东次二经》中的余峨山可能就在余杭境内。余杭历史悠久,五千多年前就孕育出"良渚文化",堪称中华文明的发源地之一。余杭如今是浙江省杭州市的一个城区,位于长江三角洲城市群圆心,总面积1220平方公里,素有鱼米之乡、花果之地、丝绸之府、文化之邦的美誉。

珠蟞鱼 犰狳

从葛山尾端再往南三百八十里,就到了葛山的首端。这里也很荒芜,山上没有花草树木。澧(lǐ)水从这里发源,向东注入余泽,水中生活着很多珠蟞(biē)鱼。这种鱼的外形像动物的一片肺叶,头上长有四只眼睛(也有说二只、六只眼睛的),身上还长着六只脚,而且能吐出珍珠。这种珠蟞鱼的肉味酸中带甜,人吃了它的肉就不会染上恶疮。

从葛山之首再往南三百八十里,是余峨山。这座山生机勃勃,山上生长着茂密的梓树和楠树,山下则覆盖着翁郁的牡荆树和枸杞树。杂余水从这座山发源,向东流入黄水。山中栖息着一种野兽,其形状像一般的兔子,却长着鸟的喙、鹞鹰的眼睛和蛇的尾巴。它十分狡猾,一看见人就躺下装死,名称是犰狳(qiú yú),发出的叫声就像在呼唤自己的名字。它是虫灾的征兆,一旦出现就会虫蝗遍野、田园荒芜。现在也有犰狳,是美洲特产的穴居动物,它腿很短,耳朵竖着,脚上有五个爪子,全身覆盖着坚硬的鳞甲,这是它最得力的保护武器。一旦遇到敌害,它便将身体蜷起来,只露鳞甲在外,借此保护自己柔弱的肉体。犰狳以蔬菜、昆虫为食;其肉质鲜美,可以食用。

《山海经》珍贵古版插图类比

朱獳 吴本的朱獳样子像狐狸,背上长着鱼鳍,双眼中透出一股狡猾之气。汪本中,朱獳既不像狐,也不像鱼,倒像一只黑毛凶兽。

→清 汪绂图本　　→清 吴任臣近文堂图本

《山海经》珍贵古版插图类比

鹈鹕 《尔雅音图》中的鹈鹕样子像鹰，未见人足。《吴有如画宝》中的鹈鹕有点像鸭子，连脚掌都是鸭子式的。汪本中，鹈鹕的一双人脚特别明显。

→清 汪绂图本

→清《吴有如画宝》

→清《尔雅音图》

大蛇 朱獳

余峨山再往南三百里，是杜父山。山上岩石裸露，没有生长花草树木，十分荒凉，但这里水源十分丰富。

杜父山再往南三百里，是耿山。山上也很荒凉，没有生长花草树木，遍布着晶莹剔透的水晶石，还生长着很多大蛇。除此之外，山中还有一种野兽，其形状像狐狸，却长着鱼鳍，名称是朱獳（rú），它发出的叫声就如同在呼唤自己的名字。朱獳是一种凶兽，它在哪个国家出现，哪个国家就会发生大恐慌。

卢其山 鹈鹕鸟

耿山再往南三百里，是卢其山。山上荒芜苍凉，没

有生长花草树木，沙石遍布。沙水从这座山发源，奔出山涧后，向南流入泞水，水边栖息着很多鹨鹕鸟，也叫䴋（lí）鹕，其体形像鸳鸯，却长着人脚，发出的鸣叫声有如呼唤自己的名字。它在哪个国家出现，哪个国家就会有很多水土工程的劳役。传说秦始皇修筑万里长城的时候，鹨鹕就曾经和狸力一同在中原现身。

有沁斑的玉玦

自余峨山再向南，各座山峰十分荒凉，几乎寸草不生，如此荒凉的地域却是美玉的盛产地。古人自山中所采的玉石，根据其质地的优劣，可被加工为礼器或饰物。这块西周的玉玦以白玉制成，雕纹为双龙，纹饰简单大方。

姑射山周边

卢其山再往南三百八十里，是姑射（yè）山。山上荒芜，没有生长花草树木，了无生气，但山上到处流水潺潺，瀑布倒挂。即便如此，姑射山仍是一座神山，《庄子·逍遥游》中曾提到："藐姑射之山，有神人居焉；肌肤若冰雪，绰约若处子；不食五谷，吸风饮露；乘云气，御飞龙，而游乎四海之外；其神凝，使物不疵疠而年谷熟。"

姑射山往南行三百里水路，再经过一百里流沙，就到了北姑射山。山上也很荒凉，没有花草树木，到处怪石嶙峋。

北姑射山再往南三百里，是南姑射山。与姑射山一样，山上荒凉，没有花草树木，但水源很丰富。

南姑射山再往南三百里，是碧山。山上环境险恶，岩石裸露，没有花草树木，还栖息着许多大蛇，但这里遍地都是精美的碧玉、水晶石，碧山也因此而得名。

碧山再往南五百里，是缑（gōu）氏山。山上光秃，也是个不生长花草树木的荒山，但蕴藏有丰富的金属矿物和各色美玉。原水从这座山发源，奔出山涧后向东流淌，最后注入沙泽。

缑氏山再往南三百里，是姑逢山。山上也是光秃秃的，没有花草树木，山中蕴藏有丰富的金属矿物和各色美玉。山中栖息着一种野兽，其形状像普通的狐狸，背上还长着一对翅膀，它发出的声音如同大雁啼叫，名称是獙獙（bì bì）。獙獙虽长有翅膀，却不能飞翔，是一种凶兽；它一旦出现，天下就会发生大旱灾。

凫丽山　蠪蛭

姑逢山再往南五百里，是凫丽山。山上盛产各种金属矿物和美玉，山下盛产可以制成医疗器具砭针的箴石。

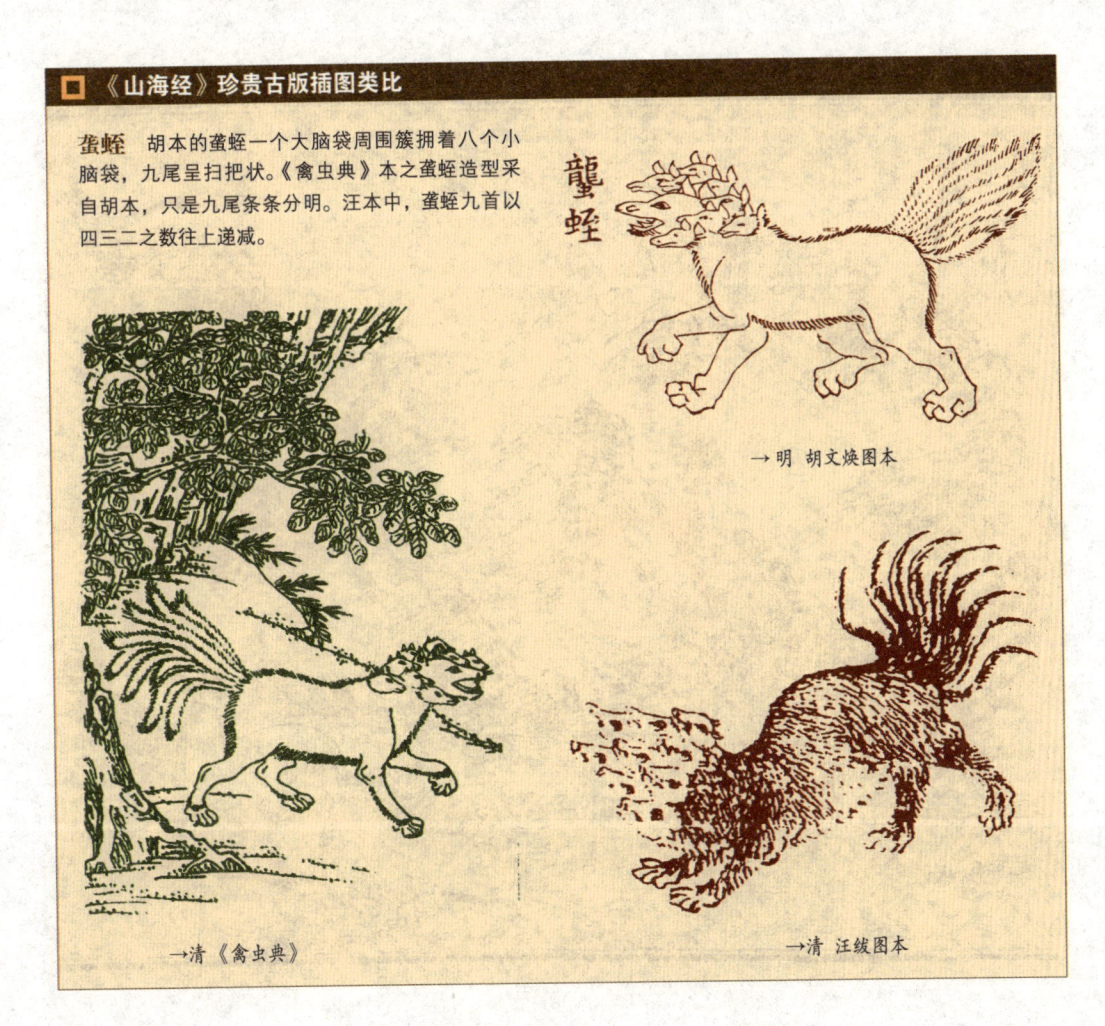

《山海经》珍贵古版插图类比

蠪蛭　胡本的蠪蛭一个大脑袋周围簇拥着八个小脑袋，九尾呈扫把状。《禽虫典》本之蠪蛭造型采自胡本，只是九尾条条分明。汪本中，蠪蛭九首以四三二之数往上递减。

→明 胡文焕图本

→清《禽虫典》

→清 汪绂图本

山海经

山中栖息着一种野兽，其外形也像一般的狐狸，却有九条尾巴、九个脑袋，还长着虎爪一样的爪子，名称是䗪蛭（lóng zhì），它吼叫起来就像婴儿啼哭。䗪蛭十分凶恶，是一种食人恶兽。

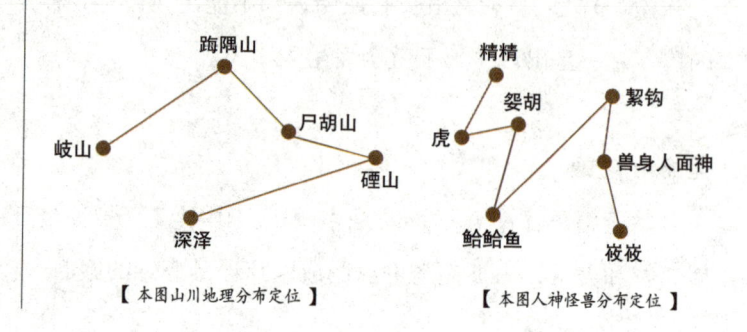

硜山周边
明 蒋应镐图本

硜山上的四角怪兽叫狨狨，高山之巅还站着一只怪鸟名絜钩。东方第二列山系的山神皆为鹿角兽身人面神。尸胡山上形似麋鹿的怪兽名獙胡。岐山上有只探出半个身子的虎。跂踵山下深泽水中游着名叫鮯鮯鱼的六足怪鱼。跂踵山中，牛状怪兽精精在四处张望。

踇隅山 尸胡山 岐山 硜山 深泽

精精 獙胡 絜钩 虎 兽身人面神 鮯鮯鱼 狨狨

【本图山川地理分布定位】　【本图人神怪兽分布定位】

碈山 峳峳 絜钩

凫丽山再往南五百里，是碈（zhēn）山。它南面临近碈水，从山顶向东远眺可望见湖泽。山中生长着一种野兽，其外形像普通的马，却长着羊的眼睛、牛的尾巴，头上还顶着四个角。它发出的声音如同狗叫，名称是峳峳（yōu you）。它是种不祥之兽，在哪个国家出现，哪个国家的朝廷里就会有很多奸猾的小人，政治昏暗，不得安宁。山中还生活着一种鸟，其形状像野鸭子，但后面却长着老鼠一样的尾巴，擅长攀缘树木，名称是絜（xié）钩。絜钩是一种凶鸟，它在哪个国家出现，哪个国家就会瘟疫横行，万民悲戚。

东方第二列山系诸山神

总计东方第二列山系之首尾，自空桑山起到碈山止，一共十七座山，绵延六千六百四十里。诸山山神的形貌都是野兽的身子人的面孔，头上还长着麋鹿角。麋鹿曾经广泛分布于我国东部，东山神头顶麋鹿角，显示了我国古代东部地区居民对麋鹿的崇拜。祭山神的礼仪是：在带毛禽畜中选一只鸡取血涂在祭器上，然后将一块玉璧献祭后埋入地下。

可震吓凶兽的象纹铜铙
商·越 高 69.5 厘米 铁距 56.5 厘米

愈是偏远的原始山林中，愈是生存着许多性情凶猛的异兽。凫丽山中九头九尾的蠪蛭就是以人为食。敲击铜铙发出的轰然巨响，可吓阻凶兽，使之远离人类的居住场所。这件铜铙是同类器物中比较大型的，口部饰有一对伸鼻相向的象的纹饰，器身则采用凸铸法饰以云雷纹。

本图根据张步天教授《〈山海经〉考察路线图》绘制，《东次三经》中尸胡山至无皋山共九座山的地理位置在图中皆有体现。

东次三经路线示意图

（此路线形成于战国时期）

东次三经

尸胡山 䖝胡

东方第三列山系的头一座山，叫作尸胡山。其山势高峻，从山顶向北可以望见羊（xiāng）山。山上蕴藏着丰富的金属矿物和各色美玉，山下则生长有茂盛的酸枣树。山中栖息着一种野兽，其样子像麋鹿，却长着一对鱼眼，名称是䖝（wǎn）胡，它发出的叫声就像是呼唤自己的名字。清朝人郝懿行就曾经见过䖝胡，据他记述，他在嘉庆五年奉朝廷之命册封琉球王回国，途中在马齿山停泊，当地人就向他进献了两头鹿，毛色浅，而且眼睛很小，像鱼眼，当地人说是海鱼所化，但郝懿行认为它就是䖝胡。

尸胡山再往南行八百里水路，就到了岐山。山上生机勃勃，草木繁茂，山中树木大多是桃树和李树。野兽也很多，但以老虎为主。虎是有名的猛兽，山林之王，古人说它长着锯子一样的牙齿和钩子一样的爪子；舌头大如手掌，上面还长着倒刺；能够夜视，到了晚上就一个眼睛放光，另一个眼睛看东西；吼叫起来就像打雷，百兽震恐。古人认为虎是阳气之盛，古书中也有关于虎汇集阳气的记载。书中说三九二十七，七这个数字是阳气之成，所以虎是七月出生；虎身虎尾长七尺，连虎身上的斑纹，也被看作阴阳混杂。虎是威猛的兽中之王，古人把它当成吉祥的象征，古代有很多民族把虎作为图腾崇拜，并将它的形象画在各种器物上或挂在墙壁上，希望它不但能震慑野兽，还能避邪驱魔。

诸钩山周边

岐山再往南行五百里水路，就到了诸钩山。山上荒

◆《山海经》考据

尸胡山在渤海岸北

据考证，本经中的尸胡山应该在渤海海岸北部。渤海古称沧海，是一片古老而神秘的海域。几千年来，沿海两岸坐落着许多村落。据说渤海村是按鸡蛋形设计的，小偷进来偷东西很难走出去。村子里大大小小的路都是鹅卵石铺成，图案非常精美。参照尸胡山的位置，从尸胡山向北望见的羊山，可能就是今天的燕山余脉或某山峰，地处河北省卢龙县以北。

芜，没有生长花草树木，到处是碎沙石。这座山方圆大约百里，山下的水里生长着很多鮇鱼。鮇鱼又叫嘉鱼、卷口鱼，古人称为鮇（wèi）鱼。这种鱼鱼体修长，前部呈亚圆筒状，后部侧扁，体为暗褐色，有两对须，吻褶发达，裂如缨状。

诸钩山再往南行七百里水路，就到了中父山。山上荒芜，没有生长花草树木，到处是沙子，了无生气。

中父山再往东行一千里水路，就到了胡射山。山上荒芜一片，没有花草树木，有的只是碎石沙子。

孟子山 鱣鱼 鲔鱼

胡射山再往南行七百里水路，就到了孟子山。山上绿树成荫，林木繁茂。林中的树木大多是梓树和桐树，另外还有很多桃树和李树，而山中的草则大多是菌蒲类植物。由于植物茂盛，孟子山养育了很多野兽，而其中最多的是麋和鹿。这座孟子山方圆约百里，有条叫碧阳的河流从山上发源，水中生长着很多鱣鱼和鲔鱼。鱣鱼，据古人说是一种大鱼，大的有二三丈长，体形像鳢鱼而鼻子短，口在颚下，体有斜行甲，没有鳞，肉是黄色的，

游鱼图
宋 长卷 绢本 水墨
纵 26.4 厘米 横 252.2 厘米
（美）圣路易斯艺术博物馆藏

鱼成为人类几千年来不能离弃的朋友，它美味的口感或许不是全部原因；鱼在水中轻灵自在的游动，被古人视为一种理想中的自由状态。几千年来，伴随人类追求心灵自由愿望的与日俱增，对鱼类的羡慕甚至崇拜也日益强烈。此画的作者正是通过对自由穿梭的游鱼的描绘，来寄托自己向往自由的情怀。

《山海经》珍贵古版插图类比

龟 《尔雅·释鱼》中记载，龟因其功能及所处环境的不同，可分为十种，深泽中的蠵龟属其中的灵龟。

→神龟　→灵龟　→摄龟　→宝龟　→文龟

→筮龟　→山龟　→泽龟　→水龟　→火龟

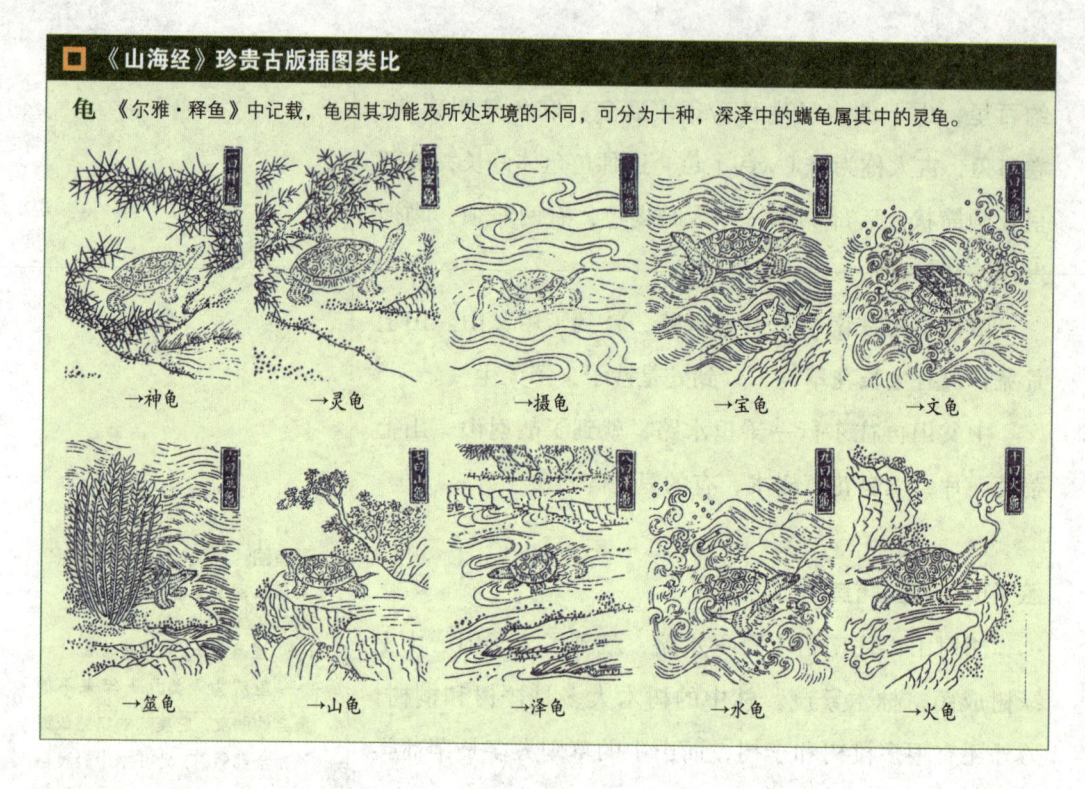

灵龟卜甲
商

龟的寿命极长，是古代灵兽之一，它的坚甲因而也被赋予一种神奇的魔力。商人常用龟甲占卜，在以火灼烤龟甲时，龟甲发出的噼啪之声常被理解为是神在传达旨意，而同时出现的龟甲裂纹在他们看来似乎也充满了无穷的玄妙。

所以又被称为黄鱼。鳡鱼是一种肉食性鱼类，其捕鱼方式很有趣。相传鳡鱼在每年二三月份便逆流而上，隐藏在石缝激流中，然后张开大口，守株待兔，等待小鱼自动流进嘴里，所谓鳡鱼吃自来食就是从这里来的。而鱏鱼，据古人说就是鳣鱼，体形像鳝鱼而鼻子长，身上没有鳞甲。传说山东、辽东一带的人称鲔鱼为尉鱼，认为此鱼是汉武帝时期的乐浪（今朝鲜）尉仲明溺死海中所化。还传说鲔鱼三月份的时候就成群结队地溯黄河而上，到达龙门受阻后，如果哪条鲔鱼能够战胜激流，越过龙门，便能化身为龙。鲤鱼跃龙门的传说大概就是从这里演化而来的吧。

跂踵山 蠵龟 鲐鲐鱼

孟子山往南行五百里水路，再经过五百里流沙，又能看到一座山，叫作跂踵（qí zhǒng）山。此山方圆二百里，山上荒凉，没有生长花草树木，却栖息着很多大蛇，还蕴藏有丰富的各色美玉。这里有一个水潭，烟波浩渺，深不可测；潭的面积有方圆四十里，多喷涌的泉水，其名称是深泽。水中有很多蠵（xī）龟。蠵龟也叫赤蠵龟，据古人说是一种大龟，甲有纹彩，像玳瑁但要薄一些（玳瑁是海中动物，形似龟，背上的角质板光亮，有褐色和淡黄色相间的花纹，大的可达数尺）。古人将龟按其功能、栖息地不同而分为十种：神龟、灵龟、摄龟、宝龟、文龟、筮龟、山龟、泽龟、水龟和火龟，而深泽的蠵龟就是一种灵龟，善于鸣叫，其龟甲可以用来占卜，又因为其龟甲像玳瑁而有光彩，所以也常常被用来装饰器物。深泽里还生长着一种奇鱼，其形状像常

李子

李树宜在山丘上生长，果实成熟时间因品种不同从四月至十一月也不定。夏天，趁李子尚未完全成熟颜色微黄的时候采下，用盐腌制后，味道奇佳，可用来下酒。

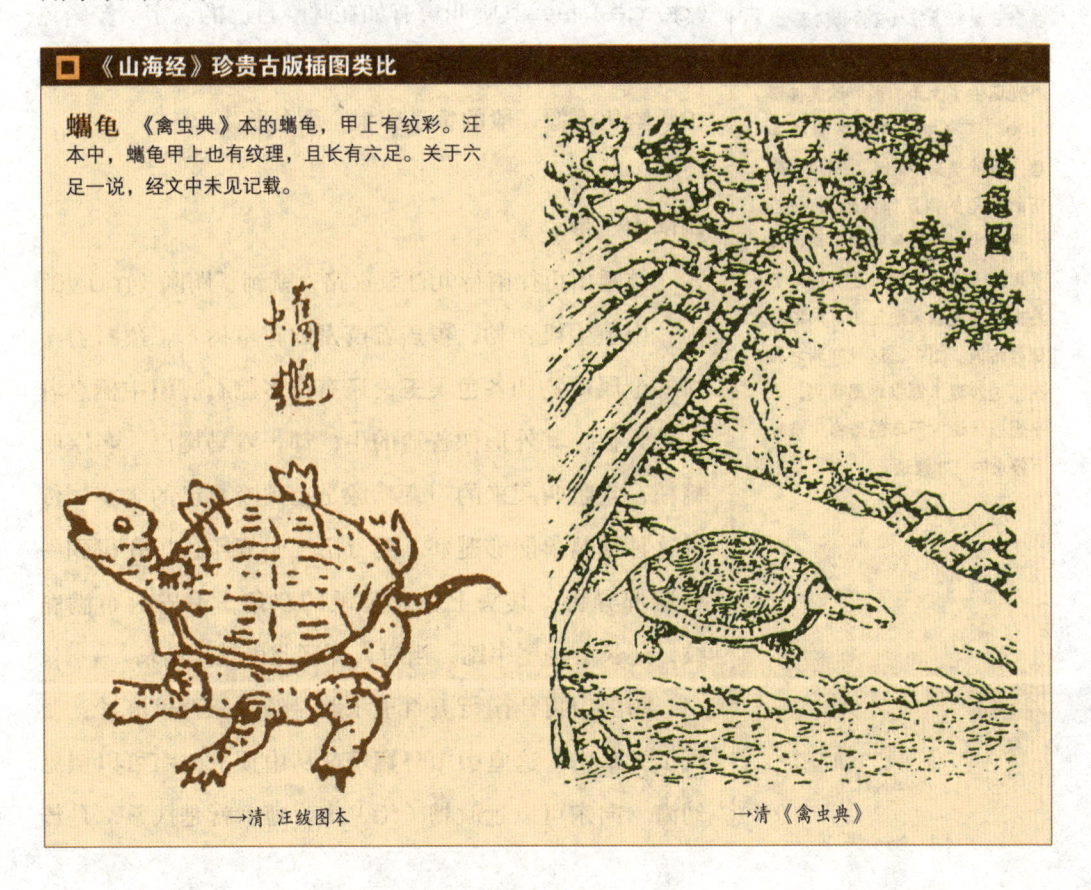

□ 《山海经》珍贵古版插图类比

蠵龟 《禽虫典》本的蠵龟，甲上有纹彩。汪本中，蠵龟甲上也有纹理，且长有六足。关于六足一说，经文中未见记载。

→清 汪绂图本　　　　　　　　　　→清 《禽虫典》

神龟图
金 长卷 绢本 设色 纵26.5厘米
横55.3厘米 北京故宫博物院藏

洪荒时期恶劣的自然环境，不光诞生了大禹、后羿这类神奇人物，还产生了许多奇异的神兽，龟就是其中之一。相传女娲斩断巨龟的四足作为擎天之柱；大禹治水时，神龟驮息壤帮助他平息滔天洪水；后来还有神龟负洛书、神龟驮东海三山、神龟驮碑等传说。图中，这只祥瑞之兽在岸边沙滩上倔强地昂着头，似乎想以传说中千年的寿命对抗永不停息的江水流逝。

见的鲤鱼，却长有六只脚和鸟一样的尾巴，名称是鲐鲐（gē ge）鱼，其鸣叫声有如在呼唤自己的名字。鲐鲐鱼在泉水喷涌、深不可测的深泽中，能够潜入非常深。传说鲐鲐鱼不像一般的鱼是卵生，而是胎生。

踇隅山一带

跂踵山再往南行九百里水路，就到了踇隅（mǔ yū）山。山上生机勃勃，覆盖着茂密的花草树木，蕴藏着丰富的金属矿物和各色美玉，还有许多赭石。山中栖息着一种野兽，其外形像普通的牛，却长着马尾巴，名字叫精精，它吼叫起来的声音就像是在呼唤自己的名字。传说这种精精兽能够避邪。明万历二十五年，扩仓得到一种避邪异兽，其头上长着坚硬的双角，毛皮上布满鹿纹，还长有马尾牛蹄，当时人怀疑此兽就是精精。

踇隅山再往南行五百里水路，经过三百里流沙，便到了无皋山。这座山山势巍峨，从山顶上向南可以望见幼海，向东可以远眺榑（fú）木。榑木就是扶桑，是传说中的神木，其叶似桑树叶，高达数千丈，粗达二十围；两两同根生长，以便相互倚靠，而太阳就是从这里升起的。无皋山环境恶劣，山上没有花草树木，一年四季到处刮大风，方圆大约有百里。

东方第三列山系诸山神

总计东方第三列山系之首尾，自尸胡山起到无皋山止，一共九座山，绵延六千九百里。诸山山神的形貌都是人的身子却长着羊角。祭祀山神的礼仪是：在带毛的牲畜中选用一只公羊作祭品，祀神的米用黍。这些山神都是兆凶之神，必须小心祭祀，它们一出现就会起大风、下大雨、发大水而使农田颗粒无收。

铜三锋戟形器

战国 高119厘米 重约56千克
河北省文物研究所藏

东方山系的山神人身羊首，性情凶猛，人们祭祀时必须特别小心谨慎地对待。这件大型铜戟被命名为"三锋戟形器"；其上部为三尖锋，两下角延伸回旋成雷纹，下部中间有圆孔，孔内出土时残存木灰，说明它原先插在木柱上。此器威严庄重，可能也是早期祭祀所用的礼器之一。

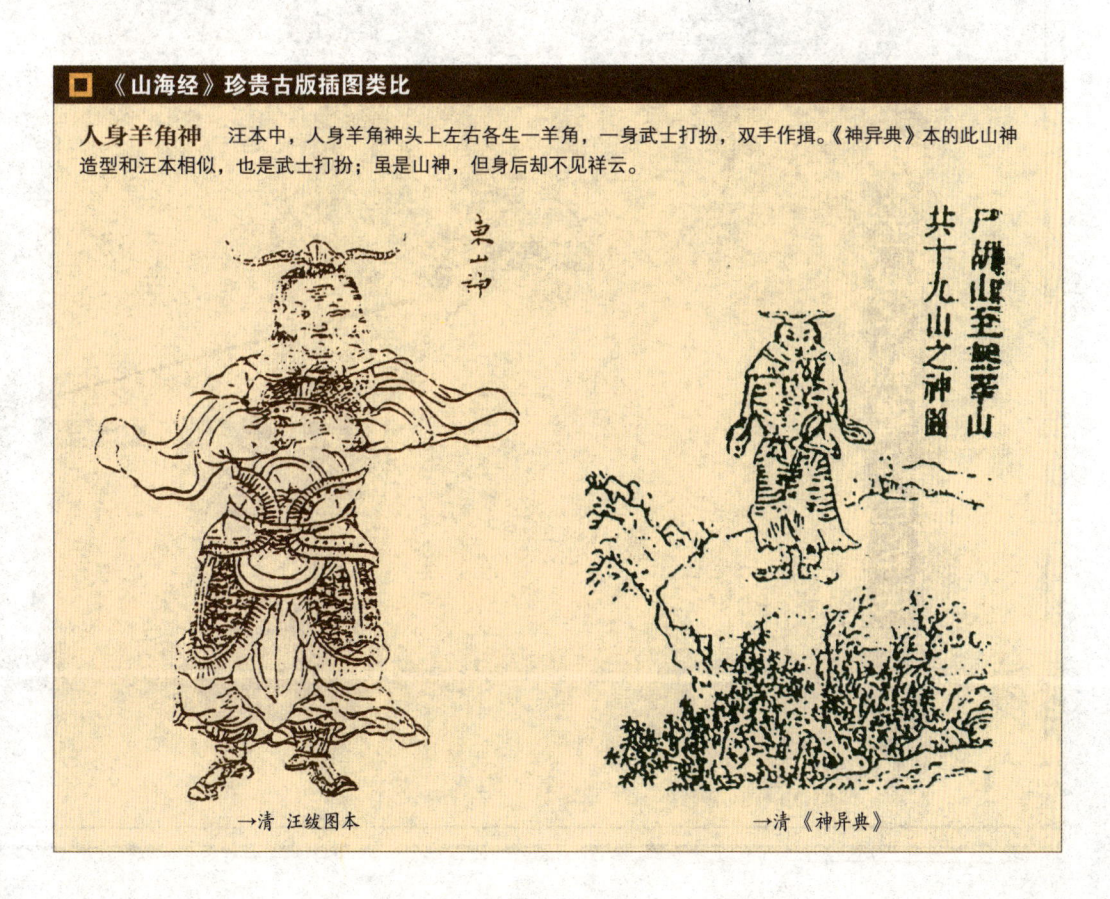

《山海经》珍贵古版插图类比

人身羊角神 汪本中，人身羊角神头上左右各生一羊角，一身武士打扮，双手作揖。《神异典》本的此山神造型和汪本相似，也是武士打扮；虽是山神，但身后却不见祥云。

→清 汪绂图本

→清 《神异典》

东次四经路线示意图

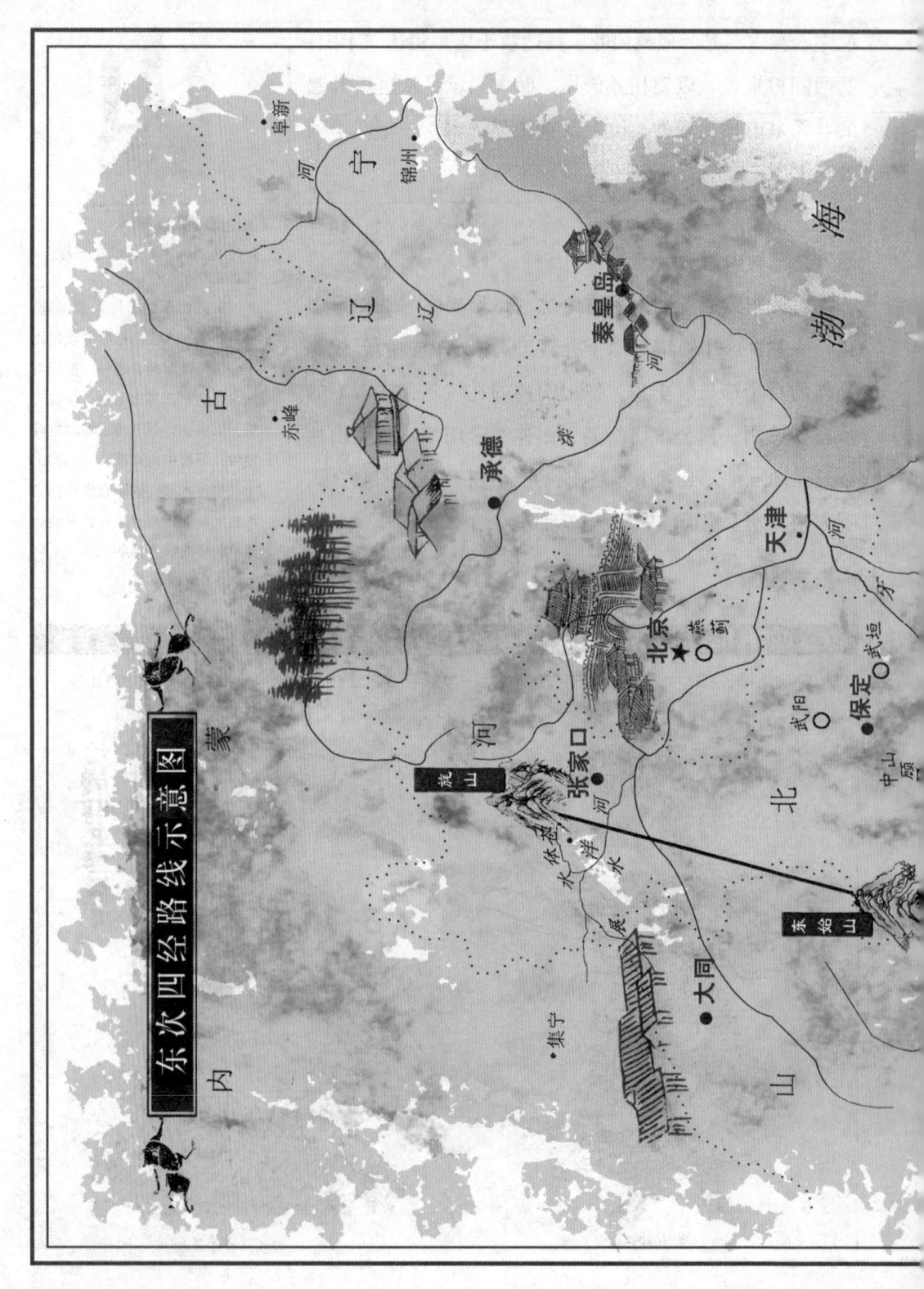

第四卷 东山经

东次四经

北号山 獦狙 䴅雀

东方第四列山系之首座山，叫作北号山，巍峨地屹立于北海之滨。山中生长着一种奇特的树木，外形像普通的杨树，却开红色花朵，结的果实与枣相似却没有核，

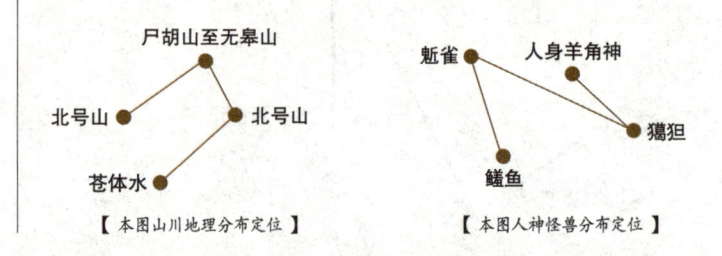

北号山附近
明 蒋应镐图本

东方第三列山系的山神都是如山坡上拱手站立的人身羊角神。北号山的山坡上冲下来的狼状怪兽名獦狙，山上还走动着名叫䴅雀的大鸟。旄山是苍体水的发源地，水中游着名鳡鱼的大头鱼。

尸胡山至无皋山
北号山
北号山
苍体水

【本图山川地理分布定位】

䴅雀
人身羊角神
鳡鱼
獦狙

【本图人神怪兽分布定位】

《山海经》珍贵古版插图类比

𩿅雀 《天问图》中的𩿅雀鸡身鼠头虎爪，样子十分可怕。《禽虫典》本之𩿅雀为一只羽毛华丽、鼠腿虎爪的大鸟。汪本中，𩿅雀样子像鸡，虎爪明显。

→清 汪绂图本

→清 萧云从《天问图》

→清《禽虫典》

味道酸中带甜；吃了它，人就不会患疟疾。食水从北号山发源，奔出山涧后，向东北流入大海。山中栖息着一种野兽，体形像狼，但长着红色的脑袋，脑袋上还长着一双老鼠眼睛，发出的声音就如同猪叫，名称是獦狙（gédàn）；它生性凶猛，能吃人，并经常侵扰周边居民和过往的路人。山中还生长着一种禽鸟，其外形像普通的鸡，脑袋却是白色的，身子下面还长着老鼠一样的足和老虎一样的爪子，名称是𩿅（qí）雀，也是能吃人的。传说明朝崇祯年间，凤阳地方出现很多恶鸟，兔头鸡身鼠足，大概就是𩿅雀。当时人们说它肉味鲜美，但骨头有剧毒，人吃了能被毒死。它同獦狙一样，也经常祸害人类。

㞙山 鳙鱼

北号山再往南三百里，是㞙山。山上山石裸露，没

◇《山海经》考据

㞙山在张家口东北

东次四经中的㞙山，经考证可能在今天的河北省张家口东北。张家口是一座古城，城内至今耸立着独具特色的古代建筑群。鸡鸣驿城即是其一，位于河北省张家口市怀来县境内，距今已有七百八十多年的历史。因城位于鸡鸣山下，故名鸡鸣驿。鸡鸣驿城作为驿站的历史长达六百九十四年，其间兼有军驿、民驿两种功能。

有花草树木，一片荒凉。苍体水从这座山发源，然后向西流淌，最后注入展水。水中生长着很多鳛（qiū）鱼，形状像鲤鱼而头长得很大；吃了它的肉，皮肤上就不会生瘊子。有人说鳛鱼就是泥鳅。

　　旄山再往南三百二十里，是东始山，山上多出产苍玉。山中生长着一种奇特的树木，其外形像普通的杨树

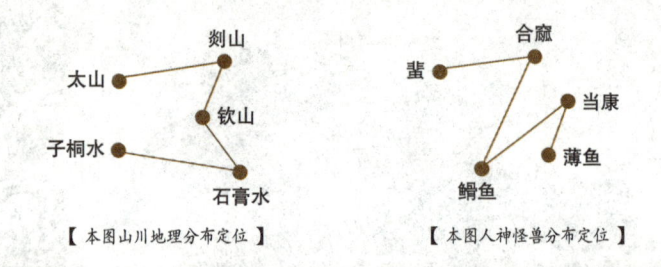

女烝山一带
明 蒋应镐图本

　　女烝山是石膏水的发源地，水中游着一种独目怪兽叫薄鱼。钦山上行走的猪形怪兽是当康。子桐山中，子桐水从这里发源，水中生长着许多鸟翼奇鱼名鳊鱼。剡山上的人面兽叫合窳。太山上生长着独目怪兽蜚。

【本图山川地理分布定位】

【本图人神怪兽分布定位】

《山海经》珍贵古版插图类比

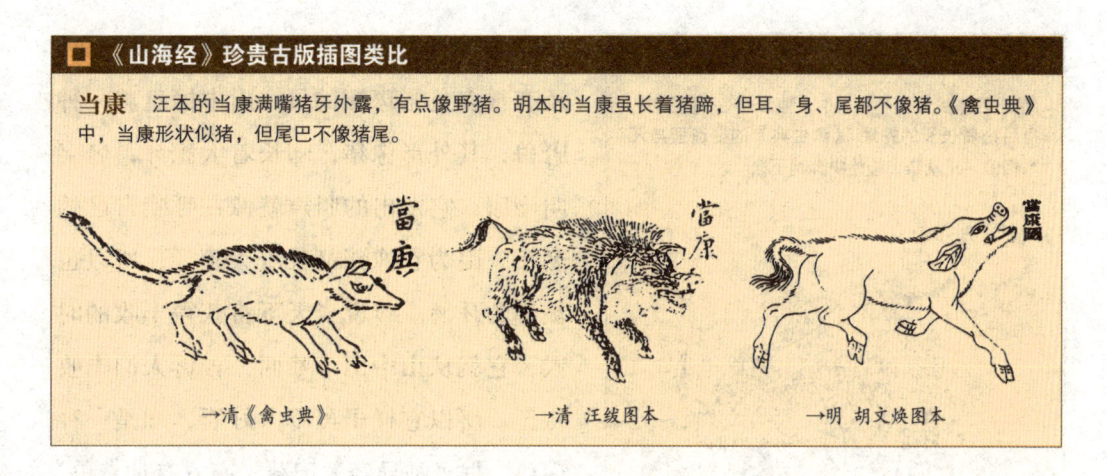

当康 汪本的当康满嘴猪牙外露,有点像野猪。胡本的当康虽长着猪蹄,但耳、身、尾都不像猪。《禽虫典》中,当康形状似猪,但尾巴不像猪尾。

→清《禽虫典》　　→清 汪绂图本　　→明 胡文焕图本

却有红色的纹理,从树干中流出的汁液红得像血。这种树不结果实,名字叫芑(qǐ),如果把它的汁液涂在马身上就可使马驯服。沘水从这座山发源,然后流向东北,最后注入大海,水中生活着许多美丽的贝类。贝在古人看来是财富的象征,不仅用于装饰,甚至还用它来当作交易的货币使用。河水里面还有很多茈(zǐ)鱼,其形状像平常的鲫鱼,只有一个脑袋,却长了十个身子。它还散发出与蘼芜草相似的香气,人吃了它就不会放屁。

女烝山　䰻水　薄鱼

东始山再往东南三百里,是女烝(zhēng)山。山上荒芜,没有花草树木。石膏水从这座山发源,然后向西流淌,最后注入䰻(gé)水。水中生活着很多薄鱼,其形状像一般的鳣鱼,却只长了一只眼睛,发出的声音如同人在呕吐。它是一种凶鱼,一旦出现,天下就会发生大旱灾,也有的说会发生水灾;还传说它是谋反的征兆,一出现就会有谋反之事,总之都是不祥之兆。

女烝山再往东南二百里,是钦山。山中只有遍地的黄金、美玉而没有普通的石头。师水从这座山发源,然

饰有獠牙的云雷纹钺
商后期 高36.8厘米 江西省博物馆藏

钺是商代以后常见的兵器,也是一种刑具,中部常饰有如当康的大獠牙一般凶恶狰狞的图案,威严恐怖,极富权威。这件铜钺的援部呈方形,肩部饰有两组云雷纹样。它在中国古代兵器中出现较早,外形变化也较大。

《山海经》珍贵古版插图类比

蜚 汪本的蜚为一目巨牛，独眼长在牛脸正中，身后拖着长长的蛇尾。《禽虫典》的蜚造型与汪本相似，正从崇山峻岭中奔跑下来。

→清 汪绂图本

→清《禽虫典》

后向北注入皋泽，水中生活着很多鳡鱼，还有很多色彩斑斓的贝。山中栖息着一种野兽，其外形像猪，却长着大獠牙，名字叫当康，它发出的叫声就像在呼唤自己的名字。因为它像猪又长着大獠牙，所以也被称为牙豚。传说当天下将获得丰收的时候，它就从山中出来啼叫，告诉人们丰收将至。所以它样子虽不太好看，却是一种瑞兽。据《神异经》记载，南方有种奇兽，样子像鹿，却长着猪头和长长的獠牙，能够满足人们祈求五谷丰登的愿望，可能就是这种当康兽。

子桐山 鳡鱼

钦山再往东南二百里，是子桐山。子桐水从这座山发源，然后向西流淌，注入余如泽。水中生长着很多鳡鱼，其形状与一般的鱼相似，却长着一对鸟翅，出入水中时身上会闪闪发光，而它发出的声音如同鸳鸯鸣叫。鳡鱼是一种不祥之鱼，一旦出现，天下就会发生大旱灾。

子桐山再往东北二百里，是剡（shān）山。山上蕴藏有丰富的金属矿物和各色美玉。山上栖息着一种野兽，其外形像猪，却长着一副人的面孔，黄色的身子后面长着红色的尾巴，名字叫合窳（yǔ），它发出的吼叫声就如同婴儿啼哭。这种合窳兽生性凶残，能吃人，也以虫、蛇之类的动物为食。它一旦出现，天下就会洪水泛滥。

太山 蜚

　　剡山再往东二百里，是太山。山上蕴藏有丰富的金属矿物和各色美玉，还生长着茂密的女桢。山中栖息着一种野兽，其形状像普通的牛，脑袋却是白色的，而且只长了一只眼睛，身后还有条蛇一样的尾巴，名字叫蜚（fěi）。蜚是灾难之源，就好比死神，是一种可怕的灾兽。它行经有水的地方水就会干涸，行经有草的地方草就会枯死；而且一旦出现，天下就会瘟疫横行，哀鸿遍野。传说春秋时，蜚曾出现过一次。当时江河枯竭，草木枯萎，人畜瘟疫流行，天地灰暗无生气。太山除了有蜚以外，钩水也从这里发源，然后向北注入劳水，水中生活着很多鳙鱼。

　　总计东方第四列山系之首尾，自北号山起到太山止，一共八座山，全长一千七百二十里。

　　以上是东方诸山的记录，总共四十六座山，蜿蜒长达一万八千八百六十里。

牛耕图
晋 彩墨 砖画 纵17厘米 横36厘米
甘肃省嘉峪关市文物管理所藏
　　用牛的形象表现类似蜚这种灾难之兽，是少之又少的。因为牛自古就是忠诚、勤劳的象征，有了它就相当于有了祥瑞和财富。它强健的体魄也是力量的象征，或许正是因为这一点，蜚之类的猛兽才被赋予牛的形象。图中，正在耕田的牛扬蹄奋力前进，身上的筋骨隐约可见。

山海经

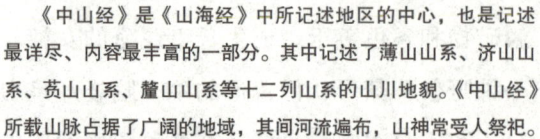

第五卷

中山经

《中山经》是《山海经》中所记述地区的中心，也是记述最详尽、内容最丰富的一部分。其中记述了薄山山系、济山山系、贲山山系、釐山山系等十二列山系的山川地貌。《中山经》所载山脉占据了广阔的地域，其间河流遍布，山神常受人祭祀。

第五卷 中山经

坤舆万国全图 利玛窦 1602年 纵192厘米 横346厘米 南京博物馆藏
　　这是意大利传教士利玛窦在中国绘制的世界地图之一。它由六幅条屏拼接而成，主图是一幅椭圆形的世界大地图，中国居于图的中心位置。各大洋中绘有帆船和鲸、鲨、海狮等海生动物；南极大陆上画着犀、象、狮等陆生动物，形象生动，简明易懂。

中次一经路线示意图

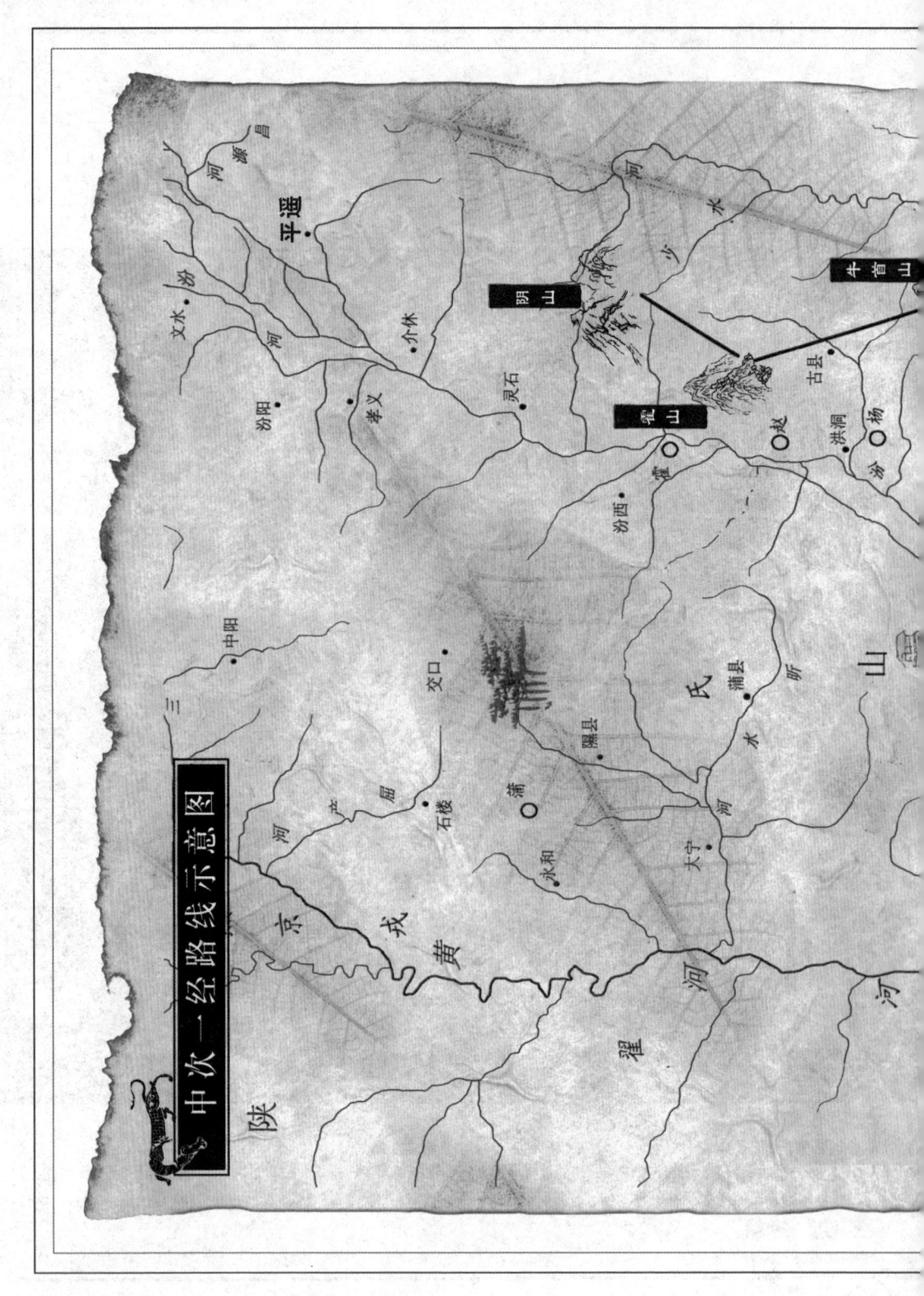

第五卷 中山经

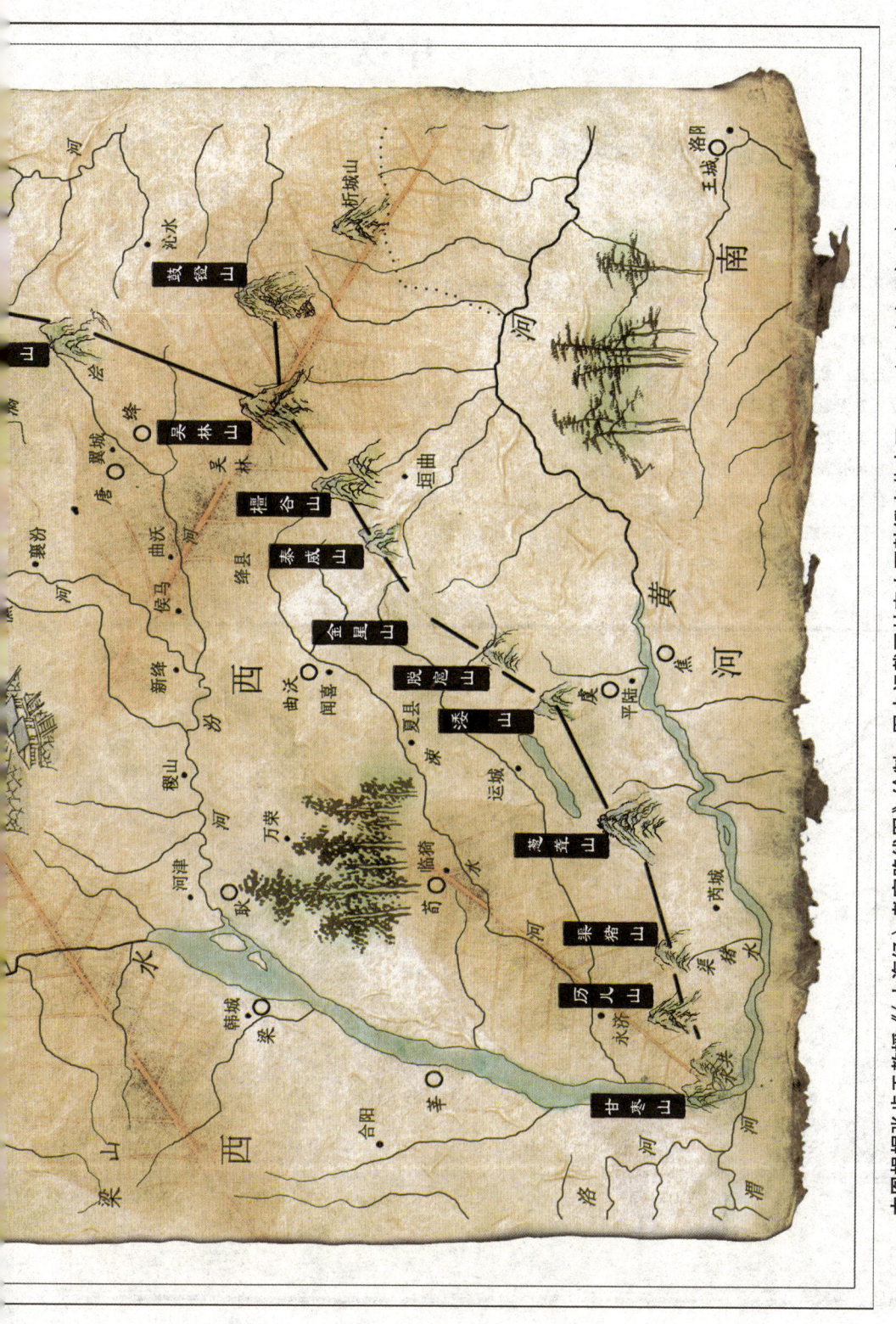

本图根据张步天教授《〈山海经〉考察路线图》绘制，图中记载了甘枣山至鼓镫山共十五座山的考据位置。（此路线形成于春秋、战国时期）

中次一经

甘枣山　𤝶　䮛

中央第一列山系叫作薄山山系，其首座山叫甘枣山。共水从这座山发源，然后向西流淌，最后注入黄河。山上生长着茂密的枏树林；山下生长着一种奇特的草，它

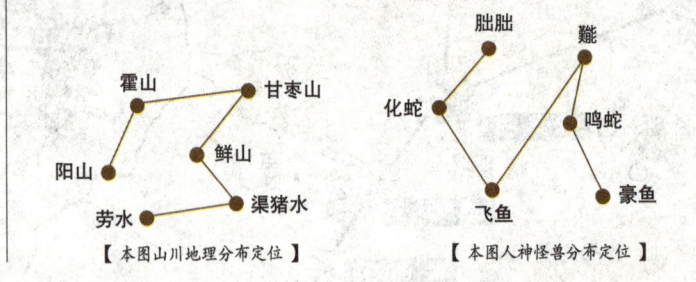

甘枣山周边山水
明 蒋应镐图本

甘枣山上四处张望、拖着长尾巴的小兽是𤝶。渠猪山是渠猪水的发源地，水中游着许多豪鱼。牛首山乃劳水的发源地，水中跃起的有翼鱼名飞鱼。霍山山岭上的长尾兽是䮛。鲜山上生长着一种叫鸣蛇的四翼怪蛇。

```
    霍山 ———— 甘枣山
     |         |
    阳山     鲜山
     |       /
    劳水 ——渠猪水
```
【本图山川地理分布定位】

```
       䮛䮛      䮛
         \     /
        化蛇  鸣蛇
          \   |
          飞鱼 豪鱼
```
【本图人神怪兽分布定位】

《山海经》珍贵古版插图类比

狵 《禽虫典》本的狵为一只深色的长尾小兽，正探着脑袋往山坡下走。汪本的狵也是深色长尾小兽，正仰头抬爪，作跳跃状。

→清 汪绂图本

→清《禽虫典》

有葵菜一样的茎干和杏树一样的叶子，开黄色的花朵，结带荚的果实，名称是箨（tuō），人吃了它可以治愈眼睛昏花，使盲人复明。山中栖息着一种野兽，其外形像犰（huǐ）鼠，但额头上有花纹，名称是狵（nuó）。吃了它的肉就能治好人脖子上的赘瘤，据说还可以治好眼病。

甘枣山再往东二十里，是历儿山。山上生机勃勃，草木葱笼；林中生长着很多橿树，还有一种枥（lì）树。这种枥树很奇特，其茎干是方的，而叶子是圆的，开黄色的花，花瓣上还有细细的绒毛，它结的果实就像楝树的果实。据说楝树的果实捣碎后可以洗衣，人服食后可以益肾。这种枥树的果实也很有用，人吃了它可以增强记忆力而不会忘事。

渠猪山一带

历儿山再往东十五里,是渠猪山,山上覆盖着茂密的竹林。渠猪水从这座山发源,然后向南流去,注入黄河。水中生长着很多豪鱼,其形状像一般的鲔鱼,但长着红色的喙,尾巴上还长有红色的羽毛,人吃了它的肉就能治愈白癣之类的痼疾。

渠猪山再往东三十五里,是葱聋山,山中有很多又深又长的幽谷。山上盛产垩土之类的涂料,到处是白垩土,还有黑垩土、青垩土和黄垩土。

葱聋山再往东十五里,是涹(wō)山。山上蕴藏有丰富的黄铜,而山上背阴的北坡还盛产铁。

脱扈山周边

涹山再往东七十里,是脱扈山。山中出产一种神奇的草,其形状像葵菜的叶子,但开红色的花,结带荚的果实,果实的荚就像棕树的果荚,名称是植楮。它对人很有用,可以治愈外伤和脓肿,服食它还能使人不做噩梦。

脱扈山再往东二十里,是金星山。山中生长着很多叫天婴的东西,其形状与龙骨相似,而龙骨就是生长在

高耸入云的树

远古时代,人类征服自然的初期,地球上物种丰富,除了怪异的动物外,也有很多奇异的植物,比如果实可增强记忆力的栎树。巨杉也是其中一种,它不但生长快,而且寿命极长,最高的巨杉可达三十多丈,树干的直径也有十多米,若从中间开一个洞,可并驾通过两匹马,因此它又被称为"世界爷"。可惜的是,巨杉同其他古老而珍贵的植物一样,因遭过度砍伐几近消亡。

死龙脱骨之处的一种植物。天婴也有药用，可以用来治疗痤疮。

金星山再往东七十里，是泰威山。山中有一道幽深的峡谷，叫作枭谷，那里蕴藏着丰富的铁。

泰威山再往东十五里，是橿谷山，山中蕴藏有丰富的赤铜。

橿谷山再往东一百二十里，是吴林山，山中生长着茂盛的兰草。

牛首山 飞鱼

吴林山再往北三十里，是牛首山。山中生长着一种叫鬼草的奇特植物，叶子与葵菜叶相似，而茎干却是红色的，开的花像禾苗吐穗时开的花絮，服食这种草就能使人无忧无虑。劳水从这座山发源，然后向西奔腾而去，最后注入潏（yù）水。水中栖息着很多飞鱼，其形状像一般的鲫鱼，喜欢跃出水面，人吃了这种飞鱼的肉就能治愈痔疮和痢疾。还有人认为这种鱼能够飞入云层中，还能在惊涛骇浪中游泳，它的翼像蝉一样透明，它们出入时喜好群飞。

铜尊

春秋 高 25.5 厘米 口径 27 厘米

《山海经》中记载，例如湊山的很多山上都蕴藏着大量的铜。铜是珍贵的金属资源，后世广泛用于一些器皿的制造。这件春秋时期的铜尊，铜质精良，造型大方。

兰草

吴林山中出产一种兰草，香气十分馥郁。它生长在水边的低湿处，叶片对生，古人常用它的叶子挤出的汁液制成香膏，用来涂抹头发。

可避邪的兽面纹玉铺首
西汉 高34.2厘米 宽35.6厘米
厚14.7厘米 重10.6克
陕西省咸阳市茂陵博物馆藏

希望通过外物驱除邪恶以保护自身的思想，从远古时期流传至今。古时人们认为饲养朏朏这样的动物可以消愁；而后世则将怪兽形象置于门上，认为可以避邪。这件玉铺首中央的兽面纹，张目卷鼻，牙齿外露，状甚凶猛。

霍山附近

牛首山再往北四十里，是霍山。山上林木蓊郁，生长着茂密的构树林。山中栖息着一种野兽，其形状像普通的野猫，但后面却长着一条长长的白色尾巴，身上长有鬣毛，名称是朏朏（fěi fěi），人饲养它就可以消除忧愁，是一种很好的宠物。

霍山再往北五十二里，是合谷山，山中生长着很多 蓍（zhān）棘一类的植物。

合谷山再往北三十五里，是阴山。山中遍布着可以用来磨刀的砺石，还有很多带有色彩斑斓花纹的漂亮石头，少水从这座山发源。山中生长着郁郁葱葱的雕棠树，这种雕棠树的叶子像榆树叶，却呈四方形，结的果实和红豆相似，十分漂亮；服食这种果实可以治愈人的耳聋。

阴山再往东四百里，是鼓镫（dēng）山，山中蕴

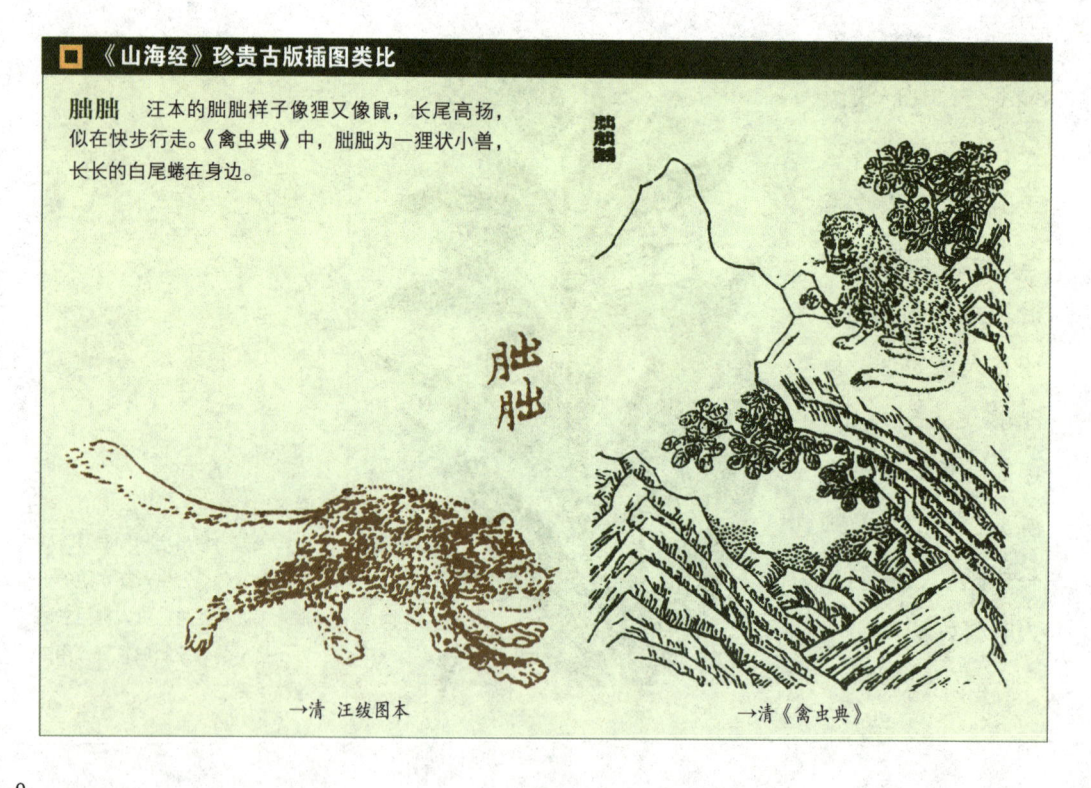

■ **《山海经》珍贵古版插图类比**

朏朏 汪本的朏朏样子像狸又像鼠，长尾高扬，似在快步行走。《禽虫典》中，朏朏为一狸状小兽，长长的白尾蜷在身边。

→清 汪绂图本　　　　　　　　　　→清《禽虫典》

藏有丰富的赤铜。山上生长着一种草，名叫荣草，其叶子与柳树叶相似，根茎却好像鸡蛋；人如果吃了它，就能治愈风痹症。

薄山山系诸山神

总计薄山山系之首尾，自甘枣山起，到鼓镫山止，一共十五座山，绵延六千六百七十里。历儿山是诸山的宗主，祭祀历儿山山神的礼仪是：在带毛的禽畜中，选用猪、牛、羊三牲齐全的太牢，再悬挂上吉玉献祭。祭祀其余十三座山的山神，则只须在带毛禽畜中选用一只羊作祭品，再悬挂上祀神玉器中的藻珪献祭就可以了，祭礼完毕把它埋入地下，而不用米祀神。所谓藻珪，就是藻玉，其下端呈长方形而上端有尖角，中间有圆形穿孔，上面还贴有黄金作为装饰。

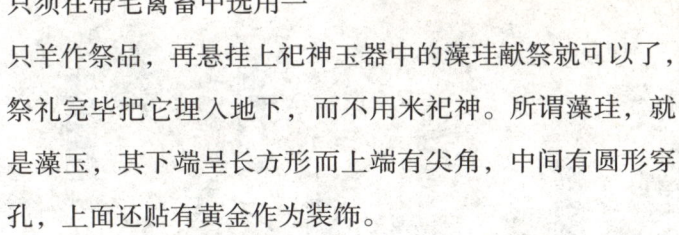

武当山山神真武大帝
明 铜像

古人相信不仅天地有神主宰，连各座山、各条河均有山神、水神管辖，从甘枣山起到鼓镫山当然也不例外，对山神的祭祀也是古人生活中不可马虎的事情。山神的概念后世仍有保留，明代时认为武当山的山神乃真武大帝。真武大帝以"四灵"之一的玄武为原型，后来受到人们日益强烈的崇拜，享有和玉皇大帝相当的地位。

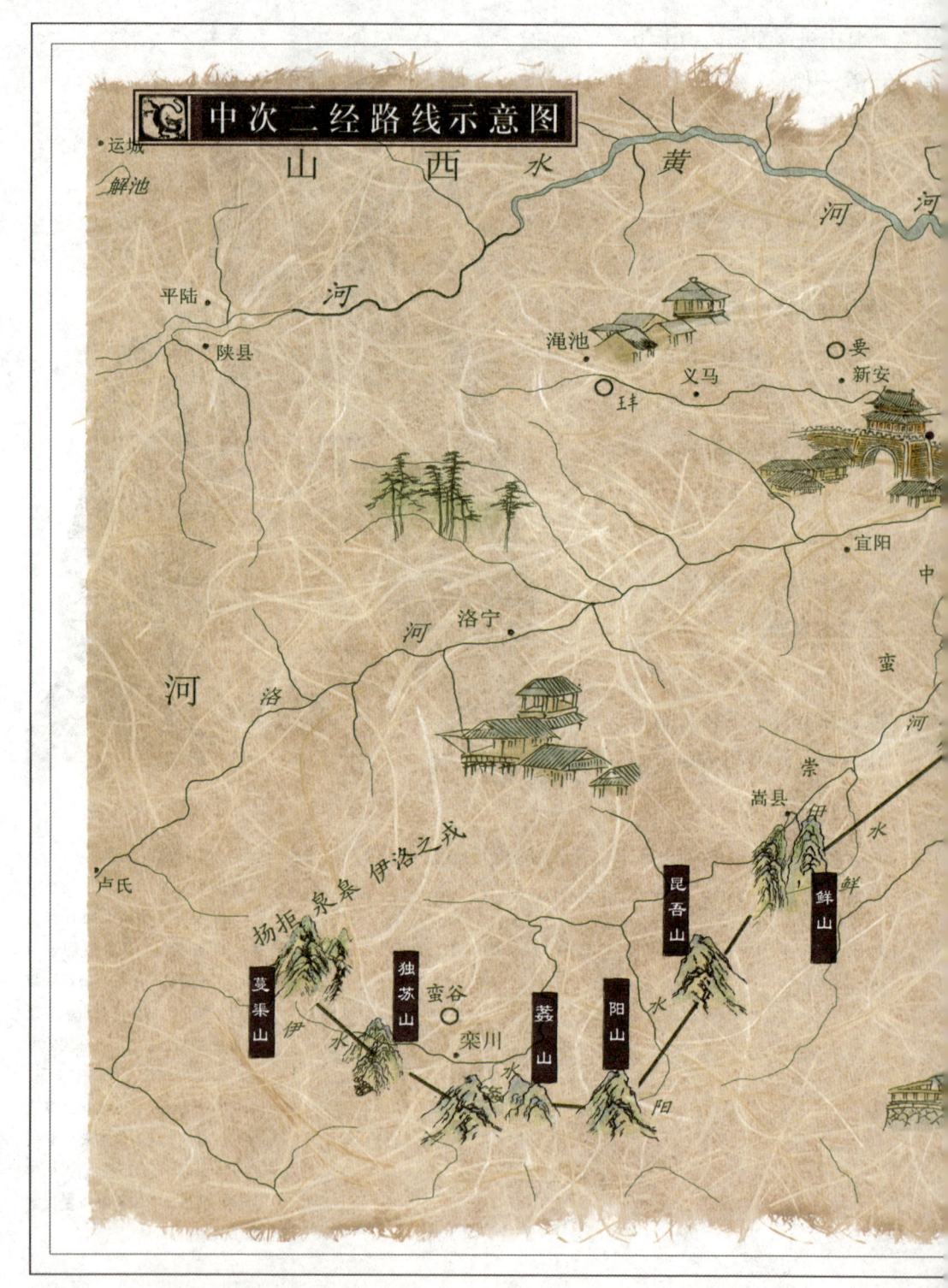

本图根据张步天教授《〈山海经〉考察路线图》绘制，图中记载了《中次二经》中煇诸山到蔓渠山共九座山的地理位置。

第五卷 中山经

（此路线形成于春秋、战国时期）

中次二经

辉诸山　鹖鸟

中央第二列山系叫济山山系，它的头一座山，叫作辉诸山。山上生长着茂密的桑树林，山中栖息着很多飞禽走兽；野兽以山驴和麋鹿为最多，而禽鸟则大多是鹖（hé）鸟。鹖鸟体形与野鸡类似，比野鸡稍大一些，羽毛青色，长有毛角，天性凶猛好斗，而且争斗起来决不退却，直到斗死为止，于是人们把它看作勇猛的象征。传说黄帝与炎帝在阪泉大战时，黄帝军队举着画有雕、鹰之类猛禽的旗帜，其中就有画鹖鸟的，取的就是它勇猛不畏死的品质。古时英勇武士的帽子上，就插有两根鹖尾的羽毛，左右各一，叫作鹖冠，以此显示武士的勇猛。战国时有一个楚人，十分英勇，就号称"鹖冠子"。

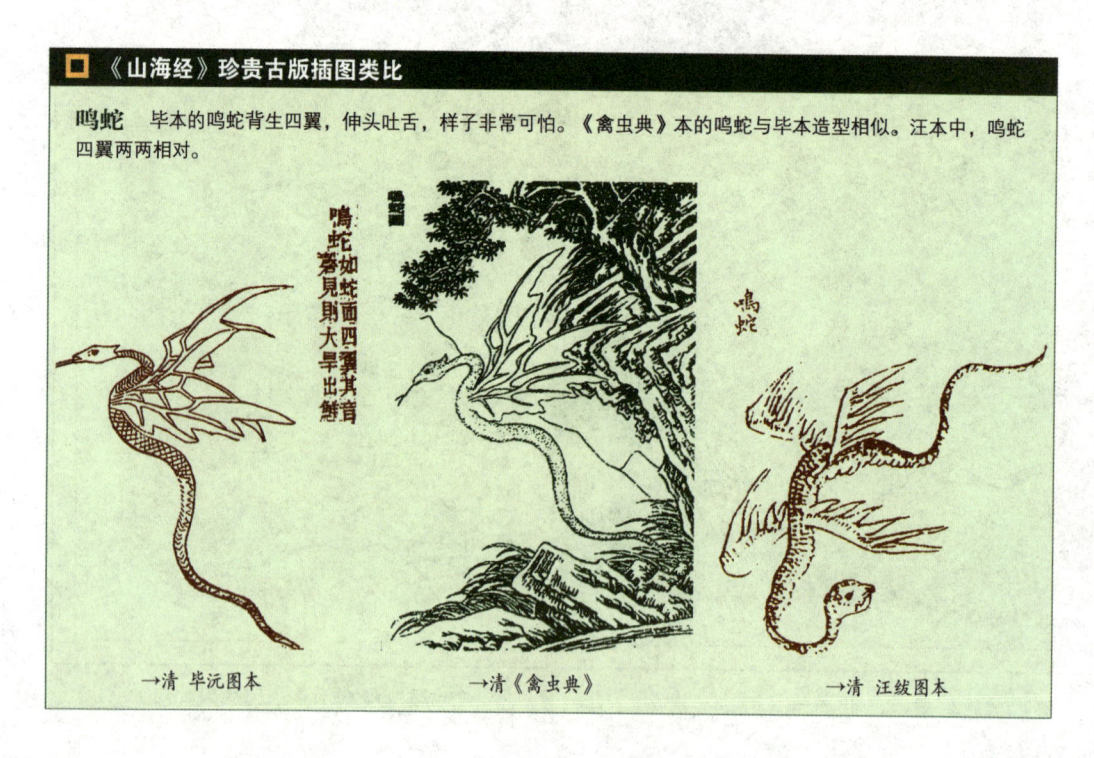

《山海经》珍贵古版插图类比

鸣蛇　毕本的鸣蛇背生四翼，伸头吐舌，样子非常可怕。《禽虫典》本的鸣蛇与毕本造型相似。汪本中，鸣蛇四翼两两相对。

→清 毕沅图本　　→清《禽虫典》　　→清 汪绂图本

辉诸山再往西南二百里，是发视山。山上蕴藏有丰富的金属矿物和各色美玉，山下则遍布可以用来磨刀的砥砺石。即鱼水从这座山发源，奔出山涧后向西流淌，最后注入伊水。

发视山再往西三百里，是豪山。山上矿产丰富，蕴藏着大量的金属矿物和各色美玉，却非常荒凉，没有生长花草树木。

鲜山 鸣蛇

豪山再往西三百里，是鲜山。跟豪山一样，这里也蕴藏有丰富的金属矿物和各色美玉，而不生长花草树木。鲜水从这座山发源，然后向北流淌，最后也注入伊水。水中生活着很多鸣蛇，其样子像普通的蛇，却长着两对翅膀，叫声如同敲磬一样响亮；它在哪个地方出现，哪里就会发生大旱灾。它同肥遗一样，虽然是种灾兽，但也有有用的地方，古人常常将它和肥遗的形象画在墓室内或棺椁上，希望以此带来干旱，从而保持墓室干燥，尸体不腐。

阳山 化蛇

鲜山再往西三百里，是阳山。山上岩石遍布，怪石嶙峋，没有生长花草树木，十分荒凉。阳水从这座山发源，然后向北流去，也注入伊水。水中栖息着很多化蛇，它长着人的脑袋，却有像豺一样的身子，背上虽也长有

充满霸气的阳陵虎符
秦 长8.9厘米 宽2.1厘米 高3.4厘米
山东枣庄临城出土 中国国家博物馆藏

雕、鹰之类的猛禽在我国自古以来就是勇气、力量的象征，它们的形象被饰于勇者身上；和它们拥有同种寓意的老虎，则享有兽中之王的美誉。这件虎符为秦始皇授予部下的军令，其形象传达出一种至上的权威和勇者的威猛气概。

禽鸟的翅膀，却只能像蛇一样蜿蜒爬行，发出的声音就如同人在呵斥。它在哪个地方出现，哪里就会发生大水灾。鸣蛇和化蛇都是蛇类，还比邻而居，但形象却大不一样，性情更是完全相反。鸣蛇兆旱，化蛇兆水。

昆吾山　蠪蚳

阳山再往西二百里，是昆吾山，山上蕴藏有丰富的

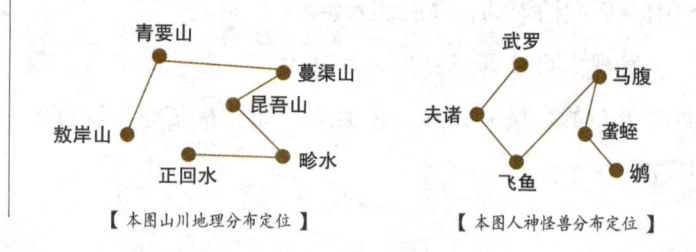

昆吾山附近山水
明　蒋应镐图本

昆吾山上生活着一种有角猪叫蠪蚳。蔓渠山上跑下来的人面兽是马腹。敖岸山中，四角兽夫诸在山丘上四处张望。青要山上站着人面山神武罗。畛水从此山发源，水中栖息着名叫鴢的禽鸟。

【本图山川地理分布定位】

【本图人神怪兽分布定位】

《山海经》珍贵古版插图类比

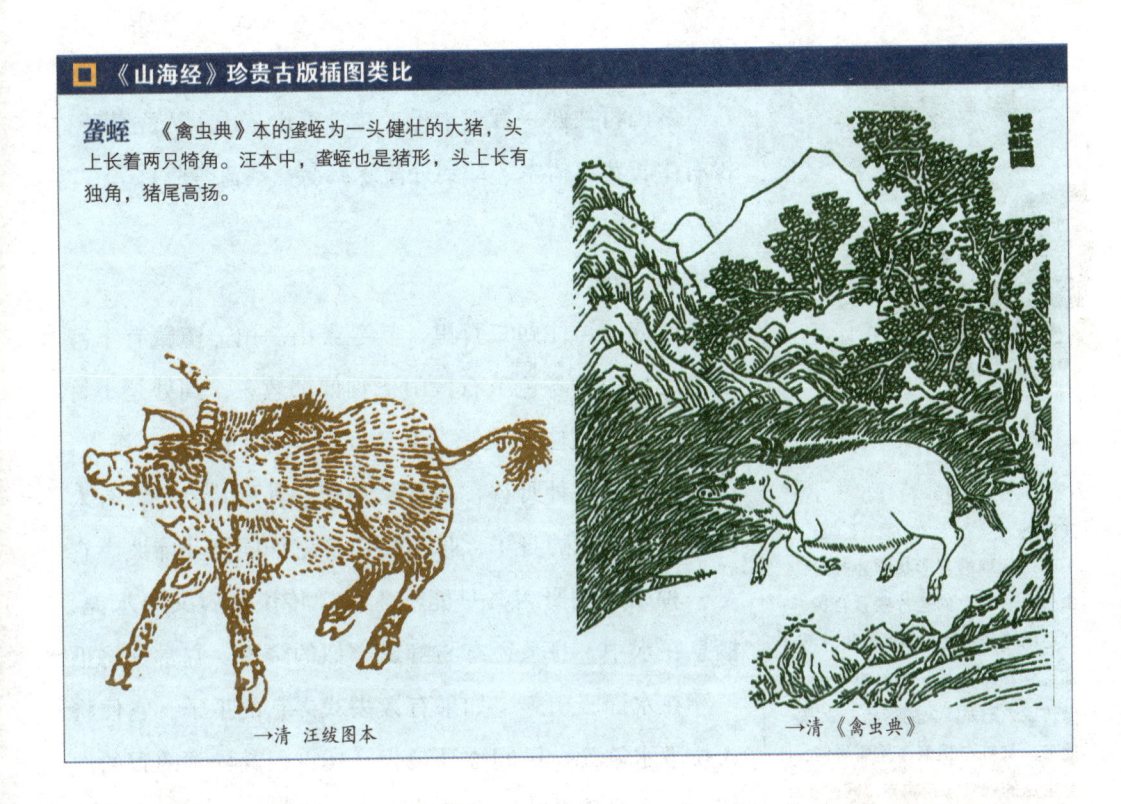

蛊蛭 《禽虫典》本的蛊蛭为一头健壮的大猪，头上长着两只犄角。汪本中，蛊蛭也是猪形，头上长有独角，猪尾高扬。

→清 汪绂图本　　　　　　　　　　→清《禽虫典》

赤铜。这里所产的赤铜和别的地方所产的不一样，它是昆吾山所特有的一种铜，色泽鲜红，就如同赤火一般。用这种赤铜所制作的刀剑，非常锋利，切割玉石就如同削泥一样。传说周穆王曾经征伐昆戎，昆戎便献上昆吾之剑，其剑锋利无比。而这把神奇的昆吾之剑，就是由昆吾山特产的铜打造的。昆吾山中栖息着一种野兽，其样子和一般的猪相似，但头上却长着角，它吼叫起来就如同人在号啕大哭，名字叫蛊蛭（lóng zhì）；吃了它的肉，人就不会做噩梦。

昆吾山再往西一百二十里，是菌（jiān）山。菌水从这座山发源，然后向北流淌，最后注入伊水。山上蕴藏有丰富的金属矿物和各色玉石，山下则盛产石青、雄黄一类矿物。山中生长着一种高大如树木的草，其形状像棠梨树，而叶子是红色的，名称是芒草；它是一种毒

◇《山海经》考据

昆吾山在今河南嵩县境内

《淮南子·天文训》将一天分成十五个时段，其中太阳升至昆吾山时，就是正中午。周人也将此山周边的伊水和洛水视为天下正中。昆吾山是铜的盛产地，经中只说产铜没有说产铁，可能是因为当时的兵器都是锡铜合金所铸。此山的铜颜色赤红，质地纯正，著名的干将剑即为此山的赤铜所铸。经考证，昆吾山在今天的河南省嵩县境内。昆吾山以西的独苏山应在河南省栾川县西北；蔓渠山在河南省卢氏县以东；伊水今日仍叫伊河，它最西边的发源地今天名为核桃岔。

草，能够毒死鱼。

萯山再往西一百五十里，是独苏山。山上光秃荒芜，没有生长花草树木，却到处流水潺潺，溪流奔腾。

蔓渠山　马腹

独苏山再往西二百里，是蔓渠山。山上蕴藏有丰富的金属矿物和各色玉石，山下则郁郁葱葱，到处是小竹丛。伊水从这座山发源，奔流出山涧后向东注入洛水。山中栖息着一种野兽，名称是马腹，其形状奇特，有人的面孔、老虎的身子，吼叫的声音就如同婴儿啼哭。它是一种凶狠的野兽，是能吃人的。传说马腹又叫水虎，栖息在水中，身上还有与鲤鱼类似的鳞甲。它常常将爪子浮在水面吸引人，如果有人去戏弄它的爪子，它便将人拉下水杀死。民间称马腹为马虎，因其异常凶狠的性情，古人常用其吓唬淘气的孩童说："马虎来了！"顽皮的孩子便立即不敢再作声。

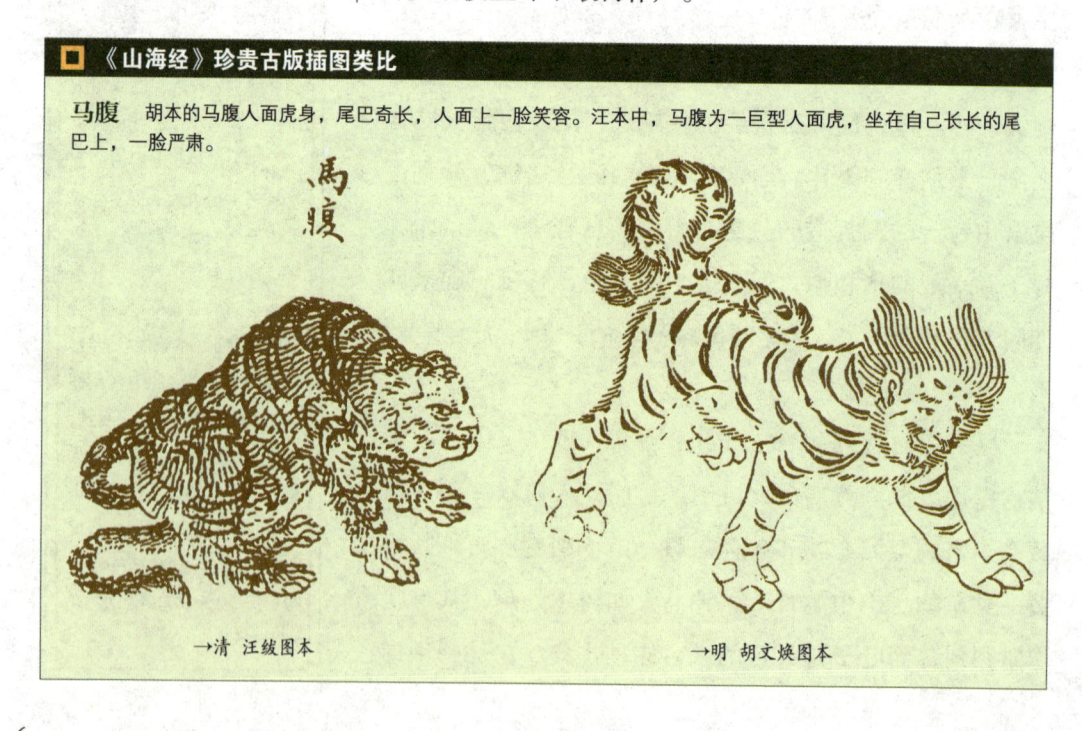

龙吐珠

龙吐珠的花形状颇为神奇，由三片乳白色的苞片紧紧合抱，红色的花瓣从苞片中探出头，再加上伸出来的长长的雌雄花蕊，像传说中怒龙喷火的形状，故得此名。其红白相嵌，美丽异常，为常见的观赏盆栽花卉，同时也具有较高的药用价值。

■《山海经》珍贵古版插图类比

马腹　胡本的马腹人面虎身，尾巴奇长，人面上一脸笑容。汪本中，马腹为一巨型人面虎，坐在自己长长的尾巴上，一脸严肃。

→清　汪绂图本

→明　胡文焕图本

济山山系诸山神

总计济山山系之首尾,自辉诸山起到蔓渠山止,一共九座山,蜿蜒一千六百七十里。诸山山神的形状都是人的面孔鸟的身子。祭祀山神时,要用带毛的牲畜作祭品,再选一块吉玉,将它投向山谷,祀神时不用精米。

人面鸟身的神医
东汉墓室内装饰画
长94.5厘米 宽91.5厘米 厚24厘米
山东省微山市两城镇出土

山经时代有着非常广泛的鸟崇拜,济山山系中的居民就大多以展翅飞翔的鸟为图腾,将那一带山的山神想象成人面鸟身的形象。这种崇拜也延续到后世,这幅针灸图拓片中,左边有一个人面鸟身的神医,手执医针,正在为病人做针刺治疗。把医者画成鸟形象,对鸟的崇拜是一方面,另一方面也是为了象征战国名医扁鹊。

中次三经路线示意图

本图根据张步天教授《〈山海经〉考察路线图》绘制，图中记载了《中次三经》中敖岸山至和山共五座山的考据位置。

第五卷 中山经

（此路线形成于春秋、战国时期）

中次三经

敖岸山 熏池 夫诸

　　中央第三列山系叫萯（bèi）山山系，它的首座山，叫作敖岸山。其山南坡多出产㻬琈玉，而山的北坡则多出产赭石、黄金。这座山上居住着一位叫熏池的天神，因此敖岸山还常常能生出美玉来。敖岸山山势高峻，站在山顶向北可以望见奔腾的黄河和葱郁的丛林，它们的形状好似茜草和榉柳。山中栖息着一种野兽，其形状如同白鹿，头上却长着四只角，它的名称是夫诸，是一种不祥之兽；它在哪个地方出现，哪里就会发生大水灾。

青要山 武罗 鴢 荀草

　　敖岸山再往东十里，是青要山。这座山实际上是天

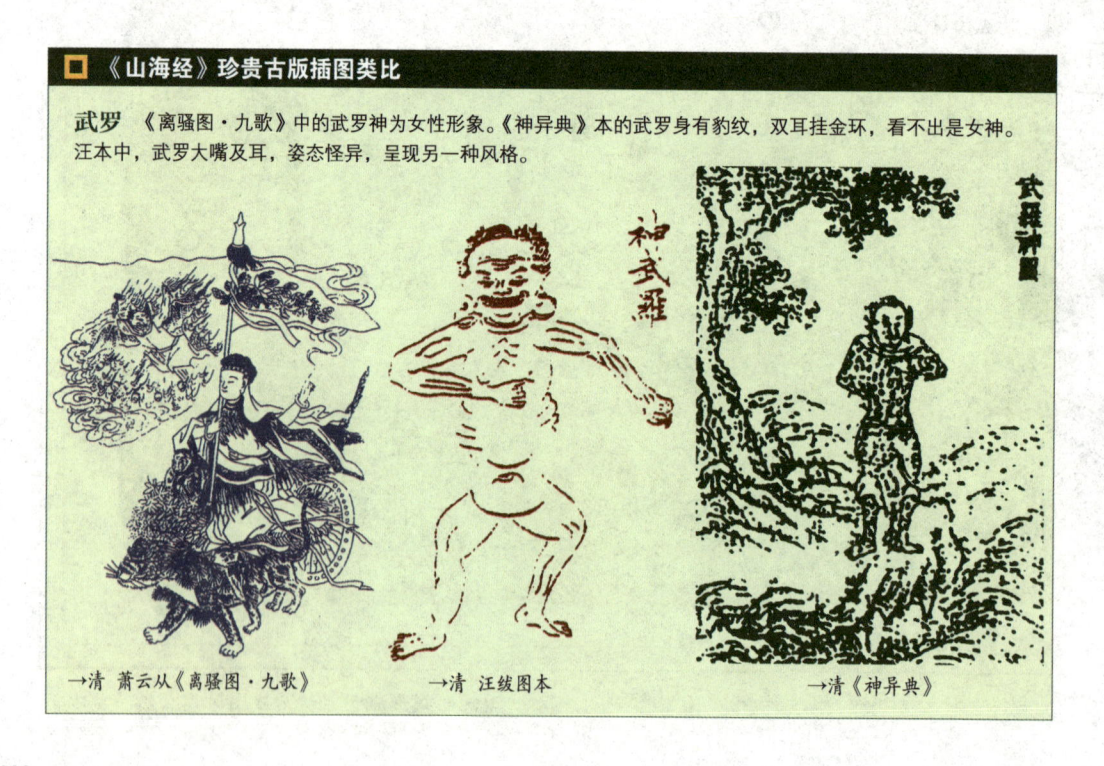

夫诸
清《禽虫典》
　　样子像白鹿，却头生四角；奔跑在水边，以示夫诸象征大水的特性。

《山海经》珍贵古版插图类比

武罗　《离骚图·九歌》中的武罗神为女性形象。《神异典》本的武罗身有豹纹，双耳挂金环，看不出是女神。汪本中，武罗大嘴及耳，姿态怪异，呈现另一种风格。

→清 萧云从《离骚图·九歌》　　　→清 汪绂图本　　　→清《神异典》

帝的密都。青要山也很高，在那里栖息着许多野鹅。从青要山向南可以远眺骫（tán）渚。传说大禹的父亲鲧偷天帝的息壤到下界平息水灾，天帝知道后，派火神祝融将他杀死在羽山。而鲧死后尸体三年都没腐烂，还在他的肚子里逐渐孕育出新生命，那就是他的儿子禹。鲧的尸体三年不化的事被天帝知道后，天帝大惊，便派一个天神带了一把叫"吴刀"的宝刀下凡，剖开鲧的肚子。就在鲧的肚子被划开时，忽然跳出一条虬龙，盘曲腾跃着飞上了天，这条龙就是鲧的儿子禹。而鲧自己被剖开的尸体则化成一头黄熊（也有说化作一条黄龙），跳进羽山旁边的深泽中去了，那深泽便是这里的骫渚。骫渚中栖息着很多蜗牛，还有很多蒲卢一类的贝壳。山神武罗掌管着这里，她有着一张人的面孔，却浑身长着豹子一样的斑纹，腰身细小，牙齿洁白，耳朵上还穿挂着金银环，她叫起来的声音就像是玉石在碰撞，十分动听。这座青要山气候温和，物产丰富，很适宜女子居住。畛（zhěn）水从这座山发源，奔出山涧后向北流淌，最后注入黄河。水滨栖息着一种禽鸟，名称是鴢（yāo），其外形就像普通的野鸭，有着青色的身子，却长着浅红色的眼睛和深红色的尾巴，吃了它的肉就能使人子孙兴旺。相传鴢的脚太靠近尾巴，以至于不能走路，所以常混在野鸭群中游泳。据说南宋时，鄱阳出现一种妖鸟，鸭身鸡尾，停在百姓的屋顶上，当地人不认识，以为是某种妖鸟，其实可能就是鴢。山中还生长着一种草，其形状像兰草，却有着方形的茎干，开黄色的花朵，结红色的果实，根就像藳（gǎo）本这种香草的根，它的名称是荀草，女子服用它就能使皮肤红润光泽，焕发青春光彩。

美丽的耳饰
西周　长 8.1 厘米　14.8 厘米
重 5.2 克　9.9 克
陕西省咸阳市淳化县文化馆藏

　　《山海经》中记载，青要山是座适合女子生活的山，其山神腰身细小，牙齿洁白，特别是耳朵上穿挂着的金银环，光彩照人，美丽非常。于是，女性对耳饰的追求流传下来。这对黄金耳饰形如弓，又似弯月，华贵隽秀，金光灿烂。

◆《山海经》考据

敖岸山——尧山
　　《中次三经》所记的苡山山系，有学者认为应当在黄河以南、谷水以北。谷水也称涧水，西边从崤山发源，在洛阳近郊注入洛河。苡山山系的首座山敖岸山，据考证可能是尧山，在今天河南省渑池县以西。

第五卷　中山经

231

騩山 飞鱼

青要山再往东十里，是騩（wēi）山。山上盛产味道甜美的野枣，而背阴的北坡还盛产琈玕玉。正回水从这座山发源，然后向北流去，最后也注入黄河。水中生长着许多飞鱼，其形状像猪，却浑身布满了红色斑纹；吃了它的肉就能使人不怕打雷，还可以避免兵刃之灾。

騩山再往东四十里，是宜苏山。山上蕴藏有丰富的金属矿物和各色玉石，山下则生长着繁茂的荆棘一类的灌木。滽滽水从这座山流出，然后向北注入黄河，水中生长着很多黄色的贝类。

和山 泰逢

宜苏山再往东二十里，是和山。山上荒芜光秃，草木不生，但资源丰富，到处遍布着瑶、碧一类的美玉。这里实际上是黄河上游九条水源所汇聚的地方。这座山蜿蜒回旋，共盘转了五重，共有九条河水从这里发源，然后汇合起来向北注入滔滔黄河，水底的河床中铺满了名贵的苍玉。吉神泰逢主管这座山，他的样子像人，但身后却长着一条老虎的尾巴。泰逢喜欢住在贲山向阳的南坡，他每次出入和山时，都会发出神奇的闪光。泰逢这位吉神有变化天地之气的法力，能感天动地，兴风布雨。传说晋平公在浍水边曾遇见过泰逢，狸身而虎尾，晋平公还以为他是个怪物。遇到过泰逢的还有另外一个夏朝的昏君孔甲，他在打猎时，泰逢出现，并运用法力刮起一阵狂风，顿时天地晦冥，结果使孔甲迷了路。惩罚昏君，泰逢不愧是一个吉神。

与虎相伴的山鬼
清代 罗聘 立轴 纸本 设色 纵91厘米 横35厘米 清华大学美术学院藏

"山鬼"在旧注中被认为是山中的鬼怪，后人则认为是巫山神女，今人多以为是女性山神。青要山的山神就被认为是耳戴金环的山鬼形象。此图中的山鬼是一位仪态万千的秀美女子，如不是身上披有薜荔，身旁伴一猛虎，几乎会被误认为是一位大家闺秀。

荥山山系山神

　　总计荥山山系之首尾，自敖岸山起到和山止，一共五座山，绵延四百四十里。祭祀泰逢、熏池、武罗三位山神的礼仪，都是用一只开膛的公羊和一块吉玉来祭拜。其余两座山（騩山、宜苏山）则是用一只公鸡献祭后埋入地下，再撒上祀神用的稻米。

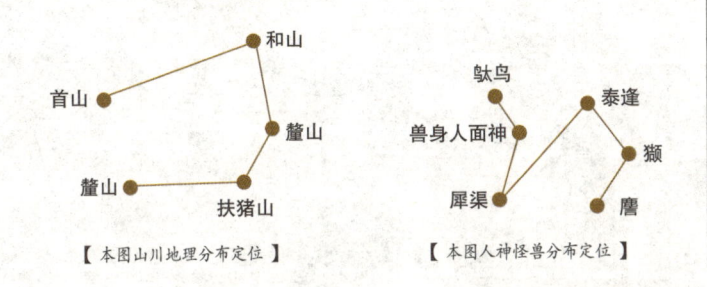

【本图山川地理分布定位】

【本图人神怪兽分布定位】

和山附近
明 蒋应镐图本

　　和山上，一团祥光中站立着人形虎尾的山神泰逢。扶猪山上的长尾小兽叫麆。釐山上有种牛状怪兽名犀渠，山坡上还奔跑着身披鳞甲的怪兽獭。中央第四列山系的山神均为人面兽身神。首山上站着名为驮鸟的三目奇鸟。

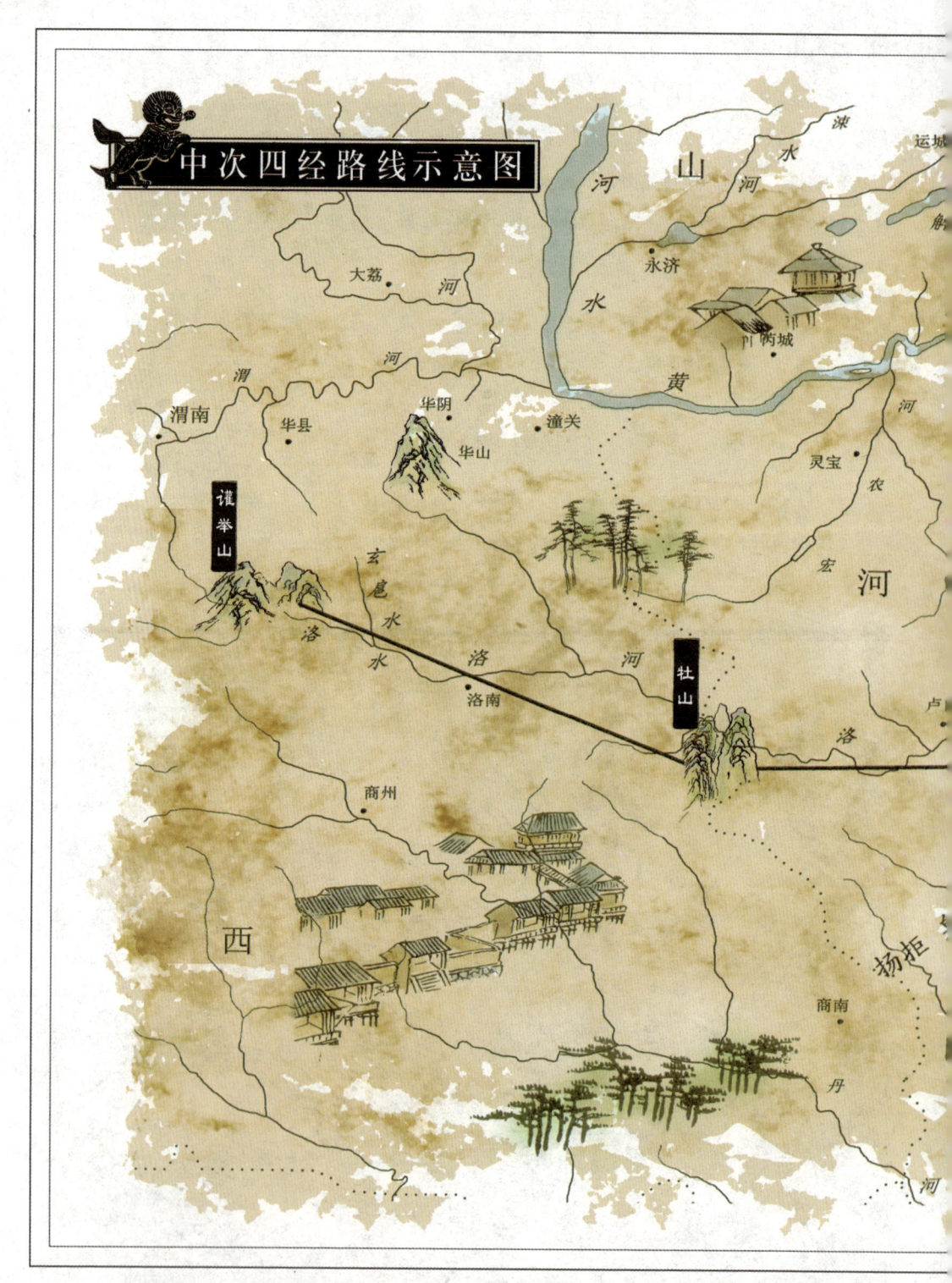

本图根据张步天教授《〈山海经〉考察路线图》绘制，图中记载了《中次四经》中鹿蹄山到谨举山共九座山的所在位置。

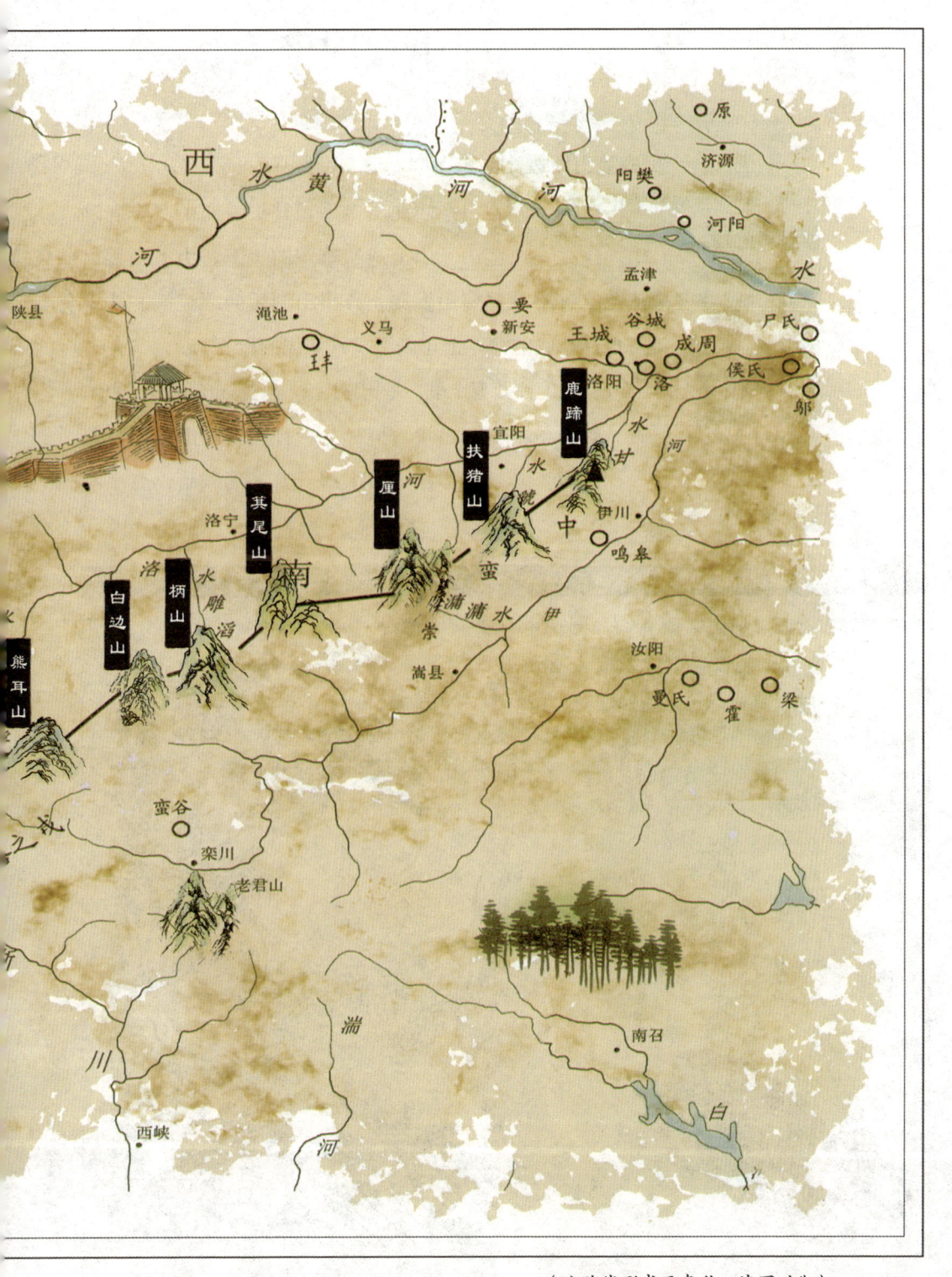

（此路线形成于春秋、战国时期）

中次四经

鹿蹄山周边

中央第四列山系叫厘山山系，其头一座山叫作鹿蹄山。这是一座宝山，山上遍布璀璨的美玉，山下则盛产黄金。甘水从这座山发源，奔出山涧后向北流淌，注入洛水，水底的河床上布满了柔软如泥的泠石。

鹿蹄山往西五十里，是扶猪山，山上遍布着礝（ruǎn）石。礝石虽不如玉名贵，但也是一种美石。山中栖息着一种野兽，其外形像貉，脸上却长着人的眼睛，名字叫

《山海经》珍贵古版插图类比

麐 经文所记麐长着人目，但"人目"在流传过程中产生变异，被写成了"八目"，汪本的麐似乎就是八目。《禽虫典》本的麐为一貉形小兽，似乎也是八目。

→清 汪绂图本

→清《禽虫典》

梧桐

梧桐又叫白桐，是一种古老的树种，它的叶子与臭椿树的树叶十分相像。陆玑《草木疏》中说，白桐宜制琴瑟。柄山上有种怪木，叶似梧桐，其枝、叶、果均有剧毒。和它不同的是，梧桐不但没有毒，还可作药用，有消肿痛、生发的功效。

䗪（yín）。虢水从扶猪山发源，然后向北流淌，最后也注入洛水，水底的河床上也有很多礝石。据说山上的礝石是白色的，像冰一样透明；而水中的礝石却是红色的。

釐山 犀渠 獭

扶猪山再往西一百二十里，是厘山。其山向阳的南坡遍布各色美玉，而背阴的北坡则生长着茂密的茜草。山中也生长着一种野兽，其形状像一般的牛，全身青黑色，而发出的吼叫声却如同婴儿啼哭。它不像牛那么温驯，而是十分凶恶，甚至能吃人，名称是犀渠。滽滽水从这座山发源，然后向南流去，最后也注入伊水。水边还栖息着一种野兽，名字叫獭（jié），其形状像发怒之犬，身披鳞甲，毛从鳞甲的缝隙中长出来，又长又硬，

◇《山海经》考据

厘山山系背靠伊河和洛河

《中次四经》厘山山系之名取自第三山厘山。据查，五藏三经中凡有山系的，其命名方法有两种：一是取山系中某山之名；二是另取他名。厘山山系自东向西，横亘洛河、伊河之间，起自洛阳西南。洛阳因地处洛河之阳而得名，是华夏文明的主要发祥地之一，也是佛教获得发展的重要之地。伊河两岸山崖峭壁间至今尚存两千余座窟龛和十万余尊造像，堪称一座大型石刻艺术博物馆。

厘山山系的首座山鹿蹄山可能在今日的河南省伊川、宜阳两县之间。而以其名为山系命名的厘山则应在河南省嵩县境内。

曼德拉草

《山海经》中描绘了很多怪草，曼德拉草虽不在其中，但也属于不折不扣的怪草。它的根形态非常奇特，很多都像具有胳膊和腿的完整人体。因为它的怪状，人们便常常把它和传说及迷信联系在一起，认为它是诡秘而危险的植物。传说曼德拉草的根被挖出时会伴随着呻吟声，远古时人们用狗将其拉出。曼德拉草的根和鸦片混合，是手术时必备的麻醉药物。

就好像猪鬃一样。

箕尾山一带

䗪山再往西二百里，是箕尾山。山上生机勃勃，生长着茂密的构树林；山坡上盛产涂石；山顶上还遍布着精美的㻬琈玉。

箕尾山再往西二百五十里，是柄山。山上遍布着精美的玉石，山下则蕴藏有丰富的铜。滔雕水从这座山发源，然后向北流淌，最后注入洛水。山中栖息着许多羬羊。山中还生长着一种树木，其形状像臭椿树，叶子却像梧桐叶，结出带荚的果实，名字叫茇（bá）；它的枝干、树叶、果实都有毒，能将鱼毒死。

柄山再往西二百里，是白边山。山上蕴藏着丰富的金属矿物和各色玉石，山麓则盛产石青、雄黄。

白边山再往西二百里，是熊耳山。这座山生机勃勃，山上生长着茂密的漆树林，山麓则生长着郁郁葱葱的棕树林。浮濠水从这座山发源，然后向西流淌，最后也注入洛水。水底的河床上有很多水晶石，水中则生活着许多人鱼，也就是娃娃鱼。岸边生长着一种草，其形状像苏草，却开红色的花，名称是葶苧（tíng nìng），这种草也有毒，其毒性能把鱼毒死。

熊耳山再往西三百里，是牡山。山上遍布着各种色彩斑斓带纹理的漂亮石头，山麓则到处生长着竹箭、竹䉛等各类竹子。山中生活着大量的飞禽走兽，其中野兽以㸲牛、

羬羊为最多，而禽鸟则以赤鷩为主。

牡山再往西三百五十里，是讙（huān）举山。雒（luò）水从这座山发源，然后向东北流淌，注入玄扈水。玄扈山栖息着很多马肠，它就是蔓渠山那人面虎身、能吃人的马腹兽。在讙举山与玄扈山之间，夹着奔腾激越的洛水。

厘山山系诸山神

总计厘山山系之首尾，自鹿蹄山起到玄扈山止，一共九座山，绵延一千六百七十里。诸山山神的形貌都是人的面孔兽的身子。祭祀山神的办法是：在带毛禽畜中选用一只白色的鸡献祭，祀神不用精米，祭祀时要用彩色帛把白鸡包裹起来。

文明的源头

清绢底彩绘 纵80厘米 横1260厘米

华夏始祖黄帝的部落就生活在黄河中游的黄土高原上，当时的部落还过着一种迁徙不定的游牧生活。华夏历史上最著名的一次大战——黄帝与蚩尤的对决——也发生在这里。蚩尤是上古时代九黎族部落的首领。蚩尤作乱，祸害民生，于是当时的联盟首领炎帝联合黄帝击败了蚩尤的部落，建立起新的秩序，华夏文明也自此而始。

中次五经路线示意图

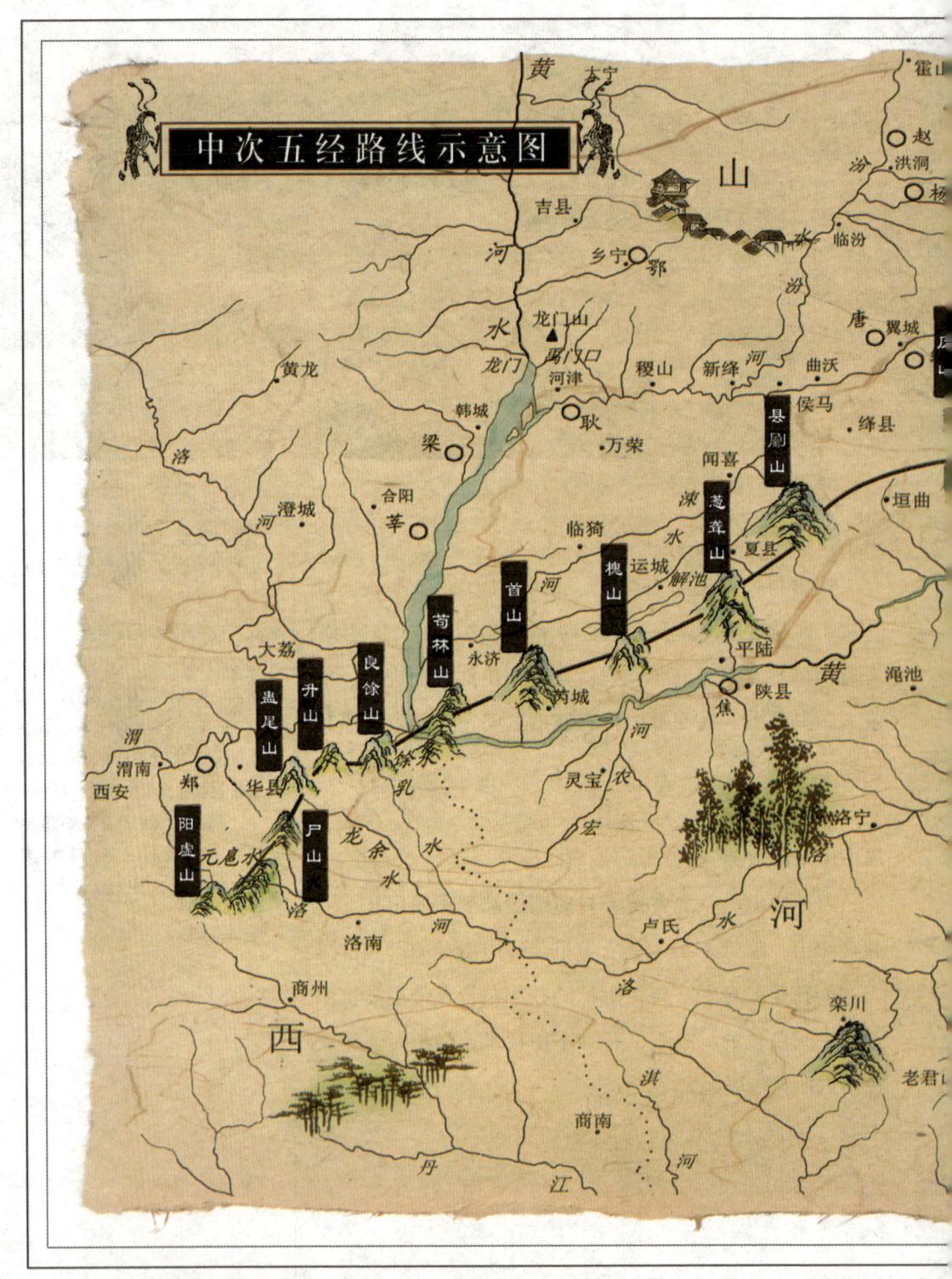

本图根据张步天教授《〈山海经〉考察路线图》绘制，图中记载了《中次五经》中苟林山到阳虚山的所在位置，经中所记共十六座山，实则只有十五座。

(此路线形成于春秋、战国时期)

中次五经

苟林山一带

中央第五列山系叫薄山山系，其首座山叫作苟林山。山上光秃荒芜，没有任何花草树木生长，漫山遍野怪石嶙峋，了无生气。

苟林山往东三百里，是首山。山上草木葱茏，生机勃勃。其背阴的北坡生长有茂密的构树、柞树，而树林里的草则以苍术、白术、芫（yuán）华为主。向阳的南坡则盛产䂳琈玉，坡上也覆盖着茂密的森林，林中树木以槐树居多。这座山的北面有一道峡谷，名叫机谷。机谷里栖息着许多䳏（dì）鸟，其形状像猫头鹰，但脸上却长了三只眼睛，还长有耳朵。发出的啼叫声就如同鹿在鸣叫，人吃了它的肉就能治愈湿气病。

首山再往东三百里，是县䰠（zhú）山。山上荒芜，岩石裸露，寸草不生，却布满了一种色彩斑斓带有纹理的漂亮石头。

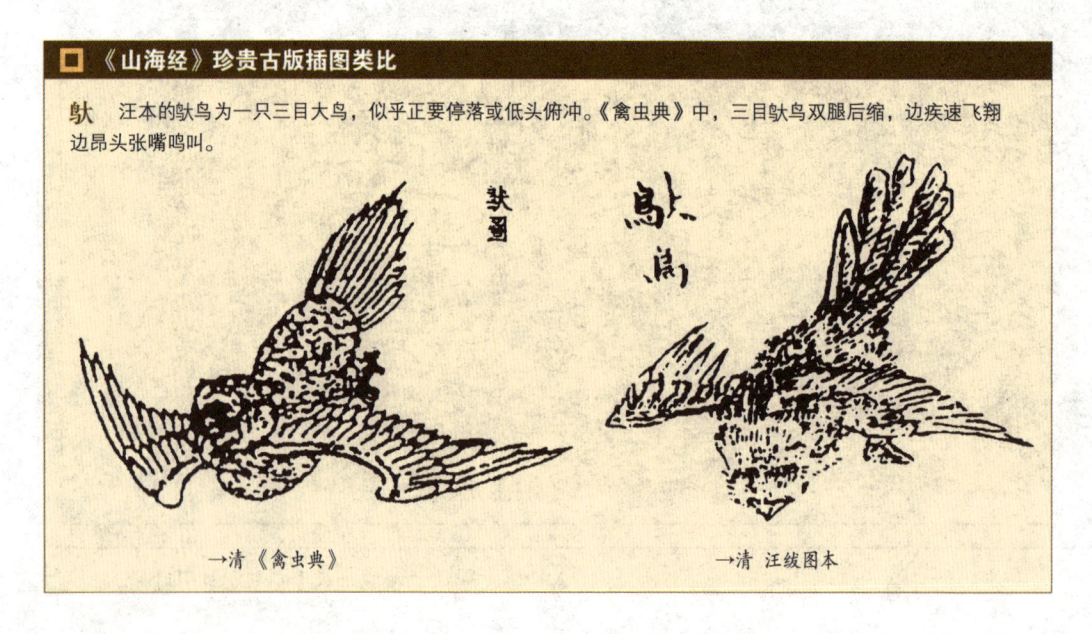

□《山海经》珍贵古版插图类比

䳏 汪本的䳏鸟为一只三目大鸟，似乎正要停落或低头俯冲。《禽虫典》中，三目䳏鸟双腿后缩，边疾速飞翔边昂头张嘴鸣叫。

→清《禽虫典》　　　　→清 汪绂图本

县斸山再往东三百里，是葱聋山。山上也是光秃荒芜，没有花草树木生长，但到处是珌石，它虽然没有玉石名贵，但也是一种美石。

葱聋山往东北五百里，是条谷山。山上生机勃勃，草木葱茏。林中的树木大多是槐树和桐树，而山中的草类则以芍药和门冬草为主。

条谷山再往北十里，是超山。山上背阴的北坡盛产苍玉，而其向阳的南坡则有一眼深陷地面的泉水。这个泉是时令性质的，冬天干燥时反而有水，而到夏天湿润时却干枯了。

超山再往东五百里，是成侯山，山上生长着茂密的櫄树林，櫄树很高大，可以用来制作车辕。林中的草则以秦艽（jiāo）居多。

成侯山再往东五百里，是朝歌山。山上沟壑纵横，峡谷众多。山谷里蕴藏着很多各种颜色的优质垩土。

槐山　后稷

朝歌山再往东五百里，是槐山。山上沟壑纵横，山体支离破碎，形成许多峡谷，峡谷里矿产丰富，蕴藏有丰富的金和锡。槐山就是稷山，后稷教百姓种植庄稼，就在这座山下，山上还有稷祠。后稷，名字叫弃，他的母亲姜嫄是帝喾的元妃。姜嫄到野外游玩时，发现巨人足迹，她好奇地踏在巨人的脚印上，因而怀孕生子，此子就是后稷。他善于耕耘种植，并将这些技艺传授给老百姓，帝尧便封他为农师。

关于农业始祖后稷不平凡的出生，还有一个美丽的故事。相传帝喾平息共工后去西北巡狩，一天帝喾携妻

槐树

槐树在地球上出现的历史非常悠久，早在荒古时代就有了它的身影。它因挺拔的身姿及结实的木质被认为可长寿，而它的果实确实可以使人增寿延年。《太清草木方》载，槐是虚星的精华，十月上巳日采子服用，可祛百病，长寿通神。《梁书》中说，虞肩吾经常服用槐果子，已经七十多岁了，仍发鬓乌黑，双目有神。

农耕图

南北朝 壁画 纵 82 厘米 横 101 厘米
甘肃酒泉丁家闸北凉墓

后稷，古代周族的始祖，农业的先祖，传说为其母姜嫄踏巨人脚印怀孕而生。他年幼时就喜欢种植各种树木及麻、菽等谷物；成年之后，更是酷爱农耕，他所耕作的谷物，皆成果丰硕，农人纷纷效仿他。尧知道后，封他为"农师"，让他教民稼穑。正是因为有了后稷对农业的杰出贡献，才出现了图中春耕繁忙的景象。

稷

稷是一种非常古老的农作物，在后稷教民稼穑时代就已经普遍种植。它种植广泛，是远古先民主要的食用谷物，而且古人也用它来祭祀祖先。稷还具有较高的医用价值，稷米可补中气，解热毒；稷的根可治心气痛和难产。

子姜嫄到泰山一带，远远看见东南角上有座山，山上有许多树林，林中隐约有一所房屋，非常高大。帝喾感到很好奇，就问当地百姓，得知那是一个叫閟宫的女娲娘娘庙，当地人每逢祭祀或者有什么重大的事情，必须经过聚会商量后，才去开这个庙门；其余日子总是闭着的，所以叫它閟宫。而且那里没有儿子的人，只要诚心去祭祀祷求，就会立刻有子，非常灵验。帝喾听后，忽然心有所动，回头看了姜嫄一眼，没有说话。当天晚上，帝喾对姜嫄说："女娲娘娘是创世之神，而且古今的人都叫她神媒，是专管天下男女婚姻之事的。男女婚姻无非为了生儿育女，所以她既然管婚姻之事，想必也兼管生子之事。刚才百姓说向她求子非常灵验。我们已成婚多年，你还没有生育。从明天起斋戒三日，和我一起去那里求子，怎么样？"姜嫄笑着回答："我差不多都老了，哪里还能生子呢？"帝喾说："不会的。古有五六十岁的妇人还能生产，何况你呢？而且这位女娲娘娘，是位善心的女神，我们只要诚心去求，肯定会灵验的。"说完，立刻就让姜嫄斋戒三日,并挑了一只毛色纯黑的牛作祭品,往闷宫而去。到了庙门,只见路旁泥泞中有一个巨大的脚印,五个脚趾足有八尺多长;单是那个大脚趾,也比寻常人的整只脚还要大。看它的方向,足跟在后,脚趾朝着庙门,应该是走进庙的时候所踏的。那时帝喾正在仔细看那庙宇的结构,仰着头,没有留心。而姜嫄低着头行走,早一眼看见了,非常吃惊,心想天下竟有这样大的脚,那么这个人一定非常高大吧。姜嫄正想着,竟不知不觉一脚踏到了那巨人的脚印上,所踏的恰恰是那个大脚趾的位置。谁知一踏上去,姜嫄如同触电一般,立刻觉得全身酥软,飘飘欲仙,几乎要伏倒在地。当天晚上,姜嫄做了一个梦,梦见一个非常高大的人,告诉她:"我是天上的苍神,闷宫前面的大脚印,就是我踏的。你踏上我的大脚趾印,我奉女娲娘娘之命,和你做了夫妻,现在你已经有孕在身。"姜嫄又惊又羞,骤然醒来。

踏巨人足印而生后稷的姜嫄

姜嫄,传说为周始祖、农业先祖——后稷之母。据传,姜嫄在外游玩时,看见一个巨大的足印,出于好奇,她将自己的脚踩了上去,不料这一踩,竟然怀孕生下了后稷。这是先民对后稷的神化崇拜,也表达了对后稷发展农业、教人耕作的尊敬和感激之情。

十月怀胎后,姜嫄没有任何痛楚地分娩了,谁知却生下一个怪胎:既不是猫,也不是狗,而是一个圆圆的肉球。姜嫄害怕极了,以为这肉球是不祥之物,暗地里派人把它抛在宫墙外的小巷中。但那领命的下人回来后讲起一桩奇怪事,说肉球抛在路上,连过路的牛羊都小心谨慎绕着道儿走,生怕踩伤了它。姜嫄听了,半信半疑地说:"既然这样,那就把它抛远点,抛到山林里去吧。"那个人接到命令再次出发,但是不久,他就又捧着肉球回来了:"这次我把它丢在树林里,却突然不知从哪来了许多砍树的人,他

◆《山海经》考据

河北涉县也有女娲宫
河北省涉县 6—19世纪

在中国远古神话传说中,女娲是曾以"造人""补天"而被尊崇的带有浓厚神秘色彩的女神。因她制造了人类,古人也向这位女神求子。女娲被尊称为娲皇,古代祭祀女娲的宫庙也被称为娲皇宫。河北涉县的娲皇宫建于涉县西北凤凰山的山腰上,当地人俗称"奶奶顶",由四组建筑群组成,其中的广生宫(子孙殿)是一座独立的庙宇,即为神话传说中求子的场所。

耕作图
唐 敦煌第23窟

传说后稷到天上将各种谷物的种子带到了人间。叔均又开创了耕田的方法,使人们获得了粮食。在这幅图中,农人戴着斗笠辛勤耕作,头上的滚滚乌云带来降雨,为农田提供了充足的水分,预示着丰收的好年景。

们把它捡起来又还给我了。"无奈之下,姜嫄狠了狠心说:"那就把它抛到池子里去吧。"当时池子里已经结冰,这人把肉球抛上去之后,忽然有一只大鸟,从天边飞来,绕着寒冰上的肉球回旋悲鸣,最后落在肉球旁边,用一只翅膀盖在肉球上面,另一只翅膀垫在肉球下面使它温暖,恰像母亲怀抱爱儿一般。这人看了,更是觉得惊奇,便踏着冰层想到池子中心去看个究竟。

大鸟见有人过来,便嘎的怪叫了一声,丢开肉球,从池面飞走,向着天空边飞边叫,一直远飞而去。这鸟刚刚飞去,就听见呱呱的孩子哭声从肉球中传来。这人走近前去一看,肉球已经像蛋壳般裂开,露出了一个壮实的小婴孩,他浑身被冻得通红,正躺在裂开的肉球里啼哭呢。这人又是惊讶,又是欢喜,急忙把小婴孩抱起来,用衣裳包裹着他,小心翼翼地带回去给他的母亲姜嫄。

姜嫄抱着这个险些被丢弃的婴儿,真是喜出望外,回想种种神异经历,确信孩子长大后必定会有一番作为,

观音送子

清 彩色画像 苏州

在古代，除了女娲可以满足人们求子的愿望外，佛教进入中国后，观音也兼有送子神仙的身份。关于观音送子还有一段传说，相传古时有一对夫妻，相濡以沫，善良纯朴，一生省吃俭用只为救济更多贫困的人，可他们直到年老膝下也无儿无女。这件事感动了观音娘娘，于是他俩在年逾花甲时喜得一子。从此，观音娘娘也被称作送子观音。百姓每年庙会都会朝拜，祈求观音娘娘的赐福。图中观音怀中抱着一个孩子，端坐于菩提树叶坛上。

于是尽心竭力地养育他，使他长大成人。因为他曾经被抛弃过，所以就给他取名叫"弃"。他从小就喜欢农艺，长大后又教人们栽种五谷的方法，所以他的子孙又尊称他为"后稷"。

雀麦

后稷被奉为最早的谷物之神，他传授的五谷耕种之法使华夏民族彻底告别了以渔猎为生的游牧阶段。雀麦是一种常见的作物，又称牛星草，苗与麦极为相似，但穗小而稀少，结出的麦粒去皮可制成面粉。

历山周边

槐山再往东十里，是历山。山上森林茂密，林中的树木大多是槐树；山上向阳的南坡还盛产各种美玉。

酸枣

蛊尾山上生长着许多酸枣树，这种树直至今天仍普遍存在。其树高数丈，木理极细，树皮细密且坚硬，纹如蛇鳞，因此被古人视为具有某种神性。酸枣还是珍贵的中药材，主治心腹寒热、邪结气聚、四肢酸痛等。

历山再往东十里，是尸山。山上遍布着贵重的苍玉，山中野兽成群，尤以麖（jīng）为最多，麖是一种体型较大的鹿，皮毛是棕黑色，善于奔跑。尸水从尸山发源，向南流淌，最后注入洛水，水底的河床上有很多精美的玉石。

尸山再往东十里，是良余山。山上生长着茂密的构树林和柞树林。这里草木茂盛，将山体覆盖得严严实实，甚至连石头都看不到。余水从良余山北麓发源，然后向北奔腾，最后注入黄河；乳水则从良余山南麓流出，然后向东南流淌，注入洛水。

良余山再往东南十里，是蛊尾山。山上盛产磨刀用的砺石，还蕴藏有丰富的赤铜。龙余水从蛊尾山发源，奔出山涧后，向东南流去，注入洛水。

蛊尾山再往东北二十里，是升山。山上被森林所覆盖，林子里的树主要是构树、柞树和酸枣树；而草则主要是山药、惠草，还有繁盛的寇脱草。传说寇脱草有一丈多高，叶子与荷叶相似，茎干里有纯白色的瓤。黄酸水从升山发源，然后向北注入黄河，水底的河床上有很多璇玉。璇玉虽不如玉石珍贵，但也十分精美。

阳虚山　仓颉造字

升山再往东二十里，是阳虚山。山上蕴藏着丰富的黄金，阳虚山的山脚下就是玄扈水。传说仓颉造字时，曾登临阳虚山，并在玄扈水、洛水之畔漫步，河中的灵龟将背上内有丹甲青文的天书传授给他，仓颉便以此为基础，创制了文字。相传仓颉造字之后，刻了二十八个字在阳虚山的石室内，而后来的秦相李斯只认识其中八个字，其余二十个字却不能认识。这二十八个字，虽经寒暑代迁，星移物换，其迹犹存。由于历代过往官员、社会名流纷纷来此拓印，以附庸风雅，对当地百姓骚扰甚大，他们便趁雷电之机，架柴火焚，浇水而毁，致使字颓石裂，若隐若现，难以辨识。所幸清朝道光元年，知县王森文从民间征得拓印真本，请石匠凿碑，竖立于阳虚山下的许家庙村。碑高1.6米，宽0.65米，正面题额为"龟凤呈瑞"，下大书"仓颉授书处"；背面题为"阳虚鸟迹"，下书仓颉二十八字。

薄山山系诸山神

总计薄山山系之首尾，自苟林山起到阳虚山止，一共十六座山，绵延两千九百八十二里。升山是薄山山系诸山的宗主，祭祀升山山神的礼仪是：在带毛禽畜中选取猪、牛、羊齐全的三牲作祭品，祀神的玉器要选用精美的吉玉。首山也是有神灵显应的大山，祭祀首山山神时要用稻米，以及纯黑色皮毛的猪、牛、羊各一头，和美酒一起献祭。祭祀时还要手持盾牌起舞，旁边摆上鼓并敲击应和，以示庄严隆重。祀神的玉器要用一块玉璧。尸水是上通到天的，其中也有神灵，也需要祭祀。祭祀尸水神时要用肥壮的牲畜作祭品，选一只黑狗供在上面，然后选一只母鸡供在下面，并杀一只母羊，取其血献祭。祀神的玉器要选用精美的吉玉，并用彩色帛来装饰祭品，请神享用。

造字的仓颉
仓颉《历代古人像赞》
明弘治十一年刊本

仓颉是传说中黄帝的史官，相传他长着双瞳四目，非常聪明，因此才能从鸟迹龟纹中领悟造字的方法。他创造的字大多模仿大自然中山川日月的形状，这可能就是象形字最早的起源。

本图根据张步天教授《〈山海经〉考察路线图》绘制，图中记载了《中次六经》中平逢山至阳华山共十四座山的地理情况。

第五卷 中山经

（此路线形成于春秋、战国时期）

中次六经

平逢山 骄虫

中央第六列山系叫缟羝（gǎo dī）山山系，山系的首座山叫作平逢山。平逢山山势高耸，从峰顶向南可以望见伊水和洛水，向东可以远眺谷城山。这座山的山顶光秃荒凉，环境恶劣，山中没有生长花草树木，也没有

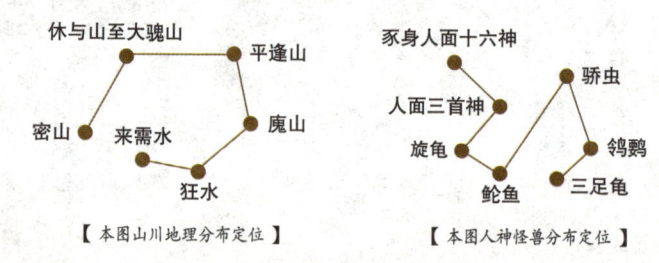

平逢山周边山水
明 蒋应镐图本

平逢山上站着双头山神骄虫。厘山上的长尾鸟名鸰䴈。豪水从密山发源，水边张望的鸟首龟为旋龟。大苦山是狂水的源头，水中游着的是三足龟。半石山下是来需之水，水中有许多鲐鱼。中央第七列山系的山神有两种形貌：其一为豕身人面十六神，其二为人面三首神。

【本图山川地理分布定位】

【本图人神怪兽分布定位】

《山海经》珍贵古版插图类比

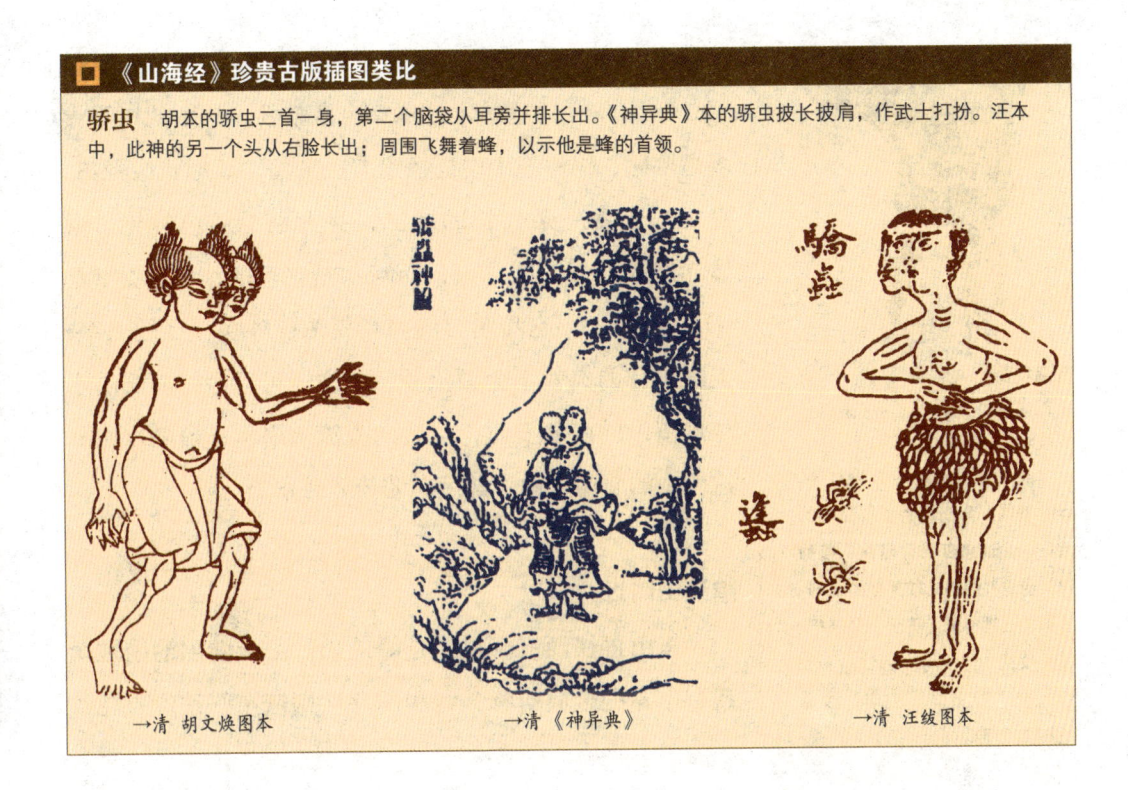

骄虫　胡本的骄虫二首一身，第二个脑袋从耳旁并排长出。《神异典》本的骄虫披长披肩，作武士打扮。汪本中，此神的另一个头从右脸长出；周围飞舞着蜂，以示他是蜂的首领。

→清 胡文焕图本　　　→清《神异典》　　　→清 汪绂图本

河流从这里发源，遍布山坡的都是些沙子、石头。山中有一个山神，其形貌像人，却长着两个脑袋。这个神的名字叫骄虫，是所有能蜇人的昆虫的首领，所以他所管辖的这座平逢山也就成了一个各种蜜蜂聚集做巢的地方。祭祀这位骄虫神，要用一只雄鸡作祭品，祈祷他为人们驱除灾祸，使蜜蜂蜇虫不蜇人。作为祭品的雄鸡不必杀死，在祭祀祈祷完毕后就把它放掉。这种风俗在我国民间至今仍然保留。

平逢山往西十里，是缟羝山。山上山石裸露，荒凉一片，没有花草树木，但这里蕴藏有丰富的金属矿物和各色玉石。

◇《山海经》考据

平逢山在今洛阳北郊

《中次六经》所记的缟羝山山系，应该在洛河以北，其首座山平逢山应在今天河南省洛阳北郊。平逢山向东可望见谷城山，谷城山的位置大致在今河南省洛阳市的西北。洛阳是中华古文明和北传方佛教底蕴深厚的古城，拥有"中国第一古刹"白马寺，每年的12月31日，人们会聚集白马寺举办"马寺钟声"的撞钟活动，以祈求来年平安吉祥。

廆山　鸰鹉

缟羝山再往西十里，是廆（guī）山。山上遍布着

青铜礼器
西周 高20.7厘米 口宽8厘米
陕西省咸阳市淳化县文化馆藏

爵是最早出现的青铜礼器，为温酒器。青铜器爵当属最早的酒具。此器腹部饰云雷纹、兽面纹，皆是礼器中比较典型的纹饰。美酒、三牲再配上美玉，是祭祀、礼天仪式中必不可少的物品。此爵内有"亚又口"三字，故名"亚又口"爵。

精美的璎珸玉。在这座山的北面有一道峡谷，名叫藿（guǎn）谷，这里林木苍翠，生机勃勃，林中的树木大多是柳树、构树。山中还栖息着一种鸟，其形状像野鸡，身后却长着一条长长的尾巴，身上羽毛颜色鲜艳，通体赤红就好似一团丹火，而喙却是青色的，名称是鸰鹨（líng yāo），它啼叫时的声音就像在呼唤自己的名字；人吃了它的肉就不会做噩梦，据说还可以避妖。交觞水从这座山的南麓发源，然后向南流入洛水；俞随水则从这座山的北麓发源，然后向北流入谷水。

瞻诸山附近

麂山再往西三十里，是瞻诸山。山上向阳的南坡蕴藏有丰富的金属矿物，背阴的北坡则遍布一种带有花纹

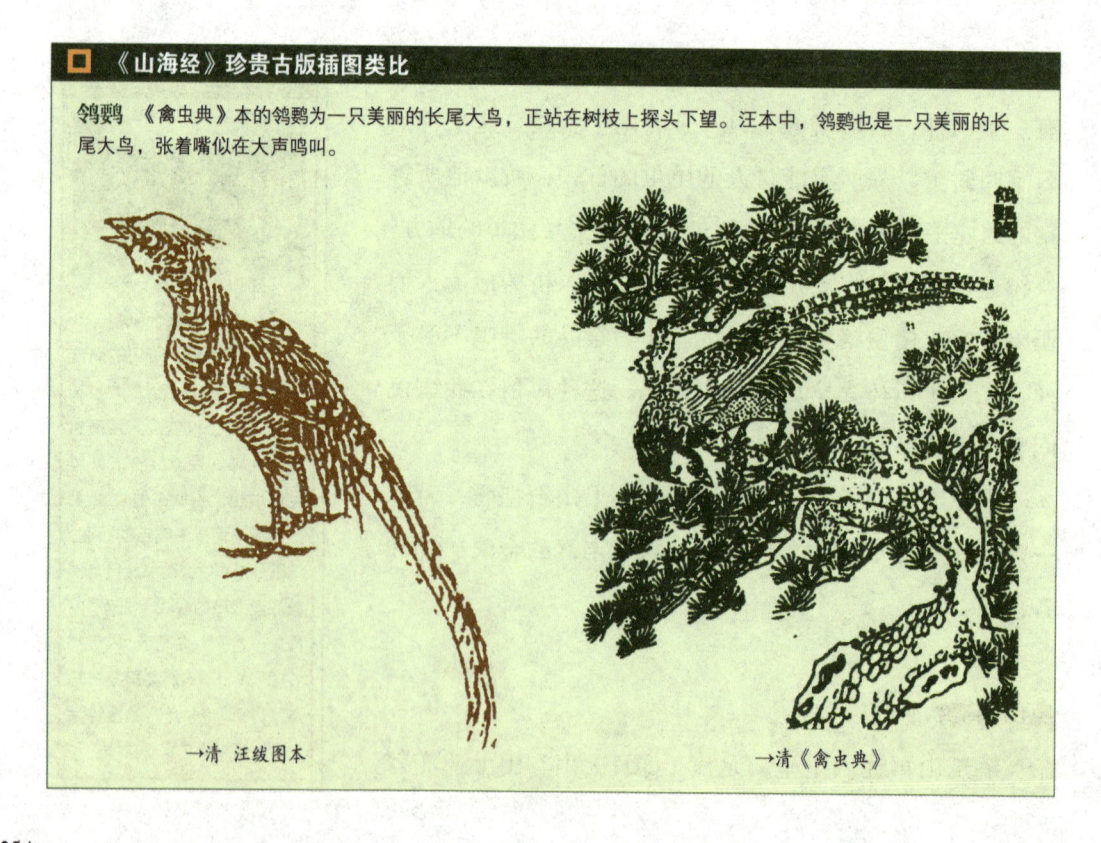

《山海经》珍贵古版插图类比

鸰鹨 《禽虫典》本的鸰鹨为一只美丽的长尾大鸟，正站在树枝上探头下望。汪本中，鸰鹨也是一只美丽的长尾大鸟，张着嘴似在大声鸣叫。

→清 汪绂图本

→清《禽虫典》

的漂亮石头。渷（xiè）水从瞻诸山发源，然后奔向东南，最后注入洛水；少水从这座山的北麓流出，奔出山涧后折向东流，最后注入谷水。

瞻诸山再往西三十里，是娄涿山。山上荒芜光秃，没有花草树木，但这里矿产丰富，蕴藏着丰富的金属矿物和各色美玉。瞻水从这座山的南麓发源，然后向东流淌，注入洛水；陂（bēi）水从这座山的北麓流出，然后直接向北流淌，注入谷水，水底的河床上遍布着精美的紫色石头和带有花纹的漂亮石头。

娄涿山再往西四十里，是白石山。惠水从白石山的南麓发源，然后向南滔滔流去，注入洛水，水底的河床上有很多水晶石。涧水则从白石山的北麓流出，然后向西北滔滔流去，注入谷水；涧水的河床上则布满了可用来画眉的眉石和黑色的丹砂。

白石山再往西五十里，是榖山。山上绿意盎然，山上山下都被森林覆盖；山上生长的是茂密的构树林，山下生长的则是茂密的桑树林。爽水从这谷山发源，然后向西北流淌，注入谷水；水底的河床上有很多绿色的孔雀石。

坤舆万国全图
利玛窦 1602年 纵192厘米
横346厘米 江苏省南京博物馆藏

人类很早就开始探索自身居住环境的秘密，科学的脚步不可遏止地向前迈进。这幅坤舆万国全图，即为世界地图，是利玛窦在中国传教时所编制。主图为椭圆形的世界地图，并附有一些小幅的天文图和地理图。尽管利氏地图在图形轮廓和文字说明方面还有很多不精确甚至错误之处，但在当时已不失为东亚地区最详尽的世界地图。

旋龟 清 汪绂图本

《山海经》中的旋龟有二：一是《南山经》中杻阳山的旋龟，其为鸟首，音若判木。二是此处密山之旋龟，其为鸟首鳖尾，叫起来好像敲击木棒的声音。

密山周边

　　榖山再往西七十二里，是密山。山的南坡盛产美玉，山的北坡则蕴藏着丰富的铁矿。豪水从这座山发源，然后向南奔腾而去，最后注入洛水；水中生活着很多旋龟，其长得和扭阳山的旋龟大同小异，也有一个鸟头，但尾巴却像鳖，它发出的声音就好像在敲击木棒。密山虽然矿产丰富，但山体光秃，岩石裸露，没有花草树木来保持水土。

　　密山再往西一百里，是长石山。山上环境也很恶劣，岩石裸露，不生长花草树木，但同样也蕴藏有丰富的金属矿物和各色美玉。在密山的西面有一道幽深峡谷，叫作共谷，谷里与谷外完全是两个世界，这里生长着茂密的竹林，绿意盎然。共水从山谷发源，奔出山谷后向西南流淌，注入洛水，水中盛产鸣石。传说鸣石是一种青色玉石，撞击后会发出巨大声响，甚至七八里外都能听到，是不可多得的制作乐器的好材料。

　　长石山再往西一百四十里，是傅山。山上岩石裸露，光秃荒凉，没有花草树木，遍布全山的是珍贵的瑶、碧一类的美玉。厌染水从这傅山的南麓发源，然后向南注入洛水，水中栖息着很多人鱼，这种人鱼也就是娃娃鱼。傅山虽然荒凉，但在它的西面却生长着一片树林，叫作墦（fán）冢。谷水从这墦冢林里流出，然后向东流淌，注于洛水，水底的河床上布满了晶莹剔透的珚（yān）玉。

　　傅山再往西五十里，是橐山。山上林木葱郁，绿意盎然；林中的树木大多是臭椿树，此外还有很多五倍子树。山上向阳的南坡蕴藏有丰富的金属矿物和各色美玉；北坡则蕴藏着丰富的铁，还生长着茂密的蒿草。橐水从这座山发

古乐器之钟

春秋 乐器 高36.4厘米 口宽18.1厘米

　　传说洛水之中盛产鸣石，此石如其名，撞击后能发出巨大的声音，是制作乐器的好材料。古人的乐器材料除了石材之外，还有很多种，比如青铜。后来，铜钟不仅是造价极高的乐器，也是地位和权力的象征，专供上层统治阶级用于各种仪典及日常娱乐活动之用。这件钟为邾宣公之父邾悼公所造。

脩辟鱼

清 汪绂图本

　　脩辟鱼形似青蛙，白嘴，鸣叫时声音如同鹪鹰，人若吃了它的肉可治疗白癣。

源，奔出山涧后向北流淌，最后注入黄河。水中生长着很多脩辟鱼，其形状像青蛙，却长着白色的嘴巴，发出的声音就如同鹞鹰鸣叫，人吃了这种鱼的肉就能治愈白癣之类的痼疾。

橐山再往西九十里，是常烝山。山顶光秃，没有花草树木生长，但山上有许多各种颜色的垩土。潐（qiáo）水从这座山发源，然后向东北流淌，最后注入黄河，水底的河床上有很多珍贵的苍玉。菑（zī）水也从这座山发源，然后和潐水向北平行流淌，最后也注入黄河。

夸父山 夸父逐日

常烝山再往西九十里，是夸父山。山上树木葱茏，物产丰富。森林里的树木以棕树和楠树为最多，树木下面还生长着茂盛的小竹丛。山中栖息着成群的飞禽走兽，其中野兽以㸲牛、羬羊为主，而禽鸟则以赤鷩为最多。山的南坡遍布各色美玉，而山的北坡则蕴藏着丰富的铁矿。夸父山的北面有一片树林，叫作桃林，这片树林面积广大，方圆达三百里，林子里生长着很多骏马。

传说远古时期，有一个叫夸父的部族，他们生活在北方大荒中一座叫"成都载天"的高山上，一个个都是非常高大的巨人，力气很大，耳朵上挂着两条黄蛇，手里也把玩着两条黄蛇，模样十分狰狞恐怖，但他们实际上都是性情平和善良的人。有一天，一个执着又傻气的夸父族人产生了一个奇怪的念头，他看到原野上渐渐西斜的太阳，产生了对黑夜的厌恶和对光明的强烈追求，他想到：太阳就要落下，黑夜就要来临。我不喜欢黑夜，我要去追赶太阳；捉住它，就能永远得到光明了。于是他便提起长腿，迈开大步，去追赶那渐渐西斜的太阳。

夸父逐日

夸父是炎帝的后裔，属于古代神话中巨人族的一支，他双耳挂着两条黄蛇，两手各操一条黄蛇。夸父逐日体现了中华民族不屈不挠的奋斗精神。晚清的这幅夸父逐日图，表现了夸父追赶太阳的大无畏精神，但珥蛇操蛇的特征已不复存在，显然是把神话世俗化了。

黄金鱼形饰件

《山海经》中有种叫脩鱼的灵兽，其形貌怪异，且肉有药用之效。这是人类对鱼较原始的图腾崇拜，这种崇拜还逐渐影响到后世。这两件黄金的鱼形饰品，鱼形简单，花纹隐约，反映了当时人们对鱼较模糊的崇拜。

山海经

千里之马
唐显庆二年（657年）
通高46.5厘米 长54厘米
陕西省咸阳市昭陵博物馆藏

夸父乃中国人的先祖类人物，他是身材高大、力拔山河的神人，也是追逐太阳、永不懈怠的民族精神的化身。他逐日的神速让后人联想到日行千里的良马，马儿在后世也被赋予了勇往直前的含义。这匹跟随仪仗队的散马，体格健壮，威武雄壮。

夸父的腿很长，跑得也很快，他在原野上飞奔，快得像一阵风，瞬间就跨越了千万里，一直追赶着太阳直到禺谷，禺谷就是太阳下山后栖息的地方。一团巨大的红色火球就在夸父面前，他终于追上了光明，他兴高采烈地举起手来，想把这个巨大的红色火球抱在怀中。就在这时，夸父才突然感到自己又累又渴，刚才忘我的奔跑已经耗费了他大量的体力，他不得不暂时放下已经追上的太阳，俯下身子去喝黄河、渭河的水。谁知经他这么一喝，两条大河的水都被他一口气喝干了。但他还是觉得口渴难忍，于是他向北方跑去，想喝大泽里的水。大泽又叫"瀚海"，在雁门山的北边，方圆千里，水势浩瀚，这倒是一处很好的水源，完全可以解除追求光明的夸父的口渴。可惜夸父还没有到达目的地，就在中途渴死了。他颓然地像一座山似的倒了下来，发出巨大的声响，大地都在抖动。逐渐落下的太阳把最后几缕余晖照在夸父的脸上，夸父感到无比遗憾，长叹一口气后，把手中拄着的拐杖奋力向北一抛，闭上眼睛永远地长眠了。夸父死后，他的身体就变成了这座巍峨高大的夸父山；而他扔出去的手杖，则变成了那片绿叶繁茂、果实累累的桃林。他把这滋味鲜美的果子，遗赠给后来追求光明的人们，解除他们的口渴，让他们振奋精神继续前进。湖水从夸父山的桃林中发源，然后向北流淌，最后汇入黄河，水底的河床上遍布着晶莹剔透的珚玉。

夸父山再往西九十里，是阳华山。山上向阳的南坡蕴藏有丰富的金属矿物和精美的玉石，而背阴的北坡则盛产石青、雄黄。山中杂草丛生，尤以

盘古创世

南宋 佚名《盘古图》

没有天地,焉得万物?盘古作为开天辟地之神功不可没。中华文明开始于盘古创世之初,天地豁然开朗后,逐渐出现"女娲补天""夸父逐日""后羿射日"等反映人类不断探寻自然界的神话传说;也相继诞生了黄帝、颛顼、尧、舜、禹等载厚德而治天下的先祖。"龙种"自此代代延续,中华的历史长河自此奔流不息,巨龙也自此君临东方大地。

山药为最多,此外还有茂密的苦辛草。这种草长得很高大,其外形像楸(qiū)木,结的果实像瓜,味道酸中带甜,人吃了它就能治愈疟疾。杨水从这座山发源,流出山涧后向西南流淌,最后注入洛水,水中也生活着很多人鱼。门水也从这座山发源,但向东北流淌,最后注入黄河,水中有很多黑色的磨刀石。缙(jí)姑水从阳华山北麓流出,然后向东流淌,和门水汇合,缙姑水两岸蕴藏有丰富的铜。缙姑水随门水流入黄河,再蜿蜒流淌七百九十里后注入洛水。

缟羝山山系诸山神的祭祀仪式

总计缟羝山山系之首尾,自平逢山起,到阳华山止,一共十四座山,绵延七百九十里。有高大的山岳在这一山系中,就要在每年的六月祭祀它,祭祀的礼仪一如祭祀其他山神的方法。这样祭祀之后,天下才会太平。

石松

石松是一种原始的蕨类植物。石松类植物最早起源于约4.4亿年前的志留纪。到了泥盆纪,开始出现了草本、木本、两种孢子等多种多样的类型。到石炭纪和二叠纪时极为繁盛,高大的木本类型构成了早期森林的主要成员,也形成了今天大量的煤炭。而中生代末期,石松类开始走向衰弱。如今,石松植物只剩下大约5个属,而且大多分布在炎热潮湿的地区。

中次七经路线示意图

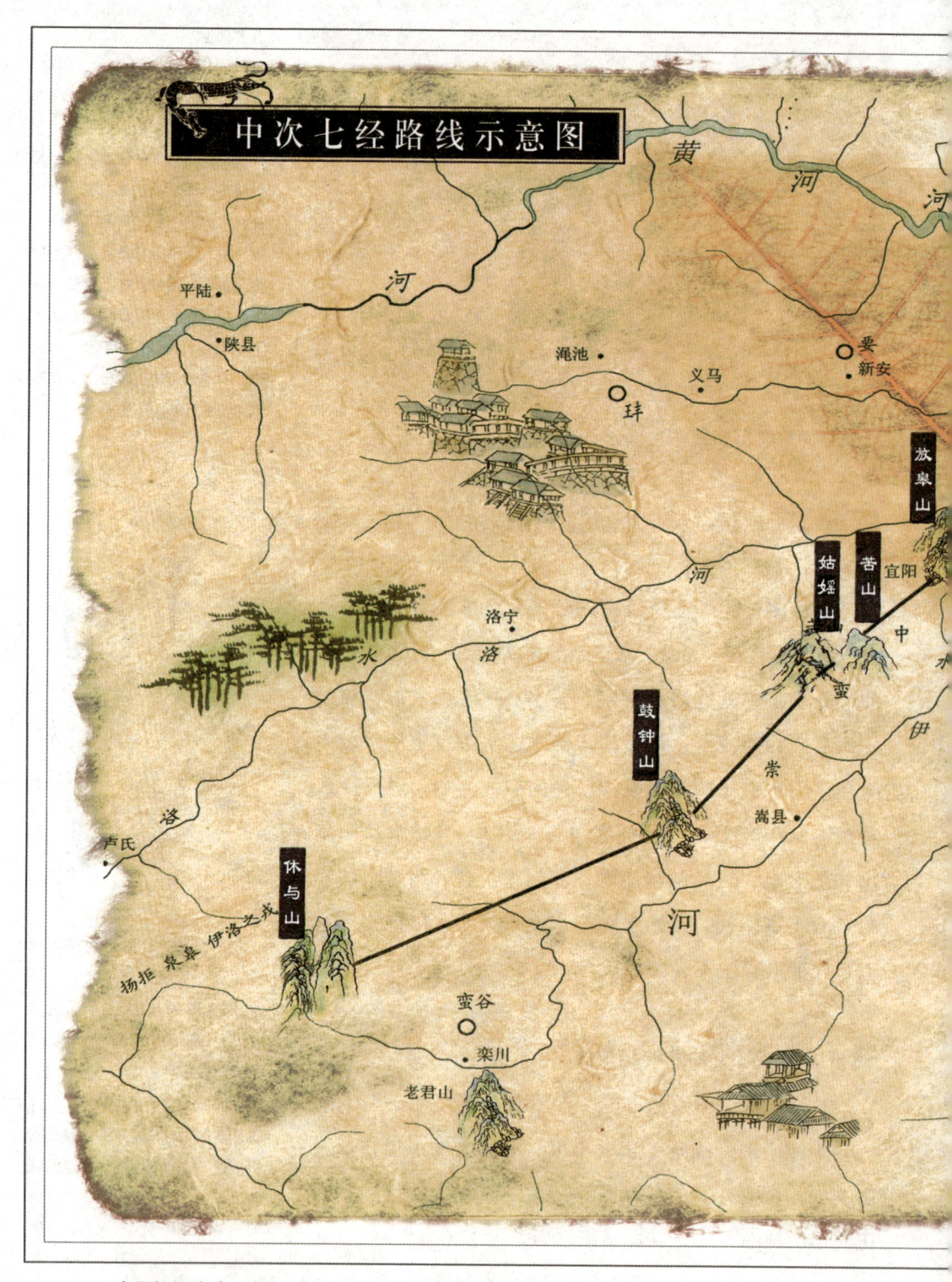

本图根据张步天教授《〈山海经〉考察路线图》绘制，图中记载了《中次七经》中休与山到大騩山共十九座山的地理位置。

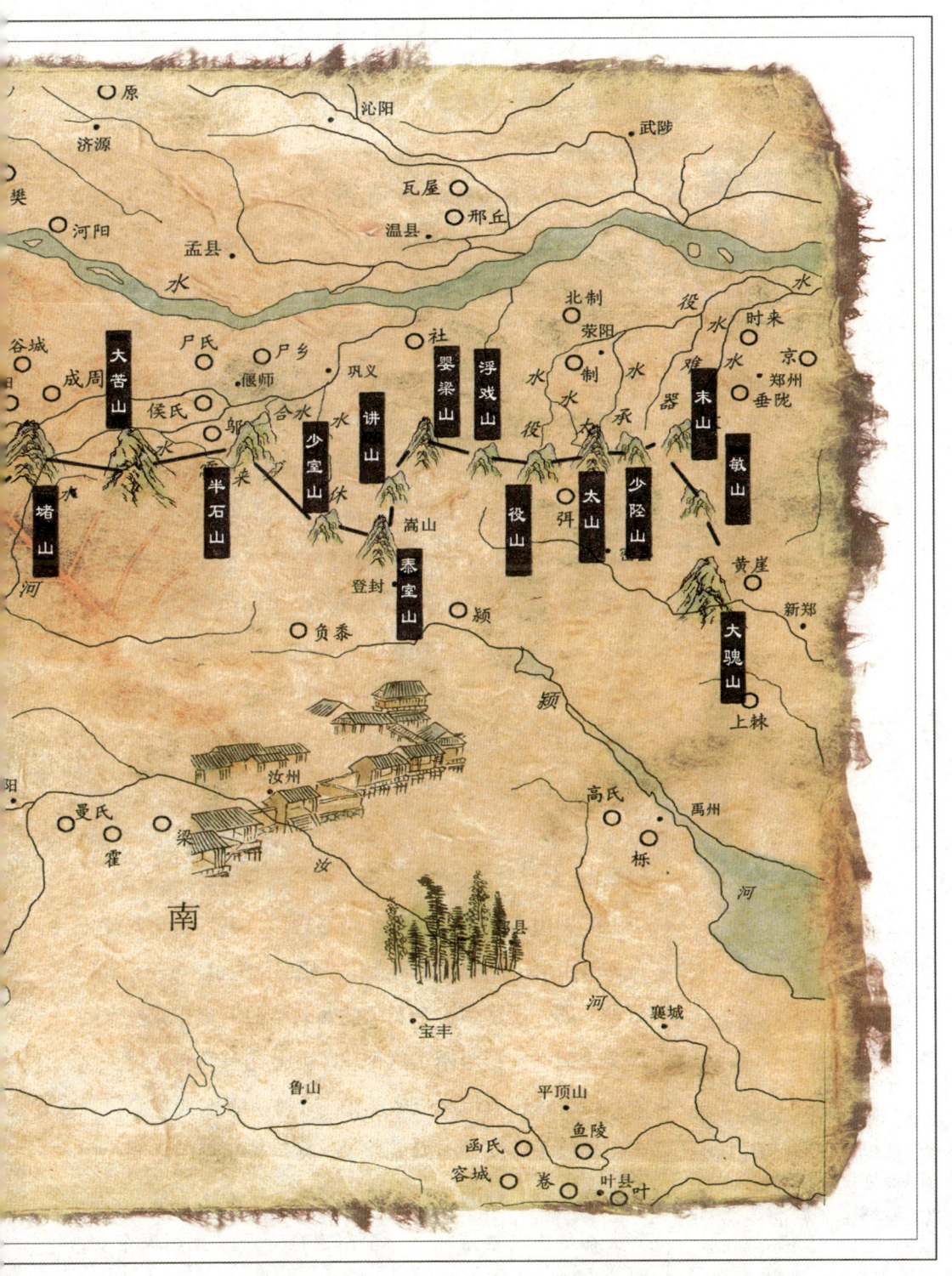

(此路线形成于春秋、战国时期)

中次七经

休与山一带

中央第七列山系叫苦山山系,山系的头一座山,叫作休与山。山上出产一种石子,神仙帝台用它做棋子,它们有五种颜色,并带着奇特的斑纹,形状与鹌鹑蛋相似。帝台是一位治理一方的天帝。神仙帝台的这些石头棋子,是用来祷祀百神的,人佩带上它就不用担心会受到邪毒之气的侵染。休与山还出产一种草,其形状与用来占卜的蓍(shī)草类似,而叶子是红色的,其根茎相互联结、丛生在一起,名称是夙条,可以用来制作箭杆。

休与山往东三百里,是鼓钟山,正是神仙帝台演奏钟鼓之乐以宴集诸位天神的地方。山中生长着一种草,其茎干是方形的,上面还开着黄色花朵,圆形的叶子重叠为三层长在茎干上,它的名字叫焉酸,可以用来解除百毒。山上山下遍布着磨刀石,山上的石质要粗糙一些,山下的则比较细腻。

姑媱山 女尸

鼓钟山再往东二百里,是姑媱山。炎帝的女儿就死在这座山上,她的名字叫女尸,死后化为䔄(yáo)草。这种草的叶子重生,开黄色的花,结的果实与菟丝子的果实相似;女子服用了这种草,就会变得漂亮而讨人喜爱。传说这位女尸是炎帝的第三个女儿,名叫瑶姬,尚未出嫁还是处女的时候就死了,死后葬于巫山之阳,成为巫山女神,她的精魂变成了䔄草,传说吃了䔄草之后就会在梦中与瑶姬相会。李白曾有诗云:"瑶姬天帝女,精彩化朝云。宛转入宵梦,无心向楚君。"

◇《山海经》考据

休与山在今灵宝县南

《中次七经》中记述的苦山山系,经考证为洛河以南、伊河以北的诸山。苦山为山系名,实则山系中的第四座山,其地理位置非常重要,在洛阳南郊,是北经中的三冢之一,应该在今河南省伊川县西北。苦山山系的首座山休与山,可能在河南省灵宝县以南。

锥形玉饰
新石器时代 大汶口文化
长 3.3 – 9.5 厘米

中国人自古就对玉喜爱有加,把玉作为纯洁、美好的象征。这种传统观念可追溯到远古时代,锥形玉饰和新石器时代其他遗址中出土的大量玉器,及远古人类把玉当成祭祀的必备器物,都正是此观念的例证。此器是当时常见的人体装饰品,原始人把它带在身上以求平安。

姑媱山再往东二十里，是苦山。山中栖息着一种野兽，名称是山膏，其形状像普通的猪，但浑身毛皮都是红色的，如同一团丹火，这种野兽喜欢骂人。山上还生长着一种树木，名称是黄棘，它开黄色的花，叶子是圆的，结的果实与兰草的果实相似，但这种果实有毒，女人吃了就会失去生育能力，不能生育孩子。另外，山中还有一种草，长着圆圆的叶子而没有茎干，开红色的花却不结果实，名称是无条；服用了它，人的脖子上就不会长赘瘤。

苦山再往东二十七里，是堵山。天神天愚住在这里，所以这座山上经常会刮起怪风下起怪雨。山上生长着一种奇特的树木，名叫天楄（biān），茎干是方形的，而形状像葵菜；吃了这种树的枝叶，人吃饭的时候就不会被噎住。

放皋山 文文

堵山再往东五十二里，是放皋山。明水从这座山发源，奔出山涧后向南流淌，最后注入伊水，水底的河床上有很多苍玉。放皋山上草木葱茏，林子里面生长着一种奇特的树木，其叶子与槐树叶相似，开黄色的花却不结果实，名字叫蒙木；服用了它，人就不会犯糊涂。山中栖息着一种野兽，外形像蜜蜂，身后却跟着条分叉的尾巴，嘴里的舌头还反长着，它喜欢呼叫，名字叫文文。

放皋山再往东五十里，是大苦山。山上遍布着精美的㻬琈玉，还有很多五颜六色的麋玉。山中生长着一种草，其叶子与榆树叶相似，茎干却是方的，上面还长满了尖尖的刺，名称是牛伤。它的根茎上长有青色斑纹，吃了这种根茎，人就不会患上昏厥病，还能避免兵刃之

岩须

岩须，卷柏科蕨类植物，其向内卷曲似拳，枝上密生鳞片状小叶。卷柏科植物最早出现于约3.5亿年前，其在石炭纪时最为繁荣，它们也是最早的陆生植物之一。

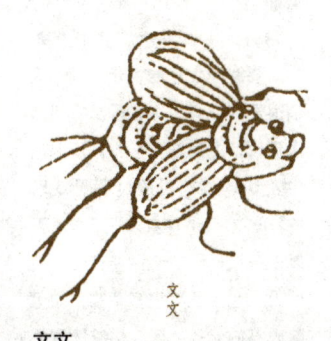

文文

一种形如黄蜂的小兽，尾巴上有两个分叉，舌头反生，喜欢呼叫。

263

灾。狂水从这座山的南麓发源，然后向西南流淌，注入伊水。水中生活着很多三足龟，它只长了三只脚，据说有种三足龟的名字叫贲，虽然样子有些奇特，却是一种吉祥的动物。人吃了它的肉，就不会生大的疾病，还能消除痈肿。

半石山　鲐鱼　䑏鱼

大苦山再往东七十里，是半石山。山上生长着一种神奇的草，它刚一出土就开花，然后再生长；长大后高可达丈余，长着红色的叶子开红色的花，开花后不结果实，名字叫嘉荣，人吃了它就不会畏惧霹雳雷响。来需水从半石山南麓发源，然后向西流淌，注入伊水，水中生长着很多鲐（lún）鱼，它浑身长满黑色斑纹，体形和鲫鱼相似；人吃了它的肉，就能精神饱满，不会犯困，还有人认为能消除肿痛。合水从半石山北麓流出，然后向北流淌，注入洛水，水中生长着很多䑏（téng）鱼，

瑞兽 清

古人相信如同人分好坏一样，动物也有吉凶之别。伊水中的三足龟即为吉兽，可以使人免生疾病。在民间传说中，这种吉祥之兽还有很多，如这件样子像犀的奇兽，也是祥瑞的象征。

盗仙草

清河南开封　长29厘米　宽23厘米

在医学发达的古代中国，人们很早就认识了很多种具有极高医用价值的草药。当然，从深山中发现珍稀药材的过程是艰险的，这才有"神农采药""通天犀以身试药"的佳话。苦山一带的山上也生长着很多草药，如可除肉瘤的无条，使人头脑清醒的蒙木等。后世《白蛇传》的神话中，也有白蛇到长寿山偷取灵芝仙草的情节。

《山海经》珍贵古版插图类比

三足龟 《尔雅音图》中，两只三足龟在水边嬉戏，其中一只形貌符合经文所记；而另一只除龟甲外，周身还披有鳞甲，且三足似龙爪。吴本的三足龟前两足短小，后一足异常粗大。

→清 吴任臣近文堂图本　　　　　　→清 《尔雅音图》

其形状像普通的鳜鱼，终日隐居在水底洞穴中，浑身长满青色斑纹，身后的尾巴却是红色的；人吃了它的肉就不会患上痈肿的疾病，还可以治好瘘疮。

少室山　帝休　鲩鱼

半石山再往东五十里，是少室山。山上郁郁葱葱，各种花草树木丛集而生，相互靠拢在一起，像一个个圆形的谷仓。山林中生长着一种树木，名称是帝休，它枝叶繁茂，叶子的形状与杨树叶相似，树枝相互交叉着向四方伸展，开黄色的花朵，结黑色的果实；服用了它，人就会心平气和，不恼怒。少室山矿产丰富，山上丛林

中遍布着精美的玉石，而山下则蕴藏着丰富的铁。休水从这座山发源，然后向北流去，注入洛水。水中生活着很多鯑（tí）鱼，它虽然是鱼，但身形却像猕猴，肚子下面还长有长长的像公鸡一样的爪子，脚是白色的，而脚上的足趾相对较长；人吃了它的肉，就不会疑神疑鬼，还能避免兵刃之灾。

少室山再往东三十里，是泰室山。山上生长着一种奇特的树木，其叶子的形状像梨树叶，上面还有红色的纹理，名称是栯（yǒu）木，人服用了它就没了嫉妒心。山中还生长有一种草，其形状像苍术或白术，开白色的花朵，而结的果实却是黑色的，果实圆润而有光泽，就好似野葡萄，它的名字也叫蓇草，但与姑瑶山的不同。服用了它的果实，人的眼睛就会明亮而不昏花。泰室山上还有很多漂亮的石头。少室山和泰室山就在现在的河南省登封市，是鼎鼎大名的中岳嵩山的两座主峰。泰室山位于少室山之东，传说大禹的第一个妻子涂山氏生启于此，山下建有启母庙，故称之为"太室"，即正妻，"泰"和"太"在古时是相通的，泰室山也因此而得名。而少室山居住的则是大禹的第二个妻子，涂山氏之妹，人们在山下建有少姨庙祭祀她，所以山名为"少室"。

讲山附近

泰室山再往北三十里，是讲山。山上遍布各色精美玉石，还生长着茂密的森林，林中的树木主要是柘树、柏树。除此之外，还生长着一种叫帝屋的奇树，其叶子的形状与花椒树叶相似，树干上长着倒勾刺，结的果实是红色的，用这种树可以避除凶邪之气。

讲山再往北三十里，是婴梁山。山上盛产贵重的苍玉，而这些苍玉都附着在黑色的石头上面，需要凿掉它

鯑鱼

形态颇为奇怪，形似猕猴，白足趾长；人若吃了它的肉将不受蛊惑，还可以免遭兵刃之灾。

梨树

梨树的果实味美多汁，古人极早就已发现其珍贵的药用价值。在《山海经》的众多怪木中，有种栯木，叶子极像梨树叶，这种树也具有强大的药效，它治的是无药可解的嫉妒病。

原始砍伐工具

新石器时代 薛家岗文化 长43厘米

作为薛家岗文化中典型的器物，这类石刀一般背部较厚，有穿孔3-13个不等，但均为单数，这些孔可能是用来穿系绳子将刀捆绑在柄上。这类有孔石刀能在古人砍伐遮天蔽日的原始丛林时提供相当大的帮助。

才能得到。

婴梁山再往东三十里，是浮戏山。山中生长着一种树木，其叶子的形状像臭椿树叶，结的果实是红色的，名叫亢木，人吃了它的果实就可以驱虫避邪。汜水从这座山发源，然后奔腾向北流淌，最后注入黄河。在浮戏山的东面还有一道峡谷，因峡谷里有很多蛇而取名蛇谷；峡谷里的崖壁上生长着很多细辛，那是可以用来祛风散寒、通窍止痛的中草药。

蛇含

蛇含，蔷薇科植物，叶子形如龙牙只是偏小，故俗名小龙牙。"蛇含"这个名字让人联想到《山海经》中那些奇异、食人的毒草；但恰恰相反，它不但没有毒，还能解一切蛇毒，并治疗寒热邪气、痈疽癣疮、蛇虫咬伤等。

少陉山一带

浮戏山再往东四十里，是少陉山。山中生长着一种奇特的草，名称是茛（gāng）草，其叶子的形状很像葵菜叶，而茎干是红色的，开白色的花朵，结的果实和野葡萄类似；人如果吃了这种东西，就会充满智慧而不愚笨。器难水从这座山发源，奔出山涧后向北流淌，最后注入役水。

少陉山再往东南十里，是太山。山里有一种奇草，名称是梨，其叶子的形状像艾蒿叶，开红色的花。这种梨草能入药，可以用来治疗痈疽等恶疾。太水从这座山的南麓发源，然后向东南流去，注入役水；承水则从这座山的北麓发源，却向东北流淌，最后也

267

东西两半球图
明 直径26厘米 北京大学图书馆藏

《山海经》将天下山脉划分为五区，所描述的地域范围远到黄河及长江流域以外。但显而易见的是，古人将大地视为平的，而中国位于整个世界的中心。直至16世纪意大利传教士利玛窦把这种将世界各地的山川洋流绘制成两个半球的地图带入中国，这种"中央国家"的意识才稍稍得到改变。

铁的农具
西汉

中国在四千多年前，农业技术就已经很发达了。铁的开采并运用到农具上，也算得上一个较大的进步。这件铁锸头是用来翻土和挖掘草根用的。

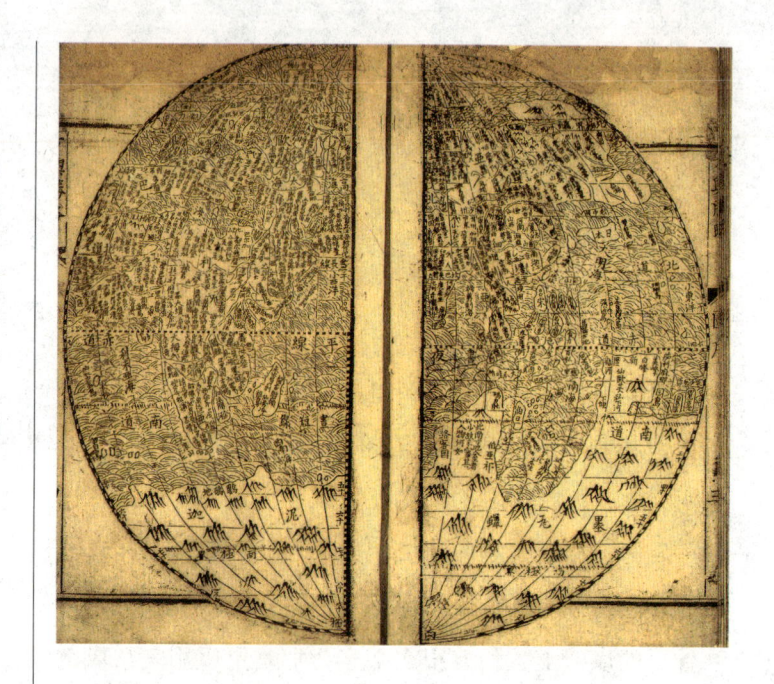

注入役水。

太山再往东二十里，是末山。山上蕴藏着丰富的黄金，实在是一座宝山。末水从这座山发源，也向北流入役水。

末山再往东二十五里，是役山，山上蕴藏着丰富的白银，还有丰富的铁，也是一座名副其实的宝山。役水从这座山发源，向北奔腾而去，沿途接纳了末水、承水、太水、器难水等河流之后，注入黄河。

敏山周边

役山再往东三十五里，是敏山。山上生长着一种这里特产的树木，其形状与牡荆相似，开白色的花朵而结红色的果实，名称是蓟（jì）柏。人吃了它的果实，就能增加热量，不怕寒冷。敏山上向阳的南坡还遍布着精美的琈玗玉。

敏山再往东三十里，是大骢山。山的北坡蕴藏有丰富的铁，还遍布着各种优质玉石和青色垩土。山中有一种草，其形状像是用来占卜的菁草，但上面却长着绒毛，开青色的花朵，结白色的果实，名称是蒵（hěn）；人吃了它就不会夭折，而延年益寿，还可以治愈肠胃的各种疾病。

苦山山系诸山神

总计苦山山系之首尾，自休与山起到大騩山止，一共十九座山，蜿蜒一千一百八十四里。其中除苦山、少室山、泰室山之外的其余十六座山，其山神的形貌都是猪的身子、人的面孔。祭祀这些山神的礼仪是：在带毛禽畜中选用一只纯色的羊献祭，祀神的玉器选用一块带纹理的藻玉，祭献完毕后将玉埋入地下。苦山、少室山、太室山属于冢，冢指隆起的坟墓。山冢是天子祭祀的地方，也是祖先埋葬的场所。因此，山冢具有神圣性，不仅因为它居于高山之巅，是山神居住的地方，是祭祀的神圣之所；同时在于它又是祖先的家园，灵魂回归的场所，是先民向往的圣地。所以对这三座山的山神的祭祀与众不同，特别神圣，也特别隆重。祭祀他们的礼仪是：在带毛牲畜中选用猪、牛、羊齐全的三牲作祭品，祀神的玉器选用吉玉，将其环陈献祭。这三个山神的形貌都是人的面孔，但长着三个脑袋。

豕身人面十六神
清 汪绂图本
中央第七列山系苦山山脉共十九座山，其山神有两种不同的形貌，其中十六位山神皆为猪身人面。图中的十六神为兽形神，四猪蹄着地，人面含笑。

人面三首神
清 汪绂图本
苦山山脉的十九座山中，苦山、少室、太室三座山的山神与其他各山的猪身人面神不同，是人面三首神。汪本中，此神三头二手二足，身着便衣，双手平举。

本图根据张步天教授《〈山海经〉考察路线图》绘制，图中记载了《中次八经》中景山至琴鼓山共二十三座山的地理位置。

中次八经路线示意图

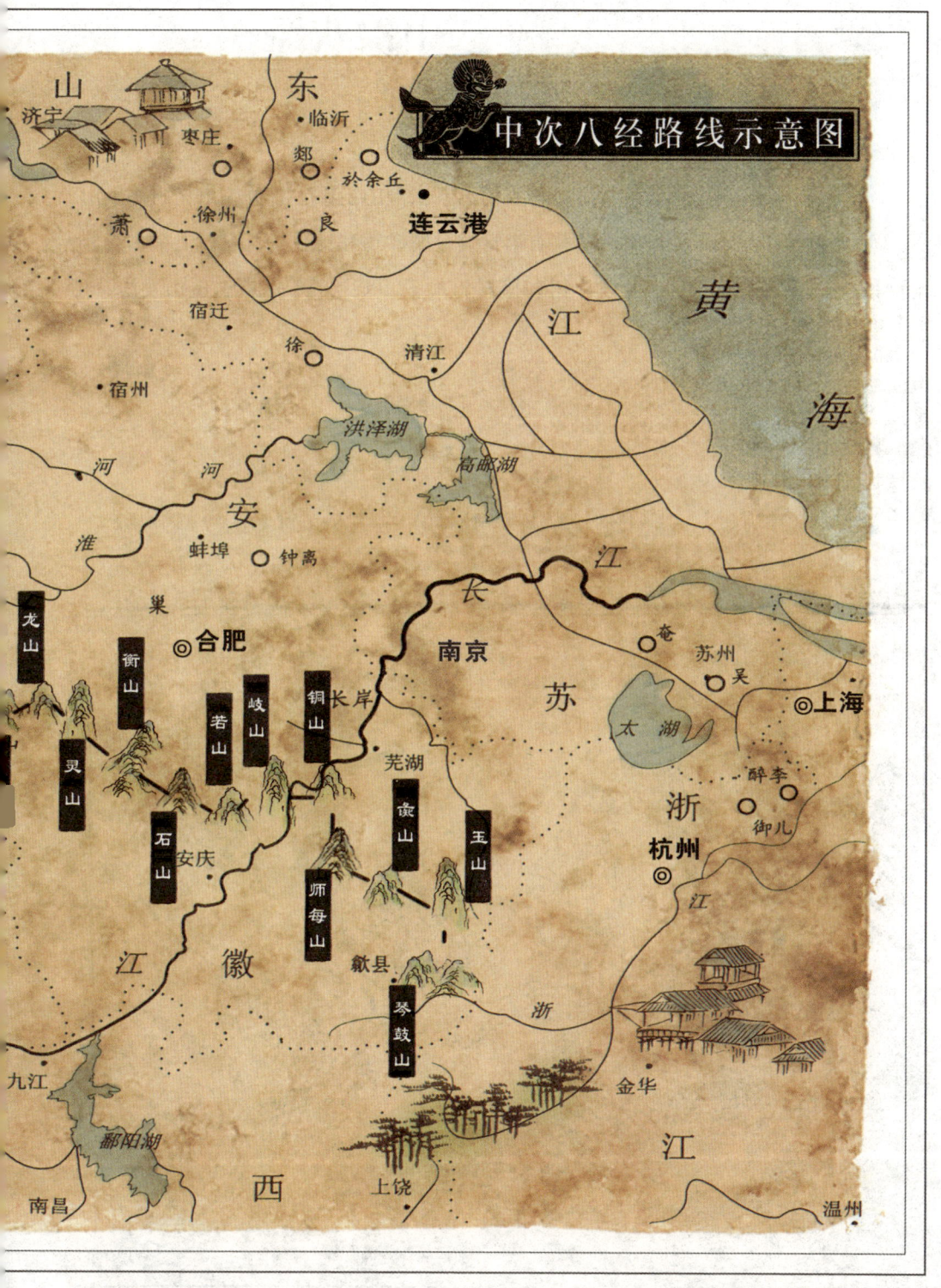

（此路线形成于战国时期）

中次八经

景山一带

中央第八列山系叫荆山山系，其首座山，叫作景山，山上蕴藏有丰富的金属矿物和精美玉石。山上林木葱茏，尤以柞树和檀树为最多。睢（jū）水从这座山发源，然

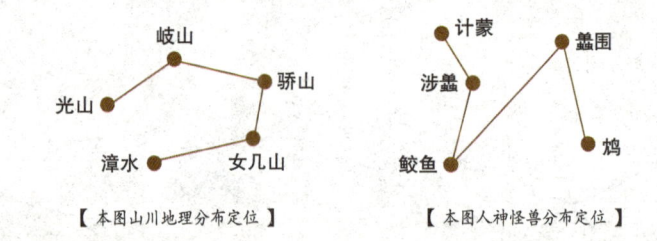

荆山一带
明 蒋应镐图本

荆山是漳水的发源地，水中游着体形庞大的鲛鱼。骄山的山神为人面兽身神鼍围。女几山上伸颈振翅的飞鸟名鸩。光山的山神为龙首人身神计蒙。岐山上站着方脸三足的山神涉蠱。

【本图山川地理分布定位】

【本图人神怪兽分布定位】

《山海经》珍贵古版插图类比

鲛鱼 鲛鱼也称鲨鮀,《尔雅音图》中有鲨鮀图。《禽虫典》本的鲛鱼为一胖头肥身之鱼,皮上有圆点或交错的珠纹。

→清《尔雅音图》

→清《禽虫典》

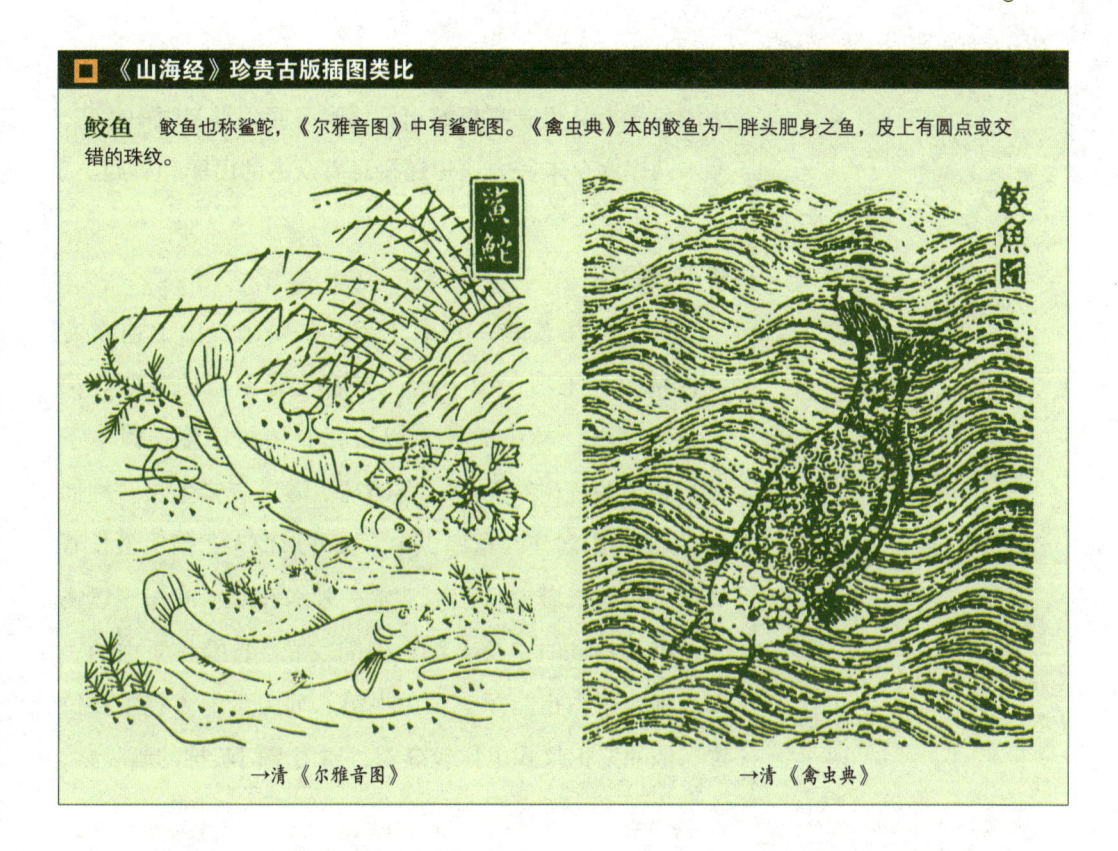

后向东南奔流,注入长江,水底的河床上铺满了粟粒大小的丹砂,水中还游弋着许多彩色斑纹的鱼。

景山往东北一百里,是荆山。山上背阴的北坡蕴藏着丰富的铁,向阳的南坡则蕴藏着丰富的黄金。山上生机勃勃,野兽成群,生长着许多犛(máo)牛,还有众多的豹子和老虎。古人把豹分为好几种,有元豹、赤豹、白豹等,据说白豹就是貘,甚至能吃铜铁。荆山森林里的树木以松树和柏树为多,林下生长的花草则以丛生的小竹子为主,此外还有许多橘子树和柚子树。漳水从这座山发源,奔出山涧后向东南流淌,注入雎水,水中也盛产黄金,并生长着很多鲛鱼。据说鲛鱼又叫沙(鲨)鱼,鱼皮上有珍珠似的斑纹,而且十分坚硬;尾部有毒,能蜇人;其皮可以用来装饰刀剑。传说鲛鱼腹部长有两

山形玉饰
新石器时代 良渚文化
高4.8厘米 宽8.5厘米

巍峨险峻的高山,同大海一样,被古人视为地之精华,并赋予其尊贵、权威的寓意。这件玉饰状如"山"形,左右两叉各刻有头戴羽冠的神人形象,显示其佩戴者可能是一位集军事和宗教权力于一身的"贵族"。

个洞,在其中贮水养子,一个腹部能容下两条小鲛鱼;小鲛鱼早上从母亲嘴里游出,傍晚又回到母亲腹中休息。漳水两岸水草丰美,这里还栖息着众多的山驴和麋鹿。

骄山 鼍围

荆山再往东北一百五十里,是骄山。山上遍布着各种精美的玉石,山下则遍布着色彩艳丽的青䨼。山上林木葱翠,林中的树木以松树和柏树居多;树木下面,矮小的桃树和钩端一类的丛生灌木交错生长。神仙鼍(tuó)围居住在这座山中,其外形像人,但头上长着羊角,四肢长着虎爪,他常常在雎水和漳水的深渊里畅游,出入各处时,身上都会闪闪发光。鼍围是骄山的一山之神,骄山也是冢,在中央第八列山系中占有重要位置。他的祭祀仪式也比较隆重,要用专门敬神的酒献祭,

□《山海经》珍贵古版插图类比

鼍围 《神异典》本的鼍围人面兽身,身后有神光环绕,以示出入有光。汪本的鼍围赤身裸体,姿态奇异,为人形状。《禽虫典》中,鼍围为人面兽形神,造型独特。

→清《神异典》　　　→清 汪绂图本　　　→清《禽虫典》

《山海经》珍贵古版插图类比

鸩 《三才绘画》中的鸩身姿敏捷，正口叼毒蛇，欲食之。汪本中，鸩身躯庞大，属猛禽一类的大鸟，单腿独立，似要振翅高飞。

→明 《三才绘画》　　　　　　　　→清 汪绂图本

还要用少牢级别的猪羊，取血涂抹祭品后埋入地下；祀神的玉要用璧。

女几山　鸩鸟

骄山再往东北一百二十里，是女几山。山上遍布着精美的玉石，山下则蕴藏着丰富的黄金。山中栖息着众多的飞禽走兽，其中有很多凶猛的豹子和老虎，还有成群的山驴、麋鹿、麖、麂（jǐ），它们都是虎豹的食物。山中的禽鸟以白鹇（jiāo）最多，此外还有很多长尾巴的野鸡和鸩鸟。传说鸩鸟是一种吃蛇的毒鸟，其体形大小和雕相当，羽毛紫绿色，颈部很长，喙是红色的。雄鸟名叫运日，雌鸟名叫阴谐。它们能预报天气，如果天气将晴朗少云，则雄鸟运日先鸣；如果天上将有阴雨，则雌鸟阴谐就先鸣。鸩鸟以剧毒的蝮蛇为食，因而自己体内也积聚了大量的毒素，使自己身上也有剧毒，甚至连它接触过的东西也不例外。传说鸩鸟喝过水的水池都有毒，其他的动物去喝必死无疑，人要是不小心吃了它

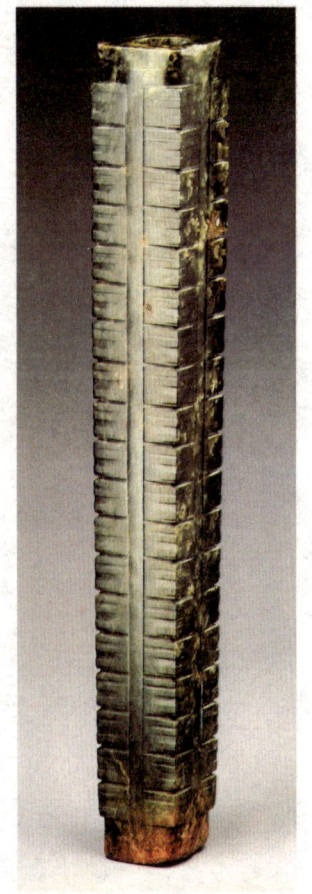

刻有早期文字的玉琮

新石器时代　良渚文化　长19.1厘米

玉除了远古人类所赋予的避邪、免灾之寓意外，还是一种文化。首先，它本身就承载着我国博大精深的玉文化；其次，它也被看作文化的起源。这件玉琮的近口部位隐约可见浅刻的"日月山"符号，有人认为是早期的文字。

《山海经》珍贵古版插图类比

计蒙 毕本的计蒙龙首人身,昂头拱手,一副山神的威武神情。汪本突出了计蒙播雨之神的身份,裸身赤足,长角长须,右手作洒雨状。

→清 汪绂图本　　　　　　　　　　→清 毕沅图本

的肉也会被毒死。古人曾用鸩鸟的羽毛浸泡毒酒,名为鸩酒,以毒害他人,以致后来的毒酒就都叫鸩酒了。虽然其有毒的恶名远扬,但鸩鸟作为一种猛禽,还专门捕食让人不寒而栗的毒蛇,因此人们又把它作为勇猛与力量的象征,把它捕蛇的形象铸刻在贵重的青铜器上。

宜诸山周边

女几山再往东北二百里,是宜诸山。山上蕴藏着丰富的金属矿物和各种美玉,山下则盛产色彩艳丽的青䨼。洈(wéi)水从这座山发源,然后向南流淌,注入漳水,水底的河床上布满了温润的白色玉石。

宜诸山再往东北二百里,是纶山,整个山头都被茂密的森林覆盖着。森林中的高大树木主要是梓树、楠树,林中树木下面丛生着很多桃枝之类的低矮灌木,还生长着许多柤（zhā）树、栗树、橘子树、柚子树等。这座山上没有凶猛的虎豹，安详地生活着很多的山驴、麈（zhǔ）、羚羊、臭（chuò）等性情温顺的食草动物，这里是它们的天堂。

纶山再往东二百里，是陆鄡（guǐ）山。山上遍布精美的㻰珸玉，山下盛产各种颜色的垩土。山中郁郁葱葱，林中树木以杻树和橿树为主。

光山 计蒙

陆鄡山再往东一百三十里，是光山。山上遍布着晶莹剔透的碧玉，山下绿水环绕。天神计蒙居住在这座山里，其形貌是人的身子龙的头。他常常在漳水的深渊里

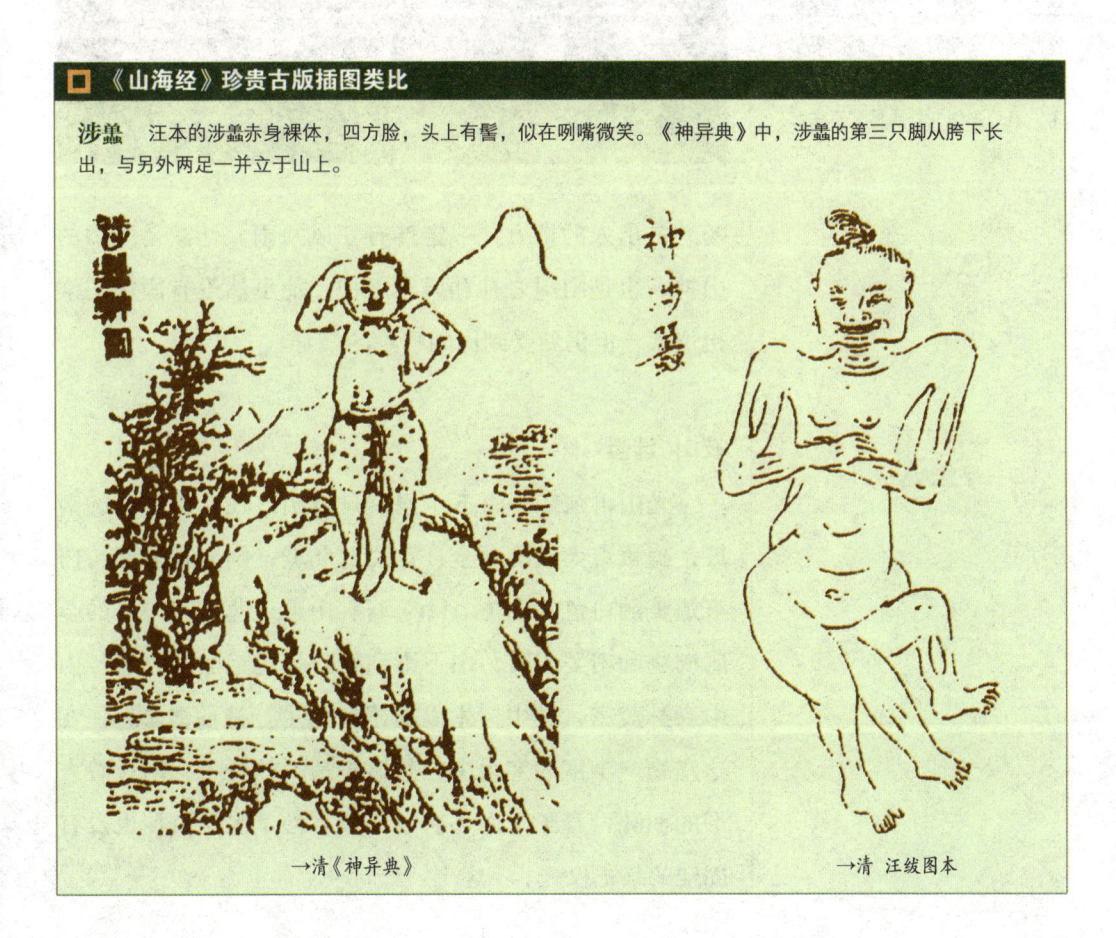

《山海经》珍贵古版插图类比

涉蠱 汪本的涉蠱赤身裸体，四方脸，头上有髻，似在咧嘴微笑。《神异典》中，涉蠱的第三只脚从胯下长出，与另外两足一并立于山上。

→清《神异典》　　　　　　　　　　→清 汪绂图本

庐山全景
张大千 水墨 设色 尺寸不详
中国台北故宫博物院藏

美山是野兽的天堂，因为没有强敌侵扰，动物可以自由自在地生活。这种神秘山林中生灵各居其位的和谐景象，从古至今一直受到人们的追捧，也就成为中国山水画追求的一种超凡脱俗的境界。这幅庐山全景图采用泼墨技法，泼彩形成的蓝色区域被作为一个高耸的山头，而泼墨形成的水迹则被用来安排山石与树木，整个画作气势雄浑又不失和谐、雅致。

畅游；出入的地方，一定伴有狂风暴雨。计蒙是光山的山神，也是山川之神和风雨之神；他虽然没有固定的祭祀仪式，但仍然受到民间百姓的祭拜。

岐山　涉䖵

光山再往东一百五十里，是岐山。在岐山向阳的南坡，蕴藏着大量的黄金；背阴的北坡，则遍布着能与白玉媲美的白色的珉（mín）石。山上还蕴藏有丰富的金属矿物和精美玉石，山下则到处是颜色艳丽的青䨼。山中森林茂密，林中树木以臭椿树为主。神仙涉䖵就住在这座物产丰富的宝山中，其形貌是人的身子，却长着方形的面孔，身子下面还有三只脚。涉䖵这类山神也没有固定的祭祀仪式。

铜山一带

岐山再往东一百三十里，是铜山，山上蕴藏着丰富的黄金、白银和铁。山中林木茂盛，郁郁葱葱，构树、柞树、柤树、栗子树、橘子树、柚子树等高低不同，交错生长。林中野兽成群，尤以身形像豹却没有豹纹的㹨为最多。

铜山再往东北一百里，是美山。这里是野兽的天堂，无忧无虑地栖息着许多兕、野牛、山驴、麈、野猪、鹿等大型动物，没有虎豹等猛兽的袭扰。山上蕴藏着大量的黄金，山下则盛产颜色鲜艳的青雘。

美山再往东北一百里，是大尧山。山上郁郁葱葱，林木苍翠，林中树木尤以松树和柏树居多，此外还有众多的梓树、桑树、楷木等高大乔木，树下生长的则大多是丛生的小竹子。这里也是野兽栖息的好地方，生活着成群的豹子、老虎等猛兽，还有很多羚羊和㚟（chuò）。

大尧山再往东北三百里，是灵山。山上蕴藏着丰富的金属矿物和精美玉石，山下则盛产色彩鲜艳的青雘。整个山头都被森林覆盖着，林中的树木大多是桃树、李树、梅树、杏树等果树。春天百花齐放，姹紫嫣红；到了秋天则硕果累累，完全就是一个大果园。

灵山再往东北七十里，是龙山。山上的森林里生长着很多寓木，寓木又叫宛童，是一种寄生树。它又分两种，叶子是圆的叫作茑（niǎo）木，叶子像麻黄叶的叫

杨梅

物产丰富的大尧山如同一座果园，生长着不少花果，杨梅也为其中一种。它的叶子形状像龙眼与紫瑞香，即使到了冬天也不会凋落。二月开花结果，果子青时极酸，熟后则甜美如蜜。后人以之酿出一种名叫梅香酎的酒，极其名贵。

寄生的菟丝子

菟丝子是最有名的寄生植物之一，又被称为火焰草，也被作为爱情的象征物。它夏季生苗，初期只是伏在地面上，一旦遇到其他草木植物便自断其根，攀缘缠绕，直至死枯萎。

作女萝。因为它是寄寓在其他树木上生长的，就像鸟站立在树上，所以被称为寄生、寓木、茑木。它们往往缠绕在别的树上生长，显得十分亲密，因此又被视为爱情的象征。山上除森林外还盛产晶莹剔透的碧玉，山下则蕴藏有丰富的红色锡土。山上山下杂草丛生，主要是桃枝、钩端之类的小灌木丛。

龙山再往东南五十里，是衡山。山上森林茂密，苍翠欲滴。林子里也生长着许多寄生树，还有很多构树、柞树。山中的矿产主要是黄色垩土、白色垩土等可用来刷墙的涂料。

衡山再往东南七十里，是石山。山上蕴藏有大量的黄金，山下则盛产色泽鲜艳的青䔧，山上的森林中也生长着许多寄生树。

石山再往南一百二十里，是若山。山上有很多精美的瑸琈玉，还有很多赭石和封石。据说封石味道是甜的，且无毒，还可以入药。若山的山林中也生长着许多寄生树，此外还有很多柘树。

若山再往东南一百二十里，是嶐山。山中遍布五颜六色的精美石头，山上还覆盖着郁郁葱葱的柘树林。

玉山一带

嶐山再往东南一百五十里，是玉山。山上蕴藏着丰富的金属矿物和精美玉石，山下则遍布精美贵重的碧玉，还有很多铁矿石。山上林木茂盛，林中树木以柏树居多。

玉山再往东南七十里，是谨山。山上也覆盖着茂密的森林，林中的树木大多是珍贵的檀树。山中还盛产封石，蕴藏有很多白色锡土。郁水从这座山上发源，然后一直潜流到山下，水底的河床上有很多磨刀石。

灌山再往东北一百五十里，是仁举山。山林中的树木以构树和柞树为主。山上向阳的南坡蕴藏着丰富的黄金，背阴的北坡则多出产赭石。

仁举山再往东五十里，是师每山。山的南坡遍布着各种各样的砥砺石，山的北坡则盛产色泽鲜艳的青䨼。山上草木葱茏，柏树等常青树和檀树、柘树等落叶树交互生长，树下的草则主要是低矮的小竹丛。

师每山再往东南二百里，是琴鼓山。山中也是满山绿色，构树、柞树、椒树、柘树郁郁葱葱，繁盛茂密。据说琴鼓山的椒树不同于花椒树，矮小而丛生，枝干上长满尖刺，如果在它下面有草木生长就会被刺死。山上遍布精美的白色珉石，山下则出产很多洗石。山中生活的野兽，以野猪、鹿最多，此外还有许多白色的犀牛，而禽鸟则大多是身带剧毒的鸩鸟。

荆山山系诸山神

总计荆山山系之首尾，自景山起到琴鼓山止，一共二十三座山，蜿蜒二千八百九十里。诸山山神的形貌都是鸟的身子而人的面孔。祭祀山神的礼仪是：在带毛禽畜中选用一只雄鸡，取其血涂祭，然后埋入地下，并奉上一块藻圭献祭，祀神的米用稻米。骄山是诸山的宗主，要单独祭祀。祭祀骄山山神时要用精酿的美酒和完整的猪、羊献祭，祭祀完毕后埋入地下，祀神的玉器用一块玉璧。

割草的石镰
新石器时代 裴李岗文化 长 20.6 厘米

中山山系的植被与各类资源十分丰富，显而易见是人类的宜居地。这只石镰是 7000 年前黄河流域的古人收割粟的工具。石镰的刃部为细密的锯齿状，可增加切割力度。几千年后，今人所用的镰刀和当初的石镰仍有着很大的相似之处。

◆《山海经》考据

师每山——今日九华山

据考证，《中次八经》中的师每山，可能在今日安徽省池州市东南的九华山附近。九华山草木葱郁、风景秀丽，是中国四大佛教名山之一。相传新罗国国王的近亲在九华山潜心修持七十五年，九十九岁圆寂。佛门证实他是地藏菩萨的化身，九华山由此被辟为地藏菩萨道场，山中自此寺院林立，香火不断，浓郁的佛教气息成为九华山的重要特色。

本图根据张步天教授《〈山海经〉考察路线图》绘制，图中记载了《中次九经》中女几山到贾超山共十六座山的考据位置。

中次九经路线示意图

（此路线形成于战国时期）

中次九经

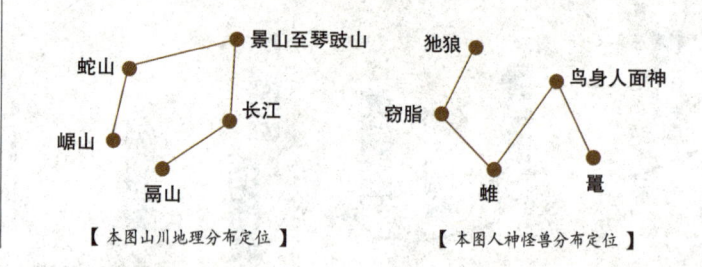

女几山一带 鼍

中央第九列山系是岷山山系，山系的首座山，叫作女几山。山上多出产可以用作黑色颜料的石涅。整座山被森林覆盖，林中的树木以檀树、杻树居多，树下花草

岷山周边山水
明 蒋应镐图本

中央第八列山系的山神皆为鸟身人面神。岷山是长江的发源地，江水中生长着名鼍的彩龟。崃山上有避火奇鸟窃脂。蛇山上生长着名叫狕狼的长尾兽。鬲山上栖息着的大猴名蜼。

【本图山川地理分布定位】

【本图人神怪兽分布定位】

《山海经》珍贵古版插图类比

鼍 汪本的鼍形似蜥蜴，尾似鱼，四足长而有爪，鳞片光彩艳丽。《禽虫典》中，鼍造型颇为独特，为龟形，四足有尾，正探头张望。

→清 汪绂图本

→清《禽虫典》

则主要有野菊和苍术。洛水从这座山发源，然后向东流淌，最后汇入长江。山中盛产雄黄，而野兽以老虎、豹子为主。

女几山再往东北三百里，是岷山。长江从岷山发源，向东北滔滔流去，注入大海，水中生长着许多品种优良的龟，还有许多鼍（tuó）。鼍的形状像蜥蜴，长可达两丈，其实就是扬子鳄。有人认为鼍是一种神鱼，能横向飞翔，却不能直接向上腾起；能吞云吐雾，却不能兴风下雨，尾巴一甩就能使河岸崩溃。以其他的鱼为食，喜欢晒太阳睡觉。鼍的皮是做鼓的好材料，鼍鼓自古以来就是国家的重要礼器。传说帝颛顼曾经命鼍演奏音乐，鼍便反转自己的身子，用尾巴敲击肚皮，发出嘤嘤的声音。岷山上蕴藏着丰富的金属矿物和各色美玉，山下则盛产可以和白玉媲美的白色珉石。山中草木葱茏，生机勃勃，树木以梅树和海棠树为主。林中栖息着体形庞大

"想象"的由来

商 高22.8厘米 长26.5厘米 宽14.4厘米

象这种陆生最大的动物，很久以前就和人类和谐相处。传说远古时期，中原一带的气候比较温暖，颇适合象群的生存。尔后随着气候的变化，象群逐渐向南方迁徙。古人因为象群的远去，产生了想念，这才造出了"想象"一词。文字学上，想象的本义就是对象的想念。这件象樽是商代常见的酒器，酒可从象鼻处倒出，很是实用。

◇ 山海经考据

繁衍千年的犀牛

岷山曾生活着数量众多的犀和兕。犀、兕是同象一样的大型兽类。犀属于哺乳类犀科，现存野生犀有五种，即印度犀、苏门答腊犀、非洲犀、白犀和爪哇犀。兕则是我国古时候犀等大型食草类动物的总称，此处专指独角犀。现代野生犀已在我国灭迹。

青铜兕觥

大型祥瑞动物犀、兕，都因其可避邪而被古时人们崇拜。正如犀角被用来制作避邪之物挂在身边一样，兕的角也被制成酒器——觥，人们将这种酒器称为兕觥。

的犀牛和大象，还有很多夔牛。传说夔牛比一般的牛要大很多，重可达数千斤。除此之外，林里还生活着众多的鸟类，尤以优雅的白翰和赤鷩居多。

崃山附近 怪蛇

岷山再往东北一百四十里，是崃山。江水从这座山发源，然后向东流入长江。山上向阳的南坡盛产黄金，背阴的北坡栖息着成群的麋鹿和麈。山上森林茂密，林中树木主要是珍贵的檀树和可以养蚕的柘树；林中树木下面芳草萋萋，生长着野薤菜、野韭菜、白芷和寇脱之类的香草。

崃山再往东一百五十里，是崌（jū）山。江水从这座山发源，也向东涌流，注入长江。水中生长着许多怪蛇，还有很多鳌（zhì）鱼。传说这里的怪蛇体长可达数丈，尾巴分叉，食量很大，力气更是惊人，常常埋伏在水中，用尾巴钩取岸上的人、牛、马生吞，所以又叫它钩蛇、马绊蛇。山上郁郁葱葱，生机勃勃。林中的树木主要有楢树、杻树、梅树和梓树。树丛中栖息着众多的飞禽走兽，其中野兽主要有夔牛、羚羊、臭、犀牛和兕。山中还有一种禽鸟，其形貌与普通的猫头鹰相似，而身上的羽毛却是红色的，上面还长着一个白色的脑袋，名字叫窃脂，人饲养它就可以避火。

高梁山周边 虵狼

崌山再往东三百里，是高梁山。山上遍布着柔软的五色垩土，山下则盛产各种各样的磨刀石。山上草木葱茏，桃枝和钩端藤枝条交错蔓生。山中有一种神奇的草，其形状像葵菜，却开红色的花朵，结带荚的果实，

《山海经》珍贵古版插图类比

窃脂 《尔雅音图》中的窃脂为鸮形巨鸟，正站立于树枝之上。胡本中，窃脂鸟冠颇长，双目有神，正举步行走。

→明 胡文焕图本　　　　→清《尔雅音图》

而花萼是白色的，马吃了它能更加健壮，跑得更快，而成为千里马。

高粱山再往东四百里，是蛇山。山上蕴藏着丰富的黄金，山下多出产柔软的垩土。山中林木葱郁，生机勃勃，枸树和豫章树高大挺拔，遮天蔽日；树下则芳草萋萋，生长着茂盛的嘉荣、细辛。山中栖息着一种野兽，其形状和普通的狐狸相似，却长着白色的尾巴，头上还有一对长耳朵，名字叫䍺（yǐ）狼。它是一种不祥之物，在哪个国家出现，哪个国家就会发生内乱，人民将饱受战争之苦。

怪蛇

怪蛇身躯庞大，气力惊人，尾巴分为两叉，常用尾叉钩取人及牲畜并吞食。

鬲山　雌

蛇山再往东五百里，是鬲山。山的南坡蕴藏着丰富

龙首形铜辕饰
战国 高 7.5 厘米 宽 17.5 厘米
长 10.5 厘米

蜼这种猿形兽，因其雨前倒挂的特性而被看成是雨水的征兆。古人除了用蜼代表雨水外，更多的是由于对龙的图腾崇拜，而将龙作为神的意象，以祈求雨水。这件战国时期的错金银龙首形铜辕饰，威武的龙首已不仅仅是雨水的象征，而且代表了更浓厚的龙文化。

的黄金，北坡则遍布莹润的白色珉石。蒲鸘（hōng）水从这座山发源，然后向东奔腾而去，最后注入长江，水底的河床上遍布着晶莹的白色玉石。山上野兽成群，尤以犀牛、大象、熊、罴等大型猛兽为多，此外树上还栖息着许多猿猴、蜼。蜼就是一种长尾猿，其身体像猕猴，鼻孔外露上翻，尾巴很长，可达四五尺。它能预报雨水，将要下雨的时候就倒挂在树上，用尾巴或两根手指塞住鼻孔，以免雨水流入。传说古时江东地区的人养过这种长尾猿猴，训练它接物取物，身手甚是矫健。因为蜼能预报雨，所以人们往往把它当成下雨的象征。于是在八卦的图画中，画龙表示云，画雉表示雷，画虎表示风，而画蜼则代表雨。

隅阳山周边

鬲山再往东北三百里，是隅阳山。山上蕴藏着丰富的金属矿物和精美玉石，山下则遍布色泽艳丽的青䨼。

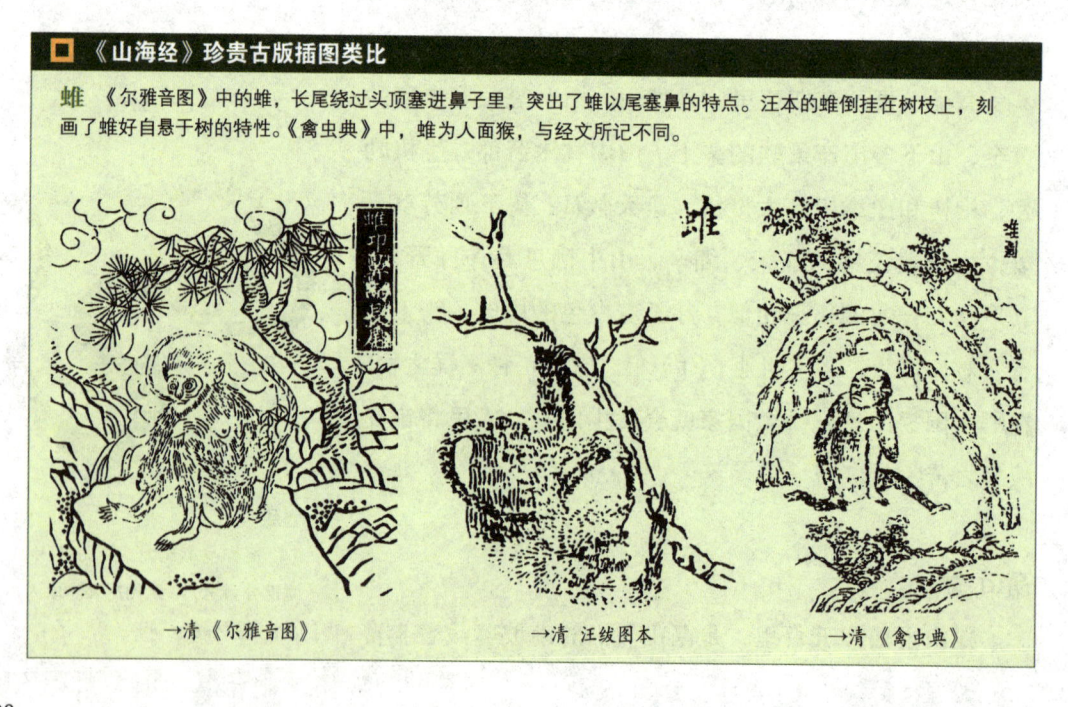

《山海经》珍贵古版插图类比

蜼 《尔雅音图》中的蜼，长尾绕过头顶塞进鼻子里，突出了蜼以尾塞鼻的特点。汪本的蜼倒挂在树枝上，刻画了蜼好自悬于树的特性。《禽虫典》中，蜼为人面猴，与经文所记不同。

→清《尔雅音图》　　→清 汪绂图本　　→清《禽虫典》

伏羲始创八卦图
西汉 卜千秋墓室壁画局部

伏羲时代，先民在劳动过程中，逐渐发现了一些自然界的变化规律，如日月运行、四季变化、草木荣衰等。在此基础上，伏羲意识到天和地，白天和黑夜，男人和女人等都是相对应的存在，于是悟出了阴阳概念，并按四面八方排列创造了八卦。伏羲的一画开天，打开了人们理性思维的闸门。不过，八卦的产生不是只有一个源头，应是中国远古先民集体智慧长期积累的结晶。

山上林木葱郁，林中的树木大多是梓树和桑树，树下则生长着茂盛的紫草。徐水从这座山发源，然后向东流淌，注入滔滔长江；河水清澈，能看见水底遍布粟粒大小的丹砂。

隅阳山再往东二百五十里，是岐山。山上蕴藏着丰富的白银，山下则蕴藏着丰富的铁。山上树木茂盛，梅树、梓树、杻树、檀树竞相生长，交错成林。减水从这座山发源，然后向东南奔腾而去，最后也流入滔滔长江。

岐山再往东三百里，是勾䘄（mí）山。山上遍布着各种精美的玉石，山下蕴藏着丰富的黄金。山中树木茂

无花果

无花果自古就被认为是一种奇草、怪木，因为其树叶厚大浓绿，而所开的花又很小，经常被树叶掩盖，人们不易察觉。当果子悄悄在叶下露出时，花已脱落，被认为是"不花而实"，所以又名天生子。其营养丰富，具有很好的食疗效果和药用价值。

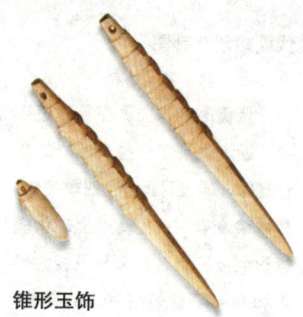

锥形玉饰
新石器时代 良渚文化
长 3.3-12 厘米

锥形玉饰中部是四方体,三节,每节分太阳和阴爻两部分;太阳在上,阴爻居下,组成一个标准的八卦风字。锥形玉三节四面,共十二个标准的八卦风字。该玉饰是新石器时代晚期常见的人体饰品;也有学者认为此器造形奇特,似有某种隐喻,不可能只是单纯的饰件,其用途有待进一步研究。

熊山神 清 汪绂图本

熊山上有个奇怪的洞穴,原是熊的居住地,后来却经常有神人出入,熊山神就住在里面。汪绂将熊山神描绘成一个身着明清时文人衣着的人,与经中其他山神的形象极不协调。

盛,成林的树木主要是栎树和柘树;树下花草争奇斗艳,尤以芍药最为娇艳动人。

风雨山附近

勾栎山再往东一百五十里,是风雨山。山上蕴藏着丰富的白银,山下则遍布柔软的石涅。山中树木茂盛,主要以椒树和榉树为最多,另外还有不少杨树。宣余水从这座山发源,向东涌入滔滔长江,水中栖息着很多水蛇。山林里栖息着成群的山驴和麋鹿,还有许多麈;而在杂乱的枝条后面,则隐藏着令人生畏的豹子、老虎;树上还栖息着大量的白鹇。

风雨山再往东二百里,是玉山。山南阳面蕴藏着丰富的铜,山北阴面则蕴藏有丰富的黄金。山中也生长着茂密的森林,成林树木以豫章树、楢树、杻树等大树为主。山下野兽奔跑,山上禽鸟翱翔,其中野兽以野猪、鹿、羚羊、臭为最多,而禽鸟大多是身带剧毒的鸩鸟。

玉山再往东一百五十里,是熊山。山中有一个神奇的洞穴,它原来是熊的巢穴,但时常有神人出入。这个洞穴一般是夏季开启而冬季关闭;如果某年冬季开启了,来年必定会发生战争。传说中能预报战争的奇怪现象,除了熊山的洞穴外,还有郱城西北鼓山上的石鼓。如果石鼓自鸣,就会天下大乱,烽烟四起,与熊山石穴有异曲同工之妙。熊山物产丰富,山上遍布温润的白色玉石,山下则蕴藏着丰富的白银。山中草木繁盛,生机盎然。森林里的树木以臭椿树和柳树居多,而花草则以寇脱草最为常见。

騩山一带

熊山再往东一百四十里,是騩山,山上向阳的南坡盛产美玉、黄金,背阴的北坡则蕴藏着丰富的铁。山上没有特别高大的树木，只有众多的桃枝竹、牡荆树、枸杞树等低矮灌木纵横交错生长。

䯀山再往东二百里，是葛山。山上蕴藏着丰富的黄金，山下遍布类似美玉的瑊（jiān）石。山上被森林覆盖，林中树木繁多，不计其数的柤树、栗子树、橘子树、柚子树、楢树、杻树在这里竞相生长，山林中栖息着成群的羚羊和㚟，树下生长的花草主要是嘉荣草。

葛山再往东一百七十里，是贾超山。山上向阳的南坡多出产黄色垩土，而背阴的北坡则遍布着精美赭石。山中草木葱茏，众多的柤树、栗子树、橘子树、柚子树在这里繁荣生长，交错成林；而细长柔韧的龙须草则把林中的草地覆盖得严严实实，它是编织草席的好材料。

岷山山系诸山神的祭祀礼仪

总计岷山山系之首尾，自女几山起到贾超山止，一共十六座山，绵延三千五百里，诸山山神的形貌都是马的身子而龙的脑袋。祭祀山神时，要在带毛牲畜中选用一只公鸡作祭品埋入地下，用稻米祀神。其中文山、勾檷山、风雨山、䯀山是神圣之山，有特别的祀礼。祭祀这四座山的山神要敬献美酒，用猪、羊二牲的少牢作祭品，祀神的玉器要选用一块吉玉。除此之外，因为熊山是诸山的首领，祭祀熊山山神要用更高规格的礼仪：除敬献美酒外，还要用猪、牛、羊三牲齐全的太牢作祭品，祀神的玉器要选用一块玉璧。在禳除战争灾祸时，要手持盾斧跳舞；祈求祥瑞时，就要穿戴整齐，并手持美玉跳舞以表诚心。

马身龙首神
清 汪绂图本
马身龙首神是中央第九列山系的群山山神。汪本中，马身龙首中山神为兽形神，龙首后仰，身上披有长长的鬃毛，甚是威风。

栗子树
䯀山上除了蕴藏丰富的黄金、美玉外，还覆盖着郁郁葱葱的各种树木，栗子树就是其中之一。栗树有着悠久的生长历史，其树高二三丈，苞上多刺如刺猬毛。

中次十经路线示意图

本图根据张步天教授《〈山海经〉考察路线图》绘制，《中次十经》中首阳山到丙山的九座山，其考据位置皆在图中得以表现。

第五卷 中山经

（此路线形成于春秋、战国时期）

中次十经

首阳山 伯夷、叔齐

中央第十列山系的首座山，叫作首阳山。山上蕴藏有丰富的金属矿物和精美的玉石，但山顶光秃，没有生长花草树木。

首阳山又称雷首山，因为是伯夷、叔齐的隐居地而闻名遐迩。伯夷、叔齐是孤竹国国君的两个儿子，父亲死后，遗命叔齐继位，而叔齐认为伯夷是长子而让位于他；但伯夷却认为父命不可违，便逃跑了。如此一来，叔齐也不肯继位，也逃跑了。

人们只好拥立孤竹君的第三子即位。其时正值商末，伯夷和叔齐听说西伯侯姬昌（就是周文王）乐于赡养老人，于是便投奔他而去。不想，西伯侯已经死了，伯夷和叔齐到了那里，正值西伯侯的儿子武王抬着西伯侯的牌位向东行进，讨伐商纣。伯夷和叔齐拉住武王的马缰阻止，说："父亲死了却不葬，还以他的名义挑起战争，这难道是孝吗？以诸侯的名分却弑杀君王，这难道是仁吗？"武王的随从上前要杀他们，太公姜尚立即上前阻止，并赞叹说："此义人也！"搀扶伯夷、叔齐离去。后来武王平定了商纣，天下归顺了周朝，但是伯夷和叔齐认为这是耻辱，仍坚持操守，不吃周朝的粮食，隐居在首阳山，仅靠采集野菜充饥。

令人敬佩的伯夷与叔齐

伯夷和叔齐是商末周初著名的遁世隐者，他们因"义不食周粟"，而饿死在首阳山中，其高尚的气节受到后人的高度赞誉。司马迁在《史记·伯夷列传》中专门为其立传一篇，歌颂他们视为比生命还重要的"义"字。图中的二人坐于大树下闲谈，一副淡然超凡的神态。

后来山上有位妇人说："你们仁义，忠心于商朝不食周粟，但这野菜也是周朝的草木啊。"二人更觉羞愤，竟然绝食而死，死后就葬在首阳山。由于伯夷、叔齐忠于国家，历代对他们推崇备至，称其二人为"二贤人""二君子"，历代文人都曾撰文称颂，首阳山也因此名扬天下。

虎尾山一带

首阳山再往西五十里，是虎尾山。山上林木茂盛，一棵棵花椒树、椐树交错生长，郁郁葱葱。山上到处都有封石。南面的山坡上蕴藏着丰富的黄金，北面的山坡上则蕴藏着丰富的铁。

虎尾山再往西南五十里，是繁缋（huì）山。山上树木蓊郁，苍翠欲滴，林中树木大多是楢树和杻树，树下则覆盖着桃枝竹、钩端藤之类的草木丛。

繁缋山再往西南二十里，是勇石山。山上光秃荒凉，岩石裸露，不生长花草树木，但这里蕴藏有丰富的白银。山上处处水声潺潺，瀑布倒挂。

勇石山再往西二十里，是复州山。山上生长着郁郁葱葱的檀树林。向阳的南坡蕴藏有丰富的黄金。檀树林中栖息着一种怪鸟，其形状和一般的猫头鹰相似，却只长了一只爪子，身子后面还有一条猪的尾巴，名称是跂踵。它是一种凶鸟，在哪个国家出现，哪个国家就会发生大瘟疫。

楮山周边

复州山再往西三十里，是楮山。山上葱茏苍翠，不计其数的寄生树、花椒树、椐树、柘树等交错成林。山上还遍布着各种颜色的垩土。

楮山再往西二十里，是又原山。其山向阳的南坡遍布色泽艳丽的青䨼，而背阴的北坡则蕴藏着丰富的铁矿

胡椒树

胡椒树产于我国西部，它属于火性，性很燥，吃了胸腹舒畅，受到很多人的喜爱。很久以前，人们就根据胡椒的辛辣口感，将其作为调料使用。但不能长时间过量食用，否则对脾、胃、肺都会有损伤。

青铜鸟头

高 40.3 厘米　三星堆二号坑出土

远古人类对鸟的崇拜，一方面体现为将鸟想象成形貌怪异的凶鸟，如独足怪鸟跂踵；一方面表现在赋予鸟某种神性，如这件象征太阳神崇拜的鸟形器。传说，天上有十个太阳，是由神鸟背着太阳东升西沉。这些鸟形器和鸟饰都跟这些古代传说的观念相一致。

石。山中禽鸟乱飞，尤以鸜鹆（qū yù）为最多。鸜鹆就是八哥，浑身黑色，但翅膀上有一些白色羽毛，展开双翼后就像一个"八"字。据说这种鸟喜欢在水中洗浴，冬天遇到下雪时则喜欢群飞。八哥的舌头很发达，修剪它的舌头能让它效仿人说话。

又原山再往西五十里，是涿山。山上森林茂密，林

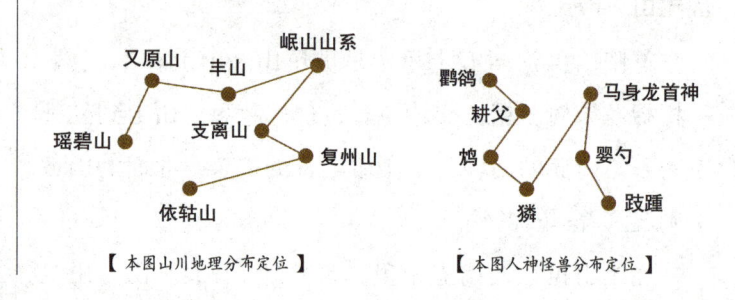

复州山一带
明 蒋应镐图本

中央第九列山系的山神都是马身龙首神。复州山上的独足怪鸟为跂踵。又原山上能模仿人说话的鸟是鸜鹆。丰山上，猴形山神耕父在一圈神光环绕中。瑶碧山上的毒鸟名鸩。支离山上尾巴似勺的奇鸟是婴勺。依轱山上生长着名獜的披甲怪兽。

【本图山川地理分布定位】

【本图人神怪兽分布定位】

《山海经》珍贵古版插图类比

鸜鹆 《吴友如画宝》中，突出了鸜鹆浑身黑色、翅有白毛的特征。《禽虫典》本的鸜鹆身材娇小，轻盈地立于枝头之上。汪本的鸜鹆双翼伸展，正展翅飞翔。

→清 《吴友如画宝》　　→清 《禽虫典》　　→清 汪绂图本

中众多高大的构树、柞树、杻树遮天蔽日，郁郁葱葱。山上向阳的南坡遍布着精美的瑾瑜玉。

涿山再往西七十里，是丙山。山上草木葱茏，林中树木主要是梓树、檀树，此外还有很多高大笔直的杻树。

首阳山山系诸山神的祭祀礼仪

总计首阳山山系之首尾，自首阳山起到丙山止，一共九座山，绵延二百六十七里。诸山山神的形貌都是龙的身子而人的面孔。祭祀山神的礼仪是：在带毛牲畜中选用一只雄鸡献祭后埋入地下，并用黍、稷、稻、粱、麦等五种粮米祀神。楮山是诸山的宗主，祭祀楮山山神要用猪、羊二牲的少牢作祭品，并进献美酒来祭祀；在玉器中选用一块玉璧，祀神后埋入地下。骢山是诸山山神的首领，祭祀骢山山神要进献美酒，用猪、牛、羊三牲齐全的太牢作祭品；祭祀时还要让女巫师和男祝师二人一起跳舞，同时在玉器中选用一块玉璧来祭祀。

观伎画像砖
东汉 纵38厘米 横44.7厘米
四川省博物馆藏

原始歌舞是巫术礼仪的重要组成部分，具有浓厚的神秘色彩。上古时期的歌舞活动都与原始图腾崇拜或祭祀有关，人们敲击出有节奏的声音，扭动身体，试图通过这种方式获得某种神秘强大的力量，进入和神灵沟通的神异境界。到了后世，歌舞逐渐演变成一种娱乐活动，给人带来快乐的享受。图中的男女舞者动作夸张，气氛热烈非常。

山海经

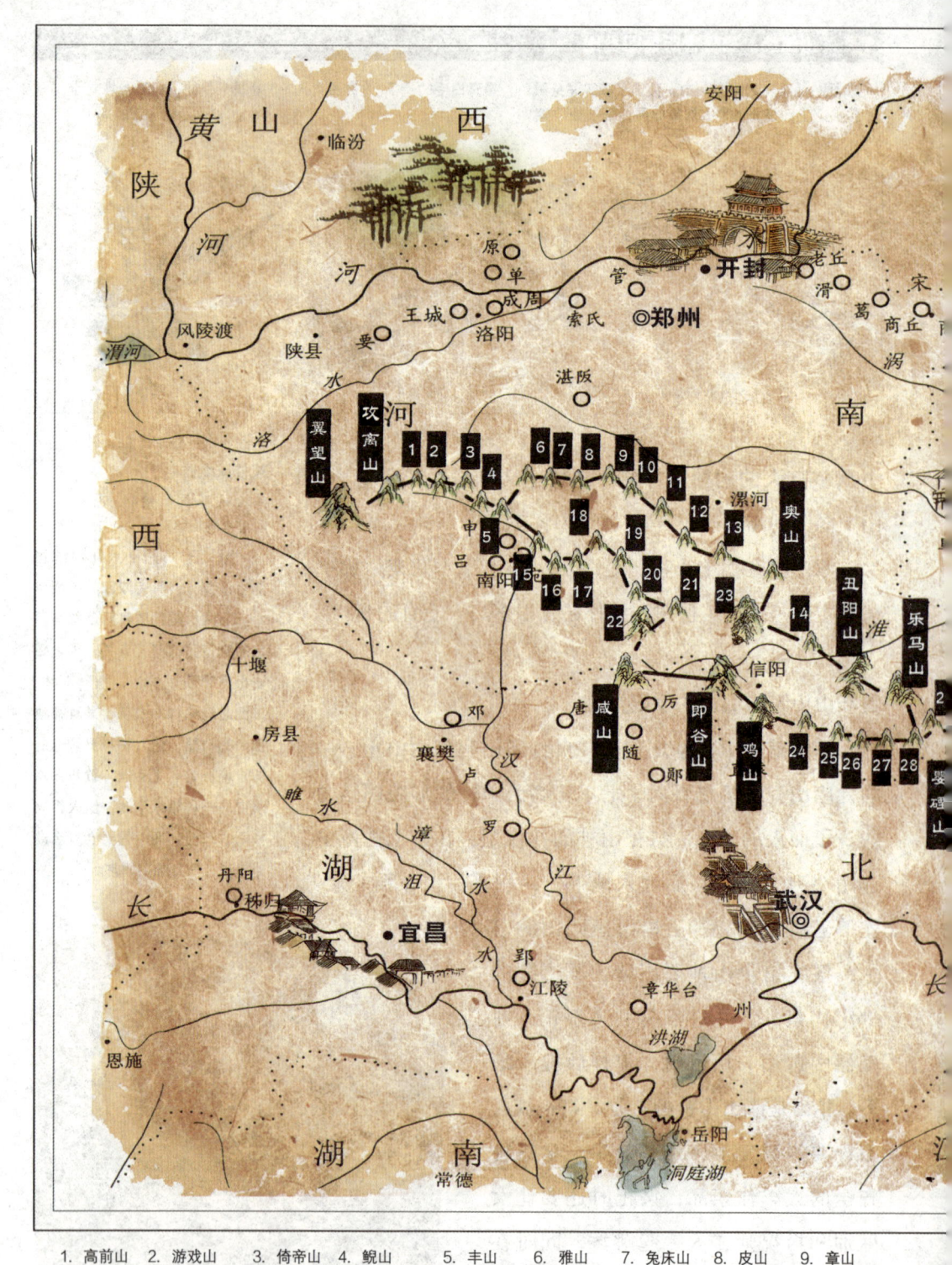

1. 高前山	2. 游戏山	3. 倚帝山	4. 鲵山	5. 丰山	6. 兔山	7. 兔床山	8. 皮山	9. 章山
10. 瑶碧山	11. 袟筒山	12. 堇理山	13. 帝囷山	14. 罗山	15. 依轱山	16. 大魁山	17. 白山	18. 朝歌山
19. 大孰山	20. 视山	21. 宣山	22. 前山	23. 历石山	24. 卑山	25. 虎首山	26. 婴山	27. 婴侯山
28. 从山	29. 毕山	30. 姬山	31. 鲜山	32. 区吴山	33. 大支山	34. 声匈山	35. 服山	36. 杏山

第五卷 中山经

中次十一经路线示意图

本图根据张步天教授《〈山海经〉考察路线图》绘制，图中记载了《中次十一经》中翼望山至几山共四十八座山的所在位置。（此路线形成于战国时期）

299

中次十一经

翼望山 蛟

　　中央第十一列山系也叫荆山山系，山系的首座山，叫作翼望山。湍水从这座山发源，奔出山涧后，向东流去，注入济水；贶（kuāng）水也从这座山发源，奔出山涧后却向东南流淌，最后注入汉水，水中栖息着很多蛟。蛟的外形像蛇，却有四只脚，头很小，脖子也很细，脖颈上还长有白色肉瘤，大的有十几围粗，卵如瓦罐大小，十分凶猛，能吞食人。蛟是龙的一种，居住在水中，能够发起洪水。翼望山风景秀丽，山上山下都被森林覆盖，满眼绿色，山上生长着郁郁葱葱的松柏林，山下则覆盖有茂密的漆树和梓树林。山上向阳的南坡蕴藏有丰富的黄金，背阴的北坡则多出产精美的珉石。

朝歌山周边

　　翼望山再往东北一百五十里，是朝歌山。沍（wǔ）水从这座山发源，然后向东南流入荥水，水中生长着很多人鱼。山上郁郁葱葱，众多高大的梓树、楠木树苍翠成林；山中野兽成群，尤以羚羊、麋鹿最多。树下生长有一种草，名字叫莽草，它是一种毒草，能够毒死鱼。

　　朝歌山再往东南二百里，是帝囷山。山的南坡遍布精美的琈玉，山的北坡蕴藏有丰富的铁。帝囷水从这座山的山顶发源，然后潜流到山下。山上栖息着很多长有四只翅膀的鸣蛇，这种鸣蛇在中央第二列山系济山山系的鲜山上也有，它一出现就会天下大旱。

　　帝囷山再往东南五十里，是视山。山上芳草萋萋，生机盎然，覆盖全山的是茂盛的野韭菜。山中低洼的地

◇《山海经》考据

蛟——扬子鳄

　　荆山山系的首座山翼望山是贶水的发源地，水中生长着很多蛟。据考证，蛟可能就是今天的扬子鳄。扬子鳄是一种古老而又极其稀有的动物，它的身上至今仍具有远古时代爬行动物的特征，所以被称为"活化石"。它惊人的力量及和龙有几分相像的外形让古人敬畏有加，甚至一些民族将其作为图腾加以崇拜。

方有一眼泉水，名叫天井，夏天有水，到了冬天就枯竭了。除了野草以外，山顶上还生长着茂密的桑树林，遍布着优质垩土，蕴藏着丰富的金属矿物和精美玉石。

视山再往东南二百里，是前山。山上草木茂盛，不计其数的楮（zhū）树和柏树在这里交错成林。山的南坡盛产贵重的黄金，山的北坡则遍布着漂亮的赭石。

为黄帝开路的腾蛇
长54厘米 宽9.9厘米
三星堆二号坑出土

传说黄帝在西泰山召开"鬼神大会"，蚩尤带领着一群虎狼在前面开路，更有凤凰飞舞在空中，腾蛇伏窜在地上，整个队伍盛大而庄严。这件青铜蛇形饰件与传说中的腾蛇形态极为相似，可能就是古人所认为的腾蛇。

丰山 雍和 耕父

前山再往东南三百里，是丰山。山中栖息着一种奇兽，其形状像猿猴，却长着红色的眼睛和嘴巴，还有黄色的身子，名字叫雍和。它的名字虽然好听，却是一个灾兽；它在哪个国家出现，哪个国家就会发生大的恐怖事件。除灾兽雍和外，神仙耕父也居住在这座山里，他常常在山中的清泠渊游玩，出入的地方都会闪闪发光。他不是一个吉祥之神，他在哪个国家出现，哪个国家就要衰败。耕父虽是山川之神，但可能因为他是旱鬼，所以对他并没有固定的祀礼，不过民间仍有祭祀此神的习俗。这座山还有九口大钟，这些钟对霜很敏感，会应和霜的降落而鸣响。山上蕴藏有丰富的黄金，山下是成片的森林，林中树木以构树、柞树、杻树、橿树为主。

□《山海经》珍贵古版插图类比

耕父 汪本的耕父和其他图本的猴形神不同，为文人打扮，头向一边扭去，显示了山神的傲气。《神异典》中，耕父衣袂飘飘，立于水边，后有神光环绕。

→清 汪绂图本　　→清《神异典》

紫杉

紫杉和松柏一样，是一种非常古老的植物，其在地球上的历史可追溯到二百五十万年前，为第四纪冰川遗留下来的古老物种。紫杉是雌雄异株的裸子植物，有趣的是，它的每粒种子外面都长有一个杯状亮红色的假种皮，远远望去，犹如绿树间点缀着无数颗红玛瑙石，艳丽夺目。

雍和

雍和是一种形似猿猴的灾兽，红眼红嘴，毛呈黄色。它出现的地方，就会发生很恐怖的事件。

兔床山一带 鴢

丰山再往东北八百里，是兔床山。其向阳的南坡蕴藏有丰富的铁。山上草木葱茏，森林里的树木以櫄树和芋树为最多，而树下的花草则以鸡谷草为主。这种草根茎的形状类似鸡蛋，味道酸中带甜，人吃了它对人体有益，但具体功效未知。

兔床山再往东六十里，是皮山。山上有大量的柔软垩土，还遍布着漂亮的赭石。山上草木茂盛，覆盖着郁郁葱葱、四季常青的松柏林。

皮山再往东六十里，是瑶碧山。山上也覆盖着蓊郁的森林，林中的树木以梓树和楠树为主。山北阴面盛产色泽艳丽的青䨼，山南阳面蕴藏有丰富的白银。山中栖息着一种禽鸟，其形状像普通的野鸡，常以蜚虫为食，名称是鴢。这里的蜚虫可不是《东次四经》中太山上那种灭绝一切的蜚兽，而是一种臭虫，虽然有害但却无毒。瑶碧山的鴢鸟也不是前文所提到的那种有毒的鴢鸟，它以蜚虫为食，是无毒的。

攻离山 婴勺

瑶碧山再往东四十里，是攻离山。清水从这座山发源，然后向南奔腾而去，流入汉水。山中飞翔着一种禽鸟，名字叫婴勺，其外形和普通的喜鹊相似，却长着红色的眼睛和嘴巴、白色的身子，尾巴很奇特，与酒勺的形状相似，估计它也因此而得名的吧！它啼叫起来的声音就像在呼唤自己的名字。这座山中还有很多体形庞大的柞牛、羬羊。

攻离山再往东北五十里，是䓕篠（zhì diāo）山。山上郁郁葱葱，生机勃勃，松树和柏树四季常青，桤树和桓树枝繁叶茂。桤树和桓树可以去除污垢，用来洗衣服。

　　袟筒山再往西北一百里，是董理山。山上覆盖着茂密的森林，林子里有很多常青的松树和柏树，还有很多亭亭玉立的梓树。董理山背阴的北坡遍布色彩艳丽的青䨼，并蕴藏有丰富的黄金。山上野兽成群，尤以豹子和老虎为最多。林中栖息着一种禽鸟，其形状与一般的喜鹊类似，但却是青色的身子、白色的喙、白色的眼睛及白色的尾巴，名字叫青耕。它是一种吉鸟，人饲养它可以避除瘟疫，不受流行疫病侵扰；它发出的叫声也像是在呼唤自己的名字。

依轱山一带 獜

　　董理山再往东南三十里，是依轱山。山上郁郁葱葱，森林茂密，成林树木主要有高大的杻树、橿树，此外柤树也有不少。山中生长着一种野兽，其形状像普通的狗，却长着老虎一样的爪子，身上还布满鳞甲，名字是獜（lìn）。它生性活泼，擅长跳跃腾扑，人如果吃了它的肉就不会得疯痹病。

　　依轱山再往东南三十五里，是即谷山。山上遍布着各类精美玉石。山中有很多黑豹走来走去，成群的山驴、麈、羚羊和臭在豹爪下谨慎生活。即谷山的南坡盛产可以跟白玉媲美的珉石，北坡则盛产色泽艳丽的青䨼。

《山海经》珍贵古版插图类比

婴勺　汪本的婴勺正伸展翅膀，回首鸣叫，大大的勺形尾巴非常夸张。《禽虫典》中，一只鹊形小鸟立于树枝之上，翘起的尾巴像酒勺。

→清《禽虫典》

→清　汪绂图本

《山海经》珍贵古版插图类比

獙 汪本的獙狗头狗尾，浑身长有鳞甲，正抬头大步行走。《禽虫典》中，一只腿部有鳞甲的狗形兽，扬起长长的尾巴，立于山崖之上。

→清 汪绂图本

→清《禽虫典》

虎食人卣
商 通高35.7厘米
（日）泉屋博物馆藏

原始山林中虎豹之类的猛兽频繁出没，给类似鹿、羚羊、驴之类的弱小动物带来了巨大的生存压力，同时也使人类的生命安全受到一定威胁。这种恐惧一直延续到后世，这件卣即真实展现了虎食人的场景，令人触目惊心，反映了当时人类的生存环境。

鸡山附近

即谷山再往东南四十里，是鸡山。山上林木繁茂，高大挺拔的梓树遮天蔽日，郁郁葱葱的桑树随处可见；林中树下韭草丛生，散发出诱人的香味。

鸡山再往东南五十里，是高前山。山上有一条小溪，潺潺而流，溪水冰凉而又清澈见底，这是神仙帝台所用过的琼浆玉液，清冽甘甜；人如果饮用了这种溪水，就不会患上心痛病。山上蕴藏有丰富的黄金，山下遍布漂亮的赭石。

高前山再往东南三十里，是游戏山。山上郁郁葱葱，树木高大，林中不计其数的杻树、橿树、构树交错生长，密密麻麻。山中还遍布着精美的玉石。此外，味甜可以入药的封石也很多。

游戏山再往东南三十五里，是从山。山上覆盖着葱郁苍翠、四季常青的松树和柏树，山下到处生长着低矮的竹丛，枝条蔓生。从水由这座山的山顶发源，然后潜流到山下，水中栖息着很多三足鳖，其尾巴分叉，吃了它的肉，人就不会患上疑心病。传说三足鳖的名字叫能，也是大禹的父亲鲧所化。据说人吃了三足鳖就会被毒死，但是这种尾部分叉的三足鳖却是一种良药，吃了可以预防疑心病。

婴碪山周边 猂

从山再往东南三十里，是婴碪（zhēn）山。山上覆盖着密密麻麻、四季常青的松树和柏树，山下则生长着郁郁葱葱、青翠欲滴的梓树和椿树。

婴碪山再往东南三十里，是毕山。帝苑水从这座山发源，奔出山涧后，向东北流淌，注入瀙水，水中出产很多晶莹剔透的水晶石，还栖息着许多身形像蛇但有脚的蛟。山上遍布着精美的璆琈玉。

毕山再往东南二十里，是乐马山。山中栖息着一种野兽，其形状和一般的刺猬类似，全身毛皮赤红，犹如一团丹火，名称是猂（lì）。它是一种灾兽，在哪个国家出现，哪个国家里就会有大瘟疫流行。

乐马山再往东南二十五里，是葴（zhēn）山。山中溪水潺潺，汇聚成河，形成溓水，然后向东南流去，注入汝水。水中栖息着很多娃娃鱼，又有很多身形像蛇但有脚的蛟，此外还有很多颉。据说颉是一种栖息在水中，皮毛青色而形态像狗的动物，就是我们今天所说的水獭。它嗜好捕鱼，即使饱腹之后，它还会无休无止地捕杀鱼类，以此为乐。水獭十分聪明伶俐，又酷爱捕鱼，经过一段时间的训练，就可以成为一个为渔民效劳的捕鱼能手。

松树

松树因其四季常青、寿命长久的特性，自古就被认为是仙树。据《抱朴子》记载，老松树皮能自然凝聚成脂，脂乃树的津液精华，在土里不会腐朽。日积月累，老松树余气结为茯苓，而千年松脂则化为琥珀。

羊首勺

商 通长17.5厘米 勺径9.5厘米
陕西省博物馆藏

瑶碧山中的婴勺形貌奇特可爱，尾巴像只酒勺，给人们留下深刻的印象。这把勺子造型也颇为奇特，勺柄端为羊首状，双目圆睁，柄上还有一羊一虎。

《山海经》珍贵古版插图类比

狙如　汪本的狙如头像猴，身体像鼠，毛色深重，汪绂说它是其皮可裘的小兽。《禽虫典》中，一白色小兽坐在山崖上，返身向下张望。

→清　汪绂图本

→清《禽虫典》

狪
清　汪绂图本
　　狪是一种形如刺猬、毛皮赤红的灾兽；它在哪里出现，哪里就会发生瘟疫。

婴山一带

　　葴山再往东四十里，是婴山。山下遍布着色泽艳丽的青䨼，山上则蕴藏有丰富的金属矿物和精美玉石。

　　婴山再往东三十里，是虎首山。整个山头被郁郁葱葱的森林覆盖，林中不计其数的苴树、椆树、椐树枝繁叶茂，遮天蔽日。

　　虎首山再往东二十里，是婴侯山。山上遍布着味甜可以入药的封石，山下则蕴藏着丰富的红色锡土。

　　婴侯山再往东五十里，是大孰山。杀水从这座山发源，然后向东北流入发源于葴山的瀤水，河流两岸到处是柔软的白色垩土。

　　大孰山再往东四十里，是卑山。山上森林茂密，郁郁葱葱。不计其数的桃树、李树枝头硕果累累；苴树、梓树枝繁叶茂，遮天蔽日；粗壮的藤蔓缠绕着树木，蔓延生长。

倚帝山周边 狙如

卑山再往东三十里，是倚帝山。山上遍布着精美的玉石，山下蕴藏着丰富的黄金。山中栖息着一种野兽，

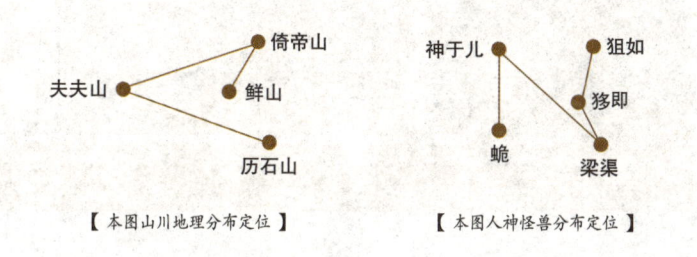

【本图山川地理分布定位】

【本图人神怪兽分布定位】

倚帝山附近
明 蒋应镐图本

倚帝山中栖息着一种叫狙如的小兽。鲜山上的长毛长尾奇兽叫狪即。历石山上样子像狸的兽为梁渠。夫夫山上，山神于儿正操两蛇立于山前滔滔大江的浪尖之上。即公山中生长着一种龟形兽叫蛫。

桃树

《玄中记》中记载，九疑山出产一种巨桃，其核半边可装一升水。蜀后主有桃核杯，半边可装五升水，过一段时间后，桃核内的水便有了酒味。这就是古人所称的仙桃。桃在古代被认为是仙果，并有长寿之意。卑山上也生长着茂密的桃树，郁郁葱葱，硕果累累。

兽面纹铺首
东周 高21厘米

倚帝山中的怪兽狙如，是灾难的象征；对于那些人力所不能左右的灾难，远古人类除了设想相应的动物作为预兆外，还想象出一些避邪驱难的神兽，用它们来驱除随时可能到来的凶难。这种兽面纹的铺首就有此寓意，圆眼粗鼻、面目狰狞的兽面可起到镇宅除邪的作用。

其形状与獓（fēi）鼠类似，但长着白色的耳朵和白色的嘴巴，名字叫狙（jū）如；它也是一种灾兽，在哪个国家出现，哪个国家里就会烽烟四起，兵祸连连。

倚帝山再往东三十里，是鲵山。鲵水从这座山的山顶发源，然后潜流到山下，沿河两岸有很多优质垩土。山上蕴藏有丰富的黄金，山下则盛产颜色鲜艳的青䉾。

鲵山再往东三十里，是雅山。澧水从这座山发源，奔出山涧后向东流淌，也注入瀼水，水中生长的鱼，个个体形庞大。山上覆盖着茂密繁盛的桑树林，山下则生长着郁郁葱葱的柤树林，山中还蕴藏着丰富的黄金。

宣山　帝女桑

雅山再往东五十里，是宣山。沧水从这座山发源，然后向东南奔腾而去，最后也注入瀼水，水中也栖息着很多蛟。山上生长着一棵巨大的桑树。其树干竟有五十尺粗，树枝交错伸向四面八方；树叶巨大，有一尺多长；树干上还布满了红色的纹理。开花的时候，青色的花萼

托着黄色的花朵,十分耀眼。这棵巨树,名叫帝女桑。传说南方赤帝之女学道得仙,在南阳宣山的桑树上,衔柴做巢,用了十五天做成。她一会儿变化为白鹊,一会儿又变回女人。赤帝看到后十分悲恸,恳请她回家,但没有成功。最后赤帝恼羞成怒,以火烧树,在烈火中,帝女得道升天,因此这棵桑树后来便叫帝女桑。

衡山一带

宣山再往东四十五里,是衡山。山上盛产色泽鲜艳的青䨼,还生长着茂盛苍翠的桑树林。林中飞鸟成群,尤以八哥最多。

衡山再往东四十里,是丰山。山上多出产可以治病的封石,还生长着郁郁葱葱的森林。林中高大挺拔的桑树遮天蔽日;另外还生长着大量的羊桃,其形状和一般的桑树相似,但树干却是方的,可以用它来医治人的皮肤肿胀病。

丰山再往东七十里,是妪山。山上遍布着各种精美的优良玉石,山下则蕴藏着丰富的黄金。山上杂草丛生,

蚕织图

佚名 长卷 绢本 设色 纵 27.5 厘米 横 513 厘米 黑龙江省博物馆藏

宣山上有棵巨大的桑树,传说为南方赤帝之女得道成仙之处。祭祀帝女桑可能源自桑蚕崇拜,古先民为祈求桑蚕丰收,自然希望桑树枝繁叶茂,桑叶供应充足。而且受洪荒以来女人负责采集,男人负担狩猎;女人养蚕纺线,男人耕田劳作思想的影响,人们对桑蚕的崇拜愈发普遍。这幅蚕织图反映了农户养蚕织帛的生产全过程,反映了蚕织业在后世的发展。

《山海经》珍贵古版插图类比

狼即 汪本的狼即样子像狗，口吐火焰，突出了其作为火兽的神格。《禽虫典》中，一尖嘴小兽拖着长长的白色尾巴，正顺山坡而下。

→清 汪绂图本

→清《禽虫典》

桑树

桑树在我国已有七千多年的历史，早在远古时期，很多山岭上就生长着郁郁葱葱的桑树林。商代时，甲骨文中已出现桑、蚕、丝、帛等字形。到了周代，采桑养蚕成为常见农活。我们的祖先还对桑树进行了改良，增加了产量，并使树株寿命长达百年，个别可达千年。

特别是鸡谷草长得最为繁盛。

鲜山 狼即

妪山再往东三十里，是鲜山。山上郁郁葱葱，楢树、杻树、檀树枝繁叶茂，竞相生长。树下草丛中生长着一簇簇带刺的萱冬，萱冬就是蔷薇，花开时绚烂多彩。山上向阳的南坡蕴藏有丰富的黄金，而背阴的北坡则蕴藏着丰富的铁。山中栖息着一种野兽，其形状像体形高大、皮毛浓密、悍猛力大的西膜之犬，却长着红色的嘴巴、红色的眼睛，身后还有一条白色的尾巴。它也是一种灾兽，一旦出现，就会发生大火灾；也有说法认为会有兵乱。它的名称是狼（yí）即。

章山周边

鲜山再往东三十里，是章山。山上向阳的南坡多出产黄金，背阴的北坡则遍布着漂亮的石头。皋水从这座山发源，汇集各路山溪后向东流淌，最后注入澧水。水底的河床上遍布着一种又轻又软，又易断易碎的名叫脃（cuì）石的石头。

章山再往东二十五里，是大支山。山南阳面也蕴藏有丰富的黄金，山上也覆盖着郁郁葱葱的树林，林中树木主要是构树和柞树。林中树木整齐，没有生长交错繁复的低矮灌木丛和花草。

大支山再往东五十里，是区吴山。山上也被森林覆盖，成林的树木主要是粗树。

区吴山再往东五十里，是声匈山，山上生长着郁郁葱葱的构树林，树下遍布着晶莹剔透的精美玉石，山上还盛产可以入药的封石。

声匈山再往东五十里，是大騩山。山上向阳的南坡蕴藏着丰富的黄金，背阴的北坡则遍布着各种各样的磨刀石。

踵臼山附近 梁渠 䬸䲤

大騩山再往东十里，是踵臼山。山上岩石裸露，光秃荒凉，寸草不生。

踵臼山再往东北七十里，是历石山。茂密繁盛的牡荆树和枸杞树覆盖全山。山上向阳的南坡蕴藏着大量黄金，背阴的北坡则遍布着各种粗细磨刀石。山中的荆棘丛中栖息着一种野兽，其形状和野猫类似，却长着白色的脑袋和老虎的锋利爪子，名称是梁渠。这又是一种灾兽，它出现在哪个国家，哪个国家就会烽烟四起，有兵戈之乱。

历石山再往东南一百里，是求山。求水从这座山的山巅发源，然后潜流到山下，水底的河床上铺满了优良

黄金手杖
长143厘米 三星堆出土

姬山以东的山脉蕴含丰富的金矿，尤以大騩山的南坡出产最盛。金质地柔软，光泽鲜亮，在远古时代就已被利用来彰显身份。这支金手杖由重约0.5公斤的纯金制成，据说可能是当时蜀王鱼凫氏的权杖，上端有46厘米长的平雕纹饰图案，内容有人物、鱼、鸟和箭等，显示了古人极为纯熟的锻造及冶炼技术。

《山海经》珍贵古版插图类比

䳋鵌 胡本的䳋鵌为一只大鸟，羽毛白色，而头颈毛色较深，双足有力。汪本的䳋鵌翼大尾长，头白身黑，张开翅膀似乎要腾空飞起。

→清 胡文焕图本　　　　　　　　　　　　　　　→清 汪绂图本

模仿鱼纹与漩涡的彩陶
新石器时代 大汶口文化
高 17.4 厘米

彩陶，专指新石器时代的一种先在怀体上施彩，然后入窑一次烧成的彩绘陶器。此壶的腹壁一面扁平，两侧各有一环耳，另一面中部有一竖鼻与扁平腹部的一面相对，三个附耳系绳之后便于背在肩后携带。壶身的黑白彩同心圆、白彩涡纹及白色圆点，皆是古人创造的抽象化的鱼纹及漩涡图纹。

的赭石。山中草木葱茏，蓊蓊郁郁，到处是遮天蔽日的高大柤树，树下是一簇簇矮小丛生的䈽竹。山的南坡蕴藏有丰富的黄金，山的北坡蕴藏有丰富的铁。

求山再往东二百里，是丑阳山。山上覆盖着茂密的森林，林中的树木大多是梧树和椐树。林中飞翔着一种禽鸟，其形状和一般的乌鸦类似，却长着红色的爪子，名称是䳋鵌（zhǐ tú）。它是一种吉鸟，人饲养它可以避火。

奥山一带

丑阳山再往东三百里，是奥山。山中草木葱笼，高大茂密的松树、杻树和橿树遮天蔽日，交错生长。山上向阳的南坡盛产璇玗玉。奥水从这座山发源，接纳山上各路小溪后，向东注入瀤水。

奥山再往东三十五里，是服山。山头覆盖着茂密苍翠的柤树林，郁郁葱葱。山上蕴藏有丰富的封石，山下则蕴藏着大量的红色锡土。

服山再往东三百一十里，是杏山。山中杂草丛生，尤其是嘉荣草长得特别繁盛。山上还蕴藏有丰富的金属矿物和精美玉石。

　　杏山再往东三百五十里，是几山。山上草木繁盛，森林里千姿百态的栖树、檀树、杻树遮天蔽日，竞相生长；各种香草簇拥丛生，铺满了林中空地。山中栖息着一种野兽，其模样和普通的猪相似，但身上的毛皮是黄色的，还长着白色的脑袋和白色的尾巴，名字叫闻獜。它也是一种灾兽，是大风的征兆，一旦出现就会带来狂风。

荆山山系诸神之祭祀

　　总计荆山山系之首尾，自翼望山起到几山止，一共四十八座山，蜿蜒三千七百三十二里。诸山山神的形貌都是猪的身子而人的头。祭祀山神时，要在带毛禽畜中选用一只雄鸡，取其血来涂祭，然后将其埋入地下；在祀神的玉器中选用一块玉珪献祭；祀神的米要用精选出来的黍、稷、稻、粱、麦五种粮米。禾山是诸山的首领，祭祀禾山山神的礼仪是：在带毛禽畜中选用猪、牛、羊三牲齐全的太牢作祭品，进献后埋入地下，而且要将牲畜倒着埋；有时不必三牲全备，可以不用牛。在祀神的玉器中选用一块玉璧献祭。堵山、玉山是诸山的宗主，祭祀时要在带毛禽畜中选用猪、羊二牲齐全的少牢作祭品，祭祀后也要将牲畜倒着埋；祀神的玉器要选用一块吉玉。

蜀黍

　　古人很早就开始种植黍、稷、稻之类的农作物，人们不但用来食用，还选用上等的粮食作为祭祀时的祭品。后世的人祭祀时就经常用蜀黍来代替稷。蜀黍质地坚硬，有黏性的可以和糯米一起酿酒；黏性不强的也可做糕煮粥。不过，种植蜀黍的地，时间长了，多半会有蛇。

吃鱼的历史

长 11.5—12.5 厘米 厚 2.4 厘米
南越王墓出土

　　鱼类成为人类的腹中之食，甚至可以追溯到荒古时代。那时候的人们不但自己捕食鱼类，还会巧妙地利用工具，比如训练爱捕鱼的水獭；既利用了这种动物的天性，又满足了自身的需求。这几件两千年前的陶鱼，或许也可算作人类漫长食鱼历史的物证。

本图根据张步天教授《〈山海经〉考察路线图》绘制，图中记载了《中次十二经》中篇遇山到荣余山共十五座山的地理位置。

中次十二经路线示意图

（此路线形成于战国时期）

中次十二经

篇遇山一带

中央第十二列山系叫洞庭山山系，山系的首座山，叫作篇遇山，山顶光秃荒凉，岩石裸露，寸草不生。但这座山中蕴藏有丰富的黄金。

篇遇山再往东南五十里，是云山。这也是一座石头山，山上草木稀疏。但这里生长着一种桂竹，传说它有四五丈高，茎干合围有二尺粗，叶大节长，形状像甘竹而外表是红色的。这种桂竹毒性特别大，人若是被它的枝叶刺中，必死无疑。这座山上蕴藏着丰富的黄金，山下遍布精美温润的璕珢玉。

云山再往东南一百三十里，是龟山。山上森林茂密，郁郁葱葱，特别是构树、柞树、椆树、椐树长得尤为繁盛。山上蕴藏有大量黄金，山下遍布着石青、雄黄，还生长着成片的扶竹。扶竹就是邛竹，其竹节较长，中间实心，很适合制作手杖，所以叫扶竹，又叫扶老竹。

龟山再往东七十里，是丙山。山上生长着茂密的竹林，四季常青，苍翠欲滴，但竹林里的竹子都是筀（guì）竹，它就是云山上那种有剧毒的桂竹。山上还蕴藏着丰富的黄金、铜和铁。除了竹子外，山上没有别的花草树木。

丙山再往东南五十里，是风伯山。山上蕴藏有丰富的金属矿物和精美的玉石，山下遍布着痠（suān）石以及带有花纹的漂亮石头，还蕴藏有丰富的铁。山中林木繁茂，林中树木

品种繁多的竹

洞庭山山系处处可见繁茂的竹林。人们认为竹的根部有雄、雌二枝，雌枝可以生笋，每隔六十年开一次花，花一结实，竹子随即枯死。竹的种类颇多，用途也各不相同，有些可以入药，有些则宜食用。

以柳树、杻树、檀树、构树为最多。在凤伯山东边有一片树林，叫作莽浮林，林中古木参天，优良树木比比皆是。这里还是鸟、兽的天堂，众多禽鸟野兽在林中出入繁衍。

夫夫山 山神于儿

凤伯山再往东一百五十里，是夫夫山。山上蕴藏着大量贵重的黄金，山下遍布色彩艳丽的石青和雄黄。山中草木茂盛，桑树、构树遮天蔽日，郁郁葱葱；树下簇拥着低矮的竹丛，还有成片的鸡谷草像毯子一样铺在林中空地上。神仙于儿就住在这座山里，他是夫夫山的山神，又是山川一体神，其形貌是人的身子，但手上却握着两条蛇。他常常游玩于长江的深渊中，出没时身上能发出耀眼的光芒。传说于儿就是操蛇之神，他听说愚公要世世代代矢志不移地移走太行山、王屋山时，就去禀告了天帝。天帝为愚公的诚意所感动，就派夸娥氏的两个儿子去背走了那两座大山，一座山放在朔东，一座山放到雍南。也有人认为于儿就是俞儿，是登山之神。传说齐桓公北伐孤竹国时，在离卑耳之溪不到十里的地方，忽然有一个身高一尺左右，穿戴整齐，但脱去右边衣袖的小人，骑着马，飞一般地奔驰过去了。桓公非常奇怪，就问管仲。管仲回答说，他可能是名叫俞儿的登山之神，他有着人的形貌，身高却仅有一尺；执政的君主治国有方，国家繁荣时，他才显现。这位神人骑马在前方

缠蛇的月孛

元 山西芮城 壁画《朝元图》局部

古人对蛇的信仰由来已久，山经时代就有很多山神、水神以操蛇、践蛇或缠蛇的形象出现，如夫夫山的山神于儿就是操蛇之神。蛇崇拜一直延续到后世，道教星命家将日、月和金、木、水、火、土五星加上罗睺、计都、紫气、月孛，合称十一曜，其中的月孛星君就是头颈绕蛇的形象。月孛是月球距离地球最远的点。占星学上，月孛代表本能的想法或欲望，宿命的缘份及宿命的影响等。

《山海经》珍贵古版插图类比

神于儿 《神异典》本的神于儿为完全的人形，身缠两蛇，稳稳地站立于波浪之上。汪绂将神于儿"身操两蛇"理解为"手操两蛇"，汪本的于儿正双手各操一蛇，和其他图本不同。

→清《神异典》

→清 汪绂图本

人操蛇屏风铜托座
高 31.5 厘米 宽 15.8 厘米
西汉南越王墓出土

在原始社会，蛇被赋予神秘与死亡的意义，有"操蛇"之力则象征神性及主宰生死的能力。此器是漆木屏风左右翼障的下转角构件，其下部以人口衔、手抓、脚夹五条相互绞缠的蛇为造型，纹饰玲珑通透。

走，为人指路。他如果脱去衣袖，就表示前面有水；而脱去右边衣袖，则表示从右方涉水比较安全。当桓公一行到了卑耳之溪后，有水性好的人说，从左边涉水的话，水深到达人的头顶；而从右边过水，则很安全。作为夫夫山的山神，神于儿能主宰江渊，出入时神光四射，可知山神于儿同时又是江河之神。而作为山川一体神，最大的特点就是与蛇相伴，或操蛇，或戴蛇，或珥蛇。蛇属水，属土，属阴，是江河之神、山川之神伟大神格的标志，是神沟通两个世界的巫具和动物助手。神于儿就操有两蛇，一蛇在上，在于儿身上绕了两圈，一头一尾从于儿的双手钻出；另一蛇在下，蛇头在于儿的前身，蛇身在其腹部往上绕了两圈，蛇尾则缠在胸前。蛇成了许多神神性的重要标志，除了夫夫山的山神于儿，洞庭怪神也有操蛇、戴蛇的特征。人蛇关系是古代文化中一个常见的主题，古人对蛇的信仰以及人与蛇的亲密关系由来已久，人身缠蛇形象及蛇形、蛇纹图案大量出现在商周时期的器具上。

洞庭山　帝二女

夫夫山再往东南一百二十里，是洞庭山。这是一座宝山，山中矿产丰富，山上蕴藏着丰富的黄金，山下则蕴藏着丰富的白银和铁。山上被森林覆盖，郁郁葱葱，林中的树木以柤树、梨树、橘子树、柚子树居多；到了秋天，树上硕果累累。树下簇拥生长着一丛丛的兰草、

洞庭山
明 蒋应镐图本

洞庭山是天帝的两个女儿居住的地方，图中二女作淑女装扮，美丽飘逸，正在滔滔江面上遨游。

蘼芜、芍药、川芎之类的香草。天帝的两个女儿就住在这座山里，她俩常在长江的深渊中游玩。她们乘着澧水和沅水吹来的清风，在幽清的潇水和湘水的渊潭里畅游，往返于九条江水之间。她俩出入时必定有旋风急雨相伴随。这两位帝之女，就是帝尧的两个女儿娥皇和女英，帝尧把她们许配给了自己选定的接班人舜。帝尧去世后，她们曾帮助舜帝机智地摆脱了弟弟象的百般迫害，而成功地登上王位，事后还建议舜以德报怨，宽容和善待以前的那些死敌。她们的美德因此被记录在册，受到民众的广泛称颂。舜帝登基之后，曾与两位心爱的妃子泛舟海上，传说他们的船用烟熏过的香茅为旌旗，又以散发清香的桂枝为华表，并在华表的顶端安装了精心雕琢的玉鸠，华美之极。舜帝晚年，洪水也已经被能干的大禹制伏，四方鼎定，于是舜帝便巡察南方，不料在苍梧突

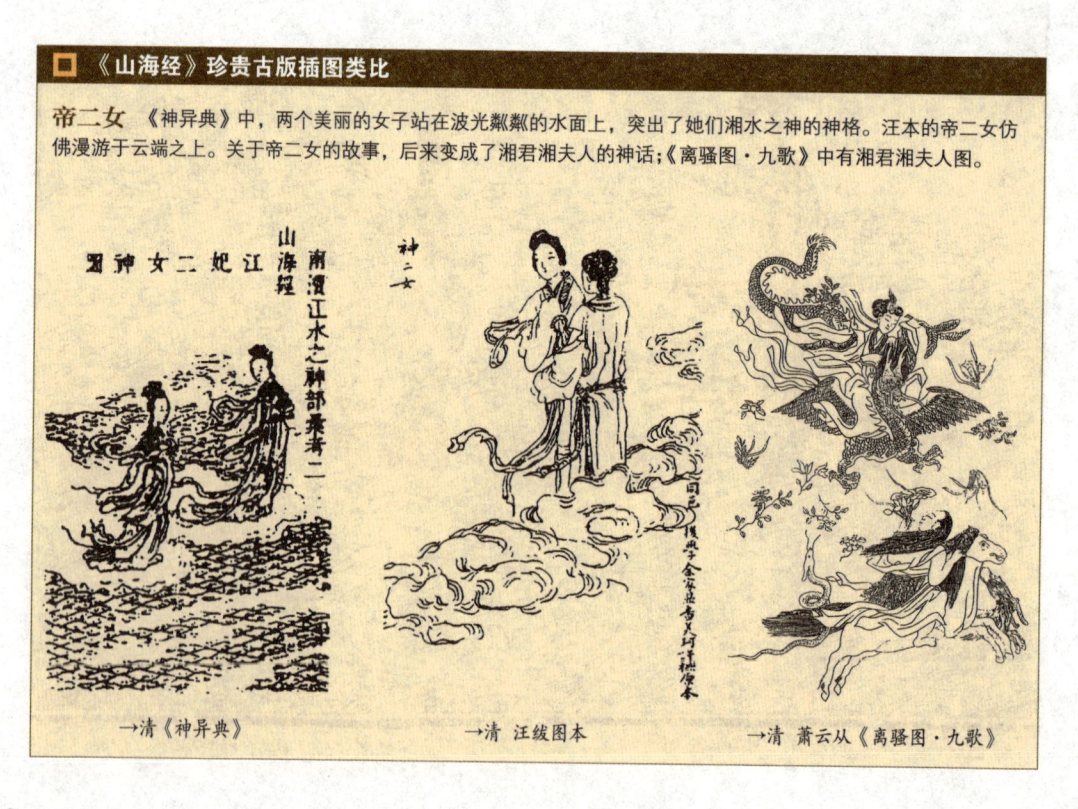

《山海经》珍贵古版插图类比

帝二女　《神异典》中，两个美丽的女子站在波光粼粼的水面上，突出了她们湘水之神的神格。汪本的帝二女仿佛漫游于云端之上。关于帝二女的故事，后来变成了湘君湘夫人的神话；《离骚图·九歌》中有湘君湘夫人图。

→清《神异典》　　→清 汪绂图本　　→清 萧云从《离骚图·九歌》

然病故，葬在九嶷山。和他共患难的妻子娥皇和女英闻讯后，悲痛得肝肠都要断裂了。她们在奔丧到南方的路上，一路失声痛哭，眼泪像泉水般涌出来，洒在山野的竹子上，形成美丽的斑纹，世人称之为"斑竹"或"湘妃竹"。当她们走到湘水时，不幸风波骤起，打翻了船，她们也就遗恨地被淹死在江中，成了湘水中的神灵及洞庭山的山神。当她们心情和悦时，就在秋风徐徐、落叶纷纷的美景中，到浅滩上漫步闲聊，远远就可以看见她们闪闪发亮的美丽眼睛。但如果她们心情不好，勾起了从前的伤心事，她们就会怨恨上天没给她们再见夫君一面的机会，因此出入时必定有旋风骤雨相伴，仿佛要把这股怒气发泄到人间。洞庭山中还居住着很多怪神，他们形貌像人，但身上绕着蛇，左右两只手也握着蛇。此外，山上的森林中还栖息着许多怪鸟。

洛水女神（局部）
顾恺之 长卷 绢本 设色
纵 27.1 厘米 横 572.8 厘米
北京故宫博物院藏

如洞庭之神的帝二女一样，洛水之神也是美丽的女神。三国时的文学家曹植，描述了他与洛水女神相遇的动人爱情故事。洛水中的女神，身边围绕着一些奇异的生灵，如长着一对长长鹿角的海龟，还有长着豹头的怪鱼。它们虽然疾驰在江水之上，却没有飞溅的水花，如同腾飞于空中一般，烘托出水神超群的神格，同时增强了故事的传奇性和神秘感。

以怪兽装饰的折觥
西周早期 高 28.7 厘米
陕西省周原博物馆藏

折觥分为盖与器身两部分。盖头为兽形,高鼻鼓目,两齿外露;有两只巨大的曲角,两角之间夹饰一个兽面,可能是远古工匠根据羚羊的形象异化而成。折觥颈部两侧各饰一条蜷尾顾首的龙,下部装饰着一个饕餮纹面。

蛫
清 汪绂图本

蛫是种形如乌龟的吉兽,其身体呈白色,头为红色。汪本中此兽形态像鼠。

暴山周边 蛫

洞庭山再往东南一百八十里,是暴山。山上草木茂盛,郁郁葱葱。高大的棕树、楠木树遮天蔽日;枝条繁多的牡荆树、枸杞树交错生长;低矮的竹子、箭竹、䉋(mèi)竹、箘(jūn)竹簇拥丛生。山上蕴藏着丰富的黄金和贵重的美玉,山下遍布着带有彩色花纹的漂亮石头,并蕴藏有丰富的铁。林中野兽成群,草丛中栖息着众多麋、鹿、麂等性情温顺的食草动物,树上栖息着凶猛的鹫鹰等猛禽。

暴山再往东南二百里,是即公山。山上蕴藏着丰富的黄金,山下遍布精美的琈玗玉。山中林木葱郁,林中树木以柳树、杻树、檀树、桑树为最多。山中生活着一种野兽,其形状有如普通的乌龟,但身子是白色的,脑袋是红色的,它的名字叫蛫(guǐ);它是一种吉兽,人如果饲养它,就不会遭受火灾。

即公山再往东南一百五十九里,是尧山。山上背阴的北坡多出产黄色的垩土,而山上向阳的南坡则蕴藏着丰富的黄金。山上树木郁郁葱葱,森林密布,牡荆树、枸杞树枝条蔓生,交错生长;随风摇摆的柳树婀娜多姿;珍贵的檀树亭亭玉立。树下杂草丛生,特别是山药、苍术等长得尤为繁盛。

尧山再往东南一百里,是江浮山。山上蕴藏有丰富的银,还遍布着各种粗细磨刀石。山顶光秃裸露,没有花草树木。即便如此,山中也有很多野兽,主要以野猪、鹿为主。

江浮山再往东二百里,是真陵山。山上出产大量的黄金,山下遍布精美的玉石。山中林木苍翠,各种树木混杂生长,尤其是构树、柞树、柳树、杻树长得十分茂盛。树下野草铺满了山间空地，特别是一种可以医治风痹病的荣草最为茂密。

真陵山再往东南一百二十里，是阳帝山。山上到处是含铜量很高的优质铜矿石。森林覆盖了整个山头，林中生长着各种各样的檀树、杻树、山桑树和楮树。林中是野兽的乐园，羚羊和麝在这里无忧无虑地繁衍生息。

柴桑山周边 腾蛇

阳帝山再往南九十里，是柴桑山。这座山矿产丰富，山上蕴藏着丰富的白银，山下盛产精美的碧玉，山中到处是柔软如泥的泠石和漂亮的赭石。山上林木茂密，郁郁葱葱，林子里的树木以柳树、枸杞树、楮树、桑树长得最为茂盛。山中栖息的野兽以麋和鹿为主，此外还生活着许多白蛇和飞蛇。飞蛇就是螣蛇，又叫腾蛇。传说它能够腾云驾雾，属于龙一类。但它也会死，曹操曾作诗说："神龟虽寿，犹有竟时。腾蛇乘雾，终为土灰。"

柴桑山再往东二百三十里，是荣余山。这也是一座矿产丰富的宝山，山上蕴藏着丰富的铜，山下则蕴藏着丰富的银。山中不计其数的柳树、枸杞树繁荣生长，交错成林。这座山里面也栖息着许多怪蛇、怪虫。

洞庭山山系诸山神的祭祀礼仪

总计洞庭山山系之首尾，自篇遇山起到荣余山止，一共十五座山，绵延二千八百里。诸山山神的形貌都是鸟的身子、龙的脑袋。祭祀山神的礼仪是：在带

◇《山海经》考据

真陵山在今幕阜山东端

据考，《中次十二经》中的真陵山，应该在今天湖北省阳新县幕阜山东端；而东南方的阳帝山，也在湖北省阳新县境内。幕阜山，古称天岳山，岳阳即因地处天岳山之南而得名。幕阜山古老而奇异，山中多险崖、奇木、幽谷，山上还有沸沙神泉，据说有求必应，人们经常从四面八方前来祈求祷告。

牡荆树

即公山上的牡荆树是一种极易存活的树种，生长极快，枝蔓伸展得很广。牡荆全身是宝，根、叶、花、实皆可入药。古人还常用捣烂的牡荆枝条治疗烧伤。

枸杞

枸杞，又称西王母杖，在洞庭山东南的许多山脉中都生长得很繁盛，而今天也处处都能见到。枸杞春天生苗，六七月份开花，结出红色的果实，晒干后入药可补益精气。

鸟身龙首神
清 汪绂图本

中央第十二列山系的山神皆为鸟身龙首的形貌。汪本的此神正伸展双翅，昂首向天，非常威风。

毛禽畜中宰杀一只公鸡、一头母猪作祭品，祀神的米用精选的稻米。夫夫山、即公山、尧山、阳帝山，都是诸山的宗主，祭祀这几座山的山神都要陈列牲畜、玉器而后将它们埋入地下，并用美酒献祭。所用的牲畜要在带毛禽畜中选用猪、羊二牲，即用少牢之礼祭祀；祀神的玉器要用吉玉。洞庭山、荣余山，是神灵显应之山，祭祀这二位山神也都要陈列牲畜、玉器而后埋入地下，并用美酒献祭，但所陈列的牲畜需要猪、牛、羊齐全的三牲，即用太牢之礼献祭；祀神的玉器要用十五块精美的玉珪、十五块精美的玉璧，并用青、黄、赤、白、黑五样色彩绘饰它们。

以上是中央诸山的记录，总共一百九十七座山，蜿蜒长达二万一千三百七十一里。

总述

总计天下名山共有五千三百七十座，分布在大地之东西南北中各方，一共绵延六万四千零五十六里。

大禹说：天下的名山，从头到尾一共五千三百七十座，绵延六万四千零五十六里，这些山分布在大地的东西南北中各方。把以上山记在《五臧山经》中，原因是除此以外的小山太多，不值得一一记述。广阔的天地从东方到西方共二万八千里，从南方到北方共二万六千里。江河源头所在之山是八千里，江河流经之地是八千里。盛产铜的山有四百六十七座，盛产铁的山有三千六百九十座。这些山是天下地上划分疆土、种植庄稼的凭借，也是戈和矛产生的缘由，刀和铩兴起的根源。因而能干的人富裕有余，笨拙的人贫穷不足。在泰山上行祭天礼，在泰山南面的小山梁父山上行祭地礼，一共有七十二位帝王，或得或失的运数，都在这个范围之内，国家的财用也可以说是从这块大地上取得的。

以上是《五藏山经》共五篇，原文共有一万五千五百零三个字。

大禹像
山东省嘉祥县武梁祠东汉画像石拓片
　　传说大禹治水时为了疏导洪水，曾走遍四方的山川湖海，对天下地理了若指掌。在这张出自山东武梁祠西壁画像的拓片上，夏禹头戴斗笠，左手前伸；右手执耜，回首而顾。身旁有榜题曰："夏禹长于地理，脉泉知阴，随时设防，退为肉刑。"

海外南经

第六卷

《海外南经》中记述，四海之内皆有日月星辰照耀和春夏秋冬四季，大地之上的生灵除了"中央国家"外，还有许多别的民族，如羽民国、厌火国、交肠国、反舌国、三首国等。

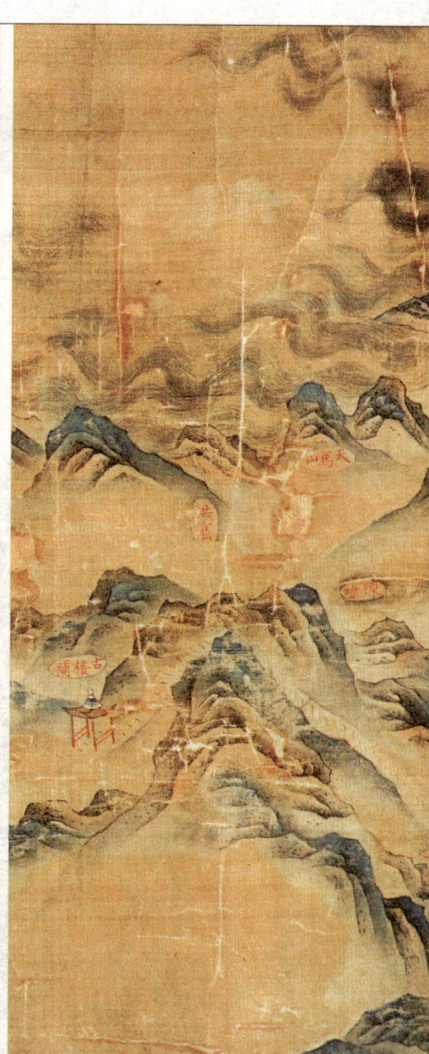

第六卷 海外南经

福建沿海图（局部）
清 绢绘 纵36厘米 横661.5厘米 北京图书馆藏
　　浏览全图，无论是今日福建附近的名胜古迹、宫墙桥门，还是今日厦门附近的村落房舍、海岛山川，都绘制得极为详尽、美观。图上的山川地貌都采用了传统的形象画法，色彩艳丽，图形逼真。

海外四经示意图

本图根据张步天教授《〈山海经〉考察路线图》绘制，图中记载了海外南、西、北、东四经中所记述的国家地区及山岳河川的地理位置。

第六卷 海外南经

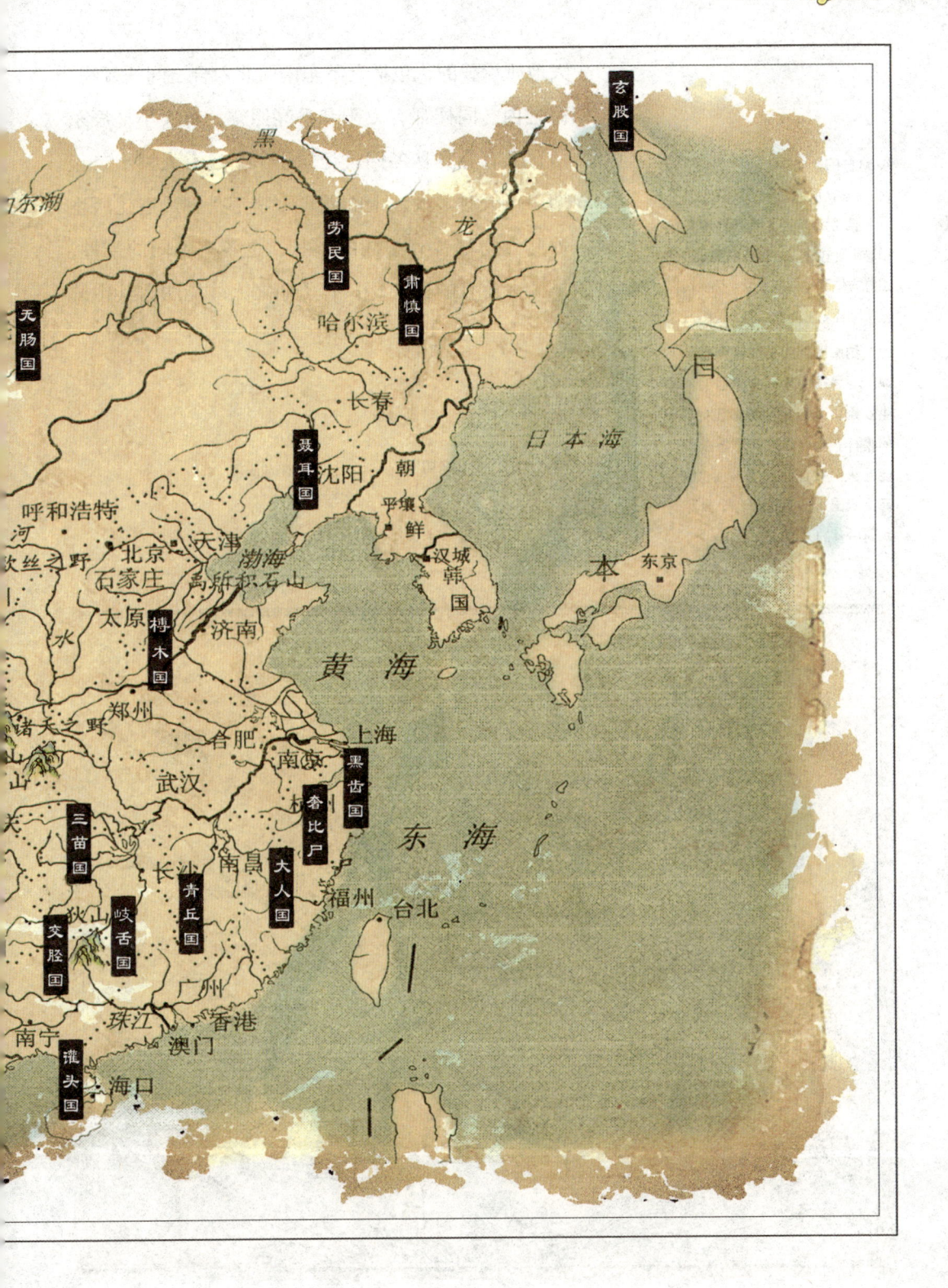

灭蒙鸟周边

明 蒋应镐图本

自《海外经》始，经中具体山脉出现较少，故蒋应镐图本中的山脉方位图也相应减少，仍保留以国家、神、兽为据点的方位图。

结胸国的人前胸皆突起一大块。羽民国的人都身披羽毛，背生双翅。讙头国人都是半人半鸟的模样。厌火国人样子像猴，口能吐火。戴国人擅长操弓射蛇。而贯胸国人的胸膛都有个贯穿前胸到后背的大洞。

大地所承载的，包括上下东南西北六合之间的万物。在四海之内，同样都有太阳和月亮照耀，有大小星辰东升西落，又有春夏秋冬四季记录季节，还有太岁十二年一周期以正天时。大地上的万事万物都是神灵造化所生成，因此万物都各有不同的形状，也各有不同的秉性，有的早夭，而有的长寿，只有圣明之人才能明白其中的

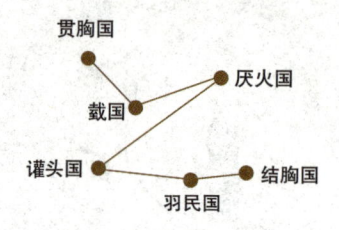

【本图古国地理分布定位】

道理。

以下是从海外西南角到东南角的国家地区及其山岳河川的记录。

结胸国　比翼鸟　羽民国

结胸国位于灭蒙鸟的西南面，这个国家的人都长着像鸡一样尖削凸出的胸脯。

南山位于灭蒙鸟的东南面。从这座山里来的人，都把虫叫作蛇，而把蛇叫作鱼。也有一种说法认为南山位于结胸国的东南面。

比翼鸟位于灭蒙鸟的东边，它们是一只身上长有红色羽毛的鸟和一只长着青色羽毛的鸟，羽毛十分漂亮，但它们不能单独飞翔，因为它们分别只有一个翅膀、一只眼睛，所以只有两只鸟的翅膀配合起来才能在蓝天飞行。西方山系中崇吾山上的蛮蛮鸟，就是这种比翼鸟，虽说有人认为蛮蛮出现是大水的征兆，但在古代神话中，比翼鸟是一种瑞鸟，它是夫妻恩爱、朋友情深的象征。也有一种说法认为比翼鸟居住在南山的东边。

羽民国在灭蒙鸟的东南面，生活在这里的人都长着长长的脑袋，全身长满羽毛。传说羽民国的人还长着白色的头发，红色的眼睛，甚至还长着鸟的尖喙，背上还生有一对翅膀，能飞，但不能飞很远；他们和禽鸟一样，也是从蛋里孵化出来的。在羽民国里还栖息着许多珍贵的鸾鸟，羽民国的人就以鸾鸟的卵为食，因此染有仙气。后来人们便把身上长羽毛与神仙联系在了一起。学道的人认为，人学道修行，最开始的境界就是长生不死，而成为地仙；再继续修行，达到更高的境界后便能真正得

飞天的玉羽人
西汉　通高7厘米 长8.9厘米
陕西省咸阳博物馆藏

羽民国的人背生翅膀，以鸾鸟卵为食，周身环绕着仙气；后世人于是把身生羽翅和飞天成仙联系起来，这种思想直至汉代仍有很大影响。比如这件汉代的玉器，马背上的羽人双耳过肩，背生双翼，左手握缰绳，右手持灵芝草。长方形踏板上刻有涌动的祥云，云和马蹄、马尾融为一体，衬托出一副羽人骑马遨游天际的神姿。反映了汉代人追求长生不老的强烈愿望，也是汉代流行的"羽化登仙"思想的真实反映。

羽人特写
清 萧云从《离骚国·远游》
　　羽民国的人，常被古人与不死的观念相联系。《离骚图·远游》中表现的即为羽人在不死之乡的情景；其飘逸升天之态正是众多道家修行者所追求的终极目标。

沧源岩画中的羽人
　　"羽人"之类的神话有着非常丰富的内涵，这幅三千年前的岩画显示，羽人所属的族群很可能是一个以禽鸟为祖先图腾的族群。

道，身上长出羽毛，向上飞升而成为天仙。这种羽化登仙的成果也正是众多道家修行者所追求的终极目标。另一种说法认为，羽民国在比翼鸟栖息之处的东南面，这个国家的人都长着一副长长的脸颊。

二八神　谨头国

　　有位叫二八的神人，他的手臂连在一起，在这旷野中为天帝守夜。传说二八神白天隐身不见，夜间才现身巡游，他就是夜游神。这位神人二八就栖居在羽民国的东面，他栖居之处的人都长着狭小的脸颊和赤红色的肩膀，总共有十六个人。

　　毕方鸟栖息的地方位于灭蒙鸟的东面，青水的西面，这种毕方鸟长着一副人的面孔，却只有一只脚。还有一些毕方鸟栖息在西方山脉中的章莪山上，它一出现就会带来怪火。另一种说法认为毕方鸟栖息于二八神人的东面。

讙头国位于灭蒙鸟的南面，那里的人相貌与常人相近，不同的是背上生有一对翅膀，脸上还长着鸟嘴，它们可以用这鸟嘴捕鱼。另一种说法认为讙头国位于毕方鸟栖息之处的东面，还有人认为讙头国就是讙朱国，又称为丹朱国。与羽民国不同，讙头国国民虽然长有鸟翼，却不能飞翔，只能把翅膀当拐杖使用。他们每天拄着翅膀，在海边用尖喙捕食鱼虾。除此之外，他们还以黑黍等几种谷类充饥。传说丹朱是帝尧的儿子，为人凶恶而顽劣，所以尧把天下让给了舜，而把丹朱放逐到南方的丹水做诸侯。丹朱不满尧的安排，联合三苗谋反，父子反目成仇。后来谋反失败，丹朱投海而死，其灵魂化为鸱鸟。鸱鸟叫声极为难听，而且它的出现就是文士流放的象征，所以人们极其厌恶它。而这讙头国的人就是丹朱的后裔。

青铜人面鸟像
残高12.2厘米 三星堆二号坑出土

《中国神话传说》中记述了黄帝举行"鬼神大会"的盛事，气势威严，阵容庞大；除了有蛟龙开道、凤凰飞舞，及前面提到的腾蛇伏窜外，还有毕方鸟为黄帝驾车。毕方鸟形态像鹤，人脸独足，嘴里鸣叫着"毕方，毕方"。这件人面鸟青铜像的造型和毕方鸟非常相似，区别仅仅在足上。

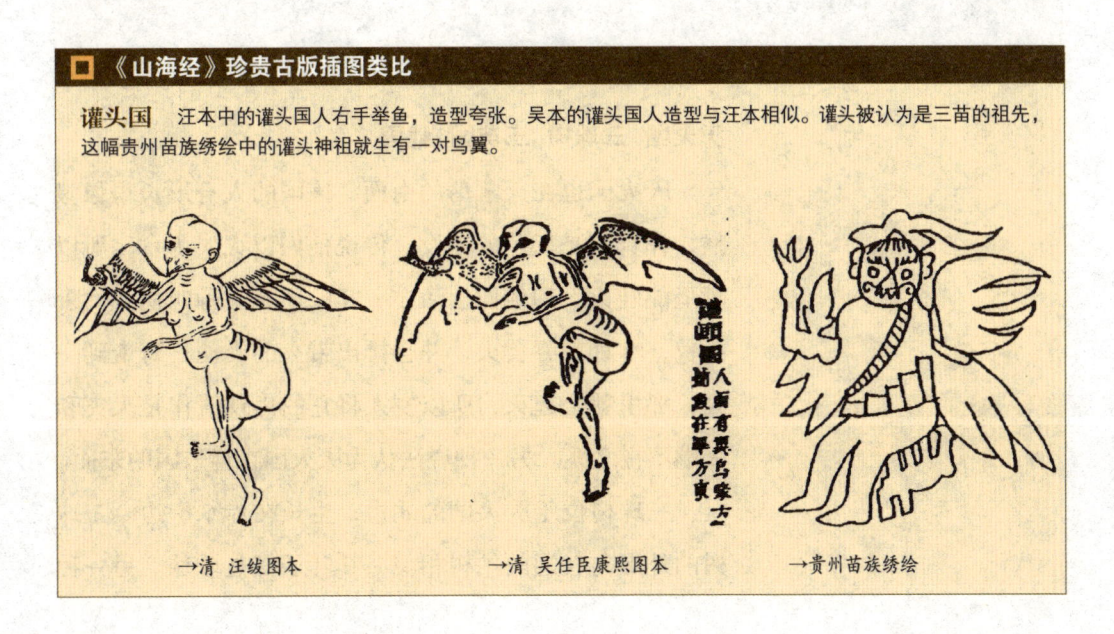

◻ **《山海经》珍贵古版插图类比**

讙头国 汪本中的讙头国人右手举鱼，造型夸张。吴本的讙头国人造型与汪本相似。讙头被认为是三苗的祖先，这幅贵州苗族绣绘中的讙头神祖就生有一对鸟翼。

→清 汪绂图本　　　　　　→清 吴任臣康熙图本　　　　　　→贵州苗族绣绘

《山海经》珍贵古版插图类比

厌火国　汪本的厌火国人样子像猴，口能喷火。《边裔典》中的厌火国人上身直立，行走起来与人无异。《禽虫典》中，厌火兽胸前生有双乳，形象与人更加接近。

→清 汪绂图本

→清《边裔典》

→清《禽虫典》

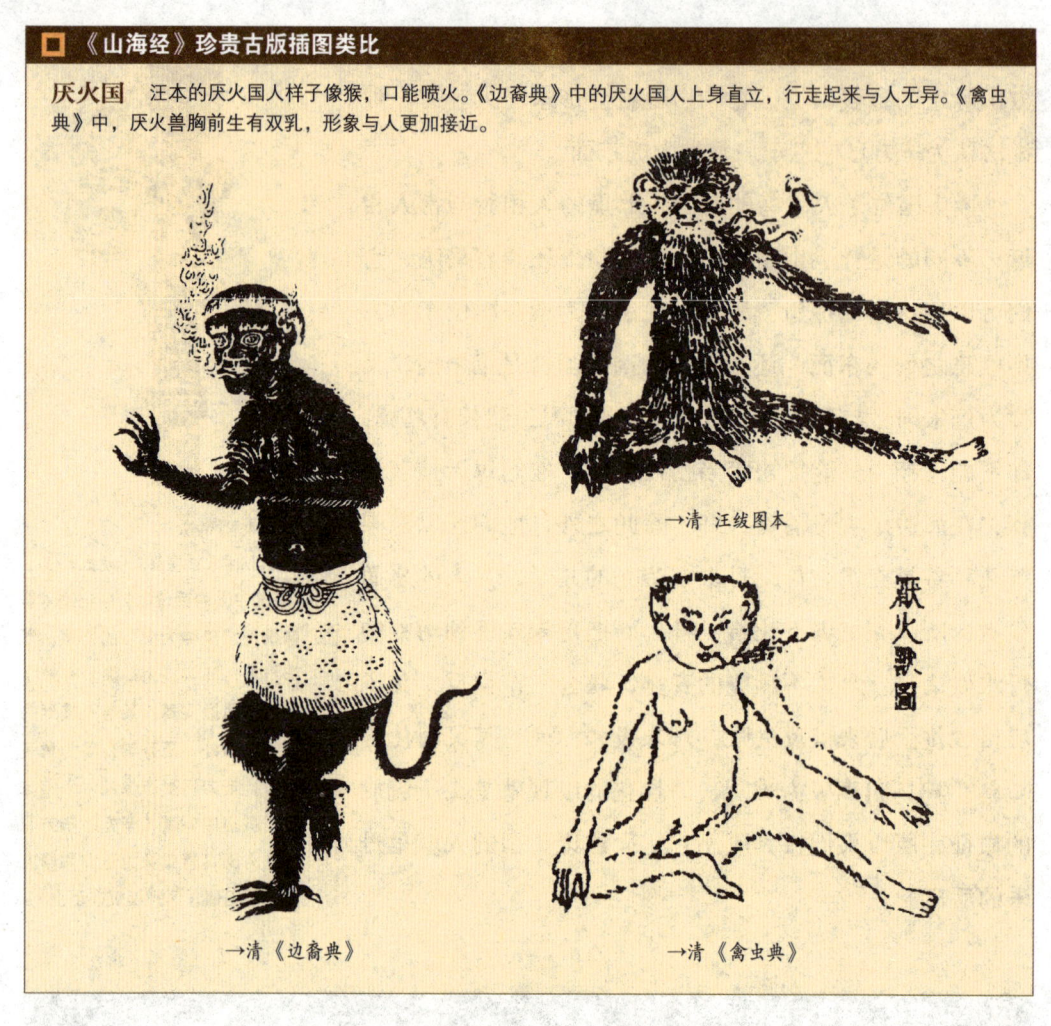

厌火国　三珠树　三苗国　载国

厌火国也在灭蒙鸟的南面，该国的人身形长得像猿猴，浑身都是黑色的毛发，传说他们以火炭为食，所以嘴里能吐火。和他们生活在一起的还有一种叫祸斗的食火兽，这种兽吞食火，并且排出带火的粪便；每走到一处，那里就会起火，所以古人将它的出现看作是火灾和极端不祥之兆。另一种说法认为厌火国在讙朱国的东面。

三珠树位于厌火国的北边，生长在赤水岸边。三珠树的外形与普通的柏树相似，其叶子都是珍珠。另一种说法认为这三珠树的形状像扫帚。传说因为三珠树外观华美脱俗,非同凡响,所以后世就把豪杰才俊、人中之龙比作三珠树。

三苗国位于赤水的东面,那里的人都一个跟着一个,亦步亦趋地行走。传说尧禅位给舜时,三苗首领不同意,联合丹朱反叛,后来失败,三苗首领被杀死,丹朱也自投南海而死。首领死后,三苗部落内部发生叛乱,一部分部落成员迁至南海,建立了三苗国。另一种说法认为三苗国就是三毛国。

䟣(zhǐ)国在灭蒙鸟的东面,这个国家的人都是黄色皮肤,擅长操持弓箭射蛇。另一种说法认为䟣国在三毛国的东边。䟣国又叫䟣民国,其国人原是帝舜的后裔。帝舜生无淫,无淫生䟣处,䟣处就是䟣民国的祖先。传说䟣民国生活安乐,衣食无忧。他们不用纺纱织布,却有衣服穿;不用耕种五谷,却有粮食吃。这里还有鸾鸟歌唱,凤凰翔舞;百兽群聚,和平相处,一派和谐景象。这䟣民国就是古代先民心目中的世外桃源。

贯胸国

汉 画像石

贯胸国的人自前胸到后背有一个贯穿的大洞,所以出行时以木棍穿胸而过,两人抬之。

《山海经》珍贵古版插图类比

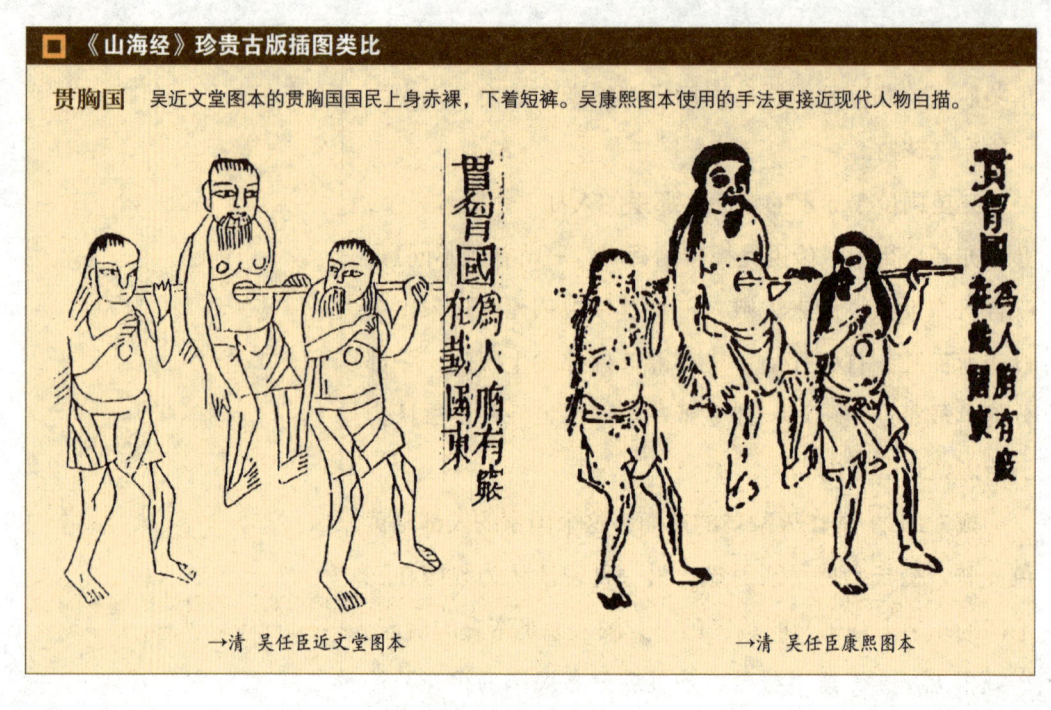

贯胸国 吴近文堂图本的贯胸国国民上身赤裸,下着短裤。吴康熙图本使用的手法更接近现代人物白描。

→清 吴任臣近文堂图本　　　　　　　→清 吴任臣康熙图本

交胫国
清 毕沅图本
交胫国国民个子不高,身上长毛,足骨没有关节。

贯胸国　交胫国

贯胸国在灭蒙鸟的东边,那里的人身上都生有一个从胸膛穿透到后背的大洞,所以叫贯胸国,又叫穿胸国。贯胸国的人都是山神防风氏的后裔。传说大禹治水时,曾在会稽山召见天下诸神,而吴越山神防风氏没有按时赶到,令禹十分恼怒。为明正典刑,树立威信,禹就将防风氏杀了。后来洪水平息,大禹成为部落联盟首领,四方鼎定,便乘坐龙车巡游海外各国。经过南方时,防风神的后裔看见禹,就张弓搭箭,准备射杀禹,为祖先报仇。这时,突然雷声大作,二龙驾车载禹飞腾而去。防风神的后裔知道闯祸了,便以尖刀自贯其心而死。禹哀念他忠义耿直,便命人把不死草塞在他胸前的洞中,使之死而复生,但胸口上留下的大洞却再也不能复原。他的子孙聚集起来,就在海外形成了贯胸国。传说贯胸国的富人出门不用坐轿,就把上衣脱了,用一根竹杠或木棍当胸一贯，抬了就走，十分简单省事。另一种说法认为贯胸国在载国的东面。

交胫国也在灭蒙鸟的东面，这个国家的人双腿左右交叉，甚至在走路时也是这样。传说交胫国国民个子不高，四尺左右，身上长有毛，足骨没有骨节，故而双腿能够相互交叉。他们走路时都格外小心，因为一旦摔倒就只能趴在地上，直到有人搀扶才能站起来。另一种说

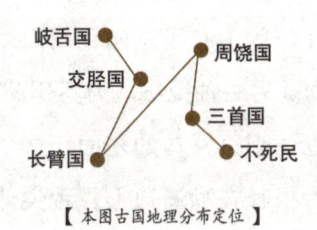

岐舌国
周饶国
交胫国
三首国
长臂国
不死民

【本图古国地理分布定位】

灭蒙鸟东
明 蒋应镐图本

不死国也在灭蒙鸟的东方，国内的人可长寿不死；一不死民正站在高大的枝叶繁茂的不死树下。岐舌国人的舌头皆倒着生。周饶国，又叫小人国，那个穿官服的小人即为周饶国人。在岸边抓鱼的长臂之人是长臂国人。

不死国

清 萧云从《天问图》

不死国的人被谓之不死民，其皮肤黝黑，可长生不死。不死国内有不死树，食其果可长命百岁；还有赤泉，饮其水可长生不老。不死民正是因此二物才长生不死的。图中所绘即为丰神俊逸，身披树叶，手握青枝，云蒸霞蔚中的长寿之人。

法认为交胫国在穿胸国的东面。

不死民 反舌国 昆仑山

不死民居住在灭蒙鸟的东面，他们每个人的皮肤都是黝黑黝黑的，还可以长生不死。传说不死民居住的地方位于流沙以东，黑水之间。那里有一座山，叫员丘山，山上长有不死树，吃了这种树的枝叶果实就可以长生不老；山下还有一眼泉水，名叫赤泉，喝了这赤泉的水也可以长生不死。因为有了这两种东西，所以不死民都不知死亡为何物。另一种说法认为不死民在贯胸国的东面。

反舌国也位于灭蒙鸟的东面，这个国家的人舌头都倒着生长，舌根长在嘴唇边上，舌尖伸向喉咙。因为有这种特殊构造，所以他们有自己的一套特殊语言，别国的人都听不懂，只有他们自己能懂。另一种说法认为反舌国在不死民的东面。

昆仑山也在灭蒙鸟的东面，其山势雄伟，山基呈四方形。另一种说法认为昆仑山在反舌国的东面，山基向四方延伸。

寿华之野 三首国 周饶国

羿曾与凿齿在一个叫寿华的荒野发生激战。骁勇善战的羿后来射死了凿齿。他们交战的地方寿华之野就在昆仑山的东面。在那次交战中，羿手拿弓箭，凿齿手持盾牌，另一种说法认为凿齿拿着戈。

三首国也在灭蒙鸟的东边，这个国家的人都是一个身子上长着三个脑袋。传说他们三个头上的五官是相通的，呼吸时，一口气会同时从每个鼻孔进出；一个脑袋

《山海经》珍贵古版插图类比

长臂国 吴本的长臂国国民都长着三丈长的手臂，比身体还长出一大截。汪本中，长臂国人三丈长的手臂在水中捕鱼不用弯腰。

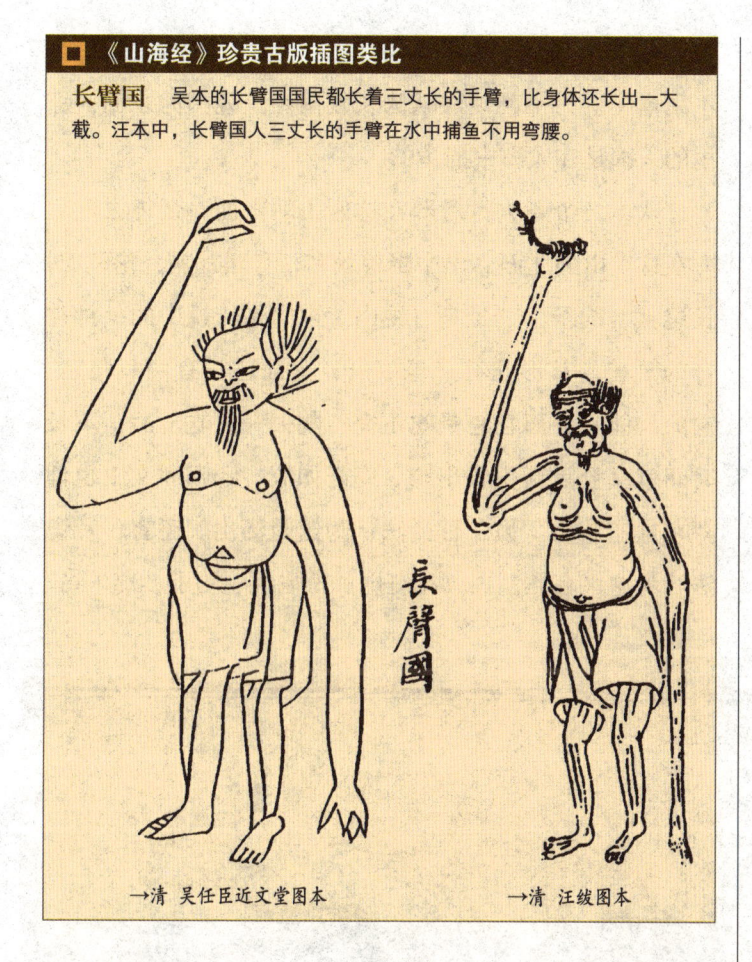

→清 吴任臣近文堂图本　　　　→清 汪绂图本

青铜箭矢
战国　长23.5厘米

传说中，在寿华的原始荒野，羿与凿齿展开对决，骁勇善战的羿凭借其出神入化的箭法，最终射死了凿齿。箭是一种古老的兵器，在古人的进攻、防守甚至是捕猎中，它都起到很大作用。这枚箭矢的箭头与箭杆全由青铜制造；且箭头部分镂空，极其精美。

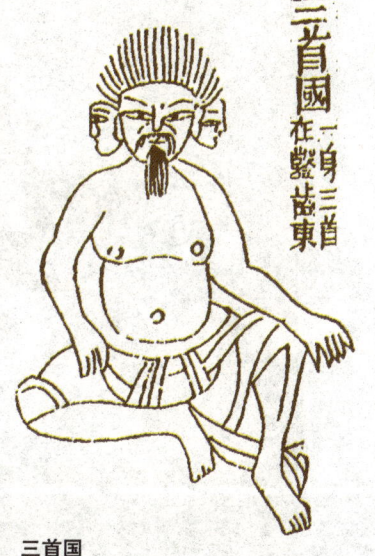

上的眼睛看到的东西，其他两个脑袋上的眼睛也同时能看见；一个张嘴吃东西，另外两张嘴也就不馋了。

　　周饶国在灭蒙鸟的东面，这个国家的人身材都比较矮小，个个都是侏儒。即便如此，他们的穿戴都十分整齐讲究，人人文质彬彬。他们居住在山洞中，生性聪慧，能制造各种精巧的器物，还会耕田种地。另一种说法认为周饶国在三首国的东面。

长臂国 狄山 氾林

　　长臂国在灭蒙鸟的东面，那里有个人正在水中捕鱼，他的左右两只手各抓着一条鱼。传说长臂国的国民都长

三首国
清 吴任臣近文堂图本

三首民的形象是一身三头，而且三个头上的五官彼此相通。

祝融

明 蒋应镐图本

祝融是火神，南方天帝炎帝的后裔，也是炎帝的佐臣，管辖着方圆一万二千里的地域。祝融为人面兽身，出入乘二龙。图中此神人身兽爪，着围腰，左右手臂处各喷出一串火焰，以示其火神神格。

着三丈长的手臂，比身体还长出一大截，去水中捕鱼都不用弯腰。另一种说法认为长臂国在焦饶国的东面，那里的人都是在大海中捕鱼的。

狄山，帝尧去世后葬在这座山的南面，帝喾去世后葬在这座山的北面。山中野兽众多，有熊、罴、花斑虎、长尾猿、豹子、三足乌、视肉。视肉是传说中的一种神奇的野兽，其形状有点像牛肝，上面还长有两只眼睛。它的肉能吃，而且总是吃不完；割去一块吃了后，不长时间就又会重新生长出来，完好如故。吁咽和文王也埋葬在这座狄山。另一种说法认为这是汤山。还有一种说法认为这里有熊、罴、花斑虎、长尾猿、豹子、离朱鸟、

鹓鹰、视肉、虖交等飞禽走兽。

山的附近还有一片方圆三百里大小的氾林。

祝融

南方的祝融神，长着野兽的身子和人的面孔，出入时乘坐两条龙。传说祝融是火神，是炎帝的后裔，也是炎帝身边的大臣。它居住在南方，是南方之神，同时还是司夏之神。南岳衡山的主峰名叫祝融峰，就是根据火神祝融的名字命名的。相传上古时期，人类发明了钻木取火，但生火之后却不会保存火种，也不会控制火。祝融由于跟火亲近，因而成了管火用火的能手。黄帝曾任命他为管火的火正官。因为他熟悉南方的情况，黄帝又封他为司徒，掌管南方一万二千里地界内的事物。他住在衡山，死后又葬在衡山。为了纪念他的伟大贡献，当地的人将衡山的最高峰命名为祝融峰。水神共工曾与祝融交战，结果失败，共工怒触不周山，导致天倾，洪水泛滥。后来鲧窃取天帝的息壤以填堵洪水，违背了天帝之命，天帝又令祝融诛杀鲧于羽山山麓。

玉龙
新石器时代 红山文化 高26厘米

龙这种中国人心目中的神物，不仅自身有着上天入地、呼风唤雨的神力，也是某些具有特别神通的神人的坐骑，成为主人显赫身份及无边神力的标志。如南方之神祝融，出入即驾两龙。

红山文化的玉龙曾有"中华第一龙"的美誉，这件墨绿色玉制成的玉龙就是其中一件，其形象带有浓厚的幻想色彩，显示出成熟龙形的诸多因素。

◇《山海经》考据

狄山——九疑山

经文这里指出帝喾、帝尧、帝舜、文王均葬在狄山，一些学者认为狄山就是今天的九疑山。古人为了缅怀圣主贤哲，或又为表彰帝王葬所，会将诸帝王葬所附会于一处，如《大荒南经》中提到帝舜与叔均都葬在苍梧之野，就属于这种情况。

第七卷 海外西经

《海外西经》中记述了海外从西南角到西北角的国家及地区，还有那里发生或流传的神话故事：如禹将王位传给儿子启，从而打破了禅让的传统；刑天与黄帝之战，展现了一场古代部族间的战争。这些传说剔除其神话色彩，就是可考据的历史。

筹海图编·广东沿海图

明　雕版墨印　纵30厘米　横20厘米　北京图书馆藏

　　这是一幅明初抗倭时期极具代表性的海防图，沿海岸线接踵排列着烽火台、营、寨、堡，旌旗高扬，严阵以待，军事意图非常明显。以后的沿海地图多沿袭此图的绘图风格。

夏后启

明 蒋应镐图本

禹是中国古代传说中三皇五帝中的一员；夏后启即禹的儿子，是传说中夏代的君主。他是神性英雄，正驾着两龙飞翔于云蒸霞蔚的天空中。

灭蒙鸟 大运山

海外从西南角到西北角的国家地区、山岳河川分别记录如下。

灭蒙鸟在结胸国的北面，身上长着青色的羽毛，后面还拖着红色的尾巴。色彩鲜艳，十分美丽。灭蒙鸟就是孟鸟。帝颛顼有个孙女，名叫修。女修在织布时，有只玄鸟生了个卵，女修吃下卵后，生了个儿子取名大业。大业又娶少典的女儿少华为妻，生了大费。大费再生两个孩子，一个叫大廉，便是鸟俗氏；另一个叫若木，便是费氏。大廉的玄孙叫孟戏、仲衍，他们的样子都长得

像鸟，但会说人的语言。因此他们都是灭蒙鸟的国民。

大运山山势巍峨，高三百仞，屹立在灭蒙鸟的北面。

夏后启

夏后启在一个名叫大乐野的地方观看《九代》乐舞。他乘驾着两条巨龙，飞腾在三重云雾之上。他左手握着一把羽毛做的华盖，右手拿着一只玉环，腰间还佩挂着一块玉璜，正在专心致志地欣赏乐舞。大乐野就在大运山的北面。另一种说法认为夏后启观看乐舞《九代》是在大遗野。

夏后启就是大禹的儿子启，他是夏代的君主。传说大禹为了治水，直到三十岁还没有结婚，后来他治水路经涂山，看到一只九尾狐从山中跑出来，想起涂山当地流传着一首歌谣：谁见到了九尾狐，谁就可以为王；谁娶了涂山的女子，谁的家道就会兴旺。于是禹便决心娶一个涂山的女子为妻。当时涂山部落的首领有一个女儿，

治淮图卷

清 赵澄

我国由农耕经济承载的历史发展，治国与治水始终密不可分。针对黄河流域的水患，大禹率领族人展开了浩大的治水工程。据考证，当时大禹治水的足迹穿越了河北东部、河南东部，山东西部、南部，以及淮河北部。在大禹之后，一代代炎黄子孙以精诚合作的精神对抗自然之力，围绕治水所产生的强大凝聚力留在了每个中国人的血脉里，成为上下五千年中华民族的不灭之魂。

名叫女娇，态度文雅，仪容秀美。大禹在会见涂山部落首领时偶然看见了她，彼此一见倾心，便在一个叫桑台的地方结了婚。

后来禹因为要去四方治水，便离开了女娇，把她安顿到都城安邑，后来又住在太室山。大禹治水期间，数过家门而不入。女娇背井离乡，丈夫又不在身边，思念之苦在所难免。于是在禹偶尔回家的时候，她就坚决要求跟随丈夫一起出发，禹只好勉强答应了。

当时正值禹治水到了轩辕山，大禹想要把这座山打通，好将河水引向东边。这是一个浩大的工程，为了更好地为丈夫补充体力，女娇便决定单独为大禹做饭，然后亲自给他送去。大禹答应了，他在轩辕山的山崖下架设了一面鼓，和妻子约定，如果他敲鼓三声，便是要女娇上山送饭的信号。

女娇回去做饭后，大禹便摇身一变，成为一只毛茸茸的大黑熊，拼尽自己的力气带领百姓凿山开道。但就在禹奋力工作之时，他的爪子不小心刨起了三颗小石子，不偏不倚正好打在山崖下的鼓上，而忘我工作的禹对此毫无察觉。女娇听到鼓声后急急忙忙赶来送饭，正好看到自己的丈夫所化的黑熊在拼命地刨拱石块，她万万没有想到自己的丈夫竟是一头粗莽的黑熊，又是吃惊，又是羞愧，不由得大叫一声，扔下了送饭的篮子，转身逃走了。

禹听见妻子的叫喊，赶忙停止了手头紧要的工作，在后面追赶过来。两人你追我赶一直跑到了嵩高山下，这时候女娇已经精疲力竭，倒在路边变成了一个大石头。追上来的禹又急又气，大声喊道："还我儿子！"听到叫喊，大石头便向着北方裂开，从中生出一个小孩，禹便给他取名启。启就是开裂的意思，故启又名开。在父亲

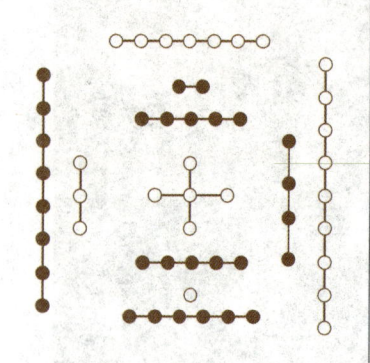

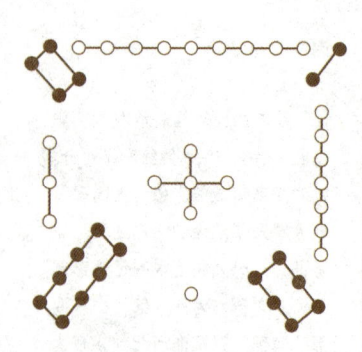

河图与洛书

河图与洛书是中国古代流传下来的两幅神秘图案，历来被认为是河洛文化的流觞，中华文明的源头，被誉为"宇宙魔方"。

治水的岁月中，启渐渐长大了。

　　禹治水成功后，被人们推举为舜的接班人。不久舜就禅位给了大禹，自己则巡游四方。舜去世后，禹正式成为部落联盟首领；他兢兢业业，将天下治理得井井有条。

　　相传，上古伏羲氏时，洛阳东北孟津县境内的黄河中浮出一匹龙马，背负一幅图献给伏羲，即河图。伏羲依此而演成八卦，后为《周易》来源。又相传，大禹时，洛阳西部洛宁县的洛河中浮出一只神龟，背驮一图，献给大禹，即洛书。大禹依此治水成功，遂划天下为九州。又依此定九章大法，治理社会。

　　大禹在他晚年的时候，准备效仿尧舜，由人们推举一个贤能的人来接替自己。最初，人们推举舜在位时就掌管刑法的皋陶，但是没等接任，皋陶就病死了。后来经过商议，又一致推举伯益做大禹的继承人。

　　伯益在治水时是大禹的一名主要助手，他发明了一种凿井的新方法，还擅长畜牧和狩猎，曾教会人们用火烧的办法来驱赶林中的野兽。所以在当时人们的心目中，伯益是仅次于大禹的一位英雄。

舜受禅让

清 望祀山川图
《钦定书经图说》插图

　　舜在登上帝位之初，便举行了拜祖、审查历法、望祀山川等一系列的典礼。之后，他顺利地接替了尧。在大禹晚年，也曾准备效仿尧舜，由人们推举一个贤能的人来接替自己。

原始玉环
龙山文化 直径13厘米

玉以其温润细腻及所承载的文化，成为中国人所崇拜的对象。玉用来制造器皿的最初时间非常遥远，已不可考。玉器的形态繁多，除了用作饰品外，还有如玉璜、玉环之类的特殊形态，常被用来祭祀。它们被赋予了某种神性，夏朝君主启，腰间就佩带着玉环。这件玉环为璇玑式，可能是原始的自然崇拜器物。

随着大禹王位的巩固，他越来越觉得自己好不容易得来的王权应该由自己的儿子来接替，而不能让别的什么人来继承。于是他暗中锻炼自己的儿子，让启参与治理国事，而只给伯益一个继承人的名分而无实权。过了几年，启由于把国事处理得很好，在人们心目中的地位也高了起来。而伯益作为继承人，却没有新的政绩，他过去曾经的功劳，人们也渐渐淡忘了。大禹去世后，启就真的执掌了王权，而多数部族的首领，也都表示效忠于启。

伯益看到事情成了这个样子，十分恼怒。他本是东夷人，便召集东夷部族向启部杀来。而启早有防备，他从容应战。经过一番较量后，终于将伯益的军队打败。启为了庆祝胜利，在钧台举行了大规模的宴会，公开宣布自己是夏朝第二代国君。从此，父亡子继的家天下制度，便取代了任人唯贤的公天下制度。

尽管启打败了伯益，但许多部族对他改变禅让传统的做法表示强烈的反对。有一个部族首领有扈氏，就站出来公开反对夏启的做法，要求他按照部落会议的决定，还位于伯益。于是，夏启就和有扈氏在一个叫甘泽的地方发生了激战。结果有扈氏被打败，其部落的成员被罚为奴隶。

中国传说中的三皇五帝图
山东嘉祥武梁祠汉画像石

三皇五帝是中国古代传说中的英雄和圣人，是中华民族的祖先。图中间一排从右到左分别为：人类祖先伏羲和女娲，他们首尾相连；祝融，火的发明者；神农，农耕的始创者；黄帝，文明的建立者；颛顼、尧、舜；大禹，夏朝的建立者；最后一位是夏朝末代君主桀。其中，禹的儿子启，后来成为夏朝君主，他颇具神性，历史上有很多关于他的传说。

从此，夏启的王位日益巩固，再也没人敢起来反对他了。

大禹是天神鲧的儿子，具有超人的神力，因此他的儿子启也具有神性。据说他曾三次驾龙上天，到天帝那里做客，偷着把天宫的乐章《九辩》和《九歌》记下，在大运山北的大遗之野演奏，这便是乐舞《九招》《九代》。大遗野便是夏后启观看《九代》乐舞的地方。

三身国 一臂国 奇肱国

三身国在夏后启所在之地的北边，该国的人都长着一个脑袋，却有三个身子。他们都姓姚，以黍为食物，身边有四只鸟陪伴。这些人都是帝俊的后代。当年帝俊的妻子娥皇所生的孩子就是一首三身，他们的后代繁衍生息，渐渐地形成了三身国。

在三身国以北的地方，有个名叫一臂国的地方，这里的人都只长着一条胳膊、一条腿，在脸的正中长着一只眼睛、一条眉毛、一个鼻孔、一张嘴，也就是只有普通人一半的身体。他们又被称作比肩民或半体人，因为他们只有像比目鱼、比翼鸟一样，两两并肩连在一起，

漠北之战

油画 中国人民革命军事博物馆藏

古代各个部落之间的战争促进了民族的融合，同时战争也伴随社会的变革，带来新的格局。夏启曾和有扈氏在甘泽决战，有扈氏被打败，其部落的成员被罚为奴隶。从此，父亡子继的家天下制度，便取代了任人唯贤的公天下制度。

三身国周边

明 蒋应镐图本

三身国人皆一首三身。一臂国人只有正常人一半的身体，也叫半身人，那个骑一匹怪马行走的半身人正是此国人。而那个三目一臂的骑马之人是奇肱国人。刑天曾与黄帝争夺神位，失败后被砍去头颅，那个手持斧盾的无头人便是。

才能正常行走。这个地方还有一种黄色的马，毛皮上长着像老虎一样的斑纹。和这里的人一样，这些马也都只长着一只眼睛和一只前蹄，是一臂国国民的坐骑。

奇（jī）肱国位于一臂国的北边。该国的人都只长着一条胳膊，却长有三只眼睛。眼睛有阴有阳，阴在上而阳在下；阳眼用于白天，阴眼用于夜间，所以他们在夜间也能正常工作。他们平时出门胯下常骑着一种名叫

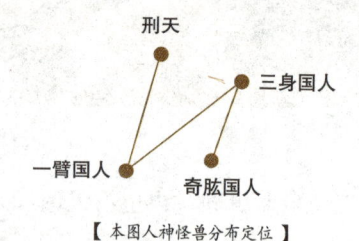

【本图人神怪兽分布定位】

《山海经》珍贵古版插图类比

三身国 郝本的三身国国民为一首三身六手六足，正面之手举于胸前，侧面四手向左右平举，六足同时着地作站立状。而汪本的三身国国民只有三身和三手。

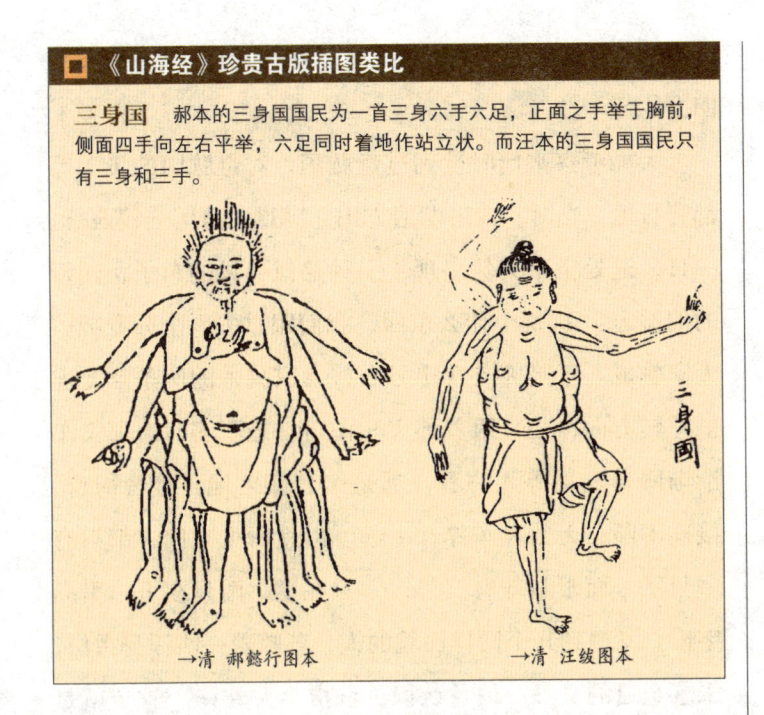

→清 郝懿行图本　　→清 汪绂图本

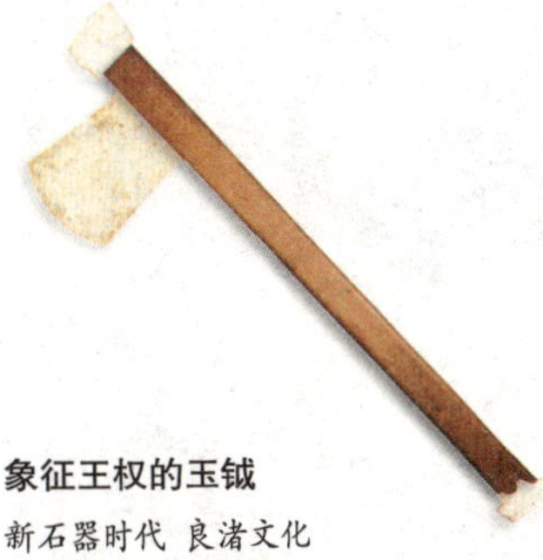

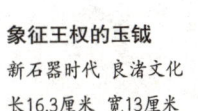

象征王权的玉钺
新石器时代　良渚文化
长16.3厘米　宽13厘米

钺本是兵器，然而玉钺却非武器，应是由钺演化而来的一种典礼上使用的仪仗器物。良渚的钺已做得非常考究，不仅磨制得规整、光洁，有些还雕琢了神徽纹饰。玉钺作为礼仪的象征，也似乎是古代军事首领的象征。由于战争的结果直接决定了政权的归属，所以钺这种器物后来也由军权的象征物，演变成了王权的象征物。

吉量的神马，这种吉量马又叫吉良或吉黄，毛皮白色，有斑斓的花纹，马鬃赤红色，双目金光闪闪，据说骑上吉良马的人可长寿活到千岁。

奇肱国的人因为只有一臂，远不如其他人灵便，所以十分珍惜时间，就算夜间也用阴眼工作而不休息。勤能补拙，虽然只有一条胳膊，但他们以擅长制造各种灵巧的机械而闻名于世。在当地生长着一种鸟，长着两个脑袋，身上羽毛红黄相间，就栖息在奇肱国国民的身旁。奇肱国人就用巧手做出各种捕鸟的小器具，以捕杀它们。

另外他们还能制造飞车，这种飞车造型奇特，做工精巧，能顺风远行。传说商汤时期，奇肱国的人曾乘坐飞车顺风飞行，突然一阵猛烈的西风刮来，把他们的飞车连同人一起吹到了豫州一带，汤王于是派将士砸坏了他们的车，使他们不能回去。被毁坏的飞车也被他们藏起来，不让当地百姓看见。但是这些都难不倒奇肱国人，他们在豫州定居休整，等待时机。十年之后，刮起了东

一臂国
清 汪绂图本

一臂国国民只有普通人一半的身体，只能像比目鱼、比翼鸟一样，两两并肩连在一起，才能正常行走，所以又被称作比肩民或半体人。

奇肱国

清 汪绂图本

奇肱的意思就是独臂，奇肱国之人都只有一只胳膊。和奇肱国比较相像的还有一国，叫奇股国，其国人皆为独脚。这两国的人都有三只眼睛，而且都是有本事的异人。他们擅长制造各种灵巧的机械来捕捉禽兽，又能制造飞车，乘风远行。

风，他们便又造了一辆飞车，然后乘坐飞车顺着东风飞了回去。

大禹考察水情时曾到过奇肱国，对奇肱国的飞车等都曾目见。当时，大禹凿通方山，穿过三身国继续西行。一日，远处空中突然出现了一种酷似飞鸟的车子，同行的伯益道："这是个什么东西，我们跟过去看个究竟吧。"大家赞成。于是郭支发出号令，大家骑乘的两条巨龙连忙掉转方向，径直跟着那飞车前行。走不多时，那飞车渐渐降落。禹等人一看，那是个繁盛之地，楼舍街市，接连不断，无数飞车停在一起。沿途所见人民，都只有一只手，而眼睛却有三只，一只在上，两只在下，呈品字形。又遇到几个同样面貌的人，各骑着一匹浑身雪白，朱鬣金目的文马。伯益认识，就指给大禹看："这个就是从前在犬封国看见的那种骑了之后可以活到千岁的吉量马。难道此地之人都是长生不死的吗？"

在路旁树林里，众人遇见两个猎户，他们在林中埋设机关，有三只野兽已经跌入陷阱内。那猎户二人将三兽逐个捉出捆绑，扛在肩上；两人虽然只有两条臂膀，但丝毫不觉其吃力费事。大禹等忙赶上前去问他们道："请问贵国何名？"那猎户道："叫奇肱国。诸位远方来的客人，是要打听敝国情况吗？从此地过去几十步，有一间朝南的旧屋，屋中有一折臂老者，请诸位去问他吧。"说着，扛着野兽径自而去。大禹等依他所言走到旧屋，果然见一老者独坐其中。只见他先站起来问道："诸位可是中华人吗？不知诸位到此是做何种贸易，还是为游历而来？"大禹道："都不是，都不是。只因看见贵国飞车精妙，特来探访个究竟。"那老者道："既然如此，待老夫指引诸位去参观吧。"说着，站起身来，往外先行。大禹等跟在后面。

行至一里之外，只见一片广场上停着不少飞车，这时正巧见到二人坐在车中，只用手指猛地一扳，顷刻间只听得机声轰隆作响，车身已渐渐上升；升到七八丈的高空，改作平行飞行，径直向前方飞去，非常平稳。大禹等走到车旁，仔细观察那车的构造，车身都是用荆棘柳条编成，里外有无数齿轮，大大小小，不计其数。每辆车仅可容二人，所以长宽不到一丈。

座位前又插着一根长木，那老者指点道："这飞车虽然能自己升降行动，但如得风力相助，更会如虎添翼呀。"随后便一一介绍起车内设施及其用途："这根长木就是预备有风的时候挂风帆的。"又指着车内一个机关说道："这是主上升的，扳着这个机关车就能升到高空。"又指着另一个机关道："这是主下降的，想要降落，便扳这个机关。"又指着另两个道："这是主前进的，这是主后退的。"另外，在车的前端有一块突出的圆形木板，老者介绍说："这是控制转向的，如同船上的舵一样。"大禹等且听且看，心中暗暗佩服他们的创造之妙，工艺之精。那老者看罢继续说道："敝国之人为天所限，只有一臂，做起事来万万不如他国人灵便，所以不能不爱惜光阴，加倍努力工作。乘坐飞车是为了来往较远之地节省时间，并非贪图安逸。"随后又道："敝国人三眼分为阴阳，在上的是阴，

冶炼图

佚名 线描

奇肱国的人颇具智慧，且勤于工作，制造出了飞车等在当时极为先进的机械，显示了我国古人杰出的智慧。能够反映古中国灿烂文明的事迹还有很多，如在很早以前中国人就已掌握了冶铁技术。

《山海经》珍贵古版插图类比

刑天 吴本的两个刑天造型相似，均以乳为目，以脐为口，满面笑容，双手挥舞干戚，只是线条着墨不同。《神异典》本的刑天立于水边，威猛异常。

→清 吴任臣康熙图本　　→清 吴任臣近文堂图本　　→清 《神异典》

表现"执干戚舞"的象形文字
商 《殷周金文集成》 中华书局
干是盾，是防御性武器；戚如长柄斧，是进攻性武器。执干戚而舞的舞蹈形式从远古一直流传到今天。

在下的是阳；阳眼用于日间，阴眼用于夜间，所以靬国人夜间也能工作，无须用火。这是靬国人的长处。"

刑天 女祭 女薎

刑天与黄帝争夺神位，展开了一场厮杀，结果刑天失败，被黄帝砍下脑袋，成了"断头将军"。黄帝把刑天的头埋在了常羊山。失去头颅的刑天并没有死，也没有屈服，他以双乳为目，以肚脐为口；一手操持盾牌，一手舞动巨斧，欲与黄帝再决胜负。刑天本是炎帝的臣子，原来并没有名字，后来被黄帝砍去了头颅之后才叫刑天，刑天就是断首的意思。

此后，他成了一位无头天神，以身体为脸，双乳为目，肚脐为口；络腮胡须，面带笑容。这一形象被古代一种叫"干戚"的舞蹈吸收，"干"就是盾，"戚"就是长斧，实际上就是模仿刑天以表现不屈不挠的战神精神。

在刑天与黄帝交战之地的北面，居住着一位叫作祭的女巫和一位叫作礜的女巫，她们正好处于两条小河的中间。女巫礜手里拿着一个兕角小酒杯，女巫祭手里捧着一块肉案，她们正在祭祀神灵。

鹚鸟 䳍鸟 丈夫国 女丑尸

鹚（cì）鸟和䳍（zhān）鸟栖息在女巫祭祀之地的北面，身上羽毛的颜色是青中带黄。虽然模样漂亮，却是一种不祥之鸟；它们飞经哪个国家，哪个国家就会败

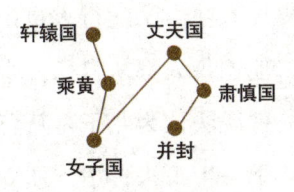

【本图人神怪兽分布定位】

丈夫国一带
明 蒋应镐图本

丈夫国内全是男人，没有女子，那个衣冠楚楚的佩剑者便是丈夫国人。往北是巫咸国，双头蛇并封就栖息在其东面。女子国中的两个女子正在水中洗浴。轩辕国皆人面蛇身，尾交于头上。白民国内生活着一种叫乘黄的长尾兽。肃慎国人没有衣服，平日身披猪皮，那个腰围树叶的便是肃慎国人。

亡。鸰鸟长着一副人的面孔，神气活现，整日栖息在山上。另一种说法认为这两种鸟统称维鸟，是青色鸟、黄色鸟聚集在一起时的混称。

丈夫国位于维鸟栖息之处的北边，那里的人都衣冠楚楚，身佩宝剑，颇有英雄气概。这里的国民全是男子，没有女人。他们是怎么来的呢？传说殷帝太戊曾派王孟等一行人到西王母所住的地方寻求长生不死药，他们走到此地断了粮，不能再往前走了，只好滞留此地，以野果为食，以树皮作衣。由于随行人员中没有女人，所以人人终身无妻。他们每人都从自己的身体中分离出来两个儿子，也有一种说法认为儿子是从背部的肋骨之间钻出来的；所以儿子一生下来，本人便立即死去。这些人和他们的儿子从此之后在这里生息繁衍，久而久之便形成了丈夫国。丈夫国离玉门关还有两万里之遥。

在丈夫国的北面，横躺着女丑的尸体，她是被十个太阳的热气烤死的。尸体横卧在山顶上，死的时候她用右手遮住脸，十个太阳高高悬挂在天上，炙烤着大地。女丑是古代一位女巫的名字，她虽然死了，但其灵魂仍然不灭，常常附于活人身上，供人祭祀，或行使巫事。

巫咸国　并封　女子国　轩辕国

巫咸国位于女丑尸体的北面，这是一个由巫师组成的国家，所有的人都右手握着一条青蛇，左手握着一条红蛇，样子十分诡异。巫咸国境内有座登葆山，是巫师们来往于天上与人间的通道，他们到天上把人民的请求传达给天帝，随后又从那里下来向人民转达天帝的意旨。他们还在沿途采集一些名贵的仙药，替民间百姓医治病患。

有一种名叫并封的怪兽就栖息在巫咸国的东面，它的形态像普通的猪，却前后都长有头，浑身毛皮都是黑

祭祀卜辞
商　河南安阳殷墟出土

古人祭祀的对象包括天、地、日、月、风、雨、山川、祖先等神灵。繁复的祭祀典礼除了自己举行外，还请巫之类的神人代而进行；因为巫能沟通人神，往返天地，其本身就具有很强的神秘色彩。如在刑天与黄帝曾经交战的地方的北面，就有两位女巫正在祭祀神灵。这片甲骨上刻有两段卜辞，为祭祀祖先所用。

巫医诊病

东汉 纵94.5厘米 横91.5厘米
山东省微山市两城镇出土

　　巫师们负责采集仙药为百姓治病。这幅画像生动再现了古代巫医诊病的场景。图案分为上下两层，上层为四个仙人骑兽而行；下层右上角，一个鸟身人面的巫医正在为三个人诊病；左下方有一水榭，有人在水中网鱼，亭子里有人观看。画面丰富而活泼有趣。

色的。有人认为并封雌雄同体，牝牡相合。也有人将所有身生双头、雌雄同体的神兽形象都称作并封。

　　女子国位于巫咸国的北面，有两个女子居住在这里，四周有水环绕。传说女子国境内有一眼神奇的泉水，名叫黄池，妇人只须在黄池中沐浴即可怀孕生子。若生下男孩，三岁便会死去；若是女孩，则会长大成人。所以女子国的人都是女人而没有男人。另一种说法认为那两个女子居住在一道门的中间。女子国离九疑山二万四千里。

　　在女子国的北边，靠近穷山的地方，有一个地方叫轩辕国，这个国家里的人即使不长寿的也能活到八百岁，彭祖在他们那里也不能算长寿。轩辕国的人有人的面孔，却长着蛇的身子，尾巴盘绕在头顶上。传说黄帝就出生在这个国家。

龙形并封
战国 长9厘米

并封这类雌雄同体的现象，在观念上对人们影响很大，可能是一种古老的自相交配的原始观念的遗存。类似这种动物在神话传说中有很多描绘，而且对后世产生了深刻影响。这件战国的云纹双龙首玉璜，两端皆镂雕着一张口露齿的侧面龙首，和原始并封的形态颇为相像。

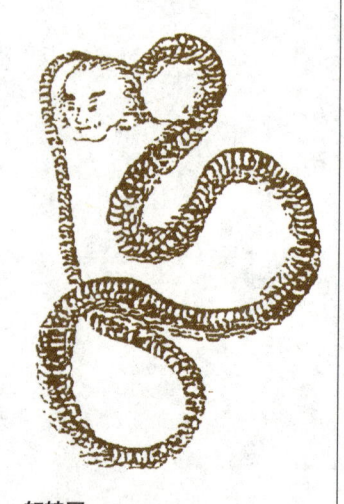

《山海经》珍贵古版插图类比

并封 《禽虫典》本的并封为猪形兽，前后都有头。汪本的并封形象线条更加简洁明快。并封的造型也被民间艺术广泛吸收，如河南淮阳的双头狗玩具。

→河南淮阳的民间玩具

→清《禽虫典》　　　　→清 汪绂图本

轩辕国
清 汪绂图本

轩辕国的人为人面蛇身，尾交于头上，或许这正是古代神话中黄帝的形象特征。引人深思的是，这种"人面蛇身，尾交首上"的造型有着很深的寓意，最早出现于仰韶文化。可到底作何解释，至今仍是个无法解开的文化之谜。

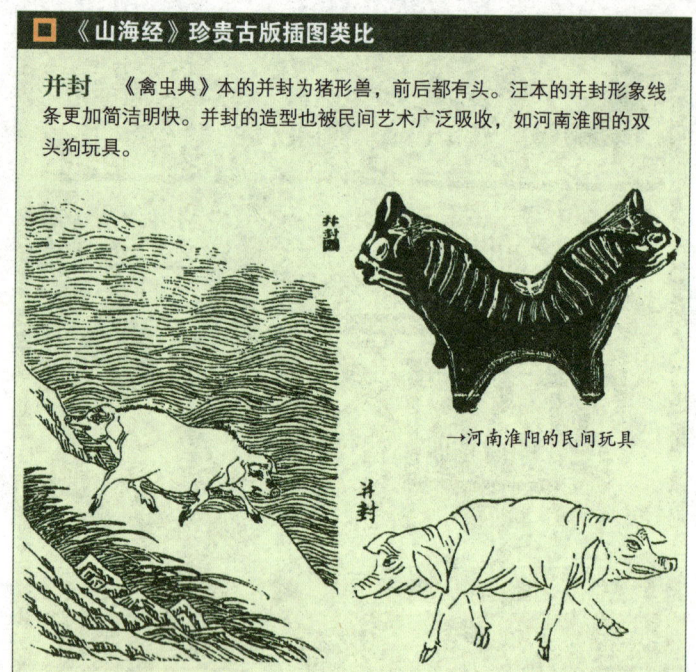

穷山 沃野 龙鱼 白民国

穷山位于轩辕国的北边，这个地方也居住着人，弓箭手都不敢向着西方射箭，因为黄帝威灵所在地轩辕丘就在西边，他们敬畏黄帝所以不敢拉弓。轩辕丘也位于轩辕国的北部，呈四方形，四周被四条大蛇相互围绕守卫着。在四条蛇的北面，有个叫作沃野的地方，有居民在那里生活。每天鸾鸟自由自在地歌唱，凤凰在天上鸣叫飞舞。凤凰生下的蛋，那里的居民食用它；苍天降下的甘露，那里的居民饮用它，凡是他们所想要的都能事事如愿。那里的各种野兽与人居住在一起，相互之间和睦相处而没有争斗。沃野的人用双手捧着凤凰蛋而食，总有两只鸟在前面飞舞就像在引导他们一般。

有一种既可在水中居住又可在山陵生活的龙鱼，就栖息在沃野的北边，龙鱼的形状和一般的鲤鱼相似。另一种说法认为龙鱼是一种外形像狐狸的小型野兽。有神力的人骑着龙鱼遨游在广大的原野上，就像骑着天马遨游在天上一般。还有一种说法认为鳖鱼栖息在沃野的北面，这种鱼的外形也与鲤鱼相似。

白民国位于龙鱼栖息地的北面，居住在那里的人，皮肤都像雪一样白，整日披头散发。白民国境内生活着一种叫作乘黄的野兽，其外形与一般的狐狸相似，但脊背上长有角，它是一种祥瑞之兽。人如果骑上它就能长寿，活到二千岁。还有人说乘黄的身子像马，还长着龙的翅膀，背部长着两个角。传说黄帝就是乘坐乘黄飞升成仙的。

肃慎国 长股国 蓐收

肃慎国位于白民国的北面。肃慎国的国民平时没有衣服，只把猪皮披在身上，冬天涂上厚厚一层油才能抵御风寒，日子十分艰苦。肃慎国境内有一种树木，叫作雄常树，具有一种"应德而生"的神力。一旦中原地区有英明的帝王继位，雄常树就会生长出一种树皮，供肃

◇《山海经》考据

龙鱼——穿山甲

对于龙鱼这种生物的考证，近代有学者提出了全新的见解。因为龙鱼是一种外形像狐狸的小型野兽，所以它的原型很可能是穿山甲。古人认为穿山甲能穿山越岭，掘洞而居，非常神奇，所以想象出有神力的人骑着龙鱼遨游在广大的原野上，就像骑着天马遨游在天上一般的景象。

□《山海经》珍贵古版插图类比

乘黄 汪本的乘黄为二角兽，形貌似狐狸。胡本的乘黄长有三角，背上两短角，头上一尖角，似在奔跑。

→清 汪绂图本　　　　　　　　→明 胡文焕图本

慎国的人制成衣服穿在身上。传说圣帝在位时就曾穿过用这种树皮做的衣服。另外这个国家的人还擅长拉弓射箭，他们用的弓长四尺；因为力大无比，所以只须用石头做箭头就可以把野兽杀死。传说春秋时期陈侯就曾经在自己的庭院中拾到过这种箭。

长股国位于雄常树的北面，那里的人都赤裸上身，

肃慎国一带
明 蒋应镐图本
在肃慎国的北方有个长股国，国内人皆腿长无比；那个站在海中，双手捧着一条刚抓上来的鱼的人即为长股国国民。西方之神蓐收，正骑乘二龙，腾云驾雾，上天入地，巡视八方。

● 蓐收
● 长股国人

【本图人神怪兽分布定位】

360

《山海经》珍贵古版插图类比

蓐收 《离骚图·远游》中的蓐收一脸威严,正在云端大步行走,把风伯雷公都甩在身后。胡本的蓐收神情严肃,左耳挂蛇,传达出一种肃杀之气。

→明 胡文焕图本

→清 萧云从 《离骚图·远游》

披散着头发。传说长股国国民善于捕鱼,他们的身体跟普通人别无二致,就是双腿奇长无比,可达三丈,行走时就像踩着高跷一般。于是他们就利用自己的优势,和《海外南经》中的长臂国国民相互配合。曾有人看见一个长股国的人背着一个长臂国的人在海中捉鱼,他们根本不用划船,身上的衣服一点也不会被浪花打湿。另一种说法认为长股国叫长脚国。

西方之神名叫蓐收,他左耳上挂有一条蛇,也乘驾着两条龙四处飞行。蓐收是西方天帝少昊之子,是西方刑神、金神,又是司日入之神,居住在西方的泑山中,掌管着西方一万二千里的地界。他人面虎爪,耳朵上缠绕着蛇,手上拿着斧钺,镇邪驱魔,威风凛凛。蓐收又是司秋之神,掌管秋季事宜。

长股国 清 毕沅图本

长股国人腿长三丈,传说民间杂技表演所踩的高跷就是模仿长股国国民的长腿发明的。

第八卷 海外北经

《海外北经》除了记述无启国、一目国、柔利国、深目国、无肠国等国家的奇异风貌外，还记载了蚕神许配给马、大禹杀相柳等传说故事。

全海图注（局部） 明 雕版墨印 纵30.6厘米 横1309.3厘米 北京图书馆藏

　　该图是一幅军事防御图，包括海防和江防两部分。沿海图上沿海岛屿描绘详细，沿江图主要表示沿江两岸的驻防情况和治安情况。此图用于对外防御倭寇，对内防备盗贼，制图目的非常明确。

一目国以东地区
明 蒋应镐图本

一目国的人一只独目生于脸面正中。那个独手独足，脑袋反生者是柔利国人。相柳是只九头蛇身的怪物。深目国的人眼睛深深陷在眼眶中。聂耳国人耳朵巨大无比，且常使唤两只花斑大虎做仆人。

海外从西北角到东北角的国家地方、山岳河川分布情况记录如下。

无启国 烛阴 一目国 柔利国

无启国位于长股国的东边，其国民的奇特之处在于他们都不生育子孙后代。传说他们居住在洞穴里，没有男女之别，生活非常简单，有时仅靠呼吸空气为生，偶

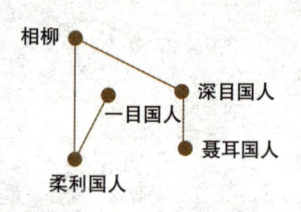

【本图古国神兽分布定位】

尔会吃几条小鱼，有时则干脆捡拾泥土食用。他们死后就埋入土中。奇特的是，他们人虽已经死了，但是心脏却依然跳动不止，尸体也不会腐烂。等到一百年（一说一百二十年）以后，他们又会复活，从泥土里爬出来重享人生之乐。所以在他们看来，死亡就好像是睡大觉，如此周而复始，以至于这里的人虽然没有后代，家族依然人丁兴旺。

钟山的山神名叫烛阴，他威力巨大，睁开眼睛人间便是白昼，闭上眼睛宇宙便是黑夜；一吸气天下便是寒冬，一呼气世界便是炎夏，一呼吸就生成风。他平时不喝水、不吃食物、不呼吸，他的身子有千里之长，居住在无启国的东边。他的样子也很奇特，长着人的面孔、蛇的身子，全身赤红，就住在钟山脚下。也有人把他叫作烛龙，认为他是一位威力跟盘古相当的创世神。

一目国位于钟山的东边，这个国家的人相貌奇特，只在脸的正中央竖生着一只眼睛，赤身光脚，系着一条围腰。另一种说法认为他们的独目为横目，像普通的人一样也有手有脚。

在一目国的东面有个叫柔利国的地方，这个国家的人都只长有一只手、一只脚，而且膝盖是反长着的，脚弯曲朝上。另一种说法认为柔利国又叫留利国或牛黎国，传说因为他们身上没有骨头，所以手脚都向上反长着。

相柳

天神共工的臣子中有个名叫相柳氏的，他的相貌十分凶恶恐怖。巨大的青色蛇身上面长着九个脑袋，每个脑袋上都是人的面孔。不仅如此，这九个头分别在九座山上吃食物。他一吞一吐，所触及的地方便会成为沼泽，并发源出溪流。沼泽中的水苦涩无比，人兽都无法饮用。

一目国
清 汪绂图本
　　一目国国民只在脸的正中位置生有一只眼睛。

◆《山海经》考据
柔利国源于丧葬习俗
　　一些学者怀疑有关柔利国的描写记录的是漠南北先民的丧葬习俗。"一只手、一只脚"是一个人的侧面像，"膝盖是反长着的，脚弯曲朝上"是葬时死者的姿势。近代蒙古族人的葬礼，人们用木板制成方柜，在死者身上缠上白布，以坐姿固定在里面，正是文中柔利国民的样子。

《山海经》珍贵古版插图类比

相柳 《天问图》中的相柳九首二二成双长在蛇头部位，非常可怕。汪本的相柳蛇身漆黑，九首三三相叠。山东沂南汉画像石中的人面九首龙身像，也被认为是相柳形象的一种演绎。

相柳

→清 汪绂图本

→清 萧云从《天问图》

→山东沂南汉画像石

威风凛凛的玉龙
商后期 纵8.1厘米 横5.6厘米

"谦谦君子，温润如玉"，玉自古就是中国人心目中高雅品性的象征，有时还是人神合一、神力超群的通灵宝物，一如威力神奇的创世神烛龙。这件玉龙，虽龙身短小，但密布的云雷纹、重环纹、菱形纹等饰纹使其显得威风凛凛。

在发洪水的时候它便出来助纣为虐。大禹平息洪水后便杀死了它，之后大禹发现，相柳死后流出的血液汇聚成河，发出腥臭刺鼻的气味，所流经的地方五谷不生。大禹亲自动手掘填被相柳血膏浸坏的土地，但填塞了多次，又多次塌陷下去。大禹没办法，干脆挖了一个池子，让血流到里面，并用挖掘出来的泥土为众神修造了几座帝台，统称为共工台。这帝台位于昆仑山的北面，柔利国的东面。

关于相柳的斑斑劣迹，另有传说记载。相传在帝尧时代，相柳霸占了雍州以西的地区，荼毒生灵，侵灭诸侯，百姓民不聊生，一时间怨声载道。当时，大禹领命治水，到了共工藩国内雍州以西，得知相柳的残暴，发誓不诛此妖誓不为人。自从相柳被共工孔壬委命留守之后，便遵从孔壬所教的方法，豢养了一班凶人，替他在百姓中选择身宽体胖之人，供他吞食，而他自己却隐藏在幕后。同时又假仁假义，对那些瘦弱的百姓施以恩惠；或者助之以米粮，或者从肥胖的人身上敲诈些食物，一半拿来饱自己的肚腹，一半分给瘦弱的百姓，以赚取扶助弱者的美名。其实他何尝真有怜悯贫瘦的美德，不过想把他们养肥后再来供自己享用罢了；另外，借此假仁假义，还可以博得一班瘦弱之人的称誉，以掩饰他择肥而食的残酷，可谓一举两得。所以几十年来，远方之人，还不甚知道相柳的底细，以为不过是共工孔壬的臣子而已。他的算计，不可谓不巧妙。但看到他几十年来，身长体粗，膏油满腹，就可想见吃人之多。

共工台 深目国 无肠国 聂耳国

因为敬畏共工威灵所在的共工台，射箭的人都不敢面向北方。共工台位于相柳氏的东面，与黄帝威灵所在的轩辕丘相似，四方形状，每个角上盘踞着一条蛇。它们身上的斑纹与老虎相似，头都朝向南方，共同守卫着共工台。

深目国位于相柳氏所在之地的东面，那里的人脸上只有一只眼睛，深深地陷在眼眶里，平时总是举起一只手，

深目国

清 《边裔典》

　　深目国人，眼睛深深陷在眼眶里。

聂耳国
清 汪绂图本

聂耳国又叫儋耳国，其国人居住在孤悬于海中的小岛上。那里的人都长着一对长长的耳朵，一直垂到胸前，走路时只好用双手托着。

就像跟人打招呼的样子。另一种说法认为深目国在共工台的东面。

无肠国位于深目国的东面，那里的人个子高大，与众不同的是，他们的肚子里都没有肠子。他们的腹部简直就像直筒一般，吃的食物在肚腹中畅通无阻，不消化就直接排出体外，餐厕合一。食物虽不能停留，但只要在腹中一过就饱，排泄物实际上也还是新鲜的食物。所以那里的富贵人家，都将排泄之物收好，留给仆婢食用，或留给自己下顿再吃。以至于一餐之食，可以一而再、再而三地反复食用。

在无肠国的东面有个聂耳国，这个国家的人身边都有两只花斑大虎陪伴，虎身上的花纹如同雕画一般。聂耳国又叫儋耳国，其国民都姓任，是东海海神禺虢的后裔。他们的突出特点是每个人都长着又长又大的耳朵，一直垂到肩膀下面；为了行动灵活，他们在行走时不得不用手托住自己的大耳朵。传说聂耳国的人耳朵大到可以用一只耳朵作褥子垫在身下，一只耳朵当被子盖在身上；出门非常方便，甚至不用住店。聂耳国的疆域在海水环绕的孤岛上，所以居民时常能看到出入海水的各种怪物。有两只老虎就站在他们的东面守护。

夸父国

有位神人夸父想要与太阳赛跑，他一刻不停地追赶，最后终于追上了太阳。这时的夸父口渴难忍，想要喝水，于是俯身去喝黄河和渭河中的水，直到把这两条河的水喝干还是没能解渴，又准备向北去喝大泽中的水；结果还没走到，就渴死在半路了。他临死之前所抛出的拐杖，变成了邓林，邓林就是桃林；而他自己也变成了一座山，在中央第六列山系中就有神人夸父所化的夸父山。

第八卷 海外北经

夸父国位于聂耳国的东面，这个国家的人都是巨人，个个身材高大，赤身光脚着短裤，右手握着一条青蛇，左手握着一条黄蛇。夸父逐日时，其手杖所化的邓林就在夸父国的东面。这片邓林其实只有两棵树，但其树冠非常大，所以二木成林，整整覆盖了方圆三百里的地方。

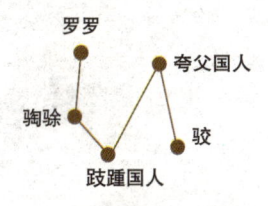

夸父国一带
明 蒋应镐图本

夸父国人皆身材高大，且双手操蛇。跂踵国人也身材高大，那个踮脚巨人即为跂踵国之民。北海内有种形似马的神兽名叫駒駼；还有一种野兽名駮，也形似马，以虎豹为食；那里还生活着一种名叫罗罗的虎形兽。

【本图人神怪兽分布定位】
- 罗罗
- 夸父国人
- 駒駼
- 駮
- 跂踵国人

369

夸父
明 蒋应镐图本

夸父，与太阳赛跑的神人，也是人类的先祖及山林万物的缔造者。白云缭绕、天地氤氲中，一轮巨日光彩夺目；神人夸父迈开大步，衣带飘扬，追逐着那远方的太阳。

传说在上古时代有个夸父族，是炎帝的苗裔，他们身材高大，骁勇善战。追日的夸父就是这一巨人族中的一员。在炎帝与黄帝的战争中，这个部族被黄帝的神龙——应龙所败，后来夸父的遗裔组成了一个国家，这便是夸父国。另一种说法认为夸父国叫博父国。

禹所积石山　拘瘿国　跂踵国　欧丝之野

在博父国的东面，有一座山名叫禹所积石山，这里是黄河流入的地方。由于大禹治水疏通了这里的山道，当地人为了纪念大禹的恩德，便给山起了这样的名字。

拘瘿国位于禹所积石山的东面，那里的人脖子上都长着一颗大肉瘤；这颗肉瘤拉拽着脖子，以致人们走路时不得不用一只手托着。另一种说法认为拘瘿国叫作利瘿国。

有一种叫作寻木的巨树，高达千里，直插云霄，它就生长在拘瘿国的南面，黄河上游的西北方。

跂踵国位于拘瘿国的东面，这个国家的人身材都很高大，两只脚也非常大。传说他们都只用脚趾头走路，脚跟不着地，看起来蹑手蹑脚的，所以称为跂踵，也叫跛踵、支踵。另一种说法认为跂踵国国民的脚反向生长在腿上，如果往南走，留下的足迹就会向着北方，所以又称反踵，叫反踵国。

蚕神

欧丝之野位于反踵国以东，有一个女子正跪倚着一棵桑树吐丝。

有三棵没有枝干的桑树，生长在欧丝之野的东面，这三棵桑树虽然高达百仞，却不生长枝叶，只有光秃秃的树干。

关于这个女子和这三棵桑树，曾流传着这样一个传说。黄帝在战胜蚩尤后非常高兴，大摆庆功宴，命令手下的乐官演奏乐曲，让战士们随着音乐跳起雄壮威武的舞蹈。就在作乐庆功、皆大欢喜的时候，天上突然飘然下来一位女神。她手里握着两捆细丝，一捆颜色像金子一样灿烂，一捆颜色像白银一样耀眼。这位女子自称是蚕神，特地赶来把精美的蚕丝献给黄帝，作为庆功宴上的贺礼。这位蚕神是一个美丽的女子，唯一让人觉得奇怪的是，她身上披着一张白色的马皮。而这马皮就好像长在她身上一样，与她合二为一，根本取不下来。如果她把马皮左右收拢一些，整个身体就会被马皮紧紧包裹，继而与马皮合为一体，变成一条白

跂踵国

清 汪绂图本

汪本的跂踵国图突出了跂踵国人用脚趾头走路、脚跟不着地的特点。

色的虫,长着马一样的头,在地上不停地蠕动。

蚕神自我解释说,她住在北方的荒野,其东边生有三棵高达百仞、只有主干没有枝丫的大桑树。她常常半跪着趴在一棵树上,以桑叶为食,然后从嘴里吐出闪光的丝。用这些丝就能织成美丽的丝绸,而丝绸则可以给人做衣裳。

因为日日吐丝,所以她居住的荒野就叫作欧丝之野。黄帝听了大为赞赏,就让蚕神教妇女缫丝纺绸。黄帝的妻子嫘祖也亲自培育幼蚕,并在百姓中推广。从此,中华大地就有了美丽的丝织品,中国也就成了丝绸的故乡。

然而这位蚕神从何而来,又为何身披马皮呢?原来在上古时期,有一个美丽的女孩,她的父亲被强盗掠走,只剩下母亲与她相依为命。家中有一匹白马是父亲曾经

纺织图
东汉 画像石拓本
江苏铜山县洪楼出土
江苏省徐州汉画像石艺术馆藏

从图中我们可以看到织布、络纱、摇纬的全过程。坐在织机旁的农家妇女正转身接抱被送来的婴儿,紧张忙碌的工作中渗透着点点滴滴的血脉亲情,生活气息十分浓郁。

的坐骑，这匹马每天由女孩精心喂养，渐渐对她产生了感情。女孩的母亲自丈夫被掠走之后，日日牵挂，看到丈夫以前的坐骑之后思念更甚，便对马说："马啊！假如你能去把我丈夫接回来，我一定将我女儿许配给你做妻子。"

马听到这句话，竟然挣脱缰绳飞奔出去，如风驰电掣一般。也不知经历了多少艰险，终于在几天之后找到了女孩的父亲。父亲见到马又惊又喜，但是筋疲力尽的马回头望望来路，发出悲鸣。父亲顾不上心中的疑惑，骑上白马回到了家中。

见到父亲被救了回来，一家人自然欢喜不迭；想到这马如此通人性，待它比以往更尽心，总是用最好的草料来喂它。但这马非但不吃，而且每每看见女孩从院子里进出，都会神情异常，又叫又跳。

父亲觉察到这种情况之后非常奇怪，便私下询问妻子，妻子只好将她对马说的话告诉了丈夫。父亲听后十分恼怒："人与畜怎能结婚呢？"他虽然感激这白马对自己的救命之恩，但无论如何也不能将女儿许配给马，辱没家门。他将女儿锁在房子里，不让她出门。白马看不到女孩，脾气比之前更加暴躁，日日嘶鸣不已。为了避免白马在家里长期作怪，父亲干脆在院子里埋伏下弓箭，

蚕神
明 木刻插图 摹本
　　传说女孩与白马后来升天成仙，女孩被封为九宫仙嫔，白马就陪伴在她身旁。图中蚕神身姿秀美，白马伴其左右，周围云雾缭绕，显然身处仙境。

美丽的锦绫
纵75厘米 横48厘米
湖南省博物馆藏

从原始大地上生长着的高大桑树，到古人很早就掌握的养蚕技术，这些都为我国古老的丝织业赋予某种神秘的色彩。丝绸也是中国古文明的重要组成部分。这件锦绫上绣有瘦长菱形纹，简单而雅致。

狠心将马射死了，并剥下马皮，晾在院子中的树枝上。

一天，父亲有事出门，女孩在院子里玩耍时又看见了马皮，心里怨恨，就将其从树上扯下，踩在脚底，骂道："你本是个畜生，为什么想娶人做妻子呢？现在招来这样的屠剥，为何这样自讨苦吃……"话音未落，那马皮突然从地上跳跃起来，包裹在女孩身上，然后飞快往门外跑去，转眼间就消失在远方。女孩的母亲看到这一情景目瞪口呆，回过神之后她拼命追赶，可哪里还有女儿的影子；一直等到丈夫回来，她才将此事告诉了他。

丈夫听到这话十分诧异，便四处寻找，最后在一棵大树的枝叶间发现了全身包裹着马皮的女儿，她已经变成了一条蠕动的虫，慢慢摇动着她那马一样的头，从嘴里吐出一条条洁白闪光长长的细丝来，缠绕在身体上。

于是人们把她叫作"蚕"，因为她吐丝缠绕自己；又把这棵树叫作"桑"，因为这位女孩在这里丧失了年轻的生命。这就是蚕的由来。这位女孩后来居住在欧丝之野，成为蚕神；那马皮也一直披在她身上，和她永不分离。

马的重要性
秦 通长225厘米 高152厘米
秦俑博物馆藏

马承载了中国几千年的交通运输工作，即使在车子出现以后，很长一段时间内的拉车任务，主要还是由马承担。由于马和人们的生活息息相关，古人不免构想出一些关于马的神话传说，比如蚕神被许配给马，马死后她终日身披马皮的故事。这件秦始皇陵一号铜车马，制作非常复杂，也异常精美。

范林 务隅山 平丘

在三棵桑树的东面,有片树林,名叫范林。范林方圆三百里,它的下面被一片沙洲环绕。

又有一座务隅山,帝颛顼就葬在它的南面,而北面则埋葬着帝颛顼的九位嫔妃。另一种说法认为这里野兽成群,栖息着熊、罴、花斑虎、离朱鸟、鹞鹰、视肉等珍禽异兽。

在三棵桑树的东面,有两座山;在两山相夹的一道山谷中,有两个大丘处于其间,这就是平丘。这里有遗玉,传说遗玉是一种美玉,要经过三千年才能形成;松枝先在千年化为茯苓,再过千年化为琥珀,又过千年才能化为遗玉,因此遗玉十分珍贵。这里还生长着青马、视肉等异兽,以及杨柳树、甘柤树、甘华树等奇树。传说甘柤树的枝干都是红色的,花是黄色的,叶子是白色的,果实是黑色的,整棵树看上去五彩缤纷;甘华树与甘柤树相似,其树干也是红色的,却开黄色的花。除了这三种树外,平丘还生长着成片的各种各样的果树。

骓駼 禺彊

北海内有一种野兽,其外形和普通的马相似,名字叫騊駼(táo tú)。騊駼又叫野马,是一种良马,善于奔跑,但性情刚烈,难以驯服;它也是一种瑞兽,如果中原有圣明天子在位治理天下,它就会出现。北海内又有一种野兽,名称是䮝,外形像白色的马,长着锯齿般的牙,能吃老虎和豹子。春秋战国时期,齐桓公骑着一匹马行至深山,远远有只老虎望见他吓得不敢上前,赶忙伏倒在地上。齐桓公便问管仲:"我只是骑了一匹马,老虎见了竟然如此害怕,这是什么原因?"管仲回答说:"你是不是骑着骏马迎着太阳飞驰?"桓公说:"是呀,

珍贵的古玉
红山文化时期 长16厘米

传说松枝在千年之后化为茯苓,再过千年化为琥珀,又过千年才能化作一种名叫遗玉的美玉,所以此玉特别珍贵。遗玉的形成过程表达了古人重玉、爱玉的感情。红山文化的时间为公元前4000—前3000年,其遗址中出土了大量的玉器,这件兽形玉玦即是其一。

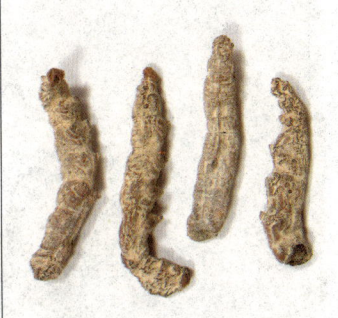

蚕

蚕又叫孕丝虫,属阳性,喜干燥。蚕是一种古老而神奇的生灵,其寿命非常短暂,三眠三起,二十七天就衰老了。有一种蚕非常神奇,它并非吐丝结茧化蛾,而是胎生的,幼虫与母虫同శ,这种蚕被称为神虫。蚕这种生物吐丝的特性,使其成为我国丝绸业发展不可或缺的一部分。

山海经

禺疆
明 蒋应镐图本
　　北方之神禺疆，是黄帝之孙，东海海神禺虢之子。其人面鸟身，珥蛇践蛇，正于茫茫云海、碧浪滔天中，乘两条苍劲的神龙，威风凛凛地于天地之间遨游。

那又如何？"管仲说："这正是骏马跑起来的样子啊！骏专吃虎豹，所以老虎一见就害怕了。"另外还有一种白色的野兽，其形状像马，名称是蛩蛩（qióng qiong）。还有一种青色的野兽，其形状像老虎，名称是罗罗。这种罗罗兽就是青虎，后来有南方少数民族就称老虎为罗罗；其族中信仰虎的一支，就自称罗罗人。

　　北方之神禺疆，长着人的面孔和鸟的身子，耳朵上挂着两条青蛇，脚底下还踩着两条青蛇，威风凛凛地在海天之间遨游。禺疆和北方之帝颛顼共同管理着北方极地一万二千里的地域，他还是北海海神、北风风神，掌

第八卷 海外北经

罗罗
清《禽虫典》
　　罗罗为虎名，古代称青虎为罗罗。今云南彝族仍称虎为罗罗；信仰虎的彝族人，也自称罗罗人。图中的罗罗是一只斑身虎，正端坐于山头之上。

管冬季。传说他有两种形象；当他是风神的时候，他就是鸟的身子，脚踩两条青蛇，生出寒冷的风；是北海海神的时候，则是鱼的身子，但也有手有足，驾驭两条龙。

扑食之虎
战国 高21.9厘米 长51厘米
重26.6千克 河北省文物研究所藏
　　这件错金银虎噬鹿铜屏风座，猛虎弓身弩步，扑食弱小幼鹿；一副弱肉强食的场面极为惊心动魄。这种兽中之王自古是威猛、力量的象征，但它也有温顺的一面，聂耳国人出入都有两只花斑大虎做仆人。和龙一样，用虎做仆人或坐骑，是主人不平凡身份的象征。

第九卷 海外东经

《海外东经》记录了大人国、君子国、黑齿国、毛民国、劳民国等海外一些国家和地区的独特风貌、地理物产、民俗传说等。那些奇异的国家，可能是古人对有别于自己的外族的奇特想象，或者是中华民族与外族早期交往的遗存。

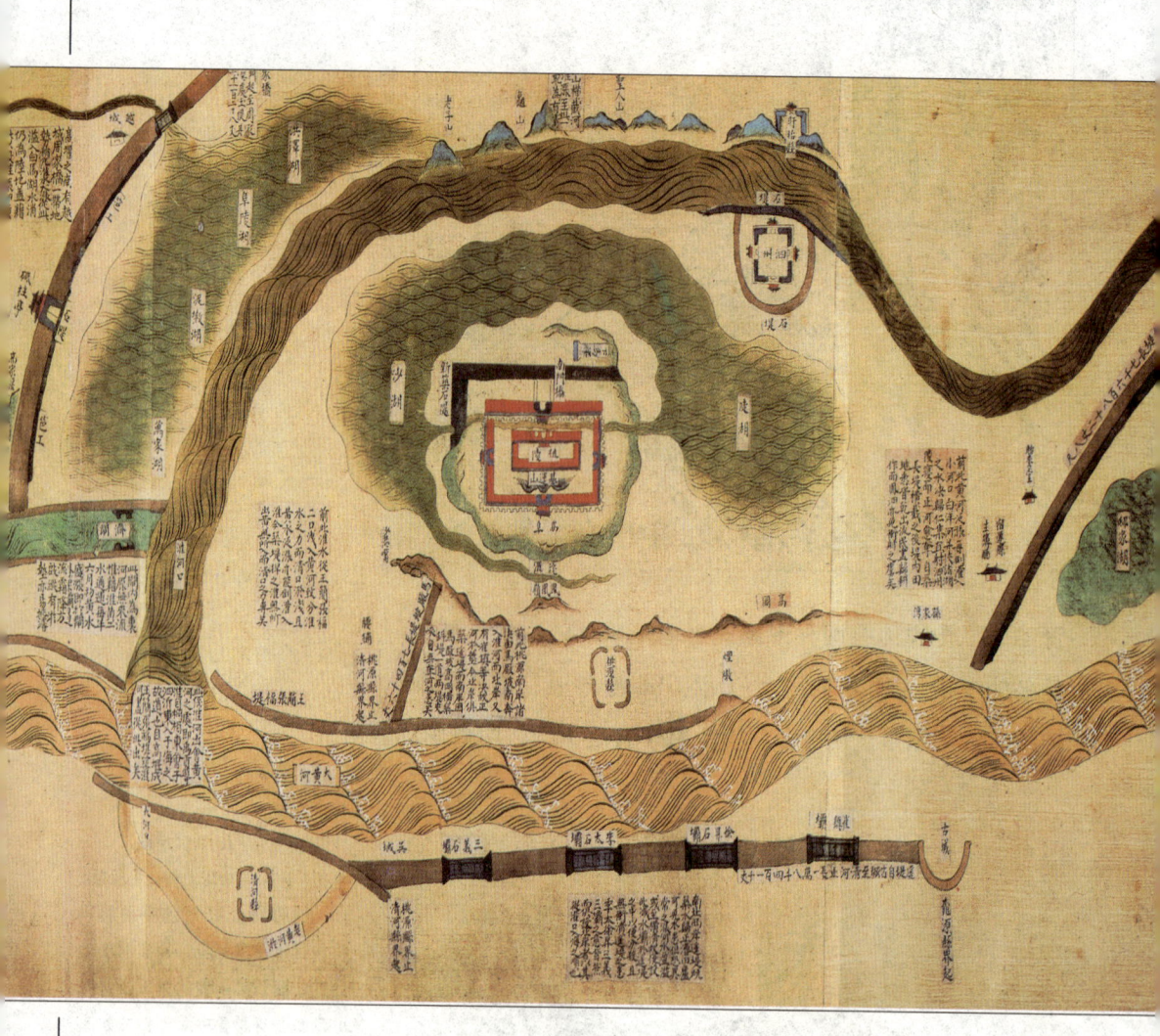

河防一览图（局部） 潘季驯 1590年 彩色摹绘本 纵45厘米 横2008厘米

治河专家潘季驯的这幅河防图，将东西流向的黄河与南北流向的运河并排组织在一个画面中。黄河为黄色，在上方；运河为绿色，在下方。巧妙的组织、绚丽的色彩及对河防应注意问题的详细说明，都使它成为河防图中当之无愧的珍品。

山海经

以下是海外从东南角到东北角的国家地区、山岳河川分布的记录。

嗟丘 大人国 奢比尸

第一个是嗟（jiē）丘，这里有神奇而珍贵的遗玉，青马、视肉等怪兽，杨柳树、甘柤树、甘华树等树木，

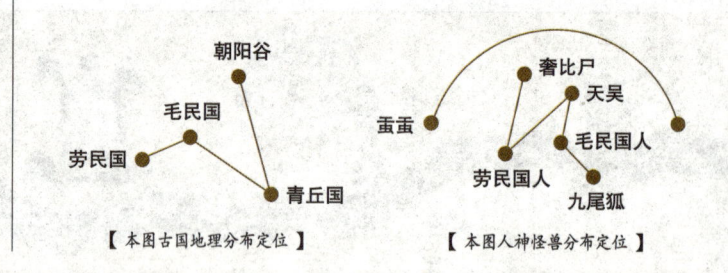

狄山以北
明 蒋应镐图本

狄山是埋葬帝尧的地方。狄山以北，那个珥蛇的人面兽是天神奢比尸。北面还有两头虹蚳蚳，横跨山水，挂于天上。朝阳谷中居住着名为天吴的人面八头虎身神。青丘国内生存着一种九尾狐。毛民国人全身长毛。劳民国人周身黑色，以采食野果为食。

【本图古国地理分布定位】

朝阳谷 — 毛民国 — 劳民国 — 青丘国

【本图人神怪兽分布定位】

蚳蚳 — 奢比尸 — 天吴 — 毛民国人 — 劳民国人 — 九尾狐

《山海经》珍贵古版插图类比

奢比尸　《神异典》本的奢比尸人面兽身,裸体围腰,四肢呈蹄形,如人般站立。胡本中,奢比尸面带微笑,四足着地,作兽行走状。汪本的奢比尸端坐回首。

→清《神异典》

→清 汪绂图本

→明 胡文焕图本

还有上百种果树在这里茂盛地生长。这座嗟丘就在东海边,被两座山夹着,上面覆盖着郁郁葱葱的树木。另一种说法认为嗟丘就是嗟丘。还有一种说法认为这座生长各种果树的嗟丘,位于帝尧葬埋地狄山的东面。

大人国在狄山的北面,这个国家的人身材比一般的人要高大得多,他们擅长撑船。一说他们会制造木船。传说大人国的人要在母亲的肚子里孕育三十六个年头才能出生,一出生头发就已经白得像雪了,而且身材魁梧得像奇伟的巨人。他们能够腾云驾雾飞行,却不会走路,因为他们是龙的后代。一种说法认为大人国在嗟丘的北面。

天神奢比尸位于狄山的北面,他长着野兽的身子、人的面孔,大大的耳朵上还挂着两条青蛇。传说奢比尸就是黄帝身边的大臣奢龙所化。当年黄帝刚刚成为部落首领时,得奢龙,辨别出东方;得祝融,辨别出南方;得火封,辨别出西方;得后土,辨别出北方,并将四方事务分别交给他们去办理。另一种说法认为奢比尸就是肝榆尸,位于大人国的北面。

君子国 虹虹 天吴

君子国位于狄山的北面。这个国家的人个个衣冠整齐、边幅修列,腰间还佩带着宝剑,文质彬彬。他们以野兽为食,每个人都使唤两只花斑老虎在身边做侍从。君子国的人虽然能役使老虎,却十分斯文,为人谦让而不好争斗。据说在君子国中,农民都相互礼让于田畔,行人都相互礼让于道路;不管是官员还是百姓,贵族还是贫民,个个言谈举止都彬彬有礼。在他们国家的集市上,卖主力争交付上等货,收低价;而买主则是力争拿次等货,付高价,以至于你推我让,一项交易要经过很长时间才能达成。这个国家的国王还颁布法令,臣民如有进献珠宝的,除将进献之物烧毁外,还要遭受刑罚。另外,君子国里生长着一种薰华草,早晨开花,傍晚就凋谢了。另一种说法认为君子国在肝榆尸神的北面。

虹虹(hóng hong)在狄山的北面,它的前后两端各有一个脑袋。虹虹其实就是彩虹,古人认为虹是一种双首大口吸水的长虫,横跨山水,挂在天上;还有雌雄之分,单出名为虹,雌雄双出名为蜺。另一种说法认为虹虹在君子国的北面。

大人国 清《边裔典》

大人国的人身材高大,擅长撑船。一说他们会制造木船。《边裔典》之大人国图中,一大人持刀坐在船旁,此"大人"有可能是原始的造船操舟的工匠神。

双头蛇虹虹
山东嘉祥武梁祠汉画像石

虹就是虹的古字,其字形是一个双头同体的动物的象形。古人认为虹是双首大口吸水的长虫,横跨在山水之上。

朝阳谷居住着一个神仙，叫作天吴，他就是所谓的水伯。他住在蚕蚕北面的两条水流之间。天吴这种神兽样子十分威风，身子像野兽，长着八个脑袋，而且每个脑袋都生有人的面孔；同时还长着八只爪子、八条尾巴，背部的毛皮青中带黄。

九尾狐 竖亥 黑齿国

青丘国位于狄山的北面。这个国家的百姓都以五谷为主食，穿的也都是丝帛织成的衣服。在其国境内栖息着一种狐狸，长着四只爪子九条尾巴，它就是《南山经》中青丘山上的那种九尾狐。九尾狐这种神兽，有的人叫它三寿，有的叫它王寿。传说大禹年已三十还未娶妻，到了涂山后，唯恐误了结婚的时间，国人无制度可遵循，便说："我如果娶妻，必定有吉光才好。"话音刚落，便有一只九尾白狐走到大禹面前。大禹高兴地说："白色表

夔龙纹壶

战国 高51.5厘米 河北省博物馆藏

大人国之人从孕育之始就显示了不平凡的神性，需怀胎整整三十六载；而落地后一直不会走路，却能够腾云驾雾。他们的种种不平凡都归于一个原因，即他们是龙的后裔。龙是古人崇拜的图腾，但凡和龙沾上边的生灵，皆被赋予某种神性。而龙形或龙纹器物，也似乎具有了某种尊者之感。这件夔龙纹刻铭青铜方壶，龙态矫健，精美异常。

《山海经》珍贵古版插图类比

天吴 胡本的天吴大头周围生着七个小头，大头面露微笑。汪本的天吴人面极具写实风格。

→明 胡文焕图本

→清 汪绂图本

九尾狐 清 汪绂图本

九尾狐四足九尾,是种神兽。

巨大的青铜神树

高384厘米 台座直径92.4厘米

传说中,在沸腾的汤谷中,有一棵高大的扶桑树,太阳从东边的扶桑树上升起,然后又落在西方的弱木上,起起落落都是由神鸟所背负。这棵巨大的青铜神树上栖息着神鸟,与传说中的扶桑树极为相似。据考证,它可能是一棵表现太阳崇拜神话观念的神树,同时具有巫术、宗教甚至世俗政治权力等多重含义。

示我应穿衣服的颜色,它有九条尾巴是我为王的证据。"于是大禹便在涂山娶了两位妻子,她们分别叫作女娇和女攸。而那只九尾狐,便是青丘国的神兽九尾狐。另一种说法认为青丘国在朝阳谷的北面。

天帝命令天神竖亥用脚步测量大地。竖亥走得很快,让他去测量大地再合适不过了。他从最东端走到最西端,一共是五亿十万九千八百步。竖亥右手拿着算筹,左手指着青丘国的北面。另一种说法认为是大禹命令竖亥测量大地,测量的结果也是五亿十万九千八百步。

黑齿国在狄山的北面,这个国家的人喜欢染齿,所以牙齿的颜色漆黑。他们以稻米为食,以蛇佐餐,国中居民都会役使蛇,所以每个人身上都围着一条红蛇和一条青蛇。黑齿国的人,是用一种草把牙齿染黑的。另一种说法认为黑齿国在竖亥所在之地的北面,那里的人脑袋是黑色的,以稻米为食,役使蛇,而他们身边只有一条红蛇。

汤谷 雨师妾国 玄股国

黑齿国下面有汤谷。汤谷中生长着一棵扶桑树。汤谷就是十个太阳洗澡的地方,因为太阳炽热,把谷里的水都烧沸腾了,所以叫汤谷。就在沸腾的水池中间,有一棵高大的树木,这就是扶桑树。它的下半截在水下,树枝则伸出水面。九个太阳住在下面的树枝上,沐浴在水中;一个太阳则挂在上面的树枝上,正准备出去照亮大地。

雨师妾国位于狄山的北面。那里的人浑身漆黑,两只手各握着一条蛇;左边耳朵上挂着一条青蛇,右边耳朵挂着一条红蛇。另一种说法认为雨师妾国在十个太阳所在地的北面,那里的人都长着黑色的身子和人的面孔,两只手各拿着一只灵龟。也有人认为雨师妾是雨师之妾,一个统领蛇族的女巫,生着人面兽身,裸体。挂蛇操蛇

《山海经》珍贵古版插图类比

雨师妾 胡本中的雨师妾为人面兽身裸体，有乳、脐及阴毛。汪本中，此神身黑有乳。雨师妾有乳，似是某统领蛇族的女巫，挂蛇与操蛇为她布雨作法的巫具与标志。

→明 胡文焕图本

→清 汪绂图本

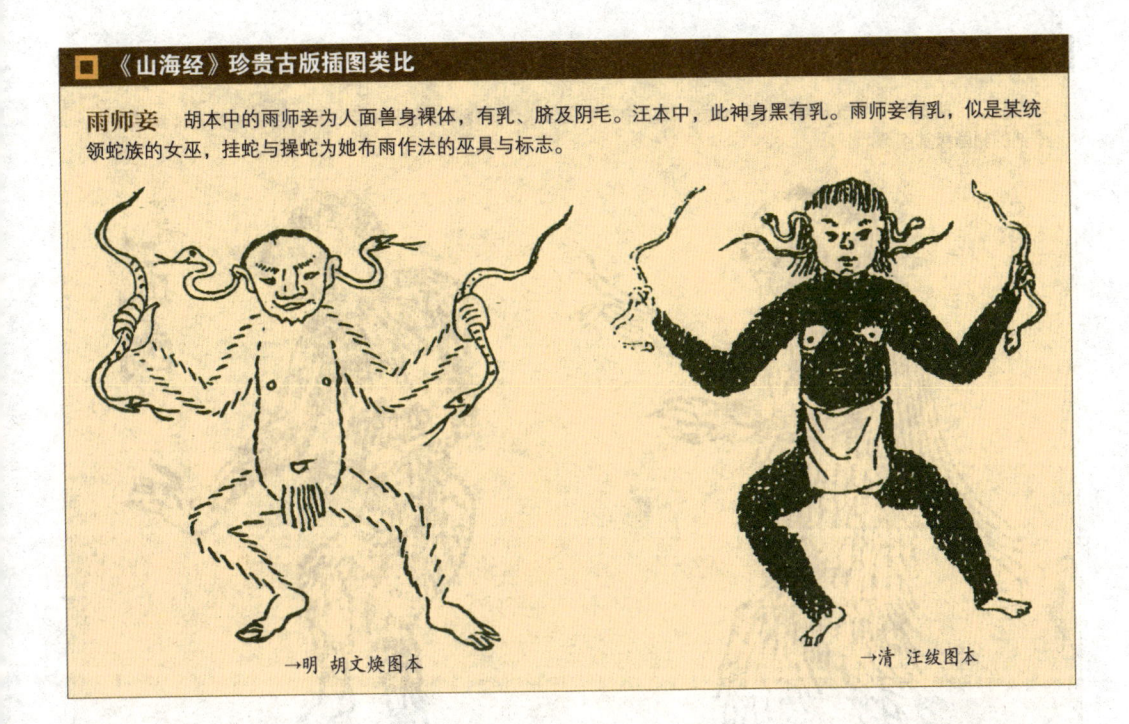

乃是她布雨作法的巫具与标志。

玄股国位于狄山的北面。那里的人大腿都是黑色的，身上穿着用鱼皮做的衣服，以鸥鸟蛋为食。他们能驯鸟，每人都驯化两只鸟在身边跟随。另一种说法认为玄股国在雨师妾国的北面。

毛民国 劳民国 句芒

毛民国在狄山的北面。这个国家的人浑身长满了长长的黑毛，样子像猪熊一样。他们身上的毛就好像箭镞一般坚硬，所有的人都身材矮小，不穿衣服，居住在山洞里。另一种说法认为毛民国位于玄股国的北面。传说东晋年间，吴郡司盐都尉戴逢在海边航行时遇到一条小船，船上有男女共四人，全都身材矮小，浑身都长着硬毛，就像豪猪一样。因为语言不通，戴逢便把他们送往丞相府。但在半路上，四个人死了三个，只剩一个男的

◇ 山海经考据

古老的天圆地方观念

秦半两（一组） 战国时期铸造竖亥丈量土地的结果，文中只提到了从东到西的距离，这是因为古人信奉盖天说，认为天圆地方。海外经记四陬，四陬表示地呈方形，南北与东西距离大致相等，所以竖亥测地只记录了东西距离。战国时期，秦国铸造了半两钱，形状是圆形内有方孔，这是一种统治符号，代表的就是"天圆地方"。秦统一以后，这种钱币开始在全国范围内使用。

《山海经》珍贵古版插图类比

毛民国 胡本的毛民国人身披长毛长发。汪本中,毛民国人赤身裸体、身长浓毛;引人注意的是,其面部及眼部的刻画极其细微。

→明 胡文焕图本　　　　　　　　　　　→清 汪绂图本

劳民国
清《边裔典》
　　劳民国的人手足皆黑,吃木或草的果实,而且其身旁总有一只双头鸟。图中的劳民国人正是脸面与双手皆黑,但未表现出其另外两个特点。

还活着。当地官府赐给他一个女人让他们成亲,他们后来还生了一个儿子。他在中原住了很多年后,才渐渐懂得他人说话,时常向别人说他是来自毛民国的人。

劳民国在狄山的北面,这个国家的人浑身上下都是黑色的,就像雨师妾国的人一样。他们采集野果野草为食,每人身边都有一只鸟供他们召唤,这种鸟只有一个身子,却长着两个头。有的人称劳民国为教民国。另一种说法认为劳民国位于毛民国的北面,那里的人脸面、眼睛、手脚全是黑的。

东方之神叫句(gōu)芒,其神貌是鸟的身子人的面孔,驾驭着两条龙上天入地。句芒名重,是西方天帝少昊之子,后来却成为东方天帝伏羲的佐臣。他们共同管理着东方一万二千里地域内的事物。句芒还是春天生长之神，又叫青帝。古代每到立春时节，全国上下都要祭祀句芒，百官都要身穿青衣、戴青色的头巾。句芒还是生命之神，传说有一次，郑穆公白天来到一座庙宇，有个神进来，那神长着鸟的身子，四方脸盘。郑穆公见了吓得想跑。那神却说："不必害怕，天帝知道你施行德政，派我来为你赠寿十九年；并使你的国家繁荣昌盛，六畜兴旺。"穆公再叩头拜问："请问尊神大名？"神说："我是句芒。"

建平元年四月丙戌日，待诏太常属臣丁望校对整理，侍中光禄勋臣王龚、侍中奉车都尉光禄大夫刘秀领衔主持整理。

句芒

明 蒋应镐图本

句芒是西方天神少昊之子，后来成为东方天帝伏羲的佐臣。他也是生命之神，管理着春天万物生长。他为鸟身人首，四方脸，穿素衣，正乘着矫健的双龙飞翔于缭绕的白云中，给人们带来春天的信息。

海内南经

第十卷

《海内南经》中描绘的诸多事物中，八棵桂树构成的森林让人好奇；不敢睡觉的伯虑国人，割耳朵作装饰的离耳国人令人惊诧；而体形庞大可吞象的巴蛇则让人毛骨悚然。

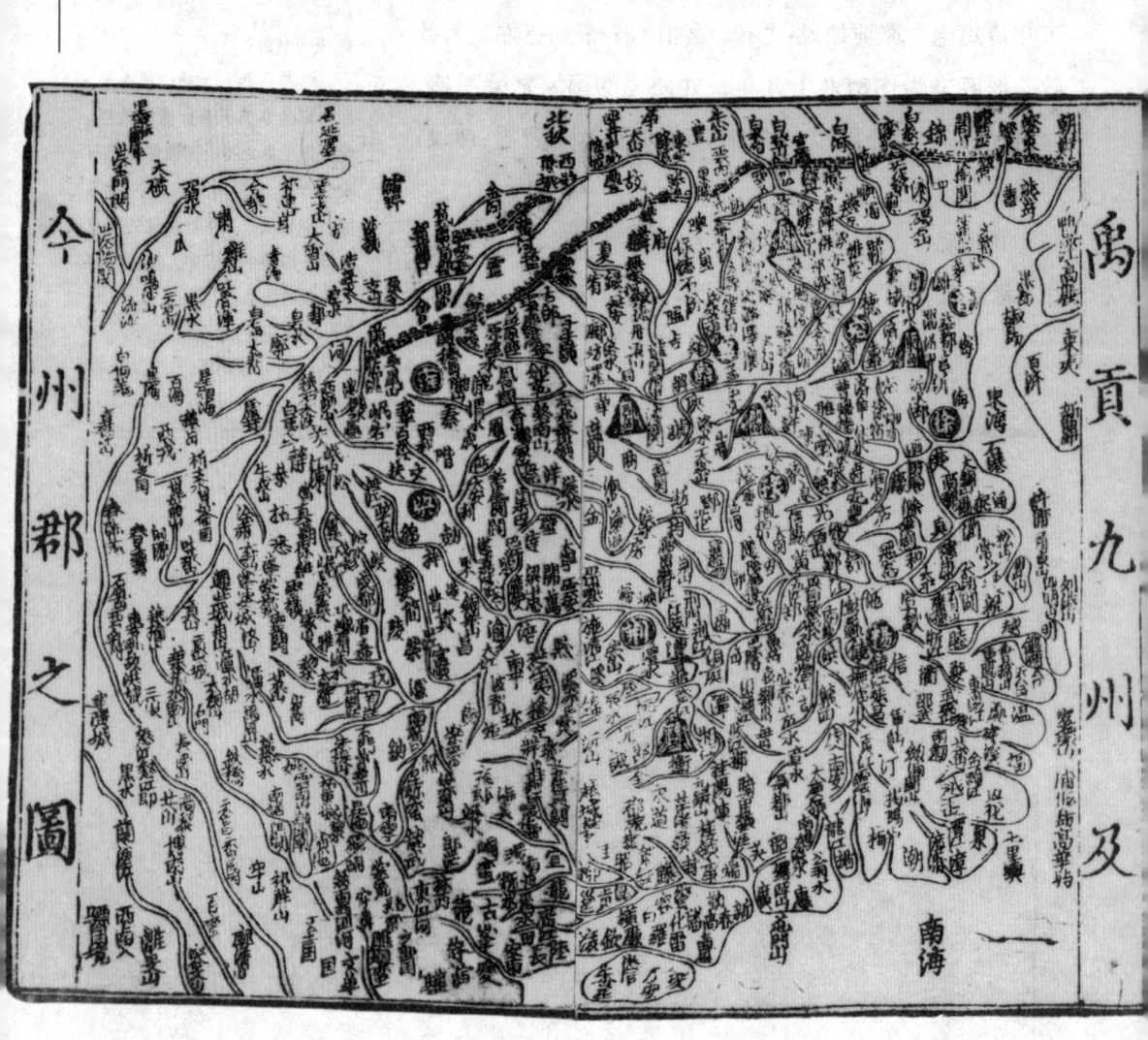

禹贡九州及今州郡之图　蔡沈　南宋　雕版黑印　北京图书馆藏

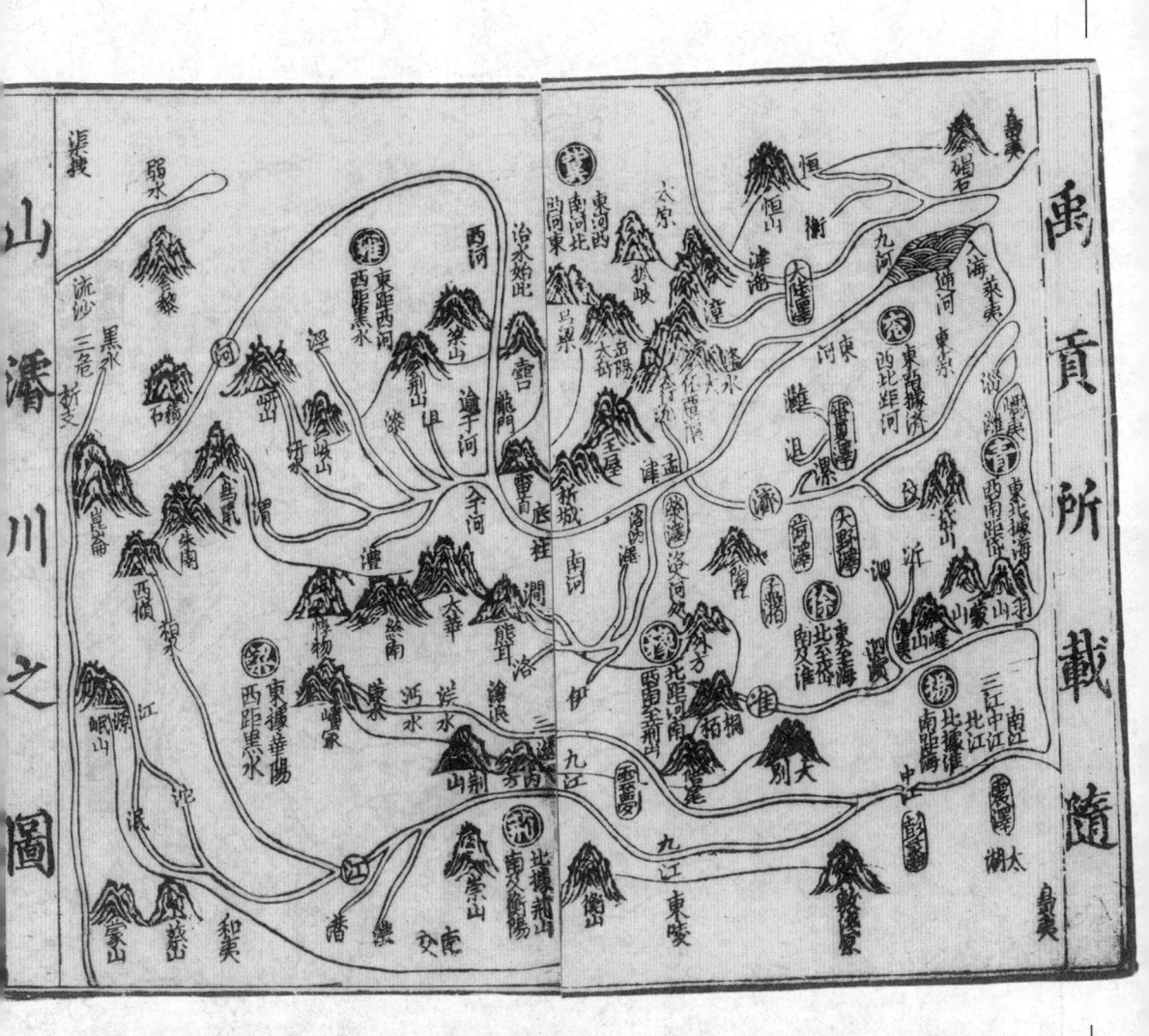

第十卷　海内南经

禹贡所载随山濬川之图　蔡沈　南宋　雕版黑印　北京图书馆藏

这两幅图选自《书集传》。《禹贡九州及今州郡之图》（左页图）表现的地域西起昆仑山，东至东海，南至海南岛、越南，北及朔漠。《禹贡所载随山濬川之图》（右页图）绘制了禹贡九州的山脉、河流等情况。皆涵盖地域广泛，又不失清晰明了。

本图根据张步天教授《〈山海经〉考察路线图》绘制，图中记载了海内南、西、北、东四经中所出现的山川河流及国家地区的所在位置。

第十卷 海内南经

海内四经示意图

以下介绍的是海内由东南角往西的国家地区、山岳河川的情况。

三天子鄣山 桂林 伯虑国

瓯位于海中的中部，闽也位于海中，在它的西北方向有起伏的山峦。另一种说法认为闽中的山也位于海中。

三天子鄣山位于闽的西边，海的北边。另一种说法认为三天子鄣山在海中。

在番隅的东面，又有一片森林，名叫桂林，这片森林其实只有八棵桂树，但它们树干粗壮，树冠广大，只有八棵就形成了一片森林。

伯虑国、离耳国、雕题国、北朐（qú）国都位于郁水的南岸。郁水发源于湘陵南山。另一种说法认为伯虑国应该叫作相虑国。

传说伯虑国的人一生最怕睡觉，生怕一睡不醒，送了性命，因此日夜愁眠。这个国家向来没有被子、枕头，就算有床，也是为短暂歇息而设，从来不用于睡觉，以至于该国国民终年昏昏沉沉，勉强支持。往往有人尽力坚持，数年没有睡觉，到最后精神疲惫，支撑不住，便一觉睡去，任凭他人百般呼唤，也不能醒。其亲属见状悲哭，以为他就此睡死不再醒来。而睡觉的人往往要等到好几个月后才能睡醒。其亲友知道他睡醒时，都赶来庆贺，以为他死里逃生。这里的人越是怕睡，就越是

醉儒图
清 黄鼎 绢本 设色 纵115.5厘米
横57厘米 广东省博物馆藏

画面中，在大片参天的苍松翠柏之下，一儒者赤裸上身，正伏在地上酣睡，从周围散堆着的几个酒坛，可以看出他不拘小节、乐天知命的性格。这种酣畅洒脱的生活，可能正是整日愁眠的伯虑国人一生可望而不可即的。

第十卷 海内南经

精神萎靡，一睡不醒的人往往就更多；反过来睡死的人越多，人们就越怕睡，如此就形成了恶性循环。正所谓"杞人忧天，伯虑愁眠"。

离耳国 雕题国 枭阳国

而离耳国则有另一种风俗，就是其国民都喜欢用锋利的刀子将耳朵割成好几条，令其下垂，以此来作为装

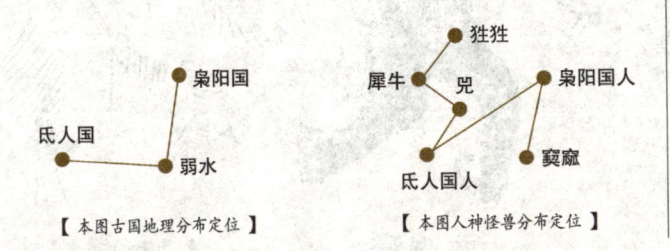

枭阳国一带
明 蒋应镐图本

　　枭阳国人嘴大唇长，好食人。那种形似牛的独角兽名兕。方圆三百里的树林——氾林以西，还有处狌狌栖息之地。西北方，有许多犀牛，那些三角牛便是。弱水中，栖息着怪兽窫窳，它长着龙首蛇身。氐人国人皆人面鱼身。

【本图古国地理分布定位】

【本图人神怪兽分布定位】

《山海经》珍贵古版插图类比

枭阳国 《边裔典》中的枭阳国人有二形，一为人面鸟身，双手操蛇，右手送蛇入口而吃之；二为人面人身，黑脸黑身。汪本的枭阳国民人面兽身，巨口大笑，更接近经文所述。吴任臣近文堂图本的枭阳国人线条硬朗明晰。

→清《边裔典》　　　　　　　　→清 汪绂图本　　　　　　　　→清 吴任臣近文堂图本

螺蛳壳
新石器时代 仰韶文化

古人很早就以鱼、蚌之类为食，如离耳国人不食五谷，仅以蚌类及薯芋等为食；还有浐河岸边半坡原始村寨中的人，除了在浐河里钓鱼、叉鱼、网鱼外，还在岸边采集螺蛳食用。史前先民为了便于吸食螺蛳肉，还特意在螺蛳尾部敲一个小孔。这种饮食文化经过几千年的传承，保留至今。

饰。他们不食五谷，仅以蚌类及薯芋等为食。

雕题国国民也有奇特的习惯，他们都在脸上纹黑色的花纹，在身上画鱼鳞般的图案，以致有人把他们看成是鱼。雕题国所有的女子成年之后，都会特别在额头刺上细花纹表明身份，因此雕题国的女子也叫刺面女。

枭阳国位于北朐国的西面。那里的人都有普通人的面孔，却长着长长的嘴唇，据说他们的嘴唇长到能遮住额头，以致看不见东西。他们浑身漆黑，身上还长有长毛，其脚跟在前而脚尖在后，一看见人就张口大笑，左手还握着一根竹筒。有人认为这枭阳国的人是介于人和兽之间的一种野人，是传说中的山精。他们性情凶暴，不但不怕人，还喜欢抓人。

传说他抓到人后，便张开大嘴，把长长的嘴唇翻转盖在额头上，嗷嗷大笑，笑够了才动手吃人。聪明人便想出一种办法来对付他：拿两只竹筒套在手臂上，等他把自己捉住,正张口大笑准备吃的时候,就迅速从竹筒中抽出双手,并用随身携带的尖刀把怪物长长的嘴唇凿在他的额头上,让他的眼睛看不见东西,只能乖乖地束手就擒。被捉住后,他的手中还莫名其妙地抓着那两根竹筒。传说枭阳国的人还害怕火的噼啪声,于是人们进山时往往会带上爆竹,来吓跑他。

兕 苍梧山 氾林 狌狌 犀牛

兕栖息在帝舜埋葬之地的东面,湘水的南岸。兕的外表看上去像一般的牛,浑身的毛皮都是青黑色,头上长着一只角。兕被称为"文德之兽",是威力的象征,因此其形象常常被铸在青铜器上。

犀牛铜尊
酒器 高34.1厘米 长58.1厘米

中国古代做成动物形状的酒尊不乏其例,如犀尊、牛尊等,这些动物都被认为是可避邪的祥瑞之兽。这件错金银云纹铜犀尊,犀牛昂首伫立,肌肉发达,体态雄健,为古代生存在中国的苏门犀的形象。

狌狌
清 萧云从
《钦定补绘离骚图·天问图》

狌狌除了爱喝酒和穿草鞋外,还能说人话,图中的狌狌夸张地伸着长舌,即突出了它的这一特点。

《山海经》珍贵古版插图类比

氐人 吴本的氐人上身为人，下身为鱼，双手作划水状。汪本中，氐人脖子以上为人，脖子以下为鱼，有手。

→清 吴任臣近文堂图本　　　　　　　　　　　　→清 汪绂图本

龙首柄铜釜

高13.1厘米 贵州省博物馆藏

《山海经》中出现了一些龙首形象的怪兽，它们或恶或善，皆神通广大，威力不凡。龙首这种神圣的标志，在后世逐渐被用到了器物之上。这件龙首柄铜釜，龙首高昂，形象生动，为器物平添了一股霸气。

在咒栖息之地的西边，是风景秀丽的苍梧山。贤明的帝舜死后葬在苍梧山的南面，而顽劣的帝丹朱则葬在苍梧山的北面。相传丹朱是帝尧的儿子，他是个不肖之子，骄奢淫逸，无恶不作，尧便率兵讨伐他。丹朱兵败后，自悔有罪，便投江而死。帝尧又同情他，允许他的妻子到南海生活，其子孙繁衍成了谨朱国。

氾林方圆三百里，生长在狌狌栖息之地的东面。

狌狌很有灵性，能知道人的姓名。这种野兽的外貌和普通的猪相似，却长着人的面孔。它们喜好喝酒，常常因此招来杀身之祸。当地人把酒糟和捆在一起的草鞋扔在路旁，它们看见酒，就会成群结队地赶来，相互招呼着，一会儿尝尝酒一会儿试试鞋，不一会儿便醉了。草鞋彼此相连，它们彼此拽着，摔倒后谁也跑不了，人们便能轻易捉住它们。狌狌生活在帝舜埋葬之地苍梧山的西面。

狌狌栖息之处的西北面有犀牛，犀牛也是一种吉兽，可以避邪。其外形和一般的牛相似，但全身的毛皮都是黑色的。犀牛的角像水牛，有一角、二角、三角之别，以三角的最为珍贵。因为犀牛角是精华灵气所聚，所以能解毒煞毒。

孟涂　窫窳　建木

　　夏朝国王启有一个大臣名叫孟涂，在巴地做主管诉讼的神。巴人到孟涂那里去告状，而孟涂通过观察，发现告状者中谁衣服上有血迹，谁就理屈，便下令将其拘禁起来，这样就不会出现冤案，这是他爱护生灵的德政。孟涂住在一座山上，这座山在丹山的西面。丹山在丹阳的南面，而丹阳就在巴地的范围之内。

　　怪兽窫窳长着一个龙的头，栖息在弱水之中，位于能知道人姓名的狌狌栖息地的西面。它的形状很像类似野猫但比野猫大的貙（chū），长着龙头，十分凶恶，是能吃人的。传说窫窳原来是一位天神，本来长着蛇的身子和人的脸孔，后来他被贰负的下臣所杀，天帝念他罪不至死，命开明东的群巫用不死药救活了他。复活后的窫窳变化成了一个龙头怪兽，专门吃人，以此来发泄他被冤杀的怨恨。

　　有一种神奇的树木，形状像牛，树皮轻轻一扯就会剥落下来，样子就像冠帽上的缨带，或者黄色的蛇皮。它的叶子像罗网，果实像栾树结的果实，树干像刺榆树，这种神树的名字叫建木。它生长在窫窳所在之地以西的弱水边。建木非常高大，通达于天，太阳很高了还没有树影，人在树下大呼而无一点儿声音，各路神仙就从这

玉质鱼币
西周

　　人鱼的形象在古代神话传说中常常出现，比如人面鱼身的氐人国人。这应该缘于古人对鱼类的熟悉，或者是传说中鱼为龙的远亲的说法。鱼的形象在后世也比较多见，如这两件鱼形货币，可能是殷商中期居住在黄淮间的部族所制造并使用的。

《山海经》珍贵古版插图类比

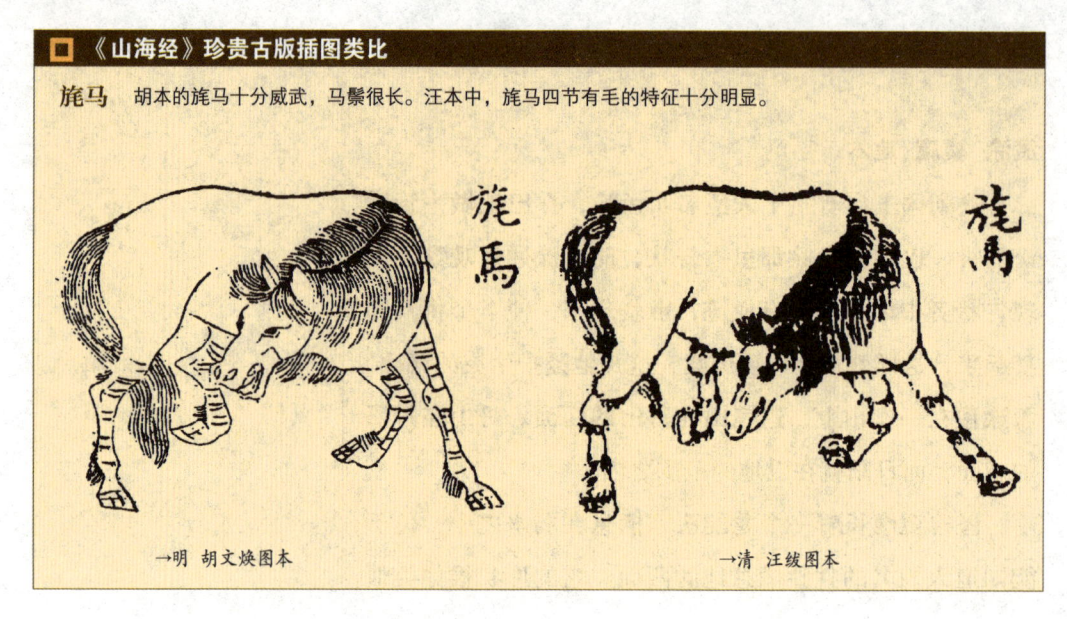

旄马 胡本的旄马十分威武，马鬃很长。汪本中，旄马四节有毛的特征十分明显。

→明 胡文焕图本

→清 汪绂图本

里往返于天地之间。这里是天地的中心。

氐人国 巴蛇 旄马

氐人国位于建木所在之地的西面，这个国家的人都长着人的面孔，鱼的身体，看上去胸以上是人，胸以下是鱼，只有鳍而没有脚。氐人国的国民是炎帝的后裔，所以他们颇有神通，能够在天地之间往返。传说大禹治水勘查黄河时，曾经看见水中有一个长人，那人对大禹说他就是黄河的河神。他的样子与氐人国的人相差无几，也长着白色的面孔和鱼的身子。

巴蛇体形巨大，能吞下大象。它吞下大象后要经过三年才能完全消化，然后，吐出大象的骨头。如果有才能、品德高尚的人吃了巴蛇的肉，就不会再被心痛或肚子痛之类的疾病缠绕。巴蛇外表皮肤的颜色是青色、黄色、红色和黑色混合间杂，色彩斑斓。另一种说法认为巴蛇是黑色的身子、青色的脑袋，盘踞在犀牛所在之地的西面。传说巴蛇产于岭南，长可达十丈，吞象三年才吐出骨头；但如果吃的是獐、鹿之类的动物，就连骨头都不会吐了，直接在体内完全消化。和巴蛇属于一类的还有一种蚺蛇，它比巴蛇要小一些，虽不能吞象，但也能吞食鹿。吞下肚后，鹿肉直接消化在腹中，鹿的骨头则直接穿过鳞甲排出体外，而蚺蛇居然安然无恙。

旄马，其形状像普通的马，马鬃长长地垂下，四条腿的关节上都有很长的毛。旄马又叫豪马，传说周穆王西狩的时候，就曾经用豪马和豪牛、龙狗、豪羊为牲来祭祀文山。旄马生活在巴蛇盘踞之地西北面的一座高山的南面。

匈奴国、开题国、列人国都位于海内的西北方。

巴蛇吞象
明 蒋应镐图本
　　巴蛇张着血盆大口，正盯着一只毫无觉察的大象，犹如箭在弦上，一触即发。

第十一卷 海内西经

在《海内西经》的国家及地区中，流传着一些奇异的传说，如贰负臣被反绑双手、脚戴脚镣几千年；九头兽神色威严地守护着昆仑山；三头人尽忠职守地为凤凰看守琅玕树……这些都源自古人对世界独特的认识和想象。

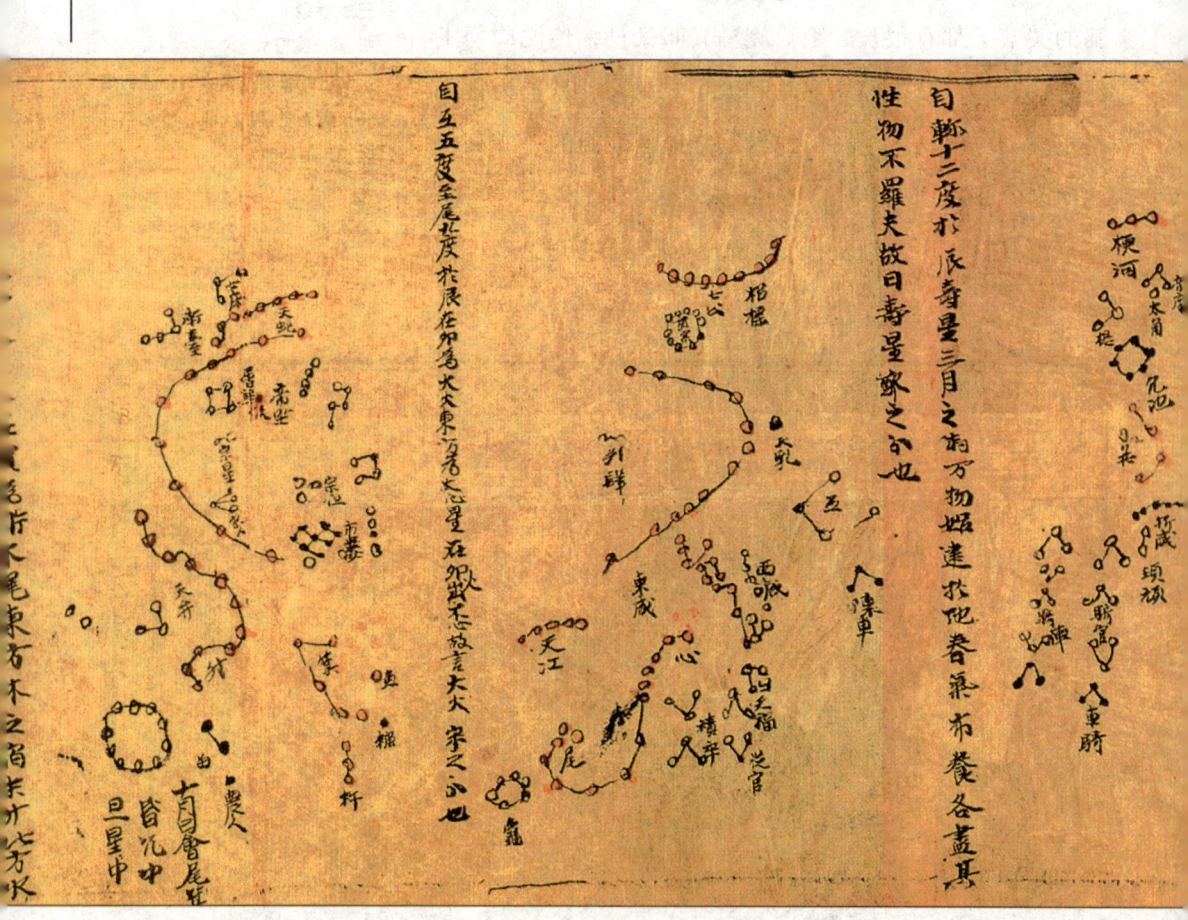

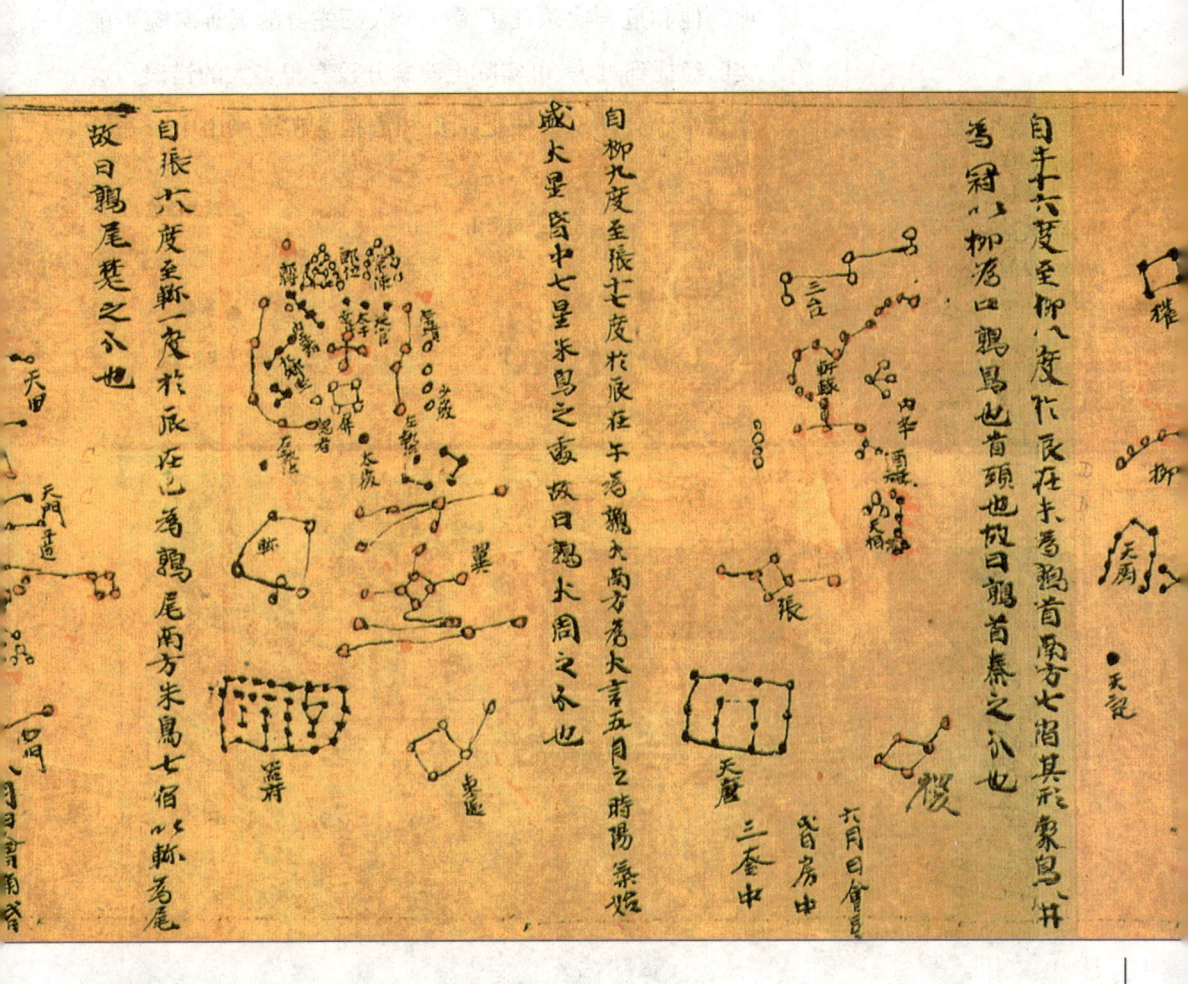

敦煌星图 唐 长卷 纵25.5厘米 横185.8厘米 （英）伦敦大英博物馆藏

这幅敦煌星图是世界上最古老的全天星图。用红、黑两色绘制，共绘恒星1350多颗。并把北极附近的星画在圆图上，把赤道附近的星画在横图上，开创了我国星图的科学绘制法。

以下依次是海内由西南角向北的国家地区、山岳河川的分布情况。

贰负臣危

贰负神有个臣子名叫危。贰负是一个人面蛇身的天神，他和危合伙杀死了另一个人面蛇身的天神窫窳（前文已经提到过）。可实际上窫窳并没有犯多大的错误，这令黄帝十分恼怒，便把贰负和危拘禁在疏属山中，并给

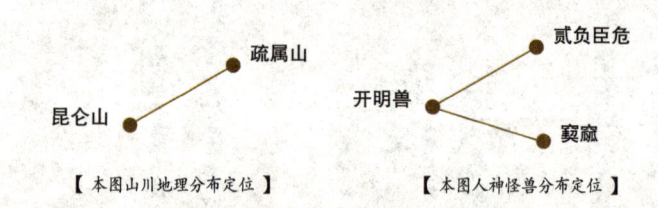

昆仑山一带
明 蒋应镐图本
　　那个被绑在树上的人是传说中的贰负臣危。而那个人面蛇身神就是被他所杀的天神窫窳。昆仑山的山坡上，站着人面九头的山神开明兽。

疏属山　　　　　　　　　　贰负臣危
　　　　　　　　　开明兽
昆仑山　　　　　　　　　　窫窳

【本图山川地理分布定位】　【本图人神怪兽分布定位】

《山海经》珍贵古版插图类比

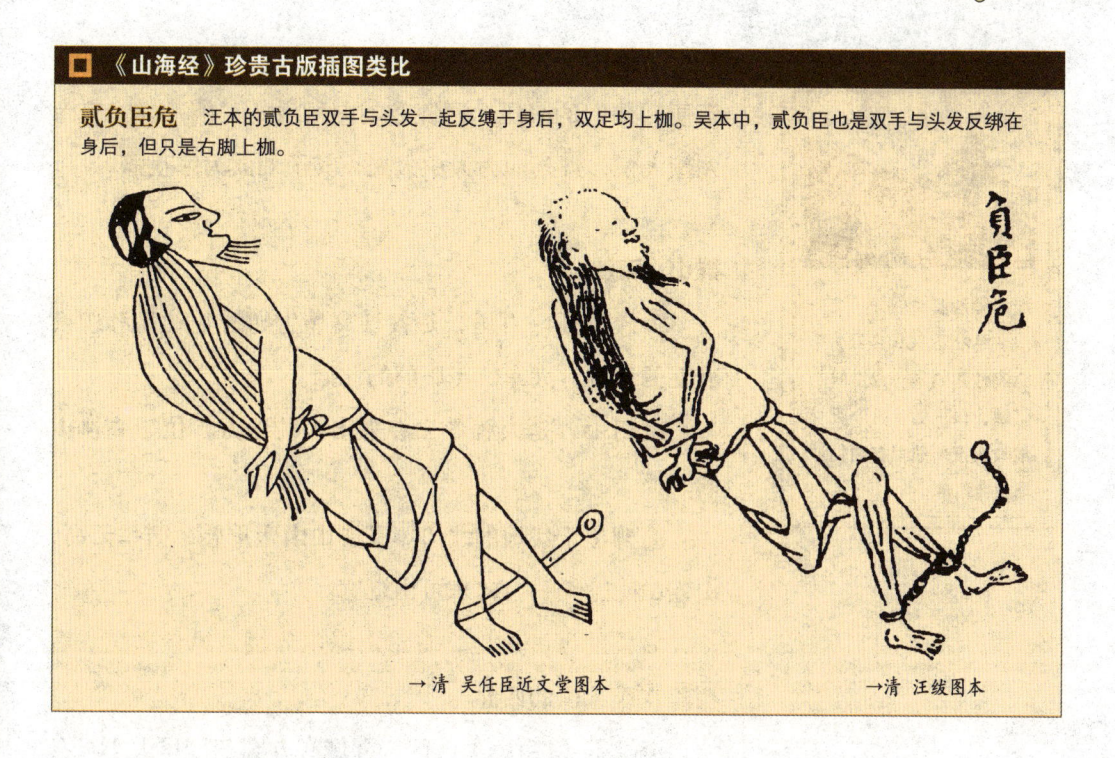

贰负臣危 汪本的贰负臣双手与头发一起反缚于身后,双足均上枷。吴本中,贰负臣也是双手与头发反绑在身后,但只是右脚上枷。

→清 吴任臣近文堂图本　　　　　　　→清 汪绂图本

他们的右脚戴上脚镣,还用他们自己的头发反绑住双手,拴在山中的大树下。这个地方就位于开题国的西北面。传说几千年后,西汉的宣帝命人开凿上郡的发盘石,结果在石下发现一个石室,里面有两个人,全都赤身裸体,被反绑着,一只脚上还戴着脚镣。当时的人不认识他们,便将这两个人用车运往长安,但在途中这两个人都变成了石头人,不能动也不能言语。宣帝觉得奇怪,便召集群臣询问,没有一个知道的。后来刘向回答说:"这是黄帝时的贰负神和他的臣子危,他们犯了杀神的大罪,但黄帝不忍心杀死他们,便将他们流放到疏属山中,还给他们戴上脚镣。黄帝认为,如果后世有圣明的君主出现,就会把他们放出来。宣帝不相信,认为刘向是在妖言惑众,要把他逮捕入狱。这时刘向的儿子刘歆站出来解救他的父亲,说:"如果以少女的乳汁喂他们,他们就会复活过来。"宣帝便命人依言对这两个石人喂以少女的乳

◇《山海经》考据

流沙即沙漠戈壁

经考证，《山海经》中的流沙指的是一片广阔的区域，很可能就是今天甘肃敦煌至新疆罗布泊的沙漠戈壁地带。

农业的发展

新石器时代 良渚文化 长20.3厘米 高18.1厘米 厚1.4厘米

后稷死后仍受到人们的爱戴，缘于他生前在农业方面做出的突出贡献。他不但教民种植作物，还发明了一些农具来使农活变得简单、易操作。石破土器是犁的雏形，人类祖先发明它的初衷大概就是想让翻土变得简易、轻便，反映了远古人类重视农业的思想，为后世农业的发展奠定了基础。

汁，结果他们果然又都重新复活，还能说话了。于是宣帝便问他们的来历，回答和刘向所说的一模一样。宣帝龙颜大悦，拜刘向为大中大夫，其子刘歆为宗正卿。

群山　流沙

大泽方圆一百里，是各种禽鸟生卵孵化幼鸟和脱换羽毛的地方。大泽位于雁门的北面。

雁门山，是大雁冬去春来出入的地方，位于高柳山的北面。

高柳位于代地的北边。高柳山山峦重叠，霞举云高，山连山隐隐约约，向东可出辽塞。

后稷的埋葬之地，有青山绿水环绕，风景秀美。后稷葬在氐人国的西面。

流黄酆（fēng）氏国，疆域有方圆三百里大小。有道路通向四方，国土中间有一座大山。流黄酆氏国在后稷所葬之地的西面。

流沙的发源地在钟山，沙子和水一起流动，出钟山后向西流动，然后再折向南，流过昆仑山，继续往西南流入西海，在海边形成一个个沙洲，被称为黑水之山。这种流沙其实是河流，只是水中含沙量很大，在河道中形成一个个沙洲。这种沙洲随水流变化，十分松软，人马站在上面必定陷落。

西南诸国　昆仑山

东胡国位于大泽的东面。东胡国就是后来的鲜卑。传说当年高辛氏帝喾巡狩于海滨，留下少子厌越居住在北夷，并建立都城于紫蒙之野，其后人为慕容氏，这就是东胡国的开端。

夷人国位于东胡国的东面。

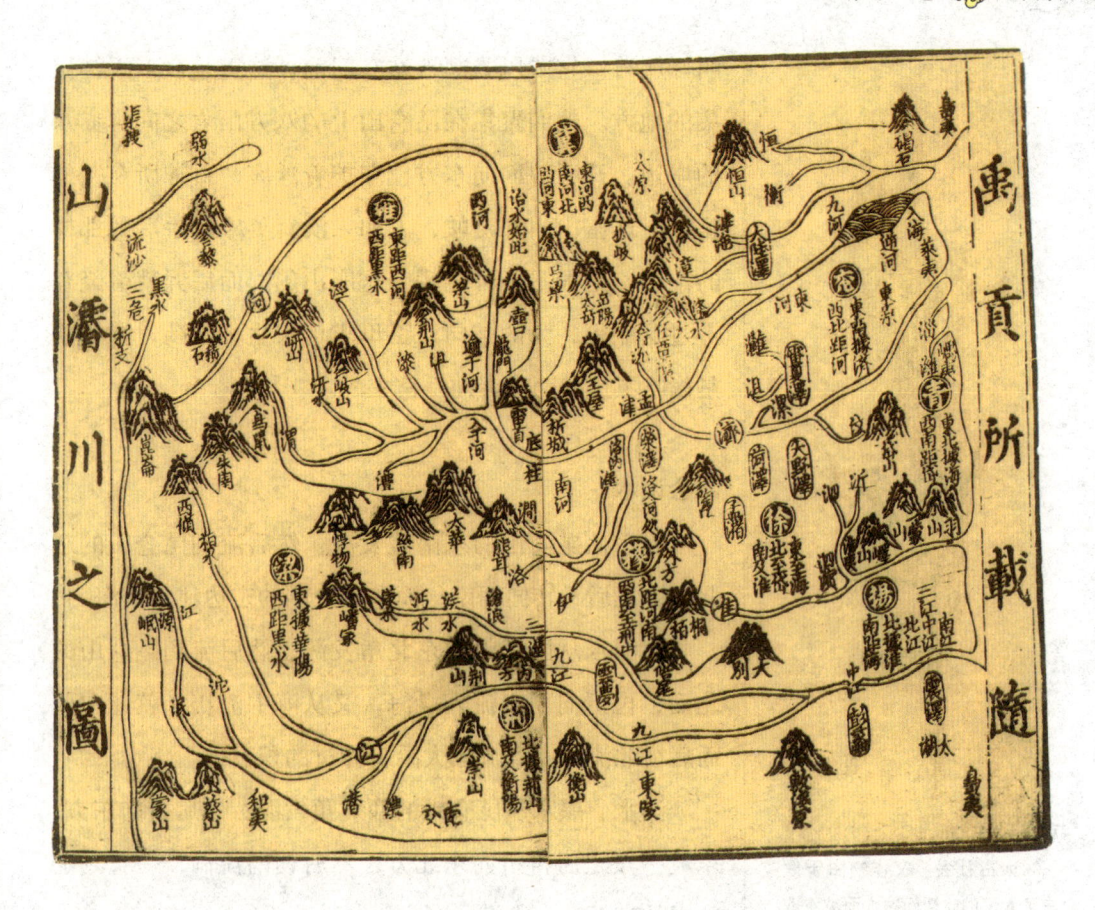

貊（mò）国位于汉水的东北面。它靠近燕国的边界，后来被燕国所灭。后来汉朝时在貊国故地又建立起一个国家，名叫扶余国，这个国家出产名马、赤玉、貊皮；还出产一种珍珠，大如红枣，十分珍贵。

孟鸟栖息在貊国的东北面。这种鸟的羽毛色彩绚烂，红、黄、青三种颜色相互间杂，十分漂亮。

海内的昆仑山，巍峨屹立在大地的西北方，是天帝在下界的都城。昆仑山方圆八百里，高一万仞。山顶生长着一棵像大树一般的稻谷，高达四丈，茎干须五人合抱。昆仑山的每一面都有九眼井，每眼井都用玉石制成的栏杆围起来。每一面还有九道门。帝都宫殿的正门面对东方，迎着朝阳，叫作"开明门"。门前有一只神兽，

禹贡所载随山浚川之图
蔡沈 宋《书集传》
这幅地图是复原禹贡山川情况的历史地图，内容是禹贡九州和各州的山脉、河流、湖泊、四夷等，《山海经》中的很多重要地名在图上均有反映。

稻受到的优待

远古社会，农作物由于解决了人们的吃饭问题，而被看成是上天所赐之福泽；连其早期的种植及推广者后稷都被赋予不平凡的身世。农作物中的主要角色——稻，当然也享有不平凡的"待遇"，如传说中昆仑山顶上就生长着一棵像大树一样的稻谷。而且，稻除了用来食用外，还是祭祀中不可缺少的祭品，可见人们对其的尊崇。

叫开明兽，它威风凛凛地站在门前。这里是众多天神聚集的地方。他们聚集在昆仑山上的八方山岩之间，赤水的岸边。开明兽面向东方，守护着这座"百神所在"的宫城。这座山山势险峻，人如果没有英雄射手后羿那样的本领，是根本不可能攀上这座山的。而后羿就曾经登上过这座山，为的是向西王母求得长生不老药，嫦娥便是偷吃了这种药才奔向月宫去的。

昆仑诸水

赤水从昆仑山的东南麓发源，然后流到昆仑山的东北方，之后又转向西南，而在厌火国的东边注入南海。

黄河水从昆仑山的东北角发源，然后流到昆仑山的北面，再折向西南流入渤海，又从海中流出，就此向西而后往北流，一直流入大禹疏导过的积石山。

洋水、黑水从昆仑山的西北角发源，然后折向东方，东流一段之后再折向东北方，然后朝南流淌，一直到羽民国的南面注入大海。

弱水、青水从昆仑山的西南角发源，然后折向东方，东流一段后又朝北流去，最后折向西南方，流经毕方鸟所在地的东面。

开明兽 鸾 凤 山下奇珍

昆仑山的南面有一个深达三百仞的水潭。那儿有一个像虎一样威猛的神兽，名叫开明兽。它长有九颗头颅，每个头上都生着人一样的面孔，面朝东站立在昆仑山的山顶上。开明神兽是前文中昆仑山上黄帝帝都的守卫者。前面《西次三经》中提到的陆吾，长着老虎的身子和九条尾巴，还有人的面孔和老虎的爪子，有人认为它也是昆仑山的守卫神，西王母的役兽。其实它就是开明神兽，

第十一卷 海内西经

只是不同的人看到后叙述不同而已。

　　开明神兽的西面有凤凰和鸾鸟栖息，它们头上顶着蛇，脚下踩着蛇，胸前还挂了一条红色的蛇。凤凰是百鸟之王，祥瑞之神鸟。有文献记载它的样子是：头像鸡，脖颈像蛇，下巴像燕子，背像龟，尾像鱼，身高六尺上下，色彩斑斓。

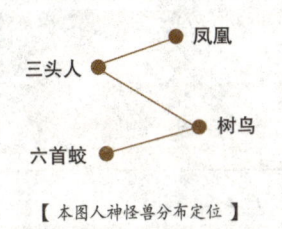

　　开明神兽的北面有视肉等怪兽，还有珠树、文玉树、玗（yū）琪树、不死树等各种神木。吃了珠树的果实就

三头人 ● ● 凤凰
六首蛟 ● ● 树鸟

【本图人神怪兽分布定位】

开明兽周边
明　蒋应镐图本

　　在开明神兽的北面，那只羽毛华丽、回首眺望的大鸟是凤凰。此处还有株能长珍珠美玉的奇树名服常树，上面一立一卧着两个三头人。树枝上站立着的是树鸟，树下还有种六首怪物名六首蛟。

407

《山海经》珍贵古版插图类比

开明兽 汪本的开明兽九个脑袋大小相同,作三三等距排列。《禽虫典》中,开明兽八个脑袋围着一个大脑袋作不规则排列,蹲坐在山洞中,似乎正在履行把守开明门的神职。

→清 汪绂图本

→清 《禽虫典》

结玉之树
红山文化 长23.5厘米

玉虽然美好,但开采、加工都比较困难,于是古人通过丰富的想象,描绘出类似文玉树之类的奇树,能够结出五彩美丽的玉。这在一定程度表达了古人爱玉的情结。这件玉圭形制特殊,上端呈丫字形,通体布满黑色沁斑,距今已有六千年以上的历史。

可以不老不死,青春永驻;文玉树上生长着五彩美玉;玗琪树上生长着红色玉石;而不死树则可以提炼不死药,当年后羿向西王母讨要的不死药就是用这种树炼成的。这些神树上栖息着凤凰、鸾鸟,它们头上都戴着一个像盾牌一样的东西。这里还有离朱,即太阳里的神鸟,也叫三足乌,是西王母身边的使者,祥瑞的象征。此外这里还有像树一样巨大的稻谷、常青的柏树、甘水、圣木曼兑。甘水就是醴泉,甜美清洌;曼兑这种圣木人吃了就会更加聪明。另一种说法认为圣木曼兑又叫璇树。

众巫 三头人 山南异兽

开明神兽的东面有巫师神医巫彭、巫抵、巫阳、巫履、巫凡、巫相,他们围在窫窳的尸体周围,都手捧不死药来抵抗阴郁的死气,试图要使窫窳复活。正如前文所述,这位天神窫窳,是蛇的身子人的面孔,他是被贰负和他的臣子危合伙杀死的。窫窳后来虽然复活,但却变成了吃人的龙头怪兽。

有一种神树名叫服常树，它上面有个长着三颗头的人，静静看守着那棵就在附近的琅玕树。琅玕树是种奇树，它的树身伟岸，玉树琼枝，枝头上结着类似珠玉的果实，名叫琅玕。传说琅玕树是专门为凤凰而生的，为的是给它提供食物。三头人名叫离珠，是黄帝时候的明目者；因为琅玕树异常珍贵，黄帝特地派他日夜守护。他忠于职守，每天用三个头上的六只眼睛轮流看守，一刻不敢疏忽。每当凤凰飞来，他便采下琅玕，递给凤凰吃。

开明神兽的南面有一棵绛树，上面生活着一种树鸟，它长着六个脑袋；还有蛟龙，它身体和尾巴都长得像蛇，但生着四只脚，也长着六个脑袋；另外这里还有蝮蛇、长尾猿、豹等虫蛇野兽；还有许多鸟秩树，亭亭玉立，生长在瑶池的周围；同时还有诵鸟、鹠（sǔn）鸟等飞禽和随吃随长的怪兽视肉。

龙见
清 《吴友如画宝》
六首蛟是一种造型奇异的动物，蛇身蛇尾，六首四脚。民间视四足之蛟为龙，把其看作祥瑞、神圣的象征。清代《吴友如画宝》以图画方式记述了九江北岸广济县蛟龙出现的奇异景观，但见天际云雾缭绕处，蛟龙屈身摆尾，众人皆仰视讶然。

海内北经

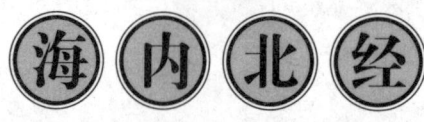

第十二卷

在《海内北经》描述的诸多奇异的内容中，逢蒙恩将仇报偷袭后羿，犬封国犬夫人妻，穷奇颠倒黑白的故事都神秘奇幻；此外，对仙人居住之地列姑射山和蓬莱山的描述也给人留下深刻印象。

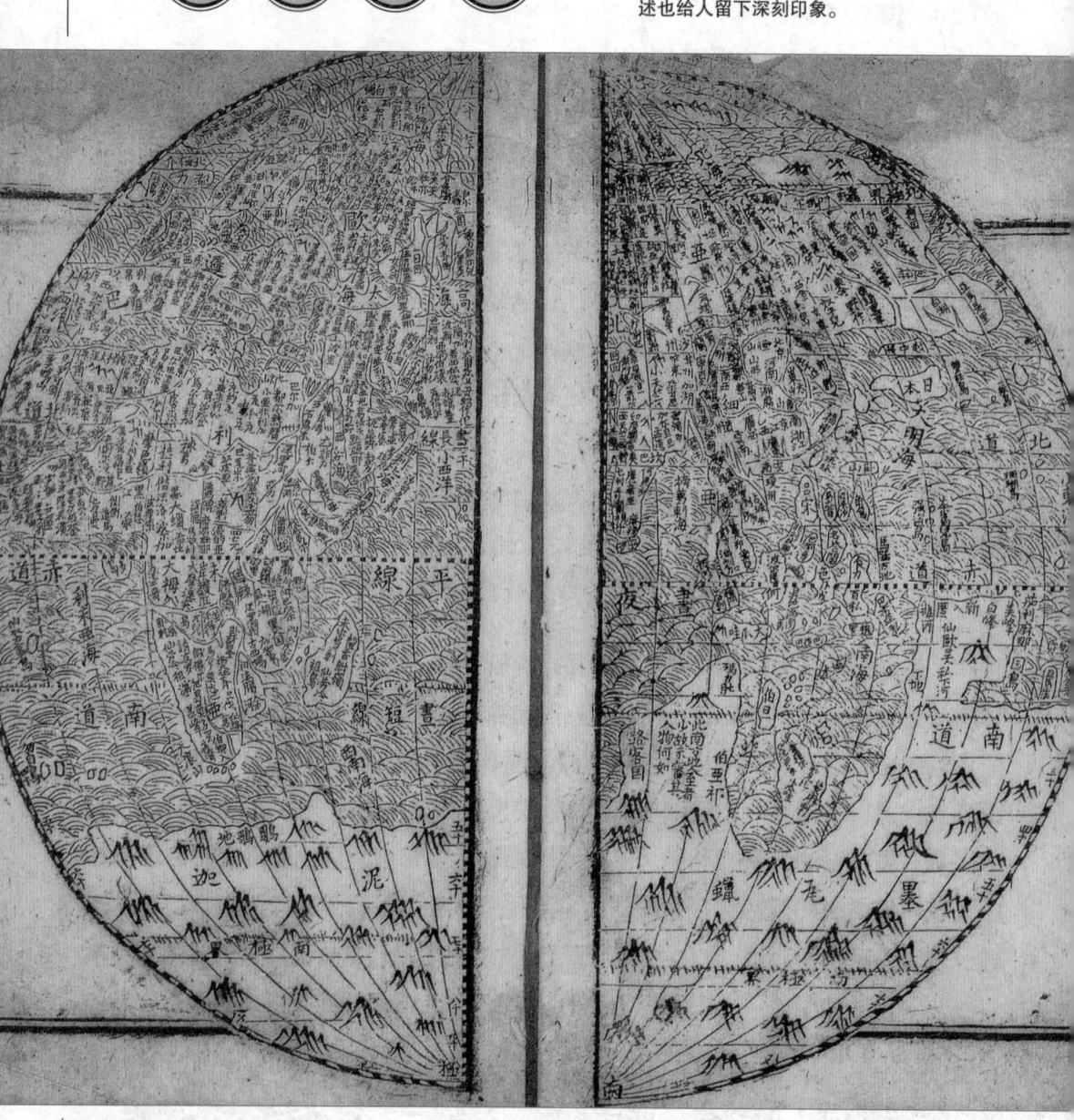

东西两半球图 明 直径26厘米 北京大学图书馆藏

　　意大利传教士利马窦将世界五大洲三大洋绘制在两个圆之中的新鲜画法，引起了中国学者的关注，打开了中国人进一步认识世界的大门。此图各大洋的地理分布基本近似于现代世界地图，在传播世界知识方面起到了积极作用。

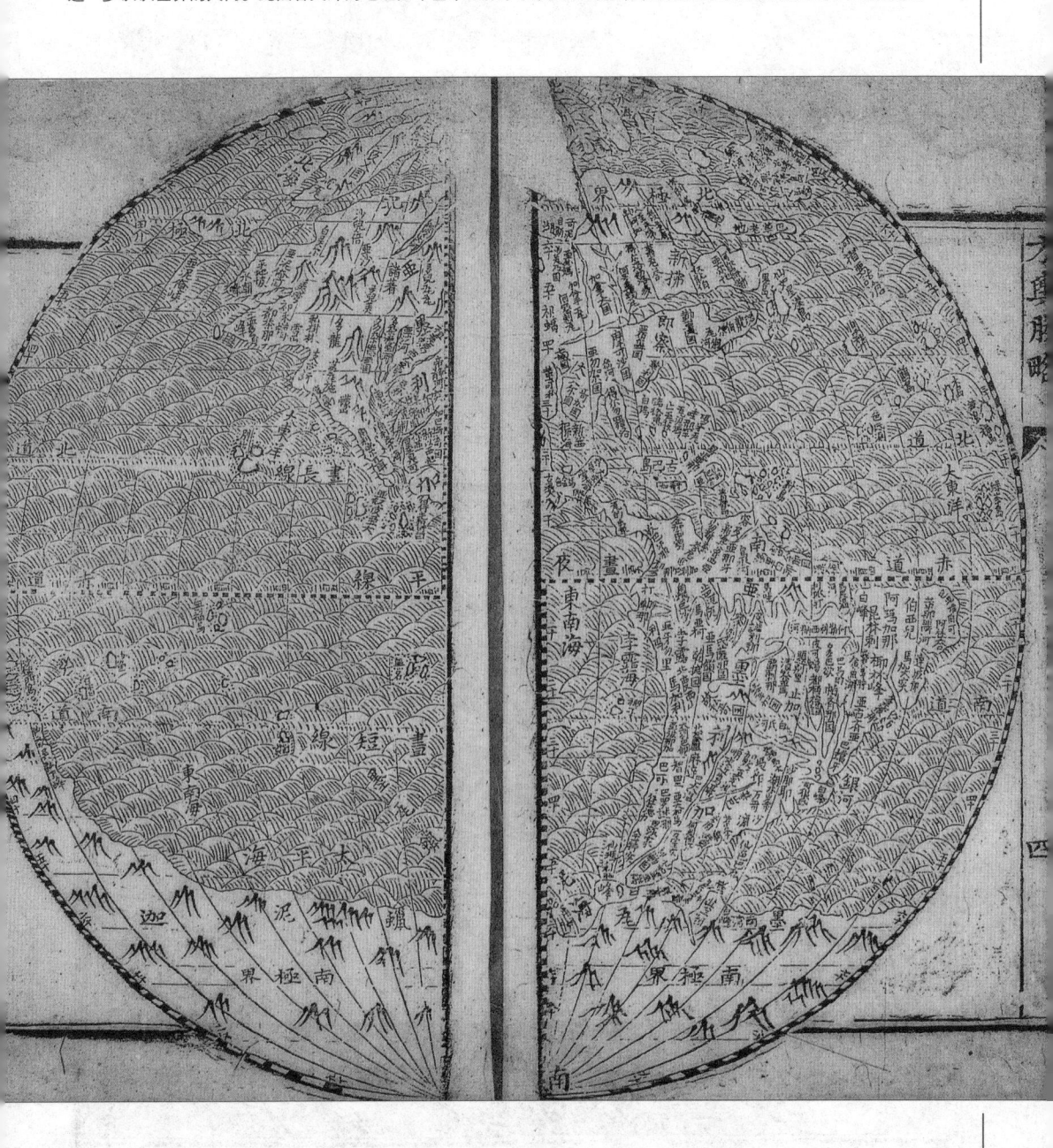

以下依次是海内由西北角向东的国家地区、山岳河川的记录。

蛇巫山

蛇巫山上面有一个人面向东方站立，手里拿着一个杯子。另一种说法认为蛇巫山叫作龟山。传说那站立的人是后羿的学生逢蒙，当年后羿在射日除害之后，收了逢蒙做他的学生。逢蒙原是山中的一个猎手，十分灵敏

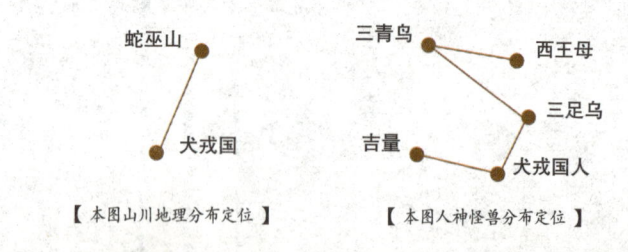

蛇巫山一带
明 蒋应镐图本

蛇巫山上端坐着山神西王母，天空中飞翔着为她取食的三青鸟，脚边还有三足之鸟名三足乌。犬戎国中，跪地女子正谦恭地向自己的犬丈夫进献食物；此国还有一种马，名吉量，善奔跑。

【本图山川地理分布定位】

【本图人神怪兽分布定位】

勇敢，后羿也很喜欢他，让他陪在自己身边，将自己所有的本领都教给了他。

得到了后羿的亲传，逢蒙的射艺开始突飞猛进，他的威名也传遍天下。当时凡是人们提到射箭之人，往往都把逢蒙和后羿相提并论，都说后羿是天下第一，逢蒙天下第二。后羿看到逢蒙的本领越来越高强，也十分高兴。而逢蒙所想就不一样了，他不想总做天下第二，希望有一天能成为天下第一。

有一次，后羿和逢蒙比赛射箭，当时天空正好有一行大雁飞过，后羿让逢蒙先射。逢蒙连射三箭，领头的三只大雁应弦而落，三支箭正好射中三只大雁的头部。天上的大雁受到了惊吓，四散乱飞，毫无次序。而就在这时，后羿也射出了三箭，同样有三只大雁应弦落地，而且每只也都是头部中箭。逢蒙看到这种情况，才知道老师的本领已经炉火纯青，自己即使再勤学苦练只怕也难以超越了。于是他对后羿的嫉恨越来越强，成天处心

弋鸟图
东汉 画像砖拓本
四川省大邑县安仁乡出土
　　这幅弋鸟图描绘的是古人射猎的场面。荷塘深处，一群大雁惊飞而起，岸边两人盘坐，拉弓弋射，情景紧张而真切，与故事中后羿、逢蒙的比赛较量情节有惊人的契合。

玉鸮
商代 高9厘米

逢蒙因嫉妒后羿出神入化的箭法，而趁其不备将其击晕，这是人类的嫉妒心在作怪。《北山经》中有种黄鸟，外形像猫头鹰，人如果吃了它的肉，就不会产生嫉妒心。猫头鹰这种形象颇为怪异的鸟，一直都被赋予某种神秘色彩。猫头鹰是鸮的俗称，这件玉鸮形态简单，却极富神韵。

积虑地想要除掉这压在自己头上的"天下第一"。

此后的日子，逢蒙在后羿身边表现得更加老实恭顺，目的是使后羿放松警惕，好找准下手的时机。同时他用桃木做了一根木棒，随身携带，说是既可以用来打野兽，也可以用它来钩挑猎物，不用下马就能拿到。后羿觉得言之有理，也没有起疑心。

一次，他们二人去蛇巫山狩猎，后羿站在山脚下，仰头射天上的大雁，逢蒙则在他身边用桃木棒收拾猎物。后羿已经射落了一只雁，就在他搭好弓箭瞄准第二只的时候，逢蒙突然直起身来，用木棒对准后羿狠狠抡去。此时后羿虽然有所察觉，但已为时太晚，桃木棒正好重重地击中他的后脑。鲜血从头上直流下来，后羿再也无力反抗，轻蔑地看了逢蒙一眼后，就颓然地倒下了。

后羿死后，其灵魂做了宗布神，统辖天下万鬼，叫邪恶的鬼不敢再害人。因为鬼的首领后羿是被桃木棒杀死的，所以鬼都怕见桃木，而民间也用桃木来避邪。

西王母 三青鸟

在昆仑山的北面，西王母靠倚着小桌案，头戴玉胜。在西王母的南面有三只勇猛善飞的青鸟，正在为西王母觅取食物。西王母既是司灾厉刑罚的天神，又是玉山与昆仑山的山神，曾经设宴招待过远道而来的周穆王。三青鸟是三只神鸟，它们头上的羽毛是红色的，眼睛漆黑，平时栖息在西方第三列山系中的三危山上，名字分别是大鵹（lí）、少鵹和青鸟，是为西王母取食的神鸟。当年周穆王就曾到过它们栖息的地方。西王母身边除了三青鸟之外，还有三足乌、九尾狐，它们和三青鸟一样，都是西王母的使者。

传说大禹在河西治理洪水的过程中，西王母给予他很多的帮助，才使大禹圆满完成了治水任务。大功告成之后，大禹也曾经被三青鸟使引见，见过西王母，当面向她道谢。那日，大禹乘龙离开蓬莱，正自驰行，忽见一个道者向他拱手道："听说足下一直想觐见西王母，我奉太上真人之命前来告知，如今她已前往钟山，请足下到钟山去。"青鸟向大禹道："既然太上真人如此吩咐，我们就往钟山去吧。"

足足走了半日，忽见前面高山参天，少驾道："这便是了。"大禹下车观看，只见此地景象与蓬莱不同，幽雅之中兼带肃穆之气；瑶草琪花，处处开放。面前一座金色宫城，城门横额上书"阊阖"二字，每字都足有十丈大小。只见城门开放，一队仙人飘然而至，原来是西王母遣来迎接大禹的。那为首两人向三青鸟道："王母懿旨，叫汝等陪文命到行宫中休息。"

三青鸟便领了大禹及天将等另向别路而行，但见街道宽阔，房屋都非常高大；金门玉壁，富丽不可言状。其间众仙来往穿行，或则步行，或则骖鸾驾鹤，见了大

黑脸西王母
河南郑州东汉画像砖

原始神话中的西王母面相狰狞，到汉代仍有留传，这幅画像中西王母的黑脸形象即为其一。

西王母及其随从
四川汉画像砖

西王母的形象在不断演变的过程中，其山神神格日渐淡化，而部众却日益扩充，除常见的三青鸟、三足乌、九尾狐、玉兔、开明兽外，又增加了凤凰、蟾蜍、人首蛇身神等。

金母
清 《吴友如画宝》
后世的典籍中，西王母又称金母，《吴友如画宝》中，尊贵优雅的金母置身于云雾缭绕的神话世界中。

禹，无不拱手为礼。大鹫道："这座山上，所有仙人为数过万，就算是我等也不能一一区别。"大禹道："他们都各司何职？"大鹫道："有些有职司，有些并无职司；无职司的大都是新近得道、功行尚浅，于是便奉命伺候上仙。"

大禹道："既已成仙，还要伺候哪个？"大鹫道："此间虽说都是神仙，但亦分尊卑长幼；等级卑下的，就应侍奉等级高上的，仿佛人世间仆役伺候主人一般。刚才前来欢迎文命的一班人便是伺候王母的侍从。能够伺候王母已经实属难得，其他神仙名位并不高，但是仍须伺候，下神辛苦非常。如此逐级下压，无可逃避。所以下界有些修仙之人得道之后并不急于上升，而情愿在下界

多住万八千年，以避免侍奉之苦。"

到了次日，大禹跟着三青鸟出了行宫，只见已有一辆车子停在门口，它将大禹带到一处宏大无比的宫殿前。众人下车后穿过大屋，又见后面是个极大的花园，方圆足有百亩，奇花异草竞相开放。正面阶前正有无数的神仙列队相迎。大禹细看，男男女女，骈肩叠迹，足有几百位。

忽见一个妙龄女仙排众而出，向大禹行礼道："先生已到钟山，归功于九天了。家母不过略尽绵薄之力，何功之有，岂敢当这个谢字？请不要说谢，家母自然出来相见。"原来此女便是王母第四女南极王夫人林容真。大禹闻听此言道："大功之成，全由王母，某奉圣天子所托前来跪谢，何敢违天子之命于草莽？还请夫人代达下情，文命方不辱君命。"林容真依旧代王母辞谢，大禹又固请。正在相持之时，人丛中一老者高声叫道："主人太谦，客人又太过至诚，虽都是美德，却害得我们站在这里苦等。我等不才，来做个调人。俗语说：'恭敬不如从命。'文命见了主人，只要口中多说两个谢字，跪拜大礼尽可免去。如此一来，主人之心既安，文命归去亦可以复命于天子。众位以为如何？"大禹无奈，只能说道："既然如此，文命莫敢不从。"此时众人散开，大禹才得以觐见西王母。

大行伯　犬封国

有个叫大行伯的神人，手握一把长戈站在那里。传说这位大行伯是水神共工的儿子修。修十分爱好远游，它常常坐着舟车云游天下；每到一个地方，都要饱览当地美景才返回。故后世奉他为祖神。在他的东面有犬封国。天神贰负的尸体也在他的东面。

三青鸟
清　汪绂图本

三青鸟是为西王母取食的侍者，常常与九尾狐、三足鸟一起出现在西王母题材的画作中。

犬封国也叫犬戎国，那里的男人个个长得像狗，但身穿长袍，像人一般坐在地上；而女子都长得很美，长发披肩，短衣短裤。她们都要跪在地上捧着酒食向自己的丈夫进献，而且低眉顺首，不敢抬头仰视。

相传犬封国的祖先是一条神狗，名叫盘瓠（hù），它的来历颇为神奇。传说高辛氏帝喾为帝时，他的夫人忽然得了耳痛病，整整疼了三年，访遍天下名医也没有好转。后来有一天，她忽然从耳朵里挑出一条金虫，大如蚕茧，原来是它在夫人的耳朵里作怪。帝喾的夫人就将这条虫用瓠盛着，又用盘子盖着，不久这条虫变化为一只狗，从瓠中跳了出来。它浑身锦绣，五色斑斓，十分漂亮。因为它是从盘子和瓠里面跳出来的，因此帝喾就给它取名叫盘瓠。帝喾十分喜欢这条狗，经常带它在身边，寸步不离。

就在这时，有个诸侯房王挑起叛乱，帝喾忧虑国家危

卧犬
清末 象牙小烟碟 直径5.4厘米
　　盘瓠浑身锦绣，五色斑斓，十分漂亮。帝喾十分喜欢这条狗，经常带它在身边，寸步不离。画面中的小犬虽不及盘瓠锦绣华丽，但也乖巧稚拙，惹人喜爱。它正舒展四肢，在树下小憩。

犬戎国
苗族剪纸
　　《畲族祖图》生动再现了盘瓠杀房王立功的故事。这种关于犬人的传说有很多，这张苗族剪纸讲述的就是龙狗与苗王女生下六男六女繁衍人类的故事。

亡，便在天下招募勇士，并发出悬赏令："要是有人能够斩获房王的首级来献，将赐黄金千两，并赏赐美人。"但群臣见房氏兵强马壮，都认为难以获胜，久久无人领命。

就在这天，盘瓠突然失踪，帝喾派人到处寻找也没有看到它的踪影。就这样过了三天，盘瓠突然出现，还带着房王的首级。帝喾大喜过望，这个消息不胫而走，顿时满朝震动。

原来盘瓠独自去了房王的营帐，房王看到之后十分高兴，对左右群臣说："高辛氏将要亡国了啊！连他的狗都抛弃主人来投靠我，我一定能成功！"于是便大摆酒宴，庆祝这条神狗加入他们的队伍。当夜房王喝得酩酊大醉，一回到帐中便沉沉睡去，盘瓠就趁此机会，咬断房王的脖子，取下首级，然后一路奔回到主人身边。

帝喾见这条狗竟然如此神勇，便赐给它美食，可它不吃也不喝，变得郁郁寡欢。一天之后，就连帝喾呼唤

盘瓠国
畲族祖图

　　畲族将盘瓠奉为先祖，该图以叙事的手法描绘了盘瓠从出生到智取房王首级，再到娶妻繁衍犬戎国的过程。

人类忠诚的伙伴——狗
汉

　　中国自古就有"狗不嫌家贫"的俗语，赞扬的就是狗的忠诚。人类对狗的感情由来已久，这件两千年多年前的陶狗，样子憨厚，正摇尾以示友好。

它，它也不应了。帝喾问道："你为什么既不吃东西，呼唤你也不起来，难道是怨恨我没有赏赐你吗？我现在就兑现我的诺言，赏你黄金美女，好不好？"盘瓠听到这话，立即跳跃起来。于是帝喾就封盘瓠为桂林侯，赐他美女五人，食邑一千户。

后来盘瓠与众女生下三男六女，这些孩子出生的时候，虽然具有人的形貌，但仍然留有犬尾。其后代子孙昌盛，就号为犬戎之国。又因为盘瓠是以犬的身份获得封赏，所以犬戎国又叫犬封国。在他们的家庭中如果诞生了男孩儿，必定是狗的样子；而生了女孩，长大后便会出落成美人。男子的地位很高，每天吃饭时妻子都要跪在地上，手捧食物向丈夫进献。

犬戎国境内出产一种文马，身上毛皮纯白，而鬃毛却是红色的，两只眼睛像黄金一样闪闪发光。这种马的名称又叫吉量，骑上它就能使人长寿千岁。这种文马，奇肱国也有。传说周文王的时候犬戎国曾进献吉量给周国。后来商纣王知道了此事，便拘文王于羑（yǒu）里，姜太公与散宜生只好牵着这匹犬戎国进献的吉良献给纣王，以解救文王。

鬼国　蜪犬　穷奇

鬼国位于贰负神尸体的北面，那里的人脸上都只长着一只眼睛。这只眼睛长在脸的正中位置，加上巨鼻阔口，使得人人看起来都相貌恐怖。另一种说法认为贰负神的尸体在鬼国的东面，鬼国的人都长着人的面孔、蛇的身子。

蜪（táo）犬的形体和一般的狗类似，浑身毛皮都是青色，是一种凶恶的食人兽。它吃人的方法很有特点，都是从人的头开始吃起。

神性之马
秦代　长215厘米　通高163厘米

马由于在人类生活中扮演的重要角色，自古就被赋予奇幻色彩，如日行千里的汗血宝马，能食虎豹的骏马，及骑上后能使人长命千岁的吉量马等。这件陶马为秦始皇陵中的战马，体态健壮高大，是秦始皇强大武力的重要组成部分。

穷奇的形状就像老虎一般，两肋还生有翅膀，吃人的时候也是从头部开始吃起。正被它吞食的那个人是披散着头发的。穷奇在蜪犬的北面。另一种说法认为穷奇吃人是从人的脚开始吃起的。有神话传说记载，穷奇并非见人就吃，而是会加以选择。它专门吃忠信正直的君子，而见到那些恶逆凶残之人，竟然还要捕捉野兽向他

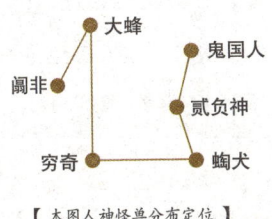

【本图人神怪兽分布定位】

贰负神周边
明 蒋应镐图本

贰负神为人面蛇身神。鬼国人皆独目。那只狗形兽是蜪犬，而那只虎形有翼兽名穷奇。天空中飞着有毒的大蜂，山上还奔跑着一只名阘非的人面兽。

鬼国
清 《边裔典》
鬼国即一目国，国内之人只有一只眼睛，且生在脸面的正中央。清《边裔典》中的鬼国之人，造型十分奇特，人面蛇身，一横目长于脸面正中，配上巨鼻阔嘴，与鬼国的名字刚好相配。

据比尸
明初 《永乐大典》卷九
据北尸即据比尸，他的脖子已经被折断了，脑袋耷拉在后面，披散着头发，一只手也不知去向，样子不忍目视。

们进献，以讨好他们，那副嘴脸就像人群中的小人走狗。这穷奇就是西方第四列山系中邽山上的穷奇兽，它颠倒黑白，助纣为虐，人们十分痛恨它，将它与混沌、梼杌（táo wù）、饕餮并称为"四凶"。

帝台 大蜂 䖝非 据比尸 环狗国

帝尧台、帝喾台、帝丹朱台、帝舜台，各自有两座台，每座台都是四方形，屹立在昆仑山的东北面。相传这八座台是大禹杀死怪兽相柳后，为了湮塞他的腥臭血液所筑的台。

有一种大蜂，形状像螽（zhōng）斯。传说大蜂的腹部大如水壶，里面有毒液，蜇人后就能将人杀死。还有一种朱蛾，形状像蚍蜉。

𩴴（qiāo）是一种奇特的动物，长着人的身子，身上却有着老虎一样的斑纹，腿上还有强健的小腿肚子。𩴴栖息在穷奇的东面。另一种说法认为𩴴的形状像人，是昆仑山北面所独有的。

䖝（tà）非也是一种人面兽，长着人的脸孔，而身子却是野兽的，浑身青色。

天神据比的尸首样子不堪入目，脖子已经被折断了，脑袋耷拉在后面，披散着头发，一只手也不知去向。

环狗，长着狗的面孔，而身子和手脚的却生得和常人无异。另一种说法认为他们是刺猬的样子而又像狗，全身为黄色。

袜 戎国 驺吾 氾林

袜（mèi）这种怪物样子很可怕，其身形似人，脑袋为黑色，脸上的眼睛和眉毛都是竖着生的，整日赤身裸足，只在腰间围一条毛皮。袜就是鬼魅，是一种山泽中的饿鬼。对付他们，要请出十二神兽中的雄伯兽。

戎国，这个国家的人长着人的头，头上还长有三只角，赤身裸足，系围腰，生活在崇山峻岭之中。传说戎国又叫离戎国。

林氏国有一种珍奇的野兽，其大小和老虎差不多，毛皮上有五种颜色的斑纹，尾巴比身子长，名字叫驺（zōu）吾，骑上它就可以日行千里。驺吾是一种仁德忠

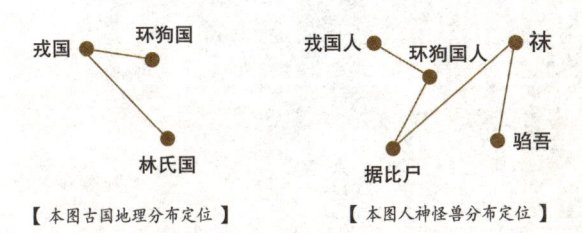

据比尸周边
明 蒋应镐图本

天神据比的尸体只有一只手臂，脖子也被折断了。环狗国人皆是狗头人身。袜是一种非常可怕的恶鬼，那个竖眼人便是。那个头上长三只角的人是戎国人。林氏国内有种形如骏马的怪兽是驺吾。

【本图古国地理分布定位】　【本图人神怪兽分布定位】

《山海经》珍贵古版插图类比

驺吾 胡本的驺吾为一只带斑纹的猛虎，尾长及腰。汪本中，驺吾形似猛虎，桀骜强悍。

→明 胡文焕图本　　　　　　　　　　　　→清 汪绂图本

袜
清 汪绂图本
袜的身形似人，黑色脑袋，眼睛和眉毛都是竖着生的，样子很可怕。

义之兽，外猛而内威。据说它从不践踏正在生长的青草，只吃自然老死的动物的肉，非常仁义。同时驺吾还是一种祥瑞之兽，当君王圣明仁义的时候，驺吾就会出现。

昆仑山南面的地方，生长着一片生机勃勃的树林，名叫氾林，其方圆三百里。

冰夷

从极渊有三百仞深，是冰夷神常常乘龙出游的地方。冰夷神的相貌是人面鱼身，他乘着两条龙，巡游在天地江河之间。另一种说法认为从极渊叫作忠极渊。冰夷又名冯夷、无夷，他就是河伯。传说他是华阴潼乡堤首人，因服用仙药八石而升仙，成为河伯。一说他于八月上庚日渡河溺死，后来天帝便署他为河伯。他是个浪荡风流之神，要求人们每次祭祀他的时候都要给他敬献一位美女，他才保佑来年不发大水。

第十二卷 海内北经

　　英雄后羿听说河伯竟向人间索要美女，还经常在人渡河的时候将人拉下水溺死，于是便决心除掉河伯。他在水边等了几天几夜，终于等到了河伯出现。当时河伯化身为白龙，在水边游弋，正好被等候多时的后羿见到，于是后羿拈弓搭箭，一下射中了白龙的右眼。

　　河伯痛不欲生，便上天面见天帝，说："请你为我报仇，杀掉后羿！"天帝问道："你为什么被他射到了呢？"河伯回答说："我当时变成白龙出水游玩，正好被他看到。"天帝便批评河伯："如果你安分守己待在你的深渊中，后羿如何能射得到你？现在你浮出水面，就跟

冰夷
明 蒋应镐图本
　　深三百仞的从极之渊，是黄河水神冰夷的居住地，河神常由此出游，驾双龙翱翔于云水之间。

虫蛇鸟兽一样，他射你也是应该的，他又有什么罪呢？"河伯无言以对，只得作罢。

王子夜尸 宵明 烛光 倭国

阳汙（yū）山，黄河的一条支流从这座山发源；凌门山，黄河的另一条支流从这座山发源。

王子夜的尸体，两只手、两条腿、胸脯、脑袋、牙齿都被斩断，分散在不同的地方。传说这里的王子夜就是王亥，他是司人间畜牧之神，一日在诸侯国有易做客的时候，与有易国的王妃相互爱慕，结果发生了淫乱之事。有易国的君主绵臣十分生气，将其杀死，并将尸首肢解，分散各地，情景惨不忍睹。后来殷商君主微为王亥报仇，灭掉了有易国，杀死了国君绵臣。

帝舜的第三个妻子登比氏生了宵明、烛光两个女儿，她们住在黄河边上的大泽中，两位神女的灵光能照亮这里方圆百里的地方。另一种说法认为帝舜的妻子叫登北氏。帝舜的另两位妻子就是帝尧的女儿娥皇和女英，她们在帝舜去世后，自投湘江殉夫，成为湘水之灵。

盖国位于大燕国的南面，倭国的北面。倭国隶属于燕国。传说倭国位于大海中，国中人口以女子为主，他们的衣服都不用针线缝接，随便向身上一披了事，还用红色颜料涂抹身体。他们一个男子可以娶数十个女子为妻，而这数十个妻子之间并不会产生忌妒之心。

后羿射白龙
清 萧云从《天问图》
画面中的白龙为河伯所化，他因为作恶多端被后羿一箭射中右眼。

大蟹
清 汪绂
大蟹身广千里，举起它的螯就比山还高。

朝鲜 列姑射山 大蟹

朝鲜位于列阳的东面，北临大海南倚高山。列阳隶属于燕国。在周武王灭商后，商朝大臣箕子率领五千商朝遗民东迁至朝鲜，武王将其封为诸侯，后来这个国家被燕国人卫满所灭。

列姑射山在河流入海的河州上，东边第二列山系中就有姑射山、北姑射山、南姑射山，它们合称列姑射山。

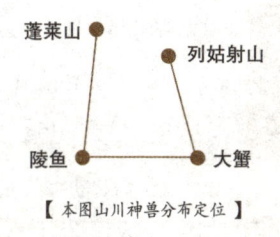

蓬莱山　　　列姑射山

陵鱼　　　　大蟹

【本图山川神兽分布定位】

列姑射山一带
明　蒋应镐图本

列姑射山是海中神山，乃神仙居住的地方。大海中，生活着一种巨蟹名大蟹，还有一种叫陵鱼的人面鱼。海面上的缭绕云端中，还矗立着仙山蓬莱山，一些得道神仙会聚于此。

这里有神仙居住，其肌肤像冰雪一样洁白，亭亭玉立就像处女一样迷人。他不食五谷杂粮，只吸风饮露，腾云驾雾，驾驭飞龙游乎四海之外。他的精神凝聚，能使万物不受灾害，年年五谷丰登。

姑射国在海中，就位于列姑射山上。在射姑国的西南部，有巍峨的高山环绕。

大蟹生活在海里，据说这种大蟹身广千里，举起它的螯就比山还高，所以它只能生活在水中。传说有人曾经在海里航行，看到一个小岛，岛上树木茂盛，于是便下船上岸，在水边生火做饭；饭才做了一半，就看见岛上的森林已经淹没在水中。于是急忙砍断缆绳上船，划到远处才看清，原来刚才的岛是一个巨大的螃蟹，森林就长在它的背上。可能是生火的时候误将它灼伤，才迫使它现身。

蓬莱仙境图
清 袁耀 绢本 设色 纵163厘米 横22.6厘米 北京故宫博物院藏

此图以蓬莱仙境的传说为题材，画面气势恢弘，描绘出了山川湖海吞吐日月的壮丽景象。画面中远山近峦兀立在天海云雾的围绕中，仙境图景就在云烟幻灭中显现。

陵鱼 大鳒 明组邑 蓬莱山

陵鱼长着一副人的面孔，而且有手有脚，但身子却像鱼，生活在海中。传说陵鱼一出现，就会风涛骤起。有人认为陵鱼就是人鱼，又叫鲛人。她们都是些美丽的女子，生活在水中，仅在水中觅食，皮肤洁白如玉石，长发乌亮如黑缎。眼中流出来的泪水会变成晶莹璀璨的珍珠。她们能像陆上生活的少女一样纺纱织布。传说有一天，一个鲛人从水中出来，隐去鱼尾，寄住在陆上的一户人家中，天天以卖纱为生。在将要离开的时候，她向主人索要了一个容器，对着它哭泣，转眼就成了满盘珍珠，以此来答谢主人。

大鳊（biān）鱼生活在海里。鳊鱼就是鲂鱼，其体形像树叶。

明组邑生活在海岛上，这是一个海中的部落。

蓬莱山屹立在海中。蓬莱和方丈、瀛洲并称海上三仙山，传说它在渤海之中，山上的飞禽走兽都是白色的，上面有仙人宫室，都用黄金美玉建造，里面住着长生不死的仙人，藏着不死之药。这座仙山也是建在一个大鳌背上，被鳌驮着游弋于沧海之中。

大人国进行贸易的集市在海里。大人国地处东海之外，大荒之中，传说这里的大人国集市实际是海上的海市蜃楼幻象，在山东登州海的中州岛上。春夏之交，常常能看见城郭街市，其中有物往来，还有飞仙邀游，变化无常。

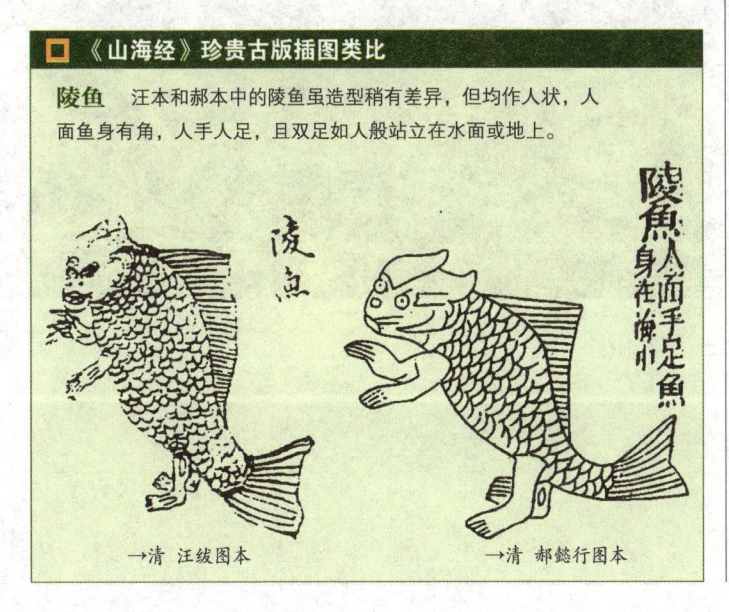

《山海经》珍贵古版插图类比

陵鱼 汪本和郝本中的陵鱼虽造型稍有差异，但均作人状，人面鱼身有角，人手人足，且双足如人般站立在水面或地上。

→清 汪绂图本　　→清 郝懿行图本

腾云飞龙
春秋　高8.5厘米

列姑射山和蓬莱山一样是传说中的仙山，上面有神仙居住。山上的神仙驾驭飞龙，腾云驾雾，徜徉于云海之间，吸食雨露。这件云龙纹玉琮表现的即是苍劲飘逸的神龙，游走于缭绕翻腾的云海中，轻灵飘洒的姿态透出一股仙家之气。

巨鳌负地
清　萧云从《天问图》

蓬莱山为海中神山，云中仙境。传说蓬莱山在渤海之中，望之如云，上有金玉铸造的仙人宫室及长寿仙人，还藏有不死神药。有传说认为蓬莱五山之根，互不相连，常随波潮上下往返，不得安宁。于是天帝命巨鳌背负之，六万年轮换一次。图中表现的即为巨鳌背负蓬莱山的故事。

海内东经

第十三卷

《海内东经》除了记载数量众多的山川河流外,还有一些独具风貌的国家,盛产羬羊的月支国和出产美玉的白玉山国就是其中比较神秘奇特的。

第十三卷　海内东经

江西舆地图说　明　绢底　彩绘　北京图书馆藏

此图采用中国古代地图传统的地物、地貌形象化的手法绘制，精细地描绘了江西省、府、县境内的地理概况，图中的山岭、湖泊、树木、城池、房屋等细腻逼真，色彩艳丽。

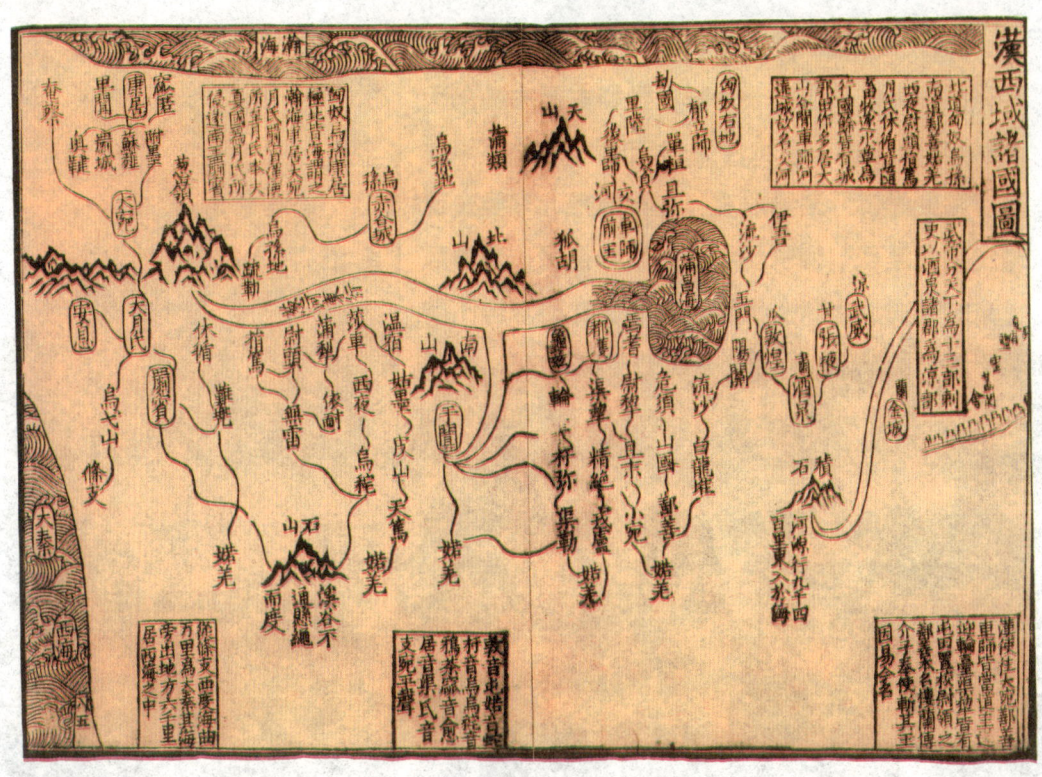

汉西域诸国图
南宋 雕版墨印 北京图书馆藏
图中标示了汉代西域主要少数民族的分布情况。匈奴、大宛、月氏诸国在汉朝依然存在，在图中的能轻易找到。

以下依次是海内由东北角向南的国家地区、山岳河川的分布情况。

西域各国

大燕国位于海内的东北角。

在流沙中的国家有埻（dūn）端国、玺㬇（huǎn）国，它们都位于昆仑山的东南面。另一种说法认为埻端国和玺㬇国都是在海内建置的郡；不把它们称为郡县，是因为它们处在流沙中。

在流沙之外的国家有大夏国、竖沙国、居繇国和月支国。

其中大夏国方圆二三百里，分为几十个小国。那里气候温和，适宜种植五谷；没有统一的君主，每个小国的首领都自立为王。

月支国则产良马、优质水果，还有大尾巴羬羊。传说月氏国的羬羊，光尾巴就重达十斤，可将其割下来当食物吃，过不了多久它又会重新生长出来。大月支人原来游牧于中国的甘肃、青海一带，和中原有着密切联系，在战国时期曾盛极一时。当匈奴单于冒顿还是王子的时候，就曾被迫作为人质，被拘留在月支国，后来才侥幸逃回匈奴。匈奴统一各部后，组建了强大的骑兵，东征西讨，连当时的秦朝都难以对抗。冒顿每每想起被押作人质之事，便深以为侮，最后终于攻破了月支国，将其国王的头颅割下作为饮酒器，才得以雪耻。

月支国战败后，被迫西迁到西域一带，灭掉了大夏国，占其领地，和中原不再互通音信。西汉初期，汉王朝在与匈奴的交战中吃尽了苦头，不得不忍辱和亲。到

张骞出使西域
初唐 敦煌第323窟
　　画面下方骑在马上的人就是汉武帝，张骞持笏跪倒在他马前向他辞行。画面左上方是张骞一行人西去的身影，而左上角的城廓便是他们出使西域的第一站大夏国。

玉镞、骨镞 新石器时期 长约4.7厘米

作为一种狩猎与战斗的工具，镞很早就被远古人类运用。这一组玉镞和骨镞共五件，磨制锋利，中脊起棱，形制颇为规整。为了增强杀伤力，古人还经常在镞头上涂抹有剧毒的汁液。

□《山海经》珍贵古版插图类比

雷神 汪本和吴本的雷神，都是雷神的古老形貌，即人面龙身；而且都有一副鸟嘴。鸟形雷神的出现可能与佛教有关，并且这种观念在明、清时期已十分流行。

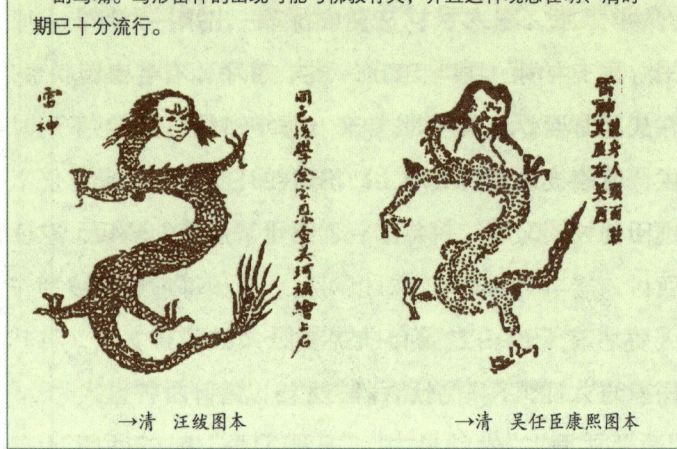

→清 汪绂图本　　→清 吴任臣康熙图本

合欢

合欢又名绒花树、夜合树，树冠开阔，羽状的复叶昼开夜合，故有"合欢"之名。它自古以来就是一种吉祥的树木，象征着举家合欢。合欢花有安神解郁的疗效，对于七情所伤导致的愤怒忧郁、虚烦不安特别有效。

了汉武帝时期，汉朝国力强盛，汉武帝想反击匈奴，当他知道月支国和匈奴的深仇大恨之后，就想与月支国配合分别从东西夹击匈奴，于是派张骞出使西域。但当时月支国在西域生活安定，早已将仇恨忘到了九霄云外。张骞的出使并没有促成汉朝与月支国夹击匈奴计划的实现，但加强了西域和中原的联系。后来到了东汉时期，月支国的一支在印度河流域开疆拓土，建立了鼎鼎大名的贵霜帝国，可与当时的东汉帝国相抗衡。

西方胡人建立的白玉山国位于大夏国的东面。苍梧国在白玉山国的西南面，它们都在流沙的西面，昆仑山的东南麓。昆仑山位于西方胡人所在地的西面，总的位置都在西北方。白玉山国盛产美玉，在周穆王时，西胡人进献的玉杯，由百玉之精雕成，晶莹剔透，夜间闪闪发光。

雷神　琅邪山

雷泽中住着一位雷神，他长着龙的身子人的头，时常在雷泽中游戏玩耍，据说他喜欢拍打自己的肚子玩。

一拍肚子，就会发出一阵轰隆隆的雷声。这个雷泽在吴国的西部，据说就是太湖。

都州位于海中。一种说法认为都州叫作郁州。

琅邪山位于渤海之滨，在琅邪台的东面。琅邪台的北面有座山。另一种说法认为琅邪山在海中，当年越王勾践称霸中原时，就曾经增建琅邪台，使其周长达到七里，在台上可以观东海。他还在琅邪建立都城，控制中原。

韩雁在海中，在都州的南面。古代朝鲜半岛有"三

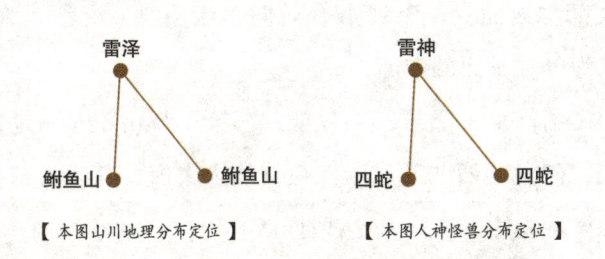

雷泽
鲋鱼山　　鲋鱼山
【本图山川地理分布定位】

雷神
四蛇　　四蛇
【本图人神怪兽分布定位】

雷神、四蛇
明 蒋应镐图本
　　海内的雷泽中住着一位雷神，人首龙身，威风凛凛。鲋鱼山是帝颛顼的埋葬之地，有四条神蛇担当守卫。

435

韩"，即三个国家：马韩、辰韩和弁韩。韩雁可能是其中之一的别名。

始鸠位于海中，又在韩雁的南面。

会稽山位于大楚以南。

河流

从岷山中流出三条江，首先是长江从汶山流出，再者北江从曼山流出，还有南江从高山流出。高山坐落在成都的西面。三条江汇合后向东流淌，最终注入大海，入海处在长州的南面。

浙江从三天子都山发源，三天子都山位于蛮地的东面，闽地的西北面。浙江最终注入大海，其入海口位于馀暨的南边。浙江就是钱塘江。

庐江也从三天子都山发源，最终注入长江，入江口在彭泽的西面。一种说法认为入江口在天子鄣。

淮水从馀山发源，馀山坐落在朝阳的东面，义乡的西面。淮水最终注入大海，入海处在淮浦的北面。

湘水从帝舜埋葬之地九疑山的东南角发源，然后向西环绕流去。湘水最终注入洞庭湖。传说洞庭湖深不可测，其中有水道直通大海。一种说法认为湘江注入的是东南方的西泽。

汉水从鲋（fù）鱼山发源，帝颛顼葬在鲋鱼山的南面，他的九个嫔妃葬在鲋鱼山的北面；四条巨蛇从山脚四面蜿蜒而出，伸颈吐信，护卫着神山。我国古老的观念认为，人死后的灵魂要回归故里；高山是祖先的居所，是灵魂最好的归宿地。四蛇是诸神与神山的守卫者，又是灵魂世界的指引者；蛇属水，与帝颛顼北方水神的神格相合，因此又是颛顼的动物伙伴。鲋鱼山就是符禺山，就是现在鼎鼎大名的北镇医巫闾山。帝颛顼是黄帝的孙

玉琮中的天地观

新石器时代 良渚文化 高4.4厘米

玉琮是一种内圆外方的筒形玉器，为我国古代重要的礼器之一。但它的功能远远超出了祭祀土地。内圆外方表示天和地，中间的穿孔则表示天地之间的沟通。从孔中穿过的棍子就是天地柱，即天梯。在绝大部分琮上都有动物图案，表示巫师通过天地柱在动物的协助下沟通天地。因此，玉琮被认为是中国古代世界观和通天行为的象征。

《山海经》珍贵古版插图类比

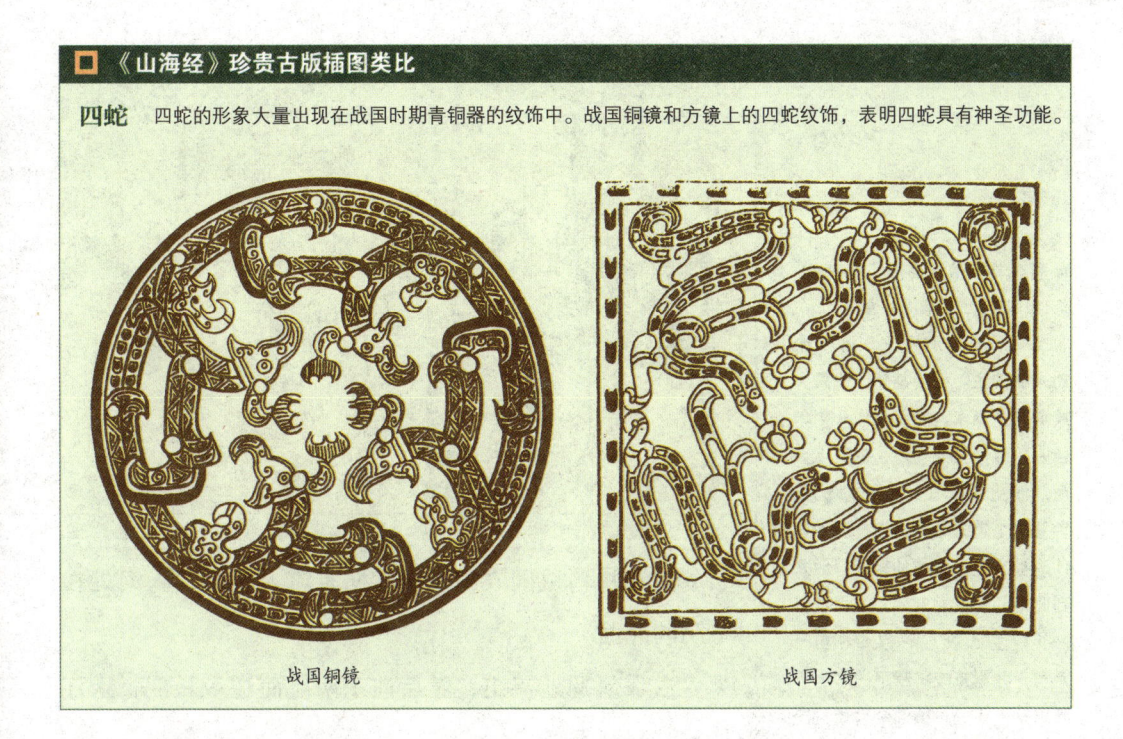

四蛇 四蛇的形象大量出现在战国时期青铜器的纹饰中。战国铜镜和方镜上的四蛇纹饰，表明四蛇具有神圣功能。

战国铜镜　　　　　　　　战国方镜

子，是北方的最高天帝，幽都的主人，又被称作黑帝，由禺彊辅佐，主管北方的水域。他还是冬神，负责冬季一切事务的管理。

濛水从汉阳西面发源，最终注入长江，入江之处位于聂阳的西面。

温水从崆峒山发源，崆峒山坐落在临汾南面。温水最终注入黄河，入河处在华阳的北面。

颍水从少室山发源，少室山坐落在雍氏的南面。颍水最终在西鄂的北边注入淮水。另一种说法认为颍水在缑（gōu）氏注入淮水。

汝水从天息山发源，天息山坐落在梁勉乡的西南。汝水最终在淮极的西北注入淮水。一种说法认为汝水的入淮处在期思的北面。

泾水从长城山的北麓发源，这座山坐落在郁郅长垣的北面。泾水最后流入渭水，入河口在戏地的北面。

黄淮合流故道入海图（下图）
清 雕版套印 北京图书馆藏

关于淮河的由来，有一个动人的传说。相传某年，一只大蛟喝光了湖水，然后化作一个年轻人，混进一处村落，每到下大雨，他就趴在地上把雨水喝光，害得那个地方旱灾连连。后来这件事被天上一位神仙得知，他来到此地，将蛟龙制伏，并用铁链一头拴住蛟的心，一头牵在自己手里，并鞭策蛟将喝下的水全部吐出来。于是，神仙牵着蛟龙走过的地方成了一条大河，后人称为"淮河"。淮河也是中华文明的发源地之一，同黄河一样孕育了华夏民族。这幅图表现了将洪泽之水集中于清口，与黄河合流后东流入海的情况。

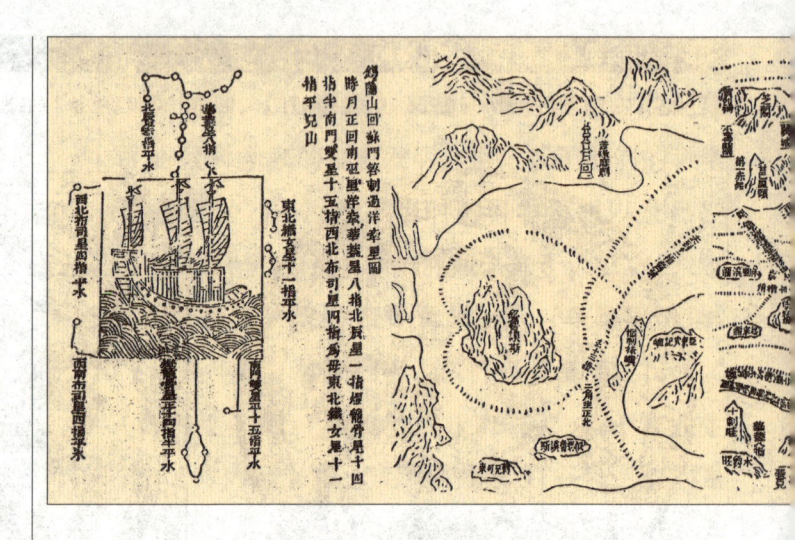

渭水从鸟鼠同穴山发源，向东流入黄河，入河处在华阴的北面。

白水从蜀地流出，然后向东南流而注入长江，入江处在江州城下。

沅水从象郡镡（xín）城的西面发源，向东面流淌，在下隽的西面和长江汇合，最后一起汇入洞庭湖中。

赣水从聂都东面的山中发源，向东北流而注入长江，入江处在彭泽的西面。

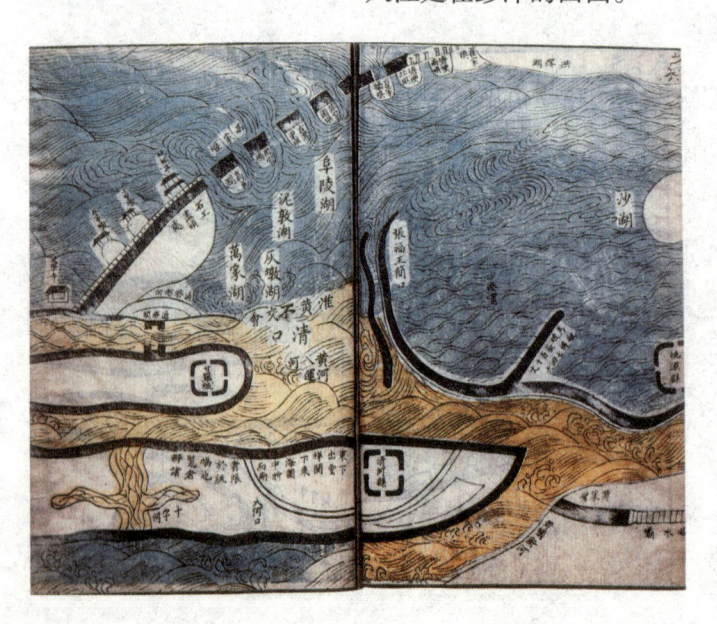

泗水从鲁地的东北方流出，然后向南流，再往西南流经湖陵的西面，最后转向东南而流入东海，入海处在淮阴的北面。

郁水从象郡发源，然后向西南流而注入南海，入海处在须陵的东南面。

肄水从临武的西南方流出，然后向东南流而注入大海，入海口在番禺的西面。

湟水从桂阳西北的山中发源，向东南流而注入肄水，入河口位于敦浦的西面。

洛水从上洛西边的山中发源，向东北流而注入黄河，入河处在成皋的西边。

汾水从上窳的北面流出，然后向西南流而注入黄河，入河处在皮氏的南面。

沁水从井陉山的东面发源，向东南流而注入黄河，入河处在怀的东南面。

济水从共山南面的东丘发源，流过钜（jù）野泽，最终注入渤海，入海处在齐地琅槐的东北面。

潦水从卫皋的东面流出，向东南流而注入渤海，入海处在潦阳。

虖沱水从晋阳城南发源，然后向西流到阳曲的北面，再向东流而注入渤海，入海处在章武的北面。

漳水从山阳的东面流出，向东流注入渤海，入海处在章武的南面。

建平元年四月丙戌日，待诏太常属臣丁望校对整理，侍中光禄勋臣王龚、侍中奉车都尉光禄大夫刘秀领衔主持。

《山海经》海外、海内经共八篇，原文共四千二百二十八字。

郑和七次出使航海图（局部）
明 手卷式 北京图书馆藏

在无法谈及任何航海经验的时代，《山海经》中对海内东北角的描绘实在是极其鲜活生动的。在华夏历史上，再一次探索海外未知地域的尝试发生在14世纪的明代，郑和奉皇命曾七次下西洋。该图自右至左绘制了郑和船队自南京至长江口的航行线路及沿途的地理情况。

第十四卷

大荒东经

《大荒东经》中记录了大人国、小人国、黑齿国等奇异国家的独特风貌，也记述了许多奇幻的传说故事，如"天帝少昊以百鸟任文武百官之职""王亥仆牛"等。

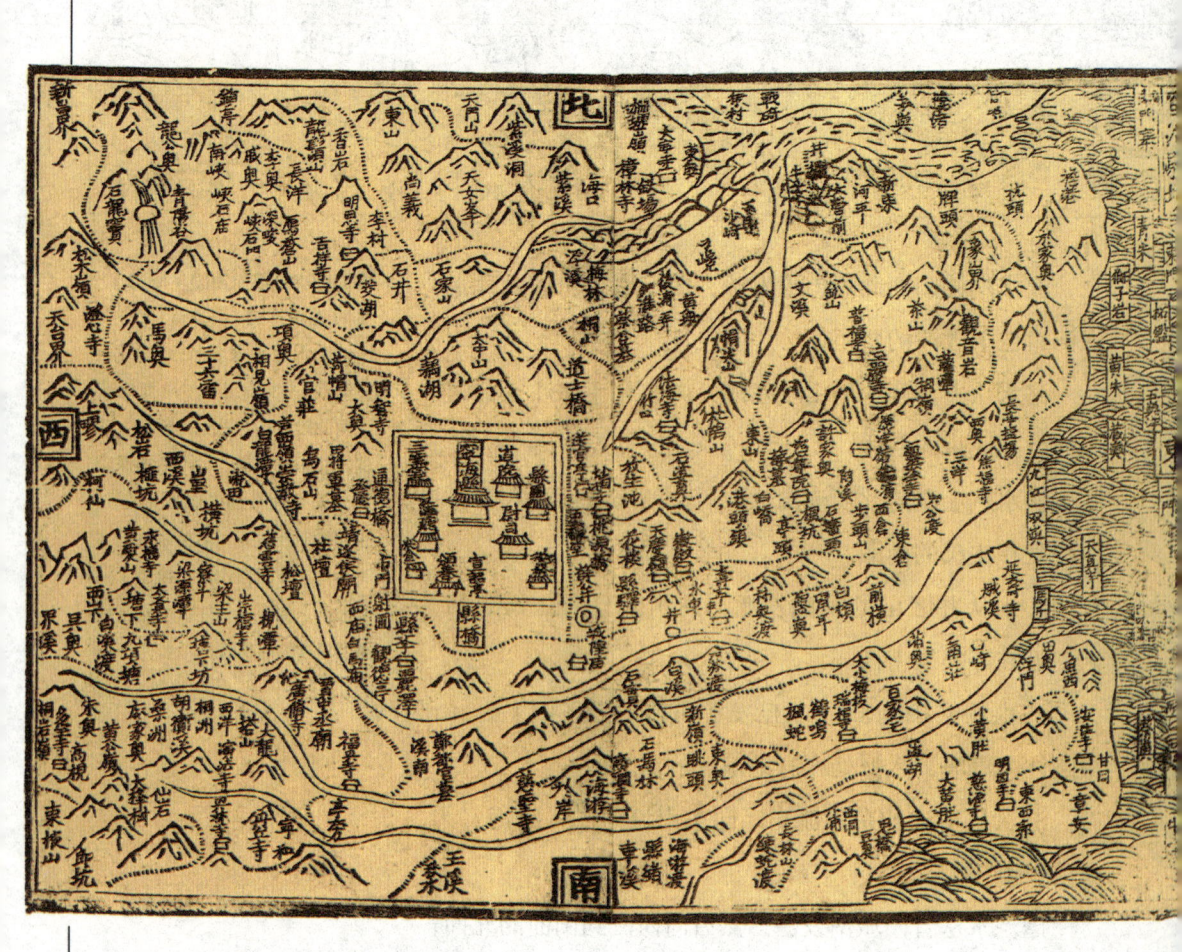

宁海县境图 南宋 雕版墨印 北京图书馆藏

临海县境图 南宋 雕版墨印 北京图书馆藏

　　这两幅图选自《嘉定赤城志》。虽为县级区域普通地理图，却极为详细地绘出了全县的山川、道路、村镇、寺庙、盐场等，并标注名称。在志书的县图中表示如此众多的内容，尤其是很大比重地表示自然地理要素，在古今地图中都极为罕见。

大荒四经示意图

本图根据张步天教授《〈山海经〉考察路线图》绘制，图中记载了大荒东、南、西、北四经中各地区的地理位置。

第十四卷 大荒东经

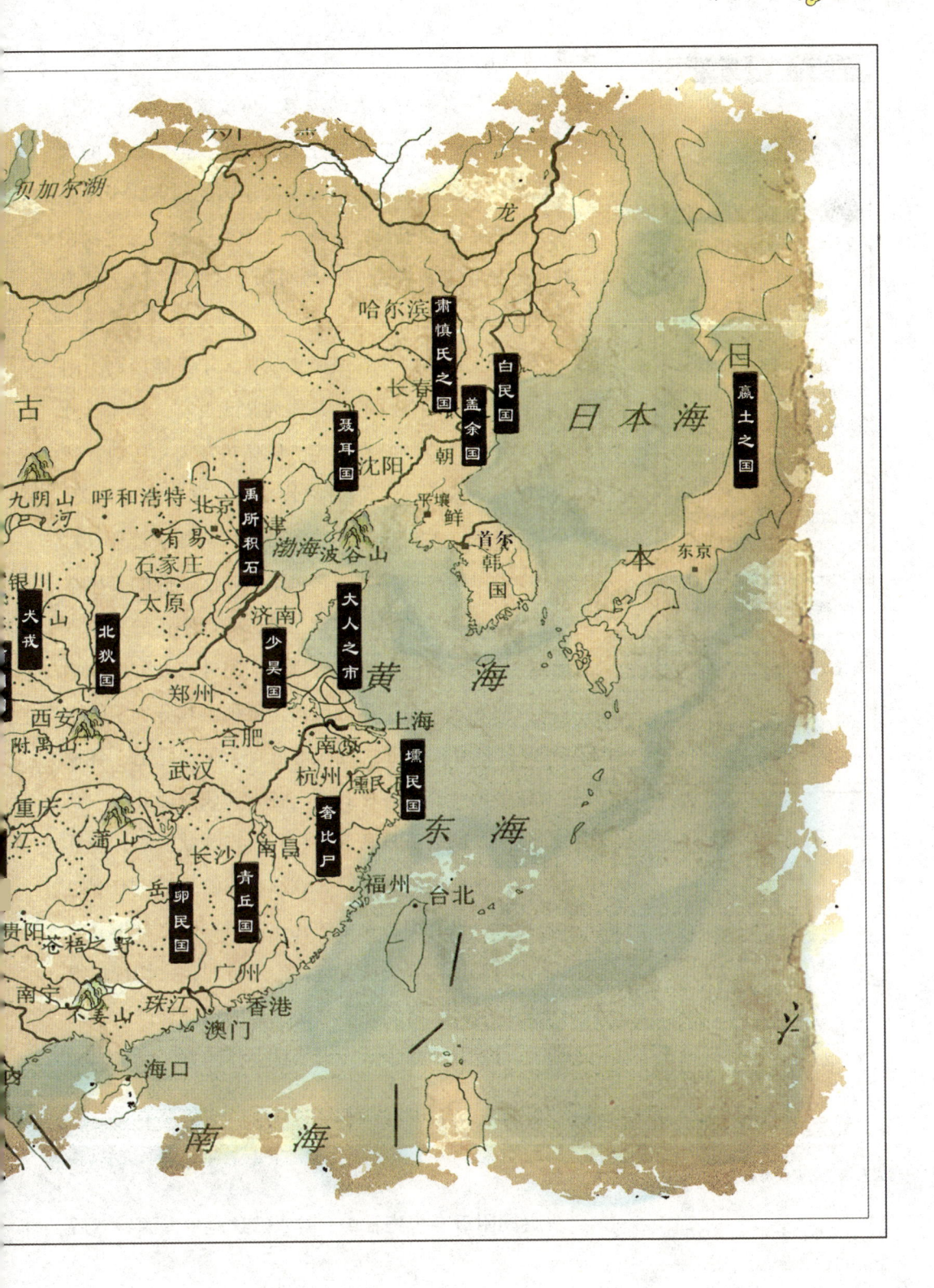

《山海经》考据

大壑是古人对大海的误识

大壑有"无底之谷"的意思，反映了古人对于大海认识的局限。古人见到万水千川注入大海，而海的水位却恒定不变，便猜测其间存在无底深谷。《大荒南经》中载，九个太阳被羿射下后，变成了海中的沃燋，方圆达四万里，厚也有四万里，四方海水都往这边涌。但因沃燋是九个太阳所化，所以其温度极高，海水浇到上面，就立即被汽化，消失不见。所以大江大河虽然向东注入大海，但海水从不溢出。这是古人对大海水位恒定原因的又一种推测。

大人国 清 汪绂图本

大人国中之人，据说身高十丈。胡本中的大人，双臂交于胸前，双腿作曲蹲状。

大壑 少昊国

东海以外有一道很大的沟壑，传说这条沟壑深不见底，名叫归墟，天下之水都注入到这里，但归墟里的水却从无增减。这条沟壑周围是少昊建国的地方，少昊就在这里抚养帝颛顼成长，帝颛顼幼年玩过的琴瑟还留在这里。少昊是上古的帝王，名叫挚（或鸷），以金德为王，所以号称金天氏。

传说少昊建国时，有凤凰来朝贺，于是便以鸟为图腾，并且任用各种各样的鸟儿作为文武百官。具体的分工则根据不同鸟类的特点而定。凤鸟执掌天文历数，然后再有玄鸟掌管春天，伯劳掌管夏天，青鸟掌管秋天，丹鸟掌管冬天。此外，他还委派了五种鸠鸟来管理日常事务。以孝顺著称的祝鸠掌管民事，凶猛威武的雎鸠掌管军事，公平稳妥的鸤鸠掌管建筑，威严刚正的爽鸠掌管法律，巧言善辩的鹘鸠掌管言论。另外有九种扈鸟掌管农业，使人民不至于淫逸放荡。五种野鸡分别掌管木工、漆工、陶工、染工、皮工等五个工种。总之，各种各样的鸟分工合作，各尽其才，各司其职。因此，一到朝圣的时间，便会有百鸟齐鸣；只听得莺歌燕语，纷乱嘈杂。有轻盈灵巧的麻雀，有五彩斑斓的凤凰，有规矩朴实的喜鹊，也有绚丽夺目的孔雀。而一国之君少昊就根据诸鸟的汇报，来论功行赏，论过行罚，一切都显得那么井井有条。百鸟们无不感激少昊的慈爱和德政，同时佩服他的智慧和才华。后来少昊去往西方，成了西方的天帝。

大人国

少昊国附近有一座甘山，甘水从这座山发源，然后汇流形成甘渊。

　　大荒的东南角有座高山，名称是皮母地丘。

　　东海之外，大荒之中，有座山叫作大言山，这是太阳和月亮升起的地方。

　　还有一座波谷山，大人国就在这山里。那里有大人做买卖的集市，就在叫作大人堂的山上。有一个大人正蹲在上面，张开双臂。他的双腿双臂颀长无比，双手硕大，两耳作招风状，赤身裸体，长发披肩。有传说记载，远古时期大人国居民的身材比现在更高大，一步就能跨出数百里。但为什么现在变矮了呢？原来在远古时代，深不可测的归墟中漂浮着五座仙山：第一座叫岱舆，第二座叫员峤，第三座叫方壶也就是方丈，第四座叫瀛洲，第五座叫蓬莱。这五座山巍峨高大，山脚周长达三万里，而山顶周长也有九千里；每山之间相隔七千里，互为邻居。山上居住着数以亿计的神仙，他们神通广大，一天就能往返游历于各个仙山之间，生活逍遥安乐。

　　但有一点美中不足，就是这五座山漂浮在海上，没有根基，经常随潮水波浪上下涌动，众神仙都因为这点不便深深烦恼，于是向天帝求援。天帝也担心这五座山随波逐流，漂向北方极地，使众神仙失去栖身之所。于是命令北海海神禺强用十五只巨鳌背负仙山，将它们分成

三友百禽图
明　边景昭　绢本　设色
中国台北故宫博物院藏

　　传说少昊建国时，有凤凰来朝贺，于是便以鸟为图腾，并且任用各种各样的鸟儿作为文武百官。百鸟的形象千百年来被广大中国人民所喜爱，数不清的美术、音乐作品的灵感都来源于百鸟聚会的热闹场景。这幅百禽图工整细致，繁而不乱，不仅场面热闹有趣、其乐融融，其中也寄托了画家对于太平盛世的无限向往。

王亥周边
明 蒋应镐图本

波谷山中，有个大人国，国人身材高大；还有个小人国，国人身材矮小。山岭上站着的人面兽身神名犁䰰尸。招摇山上有个因民国，国中有民叫王亥，那个双手操鸟的就是。还有座孽摇䫿羝山，山中有汤谷，那是太阳升落的地方，日升日落都是由三足乌来运送。又有一个名奢比尸的神，他人面兽身，两耳珥蛇。还有美丽的五采鸟，正立于水旁。

三组，每六万年一轮换。从此这五座仙山就屹立在原地，稳固异常了。

结果没过多长时间，波谷山大人国有一个人，到东海玩耍，迈着他那巨大的步伐，几步就闯入了五座仙山的所在之地，将背负岱舆、员峤二山的六只巨鳌一齐钓起。玩耍一阵之后，将它们背回国去。这几只巨鳌的骨

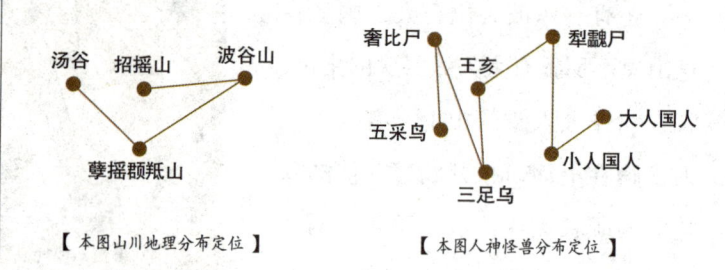

【本图山川地理分布定位】

【本图人神怪兽分布定位】

头被灼烧，于是岱舆、员峤二山便慢慢向北极漂移，最后沉入大海。山上众多神仙失去了栖身之所，不得不迁往别处。天帝知道后，勃然大怒，就将大人国的疆域变小，将国人的身高变矮。即便如此，到伏羲神农时期，大人国的人身高仍然有数十丈。

小人国 犁䰨尸 中容国

有个小人国，那里的人被称作靖人。和周饶国一样，其国民身材矮小，只有九寸。每个人都赤身长发，面有胡须。立于大人国旁边，和大人形成鲜明反差。

有一个神人，长着人的面孔和野兽的身子，叫作犁䰨（líng）尸。他人面兽身，浑身被长毛覆盖，身系围腰，双脚站立。传说天神犁䰨被杀死后，灵魂不死，就变成了犁䰨尸，继续活动。

有座㱩（jué）山，杨水就是从这座山发源的。

有一个芌（wěi）国，这个国家的人都以黄米为食物，还能驯化驱使四种野兽：老虎、豹子、熊和罴。舜还是庶人的时候，曾居住在妫水河畔，这芌国的国民就是他的后裔。舜曾经与豹、虎、熊、罴四种野兽争夺神位，四兽均不能取胜，最终臣服于舜，供他驱使，所以舜的后裔颢（jūn）国国民都有驱使豹、虎、熊、罴四种野兽的本领。

在大荒中，有座山叫作合虚山，这里也是太阳和月亮升起的地方。

接引灵魂的羽人
曾侯乙墓内棺漆画（局部）
木胎漆绘　湖北省博物馆藏

人面兽身的犁䰨在死后灵魂可以不死，这是神人的特异之处。在曾侯乙墓内发现的羽人形象，人面鸟身，头戴有两个尖角的帽冠，双翅舒展，一手持戟，腹部装饰着规则的鳞纹，尾翼呈扇形散开，传说它可以引领灵魂升天。

小人国
清 汪绂图本
小人国之人又被称为靖人，其身材矮小，身高只有九寸。

鸮尊
商后期 盛酒器
河南安阳殷墟妇好墓出土
少昊统治时不仅以禽鸟为图腾，它们甚至还担任重要的职务，可见鸟文化在古中国的影响。瑰丽奇美的青铜尊最早见于商代，有些以鸟兽为形。这只鸮尊的双足与尾构成了三个支撑点，头后为器口。盖面铸站立状的鸟，造型雄奇，花纹绮丽。

有一个国家叫中容国。帝俊生了中容、晏龙、黑齿、季厘等才子八人，这中容国的人就是中容的后裔，他们平时吃野兽的肉和树木的果实。据说中容国的这种树叫赤木、玄木，其树叶、果实都味道鲜美，而且吃了之后就能成仙。中容国的人也能驯化驱使四种野兽：豹、虎、熊、罴。

有座东口山，君子国就在东口山。那里的人穿衣戴帽，一丝不苟，而且腰间佩带宝剑，看上去温文尔雅、文质彬彬，颇有翩翩君子之风。

司幽国 白民国

这里还有个国家叫司幽国。帝俊生了晏龙，晏龙生了司幽，司幽生了思土，而思土不娶妻子；司幽还生了思女，思女也不嫁丈夫。他们俩就是司幽国的祖先。传说在司幽国里，男不娶女不嫁，双方只要凭感觉意念就可以相互通气受孕，所以他们不互婚也能生下孩子。司幽国的人吃黄米饭和野兽的肉，也能驯化驱使豹子、老虎、熊、罴等四种野兽。

有一座山叫作大阿山。

大荒中还有一座高山，叫作明星山，这里也是太阳和月亮升起的地方。

有个国家叫白民国。帝俊生了帝鸿，白民国的人就是帝鸿的后代，他们姓销，以黄米为食物，也能驯化驱使四种野兽：老虎、豹子、熊、罴。《海外西经》也有白民国，那里出产一种名叫乘黄的奇兽，其形状像狐狸，人只要骑乘它就可以活到二千岁。

有个国家叫青丘国。青丘国有一种狐狸，长着九条尾巴。

有一群人被称作柔仆民，他们所在的国家名叫嬴土国，因为境内的土壤十分肥沃。

有个国家叫黑齿国。黑齿是帝俊的苗裔，其国民姓姜，以黄米饭为食，也能驯化驱使四种野兽。

有个国家叫夏州国。在夏州国附近又有一个盖余国。

天吴 折丹 禺䝞 因民国

这里又有一个神人，他长着八个脑袋，每个脑袋上都是人的脸面；还长着老虎身子，后面还有十条尾巴，其名字叫天吴。

在东边的大荒之中，有三座高山，分别叫作鞠陵于天山、东极山、离瞀（mào）山，这里也是太阳和月亮升起的地方。有个天神，名叫折丹，东方人单称他为折。从东方吹来的风被称作俊，正月时常有东风，预兆着春天的来临，所以人们也称俊风为春月之风。折丹就处在大地的东极，主管俊风的起与停。

在东海的岛屿上，住着一位天神，他长着人的面孔、鸟的身子，耳朵上挂着两条黄蛇，脚底下也踩踏着两条黄蛇，他名叫禺䝞。黄帝生了禺䝞，禺䝞生了禺京（即禺疆）。禺京住在北海，禺䝞住在东海，他们都是统治一方的海神。

有座招摇山，融水从这座山中发源。那里有一个国家叫玄股国，其国民以黄米为食，也能驯化驱使四种野兽。

有个国家叫因民国，那里的人都姓勾，以黄米为食物。有个人叫王亥，他用两手抓着一只鸟，正在吃鸟的头。王亥是殷民族的高祖，是畜牧之神，以擅长训养牛著称。在上古时期，牛既是农耕的重要工具，又是祭祀时必备的祭牲，非常重要，所以饲养牛驯牛神的地位非常高，他们的职责也非常重要。

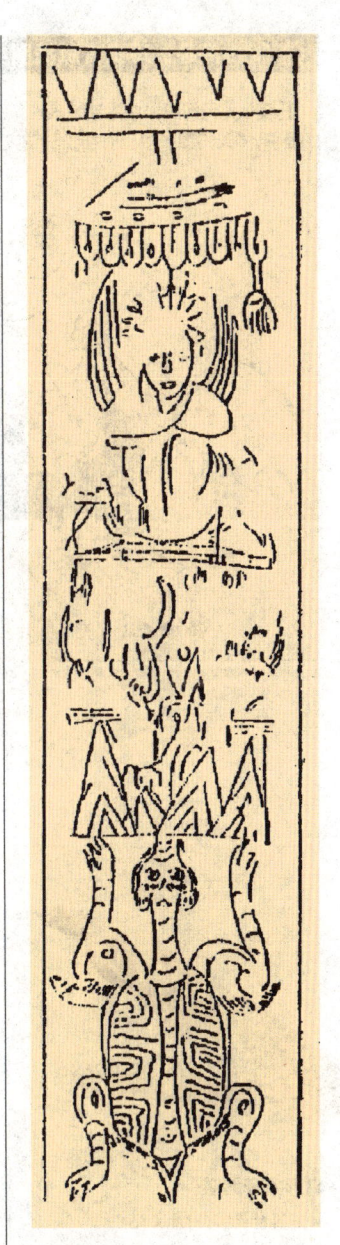

巨龟负山
山东沂南汉画像石

北海海神禺疆用十五只巨鳌背负仙山，将它们分成三组，每六万年一轮换，从此这五座仙山就屹立在原地，稳固异常了。山东沂南汉画像石表现的就是巨龟负山的神话内容。

《山海经》珍贵古版插图类比

王亥 《天问图》中生动地表现了王亥仆牛的故事。传说王亥能舞精彩的双盾，并因此博得北方有易国君主之妻的爱慕，《天问图》中也有描绘。王亥还是信仰鸟的殷民族的先祖，汪本中的王亥双手捧一鸟，正将鸟头送入口中。

→清 萧云从《天问图》　　→清 萧云从《天问图》　　→清 汪绂图本

鸟形象牙圆雕
新石器时代 河姆渡文化
长15.8厘米

从河伯将有易后人化为鸟足人可以看出，在远古社会，鸟崇拜的文化色彩非常浓厚。这件乍看像匕首的装饰品，便是河姆渡遗址出土的鸟形象牙圆雕，也是中国最早的牙雕艺术品之一，造形精致典雅。

摇民国

传说有一次，王亥和其弟王恒喂养了大批牛羊，并把它们托付给北方的有易国和河神河伯看管。王亥、王恒初到有易国时，受到了有益国国君绵臣的热情招待。酒席间，王亥双手持盾起舞，舞得十分精彩，结果竟引起了绵臣妻子的爱慕。王亥在其弟王恒的掩护下，当晚就与绵臣妻发生了淫乱之事。

这事最后还是被绵臣知道了，他十分震怒，一气之下竟杀了王亥，并将其大卸八块（也有说分成七块的），前面《海内北经》中的王子夜之尸描述的就是王亥被分尸的惨状。后来王亥的兄弟王恒向绵臣求饶，得到了牛，当即就返回国中。

殷王上甲微知道这件事之后，就兴师讨伐有易，并要河伯也一同征讨，河伯不得不从。

弹丸之地的诸侯国有易不是殷的对手，不几日便被殷王所灭，国君绵臣被杀。这场战争过后，王亥大仇得报，而有易国境内也回到了一片荆棘的原始荒芜状态。

河伯原来和有易国的关系很好，这次不得已助殷王征讨有易，心中不忍，便帮助有易的遗子民潜逃，把他们变成了另一个长着鸟足的民族，在一个遍地禽兽的地方建立了一个以兽为食的国家，就叫摇民国。摇民又叫因民、嬴民，是秦国人的祖先。

另一种说法认为，帝舜生了戏，戏的后裔就是摇民。

海内有两个神人，其中一个名叫女丑。女丑身边有一只听候使唤的大螃蟹。

汤谷 奢比尸

在大荒之中，有一座山名叫孽摇頵羝（jūn dī）山。山上有棵扶木，也就是扶桑树，树干高耸三百里，叶子的形状像芥菜叶。山中还有一个温源谷，也叫汤谷，是太阳洗澡的地方。汤谷边也长了棵扶桑树，一个太阳刚刚回到汤谷，另一个太阳便立即从扶桑树上出去，这些太阳都负载于三足乌的背上。三足乌样子像乌鸦，有三只爪子。它有双重身份，除了与九尾狐、三青鸟一起作为西王母的侍者外，同时它还是太阳鸟，承担着载日的职责。也有人认为

宴乐
东汉画像砖　四川成都出土
四川省博物馆藏

原始时期的乐舞与先民的狩猎、畜牧、耕种、战争等多方面的生活有关，人们常把自己打扮成狩猎的对象或氏族的图腾，后来这种舞蹈被用于王侯贵族酒席间的助兴表演。王亥的惨剧也是从宴会乐舞开始的。酒席间，他双手持盾起舞，舞得十分精彩，结果竟引起了绵臣妻子的爱慕，也引来了杀身之祸。

三足乌为日之精，当日后羿射日，十个太阳射中九个，日中九乌也被射死，从此不再危害人间。

又有一个神人，他长着人的面孔、硕大的耳朵、野兽的身子，耳朵上挂着两条青色的蛇，其名叫奢比尸。

有一群长着五彩羽毛的鸟，是和凤凰一样的祥瑞之鸟，它们两两相伴，翩翩起舞，天帝帝俊从天上下来和它们交友。帝俊在下界的两座祭坛，就由这群五彩鸟掌管。帝俊是殷族的天帝，他长着鸟头。

在大荒中，还有一座山名叫猗天苏门山，也是太阳和月亮升起的地方。

三足乌

清 萧云从《天问图》

三足乌有双重身份：一是西王母的使者和侍者，常与三青鸟、九尾狐一同出现，构成西王母神话的原始图景。二是太阳鸟，是太阳的运载工具。太阳与鸟相合的观念出现极早，在后羿射日的神话中，就有射中九日，九日中的乌皆死的传说。萧云从所作的后羿射日图中，被射下来的太阳也都是乌。

女和月母国　应龙

猗天苏门山附近有个国家叫壎（xūn）民国。国境内有綦（qí）山、摇山、䯄（zēng）山、门户山、盛山、待山等山峰。山上也有一群五彩鸟翩翩起舞。

在东荒中，有座山名叫壑明俊疾山，这座山也是太阳和月亮升起的地方。山的附近有一个国家，名字也叫中容国。

在东北海外，又有三青马、三骓马、甘华树。这里还有遗玉、三青鸟、视肉怪兽、甘柤树等珍禽异兽和玉树琼枝。各种庄稼也在那里茁壮成长。

有个国家叫女和月母国。那里有一个神人名叫鹓（yuān），从那里吹来的风被称作㺍（yǎn）。神人鹓就处在大地的东北角，以便控制太阳和月亮，使它们不要交相错乱地出没，并规定它们升起落下的时间。

在大荒的东北角，有一座山，名叫凶犁土丘山。

应龙住在山的最南端，因为它杀了神人蚩尤和夸父，再也不能回到天上。天上没了应龙兴云布雨，下界从此年年干旱。于是人们一旦遭遇干旱天气，就装扮成应龙的样子求雨。天帝看到这种情形，往往可以满足人们的愿望，降下甘霖。相传殷商之初，商汤看到肥遗蛇，结

应龙
明 蒋应镐图本
　　一片云雾中，神力超凡的应龙伸展双翼，双目有神地自由遨翔，显得苍劲有力，威武有神性。

果招致长达七年的旱灾。后来商汤便模仿应龙的样子做了一条土龙来求雨,过不多时,天空果然阴云密布,霎时间便大雨滂沱,从而结束了七年之旱。

　　传说应龙又是龙中的最神异者。蛟千年化为龙,龙五百年化为角龙,角龙再过千年才能化为应龙。同时它还是黄帝的神龙,在黄帝与东方九黎族首领蚩尤的战争中立下了汗马功劳。后来在大禹治水的时候,应龙又在前面用龙尾划出河道,引导洪水流向大海。

　　东海之中有座流波山,这座山离东海海边有七千里。山上栖息着一种神兽,其形状像普通的牛,身上的毛皮青苍色,却没有犄角,仅有一只蹄子。它出入

雷泽之神

明 蒋应镐图本

　　东海中有座流波山,距海七千里;山上栖息着一种形如牛的独足兽名夔,它是雷泽之神。

《山海经》珍贵古版插图类比

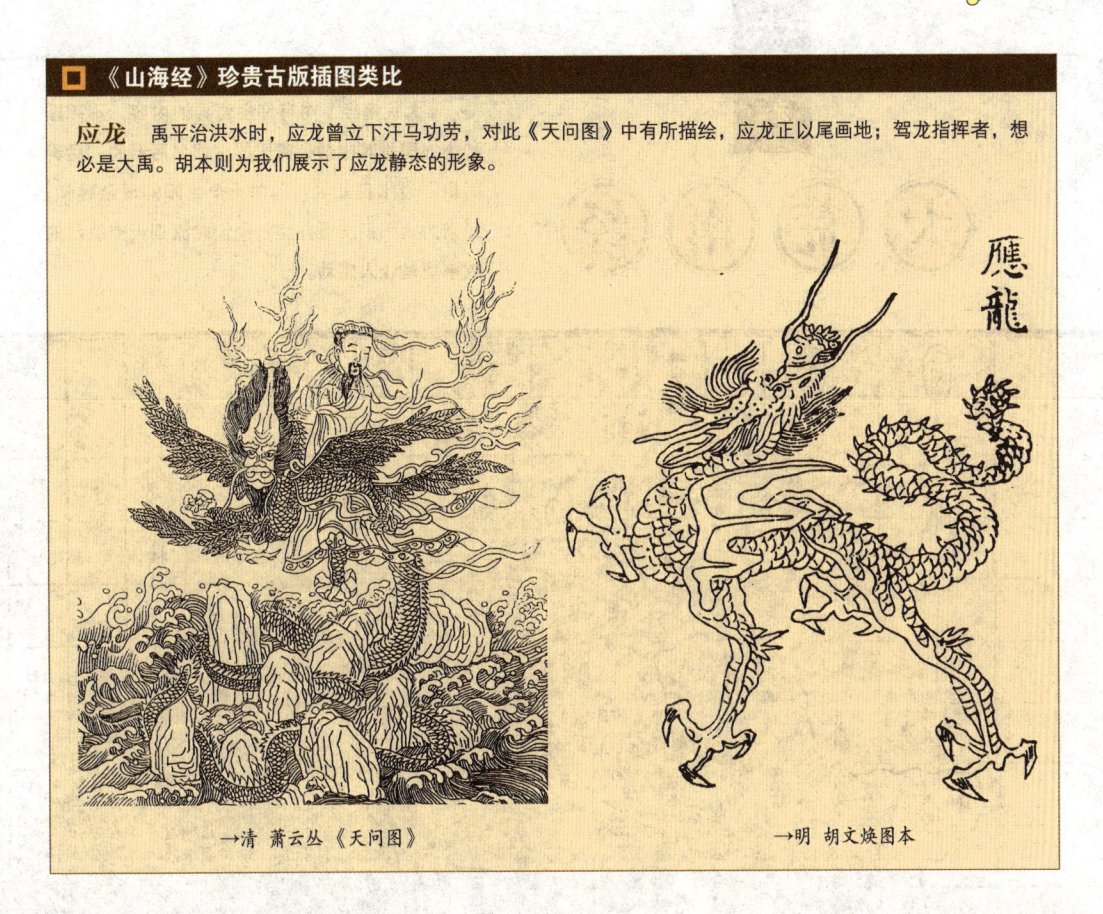

应龙 禹平治洪水时,应龙曾立下汗马功劳,对此《天问图》中有所描绘,应龙正以尾画地;驾龙指挥者,想必是大禹。胡本则为我们展示了应龙静态的形象。

→清 萧云丛《天问图》

→明 胡文焕图本

海水时就一定有大风大雨相伴随,并发出如同太阳和月亮的光芒;吼叫起来的声音就如同雷鸣,这种神兽名叫夔(kuí)。黄帝曾经得到过它,用它的皮蒙鼓,再拿雷兽的骨头敲打这鼓,响声能传到五百里以外,威震天下。

相传黄帝与蚩尤在逐鹿大战时,玄女为黄帝制作了夔牛鼓八十面,每面鼓声震五百里;八十面鼓齐响,声震三千八百里,威风至极。当时蚩尤铜头铁额,能吃石头;飞空走险,无往不利。可是黄帝用夔牛鼓连击九下,蚩尤就被震慑住,再也不能飞走,最终被黄帝捉住杀死。

玉夔龙璜
西周 长15.4厘米

夔纹在商、周的青铜器中极为常见,变化繁复,多数与龙的形象近似,但最突出的特征仍是只有一足,这一点与独足具有神通的夔牛十分相似。这只玉璜玉质温润,色泽呈褐色,雕刻精美,其上布满夔龙纹。

大荒南经

第十五卷

《大荒南经》中有许多奇异的内容，不死国和小人国是其中颇有意思的；闻名后世的"后羿射日"也出自此经，其中十个太阳的母亲羲和，经常为太阳们洗澡并监督他们轮流到天空值班的故事更是让人感动。

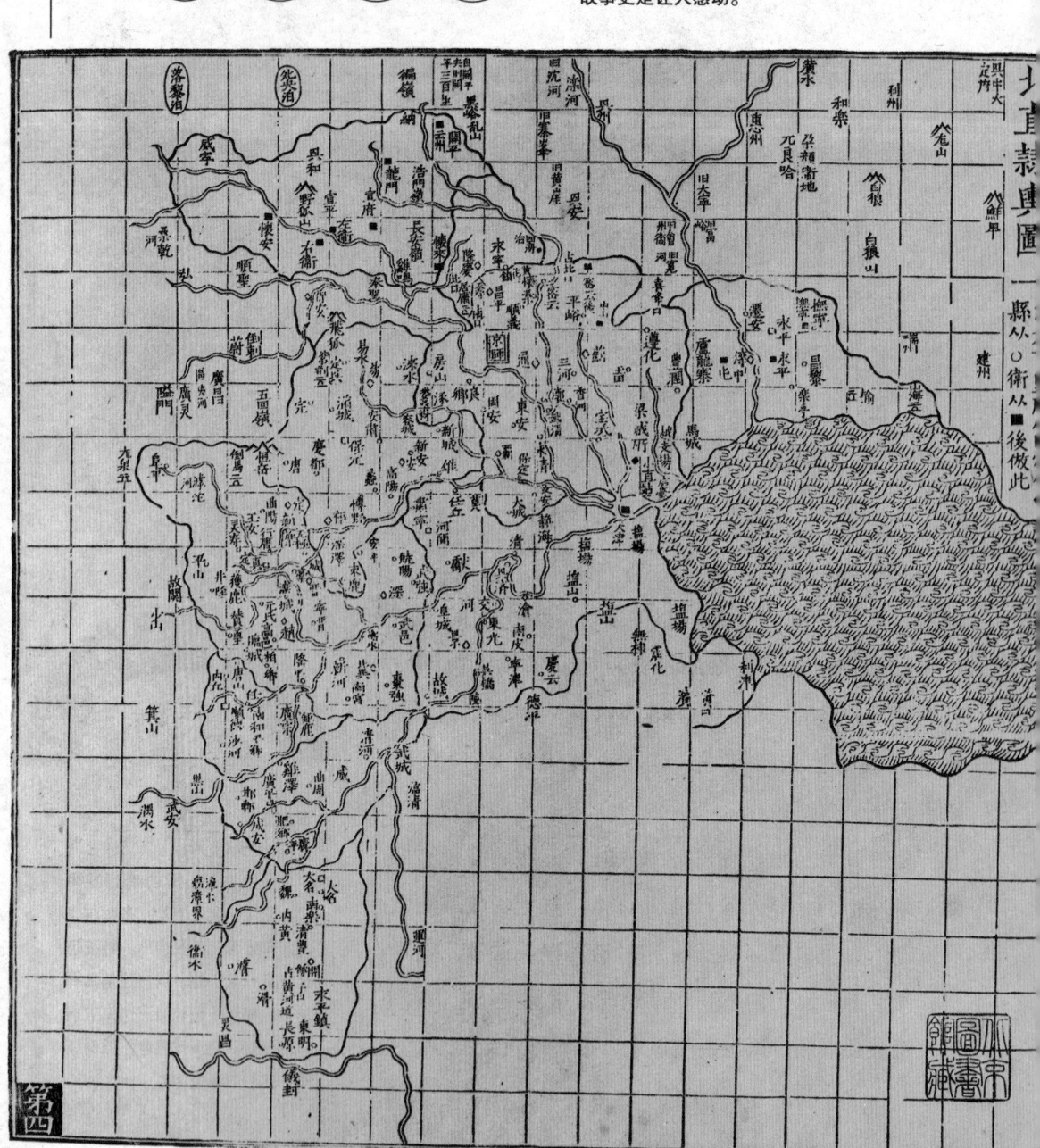

广舆图·北直隶舆图　明　罗洪先　刻本　北京图书馆藏

广舆图·辽东边图 明 罗洪先 刻本 北京图书馆藏

　　这两幅图都采用网格绘制手法，其比例尺为每格一百里，因此，地图的精确度非常高。其中《北直隶舆图》（左页图）是现存北京周边及河北地区最早的一幅地图，而《辽东边图》（右页图）也成为明中晚期编纂地理文献时的重要参考资料。

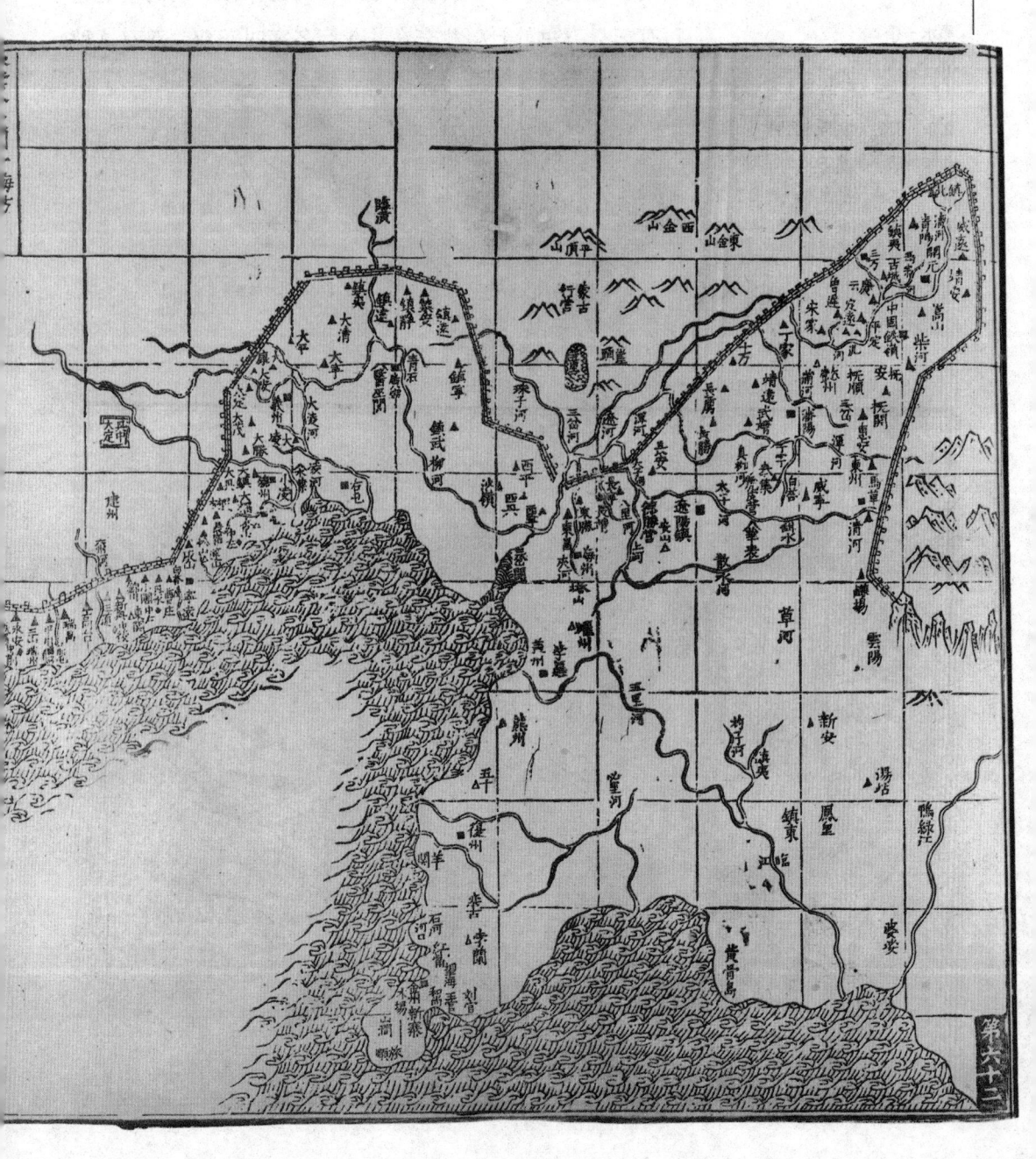

双双　苍梧之野

在南海以外，赤水以西，流沙以东，生长着一种野兽，它的脖子左右分开，两边各长有一个狗头，四只眼睛都专注地看着前方，其名称是跊（chū）踢。传说跊踢就是述荡，其手腕上的肉鲜美无比。在跊踢的附近还有三只青色的野兽相交在一起，名字叫双双。双双这种

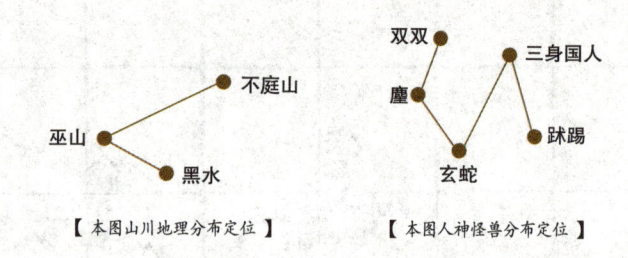

黑水一带
明　蒋应镐图本

南海之外，赤水之西，流沙之东，有种双头兽名跊踢。山巅上有只向下张望的三身怪鸟叫双双。黑水南岸栖息着一种名玄蛇的大黑蛇。另有一座巫山，山上有形如巨鹿的麈。大荒之中还有座不庭山，山上住着三身国的人。

【本图山川地理分布定位】　　【本图人神怪兽分布定位】

奇兽身体虽然连在一起，却有各自独立的心志，只不过碍于身体相连，只能同行同止罢了。也有人认为双双是种奇鸟，是三青鸟的合体，在一个身子上生着两个头，尾部有雌雄之分。所以一只双双鸟便是一对夫妇，它们双宿双飞，常被用来比喻爱情。

还有一座山叫阿山。在南海之中，又有一座氾天山，从昆仑山发源的赤水最终注入发源于氾天山的泛天水中。在赤水的东岸，有个地方叫苍梧之野，帝舜与他的儿子叔均都葬在那里。当年帝舜南巡到苍梧而死去，就地埋葬，商均也因此留下，死后也葬在那里。这里生机勃勃，飞禽走兽不计其数，有花斑贝、离朱鸟、鹞鹰、老鹰、乌鸦、两头蛇、熊、罴、大象、老虎、豹子、狼、视肉怪兽等。

黄鸟 清《尔雅音图》
黄鸟作为生物链上重要的一环，与玄蛇、麈形成了一物降一物的制衡关系。

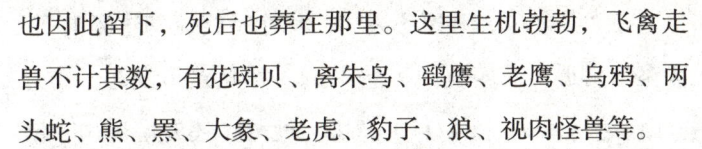

玄蛇 黄鸟 三身国

又有一座荣山，荣水就从这里发源。在黑水的南岸，栖息着一种巨蛇，它周身漆黑，名叫玄蛇，又叫元蛇，能够吞食麈鹿。麈的个头要比鹿大，它的尾巴能制作拂尘来拂扫尘土。既然玄蛇能够吞食麈，看来其大小也和巴蛇差不多了。

这里又有一座山叫巫山，在巫山的西面栖息着黄鸟。天帝的不死之药就藏在巫山的八个斋舍中。黄鸟栖息在这里，监视着那条玄蛇，不让它偷吃黄帝的不死药。麈喜欢吃药草，玄蛇捕食麈，黄鸟又监管玄蛇；三者一物降一物，是相互制衡的关系。

双双
清 郝懿行图本
双双是多体合一的奇鸟或奇兽。《山海经》中的双双，有两种形象，一是三青兽合体，二是三青鸟合体。

◆《山海经》考据

沐浴风俗的由来

有学者经考证指出，从渊与舜埋葬的地方苍梧相距很近，甚至有可能是同一个地方。从渊是帝舜洗浴的地方，后文又出现沈渊是帝颛顼洗澡的地方。"浴"在当时可能并非指一般的沐浴，而是部落首领斋戒沐浴，代表民众向上天祈求消灾赐福的举动，这一举动在后世逐渐发展成为沐浴风俗。世界上很多地方都有类似的文化现象，如傣族的泼水节，印度的圣水浴等。

羽人

西汉 陕西西安西北郊出土

羽人的形象最早见于商代，人头鸟身或鸟头人身的皆有，反映出鸟崇拜在远古社会的流行。西汉时期的文物中也常能见到羽人，这尊西汉时期的青铜羽人，长脸，两耳硕大竖立高出头顶，脑后梳有锥形发髻。背部有双翼，膝下也有鳞状垂羽，与《山海经》中对"羽民国"居民的描述很是贴近。

大荒群山

在大荒之中，有座不庭山，荣水最终流到这座山下。这里住着一种人，他们长着三个身子。帝俊的妻子叫娥皇，这三身国的人就是他们的后代子孙。三身国的人姓姚，以黄米为食，并且能驯化驱使虎、豹、熊、罴四种野兽。山下有一个四方形的深渊，其四个角有水相连，北边与黑水相连，南边和大荒相通。北侧的渊被称作少和渊，南侧的渊被称作从渊，是帝舜洗浴的地方。

又有一座成山，甘水最终流到这座山下。山中有个国家叫季禺国，他们是帝颛顼的子孙后代，也以黄米为食。还有个国家叫羽民国，这里的人身上都长着羽毛。又有个国家叫卵民国，其国民都产卵，再从卵中孵化自己的后代。

在大荒之中，有座不姜山，黑水最终流到这座山下。这座山附近又有座贾山，汔（qì）水从这里发源。又有言山、登备山、恝（qì）恝山。此外，还有座蒲山，澧水从这座山发源。又有座隗山，它的西坡蕴藏有色泽艳丽的丹臒，它的东面蕴藏有晶莹剔透的玉石。从隗山往南又有一座高山，漂水就从这座山中发源。除这些山之外，还有尾山、翠山。

有个国家叫盈民国，这个国家的人都姓于，以黄米为食。但发生饥荒时也有人吃树叶充饥。

有个国家叫不死国，其国民都姓阿，以甘木这种不死树为食，所以他们个个都长生不死。

在大荒之中，有座山叫作去痓（zhì）山。有句话说："南极果，北不成，去痓果。"这句话有可能是巫师的咒语。

不廷胡余 因因乎 季厘 载民国

在南海的岛屿上，住着一位天神，他身材高大，有人的面孔，耳朵上挂着两条青蛇，脚底下踩踏着两条红蛇，正双手握拳，威武地立于山海之上，他的四周有祥云环抱。这位天神名叫不廷胡余，是南海诸岛的海神，那四条蛇是海神的标志，同时也是他上下于天作法的工具。

有个天神名叫因因乎，南方人单称他为因乎。从南方吹来的风被称作民。天神因因乎就栖息在大地的南

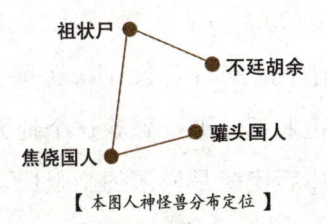

```
祖状尸
        ●不廷胡余
●
焦侥国人    ●䚔头国人
```
【本图人神怪兽分布定位】

宋山附近
明 蒋应镐图本

　　南海的岛屿上，有位天神名不廷胡余，他双耳贯蛇、双脚踏蛇。宋山上那个长有虎尾的怪神是祖状尸。焦侥国，又叫小人国，那里的人只有三尺高。而那个在水中捕鱼的有翼人是䚔头国之民。

极，主管风起风停。

有座襄山。又有座重阴山，有个人在吞食野兽肉，他名叫季厘。季厘是帝俊的子嗣之一，这重阴山中居住的人都是季厘的后裔，所以那里被称作季厘国。又有一个深潭，名叫缗（mín）渊。少昊生了倍伐，后来倍伐就被贬住在缗渊。其附近又有一个水池是四方形的，名叫俊坛。

有个国家叫载（zhì）民国。帝舜生了无淫，后来无淫被贬到载这个地方居住，无淫的子孙后代就是所谓的巫载民。巫载民姓盼（fēn），以五谷为食。他们不用纺纱织布，就有衣服穿；不用从事耕种，就有粮食吃。那里有能歌善舞的鸟，鸾鸟自由自在地歌唱，凤鸟自由自在地舞蹈。那里还有各种各样的野兽，它们都群居相处。那里是一个百谷生长、丰衣足食的好地方。

在大荒之中，有座山叫作融天山，山脚下有一个洞穴，海水从南面流入。

蜮民国 宋山 祖状尸

有一个神人叫凿齿，他是被羿用箭射死的。

有座山叫作蜮（yù）山，在这里有个蜮民国，这里的人姓桑，以黄米为食，也射杀蜮，并将其作为食物，所以又被称为蜮人。蜮又名短狐、射工虫、水弩，传说是一种非常毒的虫，生长在江南山溪中。其样子与鳖类似，有三只脚，体长约两寸，口中长有弩形器官，能够喷出毒气射人；被射中的人，轻者生疮，重者致死。人们往往将它和鬼相提并论，而蜮民国的人不但不怕，还

桃源仙境图

自古以来很多人把与世隔绝、安居乐业作为生活的理想状态，期望生活在一个有美景相伴的人间仙境，一生丰衣足食。此图描绘的便是这样一个场景，在高山溪流与古树石矶的掩映下，几个人在幽谷中抚琴论事，神情悠然自得，好不自在。

以蛾为食，这是万事万物相生相克的道理。蛾民国的人还经常拉弓射杀黄蛇，他们能杀死这些有剧毒的动物，可见个个都身怀绝技。

有座山叫作宋山，山上栖息着一种红颜色的蛇，名叫育蛇。山上还生长着一种树木，名叫枫木。传说蚩尤被黄帝捉住后，手脚都被戴上了镣铐。之后黄帝在黎山将蚩尤处死，其身上的手铐脚镣被丢弃在那里，后来就变成了枫木。

有个神人牙齿为方形，身后还长着一条老虎的尾巴，名叫祖状尸。他是人虎同体的天神祖状被杀之后所化。

有一个小人组成的国家，名叫焦侥国，其国民都是只有三尺高的侏儒。他们都姓几（jī），整天赤身裸足，吃的都是上好的稻米。

朽涂山 伯服国 昆吾

在大荒之中，有座山名叫朽（xiǔ）涂山，青水最终流到这里。还有座云雨山，山上有一棵仙树叫作栾木。大禹在云雨山砍伐树木，发现红色岩石上生长着这种栾木，黄色的茎干，红色的枝条，青色的叶子，它的枝、叶、果都可以制成长生不死的仙药。

有个国家叫伯服国，颛顼生伯服，伯服国的人都是他的后代。这里人的以黄米为食。伯服国附近又有一个鼬姓国，还有苕山、宗山、姓山、壑山、陈州山、东州山、白水山等山峰环绕。白水从白水山发源，然后流向山脚，汇聚成为白渊，这是昆吾的军队洗澡的地方。

昆吾是古代的一位英雄，名叫樊，号昆吾。传说其父陆终娶了鬼方氏之妹为妻，称她为女嬇（kuī）。女嬇怀孕三年都没有生育。最后将其左胁剖开，生下了三个孩子；将其右胁剖开，又生了三个孩子。第一个名

祖状尸 清 汪绂图本

祖状之尸是人虎共体的天神，其神容为方齿虎尾。祖状尸属尸象，指的是天神被杀后，其灵魂不死，并以尸的形态继续活动。

卧虎双耳扁足铜鼎
商·越 高30厘米 口径20厘米

据说人类始祖伏羲姓风，而《易传·文言》中又有"云从龙，风从虎"之说，可见自极久远的伏羲时代起，虎就是中国文化中一个被神化了的重要元素。因此，长有虎尾，可说是祖状尸神人身份的证明之一。这件铜鼎耳上各有一拖尾卧虎，造型飘逸奇特。

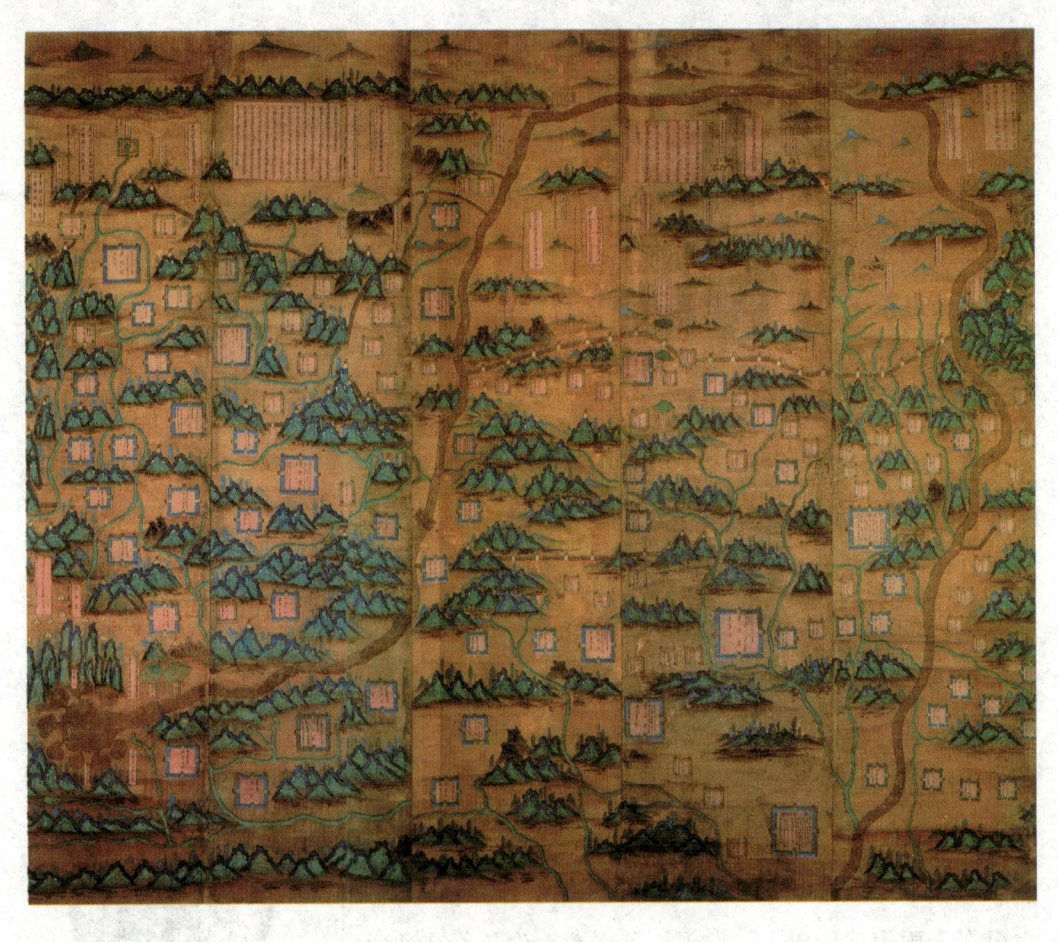

九边图摹本（局部）
明 纵208厘米 横567.6厘米
辽宁省博物馆藏

　　大荒地区有各种奇珍异兽，也有多个少数民族分布。为了防范游牧民族的侵扰，明朝在边疆地区设立了九个边防重镇，分命大将统兵防御。

樊，就是昆吾；第二个名惠连，就是参胡；第三个名籛（jiǎn）铿，就是活了八百年的彭祖；第四个名求言，又叫郐人；第五个名安，是曹姓的祖先；第六个名季连，是芈（mǐ）姓的祖先。

张宏　驩头国　岳山

　　有个人名叫张宏，以海上捕鱼为生。他的国家就位于海里的岛上，被称为张宏国，其国民都以鱼为食物，并能驯化驱使虎、豹、熊、黑四种野兽。有人认为张宏国人驱使的是四只鸟。

　　又有一个人，长着鸟的喙，还生有翅膀，也擅长在海上捕鱼。他们住在大荒之中，名叫颛头。鲧的妻子名叫士敬，士敬生了一个儿子名叫炎融，炎融生了儿子颛头。颛头人面人身，却长着鸟嘴鸟翼，以在海中捕鱼为生。他虽生有翅膀，却不能飞翔，只能将它当拐杖使用，走路的时候也扶着翅膀。除吃鱼之外，他也把苣、苣、穋（qiū）等谷物蔬菜和杨树叶当食物。颛头的后代繁衍生息，于是有了颛头国。

帝尧、帝喾、帝舜都葬在岳山。那里有花斑贝、三足乌、鹞鹰、老鹰、乌鸦、两头蛇、视肉怪兽、熊、罴、老虎、豹子；还有一种朱木树，它长着红色的枝干，开青色的花朵，结黑色的果实。那里还有一座山名叫申山。

在大荒之中，有座高山，名叫天台山，海水从它的南边流入山中。

羲和之国

在东海之外，甘水和东海之间，有个羲和国。这里有个女子名叫羲和，她常常在甘渊中给她的儿子太阳洗澡，甘渊就是前文提到的汤谷。羲和是帝俊的妻子，她为帝俊生了十个太阳。

帝俊有三个妻子：一个是羲和；一个是生了十二个月亮，并给月亮洗澡的常羲；还有一个是生了三身国始祖的娥皇。

羲和是十个太阳的母亲，十个太阳居住在东方海外的汤谷。汤谷又名甘渊，谷中海水翻滚，十个太阳便在水中洗浴。汤谷边有一棵扶桑神树，树高数千丈，是十个太阳睡觉的地方；其中九个太阳住在下面的枝条上，一个太阳住在上面的枝条上。兄弟十个轮流出现在天空，一个回来了，另一个才去照耀人间；每天出行都由他们

扶桑

扶桑是传说中的东方神木，太阳每天自其上升起，至西方的若木处沉下。战国时期的曾侯乙墓出土的绣品上有后羿射日的图案，两旁的大树即是传说中的扶桑。由于代表着古代的宇宙观，历代关于扶桑的考证非常之多，李时珍在其《本草纲目》中说它即是今日之木槿。

465

彩绘鲵鱼纹瓶

新石器时代　河南庙底沟文化遗址出土　甘肃省博物馆藏

捕鱼，是原始先民重要的生产方式之一。这只小口双耳深腹平底瓶，为泥质橙黄陶，深褐色。在它的腹部一侧绘有形象化的鲵纹，即娃娃鱼的图案，它想必在当时也是部落崇拜或食物的重要来源。该图案呈三角构图，首尾相连，稚拙生动，一气呵成。

顽强的马齿苋

后羿射日的神话故事或许反映了古人经历的灾荒之年，缺少雨水的滋润，绝大多数植物都干枯死去。马齿苋是一种极耐旱的植物，而且随处都可见到，遇到旱灾时，可以采摘它的苗煮熟晒干后食用。

的母亲羲和驾着车子接送。所以虽然太阳有十个，可是人们平时见到的却只有一个。

后羿射日

可是，这十个太阳孩子十分淘气，往往不愿意遵守规定，有时就暗中商量，一齐跑出去玩耍，四散在广阔无垠的天空中。他们这样胡作非为，帝俊和羲和也束手无策，只能听任他们天天这样结伴出行。从此，大地被十个太阳炙烤着，禾苗庄稼全都枯死了，森林也燃烧起来。原来栖息在森林里的窫窳、凿齿、九婴、大风、封豨、修蛇等凶禽怪兽纷纷走出森林，危害百姓，百姓对它们都怨恨到了极点。

当时在位的帝尧，看到十个太阳和凶禽怪兽为害人间，除了向天帝祷告，别无良策。帝俊身为天帝，对帝尧的这种恳求，绝不能充耳不闻；况且他也觉得孩子们的胡作非为确实该结束了，便决心派一个擅长射箭，名叫"羿"的天神到下界，替人间除掉这些恶兽，顺便警告他的孩子，让他们恪尽职守。

羿领了帝俊的旨命，便带着他的妻子嫦娥，辞别天庭。临行之时，帝俊赐给羿一张红色的弓，一口袋白色的箭。这华贵的神弓和神箭，都是天上稀有世间绝无的宝贵武器，正好配得上羿这样一个绝世射手。

羿下到下界后，在尧的王城见到了正为旱灾一筹莫展的尧。尧听说羿就是天帝派遣到人间为民除害的天神，不禁大喜过望。远近百姓听说天神羿降临人间，都赶到王城，聚集在广场上，大声呐喊和欢呼，请求羿替他们诛除祸害。

人们最痛恨的，当然就是一齐出现在天空中的这十个太阳。起初，羿只是虚张声势，加以劝诫。哪知这些骄纵惯了的天帝之子，根本不服管教，反而对羿大加藐视。在众目睽睽之下，羿勃然大怒："尔等不要敬酒不吃吃罚酒！"

他分开人群走到广场中央，拈弓搭箭，对准天空中的一个太阳，嗖的一箭射出去。只见天空中一团火球无声地爆裂了，流火乱窜，金色羽毛四散乱飞，一只极大的金黄色的三足乌从空中坠下，噗的一声落在海中。

再看天上，太阳已经只剩下九个了，空气也似乎凉爽了些，人们不由得齐声喝彩。

事已至此，余怒未消的羿再次拉弓，接二连三地向着天空射去。太阳在天空中东一个西一个地分散着，不

京航道里图

清 长卷 绢底 彩绘
浙江省博物馆藏

这幅图采用了地图与绘画相结合的方法，将大运河沿途的地理方位和景致风光融为一体，让观者既有地理知识的收获，又有感官上的愉悦享受。

后羿射日

远古人类在思考自身起源的问题时,创造了"女娲造人""盘古开天地"等神话传说;而当先民自身能力逐步提高后,"后羿射日""夸父逐日"这样的神话便逐渐出现了。传说后羿是弓箭的发明者,射技出神入化。他曾手持巨弓,射落天上九个太阳。从此只有一个太阳普照大地,人民得以安居乐业。

云纹铜铙
春秋时期 高51.4厘米
铣距40.3厘米 浙江省博物馆藏

在古代的战争中,铙这种声音洪亮的打击乐器,常被用来在战场上鼓舞士气或欢庆最终的胜利。这件铜铙,敲击起来声音低沉,是铜铙类器物中比较精良的。此铙通体饰云纹、兽面纹和乳钉纹,纹饰布局严密稳重,制作工整精丽。

寒而栗,一支支箭像疾鸟般从弓弦上发出,只听得嗖嗖嗖的箭声过后,天空中一团团火球无声地爆裂,满天尽是流火,数不清的金色羽毛四散在空中,纷乱地飞舞。太阳之精三足乌一只只坠入海中,人们的欢呼声响彻大地。羿正射得欢畅而高兴,站在土坛上看射箭的帝尧,忽然想起太阳对人类也有大功,是不能全射下来的,急命人暗中从羿的箭袋里抽出一支箭。羿以为十支箭都射完了,就停下来,因此天空中的太阳最终还剩下一个,地面上的人也都觉得有些冷了。

羿指着天上最后一个太阳说道:"从今往后,你必须日日勤恳,昼出夜息,为大地送来光明,不得有误,否则小心弓箭!"这最后一个太阳也领教了羿的神箭,只能满口答应。从此太阳就真的兢兢业业,运行不息了。

羿射下太阳后,又去四面八方为人们除掉了凶禽怪兽,从此天下太平,人民安居乐业。人们对他感激异常,但他毕竟杀了天帝的儿子,天帝本来就非常伤心,加上羲和日日在他耳边哭诉,他也对羿心生厌烦,继而慢慢疏远了他,最后甚至不准羿再上天庭,羿和嫦娥也只好留在了人间。

九个太阳被射下之后,都堆在一起,变成了海中的沃燋,就位于扶桑树的东边,形状像石头,方圆达四万里,厚也有四万里,四方海水都往这边涌。但因沃燋是九个太阳所化,所以其温度极高,海水浇到上面,就立即被汽化,消失不见。所以大江大河虽然都向东注入大海,但海水从不溢出。

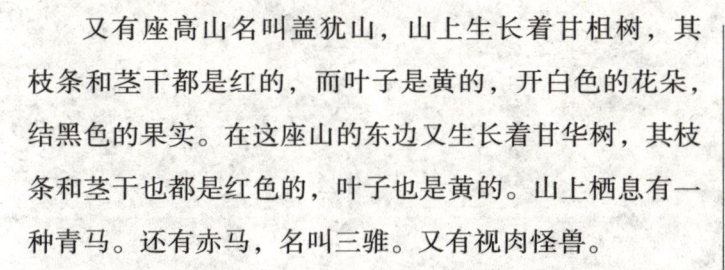

又有座高山名叫盖犹山,山上生长着甘柤树,其枝条和茎干都是红的,而叶子是黄的,开白色的花朵,结黑色的果实。在这座山的东边又生长着甘华树,其枝条和茎干也都是红色的,叶子也是黄的。山上栖息有一种青马。还有赤马,名叫三骓。又有视肉怪兽。

还有一种十分矮小的人,名叫菌人。传说他们长不过一寸,却身穿红衣戴圆帽,乘白色的车马,颇有威仪。人如果遇到他们的车,则可以将他们抓住吃掉,其味道有些辛辣,但吃下之后就会终年不被虫子叮咬,并能知道万事万物的名字,还能杀死肚子里的三种虫子。这三种虫子被杀死之后,人就可以服食仙药成仙了。

还有座南类山,山上有珍贵的遗玉、青色马、三骓马、视肉怪兽、甘华树。各种各样的农作物在这里茂盛地生长。

菌人
清 汪绂图本
　　菌人同小人国之人一样,皆身材矮小。《山海经》中所记这类小人有四:除本经之菌人外,还有《海外南经》中的周饶国人,《大荒东经》中名为靖人的小人国人,及《大荒南经》中的焦侥国人。他们都属于侏儒一类。

猎虎
汉画像砖 河南禹县出土
　　在古代,人的力量相对来说还很卑微渺小,一切强大凶恶的猛兽都足以威胁他们的生命。传说羿射下太阳后,又去四面八方为人们除掉了凶禽怪兽,得到了人们的感激与拥戴。所以,后世的很多艺术作品中都有射猎的情景,以表达人们对英雄射手的崇拜。

大荒西经

第十六卷

《大荒西经》中记述了许多奇异的神话传说，有人们熟悉的"共工怒撞不周山""姜嫄踏巨人脚印生后稷""神农遍尝草药"等，还有不完全为人所知的，如十二个月亮轮流照亮夜空等，也极具神秘、浪漫色彩。

杨子器跋《舆地图》 明 绢底 彩绘 纵165厘米 横180厘米 辽宁省旅顺博物馆藏

该图详细绘出了明代全国行政区划，因图下方杨子器题写的跋文而得名。图中所绘地理位置基本正确，是中国传统制图鼎盛时期一幅极具代表性的地图珍品，后世很多地图都受其影响。

不周山 女娲之肠

在西北大海之外，大荒的一个角落，有座山山体断裂，出现缺口而合不拢；因为它不周全，所以名叫不周山。传说这个缺口是水神共工所撞，他与颛顼在此争夺帝位，失败之后愤怒地向这山撞去，导致山体断裂。不周山是座神山，支撑着天与地，所以山下有两头黄色的野兽守护。又有一条河流，其河水一半冷一半热，因而

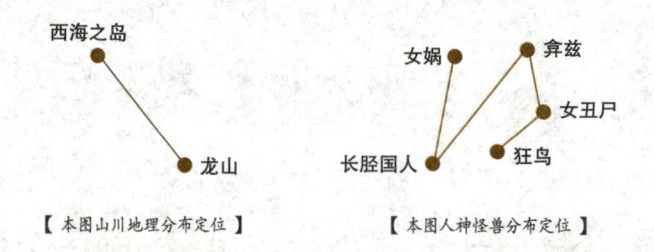

长胫国一带
明 蒋应镐图本

西北海之外，大荒的一个角落，神人女娲在此居住，那个人面蛇身神即是。那里还有种色彩艳丽的鸟叫狂鸟。长胫国人皆腿长无比。龙山内有位女子用衣袖掩住自己的面容，那是女丑尸。西海的岛屿上有个神人叫弇兹，其为人面鸟，正在山上站立着。

【本图山川地理分布定位】

西海之岛　龙山

【本图人神怪兽分布定位】

女娲　弇兹　女丑尸　长胫国人　狂鸟

名叫寒暑水。寒暑水的西面有座湿山，东面有座幕山。另外还有一座禹攻共工国山。

有个国家名叫淑士国，其国民都是帝颛顼的子孙后代。

有十个神人，名叫女娲之肠，因为他们是女娲的肠子变化而成的。他们生活在一个名叫栗广的原野上，他们就在大路中间拦断道路而居住。

女娲造人

传说天神华胥生男子名叫伏羲，生的女子就是女娲；伏羲身上覆盖着鳞片，女娲则长着蛇的身体。女娲神通广大，她一天之内就能够变化七十次。当时天地刚刚开辟，还没有人，于是女娲手捧泥土，根据自己的形象，捏出了一个个孩子，就是人。但造了一阵子之后，她觉得有些疲倦，于是就用一根绳子蘸泥在空中挥洒，每个泥点落到地上，也都变成了人。所以到后来人的地位有所分别，就是因为女娲用黄土捏制之人成了富贵之人，而落到地上的泥点所化之人成了贫贱之人。

女娲补天

造人之后，忽然有一天半边天空塌了下来，出现了一个大窟窿，洪水从天空中倾泻下来，大地变成了海洋，民不聊生。女娲看到自己的孩子遭受如此大的灾难，心痛极了，于是决定亲自动手，修补残破的苍天。

她先在大江大河里拣选了许多五彩石子，架起火，将这些石子熔炼成胶糊状，再飞到天上用这些炼出来的胶糊把苍天上漏水的窟窿填补好。

女娲之肠十人

清 汪绂图本

女娲是化生人类的大母神，她除了创造人类及各种文化以外，其肠子还化作了十个神人。古老的观念认为，内脏代表身体的精灵，是灵魂的通道，可见此十神有着非凡的神性。

山海经

狂鸟（右页上图）
清 汪绂图本
　　狂鸟又名五采鸟、五彩鸟，有冠，毛色五彩鲜艳，羽翼丰满；它是凤凰一类的神鸟。

　　她担心补好的天空再次坍塌，于是又杀了一只巨鳌，斩下它的四只脚，用来竖立在大地的四方，当作擎天柱，把天幕像帐篷一样支起来，从此人们再也不用担心天会塌了。

　　那时，在冀州这个地方，还有一条凶恶的黑龙在鼓动洪水，兴风作浪，危害人民。女娲便去杀了这条黑龙，同时赶走各种恶禽猛兽，使人类不再受禽兽的残害。

　　剩下来还有洪水的祸患没有平息。女娲又把河边的芦苇烧成灰，堆积起来，堵塞住了滔天的洪水，同时还造出很多供人们居住的陆地。

　　从此，大地上又有了欣欣向荣的景象，人类又恢复了他们平静的生活。女娲做完这一切，终于可以休息了。

□《山海经》珍贵古版插图类比

女娲　《天问图》中，女娲人面蛇身，长发披肩，双手捧一块巨石，作补天状。《神异典》中，取的也是女娲人头蛇身的原始形象。

→清　萧云从《天问图》　　　　　　　　　　　→清　《神异典》

她的身体也开始分化孕育，而其中她的肠子，就化成了前面的十个神人。

石夷 狂鸟 西周国

这里又有位神人名叫石夷，西方人单称他为夷，他是西方的风神，从他那里吹来的风叫作韦。石夷居住在大地的西北角，掌管着太阳和月亮升起落下的时间。

有一种长着五彩羽毛的神鸟，头上有冠，名叫狂鸟，它是凤凰一类的吉祥之鸟。

又有一座山被称作大泽长山，那里有一个白氏国，也就是白民国。

在西北海之外，赤水的东岸，有个长胫国，也就是国民腿长三丈的长股国。

又有个西周国，那里的人都姓姬，以五谷为食。国中有个人正在耕田，名叫叔均。帝喾生了后稷，后稷曾到天上将各种谷物的种子带到人间。后稷的弟弟叫台玺，台玺生了叔均。叔均曾经代替父亲和后稷播种各种谷物，并开始研究耕田的方法。西周国还有座山，叫双山。帝喾的元妃姜嫄，踏巨人足迹而生弃。弃就是西周国的祖先。他从小喜欢农艺，长大后教百姓栽种五谷的方法，所以他的子孙就尊称他为"后稷"。

后稷用木头和石块发明制造了简单的农具，教导人们耕田种地。这些原先靠打猎和采集野果生活的人，有时免不了要挨饿。自从跟着后稷学会了耕种，日子便比以前过得好了。渐渐大家都信服了后稷在农业上的成就，于是耕地种田——这件新鲜有意义的劳动，就首先在后稷母亲的家乡有邰流传开来，后来更流传到全国各地。继承帝喾做国君的尧知道了后稷的事迹，就聘请他来掌

女娲补天

传说中，天由四根巨大的柱子支撑，突然有一天，四根柱子之一的不周山折断，顷刻间，"天倾西北，地陷东南"，天空塌陷出一个巨大的洞，天河如瀑布般浇向大地。创世女神女娲走遍五湖四海，搜集补天彩石，用火炼治后，终将天上的巨洞补上，使人类恢复了平静的生活。

黑山岩画

在农耕经济产生之前，人类与生俱来的本领就是从大自然中猎取食物。这幅岩画记录了古代围猎大型猎物的场景。虽然人们采取了集体围猎的方式，而且有弓箭在手，但是人的力量依然显得薄弱。先民对与自然的崇拜与敬畏写满了整个画面。

管农业，指导百姓耕作。后来帝尧的继承者帝舜为了表彰后稷的功绩，还把有邰这个地方封给了他。这里就是周朝兴起的地方，后稷就是周人的祖先。

后稷的侄子叔均，也是农业能手。他还发明了用牛来代替人力耕种的方法，把农业向前推进了一大步。

在西周国附近还有个赤国妻氏，并有座双山。

在西海之外，大荒之中，有座山名叫方山，山上有棵青色的大树，名叫柜格松，那也是太阳和月亮出入的地方。

在西北大海之外，赤水的西岸，有个天民国，其国民以五谷为食，并能驯化驱使虎、豹、熊、罴四种野兽。

北狄国　太子长琴

又有一个北狄国。黄帝有一个孙子名叫始均，始均的后代子孙，就组成了北狄国。北狄是我国古代的少数民族，他们在春秋以前居住在河西、太行山一带，以游牧为生，骁勇善战。春秋初年，它的势力增强，曾屡次与晋国交兵，并向东推进，一度与齐、鲁、卫为界。后来他们向南灭掉了邢、卫、温等小诸侯国，还曾与齐、鲁、宋等大国交战。后来，狄人内乱，分为赤狄、白狄、

奇幻图文馆

魑魅魍魉，妖怪奇谈

探索全世界的妖怪文化

领略动人心魄的诡异之美
清冷妖异的众生万相

紫图天猫专营店
支付宝、天猫扫码购买

紫图抖音旗舰店
抖音扫码购买

紫图视频号旗舰店
微信扫码购买

紫图官方小红书
小红书扫码购买

北京紫图图书有限公司

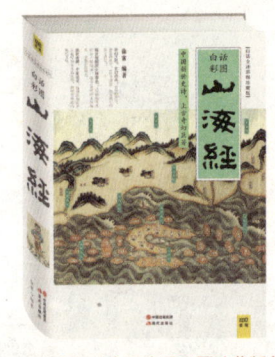

《山海经（白话全译彩图珍藏版）》
畅销100万册
白话全译典藏本

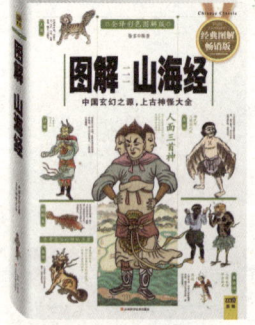

《图解山海经》
解读中国神话之源
认识上古山川地理和奇兽异族

《山海经神怪大全》
超丰富、超写实的
《山海经》神怪图鉴

《陪孩子读山海经》
给孩子打开时空隧道之门
开启远古神话之旅

《中国志异全
中国百鬼录·本
再现玄幻绝美幽冥

《中国妖怪大全·精装珍藏版》
中国妖怪文化集大成之作
一本书读懂中国传统妖怪文化

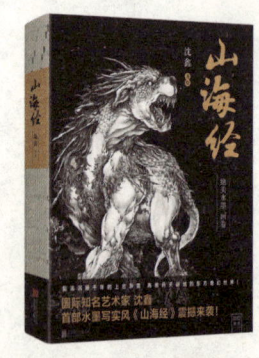

《山海经：绝美水墨画卷》
水墨写实凤震撼来袭
绘尽华夏传说的奇幻瑰丽

《山海经：绝美水墨画卷2》
深入解读"山精"与"海怪"
震撼呈现全新视角的神话世界

《中国奇幻事典》
邀你感受幽幽神秘的灵异氛围
探寻源远流长的中国妖怪文化

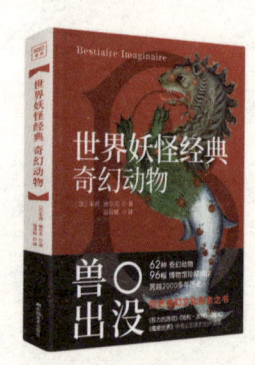

《世界妖怪经典奇幻动物》
中世纪奇幻文化典藏秘卷
探索世界神怪艺术起源

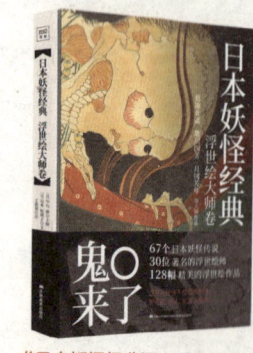

《日本妖怪经典浮世绘大师卷》
30位浮世绘巨匠集萃
一生要看的妖怪传世画作

长狄、众狄等部，又各有支系。最后除白狄于春秋末年建立的中山国依然存在外，其余各部都先后被晋国吞并。

北狄国附近又有两座山，芒山和桂山。还有座榣（yáo）山，山上有一个人，号称太子长琴。颛顼生了老童，老童生了祝融，太子长琴就是祝融的儿子。太子长琴居住在榣山上，开始创作乐曲，从此音乐风行于人世间。

又有三只长着五彩羽毛的神鸟：一只叫凰鸟，一只叫鸾鸟，一只叫凤鸟。

有一种野兽，其形状与普通的兔子相似，胸脯以下的双腿与皮毛分不出来，这是因为它的皮毛青得像猿猴而把裸露的部分遮住了。

在大荒之中，有座山名叫丰沮玉门山，那里是太阳和月亮降落的地方。

灵山 沃野 三青鸟

又有一座灵山，巫咸、巫即、巫盼、巫彭、巫姑、巫真、巫礼、巫抵、巫谢、巫罗十个巫师在山上采药，并通过这座山往返于天地之间，各种各样的药物也都生长在这里。

又有西王母山、壑山、海山。又有个沃民国，沃民便居住在这里。这里又叫作沃野。生活在沃野的人，吃的是凤鸟产的蛋，喝的是天上降下的甘露。凡是他们心里想要的美味，都能在凤鸟蛋和甘露中尝到。这里还有

太子长琴
清 汪绂图本

太子长琴居住于榣山之上，乃南方之神祝融之子，喜爱创作乐曲，是中国传统音乐的先驱。

音乐的起源
战国 宽19厘米 高11.4厘米
河南省博物馆藏

《琴操》记载："伏羲作琴。"其实，在伏羲之前的荒古时代，人们就已经能够制作乐器，只不过到了文明社会时期，伏羲将其定名定制罢了。关于音乐的起源，也有很多传说，如太子长琴创作乐曲，音乐之风乃盛行之说等。这件曾侯乙墓出土的十弦琴，与同样出土于曾侯乙墓的五弦琴及出土于郭店战国墓的七弦琴，都表明了先秦古琴具有相当长的发展历史。

木兰图式

清 纸底 彩绘 北京图书馆藏

　　狩猎在农耕经济产生之前，曾是先人最主要的食物获取手段。在这之后，狩猎被军队作为保留项目，用于提高士兵的作战能力。公元 1681 年，清帝康熙为锻炼军队，开辟了一万多平方千米的木兰围场。每年秋季，这里都会举行一次军事色彩浓厚的狩猎活动。

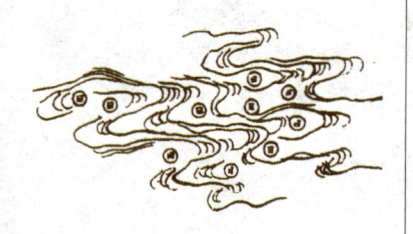

女丑尸

清 汪绂图本

　　女丑是古代女巫的名字。传说远古时十个太阳一起出来，将女丑烤死了，其死后双手掩面。古人认为女丑虽死，但其灵魂不死，常附在活人身上，供人祭祀或行巫事，故名为女丑尸。

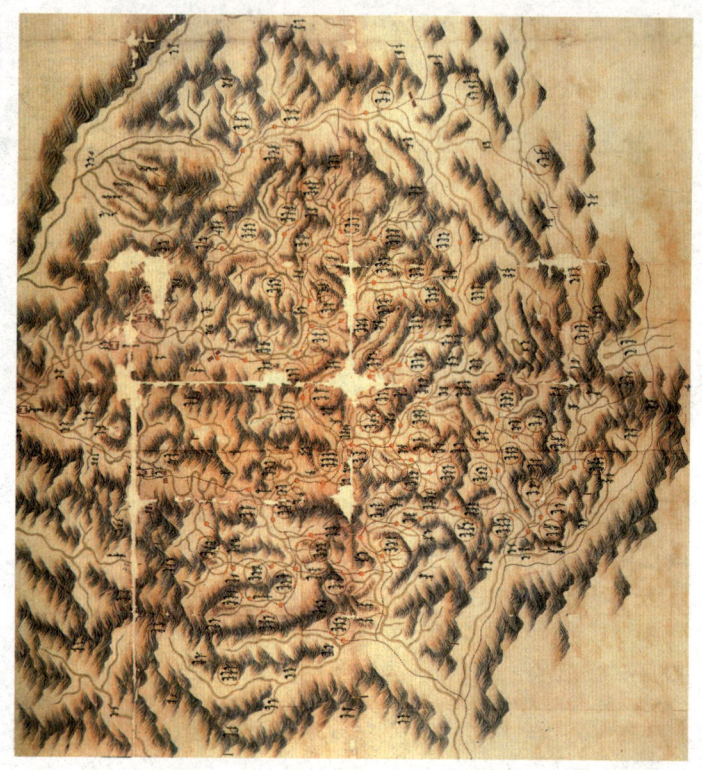

　　甘华树、甘柤树、白柳树、视肉怪兽、三骓马、璇瑰玉、瑶玉碧玉，还有通体洁白的白木树、结满珠子的琅玕树、制作白色染料的白丹、制作黑色染料的青丹，还盛产白银和铁。鸾鸟在这里自由自在地歌唱，凤鸟在这里自由自在地舞蹈；原野上还有各种野兽的气息。它们群居相处，互不攻击，一派祥和景象，所以这里被称作沃野。

　　又有三只青色的大鸟，它们长着红色的脑袋、黑色的眼睛，一只叫作大鹜，一只叫作少鹜，一只叫作青鸟。

　　有座轩辕台，高耸在大荒之中。因为敬畏轩辕台上黄帝的威灵，射箭的人都不敢向西发箭。

　　大荒之中，有座龙山，是太阳和月亮降落的地方。那里有三个由积水形成的大湖泊，名叫三淖，是诸侯昆吾的食邑。

有个人穿着青色的衣服，用袖子遮住自己的面孔，她的名字叫女丑尸。

又有个女子国，其国民全是女子，没有男子。

弇兹 嘘

又有座桃山。还有虻（méng）山、桂山、于土山。

有个丈夫国，这个国家则只有男子而没有妇女。

有座弇（yǎn）州山，山上有一只长着五彩羽毛的鸟仰头向天而鸣，它名叫鸣鸟。据说这里有能歌善舞的凤凰，有上百种伎乐歌舞之曲。

有个轩辕国，这里的人认为居住在江河山岭的南边就诸事吉利而无凶夭。他们的寿命都很长，就是寿命最短的也能活到八百岁。

在西海的岛屿上，有一个神人，他长着人的面孔，却是鸟的身子，耳朵上挂着两条青蛇，脚底下还踩踏着两条赤蛇，名叫弇（yān）兹，是西海的海神，样子和北方海神禺疆、南海海神不廷胡余相似，只是所践之蛇颜色不同。

大荒之中，有座山名叫日月山，那里是天的枢纽。这座山的主峰叫吴姖天门山，是太阳和月亮降落的地方。山上有一个神人，其形貌像人，却没有胳膊，两只脚反转着架在头上，其名字叫嘘。帝颛顼生了老童，老童生了重和黎，帝颛顼命令重托着天用力往上顶，又命令黎撑着地使劲朝下按，于是天地就彻底分开了。

传说在少昊后期，国势衰落，朝纲松弛，人和神杂合而居，十分混乱。在这种情况下，颛顼接掌权力，于是命令南正重掌管天，天就由神居住；火正黎掌管地，地就归属百姓居住，恢复了原来的天地秩序，天地之间

弇兹
清 汪绂图本
　弇兹是西海的海神，其形貌为人面鸟身，双耳挂两条青蛇，双足绕践两条赤蛇。

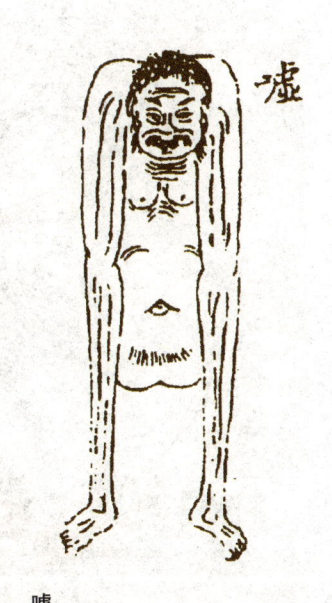

嘘
清 汪绂图本
　嘘没有胳膊，两条腿反转着架在头上。

再也不会相互混杂了。黎来到地上并生了噎，噎就是前面所说的怪神嘘，他住在大地的最西端，掌管着太阳、月亮和星辰运行的先后次序。

有个神人反长着臂膀，名叫天虞。

月亮的传说

有个女子正在替月亮洗澡，她就是帝俊的妻子常羲。

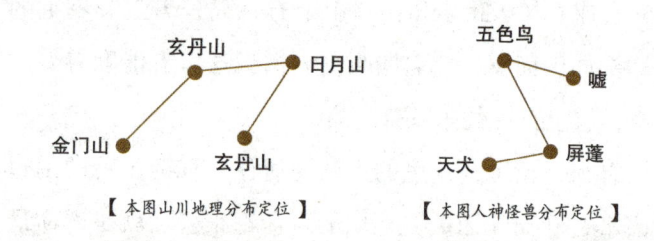

日月山一带
明 蒋应镐图本

日月山是天的枢纽，山上有位人面怪神名嘘。玄丹山上栖息着五色鸟，其为人面鸟形；还有一种怪兽叫屏蓬，在山坡上奔跑的双头兽便是。金门山上生活着一种名叫天犬的奇兽。

【本图山川地理分布定位】

【本图人神怪兽分布定位】

她一共生了十二个月亮，所以常常给月亮洗澡。传说当年常羲经过十二个月的怀胎，竟然一次生下了十二个姑娘。她们长得一模一样，每人都有一张饱满圆润又洁净明亮的脸庞。这一张张羞答答的脸庞每到夜晚，就会放射出格外明亮清澈的银色光辉，把漆黑的大地照亮得如同白昼。

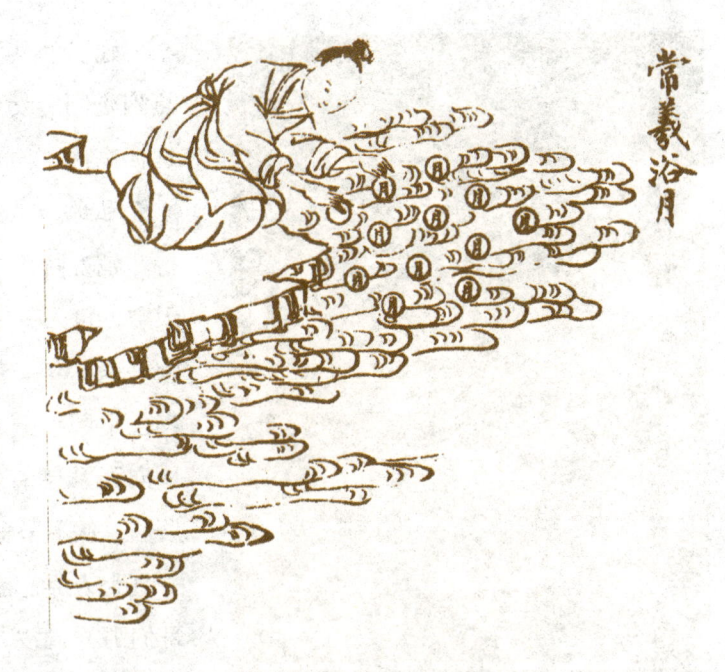

有一次，她们姐妹十二人一起偷偷来到人间游戏玩耍，被人间的美景迷住了。大地上广袤的草原、茂密的森林、奔涌的江河、蔚蓝的大海、巍峨的高山、遍地盛开的芬芳馥郁的鲜花，在林间呢喃自语的鸟儿，在天上也不曾看见如此美丽迷人的画卷。这使她们赞叹不已，从而对人类所生活的大地原野产生了浓烈的兴趣。就在玩得高兴的时候，她们同父异母的哥哥——火红的太阳结束了一天的工作，落下了西山，不知不觉中黑暗笼罩了大地。这时，她们才惊愕地发现，夜晚的大地是多么恐怖，那幅美丽的画卷不见了。漆黑的夜色笼罩了大地，人们不得不在黑暗中生活。

于是，姐妹们便坐下来商量，最后都不约而同地想到自己那饱满光洁，可以放出光辉的脸庞。她们一致决定，像自己的哥哥一样，轮流登上天空，在夜间接替太阳的工作，同样把光辉洒向人间，驱走夜晚给大地带来的黑暗，使人们在夜晚也不至于迷乱恐惧。

常羲浴月
清 汪绂图本

　　帝俊的妻子常羲，经过十二个月的怀胎生下十二个月亮，个个脸庞饱满圆润。她非常疼爱十二个女儿，经常给她们洗澡。

她们的共同决定，得到母亲常羲的热烈赞同。女儿的心灵这样纯洁，品德这样高尚，愿意不辞辛苦，把自己的光辉无私地奉献给大地，母亲当然非常支持。她安排十二个姑娘在夜晚轮流升上天空，每人一个月；十二个人轮流一遍，刚好是一年。每当夜幕降临，她们便在夜色中缓缓上升，然后面向大地，慢慢地向西移动。就这样，她们不知疲倦、烦恼，从不懈怠；日复一日，年复一年，一直为人类忘我地工作。她们从不像哥哥们那样调皮，而是一直兢兢业业地值班，给大地的夜晚带去光明。

从此，夜晚的天空因月亮姑娘的出现而变得皎洁明朗，大地上的人们欣喜若狂，欢呼雀跃。黑暗也被迫收敛了它恐怖的翅膀，夜空由此而变得格外美好明亮。顽皮淘气的孩子可以尽情地玩耍嬉戏，辛勤劳作了一天的人们可以祥和地休憩，历经沧海桑田、饱经岁月风霜的老翁可以谈天说地、谈古论今。月光下，诗人灵感涌现，激情荡漾，高声吟诗作赋，留下了一篇篇千古佳作。

从此，常羲便与羲和一样，和女儿住在一起，每日给女儿洗浴打扮后，亲自带着一个女儿乘九凤拉的月亮车，巡行于夜空，为人类工作。只不过与羲和不太一样，她为女儿安排的工作是每月由一个女儿来负责，其余十一个女儿分工各司一月之职。因女儿比较害羞，所以夜夜出现在天空中的打扮都不太一样；又因为是女性，

梅下赏月图
清 余集立轴 纸本 水墨 纵65.2厘米 横31厘米 上海博物馆藏

在茫茫宇宙中，唯有月亮忠贞不渝地伴随着地球，在夜空中延续着华光，亘古不变。从团圆之喜到思念之忧，中国人总是将含蓄的情感寄托于月亮。图中，夜深人静之时，幽幽苍穹下一轮明月高悬。在游子的心中，月亮代表着故乡的山山水水，满腔幽怨只有向她倾诉了。

所以每月会有例假在身，总有几天是不能上天的。而其他的女儿，又因有明确分工，也不好互相顶替值夜，所以夜空中有月圆月缺，也有无月当值之日。

昆仑山 炎火山

大荒之中又有座玄丹山。山上栖息着一种长着五彩羽毛的鸟，它们有一副人的脸孔，还有头发。这里还有青鴍（wēn）、黄鳌（áo），这些鸟有青色，也有黄色，外表虽然好看，却是凶鸟、祸鸟。它们的出现是不祥之兆；它们在哪个国家聚集栖息，哪个国家就会亡国。

又有个水池，名叫孟翼攻颛顼池。

大荒之中，有座山名叫鏖（áo）鏊（áo）钜山，是太阳和月亮降落的地方。

有一种怪兽，其左右两边各长着一个头，雌雄同体，名叫屏蓬。

又有三座高大的山峰：巫山、壑山和金门山。金门山上有个人名叫黄姖（jǔ）尸。山上还有比翼鸟。又有一种白鸟，身上却并不白，长着青色的翅膀、黄色的尾巴、黑色的喙。还有一种浑身赤红的狗，名叫天犬，它所降临的地方就会发生战争。传说天犬降临时，奔跑的速度会飞一般地快，天上出现的流星，就是天狗留下的痕迹。

在西海的南面，流沙的边缘，赤水的后面，黑水的前面，屹立着一座大山，这就是昆仑山。山上有个神人，他长着人的面孔、老虎的身子，尾巴上有花纹，还有很多白色的斑点，他就住在这座昆仑山上。昆仑

五色鸟
清 汪绂图本

玄丹山的五色鸟，是一种人面鸟，也是代表亡国之兆的祸鸟。

屏蓬
清 汪绂图本

屏蓬是一种双头奇兽，左右各生一头，寓有雌雄同体之义。同《海外西经》中前后各一首的并封，及《大荒南经》中左右各一首的跂踢有着相似之处。

神人与神兽
西汉 长径32厘米 短径20.1厘米
湖北省荆州博物馆藏

在金门山上,黄姖尸与比翼鸟、白鸟及天犬共同生活。按照古人的观念,神人与神兽为伴似乎是再自然不过的事情。这是从江陵凤凰山汉墓出土的一件仿龟甲漆盾,上面涂有防水的漆质。正面绘有神人与神兽;神兽昂首曲身,迈开两足,与神人朝同一方向奔走欲飞。

山下有个弱水汇聚而成的深渊环绕着它。在这个深渊中,鸿毛都会沉下去;一般人除非乘龙,否则难以渡过。

深渊的外沿有座炎火山,东西一投进去就会被烧得精光。传说这炎火山上生长着不尽之木,这种木头永远也烧不成灰烬。不论白天黑夜,这里的火一直都在燃烧,就算狂风暴雨也浇不灭。在神奇的不尽木中生活着一种奇鼠,它重达千斤,身上还长着二尺余长的毛。这种毛纤细如丝,如果栖居火中就是赤色;而有时出来活动,又会变成白色。这种奇鼠用水一淹就会死,剪下它的毛织成的布就是有名的火澣布。这种布不怕火烧,而且就算弄上了污渍,只要用火一烧,污渍就会无影无踪。

西王母 寿麻国

在昆仑山上住着一个神人,她头上戴着玉制首饰,嘴里长着虎牙,身后还有一条豹子尾巴,居住在山上的洞穴中,名叫西王母。她是专司瘟疫、刑罚的山神,主管不死灵药。在这座山上,世间万物,应有尽有。

大荒之中,有座山名叫常阳山,也是太阳和月亮降落的地方。

又有个寒荒国,这里有两个女神,她们一个手里拿着盛酒的觯,一个手持肉板,名字分别是女祭、女薎(miē)。

有个国家叫寿麻国。南岳娶了州山的女儿为妻,她的名字叫女虔。女虔生了季格,季格生了寿麻。寿麻国的人都是仙人,他们就算端端正正站在太阳下,也看不见脚下生成的影子;就算高声呼喊,四面八方也不会有一点回响。寿麻国气候异常炎热,一般人无法前往。

传说寿麻国人的祖先并不是此地人,而是生活在南极的一个地方。当时还是寿麻在世的时候，一天，他们所居住的地方突然发生地震，陆地断裂，渐渐沉没下去。寿麻及时做出决定，率领妻儿和部分族人，乘坐木船一路向北逃去，发现此地，就驻扎下来。这里虽然气候恶劣，但得以保住性命，总算是不幸中之大幸。几年后，他们派人再去探访原来居住的地方，发现那片陆地已不知去向。原先没有逃走的乡里、族人亦不知生死存亡，想来都随大陆一起沉没了。于是大家都佩服寿麻的先见之明，同时感激他的救命之恩，于是拥立他做君主，把族名改叫寿麻之国。

曾经有一个没有影子的人，名叫玄俗，在集市上卖药，自称来自河间。有个姓王的人病了，吃了他的药，拉出十几条蛇，病便好了。姓王的人听家人说，他父亲见到过玄俗，玄俗行走时身边没有影子。王某不信，叫玄俗站在阳光下，发现脚下果然没有影子。于是便有人认为这个玄俗也是寿麻国的人。

◇《山海经》考据

为什么寿麻国人没有影子

一些学者指出，麻寿国人脚下没有影子，这一现象实际上是对南北回归线内热带地区景象的描写。因为麻寿国地处西荒，而且气候炎热，所以怀疑它可能在中亚腹地沙漠一代，因为被太阳直射，所以脚下不见人影。

地震
绘画 1896年 日本

从古至今地震都是一种可怕的灾难。它以无坚不摧之势横行肆虐；所到之处，万物皆被涤荡一空。寿麻国人曾经遭遇地震，陆地断裂沉没，幸亏寿麻及时做出决定，部众才得以保全性命。几年后，原来他们居住的那片陆地早已不知去向，原来的乡里、族人亦不知生死存亡。

夏耕尸

有个人没了脑袋，却还一手操戈一手持盾牌站立在山上，这个人就是夏耕尸。夏耕是夏朝最后一个君主桀手下的一员大将，当年成汤在章山讨伐夏桀，打败了夏桀，并亲手斩下了夏耕的头。因夏耕冲在最前头，所以他被斩后并没有倒下去。虽然没有了头，他的灵魂仍然不死。许久之后他发觉没了脑袋，为逃避罪责，于是流

夏耕尸周边
明 蒋应镐图本
　　图中操戈而立的无头神，就是《大荒西经》中的夏耕尸。一个三面人，只有一条右臂，正站立于山坡之上。有个神人名夏后启，正乘坐于二龙所驾的车中。此外，还有一种六首奇鸟名鸀鸟。

【本图山川地理分布定位】　　【本图人神怪兽分布定位】

窜到巫山去了。至今他仍然站在那儿。

传说成汤攻伐夏桀时，夏朝气数将尽。天相发出警示：田里的禾苗都焦枯了，厉鬼在国境内啸叫，日月星辰都不按时运行，春夏秋冬杂乱而至，一连十多个晚上都有人听见仙鹤哀鸣。于是天帝命令汤在镳（biāo）宫祭祀，接受亡夏之命。可是汤哪敢攻打夏桀，只是率领其军队，在边境前徘徊不前。于是天帝命令天神降火，焚烧夏桀都城以壮成汤士气。不一会儿有天神出现："夏朝政德败坏，你马上去攻打它，我一定助你一臂之力。你既然受命于天去灭夏，又有什么好怕的呢？现在天帝已经命令火神祝融降火，烧毁了夏桀都城的西北角，你正好可以乘此机会，大举进攻。"于是汤率领部下，灭亡夏朝，臣服诸侯，定都于亳，开创了商朝六百年的基业。

有个神人名叫吴回，只剩下左臂，而没了右臂。吴回是祝融的弟弟，也担任着火正一职。

有个盖山国，其境内里有一种树木，树皮、树枝、树干都是红色的，而叶子是青色的，名叫朱木。

有一个一臂民，他只长了一只胳膊、一只眼睛，连鼻孔也只有一个。

夏耕尸
清 汪绂图本
夏耕尸虽然没了脑袋，但依然身着盔甲，右手持戟，左手持盾。

三面一臂人 夏后启 氏人国

大荒之中，有一座山，名叫大荒山，那里也是太阳和月亮降落的地方。又有一种奇人，他们脑袋的前边、左边、右边各长着一张面孔，但身上却只长了一条胳膊，他们是颛顼的子孙后代，名叫三面一臂人。这种三张面孔的人永远长生不死，生活在大荒之中。

在西南海之外，赤水的南岸，流沙的西面，又有一个神人，他耳朵上挂着两条青色的蛇，驾驭着两条龙，云游于天地之间，他就是夏后启。夏后启曾三次到天帝那里

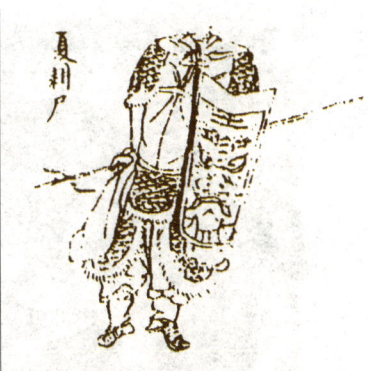

三面一臂人
清 汪绂图本
大荒山之上的这种异形人，一个脑袋的前、左、右共长了三张面孔，却只长了一只手臂；他们还可长生不死。

做客，记下了天帝的乐曲《九辩》和《九歌》，并将其带到人间。这里就是所谓的天穆之野，它高达二千仞，夏后启在此以天上的《九辩》和《九歌》为蓝本，演奏《九招》乐曲。

又有个氐人国。炎帝的孙子名叫灵恝（jiá），灵恝生了氐人，他就是氐人国的祖先。氐人国的人长着人的面孔鱼的身子，没有脚，却能乘云驾雾，上下于天地之间。

神农氏

炎帝神农氏是中华民族的祖先，他牛首人身，是一位慈爱的天神。传说当时有丹雀衔九穗飞过炎帝头顶，正好掉落了几颗。炎帝将这几颗稻谷拾起来，在合适的季节种在田中，等禾苗成熟后又将其分给百姓，并教他们耕种的方法，从此人间有了农耕，告别了茹毛饮血的时代，于是人们便称炎帝为"神农"。

炎帝不仅是农业之神，还是医药之神，他有一条赭鞭，只要用它来鞭打各种各样的药草，这些药草有无毒性、或寒或热的性状便能自然呈现出来。他便根据这些药草的不同药性，给人们医治百病；并从中挑选出能吃的草，教百姓种下，使食物日益丰富。

传说炎帝为了辨别各种药草的药性，曾经亲自试尝药草，一天之内就中毒七十余次。幸好他的身体乃玲珑玉体，是透明的，能看见五脏六腑，所以虽然中毒，却一眼就能看出中毒在什么地方，从而对症下药，找到解毒的药方。

但有一次，炎帝尝到一种有剧毒的断肠草，终于肠子烂断，无药可解，从而献出了生命。还有人说炎帝在

药祖神农
东汉画像石 江苏铜山出土
江苏省徐州博物馆藏

神农氏既是农业始祖，也是我国医药学的创始人。在这幅画像中，神农手持耒耜（lěi sì，古时耕地用的农具），驭使一只大鸟，右侧的月亮中有玉兔蟾蜍，下面是一药兽，这些画面元素揭示了神农的双重身份。

尝药时吃到了一种百足虫，这虫一吃到肚里，一只脚马上变成了一条虫，新变出来的虫的脚又变成虫，以致千变万化，变成了数不清的百足虫，从而杀死了炎帝。

炎帝对人类做出了巨大的贡献，不幸去世后，人们将他葬在湖南茶陵，代代祭祀，以感念他的恩德。

鱼妇 青鸟

有一种鱼的身子半边干枯，名叫鱼妇，它是帝颛顼死了之后又立即苏醒变化而成的。如果有大风从北方吹来，吹得泉水涌动，蛇这个时候就会变化为鱼，这便是所谓的鱼妇。而死去的颛顼就是趁蛇鱼变化未定之机，附体鱼身并重新复苏的。

有一种青鸟，其身上的羽毛是黄色的，而爪子却呈红色，其奇特之处在于它一个身子上长了六个脑袋，这种鸟名叫鸀（chū）鸟。

还有两座高山，一座是大巫山，另一座是金山。在西南方，大荒的另一个角落，还坐落着偏句山、常羊山。传说黄帝斩下刑天的头颅后，将其头颅葬在常羊山，以致没头的刑天再没有找到自己的脑袋。

夹竹桃

神农亲自试尝药草，曾经一天之内就中毒七十余次，这是因为很多看似美丽的植物都含有剧毒。夹竹桃又名哑巴花，有漂亮的桃花形花朵，颜色有红、粉红、白、黄等。其叶为线形或线状披针形。原产于伊朗和印度。但是夹竹桃虽然美丽，却全株有毒。

《山海经》珍贵古版插图类比

鸀鸟 吴本的鸀鸟伸展羽翼，姿态可爱。《禽虫典》本的鸀鸟神态安详地在山坡上行走。汪本中，鸀鸟为一凶悍的六首大鸟。

→清 汪绂图本　　→清 吴任臣康熙图本　　→清《禽虫典》

大荒北经

第十七卷

《大荒北经》中记录了很多神话传说，最详尽的当数黄帝和蚩尤的战争，黄帝依靠应龙、女魃等神的鼎力相助，最终大获全胜。还有帝颛顼和他的九个嫔妃埋葬在大荒内黄河流经之地的故事，也让人难忘。

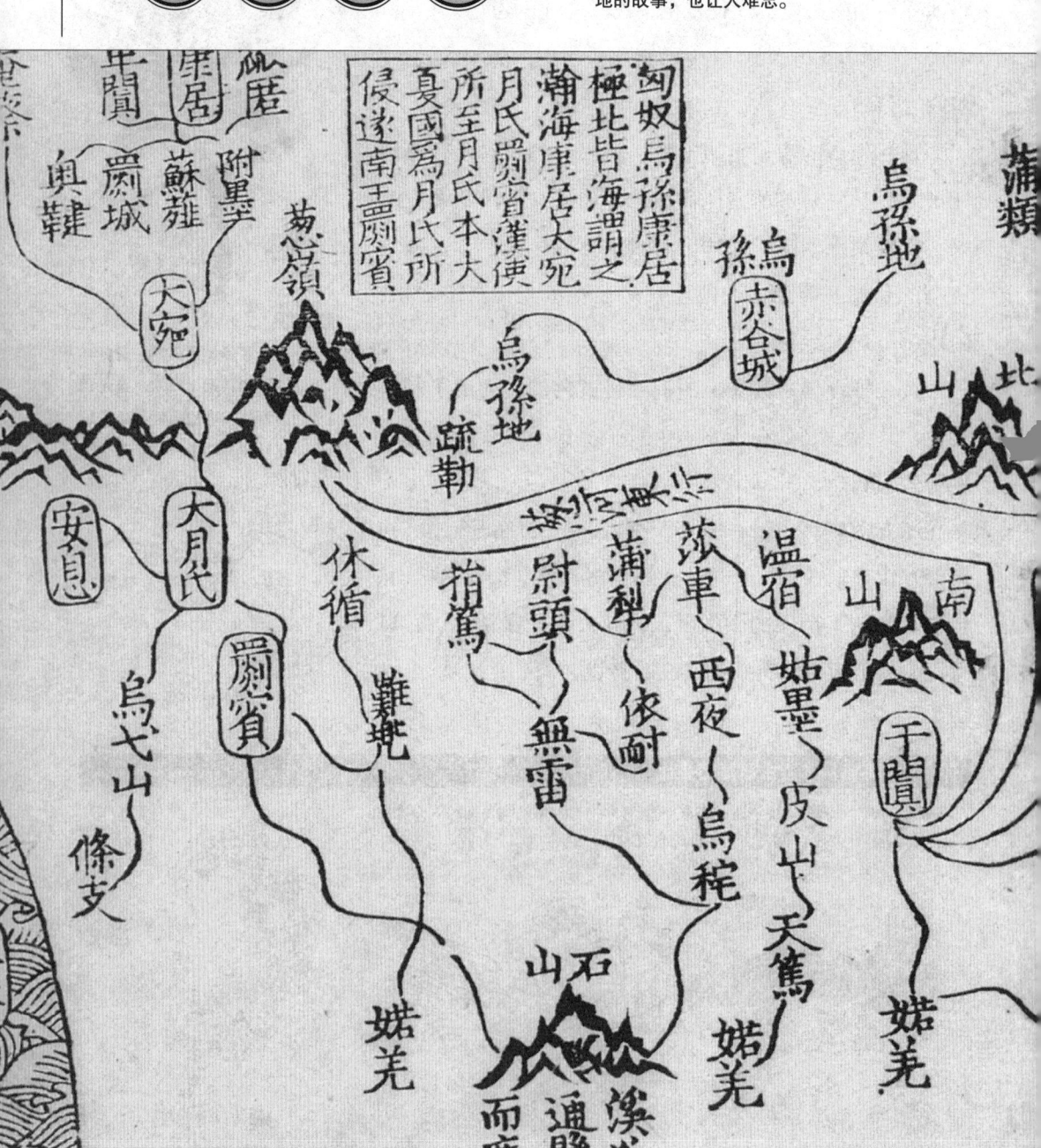

匈奴乌孙康居极北皆海谓之瀚海康居大宛月氏属宾雁使所至月氏本大夏国为月氏所侵遂南王属宾

汉西域诸国图　南宋　雕版墨印　北京图书馆藏

此图反映了汉代时西域诸国分布及交通路线，图中采用形象绘法表示了天山、南山等山脉。该图虽绘制较为粗略，却是目前所能见到的绘制时间较早的一幅西域诸国图，对研究西域地理有一定的参考价值。

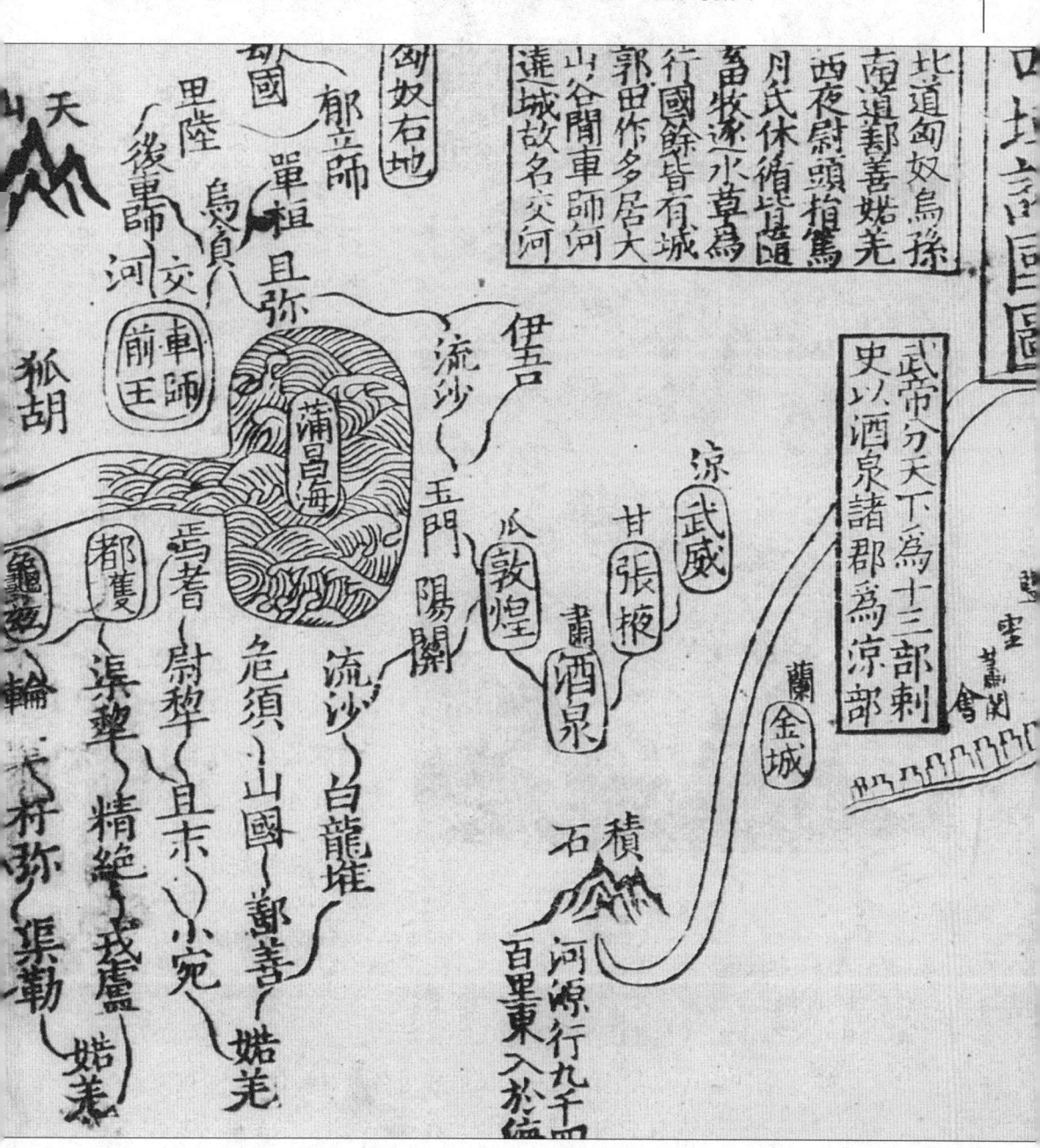

附禺山 不咸山

在东北海之外，大荒之中，黄河水流经的地方，有座高山叫附禺山，帝颛顼与他的九个妃嫔就葬在这座山中。这里珍禽异兽遍布山林，有鹞鹰、花斑贝、离朱鸟、鸾鸟、凤鸟，还有颛顼和妃嫔们的各种陪葬之物。还有青鸟、琅鸟、燕子、黄鸟、老虎、豹子、熊、罴、黄蛇、视肉怪兽，及璇瑰玉、瑶玉、碧玉等，都出产于这座山中。又有一座卫丘，方圆三百里，丘的南面有帝俊的竹林。传说林中的竹子名叫沛竹，其长可达百丈，茎围达二丈五六尺，竹皮厚八九寸，取其一节就能做成船。竹林的南面有一片红色的湖水，名叫封渊。湖畔生长着三棵笔直不生长枝条的桑树，每棵都高达一百仞。卫丘的西面又有一个深渊，名叫沈渊，那里是帝颛顼洗澡的地方。

有个胡不与国，其国民都姓烈，以黄米为食。传说他们是炎帝神农氏的后裔。

大荒之中，又有座山名叫不咸山。有个国家名叫肃慎氏国。传说肃慎国在辽东以北三千多里，那里的人都

五台山名胜图

清 绢底 彩绘 北京图书馆藏

《大荒北经》中记录了大量的山川河流。五台山是我国名山之一，这幅地图展现了五台山的自然景观和名胜古迹。

居住在洞穴中，不会纺织，仅穿猪皮；到了冬天就用猎物油膏在身体上涂抹厚厚一层，以此来抵御风寒。这些人都是射箭能手，他们的弓长达四尺，力道很强，可以跟弩相比。箭杆用楛木的枝削成，长一尺八寸，用青石磨尖作箭头。箭头上还淬有剧毒，人兽被它射中顷刻毙命。肃慎国境内的物产有上好的貂皮和赤玉。那里还有一种能飞的蜚蛭，长着四只翅膀。又有一种蛇，长着野兽的脑袋，却保留着蛇的身子，名叫琴虫。

大人国 衡天山

有一群人身材特别高大，被称为大人，他们聚集在一起就组成了大人国。其国民都姓釐（xī），以黄米为食。有一种大青蛇，长着黄色的脑袋；它体形巨大、食量惊人，能吞食鹿一类的野兽。

有座榆山。又有座山名字很长，叫鲧攻程州山。

大荒之中，有座高山名叫衡天山。又有座先民山。又有一棵树枝盘旋弯曲广达千里的大树。传说这棵树就是度朔山上的大桃木，其枝条盘旋弯曲，在其密密麻麻

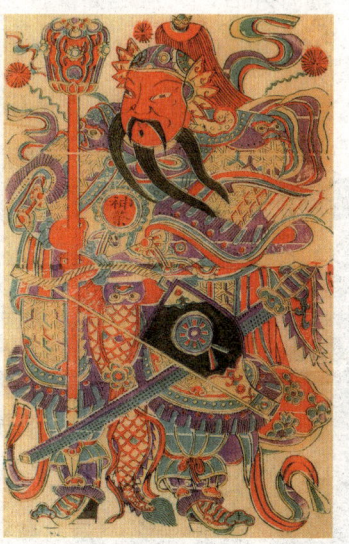

琴虫
清 汪绂图本
琴虫是生活于不咸山上肃慎氏国境内的一种怪兽，它长着蛇的身体和野兽的脑袋。

神荼、郁垒门神年画
清 北京
神荼、郁垒二神负责统领万鬼，鬼对他们都十分害怕。于是黄帝发明了驱鬼的方法：在门板上画神荼、郁垒的画像，鬼看到后就不敢进门了。我国从汉代开始已经有画神荼、郁垒于门户，作为御凶的门神之风俗。这幅年画上的门神，腰挂箭壶，相向而立，十分威武。

493

猎猎

猎猎
清 汪绂图本

叔歜国境内，生活着一种叫猎猎的野兽，其形貌似熊，毛色漆黑。

用于狩猎的箭矢
商

肃慎国位于气候环境恶劣的北方，仍然保持着狩猎的风俗，弓箭是其国民最擅长使用的工具。在古人学会在箭头上涂抹毒液，借以快速杀死猎物之后，狩猎活动变得更加频繁与有效。这是商代先民所制的龙头纹骨柄及箭矢；骨柄长13.2厘米，箭矢尺寸不一。

枝条的东北方有一个鬼门，各种各样的鬼就从这里出入。门边站着两个神人，一个名叫神荼，一个名叫郁垒，他们就负责统领万鬼。如果有恶害之鬼让他们抓住，就会被用苇索捆起来，丢到山下喂虎，因此鬼对他们都十分害怕。于是黄帝便以此发明了一种驱鬼的方法：在门前立一根桃木，门板上画神荼、郁垒还有老虎的画像，门边墙上还挂上苇索；鬼看到这些东西后，就不敢进门了。后来这种方法流传到了民间，慢慢就演变成了春节时贴门神年画，挂桃木春联的习俗。

有个叔歜（chū）国，那里的人都是帝颛顼的子孙后代，他们以黄米为食，能驯化驱使虎、豹、熊、罴四种野兽。叔歜国境内还生活着一种外形与熊相似的黑兽，名叫猎猎。

又有一个北齐国，那里的人都姓姜，也能驯化驱使虎、豹、熊、罴四种猛兽。

大荒之中，有座山名叫先槛大逢山。黄河和济水流过海外后，又从北面灌注到这座山下。先槛大逢山的西边也有一座山，名叫禹所积石山。

有座阳山。附近又有座顺山，顺水从这座顺山发源。

那里还有个始州国，其国境内有座山，名叫丹山。

有一个大泽，方圆达千里，那里是各种禽鸟换羽毛的地方。

毛民国　儋耳国　天极山

又有一个毛民国，其国民赤身裸体，浑身长毛，都以依为

第十七卷 大荒北经

姓，以黄米为食，也能驯化驱使虎、豹、熊、羆四种野兽。大禹生了均国，均国生了役采，役采生了修鞈（gé），后来大禹的曾孙修鞈杀了一个名叫绰人的人。大禹哀念绰人被杀，暗地里帮绰人的子孙后代建立了一个国家，就是这个毛民国。

有个儋耳国，那里人人都有一对长长的耳朵垂在肩上，做事很不方便，以致走路时不得不用双手托着。他

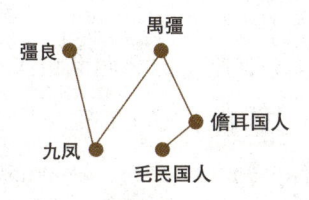

【本图人神怪兽分布定位】

毛民国周边
明 蒋应镐图本

毛民国人皆遍体长毛。儋耳国人都长着硕大的耳朵，那个长耳人即是该国之人。北海的岛屿上，站着一位人面鸟身神，名叫禺彊。天柜山的山坡上站立着人面九头神九凤；还有位神人名彊良，为虎头人面神。

彊良

清 汪绂图本

彊良是一种人虎共体的奇兽,可避邪,是古时候大傩逐疫的十二神兽之一。其虎身人面,四足为兽蹄,前肢特别长,口中衔蛇,前膝还绕着蛇。

们都姓任,以五谷为食,是神人禺号(即东海海神禺虢)的子孙后代。在北海的岛屿上,站着一位神人,他长着人的面孔鸟的身子,耳朵上挂着两条青蛇,脚底下还踩踏着两条红蛇,威风凛凛,他的名字就叫禺彊。禺彊字玄冥,是北海海神,东海海神禺虢是他的父亲。他还有个副手,就是灵龟。禺彊曾经奉天帝之命,用十五只巨鳌轮流背负岱舆、员峤、瀛洲、方壶和蓬莱五座仙山,使其稳固。

大荒之中,又有座山,名叫北极天柜山,海水从北面灌注到这座山中。山上有一个神人,它长着九个脑袋,每个脑袋上都有一副人的面孔,而颈部以下却是鸟的身子,名叫九凤;它就是有名的九头鸟,是人们崇拜与信仰的鸟神。又有一个神人,他嘴里衔着蛇,前蹄缠着蛇,长着老虎的脑袋和人的身子,四肢却是兽蹄,而且前肢

《山海经》珍贵古版插图类比

九凤 汪本的九凤,九首中有一个主头,其余八个从左上方重叠长出。毕本中,毛色华丽的九凤为非人面的九头鸟。

→清 汪绂图本　　　　　　　　　　→清 毕沅图本

特别长，这位神人名叫彊良。他能够驱邪逐怪，古代的巫术大傩仪式中就经常出现他的身影。

载天山 相繇

大荒之中，还有座山名叫成都载天山，山上也有一个神人，他的耳上挂着两条黄蛇，手上还握着两条黄蛇，其名字就叫夸父。后土生了信，信就是夸父的祖先。而夸父曾不自量力，想要追赶上太阳，他一直追到禺谷。在那里夸父喝光了黄河的水，却还不解渴，准备跑到北方去喝大泽里的水，还没到大泽，便渴死在这里了。另一种传说是，夸父是被应龙杀死的，应龙在帮黄帝杀了蚩尤以后，又在成都载天山杀死了夸父。而应龙自己则因为神力耗尽上不了天，后来就去南方居住，所以至今南方的雨水特别多。

又有个无肠国，其国民也姓任。他们都是无启国的子孙后代，以鱼为食。

水神共工有一位臣子名叫相繇（yáo），他长了九个头，而身子像蛇一样自相缠绕成一团，贪婪地霸占了九座神山，以供其食用。无论什么地方，只要他张嘴一吐，那里马上就会出现一个大沼泽，沼泽中水的味道不是辛辣就是苦涩，就连各种野兽也不能在附近居住。他作恶多端，百姓对他都十分怨恨，但没人敢靠近他。后来大禹成功地治理了洪水，并杀死了相繇。而相繇的血又腥又臭，流经之地任何谷物都不能生长。它就是《海外北经》中出现的相柳氏。

有座岳山，山上生长着一种高大的竹子，名叫寻竹。

大荒之中，有座山名叫不句山，海水从其北面涌入山中。

蚌镰
商 农具 河南郑州出土

用蚌壳磨制的弯月形镰刀，是商代主要收割工具之一。蚌镰不仅能收割谷穗，而且连谷物的秆也可以收割，可见那时的农业已脱离了原始状态。

系昆山

又有座山叫系昆山，上面有座共工台，射箭的人都因为敬畏共工的威灵而不敢朝北方拉弓射箭。共工台上住着一个女神，她形貌丑陋，秃头没有头发，穿着青色的衣服，名叫黄帝女魃。她曾在黄帝和蚩尤的大战中为黄帝立下了汗马功劳。

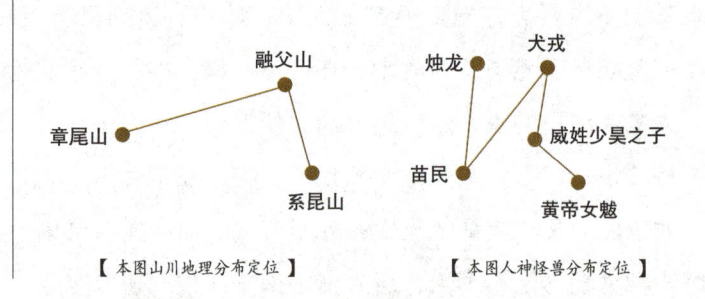

系昆山周边
明 蒋应镐图本

系昆山共工台上住着一个女神，她就是黄帝女魃。融父山一带生活着一个民族名叫犬戎；还有一群一目国人，他们只有一只眼睛。在西北方的海外，黑水的北岸，生活着一类人，他们长着翅膀，但不能飞翔，名叫苗民。章尾山上有一个神人，长着人的面孔、蛇的身子，他就是烛九阴，又称烛龙。

【本图山川地理分布定位】　【本图人神怪兽分布定位】

黄帝、蚩尤之战

相传蚩尤原是南方一个巨人部族的首领,他有弟兄共八十一个,而且个个都身长数丈,铜头铁额,猛勇无比。他们头上都生有两只坚利的角,耳朵两旁的毛发竖立起来就好像剑戟。他们还长着四只眼睛、六只手,虽然是人的身子,腿上却长着牛蹄。他们以沙子、石头、铁块为食,还善于制造各种兵器:长戈、大刀、戟、弓弩,等等。他们个个武艺高超,能飞檐走壁,还具有超人的力量。

蚩尤曾是炎帝手下的一员大将,追随炎帝在阪泉之野与黄帝发生激战。后来炎帝兵败,不得已退避到南方,做了南方的天帝。蚩尤虽然兵败,但并不服气,经常劝说炎帝重整旗鼓,和黄帝再次一较高下。

但这时的炎帝毕竟年老力衰,再也没有和黄帝争夺天下的雄心大志。蚩尤见炎帝懦弱无能,便决心亲自领兵。他首先说服了他那些神勇的弟兄,又去鼓动南方的九黎部族。九黎自古以来就对黄帝的统治不满,自然愿意与蚩尤兵合一处攻打黄帝。除此之外,南方山林水泽间唯恐天下不乱的魑魅魍魉等鬼怪,也都纷纷响应,投奔到蚩尤的帐下。

于是蚩尤便打着炎帝的旗号,统率大军,一路杀到北方,在涿鹿这个地方,和黄帝的军队展开了一场殊死大战。

一开始,蚩尤便施展魔法,腾起满天大雾,笼罩在黄帝军营的上方,使将士们辨不清方向,好乘此机会率领军队从周围攻杀黄帝的部将。黄帝的军队被杀得人仰马翻,损失不少。这时幸亏黄帝身边有一

斩首的刑具——青铜饕餮纹钺
商 长16.4厘米

蚩尤倚仗着自己的蛮力,几次挫败了黄帝的部落,却在最关键的涿鹿大战中落败,被黄帝斩了首级。这只商代青铜钺就是用于斩首的刑具,表面布满铜绿,上面饰有商代典型的饕餮纹,钺刃至今仍十分锋利。

蚩尤
清 汪绂图本

蚩尤原是南方一个巨人部族的首领,后来成为炎帝手下一员大将。他生得异常高大,勇猛无比,曾多次和黄帝展开激战,最终兵败,被黄帝斩首。

指南车模型
三国时期
　　传说黄帝的臣子风后参透了北斗星运行的机制，并根据这个原理制作了一辆指南车。这件指南车模型也许就是依据这一传说所造，车上站一木人，手臂伸展，不管车子怎样转动，手臂总是指向南方，因此利用此车可以指示方向。巧妙的设计反映了我国古人惊人的智慧，及古代机械设计和制造的高超技艺。

位叫风后的臣子，他运用非凡的智慧，参照北斗星运转的机制，制造了一辆指南车。车上有一个小人，不管车子怎么转，他的手总是指向南方。正是靠了这辆指南车的指引，黄帝才带着他的军队突出重围。

　　蚩尤见大雾不再起作用了，便派遣魑魅魍魉等鬼怪趁黄帝立足未稳，对他发动二次进攻。这些鬼怪都能发出一种奇怪的声音，摄人心魄；黄帝一方的士兵不知有多少被他们摄去魂魄，形势非常不利。这时黄帝突然想到，这些妖魔鬼怪最怕听见龙的声音，于是急忙叫士兵用牛羊角做成号角，吹出龙吟的声音。蚩尤的这些魑魅魍魉听见这种声音，一个个都胆战心惊，四散逃开了。这样黄帝又获得了喘息的机会。

　　在这期间，黄帝差人唤来了他的千年应龙，希望它能发大水，淹死蚩尤的部众。哪知蚩尤比应龙更厉害，请来了风伯雨师，掀起一场狂风暴雨，应龙简直没法施展它的本领，倒是黄帝的军队被淹死不少。

　　黄帝无奈，只好请来自己的女儿女魃。女魃就是旱精，她的身体里全是炎热；不管有多少水，她都能烤干。

　　女魃上阵后，暴风骤雨顿时无影无踪，天空中红日当头，地表马上就被烘干了。看到这种情况，蚩尤的部下个个心生疑惑。就在他们心神不定的时候，应龙率领黄帝的军队冲上前去，一阵突杀，将蚩尤打得溃不成军，还杀死了蚩尤的好几个兄弟。

　　经过这次失败，蚩尤的损失相当严重；清点剩下的人马，已经不到半数。如果不投降，就只有全军覆没，大家心里都很恐慌。这时蚩尤想到了北方的巨人夸父族。

夸父族人也是炎帝的子孙后代，在蚩尤的煽动下，夸父族人都愿意为战败的先祖炎帝报仇，于是也卷入了这场旷世大战。有了夸父族人参战，蚩尤的军队士气大振，实力大增，一连与黄帝打了九仗，每战必捷。

黄帝节节败退，一直退到了泰山。他日日冥思苦想战胜之法，并祈祷于上天。天帝见黄帝一筹莫展，便派了一位鸟首人身的"玄女"下凡来为黄帝指点迷津。一天，玄女降临在黄帝军中，并给黄帝传授了一部兵法。黄帝得了玄女的传授，从此行军布阵，变幻莫测。蚩尤和夸父倚仗的只是力气，毕竟敌不过黄帝的谋略，他们的进攻被黄帝击退，从此节节败退，终于在涿鹿被黄帝包围。

在这次决战之前，玄女为黄帝制作了夔牛鼓八十面，又给他雷神的骨头作为鼓槌。战场上这些鼓果然不同凡响，每面鼓都声震五百里；八十面鼓齐响，声震三千八百里。那些能飞檐走壁的蚩尤的兄弟们，都被这比雷还响的鼓声吓得魂归九天，再也不能飞起。夸父族巨人个个都手捂着耳朵，无心恋战。而这时黄帝军中的应龙大显神威，它翱翔天空，杀死一个个飞不动的蚩尤的兄弟和九黎族人，又杀死了许多夸父族人。随即黄帝的军队合围上来，将铜头铁额的蚩尤生擒活捉。

黄帝对蚩尤恨之入骨，当时就下令将他杀死；因为怕他挣脱捆绑而逃跑，所以直到行刑前还不敢把他手脚上的枷锁除去。直到已将他的头砍下，才从他的尸体上取下滴血的枷锁，抛掷在大荒之中。这枷锁顿时化作一片枫林，每一片树叶的颜色都是鲜红的，那便是蚩尤枷

枫香树

传说宋山的枫木是蚩尤的刑具所化。据考证枫木很可能就是今天常见的枫香树。枫香树，又叫枫树，金镂梅科，落叶大乔木，枫香树属，叶子在秋天变红，非常绚丽，在南方主要观赏的秋景就是枫香树的红叶。

彩陶人头壶

新石器时代　山西省洛南县出土

这件人头壶为泥质红陶，平底，背部有口。壶头是一个天真可爱、眉清目秀的小女孩的形象，整齐的发辫分梳在两侧和脑后，仰头浅笑，眼睛而眯成了一条线，小嘴略微张开，神态欢喜愉悦，极为生动逼真。它充满生活气息，是新石器时代红陶中的珍品杰作。

旱魃

清《吴友如画宝》

赤水女子献就是在黄帝大战蚩尤时立下赫赫战功的女魃。她是旱精，所到之处滴雨不至，灾祸连连。所以尽管她是黄帝的女儿，仍然被安置在赤水以北，不得乱动。清代《吴友如画宝》中记述了民间传说中，旱魃是女尸模样的怪物。

锁上的斑斑血迹，直到现在还在诉说着他的怨恨。

有意思的是，蚩尤死后，四方诸侯还有不安分的，但他们都领教过蚩尤的厉害。于是黄帝便派人画下蚩尤的形象，挂在军队的旗帜上，以震慑天下。天下诸侯看到旗帜后以为蚩尤还没死，都归顺黄帝，做了他的部将。

而黄帝的神龙应龙，由于耗尽了神力，加上又受了邪气的熏染，再也上不了天，只好住在地上。后来它去到南方的山泽居住，所以至今南方依然多雨。

女魃尽管在作战中立了功，但由于她所在的地方，滴雨不至，灾祸连年，百姓也十分痛恨。当时主持耕种的田祖之神叔均向黄帝反映了这一情况，黄帝便下令把她安置在赤水以北，不得乱动。但女魃是个不安分的旱魃，常四处逃逸；她所到之处，百姓只好举行逐旱魃的活动。在逐旱魃之前，先疏浚水道，决通沟渠，然后向她祝祷说："神啊，回到赤水以北你的老家去吧！"据说逐旱魃以后便能喜得甘霖。

融父山周边

又有一个国家，名叫深目民国。这个国里的人都姓盼，以鱼类为他们的主食。

有座钟山，山上站着一个穿青色衣服的女子，名叫赤水女子献，她就是在涿鹿之战中黄帝立下汗马功劳的女魃。

大荒之中，有座山名叫融父山，顺水就是从这座山流出。有一个民族名叫犬戎，就是《海内北经》中提到的犬封国，是神犬盘瓠的后代。也有人认为黄帝生了苗龙，苗龙生了融吾，融吾生了弄明，弄明生了两只白犬，一雄一雌。这两只白犬相互交配，便繁衍了犬戎族人。这个民族以肉类为食物。

商周时期，犬戎游牧于泾渭流域，周地的北边，常常用马匹等与周人交易，时常也会发生战争。周穆王时，犬戎势力强大，是周朝西边的劲敌，阻碍了周朝与西北各部族的往来。

于是周穆王率兵西征，抓获了犬戎的五个首领，并

赤水女子献
清 汪绂图本

汪本之赤水女子献为一女子立于江水之滨，她的形象更接近于普通的民间女子，并非面貌凶恶的怪物。

地处西北的犬戎民族
唐 高40.6厘米

传说犬戎族是两只白犬的后代，性情凶猛，西周曾因犬戎的侵袭而最终灭国。犬戎在汉代发展成为一个人口众多的西戎白狼国。直至唐代，中原人还习惯把所有具有彪悍性格的西北游牧民族统称为犬戎。这是唐代所制的一组三件胡人骑马俑，三匹马各不相同，人物的形态也各自相异。

威姓少昊之子 清《边裔典》
威姓少昊之子即一目国人，也叫一目民。他们一只眼睛生在脸面正中，皆姓威，是少昊的子孙后代，以黍谷为食。

苗民 清《边裔典》
苗民即三苗国之民。三苗国又叫三毛国，其国人生有翅膀，却不能飞。图中的苗民伸展巨翅，非常神异。

强迫其一批部众迁至太原，从而打开了通向西北的道路，加强了与西北各族的联系，这才有了后来的周穆王西狩。周幽王十一年，犬戎首领联合申侯攻伐幽王于骊山下，因为幽王有烽火戏诸侯的前科，所以没有一个诸侯来救周天子，西周就此亡国，周天子也东迁洛阳。到春秋初年，犬戎又曾与秦国、虢国作战。后来，他们一部分北迁，一部分则与当地各族一起被秦国吞并。

又有一头浑身赤色的野兽，其形状像普通的马，脑袋却已被砍下，不知去向，名叫戎宣王尸。

又有几座山，分别叫作齐州山、君山、鬵（qiǎn）山、鲜野山、鱼山。

有一种人，只在脸的正中位置长着一只眼睛，他们赤身光脚，系着围腰。一种说法认为他们姓威，是少昊的子孙后代，以黄米为主食。他们就是一目国的人。

又有一种人，他们被称作无继民。这个民族的人都姓任，是无骨民的子孙后代，仅以空气和鱼类为食。

在西北方的海外，流沙的东面，有个国家叫中𬭚（biǎn）国。这个国家的人都是帝颛顼的子孙后代，以黄米为主食。

又有个国家名叫赖丘。还有个犬戎国，其国中的人，都长着人的面孔野兽的身子，名叫犬戎。

苗民国

在西北方的海外，黑水的北岸，有一类人，他们长着翅膀，但不能飞翔，名叫苗民。帝颛顼生了骧头，骧头就是苗民的祖先。苗民都姓厘，他们主要吃的是肉类食物。还有人认为他们是一群饱食终日、淫逸无度的刁民。

当年，尧将天下禅让给舜，三苗的国君不同意，并联合太子丹朱反叛，结果失败；三苗首领被帝尧诛杀，太子丹朱也投南海自尽，但他的灵魂不死，化身朱鸟，其后代在南海建立了一个国家，就是丹朱国，也就是骧头国。苗民便是骧头国的后代。由于这个民族与丹朱，也就是后来的鴸鸟有关，所以他们都保留了鸟的形态。

传说古时候天上的神和地上的人可以自由来往通问，后来由于地上的苗民违背了和上天定下的盟约，颛顼便命天神重、黎断绝了天地之间的通道，从此人与神便不能再直接沟通；人不能上天，只能通过巫师作法与天神交流。这里还有一座山名叫章山。

大荒之中，又有几座山：衡石山、九阴山、灰野山。这三座山上生长着一种红色的树木，它长着青色的叶子，开红色的花朵，名叫若木。

又有一个牛黎国。这个国家的人有筋而无骨，膝盖反长，脚底也弯曲朝上，他们是儋耳国人的子孙后代。而牛黎国人就是前面提到的无骨民，他们又是无继民的祖先。

章尾山

在西北方的海外，赤水的北岸，有座章尾山。山上有一个神人，长着人的面孔、蛇的身子，而且全身红色，蛇形身子长达一千里。他的眼睛竖着长在头部的正中，闭合起来就成了一条直缝。他闭上眼睛就是黑夜，睁开眼睛就是白昼；不吃饭，不睡觉，不呼吸，仅以风雨为食。他就是烛九阴，又被称为烛龙。传说烛龙曾衔火精以照天门中，把九阴之地都照亮了，所以他又被称为烛九阴、烛阴。又传说西北极地有一个幽冥国，那里没有太阳，只有烛龙衔着火精为其照明。

烛龙
清 萧云从《天问图》

烛龙是中国神话中一位创世神，又是钟山的山神。其身长千里，人面蛇身，通体赤红；眼睛竖着长，闭起来就是一条直缝。他的眼睛一张一合，便是白天黑夜；他不睡不息，以风雨为食。传说烛龙衔火精以照天门中，把九阴之地都照亮了，所以烛龙又被称为烛九阴、烛阴。

第十八卷 海内经

《海内经》中记述了许多奇幻的传说，如"华胥踏巨人脚印生伏羲""伏羲女娲结合繁衍人类""大禹平洪水定九州"等，同时还记载了例如"朝鲜""天竺"之类今人仍很熟悉的国家。

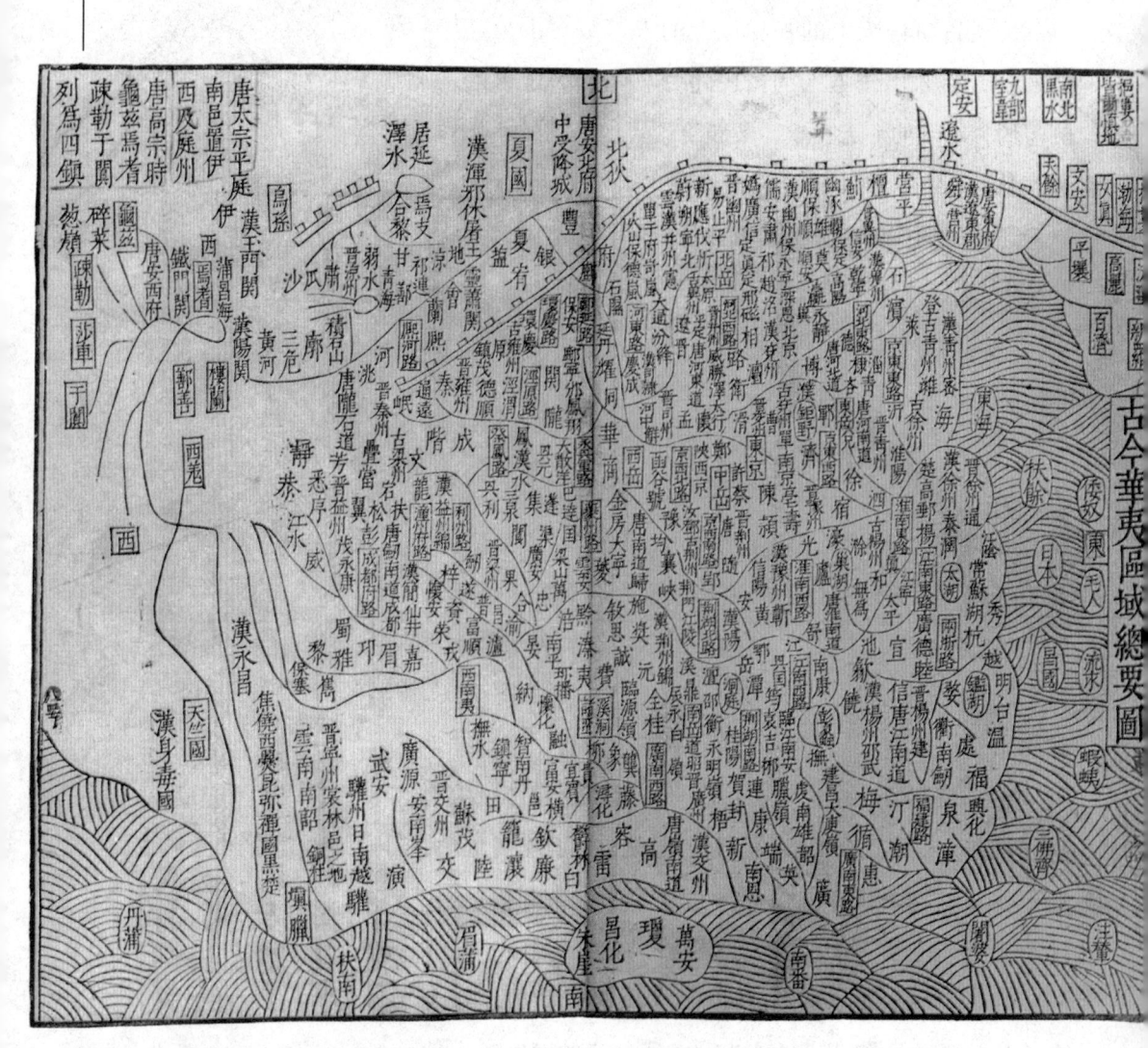

历代地理指掌图·古今华夷区域总要图　宋　税安礼　雕版墨印　纵30厘米　横23.7厘米　北京图书馆藏

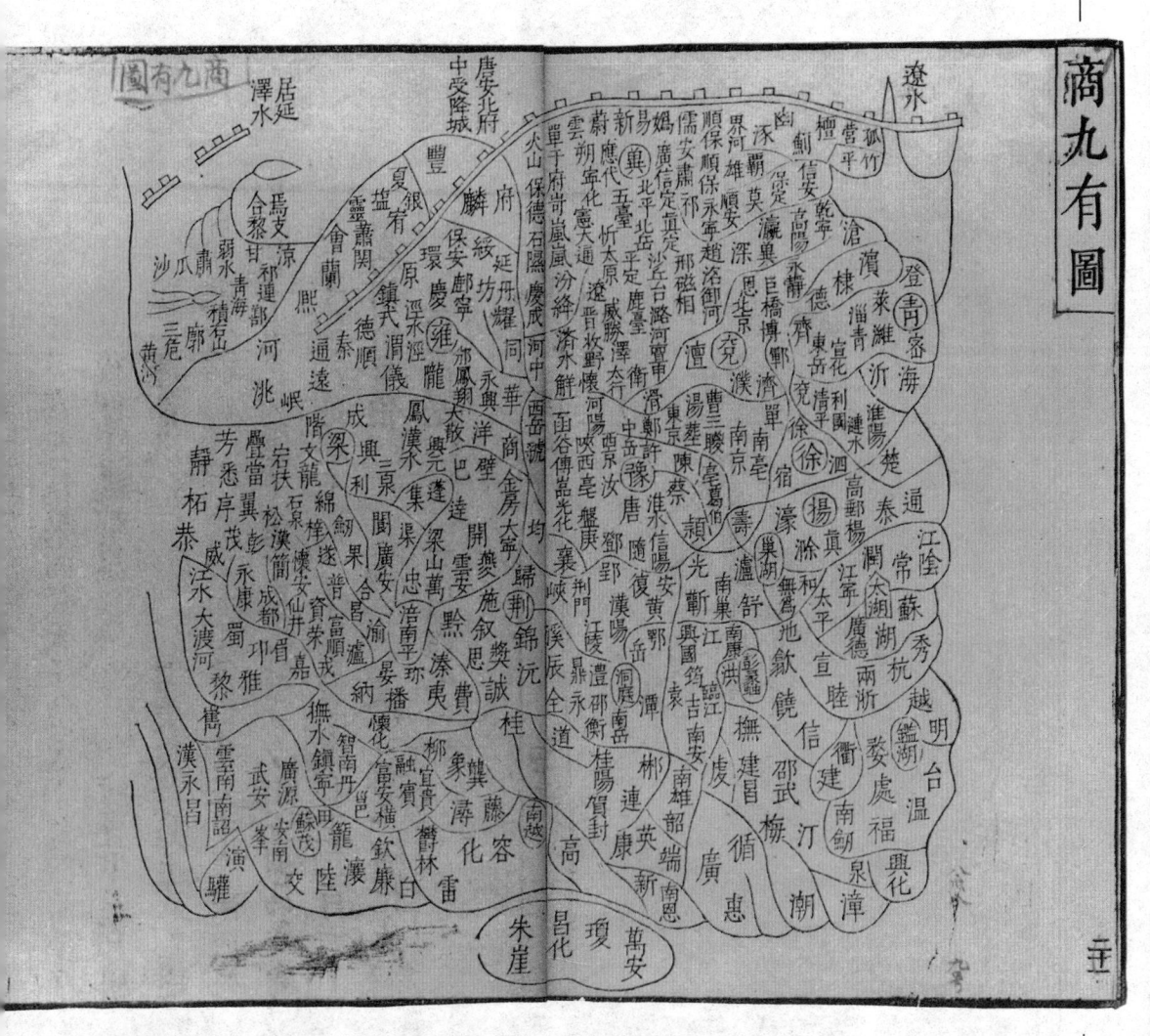

第十八卷 海内经

历代地理指掌图·商九有图 宋 税安礼 雕版墨印 纵30厘米 横23.7厘米 北京图书馆藏

这两幅图选自《历代地理指掌图》，其反映了始自帝喾迄于宋代各朝的地理情况。图虽较粗略，却是历史地图的草创。其中《古今华夷地区总要说》（左页图）主要表示了宋代全国27路及古今州郡分布大势；而《商九有图》（右页图）则在宋朝疆域的底图上，表示了商代九州的方位地域。

海内经示意图

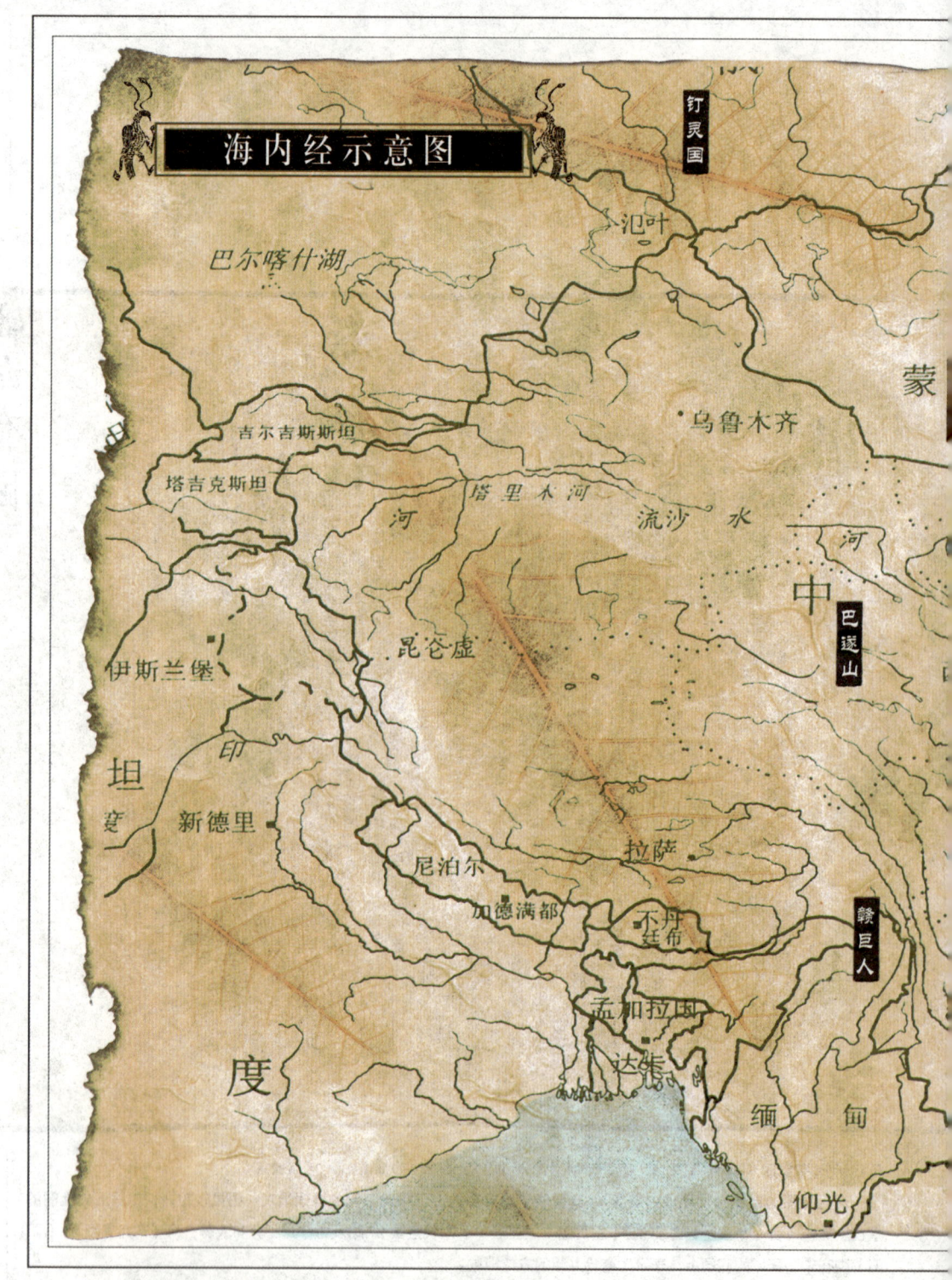

本图根据张步天教授《〈山海经〉考察路线图》绘制，图中标示了《海内经》中出现的国家地区及山川河流的所在位置。

第十八卷 海内经

海内诸国

在东海之内，北海的一个角落，有一个国家名叫朝鲜。又有一个国家叫天毒，天毒国的人傍水而居，怜悯而慈爱世人。传说此处的天毒，就是天竺，佛教即从这里起源。

在西海之内，流沙的中央，有一个国家名叫壑市国。

在西海之内，流沙的西边，又有一个国家，名叫氾叶国。

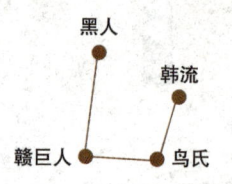

【本图人神怪兽分布定位】

海内神祇异人
明 蒋应镐图本

东海之内，有人面兽身神叫韩流。盐长国中的山坡上站立着长着鸟首的盐长国国民。南方的山林中生活着一种赣巨人，那个双脚倒生、双手过膝的人便是。又有一个部落，其人名黑人，为虎头鸟足人身神。

捣练图

唐 张萱 长卷 绢本 设色
纵147厘米 横37厘米
（美）波士顿美术馆藏

嫘祖作为上古时劳动妇女养蚕取丝的始祖，被古代黄帝供奉为先蚕。养蚕给人们的生活带来了极大而久远的影响，从这以后，中国古老的文明里出现了丝绸这种华美布料的身影。此图描绘的是加工丝绸的第二道工序，两个人一个坐在地毯上理线，另一个坐在凳上缝纫。这道工序需要极大的耐心和细心。画中的两位宫女眼睛紧盯着手中的活计，神态专注，仿佛担心稍有疏忽，就会出差错。

流沙的西面，有座山名叫鸟山，这座山孕育了三条河流。这里所有的黄金、璇瑰玉、丹货、银铁，全都产于这几条河流中。这附近又有一座大山，名叫淮山，好水就是从这座山发源的。

在流沙以东，黑水以西，有两个国家，一个名叫朝云国，一个名叫司彘国。传说黄帝的元妃名雷祖，雷祖就是嫘祖，她最早从蚕神那里学会了养蚕缫丝的方法，并将它推广开来，所以备受人民尊敬。有一年黄帝巡游天下，嫘祖不幸病死在途中，黄帝感念她的功德，当即下令要以祭祖神之礼来祭祀她。后世历朝历代都奉嫘祖为先蚕，并造先蚕坛祭祀她。每年春季第二个月的巳日，当朝的皇后都会亲自或派人前往先蚕坛祭祀嫘祖并养蚕，为天下表率。

韩流 柏高 都广之野

嫘祖生下儿子昌意，后来昌意做了错事，被贬到若水之畔居住，在那里生下韩流。韩流是一个人兽合体的

韩流
清 汪绂图本

韩流是黄帝之孙、帝颛顼之父。汪本的韩流人面猪嘴鳞身，所不同的是长着人的手足，作站立状。

◇《山海经》考据

都广之野——天府之国

有学者认为《山海经》中的都广之野位于今成都平原。自战国末年湔渠修建成后，成都及其周边地区一度成为西南富庶之地，加之四川盆地地处亚热带，自然条件良好，各种农作物年年丰收，所以成都平原也被称为"天府之国"。

柏高

清 汪绂图本

柏高又叫伯高，是肇山上的仙人，也是黄帝身边的大臣。黄帝成仙后，柏高也跟着成了仙，并站立在黄帝身边。

怪神，长着长长的脑袋、小小的耳朵、人的面孔、猪的长嘴、麒麟的身子，双腿罗圈形，长着小猪的蹄子，模样十分古怪。传说韩流后来娶淖子族人中名叫阿女的女子为妻，生下了功勋卓著的帝颛顼。

在流沙的东面，黑水流经的地方，屹立着一座山，名叫不死山。不死山就是山上生长着不死树的员丘山。

在华山青水的东面，有座山名叫肇山。山上有个仙人名叫柏子高，柏子高就是从肇山之巅往返于天地间。传说柏子高是黄帝身边的大臣，又叫柏高，懂得采矿之事和祭祀山神的礼仪。后来黄帝升天成仙后，柏高也飞升成仙，侍立在黄帝身旁。

在西南方黑水流经之地，有一个名叫都广之野的地方，后稷就葬在这里。这片原野物产丰饶，出产味道好而口感光滑如膏的菽、稻、黍、稷等粮食；各种谷物自然成长，无论冬夏都能播种。在这片原野上，鸾鸟自由自在地歌唱，凤鸟自由自在地舞蹈；食之不死的灵寿树开花结果，草丛茂盛，林木蓊郁。这里还有各种飞禽走兽，它们在这里群居共生。这片都广之野实在是一块风水宝地，甚至生长在这里的草也四季常青，就算是寒冬炎夏也不会枯死，永远是一派生机勃勃的景象。

若木 建木 华胥氏之国

在南海以内，黑水和青水流经的地方，生长有一种树木，名叫若木。许多若木在这里聚生成林，而若水就从这成片的若木林中发源，奔腾而去。

有个禺中国。又有一个列襄国。有一座高山，名为灵山，它就是十巫往返于天地之间的地方。山中树上缠绕着一种赤红色的蛇，叫作螈（ruǎn）蛇，它性情温顺，仅以吃树木枝叶为生，而不伤害鸟兽。

又有一个盐长国。这个国家的人个个都长着一个鸟头，长喙圆眼。人们称他们为鸟民。传说帝颛顼的后裔大费生了两个儿子：一个是大廉，一个是若木。大廉也就是鸟俗氏，鸟民就是他的后代。

又有九座山丘，它们都被水环绕着，名称分别是陶唐丘、叔得丘、孟盈丘、昆吾丘、黑白丘、赤望丘、参卫丘、武夫丘、神民丘。这些山丘上生长着一种树木，青色的叶子，紫色的茎干，开黑色的花朵，结黄色的果实，其名叫建木。它高可达一百仞，而树干上却不生长枝条，树顶上有九根蜿蜒曲折的枝杈伸向天空，树底下有九条盘旋交错的根节抓住大地；它结的果实就像麻子，叶子就像芒叶。建木高大挺拔，是沟通天界和人间的阶梯，当年太昊就是凭借建木登上了天界。这里的建木都是黄帝亲手种植的。

太昊就是伏羲，他的母亲是华胥。华胥居住在华胥氏之国，那里的人入水不会被淹，入火也不会被烧；用刀砍不会觉得痛，用指头挠也不会觉得痒。他们在天空走路如履平地，在空旷的地方睡觉就像处在山林之中；云雾不会挡住他们的视线，雷声也不会混淆他们所听到的声音；美好的丑恶的事物都不会让他们心动，山谷中突出的石子也不会绊着他们的脚。华胥就是这华胥氏之国的一员，是超脱于天地之外万物不侵的神人。就是她孕育了伏羲。

伏羲

伏羲的出生和后稷的出生有些类似。传说在雷泽之滨有一个巨大的足印，伏羲的母亲华胥在此玩耍时，因为好奇就踩了上去，结果就怀孕生了伏羲。伏羲和女娲一样，也是中华民族的始祖。他仰头观天象，研究日月

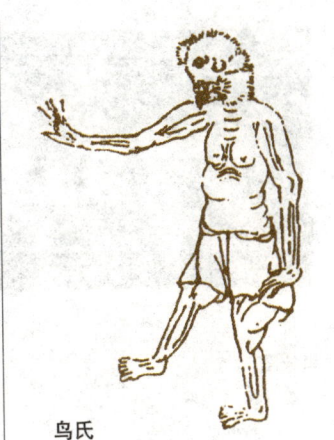

鸟氏
清 汪绂图本

鸟氏就是古书中所记载的鸟夷，一个东方的原始部落，其人皆为鸟首人身。传说这种人鸟合体的形象，属于以鸟为信仰的部族。

◇《山海经》考据

建木即榕树

经考证，建木就是现在所说的榕树。文中"树顶九根蜿蜒曲折的枝杈伸向天空，树底下有九条盘旋交错的根节抓住大地"的描写，很可能是说这棵树枝繁叶茂、根系发达，而"果实就像麻子，叶子就像芒叶"是其果实形状类似山毛榉，叶子与棠梨叶相似，这些特征均与榕树相符。

星象图
西汉 木刻复原图
伏羲仰头观天象，研究日月星辰的运行；俯身察地形，考察山川泽壑的走向。这是我国最早的天文地理观测活动。这幅木刻图揭示了月亮、彗星、太阳、诸星宿与银河等天体的视运动关系，记载了丰富的天象观测成果。

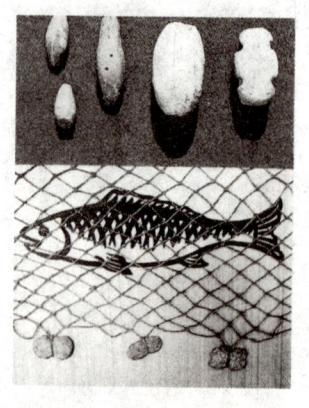

鱼网坠
新石器时代
前6000—前3100年
伏羲发明了渔网，教会百姓用网捕鱼。图中是我国新石器时代的陶制鱼网坠。有了这些工具，人类才告别了徒手捉鱼和用木棒、石块砸鱼的原始劳作方式，捕鱼的成功率大大提高了。

星辰的运行；又俯身察地形，考察山川泽壑的走向；又观察鸟兽动物皮毛的纹彩，和大地上各类植物自然生长的情况。近从自身取象，远从器物取象，从而创造了八卦，用来通晓万事万物变化的性质，用来分类归纳万事万物的形状。他又发明了造福后代的针灸；还发明了渔网，教百姓用网捕鱼。

又传说伏羲和女娲同是华胥所生，是同胞兄妹，他们的形象都是人头蛇身。当时宇宙初开，而地上还没有人类。于是他们商量准备结为夫妻，但又自觉羞耻。于是二人同上昆仑山，祈祷天地说："天若同意我兄妹二人结为夫妻，则山中云烟全部聚合在一起；如果不同意，就让烟云散开吧。"结果烟云果然聚合起来，于是女娲就和伏羲结成了夫妻。因为害羞，女娲还用草扎成团扇，以遮挡其面孔。古代的妇人手执团扇遮面，就是从这里起源的。他们二人结合后，就繁衍出了大地上各方的人民。

廪君

传说巴氏的儿子叫务相，是伏羲的后代。务相住在南方的武落钟离山。比邻而居的还有其他四个氏族，即樊氏、暐氏、相氏、郑氏。这四族人住在一处黑色的洞穴中，只有巴氏一族住在红色的洞穴中。

这五个氏族一开始各自为政，为了争夺地盘互不相让，后来积怨越来越深，常常为一点小事兵戎相见。终于有一天，他们每个族中派出一些有威望的人，坐在一起商定出来一个解决纷争的办法：每个氏族选出代表，展示神通本领，取胜的那个人将被拥立为王，做五族人共同的首领。

在各族比赛代表的选拔中，务相被巴氏族推选出来。在各族代表相继产生后，比赛正式开始。第一个项目是掷剑。选手并排站在山顶上，每人手持一把短剑。听到命令后，各自把短剑用力向对面山崖的洞穴掷去。谁能把剑掷中山崖的一个洞穴，使剑倒悬穴顶的，谁就算获胜。比赛结果很快揭晓，另外四个氏族的选手先后都把剑掷到山涧里去了，唯独务相的剑掷中洞穴，而且钻进石头，倒悬在穴顶。五族人见到如此精彩的场面，都不顾族群隔阂，高声喝彩，连连赞叹。

水经注图
清 杨守敬 纵33厘米 横21.5厘米
北京图书馆藏

　　务相居住的武落钟离山在今湖北省。成为廪君后，务相带领族人顺夷水南下，找到了一片肥沃的土地繁衍生息。夷水就是今天的清江，长江支流之一。从这个故事我们可以看出，河流水路对于古人出行的重要意义。这幅《水经注图》完整地反映了我国两大水系——黄河、长江的情况。

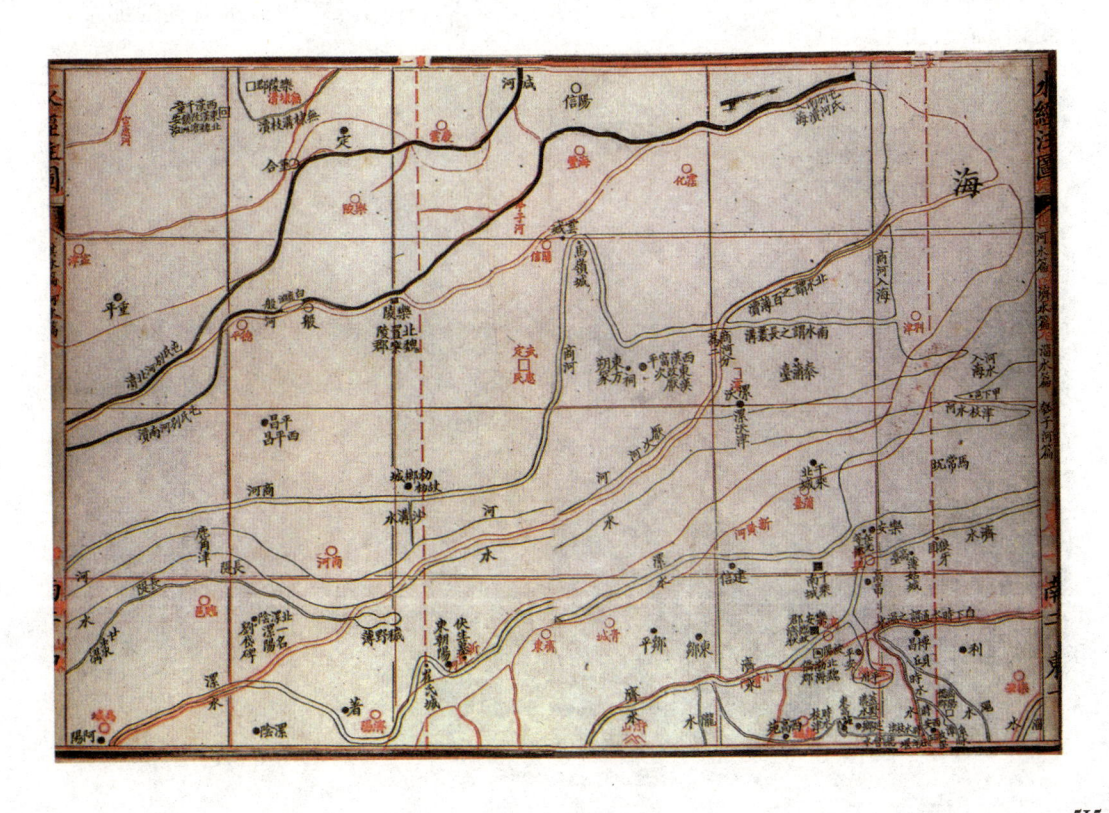

洛神赋图（局部）
东晋 顾恺之 绢本 设色
横572.8厘米 纵27.1厘米
北京故宫博物院藏

自古以来，我国江河的水边泽畔，流传着许多关于神女的美丽传说，她们与人间男子相互爱慕，但终因"人神殊道"而无从结合，盐水女神的故事就是这样一首凄美的哀歌。而图中的洛水女神，最终也不得不面临与心爱的人分离的命运。

盐场采盐图
东汉 画像砖拓本
四川成都羊子山出土
重庆市博物馆藏

人类告别茹毛饮血的原始阶段，进入吃熟食的定居生活后，盐就逐渐登上历史舞台，成为人们生活中不可或缺的佐料之一。那白花花的盐也有许多美丽的神话传说，盐水女神爱上廪君的故事即是其中之一。

第二个比赛项目就是坐雕花土船。五族人事先用泥土做好了五条船，分别雕上花纹，停在岸边。比赛规则是：谁能让船在河道中长时间行驶而不沉没，谁便是赢者。结果，另外四个氏族的土船还没有驶到河中心，便都先后断裂，沉没到河底。唯独务相驾驶的土船，顺着河流一直漂流而下，历经无数险滩，仍然完好无损。最后，两项比赛都是务相获胜，五族人便一致拥戴务相做了他们的王，并称他为"廪君"。

廪君成为五族首领之后，为了使他的族落更加繁盛，便乘上那只雕花土船，顺着夷水，沿江而下。族人乘着木船紧紧跟随。不多天，一行人来到盐水流经的那个地方，名叫盐阳。

盐阳的盐水中有个女神，听说廪君英勇善战，又宽厚爱民，便对他十分爱慕。一天，她现身对廪君说："我们这里地域广阔，又盛产鱼和盐，希望你和你的部族不要再东奔西走，就在这里驻足安家吧。"

廪君却志在远方，他有更高的目标，因此没有答应盐水女神的请求。痴心的女神想用爱情来挽留自己爱慕的人。

于是她每天晚上悄悄跑到廪君住宿的地方陪伴,第二天清晨天刚破晓便离开帐篷,变成一只纤弱的蝴蝶,飞舞在天空中。山林水泽中住着许多神灵精怪,它们同情盐水女神,也纷纷变成各种各样的小虫,飞舞在她的周围保护她。谁知,后来小虫越聚越多,久久不散,甚至把太阳光都遮住了,整个大地天昏地暗。廪君与族人分辨不清东西南北,无法启程,就这样一直耽搁了七天七夜。

廪君知道这一切都是因为盐水女神痴情所致,万般无奈之下,他从头上拔下一缕青丝,派人给盐水女神送去,并带去一句话:"廪君送给你这缕发丝,表示愿意和你同生共死,希望你务必把它带在身上。"

盐水女神得到发丝如获至宝,便高高兴兴地把发丝带在身上。

次晨,当她又变成蝴蝶在天空飞舞,那缕青色的发丝也随之飘扬在天空中。这次廪君看清了目标,他踏上一块天雨初晴的阳石,弯弓搭箭,朝着青色发丝嗖的一箭射去。盐水女神顿时被射中,跌落在水面上;她随着河水漂流而去,渐渐沉没了。霎时,她身边的小虫也都飞得无影无踪。天空顿时如同雨过天晴一般,阳光顷刻间照亮了大地,到处一片光明景象,五族人禁不住齐声

石球
旧石器时代 中国国家博物馆藏

务相参加的第一个比赛项目是掷剑。选手要把短剑用力向对面山崖的洞穴中掷去。在弓箭发明之前,人们狩猎主要是用投掷的方法击中野兽。这组石球是旧石器时期许家窑文化中最富特色的器物,直径为5-10厘米不等。粗大的石球可直接投掷野兽,中小型的石球则可用作飞石击打猎物。

《山海经》珍贵古版插图类比

黑人 《山海经》中黑人有两种形貌：一为汪本中的虎首鸟足人身形，二为胡本中的虎首人足形。

→清 汪绂图本

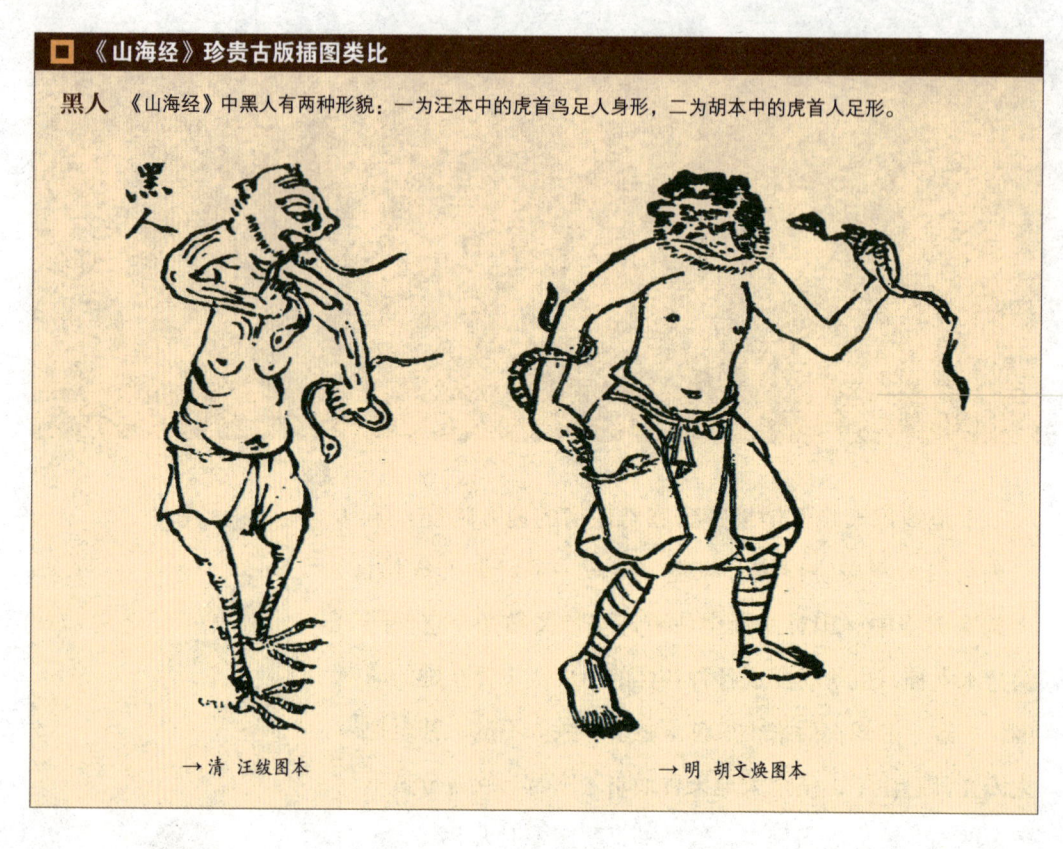

→明 胡文焕图本

彩绘白虎纹样
新莽时期
　　廪君死后，他的魂魄化为白虎，所以巴人奉白虎为保护神。

欢呼起来。

　　廪君带着对盐水女神的满心愧疚再次启程，他的部族追随他，又从盐水顺流而下，终于找到一片肥沃的土地。他们在这里建立国家，名叫巴国；又建起了雄伟的都城，名叫夷城。他们的子孙就在那里一代代繁衍下去，成为中国西南部一个强大的氏族——"巴族"。廪君死后，他的魂魄化为白虎，所以巴人奉白虎为保护神。

海内奇人怪兽

　　有一种怪兽，名叫窫窳，它长着龙的脑袋，十分凶恶，能吃人。还有一种野兽，长着人的脸孔，其名叫猩猩。

　　西南方有一个国家，名叫巴国。太昊生

第十八卷 海内经

了咸鸟，咸鸟生了乘厘，乘厘生了后照，而后照就是巴国人的始祖。

又有一个国家，名叫流黄辛氏国，其疆域方圆三百里，境内出产麈这种大鹿。还有一座巴遂山，渑水就从这座山发源。

又有个朱卷国，国境内有一种黑色的巨蛇，长着青色的脑袋，身体硕大，能吞食大象，它就是巴蛇。

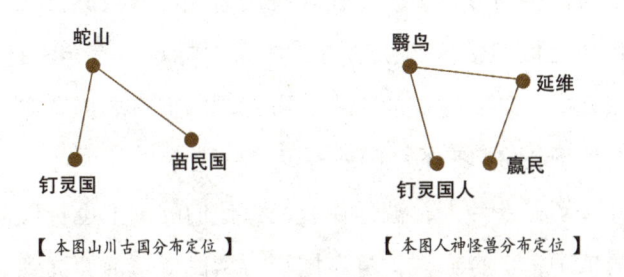

钉灵国一带
明 蒋应镐图本

南方有赢民，皆为人面鸟足神。又有苗民，其生活的地方有个叫延维的神，为人面双头蛇，正盘踞于山坡之上。蛇山上有种五彩羽毛的鸟名叫翳鸟，正四只结伴在天空飞翔。还有个钉灵国，那个人面马足的人即为该国人。

【本图山川古国分布定位】

【本图人神怪兽分布定位】

以蛇纹为装饰的铜镜
春秋 直径8厘米
　　海内西南方有几个以禽鸟一般的爪子为特征的民族,其中的黑人特别善于捕蛇。蛇是令人畏惧的一种生物,古人常以之为图腾来崇拜。该镜为春秋时期所铸,正面光洁明亮;背面别无其他装饰,仅以一条盘踞的大蛇为纹样。

鹜鸟
清 汪绂图本
　　鹜鸟属凤凰一类的神鸟,也是祥瑞之鸟,五彩羽毛,身形矫健,喜好群飞,飞行时则相互呼应。

　　南方的山林中栖息着一种赣巨人,他们长着人的面孔,而嘴唇长长的;漆黑的身上长满了毛,双脚反长着,脚跟在前而脚尖在后。他们一看见人就发笑,一发笑他们的嘴唇便会遮住自己的脸,人就可以趁机逃走。这种赣巨人就是前面提到的枭阳国人。

　　还有一种黑人,他们长着老虎的脑袋,长着禽鸟的爪子,两只手都拿着蛇,并以吞食毒蛇为生。黑人可能是居住在南方一个开化比较晚的古代部落或族群,持蛇吞蛇是他们信仰与生活方式的重要标志。有学者认为,黑人虎首鸟足吃蛇的特点,可能是以虎首之皮和鸡足状的爪子装扮起来的巫师或神灵。

　　又有一种人,被称作嬴民,他们的脚上也长着禽鸟的爪子,上身赤裸,身系围腰。嬴民就是前面提到的摇民,当年王亥与北方有易国君主的妃子有染,被有易所杀。王亥的儿子灭有易为父报仇。有易的残民逃亡后建立了摇民国,他们是秦人的祖先。其生活的地方还生长着一种名叫封豕的大野猪。

　　又有一种人被称作苗民。他们居住的地方有一个神,他的样子是人面双首蛇身,身躯有车轮那么粗,车辕那么长;脖子左右分开,各长出一个脑袋。他平时穿紫色衣服,戴红色的冠冕,其名叫延维。君主得到他后加以奉飨祭祀,便可以称霸天下。

　　延维又叫委蛇、委维,或委神,是水泽之神。传说齐桓公在大泽狩猎时,看到了延维,当时桓公不知那是什么东西,就对旁边的管仲说:"我看见鬼了,仲父你看见了吗?"管仲却说:"臣下什么也没看见啊。"齐桓公心存疑虑,回去之后便生病了,数日没有上朝。

齐国的皇子告敖知道这件事后，就去觐见桓公，说："这是您自己的心病，恶鬼怎么能伤害到您呢？"桓公就问："难道没有鬼吗？确实就我一个人看见了啊。"皇子说："确实也有鬼，山上有夔，原野中有彷徨，水泽中有委蛇。您在水泽狩猎，看到的自然是委蛇。"桓公就问："委蛇是什么形状的？"皇子说："委蛇大小和车毂相当，长短和车辕相近，穿紫色衣服，戴红色冠冕。他不喜欢听雷声车响，往往支撑着脑袋站立着。谁看见他谁就能称霸天下，所以他不是一般人所能见到的。"听到这里，桓公精神振奋，大笑起来，说："这就是我所看到的啊！"于是端正衣冠坐着和皇子聊了起来。当天，他身上的病就消失得无影无踪了。后来齐桓公果然称霸，成为春秋五霸之首。

有鸾鸟自由自在地歌唱，有凤鸟自由自在地舞蹈。凤鸟头上的花纹是"德"字，翅膀上的花纹是"顺"字，胸脯上的花纹是"仁"字，脊背上的花纹是"義"字；它一出现，天下就会太平和谐。

又有一种像兔子的青色野兽，名叫菌（jūn）狗。又有翡翠鸟。还有孔雀鸟。

海内群山

在南海之内，有座衡山，这就是南岳，赤帝祝融居住的地方。又有菌山、桂山。还有座山叫三天子都山。

南方又有一片山丘叫作苍梧丘，还有一个深渊叫作

延维
清 汪绂图本
　　延维即委蛇、泽神，为人面双头蛇身神，左右各有一头，身着紫衣戴朱冠；其原型为自然界中的双头蛇。

相顾尸
清 汪绂图本
　　相顾尸，因犯错而被杀，死时双手被反绑，戴着刑具和戈，但其灵魂不死，仍以尸的形态继续活动。他和《海外西经》中的贰负之臣有着相似之处。

苍梧渊。苍梧丘和苍梧渊之间有座九嶷山，帝舜南巡去世后就葬在这里。九嶷山就位于长沙零陵境内。

在北海之内，有一座高山，名叫蛇山；蛇水从蛇山发源，然后向东流入大海。有一种长着五彩羽毛的神鸟，成群飞起，遮蔽了一乡上方的天空，这种鸟名叫翳鸟。在这附近还有一座不距山，帝尧手下一位灵巧的工匠巧倕（chuí）便葬在不距山的西面。

在北海之内，有一个双手被反绑，戴着刑具和戈的人，名叫相顾尸。他和贰负及其臣危一样是犯了错误而被杀的，其肉体已死，但灵魂不死，仍然以尸的形态继续活动。

伯夷父生了西岳，西岳生了先龙，先龙的后代子孙便是氐羌，氐羌族的人都姓乞。氐羌又称羌戎，是我国古老的少数民族，商周时期在西部地区游牧，商朝末年曾跟随周武王伐纣。

北海之内，又有一座山，名叫幽都山，黑水就从这幽都山发源。北方五行属水，崇尚黑色，所以北方幽都山上的禽鸟野兽都是黑色的，有黑色鸟、黑色蛇、黑色豹子、黑色老虎，还有长着毛蓬蓬尾巴的黑色狐狸。这些都是预兆祥瑞的珍禽异兽。尤其是玄豹这种异兽更加罕见，它样子像

玄豹
清《吴友如画宝》
　　玄豹似虎而略小于虎，善跳跃；扑食时，可跃三丈多高。其毛为黄色，周身的黑色圆点如铜钱，故又称金钱豹，性情极为凶猛。

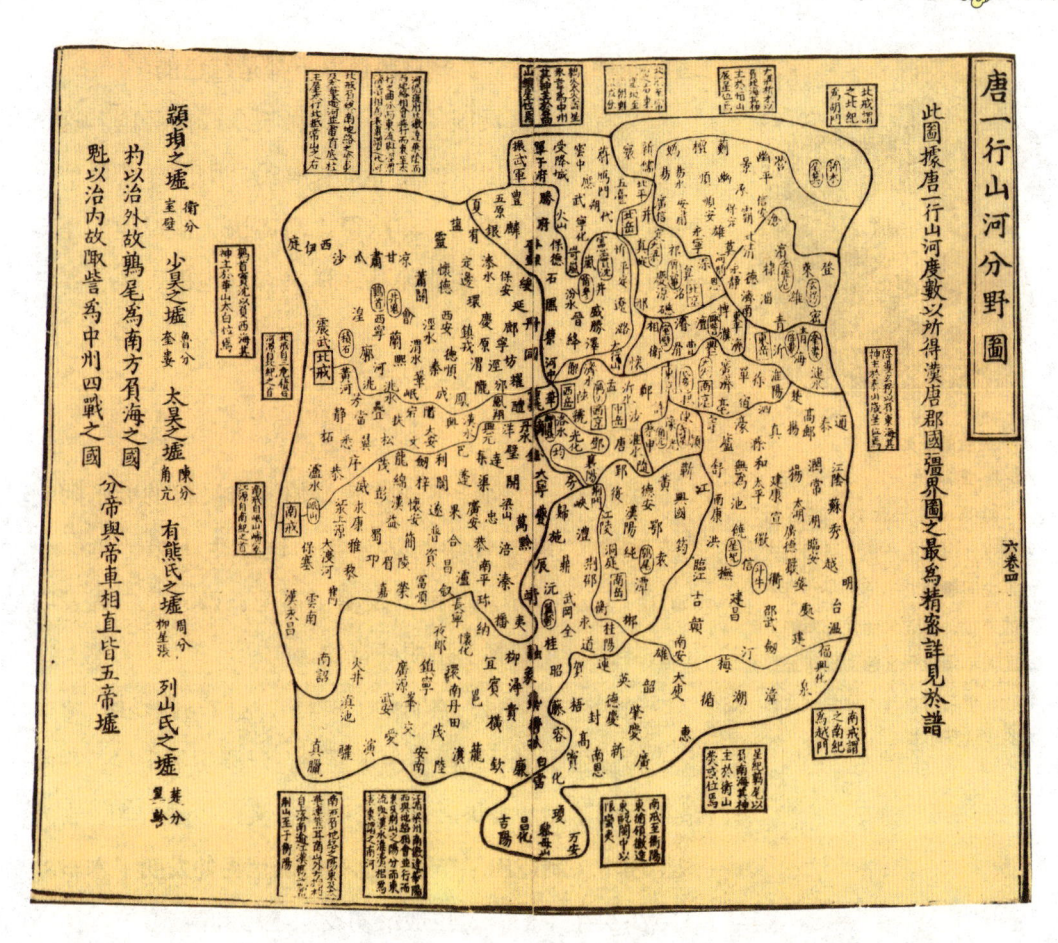

虎，个头比虎稍小，性情凶猛，善于跳跃。捕食的时候一下可跳出三丈之远。它全身长着金黄色的毛发，其间镶嵌有铜钱大小的黑点斑纹，华丽之至，故又称"金钱豹"。

传说周文王在与商纣王的一次战役中惨败，被囚禁于羑（yǒu）里，周人都觉得受到了奇耻大辱。文王手下有一名贤臣名叫散宜生，一天，他在怀涂山得到一只玄豹，带去向纣王进献。纣王得到玄豹非常高兴，才下令释放文王。

又有座大玄山，山中的人浑身黑色，被称为玄丘民。又有一个大幽国，其国民都居住在洞穴中，不穿衣服。

唐一行山河分野图
南宋 唐仲友 雕版墨印
北京图书馆藏

图中主要标注有京城、州郡、山河以及与之相对应的星次和星宿等。这是一种天文和地理相结合的特殊地图，表现方法以标注和注记为主。该图对于研究我国古代天文分野，即将地面某一区域与天空中的某一星辰相对应之地理学思想，极有参考价值。

近于玄色的玉蟠龙
商晚期 高7厘米

幽都山位于北方,在五行中属水,山中的一切生灵都为玄色,也即黑色。玄色是尊贵与神秘的象征,而这只商代晚期的玉蟠龙,色泽近乎玄色,形体呈弧弯状,梅花嘴,身上饰有刚健有力的双线菱形纹。

还有一种赤胫民,其腿自膝盖以下都是红色的。

又有一个钉灵国,也叫丁灵、丁令或马胫国。这个国家的人自膝盖以下的腿部都长有毛,脚的样子酷似马的蹄子。他们不骑马,却跑得比马还快。传说他们用鞭子抽打自己的脚,便能像马一样飞奔,跑得飞快,一日可行三百里。

帝王后裔

炎帝有一个孙子名叫伯陵,伯陵与吴权的妻子阿女缘妇私通,缘妇怀孕长达三年,这才生下鼓、延、殳(shū)三个儿子。殳最早发明了箭靶;鼓、延二人发明了乐器钟,并创制了乐曲的音律。

黄帝生了骆明,骆明生了白马,这白马就是鲧。

帝俊生了禺号,禺号生了淫梁,淫梁生了番禺,番禺最早发明了船。番禺后来生了奚仲,奚仲生了吉光,吉光最早用木头制造出了车子。也有传说是奚仲发明了木车。

少昊生了般,这位般最初发明了弓和箭。

驱赶野兽
高句丽 公元4世纪
吉林省集安县舞踊墓壁画

后羿在射下天空中九个太阳后,又受命驱赶猎杀野兽,就是为了不让它们再危害人间。在古代,野兽时时刻刻威胁着人们的安全,人与兽对于栖息地的争夺也越来越激烈,所以,能骑善射的猎手往往格外受到人们的崇敬和爱戴,很多年轻人也喜欢选择大型的猛兽射猎,以展示自己的力量和勇气。

后羿除凶兽

帝俊赏赐给后羿红色的弓和白色的矰（zēng）箭，命他用自己的射箭技艺去扶助下界各国。从天上下来后，后羿便开始救济世间的人们。

前面说到，帝尧的时候，羿奉天帝之命下到人间为民除害，射下九个太阳，解除了人间的炎热干旱之苦。可是窫窳、凿齿、九婴、大风、封豨、修蛇等恶禽猛兽，却不愿意回归山林湖泊，仍然继续为害百姓，羿还得去诛除这些害人的恶禽猛兽。

当时窫窳在中原为害，他原本也是天神，被冤杀之后，就变成了一种龙首蛇身的怪物，从此也迷失了本性，专门以人为食。被它残害的百姓不计其数，谁提起它都会胆战心惊。羿射日之后，首先来到中原，诛杀窫窳。窫窳自然不是羿的对手，几个回合之后，窫窳就被他一箭射死了。

羿杀死了窫窳，又到南方的畴华之野去杀一个叫作凿齿的怪物。凿齿长着野兽的头，人的身子，嘴里长出一只长约五六尺的牙齿，形状像凿子，从它的下巴穿出；这牙齿就是它最厉害的武器，它就借此在南方肆意残害人民。哪知道羿却带了天帝赐予的神弓神箭，而且武艺高强。凿齿起初还用一把戈应战，不停攻击羿；后来知道羿的箭法厉害，只好躲藏在一面盾牌后面。但这样仍抵挡不了羿的凌厉进攻，它最后不得不选择逃跑。羿一直追到昆仑山，最后在那里将它射杀。

此后，羿又来到东方的青丘之泽，有一只名叫大风的鸷鸟在那里害人。这大风鸟实际上就是一只大孔雀，它不但性情凶悍，能伤害人畜，而且它的翅膀只要轻轻扇动，就会带来狂风。羿知道这种鸷鸟善飞，恐怕一箭射去，不能致它死命。如果让它带伤逃跑，等养好伤后，

封豨
清 汪绂图本

封豨即大野猪，成年后长有长长的獠牙和锋利的足爪，而且力大惊人，横冲直撞，经常糟蹋庄稼，还攻击人及家畜。

慑服于小鸟的豕
商晚期 高40厘米

豕，又称野猪，是丛林中一种力大无穷的猛兽。由于它缺少智慧，想降伏它并不困难。后羿只用了几只箭，就活捉了奇兽封豨。而这只商代用于盛酒的豕尊，尊口为圆形，遍体饰有花纹，温驯地驮着一只华冠小鸟，显然是由崇拜鸟图腾的族群所制，借以显示神鸟降伏猛兽的异能。

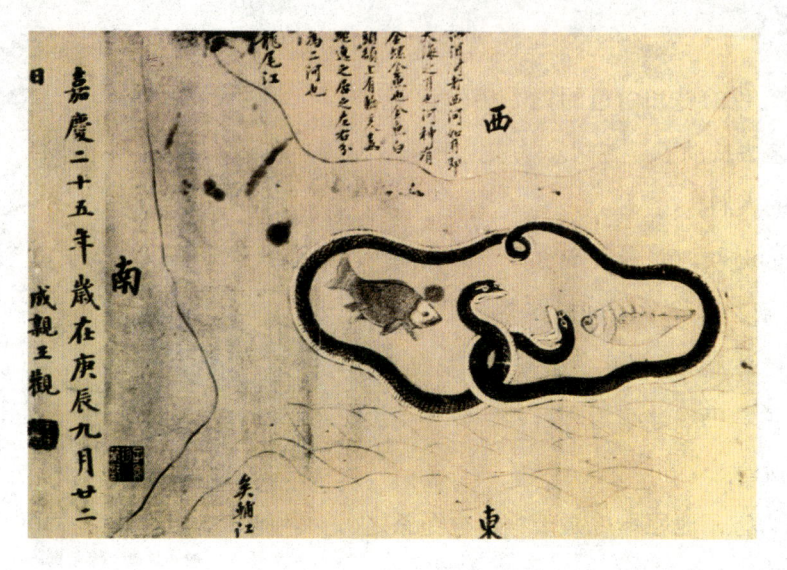

与蛇结缘的洱海
唐 彩绘 云南大理市博物馆藏

蛇这种危险的动物在古时一直被认为是邪恶恐怖的，如洞庭湖中的修蛇，还有此图中那醒目的双蛇。该地图是作者出于祭祀河神的目的绘制的，其中的双蛇和一鱼一螺，反映了当时洱海流传的神话传说。正如《云南通志》卷十二中所记载："南支之神，其形金鱼，戴金钱；北支之神，其形玉螺。二物见则为祥。"图上方有题记："西洱河者，西河如耳即大海之耳也，河神有玉螺金鱼……毒蛇绕鱼居之左右。"

图中洱海周围分别标出东、西、南、北四个方向，并标注出其江河名称。这幅图虽然反映的地理内容比较有限，但仍不失为一幅区域地图。

它还会回来为害人民。因此他事先特地用一条青丝绳系在箭尾，等那鸷鸟飞近时，一箭射去，正中胸部。箭在绳上，鸷鸟刚要飞走，便被羿用力拖拽下来，然后斩成几段，让它再也不能害人。

然后羿又去了南方的洞庭湖。在湖水之中，有一条修蛇在那里兴风作浪，竟以掀翻渔船、吃船上的渔民为乐，洞庭湖滨的渔民对它恨之入骨。羿来到洞庭湖后，独自驾着一只小船，在湖中巡游，寻找修蛇的踪迹。船刚刚驶到湖心，就看见修蛇昂着巨大的头颅，吐着血红的信子，掀起一排如山的巨浪向着羿的小船游窜过来。羿连忙拈弓搭箭，对准修蛇射去。虽然箭箭都中要害，但修蛇似要顽抗到底，它一直游到羿的船边，向羿发起进攻。羿只得拔出腰间的宝剑，和凶恶的修蛇肉搏。在滔天的白浪中，修蛇被斩成几段，腥臭的血流出来染红了半边湖水。

羿又来到北方的凶水之滨，那里有一头九婴怪兽，它有九个脑袋，每个脑袋都既能喷水又能吐火，十分凶恶，人们深受其害。羿射中九婴的一个头，另一个头又开始喷火；射中那个喷火的头，第三个头又开始喷水。这样，羿一共射了九箭，终于将它杀死在了波涛汹涌的凶水之上。

最后只剩下封豕了。封豕就是栖息在山林中的大野猪，长着长牙利爪，还有着一股蛮力。它不但毁坏庄稼，还吃人和牲畜，附近一带的人民都对它恨之入骨。羿连发几箭，正好都射在封豕的腿上，它当时就瘫倒在地上，直接被羿生擒活捉，长牙、利爪、蛮力都没派上用场。人们看到后皆大欢喜。

羿后来宰杀了封豕，用它做出香喷喷的肉膏，用盘子盛好，恭恭敬敬地亲自端到天帝帝俊那里，来向他报功。哪知天帝正为他那被射杀的太阳儿子伤心呢，根本不买羿的账，还将羿贬下天庭，做了凡人。

帝俊生了晏龙，晏龙最早发明了琴和瑟两种乐器。

帝俊另外还有八个儿子，他们最早创作出歌曲和舞蹈。

帝俊生了三身，三身生了义均，这位义均便是帝尧身边的大臣巧倕，他最早发明了世间的各种工艺技巧。后稷最早开始播种各种农作物。后稷的孙子叫叔均，这位叔均最早发明了使用牛耕田的方法。大比赤阴，开始受封而建国。鲧和大禹父子二人开始挖掘泥土治理洪水，并度量划定九州。

炎帝的妻子，即赤水氏的女儿听訞（yāo）为炎帝生下炎居，炎居生了节并，节并生了戏器，戏器生了祝融。祝融被放逐到长江边居住，在那里生了水神共工。共工生了术器。术器的头是平顶方形，他恢复了祖父祝融的土地，也住在长江之畔。共工生了后土，后土生了噎鸣，噎鸣生了一年中的十二个月。

洪荒时代到处是漫天大水，鲧偷了天帝的息壤用来堵塞洪水。息壤是一种可以自己生长不息的神奇土壤，只要用一小块投向大地，马上就会不

牺首铜匜
春秋

后羿奉命去诛杀为祸天下的怪兽，这些怪兽或者长着极长的尖牙，或者体形巨大，拥有难以匹敌的神力。这只春秋时期的铜匜，前部饰有一只长着一对尖角的怪兽，制造者或许是希望凭借怪兽的力量来避邪。

牛耕
东汉 画像石拓本 陕西省榆林市绥德县出土 中国历史博物馆藏

叔均最早发明了使用牛耕田的方法。自从畜力替代了人力，农耕的效率便大大提高了，农业作为主导的经济地位得到确立。经过黄帝等贤主不断的治理，加之鲧和大禹父子挖掘泥土治理洪水并度量划定九州，一个国家的基本形态初步形成了。

断生长，以致积成山、堆成堤。大地填上息壤之后，人们住在息壤堆积起来的高地上，洪水淹不到，只能顺着沟壑流走了。而鲧偷窃取息壤的事这时也被天帝发现了，他勃然大怒，派祝融把鲧杀死在羽山的郊野，并夺回了息壤，人间从此又回到了洪水泛滥的境况。鲧虽然被杀死，但尸体三年没有腐烂，天帝知道后，又派了一个天神到羽山脚下，用一柄名叫吴刀的宝刀剖开了鲧的肚子，结果从肚子里钻出了一条虬龙，飞上云霄，这就是大禹。而鲧的尸体，则化作一条黄龙，钻入了羽山旁的羽渊，也有说化为黄熊的。天帝后来就命令禹开通河道，疏浚水流。传说大禹治水时，应龙在他前面以尾画地，划出河道；玄龟则背负息壤跟在禹身后，禹就用息壤来造山堆堤。这样疏浚与湮塞的方法并用，最后终于战胜洪水，并将天下划定为九州。

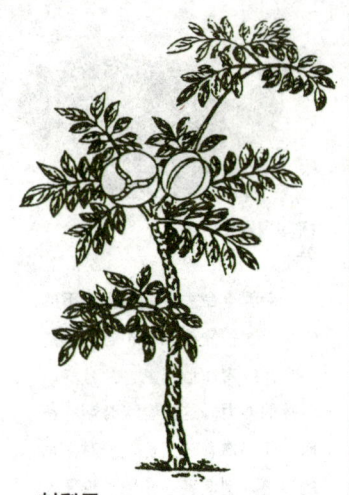

刺梨子

刺梨子别名文光果、刺槟榔果，蔷薇科。其根和果为非常珍贵的药材，采药时间为夏季采果，秋季挖根；晒干或鲜用皆可。其根可消食健脾，收敛止泻；其果可解暑消食，对维生素C缺乏症有很好疗效。

维护黄河堤坝

黄河古时被称为"四渎"之宗，百河之首。它哺育了中华民族的祖先，孕育了灿烂的华夏文明。但是，滚滚的黄河之水也似一匹脱缰野马难于驯服。历史上黄河泛滥频繁，三年两决口，百年一次大改道，因此也给两岸人民带来了深重的灾难。

治理黄河是一场旷日持久的战争。历代先民为治理黄河水患进行了长期不懈的努力，在实践中积累了丰富的治河经验，图中，一些劳动者正在修筑堤坝，整治黄河；大禹治水的决心和勇气也在他们的内心激荡。

《山海经》原经文

第一卷　南山经

南山之首曰䧿山。其首曰招摇之山，临于西海之上，多桂，多金玉。有草焉，其状如韭而青华，其名曰祝馀，食之不饥。有木焉，其状如榖而黑理，其华四照，其名曰迷榖，佩之不迷。有兽焉，其状如禺而白耳，伏行人走，其名曰狌狌，食之善走。丽䗍之水出焉，而西流注于海，其中多育沛，佩之无瘕疾。

又东三百里，曰堂庭之山，多棪木，多白猿，多水玉，多黄金。

又东三百八十里，曰即翼之山，其中多怪兽，水多怪鱼，多白玉，多蝮虫，多怪蛇，多怪木，不可以上。

又东三百七十里，曰杻阳之山，其阳多赤金，其阴多白金。有兽焉，其状如马而白首，其文如虎而赤尾，其音如谣，其名曰鹿蜀，佩之宜子孙。怪水出焉，而东流注于宪翼之水。其中多玄龟，其状如龟而鸟首虺尾，其名曰旋龟，其音如判木，佩之不聋，可以为底。

又东三百里，曰柢山，多水，无草木。有鱼焉，其状如牛，陵居，蛇尾有翼，其羽在魼下，其音如留牛，其名曰鯥，冬死而夏生，食之无肿疾。

又东四百里，曰亶爰之山，多水，无草木，不可以上。有兽焉，其状如狸而有髦，其名曰类，自为牝牡，食者不妒。

又东三百里，曰基山，其阳多玉，其阴多怪木。有兽焉，其状如羊，九尾四耳，其目在背，其名曰猼訑，佩之不畏。有鸟焉，其状如鸡而三首六目，六足三翼，其名曰𪄀鹌，食之无卧。

又东三百里，曰青丘之山，其阳多玉，其阴多青䨼。有兽焉，其状如狐而九尾，其音如婴儿，能食人；食者不蛊。有鸟焉，其状如鸠，其音若呵，名曰灌灌，佩之不惑。英水出焉，南流注于即翼之泽。其中多赤鱬，其状如鱼而人面，其音如鸳鸯，食之不疥。

又东三百五十里，曰箕尾之山，其尾踆于东海，多沙石。汸水出焉，而南流注于淯，其中多白玉。

凡䧿山之首，自招摇之山，以至箕尾之山，凡十山，二千九百五十里。其神状皆鸟身而龙首。其祠之礼：毛用一璋玉瘗，糈用稌米，一璧，稻米，白菅为席。

南次二山之首，曰柜山，西临流黄，北望诸毗，东望长右。英水出焉，西南流注于赤水，其中多白玉，多丹粟。有兽焉，其状如豚，有距，其音如狗吠，其名曰狸力，见则其县多土功。有鸟焉，其状如鸱而人手，其音如痺，其名曰鴸，其名自号也，见则其县多放士。

东南四百五十里，曰长右之山，无草木，多水。有兽焉，其状如禺而四耳，其名长右，其音如吟，见则其郡县大水。

又东三百四十里，曰尧光之山，其阳多玉，其阴多金。有兽焉，其状如人而彘鬣，穴居而冬蛰，其名曰猾裹，其音如斫木，见则县有大繇。

又东三百五十里，曰羽山，其下多水，其上多雨，无草木，多蝮虫。

又东三百七十里，曰瞿父之山，无草木，多金玉。

又东四百里，曰句馀之山，无草木，多金玉。

又东五百里，曰浮玉之山，北望具区，东望诸毗。有兽焉，其状如虎而牛尾，其音如吠犬，其名曰彘，是食人。苕水出于其阴，北流注于具区。其中多鮆鱼。

又东五百里，曰成山，四方而三坛，其上多金玉，其下多青䨼。闲水出焉，而南流注于虖勺，其中多黄金。

又东五百里，曰会稽之山，四方，其上多金玉，其下多砆石。勺水出焉，而南流注于湨。

又东五百里，曰夷山，无草木，多沙石，湨水出焉，而南流注于列涂。

又东五百里，曰仆勾之山，其上多金玉，其下多草木，无鸟兽，无水。

又东五百里，曰咸阴之山，无草木，无水。

又东四百里，曰洵山，其阳多金，其阴多玉。有兽焉，其状如羊而无口，不可杀也，其名曰𤣳。洵水出焉，而南流注于阏之泽，其中多茈蠃。

又东四百里，曰虖勺之山，其上多梓楠，其下多荆杞。滂水出焉，而东流注于海。

又东五百里，曰区吴之山，无草木，多沙石。鹿水出焉，而南流注于滂水。

又东五百里，曰鹿吴之山，上无草木，多金石。泽更之水出焉，而南流注于滂水。水有兽焉，名曰蛊雕，其状如雕而有角，其音如婴儿之音，是食人。

东五百里，曰漆吴之山，无草木，多博石，无玉。处于海，东望丘山，其光载出载入，是惟日次。

凡南次二山之首，自柜山至于漆吴之山，凡十七山，七千二百里。其神状皆龙身而鸟首。其祠：毛用一璧瘗，糈用稌。

南次三山之首，曰天虞之山，其下多水，不可以上。

东五百里，曰祷过之山，其上多金玉，其下多犀、兕，多象。有鸟焉，其状如䴔而白首、三足、人面，其名曰瞿如，其鸣自号也。浪水出焉，而南流注于海。其中有虎蛟，其状鱼身而蛇尾，其音如鸳鸯，食者不肿，可以已痔。

又东五百里，曰丹穴之山，其上多金玉。丹水出焉，而南流注于渤海。有鸟焉，其状如鸡，五采而文，名曰凤皇，首文曰德，翼文曰顺，背文曰义，膺文曰仁，腹文曰信。是鸟也，饮食自然，自歌自舞，见则天下安宁。

又东五百里，曰发爽之山，无草木，多水，多白猿。汎水出焉，而南流注于勃海。

又东四百里，至于旄山之尾，其南有谷，曰育遗，多怪鸟，凯风自是出。

又东四百里，至于非山之首，其上多金玉，无水，其下多蝮虫。

又东五百里，曰阳夹之山，无草木，多水。

又东五百里，曰灌湘之山，上多木，无草；多怪鸟，无兽。

又东五百里，曰鸡山，其上多金，其下多丹雘。黑水出焉，而南流注于海。其中有鱄鱼，其状如鲋而彘毛，其音如豚，见则天下大旱。

又东四百里，曰令丘之山，无草木，多火。其南有谷焉，曰中谷，条风自是出。有鸟焉，其状如枭，人面四目而有耳，其名曰颙，其鸣自号也，见则天下大旱。

又东三百七十里，曰仑者之山，其上多金玉，其下多青雘。有木焉，其状如榖而赤理，其汗如漆，其味如饴，食者不饥，可以释劳，其名曰白䓘，可以血玉。

又东五百八十里，曰禺槀之山，多怪兽，多大蛇。

又东五百八十里，曰南禺之山，其上多金玉，其下多水。有穴焉，水出辄入，夏乃出，冬则闭。佐水出焉，而东南流注于海，有凤皇、鹓雏。

凡南次三山之首，自天虞之山以至南禺之山，凡一十四山，六千五百三十里。其神皆龙身而人面。其祠皆一白狗祈，糈用稌。

右南经之山，大小凡四十山，万六千三百八十里。

第二卷 西山经

西山华山之首，曰钱来之山，其上多松，其下多洗石。有兽焉，其状如羊而马尾，名曰羬羊，其脂可以已腊。

西四十五里，曰松果之山，濩水出焉，北流注于渭，其中多铜。有鸟焉，其名曰螐渠，其状如山鸡，黑身赤足，可以已䐆。

又西六十里，曰太华之山，削成而四方，其高五千仞，其广十里，鸟兽莫居。有蛇焉，名曰肥遗，六足四翼，见则天下大旱。

又西八十里，曰小华之山，其木多荆杞，其兽多㸲牛，其阴多磬石，其阳多㻬琈之玉。鸟多赤鷩，可以御火。其草有萆荔，状如乌韭，而生于石上，亦缘木而生，食之已心痛。

又西八十里，曰符禺之山，其阳多铜，其阴多铁。其上有木焉，名曰文茎，其实如枣，可以已聋。其草多条，其状如葵，而赤华黄实，如婴儿舌，食之使人不惑。符禺之水出焉，而北流注于渭。其兽多葱聋，其状如羊而赤鬣。其鸟多鴖，其状如翠而赤喙，可以御火。

又西六十里，曰石脆之山，其木多棕楠，其草多条，其状如韭，而白华黑实，食之已疥。其阳多㻬琈之玉，其阴多铜。灌水出焉，而北流注于禺水。其中有流赭，以涂牛马无病。

又西七十里，曰英山，其上多杻橿，其阴多铁，其阳多赤金。禺水出焉，北流注于招水，其中多鳑鱼，其状如鳖，其音如羊。其阳多箭䉂，其兽多㸲牛、羬羊。

531

有鸟焉，其状如鹑，黄身而赤喙，其名曰肥遗，食之已疠，可以杀虫。

又西五十二里，曰竹山，其上多乔木，其阴多铁。有草焉，其名曰黄雚，其状如樗，其叶如麻，白华而赤实，其状如赭，浴之已疥，又可以已胕。竹水出焉，北流注于渭，其阳多竹箭，多苍玉。丹水出焉，东南流注于洛水，其中多水玉，多人鱼。有兽焉，其状如豚而白毛，大如笄而黑端，名曰豪彘。

又西百二十里，曰浮山，多盼木，枳叶而无伤，木虫居之。有草焉，名曰薰草，麻叶而方茎，赤华而黑实，臭如蘼芜，佩之可以已疠。

又西七十里，曰羭次之山，漆水出焉，北流注于渭。其上多棫橿，其下多竹箭，其阴多赤铜，其阳多婴垣之玉。有兽焉，其状如禺而长臂，善投，其名曰嚣。有鸟焉，其状如枭，人面而一足，曰橐𩿨，冬见夏蛰，服之不畏雷。

又西百五十里，曰时山，无草木。逐水出焉，北流注于渭，其中多水玉。

又西百七十里，曰南山，上多丹粟。丹水出焉，北流注于渭。兽多猛豹，鸟多尸鸠。

又西百八十里，曰大时之山，上多榖柞，下多杻橿。阴多银，阳多白玉。涔水出焉，北流注于渭。清水出焉，南流注于汉水。

又西三百二十里，曰嶓冢之山，汉水出焉，而东南流注于沔；嚣水出焉，北流注于汤水。其上多桃枝钩端，兽多犀、兕、熊、罴，鸟多白翰、赤鷩。有草焉，其叶如蕙，其本如桔梗，黑华而不实，名曰蓇蓉，食之使人无子。

又西三百五十里，曰天帝之山，上多棕楠，下多菅蕙。有兽焉，其状如狗，名曰溪边，席其皮者不蛊。有鸟焉，其状如鹑，黑文而赤翁，名曰栎，食之已痔。有草焉，其状如葵，其臭如蘼芜，名曰杜衡，可以走马，食之已瘿。

西南三百八十里，曰皋涂之山，蔷水出焉，西流注于诸资之水；涂水出焉，南流注入集获之水。其阳多丹粟，其阴多银、黄金，其上多桂木。有白石焉，其名曰礜，可以毒鼠。有草焉，其状如藁茇，其叶如葵而赤背，名曰无条，可以毒鼠。有兽焉，其状如鹿而白尾，马脚人手而四角，名曰玃如。有鸟焉，其状如鸱而人足，名曰数斯，食之已瘿。

又西百八十里，曰黄山，无草木，多竹箭。盼水出焉，西流注于赤水，其中多玉。有兽焉，其状如牛，而苍黑大目，其名曰𪎮。有鸟焉，其状如鸮，青羽赤喙，人舌能言，名曰鹦䳇。

又西二百里，曰翠山，其上多棕楠，其下多竹箭，其阳多黄金、玉，其阴多旄牛、羚、麝；其鸟多鸓，其状如鹊，赤黑而两首、四足，可以御火。

又西二百五十里，曰䰟山，是錞于西海，无草木，多玉。凄水出焉，西流注于海，其中多采石、黄金，多丹粟。

凡西山之首，自钱来之山至于䰟山，凡十九山，二千九百五十七里。华山，冢也，其祠之礼：太牢。羭山，神也，祠之用烛，斋百日以百牺，瘗用百瑜，汤其酒百樽，婴以百珪百璧。其余十七山之属，皆毛牷用一羊祠之。烛者，百草之未灰，白席采等纯之。

西次二山之首，曰钤山，其上多铜，其下多玉，其木多杻橿。

西二百里，曰泰冒之山，其阳多金，其阴多铁。洛水出焉，东流注于河，其中多藻玉。多白蛇。

又西一百七十里，曰数历之山，其上多黄金，其下多银，其木多杻橿，其鸟多鹦䳇。楚水出焉，而南流注于渭，其中多白珠。

又西百五十里，曰高山，其上多银，其下多青碧、雄黄，其木多棕，其草多竹。泾水出焉，而东流注于渭，其中多磬石、青碧。

西南三百里，曰女床之山，其阳多赤铜，其阴多石涅，其兽多虎豹犀兕。有鸟焉，其状如翟而五采文，名曰鸾鸟，见则天下安宁。

又西二百里，曰龙首之山，其阳多黄金，其阴多铁。苕水出焉，东南流注于泾水。其中多美玉。

又西二百里，曰鹿台之山，其上多白玉，其下多银，其兽多㸒牛、羬羊、白豪。有鸟焉，其状如雄鸡而人面，名曰凫徯，其鸣自叫也，见则有兵。

西南二百里，曰鸟危之山，其阳多磬石，其阴多檀楮，其中多女床。鸟危之水出焉，西流注于赤水，其中多丹粟。

又西四百里，曰小次之山，其上多白玉，其下多赤铜。有兽焉，其状如猿，而白首赤足，名曰朱厌，见则大兵。

又西三百里，曰大次之山，其阳多垩，其阴多碧，其兽多㸒牛、麢羊。

又西四百里，曰薰吴之山，无草木，多金玉。

又西四百里，曰厎（zhǐ）阳之山。其木多㮆楠、豫章，其兽多犀、兕、虎、犳、㸒牛。

又西二百五十里，曰众兽之山，其上多㻬琈之玉，其下多檀楮，多黄金，其兽多犀、兕。

又西五百里，曰皇人之山，其上多金玉，其下多青、雄黄。皇水出焉，西流注于赤水，其中多丹粟。

又西三百里，曰中皇之山。其上多黄金，其下多蕙棠。

又西三百五十里，曰西皇之山，其阳多黄金，其阴多铁，其兽多麋、鹿、㸒牛。

又西三百五十里，曰莱山，其木多檀楮，其鸟多罗罗，是食人。

凡西次二山之首，自钤山至于莱山，凡十七山，四千一百四十里。其十神者，皆人面而马身。其七神，皆人面牛身，四足一臂，操杖以行，是为飞兽之神。其祠之，毛用少牢，白菅为席。其十辈神者，其祠之，毛一雄鸡，钤而不糈。

西次三山之首，曰崇吾之山，在河之南，北望冢遂，南望䍃之泽，西望帝之搏兽之山，东望螞渊。有木焉，员叶而白柎，赤华而黑理，其实如枳，食之宜子孙。有兽焉，其状如禺而文臂，豹虎而善投，名曰举父。有鸟焉，其状如凫，而一翼一目，

533

相得乃飞，名曰蛮蛮，见则天下大水。

西北三百里，曰长沙之山，泚水出焉，北流注于泑水，无草木，多青、雄黄。

又西北三百七十里，曰不周之山，北望诸毗之山，临彼岳崇之山，东望泑泽，河水所潜也，其原浑浑泡泡。爰有嘉果，其实如桃，其叶如枣，黄华而赤柎，食之不劳。

又西北四百二十里，曰峚山，其上多丹木，员叶而赤茎，黄华而赤实，其味如饴，食之不饥。丹水出焉，西流注于稷泽，其中多白玉。是有玉膏，其原沸沸汤汤，黄帝是食是飨。是生玄玉。玉膏所出，以灌丹木。丹木五岁，五色乃清，五味乃馨。黄帝乃取峚山之玉荣，而投之钟山之阳。瑾瑜之玉为良，坚粟精密，浊泽有而光。五色发作，以和柔刚。天地鬼神，是食是飨；君子服之，以御不祥。自峚山至于钟山，四百六十里，其间尽泽也。是多奇鸟、怪兽、奇鱼，皆异物焉。

又西北四百二十里，曰钟山，其子曰鼓，其状人面而龙身，是与钦䲹杀葆江于昆仑之阳，帝乃戮之钟山之东曰崿崖。钦䲹化为大鹗，其状如雕，而黑文白首，赤喙而虎爪，其音如晨鹄，见则有大兵；鼓亦化为鵕鸟，其状如鸱，赤足而直喙，黄文而白首，其音如鹄，见即其邑大旱。

又西百八十里，曰泰器之山，观水出焉，西流注于流沙。是多文鳐鱼，状如鲤鱼，鱼身而鸟翼，苍文而白首赤喙，常行西海，游于东海，以夜飞。其音如鸾鸡，其味酸甘，食之已狂，见则天下大穰。

又西三百二十里，曰槐江之山，丘时之水出焉，而北流注于泑水。其中多蠃母，其上多青、雄黄，多藏琅玕、黄金、玉，其阳多丹粟。其阴多采黄金银。实惟帝之平圃，神英招司之，其状马身而人面，虎文而鸟翼，徇于四海，其音如榴。南望昆仑，其光熊熊，其气魂魂。西望大泽，后稷所潜也。其中多玉，其阴多榣木之有若。北望诸毗，槐鬼离仑居之，鹰鹯之所宅也。东望恒山四成，有穷鬼居之，各在一抟。爰有瑶水，其清洛洛。有天神焉，其状如牛，而八足二首马尾，其音如勃皇，见则其邑有兵。

西南四百里，曰昆仑之丘，是实惟帝之下都，神陆吾司之。其神状虎身而九尾，人面而虎爪，是神也，司天之九部及帝之囿时。有兽焉，其状如羊而四角，名曰土蝼，是食人。有鸟焉，其状如蜂，大如鸳鸯，名曰钦原，蠚鸟兽则死，蠚木则枯。有鸟焉，其名曰鹑鸟，是司帝之百服。有木焉，其状如棠，黄华赤实，其味如李而无核，名曰沙棠，可以御水，食之使人不溺。有草焉，名曰薲草，其状如葵，其味如葱，食之已劳。河水出焉，而南流东注于无达。赤水出焉，而东南流注于汜天之水。洋水出焉，而西南流注于丑涂之水。黑水出焉，而西流注于大杆。是多怪鸟兽。

又西三百七十里，曰乐游之山，桃水出焉，西流注于稷泽，是多白玉，其中多鲭鱼，其状如蛇而四足，是食鱼。

西水行四百里，流沙二百里，至于嬴母之山。神长乘司之，是天之九德也。其神状如人而豹尾。其上多玉，其下多青石而无水。

又西三百五十里，曰玉山，是西王母所居也。西王母其状如人，豹尾虎齿而善啸，蓬发戴胜，是司天之厉及五残。有兽焉，其状如犬而豹文，其角如牛，其名曰狡，其音如吠犬，见则其国大穰。有鸟焉，其状如翟而赤，名曰胜遇，是食鱼，其音如录，见则其国大水。

又西四百八十里，曰轩辕之丘，无草木。洵水出焉，南流注于黑水，其中多丹粟，多青、雄黄。

又西三百里，曰积石之山，其下有石门，河水冒以西南流。是山也，万物无不有焉。

又西二百里，曰长留之山，其神白帝少昊居之。其兽皆文尾，其鸟皆文首。是多文玉石。实惟员神磈氏之宫。是神也，主司反景。

又西二百八十里，曰章莪之山，无草木，多瑶碧，所为甚怪。有兽焉，其状如赤豹，五尾一角，其音如击石，其名曰狰。有鸟焉，其状如鹤，一足，赤文青质而白喙，名曰毕方，其鸣自叫也，见则其邑有讹火。

又西三百里，曰阴山，浊浴之水出焉，而南流注于蕃泽，其中多文贝。有兽焉，其状如狸而白首，名曰天狗，其音如猫猫，可以御凶。

又西二百里，曰符惕之山，其上多棕楠，下多金玉，神江疑居之。是山也，多怪雨，风云之所出也。

又西二百二十里，曰三危之山，三青鸟居之。是山也，广员百里。其上有兽焉，其状如牛，白身四角，其豪如披蓑，其名曰獓狠，是食人。有鸟焉，一首而三身，其状如鸦，其名曰鸱。

又西一百九十里，曰骒山，其上多玉而无石。神耆童居之，其音常如钟磬。其下多积蛇。

又西三百五十里，曰天山，多金玉，有青、雄黄。英水出焉，而西南流注于汤谷。有神焉，其状如黄囊，赤如丹火，六足四翼，浑敦无面目，是识歌舞，实惟帝江也。

又西二百九十里，曰泑山，神蓐收居之。其上多婴脂之玉，其阳多瑾瑜之玉，其阴多青、雄黄。是山也，西望日之所入，其气员，神红光之所司也。

西水行百里，至于翼望之山，无草木，多金玉。有兽焉，其状如狸，一目而三尾，名曰讙，其音如夺百声，是可以御凶，服之已瘅。有鸟焉，其状如乌，三首六尾而善笑，名曰鸱鹆，服之使人不厌，又可以御凶。

凡西次三山之首，自崇吾之山至于翼望之山，凡二十三山，六千七百四十四里。其神状皆羊身人面。其祠之礼，用一吉玉瘗，糈用稷米。

西次四山之首，曰阴山，上多榖，无石，其草多茆、蕃。阴水出焉，西流注于洛。

北五十里，曰劳山，多茈草。弱水出焉，而西流注于洛。

西五十里，曰罢父之山。洱水出焉，而西流注于洛，其中多茈、碧。

北百七十里，曰申山，其上多榖柞，其下多杻橿，其阳多金玉。区水出焉，而东流注于河。

北二百里，曰鸟山，其上多桑，其下多楮，其阴多铁，其阳多玉。辱水出焉，而东流注于河。

又北百二十里，曰上申之山，上无草木，而多硌石，下多榛楛，兽多白鹿。其鸟多当扈，其状如雉，以其髯飞，食之不眴目。汤水出焉，东流注于河。

又北百八十里，曰诸次之山，诸次之水出焉，而东流注于河。是山也，多木无草，鸟兽莫居，是多众蛇。

又北百八十里，曰号山，其木多漆、棕，其草多药、虈、芎䓖。多泠石。端水出焉，而东流注于河。

又北二百二十里，曰孟山，其阴多铁，其阳多铜。其兽多白狼白虎，其鸟多白雉白翠。生水出焉，而东流注于河。

西二百五十里，曰白於之山。上多松柏，下多栎檀，其兽多㸲牛、羬羊，其鸟多鸮。洛水出于其阳，而东流注于渭；夹水出于其阴，东流注于生水。

西北三百里，曰申首之山。无草木，冬夏有雪。申水出于其上，潜于其下，是多白玉。

又西五十五里，曰泾谷之山，泾水出焉，东南流注于渭，是多白金白玉。

又西百二十里，曰刚山，多柒木，多㻬琈之玉。刚水出焉，北流注于渭。是多神𩳁，其状人面兽身，一足一手，其音如钦。

又西二百里，至刚山之尾，洛水出焉，而北流注于河。其中多蛮蛮，其状鼠身而鳖首，其音如吠犬。

又西三百五十里，曰英鞮之山，上多漆木，下多金玉，鸟兽尽白。涴水出焉，而北流注于陵羊之泽。是多冉遗之鱼，鱼身蛇首六足，其目如马耳，食之使人不眯，可以御凶。

又西三百里，曰中曲之山，其阳多玉，其阴多雄黄、白玉及金。有兽焉，其状如马，而白身黑尾，一角，虎牙爪，音如鼓，其名曰駮，是食虎豹，可以御兵。有木焉，其状如棠，而员叶赤实，实大如木瓜，名曰櫰木，食之多力。

又西二百六十里，曰邽山，其上有兽焉，其状如牛，猬毛，名曰穷奇，音如嗥狗，是食人。濛水出焉，南流注于洋水，其中多黄贝，蠃鱼，鱼身而鸟翼，音如鸳鸯，见则其邑大水。

又西二百二十里，曰鸟鼠同穴之山，其上多白虎、白玉。渭水出焉，而东流注于河。其中多鳋鱼，其状如鳣鱼，动则其邑有大兵。滥水出于其西，西流注于汉水，多䱻鮇之鱼，其状如覆铫，鸟首而鱼翼鱼尾，音如磬石之声，是生珠玉。

西南三百六十里，曰崦嵫之山，其上多丹木，其叶如穀，其实大如瓜，赤符而黑理，食之已瘅，可以御火。其阳多龟，其阴多玉。苕水出焉，而西流注于海，其中多砥砺。有兽焉，其状马身而鸟翼，人面蛇尾，是好举人，名曰孰湖。有鸟焉，其状如鸮而人面，蜼身犬尾，其名自号也，见则其邑大旱。

凡西次四山，自阴山以下，至于崦嵫之山，凡十九山，三千六百八十里。其神祠礼，皆用一白鸡祈，糈以稻米，白菅为席。

右西经之山，凡七十七山，一万七千五百一十七里。

第三卷　北山经

北山之首，曰单狐之山，多机木，其上多华草。逢水出焉，而西流注于泑水，其中多茈石、文石。

又北二百五十里，曰求如之山，其上多铜，其下多玉，无草木。滑水出焉，而西流注于诸毗之水。其中多滑鱼，其状如鳝，赤背，其音如梧，食之已疣。其中多水马，其状如马，而文臂牛尾，其音如呼。

又北三百里，曰带山，其上多玉，其下多青碧。有兽焉，其状如马，一角有错，其名曰䑏疏，可以辟火。有鸟焉，状如乌，五采而赤文，名曰鹡鸰，是自为牝牡，食之不疽。彭水出焉，而西流注于芘湖之水，其中多儵鱼，其状如鸡而赤毛，三尾、六足、四首，其音如鹊，食之可以已忧。

又北四百里，曰谯明之山，谯水出焉，西流注于河。其中多何罗之鱼，一首而十身，其音如吠犬，食之已痈。有兽焉，其状如貆而赤豪，其音如榴榴，名曰孟槐，可以御凶。是山也，无草木，多青、雄黄。

又北三百五十里，曰涿光之山，嚣水出焉，而西流注于河。其中多鰼鰼之鱼，其状如鹊而十翼，鳞皆在羽端，其音如鹊，可以御火，食之不瘅。其上多松柏，其下多棕橿，其兽多麢羊，其鸟多蕃。

又北三百八十里，曰虢山，其上多漆，其下多桐椐。其阳多玉，其阴多铁。伊水出焉，西流注于河。其兽多橐驼，其鸟多寓，状如鼠而鸟翼，其音如羊，可以御兵。

又北四百里，至于虢山之尾，其上多玉而无石。鱼水出焉，西流注于河，其中多文贝。

又北二百里，曰丹熏之山，其上多樗柏，其草多韭䪥，多丹雘。熏水出焉，而西流注于棠水。有兽焉，其状如鼠，而菟首麋身，其音如嘷犬，以其尾飞，名曰耳鼠，食之不眯，又可以御百毒。

又北二百八十里，曰石者之山，其上无草木，多瑶碧。泚水出焉，西流注于河。有兽焉，其状如豹，而文题白身，名曰孟极，是善伏，其鸣自呼。

又北百一十里，曰边春之山。多葱、葵、韭、桃、李。杠水出焉，而西流注于泑泽。有兽焉，其状如禺而文身，善笑，见人则卧，名曰幽鴳，其鸣自呼。

又北二百里，曰蔓联之山，其上无草木。有兽焉，其状如禺而有鬣，牛尾、文臂、马蹄，见人则呼，名曰足訾，其鸣自呼。有鸟焉，群居而朋飞，其毛如雌雉，名曰鵁，其鸣自呼，食之已风。

又北百八十里，曰单张之山。其上无草木。有兽焉，其状如豹而长尾，人首而牛耳，一目，名曰诸犍，善咤，行则衔其尾，居则蟠其尾。有鸟焉，其状如雉，而文首、白翼、黄足，名曰白鵺，食之已嗌痛，可以已痸。栎水出焉，而南流注于杠水。

又北三百二十里，曰灌题之山，其上多樗柘，其下多流沙，多砥。有兽焉，其状如牛而白尾，其音如讻，名曰那父。有鸟焉，其状如雌雉而人面，见人则跃，名曰竦斯，其鸣自呼也。匠韩之水出焉，而西流注于泑泽，其中多磁石。

537

又北二百里，曰潘侯之山，其上多松柏，其下多榛楛，其阳多玉，其阴多铁。有兽焉，其状如牛，而四节生毛，名曰旄牛。边水出焉，而南流注于栎泽。

又北二百三十里，曰小咸之山，无草木，冬夏有雪。

北二百八十里，曰大咸之山，无草木，其下多玉。是山也，四方，不可以上。有蛇名曰长蛇，其毛如彘豪，其音如鼓柝。

又北三百二十里，曰敦薨之山。其上多棕楠，其下多茈草。敦薨之水出焉，而西流注于泑泽。出于昆仑之东北隅，实惟河原。其中多赤鲑，其兽多兕、旄牛，其鸟多尸鸠。

又北二百里，曰少咸之山，无草木，多青碧。有兽焉，其状如牛，而赤身、人面、马足，名曰窫窳，其音如婴儿，是食人。敦水出焉，东流注于雁门之水，其中多𩶤𩶤之鱼，食之杀人。

又北二百里，曰狱法之山，瀤泽之水出焉，而东北流注于泰泽，其中多鱲鱼，其状如鲤而鸡足，食之已疣。有兽焉，其状如犬而人面，善投，见人则笑，其名山𢕓，其行如风，见则天下大风。

又北二百里，曰北岳之山，多枳棘、刚木。有兽焉，其状如牛，而四角、人目、彘耳，其名诸怀，其音如鸣雁，是食人。诸怀之水出焉，而西流注于嚣水。其中多鮨鱼，鱼身而犬首，其音如婴儿，食之已狂。

又北百八十里，曰浑夕之山，无草木，多铜玉。嚣水出焉，而西北流注于海。有蛇一首两身，名曰肥遗，见则其国大旱。

又北五十里，曰北单之山，无草木，多葱韭。

又北百里，曰罴差之山，无草木，多马。

又北百八十里，曰北鲜之山，是多马。鲜水出焉，而西北流注于涂吾之水。

又北百七十里，曰隄山，多马。有兽焉，其状如豹而文首，名曰狕。隄水出焉，而东流注于泰泽，其中多龙龟。

凡北山之首，自单狐之山至于隄山，凡二十五山，五千四百九十里，其神皆人面蛇身。其祠之，毛用一雄鸡彘瘞，吉玉用一珪，瘞而不糈。其山北人，皆生食不火之物。

北次二山之首，在河之东，其首枕汾，其名曰管涔之山。其上无木而多草，其下多玉。汾水出焉，而西流注于河。

又北二百五十里，曰少阳之山，其上多玉，其下多赤银。酸水出焉，而东流注于汾水，其中多美赭。

又北五十里，曰县雍之山，其上多玉，其下多铜，其兽多闾麋，其鸟多白翟白鵺。晋水出焉，而东南流注于汾水。其中多鲐鱼，其状如儵而赤麟，其音如叱，食之不骚。

又北二百里，曰狐岐之山，无草木，多青碧。胜水出焉，而东北流注于汾水，其中多苍玉。

又北三百五十里，曰白沙山，广员三百里，尽沙也，无草木鸟兽。鲔水出于其上，潜于其下，是多白玉。

又北四百里，曰尔是之山，无草木，

无水。

又北三百八十里，曰狂山，无草木。是山也，冬夏有雪。狂水出焉，而西流注于浮水，其中多美玉。

又北三百八十里，曰诸馀之山，其上多铜玉，其下多松柏。诸馀之水出焉，而东流注于㳶水。

又北三百五十里，曰敦头之山，其上多金玉，无草木。㳶水出焉，而东流注于邛泽。其中多䮽马，牛尾而白身，一角，其音如呼。

又北三百五十里，曰钩吾之山，其上多玉，其下多铜。有兽焉，其状如羊身人面，其目在腋下，虎齿人爪，其音如婴儿，名曰狍鸮，是食人。

又北三百里，曰北嚻之山，无石，其阳多碧，其阴多玉。有兽焉，其状如虎，而白身犬首，马尾彘鬣，名曰独狢。有鸟焉，其状如乌，人面，名曰鹭鶋，宵飞而昼伏，食之已暍。涔水出焉，而东流注于邛泽。

又北三百五十里，曰梁渠之山，无草木，多金玉。脩水出焉，而东流注于雁门。其兽多居暨，其状如彚而赤毛，其音如豚。有鸟焉，其状如夸父，四翼、一目、犬尾，名曰嚻，其音如鹊，食之已腹痛，可以止衕。

又北四百里，曰姑灌之山，无草木。是山也，冬夏有雪。

又北三百八十里，曰湖灌之山，其阳多玉，其阴多碧，多马。湖灌之水出焉，而东流注于海，其中多鳢。有木焉，其叶如柳而赤理。

又北水行五百里，流沙三百里，至于洹山，其上多金玉。三桑生之，其树皆无枝，其高百仞。百果树生之。其下多怪蛇。

又北三百里，曰敦题之山，无草木。多金玉，是錞于北海。

凡北次二山之首，自管涔之山至于敦题之山，凡十七山，五千六百九十里。其神皆蛇身人面。其祠：毛用一雄鸡彘瘗；用一璧一珪，投而不糈。

北次三山之首，曰太行之山。其首曰归山，其上有金玉，其下有碧。有兽焉，其状如麢羊而四角，马尾而有距，其名曰䮥，善还，其名自训。有鸟焉，其状如鹊，白身、赤尾、六足，其名曰鹎，是善惊，其鸣自詨。

又东北二百里，曰龙侯之山，无草木，多金玉。决决之水出焉，而东流注于河。其中多人鱼，其状如鯑鱼，四足，其音如婴儿，食之无痴疾。

又东北二百里，曰马成之山，其上多文石，其阴多金玉。有兽焉，其状如白犬而黑头，见人则飞，其名曰天马，其鸣自训。有鸟焉，其状如乌，首白而身青、足黄，是名曰鹍鹍，其鸣自詨，食之不饥，可以已寓。

又东北七十里，曰咸山，其上有玉，其下多铜，是多松柏，草多茈草。条菅之水出焉，而西南流注于长泽。其中多器酸，三岁一成，食之已疠。

又东二百里，曰天池之山，其上无草木，多文石。有兽焉，其状如兔而鼠首，以其背飞，其名曰飞鼠。渑水出焉，

539

潜于其下，其中多黄垩。

又东三百里，曰阳山，其上多玉，其下多金铜。有兽焉，其状如牛而赤尾，其颈䯌，其状如句瞿，其名曰领胡，其鸣自詨，食之已狂。有鸟焉，其状如雌雉，而五采以文，是自为牝牡，名曰象蛇，其鸣自詨。留水出焉，而南流注于河。其中有鲐父之鱼，其状如鲋鱼，鱼首而彘身，食之已呕。

又东三百五十里，曰贲闻之山，其上多苍玉，其下多黄垩，多涅石。

又北百里，曰王屋之山，是多石。㶌水出焉，而西北流注于泰泽。

又东北三百里，曰教山，其上多玉而无石。教水出焉，西流注于河，是水冬干而夏流，实惟干河。其中有两山。是山也，广员三百步，其名曰发丸之山，其上有金玉。

又南三百里，曰景山，南望盐贩之泽，北望少泽。其上多草、薯蓣，其草多秦椒；其阴多赭，其阳多玉。有鸟焉，其状如蛇，而四翼、六目、三足，名曰酸与，其鸣自詨，见则其邑有恐。

又东南三百二十里，曰孟门之山，其上多苍玉，多金，其下多黄垩，多涅石。

又东南三百二十里，曰平山，平水出于其上，潜于其下，是多美玉。

又东二百里，曰京山，有美玉，多漆木，多竹，其阳有赤铜，其阴有玄䃤。高水出焉，南流注于河。

又东二百里，曰虫尾之山，其上多金玉，其下多竹，多青碧。丹水出焉，南流注于河。薄水出焉，而东南流注于黄泽。

又东三百里，曰彭毗之山，其上无草木，多金玉，其下多水。蚤林之水出焉，东南流注于河。肥水出焉，而南流注于床水，其中多肥遗之蛇。

又东百八十里，曰小侯之山，明漳之水出焉，南流注于黄泽。有鸟焉，其状如乌而白文，名曰鸪鹨，食之不灂。

又东二百七十里，曰泰头之山，共水出焉，南注于虖池。其上多金玉，其下多竹箭。

又东北二百里，曰轩辕之山，其上多铜，其下多竹。有鸟焉，其状如枭而白首，其名曰黄鸟，其鸣自詨，食之不妒。

又北二百里，曰谒戾之山，其上多松柏，有金玉。沁水出焉，南流注于河。其东有林焉，名曰丹林。丹林之水出焉，南流注于河。婴侯之水出焉，北流注于汜水。

东三百里，曰沮洳之山，无草木，有金玉。濝水出焉，南流注于河。

又北三百里，曰神囷之山，其上有文石，其下有白蛇，有飞虫。黄水出焉，而东流注于洹。滏水出焉，而东流注于欧水。

又北二百里，曰发鸠之山，其上多柘木。有鸟焉，其状如乌，文首、白喙、赤足，名曰精卫，其鸣自詨。是炎帝之少女名曰女娃。女娃游于东海，溺而不返，故为精卫。常衔西山之木石，以堙于东海。漳水出焉，东流注于河。

又东北百二十里，曰少山，其上有金玉，其下有铜。清漳之水出焉，东流于浊漳之水。

又东北二百里，曰锡山，其上多玉，其下有砥。牛首之水出焉，而东流注于滍水。

又北二百里，曰景山，有美玉。景水出焉，东南流注于海泽。

又北百里，曰题首之山，有玉焉，多石，无水。

又北百里，曰绣山，其上有玉、青碧。其木多栒，其草多芍药、芎䓖。洧水出焉，而东流注于河，其中有鳠、黾。

又北百二十里，曰松山，阳水出焉，东北流注于河。

又北百二十里，曰敦与之山，其上无草木，有金玉。溹水出于其阳，而东流注于泰陆之水；泜水出于其阴，而东流注于彭水；槐水出焉，而东流注于泜泽。

又北百七十里，曰柘山，其阳有金玉，其阴有铁。历聚之水出焉，而北流注于洧水。

又北三百里，曰维龙之山，其上有碧玉，其阳有金，其阴有铁。肥水出焉，而东流注于皋泽，其中多礨石。敞铁之水出焉，而北流注于大泽。

又北百八十里，曰白马之山，其阳多石玉，其阴多铁，多赤铜。木马之水出焉，而东北流注于虖沱。

又北二百里，曰空桑之山，无草木，冬夏有雪。空桑之水出焉，东流注于虖沱。

又北三百里，曰泰戏之山，无草木，多金玉。有兽焉，其状如羊，一角一目，目在耳后，其名曰𩦺𩦺，其鸣自詨。虖沱之水出焉，而东流注于溇水。液女之水出于其阳，南流注于沁水。

又北三百里，曰石山，多藏金玉。

濩濩之水出焉，而东流注于虖沱；鲜于之水出焉，而南流注于虖沱。

又北二百里，曰童戎之山，皋涂之水出焉，而东流注于溇液水。

又北三百里，曰高是之山，滋水出焉，而南流注于虖沱。其木多棕，其草多条。滱水出焉，东流注于河。

又北三百里，曰陆山，多美玉。郚水出焉，而东流注于河。

又北二百里，曰沂山，般水出焉，而东流注于河。

北百二十里，曰燕山，多婴石。燕水出焉，东流注于河。

又北山行五百里，水行五百里，至于饶山。是无草木，多瑶碧，其兽多橐驼，其鸟多鹠。历虢之水出焉，而东流注于河，其中有师鱼，食之杀人。

又北四百里，曰乾山，无草木，其阳有金玉，其阴有铁而无水。有兽焉，其状如牛而三足，其名曰獂，其鸣自詨。

又北五百里，曰伦山，伦水出焉，而东流注于河。有兽焉，其状如麋，其州在尾上，其名曰罴九。

又北五百里，曰碣石之山，绳水出焉，而东流注于河，其中多蒲夷之鱼。其上有玉，其下多青碧。

又北水行五百里，至于雁门之山，无草木。

又北水行四百里，至于泰泽。其中有山焉，曰帝都之山，广员百里，无草木，有金玉。

又北五百里，曰錞于毋逢之山，北望鸡号之山，其风如䬅。西望幽都之山，浴水出焉。是有大蛇，赤首白身，其音如牛，见则其邑大旱。

凡北次三山之首，自太行之山以至于毋逢之山，凡四十六山，万二千三百五十里。其神状皆马身而人面者廿神。其祠之，皆用一藻珪瘗之。其十四神状皆彘身而载玉。其祠之，皆玉，不瘗。其十神状皆彘身而八足蛇尾。其祠之，皆用一璧瘗之。大凡四十四神，皆用稌糈米祠之。此皆不火食。

右北经之山，凡八十七山，二万三千二百三十里。

第四卷 东山经

东山之首，曰樕𧐍之山，北临乾昧。食水出焉，而东北流注于海。其中多鳙鳙之鱼，其状如犁牛，其音如彘鸣。

又南三百里，曰藟山，其上有玉，其下有金。湖水出焉，东流注于食水，其中多活师。

又南三百里，曰栒状之山，其上多金玉，其下多青碧石。有兽焉，其状如犬，六足，其名曰从从，其鸣自詨。有鸟焉，其状如鸡而鼠毛，其名曰蚩鼠，见则其邑大旱。沢水出焉，而北流注于湖水。其中多箴鱼，其状如鲦。其喙如箴，食之无疫疾。

又南三百里，曰勃齐之山，无草木，无水。

又南三百里，曰番条之山，无草木，多沙。减水出焉，北流注于海，其中多鱤鱼。

又南四百里，曰姑儿之山，其上多漆，其下多桑柘。姑儿之水出焉，北流注于海，其中多鱤鱼。

又南四百里，曰高氏之山，其上多玉，其下多箴石。诸绳之水出焉，东流注于泽，其中多金玉。

又南三百里，曰岳山，其上多桑，其下多樗。泺水出焉，东流注于泽，其中多金玉。

又南三百里，曰犲山，其上无草木，其下多水，其中多堪𤡅之鱼。有兽焉，其状如夸父而彘毛，其音如呼，见则天下大水。

又南三百里，曰独山，其上多金玉，其下多美石。末涂之水出焉，而东南流注于沔，其中多䱤蠕，其状如黄蛇，鱼翼，出入有光，见则其邑大旱。

又南三百里，曰泰山，其上多玉，其下多金。有兽焉，其状如豚而有珠，名曰狪狪，其鸣自讧。环水出焉，东流注于汶，其中多水玉。

又南三百里，曰竹山，錞于汶，无草木，多瑶碧。激水出焉，而东南流注于娶檀之水，其中多茈羸。

凡东山之首，自樕𧐍之山以至于竹山，凡十二山，三千六百里。其神状皆人身龙首。祠：毛用一犬祈，衈用鱼。

东次二山之首，曰空桑之山，北临食水，东望沮吴，南望沙陵，西望湣泽。有兽焉，其状如牛而虎文，其音如钦，其名曰䑏䑏，其鸣自叫，见则天下大水。

又南六百里，曰曹夕之山，其下多榖而无水，多鸟兽。

又西南四百里，曰峄皋之山，其上

多金玉，其下多白垩。峄皋之水出焉，东流注于激女之水，其中多蜃珧。

又南水行五百里，流沙三百里，至于葛山之尾。无草木，多砥砺。

又南三百八十里，曰葛山之首，无草木。澧水出焉，东流注于余泽，其中多珠蟞鱼，其状如肺而四目，六足有珠，其味酸甘，食之无疠。

又南三百八十里，曰馀峨之山，其上多梓楠，其下多荆芑。杂余之水出焉，东流注于黄水。有兽焉，其状如菟而鸟喙，鸱目蛇尾，见人则眠，名曰犰狳，其鸣自讪，见则螽蝗为败。

又南三百里，曰杜父之山，无草木，多水。

又南三百里，曰耿山，无草木，多水碧，多大蛇。有兽焉，其状如狐而鱼翼，其名曰朱獳，其鸣自讪，见则其国有恐。

又南三百里，曰卢其之山，无草木，多沙石。沙水出焉，南流注于涔水，其中多鹈鹕，其状如鸳鸯而人足，其鸣自讪，见则其国多土功。

又南三百八十里，曰姑射之山，无草木，多水。

又南水行三百里，流沙百里，曰北姑射山，无草木，多石。

又南三百里，曰南姑射之山，无草木，多水。

又南三百里，曰碧山，无草木，多大蛇，多碧、水玉。

又南五百里，曰缑氏之山，无草木，多金玉。原水出焉，东流注于沙泽。

又南三百里，曰姑逢之山，无草木，多金玉。有兽焉，其状如狐而有翼，其音如鸿雁，其名曰獙獙，见则天下大旱。

又南五百里，曰凫丽之山，其上多金玉，其下多箴石。有兽焉，其状如狐，而九尾、九首、虎爪，名曰蠪蛭，其音如婴儿，是食人。

又南五百里，曰碝山，南临碝水，东望湖泽。有兽焉，其状如马而羊目、四角、牛尾，其音如嗥狗，其名曰峳峳。见则其国多狡客。有鸟焉，其状如凫而鼠尾，善登木，其名曰絜钩，见则其国多疫。

凡东次二山之首，自空桑之山至于碝山，凡十七山，六千六百四十里。其神状皆兽身人面载觡。其祠：毛用一鸡祈，婴用一璧瘗。

又东次三山之首，曰尸胡之山，北望䍧山，其上多金玉，其下多棘。有兽焉，其状如麋而鱼目，名曰妴胡，其鸣自讪。

又南水行八百里，曰岐山，其木多桃李，其兽多虎。

又南水行五百里，曰诸钩之山，无草木，多沙石。是山也，广员百里，多寐鱼。

又南水行七百里，曰中父之山，无草木，多沙。

又东水行千里，曰胡射之山，无草木，多沙石。

又南水行七百里，曰孟子之山。其木多梓桐，多桃李。其草多菌蒲，其兽多麋鹿。是山也，广员百里。其上有水出焉，名曰碧阳，其中多鳣鲔。

又南水行五百里，流沙五百里，有山焉，曰跂踵之山，广员二百里，无草木，有大蛇，其上多玉。有水焉，广员四十里，皆涌，其名曰深泽，其中多蠵龟。有鱼焉，其状如鲤，而六足鸟尾，名曰鲐鲐之鱼，其鸣自训。

又南水行九百里，曰踇隅之山，其上多草木，多金玉，多赭。有兽焉，其状如牛而马尾，名曰精精，其鸣自叫。

又南水行五百里，流沙三百里，至于无皋之山，南望幼海，东望榑木，无草木，多风。是山也，广员百里。

凡东次三山之首，自尸胡之山至于无皋之山，凡九山，六千九百里。其神状皆人身而羊角。其祠：用一牡羊，米用黍。是神也，见则风雨水为败。

东次四山之首，曰北号之山，临于北海。有木焉，其状如杨，赤华，其实如枣而无核，其味酸甘，食之不疟。食水出焉，而东北流注于海。有兽焉，其状如狼，赤首鼠目，其音如豚；名曰獦狙，是食人。有鸟焉，其状如鸡而白首，鼠足而虎爪，其名曰鬿雀，亦食人。

又南三百里，曰旄山，无草木。苍体之水出焉，而西流注于展水。其中多鳡鱼，其状如鲤而大首，食者不疣。

又南三百二十里，曰东始之山，上多苍玉。有木焉，其状如杨而赤理，其汁如血，不实，其名曰芑，可以服马。泚水出焉，而东北流注于海，其中多美贝、多茈鱼，其状如鲋，一首而十身，其臭如蘪芜，食之不糠。

又东南三百里，曰女烝之山，其上无草木。石膏水出焉，而西注于鬲水，其中多薄鱼，其状如鳣鱼而一目，其音如欧，见则天下大旱。

又东南二百里，曰钦山，多金玉而无石。师水出焉，而北流注于皋泽，其中多鳝鱼，多文贝。有兽焉，其状如豚而有牙，其名曰当康，其鸣自叫，见则天下大穰。

又东南二百里，曰子桐之山，子桐之水出焉，而西流注于馀如之泽。其中多鲭鱼，其状如鱼而鸟翼，出入有光，其音如鸳鸯，见则天下大旱。

又东北二百里，曰剡山，多金玉。有兽焉，其状如彘而人面，黄身而赤尾，其名曰合窳，其音如婴儿。是兽也，食人，亦食虫蛇，见则天下大水。

又东二百里，曰太山，上多金玉、桢木。有兽焉，其状如牛而白首，一目而蛇尾，其名曰蜚，行水则竭，行草则死，见则天下大疫。钩水出焉，而北流注于劳水，其中多鳝鱼。

凡东次四山之首，自北号之山至于太山，凡八山，一千七百二十里。

右东经之山，凡四十六山，万八千八百六十里。

第五卷　中山经

中山薄山之首，曰甘枣之山，共水出焉，而西流注于河。其上多杻木。其下有草焉，葵本而杏叶，黄华而荚实，名曰箨，可以已瞢。有兽焉，其状如鼣鼠而文题，其名曰𩥉，食之已瘿。

又东二十里，曰历儿之山，其上多橿，多枥木，是木也，方茎而员叶，黄华而毛，其实如楝，服之不忘。

又东十五里，曰渠猪之山。其上多竹。渠猪之水出焉，而南流注于河。其中是多豪鱼，状如鲔，而赤喙赤尾赤羽，可以已白癣。

又东三十五里，曰葱聋之山，其中多大谷，是多白垩，黑、青、黄垩。

又东十五里，曰湊山，其上多赤铜，其阴多铁。

又东七十里，曰脱扈之山，有草焉，其状如葵叶而赤华，荚实，实如棕荚，名曰植楮，可以已癙，食之不眯。

又东二十里，曰金星之山，多天婴，其状如龙骨，可以已痤。

又东七十里，曰泰威之山，其中有谷，曰枭谷，其中多铁。

又东十五里，曰橿谷之山，其中多赤铜。

又东百二十里，曰吴林之山，其中多葌草。

又北三十里，曰牛首之山，有草焉，名曰鬼草，其叶如葵而赤茎，其秀如禾，服之不忧。劳水出焉，而西流注于潏水。是多飞鱼，其状如鲋鱼，食之已痔衕。

又北四十里，曰霍山，其木多穀。有兽焉，其状如狸，而白尾有鬣，名曰朏朏，养之可以已忧。

又北五十二里，曰合谷之山，是多蓍棘。

又北三十五里，曰阴山，多砺石、文石。少水出焉，其中多彫棠，其叶如榆叶而方，其实如赤菽，食之已聋。

又东北四百里，曰鼓镫之山，多赤铜。有草焉，名曰荣草，其叶如柳，其本如鸡卵，食之已风。

凡薄山之首，自甘枣之山至于鼓镫之山，凡十五山，六千六百七十里。历儿，冢也，其祠礼：毛，太牢之具；县婴以吉玉。其余十三山者，毛用一羊，县婴用桑封，瘗而不糈。桑封者，桑玉也，方其下而锐其上，而中穿之加金。

中次二山济山之首，曰辉诸之山，其上多桑，其兽多闾麋，其鸟多鹖。

又西南二百里，曰发视之山，其上多金玉，其下多砥砺。即鱼之水出焉，而西流注于伊水。

又西三百里，曰豪山，其上多金玉而无草木。

又西三百里，曰鲜山，多金玉，无草木。鲜水出焉，而北流注于伊水。其中多鸣蛇，其状如蛇而四翼，其音如磬，见则其邑大旱。

又西三百里，曰阳山，多石，无草木。阳水出焉，而北流注于伊水。其中多化蛇，其状如人面而豺身，鸟翼而蛇行，其音如叱呼，见则其邑大水。

又西二百里，曰昆吾之山，其上多赤铜。有兽焉，其状如彘而有角，其音如号，名曰蛊雕，食之不眯。

又西百二十里，曰荔山，荔水出焉，而北流注于伊水，其上多金玉，其下多青、雄黄。有木焉，其状如棠而赤叶，名曰芒草，可以毒鱼。

又西一百五十里，曰独苏之山，无草木而多水。

又西二百里，曰蔓渠之山，其上多金玉，其下多竹箭。伊水出焉，而东流注于洛。有兽焉，其名曰马腹，其状如人面虎身，其音如婴儿，是食人。

凡济山之首，自辉诸之山至于蔓渠之山，凡九山，一千六百七十里。其神皆人面而鸟身。祠用毛，用一吉玉，投而不糈。

中次三山萯山之首，曰敖岸之山，其阳多㻬琈之玉，其阴多赭、黄金。神熏池居之。是常出美玉。北望河林，其状如茜如举。有兽焉，其状如白鹿而四角，名曰夫诸，见则其邑大水。

又东十里，曰青要之山，实惟帝之密都。是多驾鸟。南望墠渚，禹父之所化，是多仆累、蒲卢。䰠武罗司之，其状人面而豹文，小要而白齿，而穿耳以镰，其鸣如鸣玉。是山也，宜女子。畛水出焉，而北流注于河。其中有鸟焉，名曰鸩，其状如凫，青身而朱目赤尾，食之宜子。有草焉，其状如葌，而方茎、黄华、赤实，其本如藁本，名曰荀草，服之美人色。

又东十里，曰騩山，其上有美枣，其阴有㻬琈之玉。正回之水出焉，而北流注于河。其中多飞鱼，其状如豚而赤文，服之不畏雷，可以御兵。

又东四十里，曰宜苏之山，其上多金玉，其下多蔓居之木。滽滽之水出焉，而北流注于河，是多黄贝。

又东二十里，曰和山，其上无草木而多瑶碧，实惟河之九都。是山也五曲，九水出焉，合而北流注于河，其中多苍玉。吉神泰逢司之，其状如人而虎尾，是好居于萯山之阳，出入有光。泰逢神动天地气也。

凡萯山之首，自敖岸之山至于和山，凡五山，四百四十里。其祠：泰逢、熏池、武罗皆一牡羊副，婴用吉玉。其二神用一雄鸡瘗之，糈用稌。

中次四经釐山之首，曰鹿蹄之山，其上多玉，其下多金。甘水出焉，而北流注于洛，其中多泠石。

西五十里，曰扶猪之山，其上多礝石。有兽焉，其状如貉而人目，其名曰䝟。虢水出焉，而北流注于洛，其中多瓀石。

又西一百二十里，曰釐山，其阳多玉，其阴多蒐。有兽焉，其状如牛，苍身，其音如婴儿，是食人，其名曰犀渠。滽滽之水出焉，而南流注于伊水。有兽焉，名曰㹈，其状如獳犬而有鳞，其毛如彘鬣。

又西二百里，曰箕尾之山，多榖，多涂石，其上多㻬琈之玉。

又西二百五十里，曰柄山，其上多玉，其下多铜。滔雕之水出焉，而北流注于洛。其中多羬羊。有木焉，其状如樗，其叶如桐而荚实，其名曰茇，可以毒鱼。

又西二百里，曰白边之山，其上多金玉，其下多青、雄黄。

又西二百里，曰熊耳之山，其上多漆，其下多棕。浮濠之水出焉，而西流注于洛，其中多水玉，多人鱼。有草焉，其状如苏而赤华，名曰葶苎（tíng nìng），可以毒鱼。

又西三百里，曰牡山，其上多文石，其下多竹箭、竹䉋。其兽多㸲牛、羬羊，鸟多赤鷩。

又西三百五十里，曰谨举之山，雒水出焉，而东北流注于玄扈之水，其中多马肠之物。此二山者，洛间也。

凡釐山之首，自鹿蹄之山至于玄扈之山，凡九山，千六百七十里。其神状皆人面兽身。其祠之：毛用一白鸡，祈而不糈；以采衣之。

中次五山薄山之首，曰苟林之山，无草木，多怪石。

东三百里，曰首山，其阴多榖柞，其草多𦬸芫，其阳多㻬琈之玉，木多槐。其阴有谷，曰机谷。多𪁳鸟，其状如枭而三目，有耳，其音如录，食之已垫。

又东三百里，曰县𧴪之山，无草木，多文石。

又东三百里，曰葱聋之山，无草木，多摩石。

东北五百里，曰条谷之山，其木多槐桐，其草多芍药、虋冬。

又北十里，曰超山，其阴多苍玉，其阳有井，冬有水而夏竭。

又东五百里，曰成侯之山，其上多櫄木，其草多芁。

又东五百里，曰朝歌之山，谷多美垩。

又东五百里，曰槐山，谷多金锡。

又东十里，曰历山，其木多槐，其阳多玉。

又东十里，曰尸山，多苍玉，其兽多麖。尸水出焉，南流注于洛水，其中多美玉。

又东十里，曰良馀之山，其上多榖柞，无石。馀水出于其阴，而北流注于河；乳水出于其阳，而东南流注于洛。

又东南十里，曰蛊尾之山，多砺石、赤铜。龙馀之水出焉，而东南流注于洛。

又东北二十里，曰升山，其木多榖、柞棘，其草多藷藇、蕙，多寇脱。黄酸之水出焉，而北流注于河，其中多璇玉。

又东二十里，曰阳虚之山，多金，临于玄扈之水。

凡薄山之首，自苟林之山至于阳虚之山，凡十六山，二千九百八十二里。升山，冢也，其祠礼：太牢，婴用吉玉。首山，䰠也，其祠用𥞒、黑牺太牢之具、蘖酿；干儛，置鼓；婴用一璧。尸水，合天也，肥牲祠之，用一黑犬于上，用一雌鸡于下，刉一牝羊，献血。婴用吉玉。采之，飨之。

中次六山缟羝山之首，曰平逢之山，南望伊、洛，东望谷城之山，无草木，无水，多沙石。有神焉，其状如人而二首，名曰骄虫，是为螫虫，实惟蜂蜜之庐。其祠之：用一雄鸡，禳而勿杀。

西十里，曰缟羝之山，无草木，多金玉。

又西十里，曰𢈪山，其阴多㻬琈之玉。其西有谷焉，名曰蓷谷，其木多柳楮。其中有鸟焉，状如山鸡而长尾，赤如丹火而青喙，名曰鸰䳜，其鸣自呼，服之不眯。交觞之水出于其阳，而南流注于洛；俞随之水出于其阴，而北流注于谷水。

又西三十里，曰瞻诸之山，其阳多金，其阴多文石。谢水出焉，而东南流注于洛；少水出其阴，而东流注于谷水。

又西三十里，曰娄涿之山，无草木，多金玉。瞻水出其阳，而东流注于洛；陂水出其阴，而北流注于穀水，其中多茈石、文石。

又西四十里，曰白石之山，惠水出于其阳，而南流注于洛，其中多水玉。涧水出其阴，西北流注于谷水，其中多麋石、栌丹。

又西五十里，曰谷山，其上多穀，其下多桑。爽水出焉，而西北流注于谷水，其中多碧绿。

又西七十二里，曰密山，其阳多玉，其阴多铁。豪水出焉，而南流注于洛。其中多旋龟，其状鸟首而鳖尾，其音如判木。无草木。

又西百里，曰长石之山，无草木，多金玉。其西有谷焉，名曰共谷，多竹。共水出焉，西南流注于洛，其中多鸣石。

又西一百四十里，曰傅山，无草木，多瑶碧。厌染之水出于其阳，而南流注于洛，其中多人鱼。其西有林焉，名曰墦冢。穀水出焉，而东流注于洛，其中多珚玉。

又西五十里，曰橐山，其木多樗，多㮈木，其阳多金玉，其阴多铁，多萧。橐水出焉，而北流注于河。其中多脩辟之鱼，状如龟而白喙，其音如鸱，食之已白癣。

又西九十里，曰常烝之山，无草木，多垩。潐水出焉，而东北流注于河，其中多苍玉。菑水出焉，而北流注于河。

又西九十里，曰夸父之山，其木多棕楠，多竹箭，其兽多㸲牛羬羊，其鸟多鷩，其阳多玉，其阴多铁。其北有林焉，名曰桃林，是广员三百里，其中多马。湖水出

焉，而北流注于河，其中多珚玉。

又西九十里，曰阳华之山，其阳多金玉，其阴多青、雄黄，其草多藷藇，多苦辛，其状如楸，其实如瓜，其味酸甘，食之已疟。杨水出焉，而西南流注于洛，其中多人鱼。门水出焉，而东北流注于河，其中多玄𥐘。缟羝之水出其阴，而东流注于门水，其上多铜。

凡缟羝山之首，自平逢之山至于阳华之山，凡十四山，七百九十里。岳在其中，以六月祭之，如诸岳之祠法，则天下安宁。

中次七山苦山之首，曰休与之山，其上有石焉，名曰帝台之棋，五色而文，其状如鹑卵。帝台之石，所以祷百神者也，服之不蛊。有草焉，其状如蓍，赤叶而本丛生，名曰夙条，可以为簳。

东三百里，曰鼓钟之山。帝台之所以觞百神也。有草焉，方茎而黄华，员叶而三成，其名曰焉酸，可以为毒。其上多砺，其下多砥。

又东二百里，曰姑媱之山，帝女死焉，其名曰女尸，化为䔄草，其叶胥成，其华黄，其实如菟丘，服之媚于人。

又东二十里，曰苦山，有兽焉，名曰山膏，其状如豚，赤若丹火，善骂。其上有木焉，名曰黄棘，黄华而员叶，其实如兰，服之不字。有草焉，员叶而无茎，赤华而不实，名曰无条，服之不瘿。

又东二十七里，曰堵山，神天愚居之，是多怪风雨。其上有木焉，名曰天楄，方茎而葵状，服者不哽。

又东五十二里，曰放皋之山，明水

出焉，南流注于伊水，其中多苍玉。有木焉，其叶如槐，黄华而不实，其名曰蒙木，服之不惑。有兽焉，其状如蜂，枝尾而反舌，善呼，其名曰文文。

又东五十七里，曰大苦之山，多㻬琈之玉，多麋玉。有草焉，其状叶如榆，方茎而苍伤，其名曰牛伤，其根苍文，服者不厥，可以御兵。其阳狂水出焉，西南流注于伊水。其中多三足龟，食者无大疾，可以已肿。

又东七十里，曰半石之山，其上有草焉，生而秀，其高丈余，赤叶赤华，华而不实，其名曰嘉荣，服之者不畏霆。来需之水出于其阳，而西流注于伊水，其中多鲐鱼，黑文，其状如鲋，食者不睡。合水出于其阴，而北流注于洛，多䲢鱼，状如鳜，居逵，苍文赤尾，食者不痈，可以为瘘。

又东五十里，曰少室之山，百草木成囷。其上有木焉，名曰帝休，叶状如杨，其枝五衢，黄华黑实，服者不怒。其上多玉，其下多铁。休水出焉，而北流注于洛，其中多䱱鱼，状如盩蜼而长距，足白而对，食者无蛊疾，可以御兵。

又东三十里，曰泰室之山。其上有木焉，叶状如犁而赤理，其名曰栯木，服者不妒。有草焉，其状如苏，白华黑实，泽如蘡薁，其名曰䔄草，服之不昧。上多美石。

又北三十里，曰讲山。其上多玉，多柘，多柏。有木焉，名曰帝屋，叶状如椒，反伤赤实，可以御凶。

又北三十里，曰婴梁之山，上多苍玉，锌于玄石。

又东三十里，曰浮戏之山，有木焉，叶状如樗而赤实，名曰亢木，食之不蛊。汜水出焉，而北流注于河。其东有谷，因名曰蛇谷，上多少辛。

又东四十里，曰少陉之山，有草焉，名曰䓞草，叶状如葵，而赤茎白华，实如蘡薁，食之不愚。器难之水出焉，而北流注于役水。

又东南十里，曰太山，有草焉，名曰梨，其叶状如荻而赤华，可以已疽。太水出于其阳，而东南流注于役水；承水出于其阴，而东北流注于役水。

又东二十里，曰末山。上多赤金。末水出焉，北流注于役水。

又东二十五里，曰役山，上多白金，多铁。役水出焉，北流注于河。

又东三十五里，曰敏山，上有木焉，其状如荆，白华而赤实，名曰葪柏，服者不寒。其阳多㻬琈之玉。

又东三十里，曰大騩之山，其阴多铁、美玉、青垩。有草焉，其状如蓍而毛，青华而白实，其名曰䔄，服之不夭，可以为腹病。

凡苦山之首，自休与之山至于大騩之山，凡十有九山，千一百八十四里。其十六神者，皆豕身而人面。其祠：毛牷用一羊羞，婴用一藻玉瘗。苦山、少室、太室皆冢也，其祠之：太牢之具，婴以吉玉。其神状皆人面而三首，其余属皆豕身人面也。

中次八山荆山之首，曰景山，其上多金玉，其木多杼檀。雎水出焉，东南流注于江，其中多丹粟，多文鱼。

东北百里，曰荆山，其阴多铁，其阳多赤金；其中多犛牛，多豹虎，其木多松柏，其草多竹，多橘櫾，漳水出焉，而东南流注于雎，其中多黄金，多鲛鱼，其兽多闾麋。

又东北百五十里，曰骄山，其上多玉，其下多青䨼，其木多松柏，多桃枝钩端。神鼍围处之，其状如人面羊角虎爪，恒游于雎漳之渊，出入有光。

又东北百二十里，曰女几之山，其上多玉，其下多黄金，其兽多豹虎，多闾麋麈麂，其鸟多白鷮，多翟，多鸩。

又东北二百里，曰宜诸之山，其上多金玉，其下多青䨼。洈水出焉，而南流注于漳，其中多白玉。

又东北三百五十里，曰纶山，其木多梓楠，多桃枝，多柤、栗、橘、櫾，其兽多闾、麈、麢、㚟。

又东北二百里，曰陆郻之山。其上多㻬琈之玉，其下多垩，其木多杻橿。

又东百三十里，曰光山，其上多碧，其下多木。神计蒙处之，其状人身而龙首，恒游于漳渊，出入必有飘风暴雨。

又东百五十里，曰岐山，其阳多赤金，其阴多白珉，其上多金玉，其下多青䨼，其木多樗。神涉鼍处之，其状人身而方面三足。

又东百三十里，曰铜山，其上多金、银、铁，其木多榖、柞、柤、栗、橘、櫾，其兽多豻。

又东北一百里，曰美山，其兽多兕牛，多闾麈，多豕鹿，其上多金，其下多青䨼。

又东北百里，曰大尧之山，其木多松柏，多梓桑，多机，其草多竹，其兽多豹、虎、麢、㚟。

又东北三百里，曰灵山，其上多金玉，其下多青䨼，其木多桃、李、梅、杏。

又东北七十里，曰龙山，上多寓木，其上多碧，其下多赤锡，其草多桃枝钩端。

又东南五十里，曰衡山，上多寓木榖柞，多黄垩、白垩。

又东南七十里，曰石山，其上多金，其下多青䨼，多寓木。

又南百二十里，曰若山，其上多㻬琈之玉，多赭，多封石，多寓木，多柘。

又东南一百二十里，曰彘山，多美石，多柘。

又东南一百五十里，曰玉山，其上多金玉，其下多碧铁，其木多柏。

又东南七十里，曰灌山，其木多檀，多封石，多白锡。郁水出于其上，潜于其下，其中多砥砺。

又东北百五十里，曰仁举之山。其木多榖柞，其阳多赤金，其阴多赭。

又东五十里，曰师每之山，其阳多砥砺，其阴多青䨼，其木多柏，多檀，多柘，其草多竹。

又东南二百里，曰琴鼓之山，其木多榖、柞、椒、柘；其上多白珉，其下多洗石，其兽多豕鹿，多白犀，其鸟多鸩。

凡荆山之首，自景山至琴鼓之山，凡二十三山，二千八百九十里。其神状皆鸟身而人面。其祠：用一雄鸡祈瘗，婴用一藻圭，糈用稌。骄山，冢也。其祠：用羞酒少牢祈瘗，婴用一璧。

中次九山岷山之首，曰女几之山，其上多石涅，其木多杻橿，其草多菊荣。洛水出焉，东注于江，其中多雄黄，其兽多虎、豹。

又东北三百里，曰岷山，江水出焉，东北流注于海，其中多良龟，多鼍。其上多金玉，其下多白珉。其木多梅棠，其兽多犀象，多夔牛，其鸟多翰鷩。

又东北一百四十里，曰崃山，江水出焉，东流注于大江。其阳多黄金，其阴多麋麈。其木多檀柘，其草多薤、韭，多药、空夺。

又东一百五十里，曰崌山，江水出焉，东流注于大江，其中多怪蛇，多鳌鱼，其木多楢杻，多梅梓，其兽多夔牛、羬、臭、犀、兕。有鸟焉，状如鸮而赤身白首，其名曰窃脂，可以御火。

又东三百里，曰高梁之山，其上多垩，其下多砥砺，其木多桃枝、钩端。有草焉，状如葵而赤华，荚实白柎，可以走马。

又东四百里，曰蛇山，其上多黄金，其下多垩，其木多栒，多豫章，其草多嘉荣、少辛。有兽焉，其状如狐，而白尾长耳，名𤝻狼，见则国内有兵。

又东五百里，曰鬲山，其阳多金，其阴多白珉。蒲鹳之水出焉，而东流注于江，其中多白玉。其兽多犀、象、熊、罴，多猿、蜼。

又东北三百里，曰隅阳之山，其上多金玉，其下多青雘，其木多梓桑，其草多茈。徐之水出焉，东流注于江，其中多丹粟。

又东二百五十里，曰岐山，其上多白金，其下多铁，其木多梅梓，多杻楢，减水出焉，东南流注于江。

又东三百里，曰勾㭜之山，其上多玉，其下多黄金，其木多栎柘，其草多芍药。

又东一百五十里，曰风雨之山，其上多白金，其下多石涅，其木多椒椐，多杨。宣余之水出焉，东流注于江，其中多蛇，其兽多闾、麋，麈多豹虎，其鸟多白鸮。

又东北二百里，曰玉山。其阳多铜，其阴多赤金，其木多豫章楢杻，其兽多豕鹿麢臭，其鸟多鸩。

又东一百五十里，曰熊山，有穴焉，熊之穴，恒出神人。夏启而冬闭，是穴也，冬启乃必有兵。其上多白玉，其下多白金，其木多樗柳，其草多寇脱。

又东一百四十里，曰騩山，其阳多美玉赤金，其阴多铁，其木多桃枝、荆、芭。

又东二百里，曰葛山，其上多赤金，其下多瑊石，其木多柤、栗、橘、櫾、楢、杻，其兽多麢、臭，其草多嘉荣。

又东一百七十里，曰贾超之山，其阳多黄垩，其阴多美赭，其木多柤栗橘櫾，其中多龙脩。

凡岷山之首，自女几之山至于贾超之山，凡十六山，三千五百里。其神状皆马身而龙首。其祠：毛用一雄鸡瘗，糈用稌。文山、勾㭜、风雨、騩之山，是皆冢也。其祠之：羞酒，少牢具，婴用一吉玉。熊山，帝也，其祠：羞酒，太牢具，婴用一璧。干儛，用兵以禳；祈，璆冕舞。

中次十山之首，曰首阳之山，其上多金玉，无草木。

又西五十里，曰虎尾之山，其木多

椒椐，多封石，其阳多赤金，其阴多铁。

又西南五十里，曰繁缋之山，其木多楢杻，其草多枝勾。

又西南二十里，曰勇石之山，无草木，多白金，多水。

又西二十里，曰复州之山，其木多檀，其阳多黄金。有鸟焉，其状如鸮，而一足彘尾，其名曰跂踵，见则其国大疫。

又西二十里，曰楮山，多寓木，多椒椐，多柘，多垩。

又西二十里，曰又原之山，其阳多青䨼，其阴多铁，其鸟多鸜鹆。

又西五十里，曰涿山，其木多榖柞杻，其阳多㻬琈之玉。

又西七十里，曰丙山，其木多梓檀，多㺯杻。

凡首阳山之首，自首山至于丙山，凡九山，二百六十七里。其神状皆龙身而人面。其祠之：毛用一雄鸡瘗，糈用五种之糈。堵山，冢也，其祠之：少牢具，羞酒祠，婴用一璧瘗。騩山，帝也，其祠：羞酒，太牢具，合巫祝二人儛，婴一璧。

中次一十一山荆山之首，曰翼望之山。湍水出焉，东流注于济；贶水出焉，东南流注于汉，其中多蛟。其上多松柏，其下多漆梓。其阳多赤金，其阴多珉。

又东北一百五十里，曰朝歌之山，潕水出焉，东南流注于荥，其中多人鱼。其上多梓楠，其兽多麢麋。有草焉，名曰莽草，可以毒鱼。

又东南二百里，曰帝囷之山，其阳多㻬琈之玉，其阴多铁。帝囷之水出于其上，潜于其下，多鸣蛇。

又东南五十里，曰视山，其上多韭。有井焉，名曰天井，夏有水，冬竭。其上多桑，多美垩金玉。

又东南二百里，曰前山，其木多槠，多柏，其阳多金，其阴多赭。

又东南三百里，曰丰山，有兽焉，其状如猿，赤目、赤喙、黄身，名曰雍和，见则国有大恐。神耕父处之，常游清泠之渊，出入有光，见则其国为败。有九钟焉，是知霜鸣。其上多金，其下多榖柞杻橿。

又东北八百里，曰兔床之山，其阳多铁，其木多櫧芋，其草多鸡谷，其本如鸡卵，其味酸甘，食者利于人。

又东六十里，曰皮山，多垩，多赭，其木多松柏。

又东六十里，曰瑶碧之山。其木多梓楠，其阴多青䨼，其阳多白金。有鸟焉，其状如雉，恒食蜚，名曰鸩。

又东四十里，曰攻离之山，淯水出焉，南流注于汉。有鸟焉，其名曰婴勺，其状如鹊，赤目、赤喙、白身，其尾若勺，其鸣自呼。多柞牛，多羬羊。

又东北五十里，曰祑𥳽之山，其上多松柏机桓。

又西北一百里，曰堇理之山，其上多松柏，多美梓，其阴多丹䨼，多金，其兽多豹虎。有鸟焉，其状如鹊，青身白喙，白目白尾，名曰青耕，可以御疫，其鸣自叫。

又东南三十里，曰依轱之山，其上多杻橿，多苴。有兽焉，其状如犬，虎爪有甲，其名曰獜，善駃牮，食者不风。

又东南三十五里，曰即谷之山，多美玉，多玄豹，多闾麈，多麢臭。其阳多珉，其阴多青䨼。

又东南四十里，曰鸡山，其上多美梓，多桑，其草多韭。

又东南五十里，曰高前之山，其上有水焉，甚寒而清，帝台之浆也，饮之者不心痛。其上有金，其下有赭。

又东南三十里，曰游戏之山，多枏、橿、穀，多玉，多封石。

又东南三十五里，曰从山，其上多松柏，其下多竹。从水出于其上，潜于其下，其中多三足鳖，枝尾，食之无蛊疫。

又东南三十里，曰婴硬之山，其上多松柏，其下多梓櫄。

又东南三十里，曰毕山，帝苑之水出焉，东北流注于溁，其中多水玉，多蛟。其上多㻬琈之玉。

又东南二十里，曰乐马之山，有兽焉，其状如彙，赤如丹火，其名曰㺉，见则其国大疫。

又东南二十五里，曰葴山，溁水出焉，东南流注于汝水，其中多人鱼，多蛟，多颉。

又东四十里，曰婴山，其下多青䨼，其上多金玉。

又东三十里，曰虎首之山，多苴椆椐。

又东二十里，曰婴侯之山，其上多封石，其下多赤锡。

又东五十里，曰大孰之山，杀水出焉，东北流注于溁水，其中多白垩。

又东四十里，曰卑山，其上多桃李苴梓，多纍。

又东三十里，曰倚帝之山，其上多玉，其下多金。有兽焉，状如獣鼠，白耳白喙，名曰狙如，见则其国有大兵。

又东三十里，曰鲵山，鲵水出于其上，潜于其下，其中多美垩。其上多金，其下多青䨼。

又东三十里，曰雅山，澧水出焉，东流注于溁水，其中多大鱼。其上多美桑，其下多苴，多赤金。

又东五十五里，曰宣山。沦水出焉，东南流注于溁水，其中多蛟。其上有桑焉，大五十尺，其枝四衢，其叶大尺余，赤理黄华青柎，名曰帝女之桑。

又东四十五里，曰衡山，其上多青䨼，多桑，其鸟多鸜鹆。

又东四十里，曰丰山，其上多封石，其木多桑，多羊桃，状如桃而方茎，可以为皮张。

又东七十里，曰姬山，其上多美玉，其下多金，其草多鸡谷。

又东三十里，曰鲜山，其木多楢、杻、苴，其草多䉨冬，其阳多金，其阴多铁。有兽焉，其状如膜犬，赤喙、赤目、白尾，见则其邑有火，名曰狼即。

又东三十里，曰皋山，其阳多金，其阴多美石。皋水出焉，东流注于澧水，其中多脃石。

又东二十五里，曰大支之山，其阳多金，其木多穀柞，无草。

又东五十里，曰区吴之山，其木多苴。

又东五十里，曰声匈之山，其木多穀，

多玉，上多封石。

又东五十里，曰大騩之山，其阳多赤金，其阴多砥石。

又东十里，曰踵臼之山，无草木。

又东北七十里，曰历石之山，其木多荆芑，其阳多黄金，其阴多砥石。有兽焉，其状如狸，而白首虎爪，名曰梁渠，见则其国有大兵。

又东南一百里，曰求山，求水出于其上，潜于其下，中有美赭。其木多苴，多镛。其阳多金，其阴多铁。

又东二百里，曰丑阳之山，其上多椆椐。有鸟焉，其状如乌而赤足，名曰䭸鵌，可以御火。

又东三百里，曰奥山，其上多柏杻橿，其阳多㻬琈之玉。奥水出焉，东流注于漾水。

又东三十五里，曰服山，其木多苴，其上多封石，其下多赤锡。

又东百十里，曰杳山，其上多嘉荣草，多金玉。

又东三百五十里，曰几山，其木多楢檀杻，其草多香。有兽焉，其状如彘，黄身、白头、白尾，名曰闻獜，见则天下大风。

凡荆山之首，自翼望之山至于几山，凡四十八山，三千七百三十二里。其神状皆彘身人首。其祠：毛用一雄鸡祈，瘗用一珪，糈用五种之精。禾山，帝也。其祠：太牢之具，羞瘗，倒毛，用一璧。牛无常。堵山、玉山，冢也，皆倒祠，羞用少牢，婴用吉玉。

中次一十二山洞庭山之首，曰篇遇之山，无草木，多黄金。

又东南五十里，曰云山，无草木，有桂竹，甚毒，伤人必死。其上多黄金，其下多㻬琈之玉。

又东南一百三十里，曰龟山，其木多榖柞椆椐，其上多黄金，其下多青、雄黄，多扶竹。

又东七十里，曰丙山，多筀竹，多黄金铜铁，无木。

又东南五十里，曰风伯之山，其上多金玉，其下多痠石、文石，多铁，其木多柳、杻、檀、楮。其东有林焉，曰莽浮之林，多美木鸟兽。

又东一百五十里，曰夫夫之山，其上多黄金，其下多青、雄黄，其木多桑楮，其草多竹、鸡鼓。神于儿居之，其状人身而身操两蛇，常游于江渊，出入有光。

又东南一百二十里，曰洞庭之山，其上多黄金，其下多银铁，其木多柤、梨、橘、櫾，其草多葌、蘪芜、芍药、芎藭。帝之二女居之，是常游于江渊。澧沅之风，交潇湘之渊，是在九江之间，出入必以飘风暴雨。是多怪神，状如人而载蛇，左右手操蛇。多怪鸟。

又东南一百八十里，曰暴山，其木多棕、楠、荆、芑、竹、箭、䉋、箘，其上多黄金、玉，其下多文石、铁，其兽多麋鹿麂，就。

又东南二百里，曰即公之山，其上多黄金，其下多㻬琈之玉，其木多柳、杻、檀、桑。有兽焉，其状如龟，而白身赤首，名曰蛫，是可以御火。

又东南一百五十九里，曰尧山，其阴多黄垩，其阳多黄金，其木多荆、芑、柳、檀，其草多藷、藇、䒞。

又东南一百里，曰江浮之山，其上多银、砥砺，无草木，其兽多豕鹿。

又东二百里，曰真陵之山，其上多黄金，其下多玉，其木多榖、柞、柳、杻，其草多荣草。

又东南一百二十里，曰阳帝之山，多美铜，其木多橿、杻、㯶、楮，其兽多麢、麝。

又南九十里，曰柴桑之山，其上多银，其下多碧，多泠石、赭，其木多柳芑楮桑，其兽多麋鹿，多白蛇、飞蛇。

又东二百三十里，曰荣余之山，其上多铜，其下多银，其木多柳芑，其虫多怪蛇、怪虫。

凡洞庭山之首，自篇遇之山至于荣余之山，凡十五山，二千八百里。其神状皆鸟身而龙首。其祠：毛用一雄鸡，一牝豚刉，糈用秫。凡夫夫之山、即公之山、尧山、阳帝之山，皆冢也，其祠：皆肆瘗；祈用酒，毛用少牢，婴用一吉玉。洞庭、荣余山，神也，其祠：皆肆瘗；祈酒太牢祠，婴用珪璧十五，五采惠之。

禹曰：天下名山，经五千三百七十山，六万四千五十六里，居地也。言其《五臧》，盖其余小山甚众，不足记云。天地之东西二万八千里，南北二万六千里，出水者八千里，受水者八千里，出铜之山四百六十七，出铁之山三千六百九十。此天地之所分壤树谷也，戈矛之所发也，刀铩之所起也，能者有余，拙者不足。封于太山，禅于梁父，七十二家，得失之数，皆在此内，是谓国用。

第六卷　海外南经

地之所载，六合之间，四海之内，照之以日月，经之以星辰，纪之以四时，要之以太岁。神灵所生，其物异形，或夭或寿，唯圣人能通其道。

海外自西南陬至东南陬者。

结匈国在其西南，其为人结匈。

南山在其东南。自此山来，虫为蛇，蛇号为鱼。一曰南山在结匈东南。

比翼鸟在其东，其为鸟青、赤，两鸟比翼。一曰在南山东。

羽民国在其东南，其为人长头，身生羽。一曰在比翼鸟东南，其为人长颊。

有神人二八，连臂，为帝司夜于此野。在羽民东，其为人小颊赤肩。

毕方鸟在其东，青水西，其为鸟一脚。一曰在二八神东。

讙头国在其南，其为人人面有翼，鸟喙，方捕鱼。一曰在毕方东。或曰讙朱国。

厌火国在其国南，兽身黑色，火出其口中，一曰在讙朱东。

三珠树在厌火北，生赤水上，其为树如柏，叶皆为珠。一曰其为树若彗。

三苗国在赤水东，其为人相随。一曰三毛国。

䫇国在其东，其为人黄，能操弓射蛇。一曰䫇国在三毛东。

贯匈国在其东，其为匈人有窍。一曰在䫇国东。

交胫国在其东，其为人交胫。一曰

在穿匈东。

不死民在其东，其为人黑色，寿，不死。一曰在穿匈国东。

反舌国在其东，其为人反舌。一曰支舌国，在不死民东。

昆仑虚在其东，虚四方。一曰在反舌东，为虚四方。

羿与凿齿战于寿华之野，羿射杀之。在昆仑虚东。羿持弓矢，凿齿持盾。一曰持戈。

三首国在其东，其为人一身三首。一曰在凿齿东。

周饶国在其东，其为人短小，冠带。一曰焦侥国在三首东。

长臂国在其东，捕鱼水中，两手各操一鱼。一曰在焦侥东，捕鱼海中。

狄山，帝尧葬于阳，帝喾葬于阴。爰有熊、罴、文虎、蜼、豹、离朱、视肉。吁咽、文王皆葬其所。一曰汤山。一曰爰有熊、罴、文虎、蜼、豹、离朱、鸱久、视肉、虖交。

其范林方三百里。

南方祝融，兽身人面，乘两龙。

第七卷　海外西经

海外自西南陬至西北陬者。

灭蒙鸟在结匈国北，为鸟青，赤尾。

大运山高三百仞，在灭蒙鸟北。

大乐之野，夏后启于此儛《九代》，乘两龙，云盖三层。左手操翳，右手操环，佩玉璜。在大运山北。一曰大遗之野。

三身国在夏后启北，一首而三身。

一臂国在其北，一臂、一目、一鼻孔。有黄马虎文，一目而一手。

奇肱之国在其北，其人一臂三目，有阴有阳，乘文马。有鸟焉，两头，赤黄色，在其旁。

刑天与帝争神，帝断其首，葬之常羊之山。乃以乳为目，以脐为口，操干戚以舞。

女祭、女戚在其北，居两水间。戚操鱼觛，祭操俎。

鸾鸟、鹑鸟，其色青黄，所经国亡。在女祭北。鹑鸟人面，居山上。一曰维鸟，青鸟、黄鸟所集。

丈夫国在维鸟北，其为人衣冠带剑。

女丑之尸，生而十日炙杀之。在丈夫北。以右手鄣其面。十日居上，女丑居山之上。

巫咸国在女丑北，右手操青蛇，左手操赤蛇。在登葆山，群巫所从上下也。

并封在巫咸东，其状如彘，前后皆有首，黑。

女子国在巫咸北，两女子居，水周之。一曰居一门中。

轩辕之国在穷山之际，其不寿者八百岁。在女子国北。人面蛇身，尾交首上。

穷山在其北，不敢西射，畏轩辕之丘。在轩辕国北。其丘方，四蛇相绕。

诸沃之野，沃民是处，鸾鸟自歌，凤鸟自舞。凤皇卵，民食之；甘露，民饮之，所欲自从也。百兽相与群居。在四蛇北。其人两手操卵食之，两鸟居前导之。

龙鱼陵居在其北，状如鲤。一曰鰕。即有神圣乘此以行九野。一曰鳖鱼在沃野北，其为鱼也如鲤。

白民之国在龙鱼北，白身被发。有乘黄，其状如狐，其背上有角，乘之寿二千岁。

肃慎之国在白民北，有树名曰雒常，圣人代立，于此取衣。

长股之国在雒常北，被发。一曰长脚。

西方蓐收，左耳有蛇，乘两龙。

第八卷　海外北经

海外自西北陬至东北陬者。

无启之国在长股东，为人无启。

钟山之神，名曰烛阴，视为昼，瞑为夜，吹为冬，呼为夏，不饮，不食，不息，息为风，身长千里。在无启之东。其为物，人面，蛇身，赤色，居钟山下。

一目国在其东，一目中其面而居。一曰有手足。

柔利国在一目东，为人一手一足，反卻，曲足居上。一云留利之国，人足反折。

共工之臣曰相柳氏，九首，以食于九山。相柳之所抵，厥为泽谿。禹杀相柳，其血腥，不可以树五谷种。禹厥之，三仞三沮，乃以为众帝之台。在昆仑之北，柔利之东。相柳者，九首人面，蛇身而青。不敢北射，畏共工之台。台在其东。台四方，隅有一蛇，虎色，首冲南方。

深目国在其东，为人深目，举一手。一曰在共工台东。

无肠之国在深目东，其为人长而无肠。

聂耳之国在无肠国东，使两文虎，为人两手聂其耳。县居海水中，及水所出入奇物。两虎在其东。

夸父与日逐走，入日。渴欲得饮，饮于河渭，河渭不足，北饮大泽。未至，道渴而死。弃其杖，化为邓林。

夸父国在聂耳东，其为人大，右手操青蛇，左手操黄蛇。邓林在其东，二树木。一曰博父。

禹所积石之山在其东，河水所入。

拘瘿之国在其东，一手把瘿。一曰利瘿之国。

寻木长千里，在拘瘿南，生河上西北。

跂踵国在拘瘿东，其为人两足皆支。一曰反踵。

欧丝之野在反踵东，一女子跪据树欧丝。

三桑无枝，在欧丝东，其木长百仞，无枝。

范林方三百里，在三桑东，洲环其下。

务隅之山，帝颛顼葬于阳，九嫔葬于阴。一曰爱有熊、罴、文虎、离朱、鸱久、视肉。

平丘在三桑东，爰有遗玉、青鸟、视肉、杨柳、甘柤、甘华，百果所生。在两山夹上谷，二大丘居中，名曰平丘。

北海内有兽，其状如马，名曰騊駼。有兽焉，其名曰駮，状如白马，锯牙，食虎豹。有素兽焉，状如马，名曰蛩蛩。有青兽焉，状如虎，名曰罗罗。

北方禺彊，人面鸟身，珥两青蛇，践两青蛇。

第九卷　海外东经

海外自东南陬至东北陬者。

𨮯丘，爰有遗玉、青马、视肉、杨柳、甘柤、甘华，百果所生。在东海，两山夹丘，上有树木。一曰嗟丘。一曰百果所在，在尧葬东。

大人国在其北，为人大，坐而削船。一曰在䳒丘北。

奢比之尸在其北，兽身、人面、大耳，珥两青蛇。一曰肝榆之尸在大人北。

君子国在其北，衣冠带剑，食兽，使二文虎在旁，其人好让不争。有薰华草，朝生夕死。一曰在肝榆之尸北。

䖒䖒在其北，各有两首。一曰在君子国北。

朝阳之谷，神曰天吴，是为水伯。在䖒䖒北两水间。其为兽也，八首人面，八足八尾，背青黄。

青丘国在其北，其人食五谷，衣丝帛。其狐四足九尾。一曰在朝阳北。

帝命竖亥步，自东极至于西极，五亿十选九千八百步。竖亥右手把算，左手指青丘北。一曰禹令竖亥。一曰五亿十万九千八百步。

黑齿国在其北，为人黑齿，食稻啖蛇，一赤一青，在其旁。一曰在竖亥北，为人黑齿，食稻使蛇，其一蛇赤。

下有汤谷。汤谷上有扶桑，十日所浴，在黑齿北。居水中，有大木，九日居下枝，一日居上枝。

雨师妾（国）在其北，其为人黑，两手各操一蛇，左耳有青蛇，右耳有赤蛇。一曰在十日北，为人黑身人面，各操一龟。

玄股之国在其北，其为人股黑，衣鱼食鸥，两鸟夹之。一曰在雨师妾（国）北。

毛民之国在其北，为人身生毛。一曰在玄股北。

劳民国在其北，其为人黑，食果草实也。有一鸟两头。或曰教民。一曰在毛民北，为人面目手足尽黑。

东方句芒，鸟身人面，乘两龙。

建平元年四月丙戌，待诏太常属臣望校治，侍中光禄勋臣龚、侍中奉车都尉光禄大夫臣秀领主省。

第十卷　海内南经

海内东南陬以西者。

瓯居海中。闽在海中，其西北有山。一曰闽中山在海中。

三天子鄣山在闽西海北。一曰在海中。

桂林八树在番隅东。

伯虑国、离耳国、雕题国、北朐国皆在郁水南。郁水出湘陵南山。一曰相虑。

枭阳国在北朐之西。其为人人面长唇，黑身有毛，反踵，见人笑亦笑，左手操管。

兕在舜葬东，湘水南，其状如牛，苍黑，一角。

苍梧之山，帝舜葬于阳，帝丹朱葬于阴。

氾林方三百里，在狌狌东。

狌狌知人名，其为兽如豕而人面，在舜葬西。

狌狌西北有犀牛，其状如牛而黑。

夏后启之臣曰孟涂，是司神于巴。巴人讼于孟涂之所，其衣有血者乃执之，是请生。居山上，在丹山西。

窫窳居弱水中，在狌狌之西，其状如䝙，龙首，食人。

有木，其状如牛，引之有皮，若缨、

黄蛇。其叶如罗，其实如栾，其木若芘，其名曰建木。在窫窳西弱水上。

氐人国在建木西，其为人人面而鱼身，无足。

巴蛇食象，三岁而出其骨，君子服之，无心腹之疾。其为蛇青黄赤黑。一曰黑蛇青首，在犀牛西。

旄马，其状如马，四节有毛。在巴蛇西北，高山南。

匈奴、开题之国、列人之国并在西北。

第十一卷 海内西经

海内西南陬以北者。

贰负之臣曰危，危与贰负杀窫窳。帝乃梏之疏属之山，桎其右足，反缚两手与发，系之山上木。在开题西北。

大泽方百里，群鸟所生及所解。在雁门北。

雁门山，雁出其间，在高柳北。

高柳在代北。

后稷之葬，山水环之。在氐国西。

流黄酆氏之国，中方三百里，有涂四方，中有山。在后稷葬西。

流沙出钟山，西行又南行昆仑之虚，西南入海，黑水之山。

东胡在大泽东。

夷人在东胡东。

貊国在汉水东北。地近于燕，灭之。

孟鸟在貊国东北。其鸟文赤、黄、青，东乡。

海内昆仑之虚，在西北，帝之下都。昆仑之虚，方八百里，高万仞。上有木禾，长五寻，大五围。面有九井，以玉为槛。面有九门，门有开明兽守之，百神之所在。在八隅之岩，赤水之际，非仁羿莫能上冈之岩。

赤水出东南隅，以行其东北，西南流注南海厌火东。

河水出东北隅，以行其北，西南又入渤海，又出海外，即西而北，入禹所导积石山。

洋水、黑水出西北隅，以东，东行，又东北，南入海，羽民南。

弱水、青水出西南隅，以东，又北，又西南，过毕方鸟东。

昆仑南渊深三百仞。开明兽身大类虎而九首，皆人面，东向立昆仑上。

开明西有凤皇、鸾鸟，皆戴蛇践蛇，膺有赤蛇。

开明北有视肉、珠树、文玉树、玗琪树、不死树。凤皇、鸾鸟皆戴瞂。又有离朱、木禾、柏树、甘水、圣木曼兑，一曰挺木牙交。

开明东有巫彭、巫抵、巫阳、巫履、巫凡、巫相，夹窫窳之尸，皆操不死之药以距之。窫窳者，蛇身人面，贰负臣所杀也。

服常树，其上有三头人，伺琅玕树。

开明南有树鸟，六首；蛟、蝮、蛇、蜼、豹、鸟秩树，于表池树木；诵鸟、鹝、视肉。

第十二卷 海内北经

海内西北陬以东者。

蛇巫之山，上有人操柸而东乡立。一曰龟山。

西王母梯几而戴胜杖，其南有三青鸟，为西王母取食。在昆仑虚北。

有人曰大行伯，把戈。其东有犬封国。贰负之尸在大行伯东。

犬封国曰犬戎国，状如犬。有一女子，方跪进杯食。有文马，缟身朱鬣，目若黄金，名曰吉量，乘之寿千岁。

鬼国在贰负之尸北，为物人面而一目。一曰贰负神在其东，为物人面蛇身。

蜪犬如犬，青，食人从首始。

穷奇状如虎，有翼，食人从首始，所食被发。在蜪犬北。一曰从足。

帝尧台、帝喾台、帝丹朱台、帝舜台，各二台，台四方，在昆仑东北。

大蜂，其状如螽；朱蛾，其状如蛾。

蟜，其为人虎文，胫有启，在穷奇东。一曰状如人，昆仑虚北所有。

阘非，人面而兽身，青色。

据比之尸，其为人折颈被发，无一手。

环狗，其为人兽首人身。一曰蝟状如狗，黄色。

袜，其为物人身、黑首、从目。

戎，其为人人首三角。

林氏国有珍兽，大若虎，五采毕具，尾长于身，名曰驺吾，乘之日行千里。

昆仑虚南所，有氾林方三百里。

从极之渊，深三百仞，维冰夷恒都焉。冰夷人面，乘两龙。一曰忠极之渊。

阳汙之山，河出其中；凌门之山，河出其中。

王子夜之尸，两手、两股、胸、首、齿，皆断异处。

舜妻登比氏生宵明、烛光，处河大泽，二女之灵能照此所方百里。一曰登北氏。

盖国在钜燕南，倭北。倭属燕。

朝鲜在列阳东，海北山南。列阳属燕。

列姑射在海河州中。

姑射国在海中，属列姑射。西南，山环之。

大蟹在海中。

陵鱼人面，手足，鱼身，在海中。

大鯾居海中。

明组邑居海中。

蓬莱山在海中。

大人之市在海中。

第十三卷　海内东经

海内东北陬以南者。

钜燕在东北陬。

国在流沙中者，埻端、玺㬇，在昆仑虚东南。一曰海内之郡，不为郡县，在流沙中。

国在流沙外者，大夏、竖沙、居繇、月支之国。

西胡白玉山在大夏东，苍梧在白玉山西南，皆在流沙西，昆仑虚东南。昆仑山在西胡西。皆在西北。

雷泽中有雷神，龙身而人头，鼓其腹。在吴西。

都州在海中。一曰郁州。

琅邪台在渤海间，琅邪之东。其北有山。一曰在海间。

都州在海中。一曰郁州。

韩雁在海中，都州南。

始鸠在海中，韩雁南。

会稽山在大楚南。

岷三江：首大江出汶山，北江出曼山，南江出高山。高山在成都西，入海，在长州南。

浙江出三天子都，在蛮东，在闽西北。入海，馀暨南。

庐江出三天子都。入江，彭泽西。一曰天子鄣。

淮水出馀山，馀山在朝阳东，义乡西。入海，淮浦北。

湘水出舜葬东南陬，西环之。入洞庭下。一曰东南西泽。

汉水出鲋鱼之山，帝颛顼葬于阳，九嫔葬于阴，四蛇卫之。

濛水出汉阳西，入江，聂阳西。

温水出崆峒，崆峒山在临汾南，入河，华阳北。

颍水出少室山，少室山在雍氏南，入淮西鄢北。一曰緱氏。

汝水出天息山，在梁勉乡西南，入淮极西北。一曰淮在期思北。

泾水出长城北山，山在郁郅长垣北。北入渭，戏北。

渭水出鸟鼠同穴山。东注河，入华阴北。

白水出蜀，而东南注江，入江洲城下。

沅水山出象郡镡城西，入东注江，入下隽西，合洞庭中。

赣水出聂都东山，东北注江，入彭泽西。

泗水出鲁东北，而南，西南过湖陵西；而东南，注东海，入淮阴北。

郁水出象郡，而西南注南海，入须陵东南。

肄水出临武西南，而东南注海，入番禺西。

湟水出桂阳西北山，东南注肄水，入敦浦西。

洛水出洛西山，东北注河，入成皋之西。

汾水出上窳北，而西南注河，入皮氏南。

沁水出井陉山东，东南注河，入怀东南。

济水出共山南东丘，绝钜野泽，注渤海，入齐琅槐东北。

潦水出卫皋东，东南注渤海，入潦阳。

虖沱水出晋阳城南。而西，至阳曲北；而东注渤海，入越，章武北。

漳水出山阳东，东注渤海，入章武南。

建平元年四月丙戌，待诏太常属臣望校治，侍中光禄勋臣龚、侍中奉车都尉光禄大夫臣秀领主省。

第十四卷　大荒东经

东海之外大壑，少昊之国。少昊孺帝颛顼于此，弃其琴瑟。有甘山者，甘水出焉，生甘渊。

大荒东南隅有山，名皮母地丘。

东海之外，大荒之中，有山名曰大言，日月所出。

有波谷山者，有大人之国。有大人之市，名曰大人之堂。有一大人踆其上，张其两臂。

有小人国，名靖人。

有神，人面兽身，名曰犁𩴅之尸。

有濡山，杨水出焉。

有蒍国，黍食，使四鸟：虎、豹、熊、罴。

大荒之中，有山名曰合虚，日月所出。

有中容之国。帝俊生中容，中容人食兽、木实，使四鸟：豹、虎、熊、罴。

有东口之山。有君子之国，其人衣冠带剑。

有司幽之国。帝俊生晏龙，晏龙生司幽，司幽生思士，不妻；思女，不夫。食黍，食兽，是使四鸟。

有大阿之山者。

大荒之中，有山名曰明星，日月所出。

有白民之国。帝俊生帝鸿，帝鸿生白民，白民销姓，黍食，使四鸟：虎、豹、熊、罴。

有青丘之国。有狐，九尾。

有柔仆民，是惟嬴土之国。

有黑齿之国。帝俊生黑齿，姜姓，黍食，使四鸟。

有夏州之国。有盖余之国。

有神人，八首人面，虎身十尾，名曰天吴。

大荒之中，有山名曰鞠陵于天、东极、离瞀，日月所出。有神名曰折丹——东方曰折，来风曰俊——处东极以出入风。

东海之渚中，有神，人面鸟身，珥两黄蛇，践两黄蛇，名曰禺䝞。黄帝生禺䝞，禺䝞生禺京。禺京处北海，禺䝞处东海，是为海神。

有招摇山，融水出焉。有国曰玄股，黍食，使四鸟。

有困民国，勾姓，黍食。有人曰王亥，两手操鸟，方食其头。王亥托于有易、河伯仆牛。有易杀王亥，取仆牛。河伯念有易，有易潜出，为国于兽，方食之，名曰摇民。帝舜生戏，戏生摇民。

海内有两人，名曰女丑。女丑有大蟹。

大荒之中，有山名曰孽摇頵羝。上有扶木，柱三百里，其叶如芥。有谷曰温源谷。汤谷上有扶木，一日方至，一日方出，皆载于乌。

有神，人面、犬耳、兽身，珥两青蛇，名曰奢比尸。

有五采之鸟，相乡弃沙。惟帝俊下友，帝下两坛，采鸟是司。

大荒之中，有山名曰猗天苏门，日月所生。有埙民之国。

有綦山。又有摇山。有䰜山。又有门户山。又有盛山。又有待山。有五采之鸟。

东荒之中，有山名曰壑明俊疾，日月所出。有中容之国。

东北海外，又有三青马、三骓、甘华，爰有遗玉、三青鸟、三骓、视肉、甘华、甘柤。百谷所在。

有女和月母之国。有人名曰鹓——北方曰鹓，来之风曰狻——是处东北隅以止日月，使无相间出没，司其短长。

大荒东北隅中，有山名曰凶犁土丘。应龙处南极，杀蚩尤与夸父，不得复上。故下数旱。旱而为应龙之状，乃得大雨。

东海中有流波山，入海七千里。其上有兽，状如牛，苍身而无角，一足，出入水则必风雨，其光如日月，其声如雷，其名曰夔。黄帝得之，以其皮为鼓，橛以雷兽之骨，声闻五百里，以威天下。

第十五卷　大荒南经

南海之外，赤水之西，流沙之东，有兽，左右有首，名曰跊踢。有三青兽相并，名曰双双。

有阿山者。南海之中，有氾天之山，赤水穷焉。

赤水之东，有苍梧之野，舜与叔均之所葬也。爰有文贝、离俞、鸱久、鹰、贾、委维、熊、罴、象、虎、豹、狼、视肉。

有荣山，荣水出焉。黑水之南，有玄蛇，食麈。

有巫山者，西有黄鸟。帝药，八斋。黄鸟于巫山，司此玄蛇。

大荒之中，有不庭之山，荣水穷焉。有人三身，帝俊妻娥皇，生此三身之国。姚姓，黍食，使四鸟。有渊四方，四隅皆达，北属黑水，南属大荒。北旁名曰少和之渊，南旁名曰从渊，舜之所浴也。

又有成山，甘水穷焉。有季禺之国，颛顼之子，食黍。有羽民之国，其民皆生毛羽。有卵民之国，其民皆生卵。

大荒之中，有不姜之山，黑水穷焉。又有贾山，汔水出焉。又有言山。又有登备之山。有恝恝之山。又有蒲山，澧水出焉。又有隗山，其西有丹，其东有玉。又南有山，漂水出焉。有尾山。有翠山。

有盈民之国，於姓，黍食。又有人方食木叶。

有不死之国，阿姓，甘木是食。

大荒之中，有山名曰去痓。南极果，北不成，去痓果。

南海渚中，有神，人面，珥两青蛇，践两赤蛇，曰不廷胡余。

有神名曰因因乎——南方曰因乎，来风曰乎民——处南极以出入风。

有襄山。又有重阴之山。有人食兽，曰季釐。帝俊生季釐，故曰季釐之国。有缗渊。少昊生倍伐，倍伐降处缗渊。有水四方，名曰俊坛。

有载民之国。帝舜生无淫，降载处，是谓巫载民。巫载民朌姓，食谷，不绩不经，服也；不稼不穑，食也。爰有歌舞之鸟，鸾鸟自歌，凤鸟自舞。爰有百兽，相群爰处。百谷所聚。

大荒之中，有山名曰融天，海水南入焉。

有人曰凿齿，羿杀之。

有蜮山者，有蜮民之国，桑姓，食黍，射蜮是食。有人方扞弓射黄蛇，名曰蜮人。

有宋山者，有赤蛇，名曰育蛇。有木生山上，名曰枫木。枫木，蚩尤所弃其桎梏，是为枫木。

有人方齿虎尾，名曰祖状之尸。

有小人，名曰焦侥之国，幾姓，嘉谷是食。

大荒之中，有山名㱙涂之山，青水穷焉。有云雨之山，有木名曰栾。禹攻云雨。有赤石焉生栾，黄本，赤枝，青叶，群帝焉取药。

有国曰伯服，颛顼生伯服，食黍。有鼬姓之国。有苕山。又有宗山。又有姓山。又有壑山。又有陈州山。又有东州山。又有白水山，白水出焉，而生白渊，昆吾之师所浴也。

有人名曰张弘，在海上捕鱼。海中有张弘之国，食鱼，使四鸟。

有人焉，鸟喙、有翼，方捕鱼于海。

大荒之中，有人名曰䚸头。鲧妻士敬，士敬子曰炎融，生䚸头。䚸头人面鸟喙、有翼，食海中鱼，杖翼而行。维宜芑苣、穆杨是食。有䚸头之国。

帝尧、帝喾、帝舜葬于岳山。爰有文贝、离俞、鸱久、鹰、贾、延维、视肉、熊、罴、虎、豹；朱木、赤枝、青华、玄实。有申山者。

大荒之中，有山名曰天台，海水南入焉。

东南海之外，甘水之间，有羲和之国。有女子名曰羲和，方日浴于甘渊。羲和者，帝俊之妻，生十日。

有盖犹之山者，其上有甘柤，枝干皆赤，黄叶，白华，黑实。东又有甘华，枝干皆赤，黄叶。有青马。有赤马，名曰三骓。有视肉。

有小人，名曰菌人。

有南类之山。爰有遗玉、青马、三骓、视肉、甘华。百谷所在。

第十六卷　大荒西经

西北海之外，大荒之隅，有山而不合，名曰不周山，有两黄兽守之。有水曰寒暑之水。水西有湿山，水东有幕山。有禹攻共工国山。

有国名曰淑士，颛顼之子。

有神十人，名曰女娲之肠，化为神，处栗广之野，横道而处。

有人名曰石夷——西方曰夷，来风曰韦——处西北隅以司日月之长短。

有五采之鸟，有冠，名曰狂鸟。

有大泽之长山。有白民之国。

西北海之外，赤水之东，有长胫之国。

有西周之国，姬姓，食谷。有人方耕，名曰叔均。帝俊生后稷，稷降以百谷。稷之弟曰台玺，生叔均。叔均是代其父及稷播百谷，始作耕。有赤国妻氏。有双山。

西海之外，大荒之中，有方山者，上有青树。名曰柜格之松，日月所出入也。

西北海之外，赤水之西，有先民之国，食谷，使四鸟。

有北狄之国。黄帝之孙曰始均，始均生北狄。

有芒山。有桂山。有榣山。其上有人，号曰太子长琴。颛顼生老童，老童生祝融，祝融生太子长琴，是处榣山，始作乐风。

有五采鸟三名：一曰皇鸟，一曰鸾鸟，一曰凤鸟。

有虫状如菟，胸以后者裸不见，青如猨状。

大荒之中，有山名曰丰沮玉门，日月所入。

有灵山，巫咸、巫即、巫盼、巫彭、巫姑、巫真、巫礼、巫抵、巫谢、巫罗十巫，从此升降，百药爰在。

有西王母之山、壑山、海山。有沃之国，沃民是处。沃之野，凤鸟之卵是食，甘露是饮。凡其所欲，其味尽存。爰有甘华、甘柤、白柳、视肉、三骓、璇瑰、瑶碧、白木、琅玕、白丹、青丹，多银、铁。鸾鸟自歌，凤鸟自舞，爰有百兽，相群是处，是谓沃之野。

有三青鸟，赤首黑目，一名曰大鵹，一名少鵹，一名青鸟。

有轩辕之台，射者不敢西乡，畏轩

辕之台。

大荒之中，有龙山，日月所入。

有三泽水，名曰三淖，昆吾之所食也。

有人衣青，以袂蔽面，名曰女丑之尸。

有女子之国。

有桃山。有虻山。有桂山。有于土山。

有丈夫之国。

有弇州之山，五采之鸟仰天，名曰鸣鸟。爰有百乐歌儛之风。

有轩辕之国。江山之南栖为吉，不寿者乃八百岁。

西海陼中，有神，人面鸟身，珥两青蛇，践两赤蛇，名曰弇兹。

大荒之中，有山名曰日月山，天枢也。吴姖天门，日月所入。有神，人面无臂，两足反属于头上，名曰嘘。颛顼生老童，老童生重及黎，帝令重献上天，令黎邛下地，下地是生噎，处于西极，以行日月星辰之行次。

有人反臂，名曰天虞。

有女子方浴月。帝俊妻常羲，生月十有二，此始浴之。

有玄丹之山。有五色之鸟，人面有发。爰有青鴍、黄鷔、青鸟、黄鸟、其所集者其国亡。

有池，名孟翼之攻颛顼之池。

大荒之中，有山名曰鏖鏊钜，日月所入者。

有兽，左右有首，名曰屏蓬。

有巫山者。有壑山者。有金门之山，有人名曰黄姖之尸。有比翼之鸟。有白鸟，青翼、黄尾、玄喙。有赤犬，名曰天犬，其所下者有兵。

西海之南，流沙之滨，赤水之后，黑水之前，有大山，有曰昆仑之丘。有神——人面虎身，有文有尾，皆白——处之。其下有弱水之渊环之，其外有炎火之山，投物辄然。有人戴胜，虎齿，有豹尾，穴处，名曰西王母。此山万物尽有。

大荒之中，有山名曰常阳之山，日月所入。

有寒荒之国。有二人女祭、女薎。

有寿麻之国。南岳娶州山女，名曰女虔。女虔生季格，季格生寿麻。寿麻正立无景，疾呼无响。爰有大暑，不可以往。

有人无首，操戈盾立，名曰夏耕之尸。故成汤伐夏桀于章山，克之，斩耕厥前。耕既立，无首，走厥咎，乃降于巫山。

有人名曰吴回，奇左，是无右臂。

有盖山之国。有树，赤皮枝干，青叶，名曰朱木。

有一臂民。

大荒之中，有山名曰大荒之山，日月所入。有人焉三面，是颛顼之子，三面一臂，三面之人不死。是谓大荒之野。

西南海之外，赤水之南，流沙之西，有人珥两青蛇，乘两龙，名曰夏后开。开上三嫔于天，得《九辩》与《九歌》以下。此天穆之野，高二千仞，开焉得始歌《九招》。

有氐人之国。炎帝之孙名曰灵恝，灵恝生氐人，是能上下于天。

有鱼偏枯，名曰鱼妇，颛顼死即复苏。风道北来，天乃大水泉，蛇乃化为鱼，是为鱼妇。颛顼死即复苏。

有青鸟，身黄、赤足、六首，名曰𪇱鸟。

有大巫山。有金之山。西南，大荒之隅，有偏句、常羊之山。

第十七卷　大荒北经

东北海之外，大荒之中，河水之间，附禺之山，帝颛顼与九嫔葬焉。爰有鸱久、文贝、离俞、鸾鸟、凤鸟、大物、小物。有青鸟、琅鸟、玄鸟、黄鸟、虎、豹、熊、罴、黄蛇、视肉、璇、瑰、瑶、碧，皆出卫丘山。丘方员三百里，丘南帝俊竹林在焉，大可为舟。竹南有赤泽水，名曰封渊。有三桑无枝。丘西有沈渊，颛顼所浴。

有胡不与之国，烈姓，黍食。

大荒之中，有山，名曰不咸。有肃慎氏之国。有蜚蛭，四翼。有虫，兽首蛇身，名曰琴虫。

有人名曰大人。有大人之国，釐姓，黍食。有大青蛇，黄头，食麈。

有榆山。有鲧攻程州之山。

大荒之中，有山名曰衡天。有先民之山。有槃木千里。

有叔歜国，颛顼之子，黍食，使四鸟：虎、豹、熊、罴。有黑虫如熊状，名曰猎猎。

有北齐之国，姜姓，使虎、豹、熊、罴。

大荒之中，有山名曰先槛大逢之山，河济所入，海北注焉。其西有山，名曰禹所积石。

有阳山者。有顺山者，顺水出焉。有始州之国，有丹山。

有大泽方千里，群鸟所解。

有毛民之国，依姓，食黍，使四鸟。禹生均国，均国生役采，役采生修鞈，修鞈杀绰人。帝念之，潜为之国，是此毛民。

有儋耳之国，任姓，禺号子，食谷。北海之渚中，有神，人面鸟身，珥两青蛇，践两赤蛇，名曰禺彊。

大荒之中，有山名曰北极天柜，海水北注焉。有神，九首人面鸟身，名曰九凤。又有神，衔蛇操蛇，其状虎首人身，四蹄长肘，名曰彊良。

大荒之中，有山名曰成都载天。有人珥两黄蛇，把两黄蛇，名曰夸父。后土生信，信生夸父。夸父不量力，欲追日景，逮之于禺谷。将饮河而不足也，将走大泽，未至，死于此。应龙已杀蚩尤，又杀夸父，乃去南方处之，故南方多雨。

又有无肠之国，是任姓，无继子，食鱼。

共工臣名曰相繇，九首蛇身，自环，食于九山；其所歍所尼，即为源泽，不辛乃苦，百兽莫能处。禹湮洪水，杀相繇，其血腥臭，不可生谷，其地多水，不可居也。禹湮之，三仞三沮，乃以为池，群帝因是以为台，在昆仑之北。

有岳之山，寻竹生焉。

大荒之中，有山名曰不句，海水入焉。

有系昆之山者，有共工之台，射者不敢北乡。有人衣青衣，名曰黄帝女魃。蚩尤作兵伐黄帝，黄帝乃令应龙攻之冀州之野。应龙畜水，蚩尤请风伯、雨师，纵大风雨。黄帝乃下天女曰魃，雨止，遂杀蚩尤。魃不得复上，所居不雨。叔均言之帝，后置之赤水之北。叔均乃为田祖。魃时亡之。所欲逐之者，令曰："神北行！"先除水道，决通沟渎。

有人方食鱼，名曰深目民之国，盼姓，食鱼。

有钟山者。有女子衣青衣，名曰赤水女子魃。

大荒之中，有山名曰融父山，顺水入焉。有人名曰犬戎。黄帝生苗龙，苗龙生融吾，融吾生弄明，弄明生白犬，白犬有牝牡，是为犬戎，肉食。有赤兽，马状无首，名曰戎宣王尸。

有山名曰齐州之山、君山、鬵山、鲜野山、鱼山。

有人一目，当面中生。一曰是威姓，少昊之子，食黍。

有继无民，继无民任姓，无骨子，食气、鱼。

西北海外，流沙之东，有国曰中𬨎，颛顼之子，食黍。

有国名曰赖丘。有犬戎国。有人，人面兽身，名曰犬戎。

西北海外，黑水之北，有人有翼，名曰苗民。颛顼生驩头，驩头生苗民，苗民釐姓，食肉。有山，名曰章山。

大荒之中，有衡石山、九阴山、灰野之山，上有赤树，青叶、赤华，名曰若木。

有牛黎之国。有人无骨，儋耳之子。

西北海之外，赤水之北，有章尾山。有神，人面蛇身而赤，直目正乘，其瞑乃晦，其视乃明，不食，不寝，不息，风雨是谒。是烛九阴，是谓烛龙。

第十八卷　海内经

东海之内，北海之隅，有国名曰朝鲜、天毒，其人水居，偎人爱人。

西海之内，流沙之中，有国名曰壑市。

西海之内，流沙之西，有国名曰氾叶。

流沙之西，有鸟山者，三水出焉。爰有黄金、璿瑰、丹货、银铁，皆流于此中。又有淮山，好水出焉。

流沙之东，黑水之西，有朝云之国、司彘之国。黄帝妻雷祖，生昌意。昌意降处若水，生韩流。韩流擢首、谨耳、人面、豕喙、麟身、渠股、豚止，取淖子曰阿女，生帝颛顼。

流沙之东，黑水之间，有山名不死之山。

华山青水之东，有山名曰肇山。有人名曰柏子高。柏子高上下于此，至于天。

西南黑水之间，有都广之野，后稷葬焉。其城方三百里，盖天地之中，素女所出也。爰有膏菽、膏稻、膏黍、膏稷，百谷自生，冬夏播琴。鸾鸟自歌，凤鸟自舞，灵寿实华，草木所聚。爰有百兽，相群爰处。此草也，冬夏不死。

南海之内，黑水、青水之间，有木名曰若木，若水出焉。

有禺中之国。有列襄之国。有灵山，有赤蛇在木上，名曰蝡蛇，木食。

有盐长之国。有人焉鸟首，名曰鸟氏。

有九丘，以水络之，名曰陶唐之丘、叔得之丘、孟盈之丘、昆吾之丘、黑白之丘、赤望之丘、参卫之丘、武夫之丘、神民之丘。有木，青叶紫茎，玄华黄实，名曰建木，百仞无枝，有九欘，下有九枸，其实如麻，其叶如芒，大皞爰过，黄帝所为。

有窫窳，龙首，是食人。有青兽，人面，名曰猩猩。

西南有巴国。大皞生咸鸟，咸鸟生

乘釐，乘釐生后照，后照是始为巴人。

有国名曰流黄辛氏，其域中方三百里，其出是尘。有巴遂山，渑水出焉。

又有朱卷之国。有黑蛇，青首，食象。

南方有赣巨人，人面长唇，黑身有毛，反踵，见人则笑，唇蔽其面，因可逃也。

又有黑人，虎首鸟足，两手持蛇，方啖之。

有嬴民，鸟足。有封豕。

有人曰苗民。有神焉，人首蛇身，长如辕，左右有首，衣紫衣，冠旃冠，名曰延维，人主得而飨食之，伯天下。

有鸾鸟自歌，凤鸟自舞。凤鸟首文曰"德"，翼文曰"顺"，膺文曰"仁"，背文曰"义"，见则天下和。

又有青兽如菟，名曰崑狗。有翠鸟。有孔鸟。

南海之内，有衡山，有菌山，有桂山。有山名三天子之都。

南方苍梧之丘，苍梧之渊，其中有九嶷山，舜之所葬，在长沙零陵界中。

北海之内，有蛇山者，蛇水出焉，东入于海。有五采之鸟，飞蔽一乡，名曰翳鸟。又有不距之山，巧倕葬其西。

北海之内，有反缚盗械、带戈常倍之佐，名曰相顾之尸。

伯夷父生西岳，西岳生先龙，先龙是始生氐羌，氐羌乞姓。

北海之内，有山，名曰幽都之山。黑水出焉。其上有玄鸟、玄蛇、玄豹、玄虎、玄狐蓬尾。有大玄之山。有玄丘之民。有大幽之国。有赤胫之民。

有钉灵之国，其民从膝以下有毛，马蹄善走。

炎帝之孙伯陵，伯陵同吴权之妻阿女缘妇，缘妇孕三年，是生鼓、延、殳，始为侯，鼓、延是始为钟，为乐风。

黄帝生骆明，骆明生白马，白马是为鲧。

帝俊生禺号，禺号生淫梁，淫梁生番禺，是始为舟。番禺生奚仲，奚仲生吉光，吉光是始以木为车。

少皞生般，般是始为弓矢。

帝俊赐羿彤弓素矰，以扶下国，羿是始去恤下地之百艰。

帝俊生晏龙，晏龙是为琴瑟。

帝俊有子八人，是始为歌舞。

帝俊生三身，三身生义均，义均是始为巧倕，是始作下民百巧。后稷是播百谷。稷之孙曰叔均，是始作牛耕。大比赤阴，是始为国。禹、鲧是始布土，均定九州。

炎帝之妻，赤水之子听訞生炎居，炎居生节并，节并生戏器，戏器生祝融。祝融降处于江水，生共工。共工生术器，术器首方颠，是复土壤，以处江水。共工生后土，后土生噎鸣，噎鸣生岁十有二。

洪水滔天，鲧窃帝之息壤以堙洪水，不待帝命。帝令祝融杀鲧于羽郊。鲧复生禹。帝乃命禹卒布土以定九州。

索 引

古神

赤松子 神话传说中的仙人。相传为神农时的雨师,也有说法认为是帝喾之师。后来为道教所信奉。/ 27

神农 也指"炎帝",传说中的南方天帝,黄帝同母异父的兄弟。为农业神和医药神。夸父、蚩尤、共工、赤松子、伯陵、瑶睢、女娃均是他的后代。/ 27

应龙 古代神灵。龙形而有翼。/ 29

大禹 即"夏禹""禹帝"。为夏族祖神、治水神和社神。夏禹是鲧之子,黄帝玄孙颛顼之孙。他诛防风、杀相柳、逐共工、擒孽支祁,无不表现出超人的神力。因此,很多地方立有禹庙,建有禹陵,表达对这位神明的崇拜和纪念。/ 29

狸力 古代动物名。野猫。/ 38

祝融 传说是楚国君主的祖先。名重黎,相传为帝喾时的掌火官,后来成为火神。关于祝融的神话传说,本书中多次出现,说法不同。/ 42

鲧 名崇伯。传说中的原始部落首领,颛顼之子,大禹之父。/ 42

黄帝 汉族始祖神。少典之子,姓公孙,名轩辕。传说中黄帝神通广大,是受人广泛信仰和崇拜的神明。黄帝的神性具有始祖神和创造事物之神的二重性。黄帝创造事物的神性表现在他始做衣服、房屋、弓矢舟车,及主管雷雨,并能行法术等上。/ 53

简狄 也作简。传说中商祖先契的生母。乃有氏之女,商辛氏帝喾之妻。相传她吞玄鸟(燕)卵怀孕而生契。/ 84

颛顼 黄帝的曾孙,为天帝,也是韩流之子。/ 93

共工 炎帝后裔,火神祝融之子,水神。在黄帝与炎帝之战中,共工用水帮助炎帝作战,起了很大的作用,充分表现了水神共工的神采。/ 93

葆江 古代神灵。被鼓杀死在昆仑山之南。/ 95

鼓 古代神灵。一种说法是炎帝后裔、伯陵之子。鼓与延创造钟,并作乐曲与音律。另一种说法认为鼓是钟山山神烛阴之子。/ 95

钦鸹 也作"钦駓""钦负"。是人面兽形的神。/ 95

陆吾 古代神灵。昆仑丘的守护神。/ 99

西王母 古代神话中的人物。也称"王母""金母",民间一般称为"王母娘娘"。在中国古代众多的女性神仙中,她的地位最高。/ 101

帝俊 殷民族所信奉的上帝。传说他猴身,鸟头上生有两角,独腿,弓背,手拄拐杖,一拐一拐地走路。他有三个妻子:一是娥皇,生了三身国;一为羲和,生了太阳儿子;再为常羲,生了月亮女儿。帝俊的子孙皆有作为。/ 101

蚩尤 战神,炎帝的后裔。蚩尤共有八十一个或七十二个兄弟,每个的形状都是狰狞凶猛,铁额铜头,人语兽身。/ 104

帝尧 传说中上古时代的部落首领。尧所葬之地在今天山东省濮县东南。/ 105

蓐收 神话传说中的西方金神。形象为人面、虎爪、白色、执钺。/ 108

后羿 也作"羿",是有穷国国王。相传后羿精湛的射技,是楚狐父所授。/ 136

贰负 古代天神。为人面蛇身。/ 139

女娃 炎帝神农的女儿,后化作精卫鸟衔石填海。/ 166

泰逢神 古代吉神。和山(即东首阳山)的主神。/ 232

后稷 传说是古代周族的始祖。相传为邰氏之女姜嫄踏巨人脚迹，心有所感，受孕而生。后稷成人后善于种植各种粮食作物，舜时封其为农官，教民耕种。/ 243

姜嫄 也作姜原。传说为周族始祖有邰氏之女。相传她在荒野踏到巨人脚迹，怀孕生后稷。/ 243

帝喾 传说中上古时代的部落联盟首领，号高辛氏。帝喾所葬之地即在今河南省清丰一带。/ 243

苍颉 也作仓颉。相传为黄帝的史官，汉字的创造者。/ 248

夸父 古代神灵，炎帝的后裔。《安定图经》记载：安定有振履堆，夸父曾在那里振履，洒落的泥土，便成了土堆。/ 257

女尸 古代神灵。/ 262

计蒙 古代神灵。/ 277

涉蠱 古代神灵。三只脚，爪似虎爪。/ 278

青耕 古代神灵。/ 303

于儿 古代神灵。相传，神于儿住在夫夫山中，他的形象为人身而手握两蛇，常在江水渊潭中游玩，进出时都会闪闪发光。于儿是一个能发光、以蛇为伴的神。/ 307

二八神 古代神灵。/ 332

帝舜 帝俊或帝喾。此处指舜。/ 335

孟戏 古代神灵。/ 344

女修 古代神灵。/ 344

刑天 古代神灵，又叫"邢天""形天"。相传刑天是炎帝之臣。曾经和蚩尤一样，力劝炎帝举兵攻打黄帝进行复仇。/ 354

干戚 神话传说中的兵器，即盾与斧。/ 354

女祭 古代神灵。/ 355

女䰠 古代神灵。/ 355

禺䝞 海神和风神。黄帝之嫡孙。/ 375

后土 共工氏之子句龙。/ 382

女娇 古代神灵。/ 384

女攸 古代神灵。/ 384

竖亥 古代神灵，禹之臣，传说中善走的神仙。相传，竖亥步行测量，或从东至西，或从南至北，行程几亿里，表现出其超凡的神力，是神中的善行者。/ 384

句芒 传说中的东方木神。/ 386

丹朱 舜的长子，相传因为不肖而被舜放逐于南海。/ 396

林容真 古代神灵。/ 417

河伯 古代神话中的黄河之神，也叫冯夷。因渡河被淹死，天帝封其为水神。曾化作白龙，游戏于水上，被羿射瞎左眼。又曾授夏禹治水地图。/ 424

登比氏 传说中舜有三妻，除娥皇、女英之外，还有登比氏。/ 426

犁䰝之尸 古代神灵。/ 447

帝鸿 帝俊之子。/ 448

天吴 传说中的水神，即水伯。天吴是兽形神，长着八个脑袋，每个脑袋都有人样的脸，还有八只足和八条尾巴，背部的颜色青中带黄，形状狰狞可怕。天吴处于双重虹北边的两水之间。/ 449

离朁 古代神灵。/ 449

禺京 古代神灵。/ 449

女丑 古代神灵。/ 450

陆终 古代神灵。/ 463

祖状尸 古代神灵。/ 463

女娲 神话传说中的人类的始祖。传说她和伏羲由兄妹结成夫妻，进而繁衍人类。又相传她曾用黄土造人；炼五色石补天；断鳌足支撑四极。/ 473

女娲之肠 指人类始祖。/ 473

始均 古代神灵。/ 476

长琴 古代神灵。/ 477

黎 颛顼之孙，绝地通天之神。据说，黎遵循祖父颛顼的旨意，用手拼命将大地往下按，断绝了天地间的通道，从此，黎成了独立司

地的大神。/ 479
常羲 古代神灵，即嫦娥。为天宫舞女，天将后羿之妻。/ 480
女虔 古代神灵。/ 484
夏耕 古代神灵。/ 486
吴回 传说为祝融之弟，也是火神。/ 487
灵恝 炎帝之孙。/ 488
鱼妇 相传为颛顼所化。半体为人躯，半体为鱼，故称"鱼妇"。/ 489
修羿 古代神灵。/ 495
彊良 古代神灵。/ 496
相繇 即"相柳氏"。/ 497
女魃 黄帝之女，传说中的旱神。/ 498
弄明 古代神灵。/ 503
戎宣王尸 古代神灵。/ 504
昌意 古代神灵。黄帝之子，帝颛顼之父。/ 511
韩流 颛顼之父。/ 511
雷祖 古代神灵。黄帝之妻。/ 511
华胥 古人名。传说是伏羲氏的母亲。/ 513
伏羲 神话传说中人类的始祖。也作"宓羲""疱牺""包牺""伏戏"，亦称"皇羲""牺皇"。传说伏羲和女娲本是兄妹，后结为夫妇。伏羲的传说非常久远，但伏羲被当作神来崇拜却始于战国时期。/ 513
太昊帝 即伏羲氏。/ 513
务相 伏羲的后裔。/ 514
廪君 古代神灵。盐水女神之夫。/ 514
盐水女神 古代神灵。廪君之妻。/ 516
伯陵 古代神灵。炎帝的孙子。/ 524
番禺 古代神灵，帝俊的后裔。番禺生奚仲，奚仲生吉光，吉光始以木为车。番禺有造船的本领，是船的发明者。/ 524
骆明 古代神灵。/ 524
吉光 古代神灵。/ 524
般 少昊之子。弓箭的发明之神。/ 524
术器 炎帝后裔，水神共工之子。/ 527

节并 炎帝之孙，炎居之子。/ 527
听䜣 炎帝之妻。/ 527
噎鸣 时间之神，司地大神黎的儿子，黄帝后裔，噎鸣住在太阳和月亮进去的地方，帮助其父管理日月星辰运转的行次。/ 527
女戚 古代神灵。/ 556

神兽

狌狌 动物名，即猩猩。/ 25
猿猴 灵长目动物，哺乳纲，形态似猴，某些特征跟人类相近。没有尾巴和颊囊。猴，哺乳纲，灵长目，猴科。体长55—60厘米，尾长25—32厘米。毛色灰褐，腰部以下为橙黄。喜食野果。/ 25
猩猩 也称"褐猿"。哺乳纲，灵长目，猩猩科。体高达1.4米。前肢特别长。以果实为主食。主要产于加里曼丹和苏门答腊的森林中。若从小饲养，可模拟人的动作。/ 25
蝮蛇 也称"草上飞""土公蛇"。爬行纲。有毒。全长通常60—70厘米，头为三角形，颈细。背呈灰褐色，两侧各有一行黑褐色圆斑；腹灰褐色，有黑斑点。/ 28
鹿蜀 哺乳纲，鹿科动物的统称。形体像马，身上有虎纹，红尾，能哼吟。/ 28
虎 哺乳纲，食肉目，猫科。头大而圆。体长1.4—2米，尾长达1.1米。身体呈淡黄色或褐色，具黑色横纹，尾有黑色环纹。前额上有似"王"字环形斑纹。栖息于森林山地。/ 29
旋龟 神话传说中的神龟。爬行动物。背腹皆有硬甲，头、尾和四肢能缩入甲内。/ 29
马 乳纲，马科。耳小且直立，脸长。多在春季发情，发情可持续3—7天。每胎产驹一头。寿命约30年。/ 29
乌龟 爬行动物。背腹皆有硬甲，头、尾四肢能缩入甲内。一般指金龟，也泛指金龟、花

571

鲛　一种奇异的鱼，样子像牛，长着蛇尾，且背上生翅，能飞翔。/ 30

猙狌　古代神话中的一种长着四只耳朵、九条尾巴，且两腿长在背上的怪犬。/ 31

羊　哺乳纲，牛科部分动物的通称。种类较多，如绵羊、山羊、羚羊、黄羊、青羊、岩羊、盘羊等。/ 31

野猫　哺乳纲，食肉目，猫科。足底有脂肪质肉垫，因此行走无声。性情驯良，敏捷，善跳跃。喜捕食鼠类，有时也食蛙、蛇、鱼等。/ 31

类　古代奇兽，身上同时长有阴性和阳性两套生殖器。据说明代蒙化府一带有此兽。/ 31

鹕鸺　古代奇鸟。形状像鸡，长着三头三翼六目六足。/ 32

狐狸　也称"草狐""红狐""赤狐"。哺乳纲，食肉目，犬科。体长达70厘米，尾长约45厘米。毛色变化较大。一般为赤褐、黄褐或灰褐色。居住在树洞或土穴中。/ 33

兔　哺乳纲，兔科动物的统称。牙齿尖利，上唇中部有裂缝。眼大，耳长，尾短上翘。前肢有五趾，后肢有四趾；后肢比前肢稍长，善跳。听、嗅觉敏锐。/ 33

灌灌　古代奇鸟。形体与斑鸠相似，叫声怪异。/ 34

龙　传说中的一种有鳞角、须爪，并能兴云作雨的神异动物。封建时代将龙作为皇帝的象征。/ 35

鴸　古代奇鸟。人面鸟身，长有两只脚。/ 39

鹞鹰　鸟纲，鹰科，鹞属的通称。常见的有白尾鹞。/ 39

狗　即犬。是人类最早驯化的家畜之一。/ 39

长右　古代奇兽。长有四条腿，形象似猴子，能发出人的呻吟声。/ 40

猾褢　古代奇兽。形态像猪，长着猪鬃似的硬毛。/ 41

蝮虫　古代动物。又叫反鼻虫，身上有带状纹理，鼻上有针。/ 42

刀鱼　即"鲚"。北方人称带鱼为刀鱼。/ 43

彘　古代动物。今指猪。/ 43

鲨　古代鱼类。古称"鲛""鰨"或"鳛"。口大，腹部有棱鳞。/ 45

螺　有回旋形贝壳的软体动物。如田螺、海螺、螺蛳等。/ 46

㺎　古代奇兽。形像山羊但没有嘴巴。为哺乳纲。/ 46

蛊雕　古代奇兽。形状像雕，头上有角，身上有豹纹，能发出婴儿的叫声。/ 47

雕　鸟纲，鹰科，雕属各种的泛称。足上羽毛直达趾间，雌雄为同色。有时也通指鹰雕属、林雕属及海雕属等各种类。/ 47

犀牛　哺乳纲，奇蹄目，犀科。体形粗大，体长达2—4米，尾长60—76厘米。鼻上有一或两角。前肢有三或四趾，后肢三趾。门齿不发达。毛稀少，以植物为主食。现今仅存独角犀、双角犀、白犀、黑犀和小独角犀五种。/ 51

瞿如　古代奇鸟。人面鸟身，四目两耳两足。/ 52

虎蛟　传说中一种无角的龙，其实是鳄一类的动物。/ 52

鸳鸯　鸟纲，鸭科。此鸟雄雌形影不离。后因以比喻夫妻。/ 52

凤凰　亦作"凤皇"。古代传说中的百鸟之王。雄的称"凤"，雌的称"凰"，通称为"凤"或"凤凰"。/ 53

鲫鱼　硬骨鱼纲，鲤科。古称"鰿"，也称"鲋"。体侧扁，长约20厘米。背部青褐色，腹面银灰色，无须。/ 55

猫头鹰　即"鸮"。鸱鸮科各种类的俗称。/ 55

颙　古代动物。/ 55

鹓雏　传说中鸾凤一类的鸟。/ 56

鸾鸟　传说中凤凰一类的鸟。/ 57

羬羊 古代神异的怪兽。身高六尺，尾巴像马。／62

肥遗 古代动物。／63

野鸡 即雉。鸟纲，雉科。在中国分布最广的是环颈雉。／63

鷩 即锦鸡，雉的一种。／64

赤鷩 山鸡的一种。／64

蔥聋 古代动物。／65

翠鸟 一种形似燕的鸟。赤色雄性的称为翡，青色雌性的称为翠。／66

鳖 也称"团鱼""甲鱼"，俗称"王八"。爬行纲，鳖科。肉味鲜美，鳖甲可入药，有滋阴除热、消结软坚的功效。炙鳖甲还能提高机体的免疫能力。鳖甲胶也具有消除蛋白尿和恢复肾功能的作用。／66

柞牛 一种野牛，重可达千斤。哺乳纲，偶蹄目。／67

娃娃鱼 也称"大鲵"。两栖纲，隐鳃鲵科。长达60—70厘米，重约20—30千克，大的长达1.8米，重可达60余千克，为现存最大的两栖动物。背面棕褐色，有大黑斑；腹面色较淡。头宽而扁；口大；鼻孔和眼非常小，长在头的背面；没有眼睑。身体粗壮而扁。体外受精。栖息于山谷及清澈的溪流中，以鱼、虾、蛙等为食。因叫声如小儿啼，故称"娃娃鱼"。／68

豪猪 豪猪科动物，棘刺有保护御敌作用。／69

猕猴 也称"恒河猴"。哺乳纲，灵长目。体长55—60厘米，尾长25—32厘米。群居山林中，好喧哗玩闹，采食野果。分布于南亚、东南亚及中国四川、云南、陕西、青海等地。／70

囊齨 古代动物。／70

嚣 古代奇兽。／70

猛豹 古代一种样子像熊的动物，能吃钢铁。／72

豹 豹类的统称。哺乳纲，食肉目，猫科。比虎稍小，个头大小视种类而异。身上一般有黑色斑纹。善奔跑。／72

熊 食肉目熊科动物的通称。种类很多，有白熊、棕熊、狗熊（黑熊）、马来熊等多种。／72

布谷鸟 鸟名。脊椎动物亚门的一纲。／73

喜鹊 即"鹊"。鸟纲，鸦科。我国有四个亚种。普通亚种的体长约46厘米。上体黑褐色羽毛，有紫色光泽。／73

兕 古代犀牛一类的兽名。毛皮粗厚，可以制作盔甲。／74

罴 熊的一种，俗称人熊或马熊。／74

雉 也称"雉鸡"。俗称"野鸡"。鸟纲，雉科。在中国分布最广的是环颈雉。／74

栎 传说中的一种鸟。形状像鹑，头顶羽毛为红色，身体羽毛为黑色。／75

鹌鹑 简称"鹑"。鸟纲，雉科。雄鸟体长近20厘米。形似小鸡，头小尾秃，额、头侧、颏和喉等均为淡红色。栖于近山平原或丛灌、杂草间，以杂草种子和谷类为食。／75

鹿 哺乳纲，偶蹄目，鹿科动物的泛称。通常雄性有角（驯鹿雌的也有角），每年脱换一次。较原始的种类，雌雄均无角（如麝、獐）。四肢细长，善奔跑。尾巴短小。第一趾完全退化，第二、五趾仅留痕迹。中国所产种类较多，如麝、鹿、梅花鹿、麋鹿、马鹿、驯鹿、驼鹿、白唇鹿等。／76

獾如 古代奇兽，形体似鹿，尾白，马脚人手，长有四角。／76

数斯 古代奇兽。／76

鼠 哺乳纲，啮齿目部分动物的通称。其门齿发达，无齿根，终生生长，常借啮物以磨短。繁殖极为迅速。／76

犛 传说中一种像牛的野兽。／77

鹦鹉 俗称"鹦哥"。鸟纲，鹦鹉科。种类很多。头圆，嘴强大。羽毛华丽，有白、黄、赤、绿等色彩。足部的外趾可向前转动，适于攀缘。舌部肉质柔软，经训练，可模仿人说话的声音。／77

麝 又叫香獐。比獐稍小，前肢短，后肢长，蹄小，无角，分泌的麝香可入药。/ 77

羚羊 哺乳纲，偶蹄目，牛科中一个类群的通称。种类很多。产于我国的有藏原羚、藏羚、鹅喉羚和斑羚等。/ 77

鵹鸟 古代传说中的一种动物。形状像鹊，羽毛赤黑，长有两个头和四只脚。/ 78

凫溪 古代动物。泛指野鸭。/ 85

朱厌 古代动物。/ 85

罗罗鸟 古代奇鸟。/ 87

麈 即麋鹿。也称"四不像"。哺乳纲，偶蹄目，鹿科。体长约2米，一般认为它角似鹿而非鹿，头似马而非马，身似驴而非驴，蹄似牛而非牛，故名为"四不像"。性情温驯，以植物为主食。/ 87

驴 哺乳纲，马科。多为草食役用家畜，非洲及亚洲还有野生。体比马小，耳长，尾根毛少，尾端像牛尾。/ 87

野鸭 鸟纲，鸭科。狭义指绿头鸭。广义包括多种鸭科鸟类。体型差异较大，通常家鸭稍小。趾间有蹼，善游泳。/ 90

举父 古代奇兽。/ 90

比翼鸟 一种传说中的鸟，即"鹣鹣"。相传此鸟一目一翼，不比不能飞。/ 91

鸰鸟 传说中的古代奇鸟。/ 95

鹄 即"天鹅"。鸟纲，鸭科，天鹅属的统称。/ 95

鹗 古代鸟名。也称"鱼鹰"。体长50—60厘米。头顶和颈后羽毛呈白色，有暗褐色纵纹，头后羽毛延长成矛状。/ 95

鲤鱼 硬骨鱼纲。鲤科。体稍侧扁，长1米左右。体呈青黄色，尾鳍下叶为红色。栖息于水底，属杂食性动物。中国养鲤已有2400多年的历史。/ 96

文鳐鱼 也作"鳐鱼"。鳃孔腹位的板鳃鱼类的通称。体平扁，斜方形或菱形。尾延长，或呈鞭状。口腹位，牙铺石状排列。/ 96

英招 传说中的神兽。/ 97

鹠鸟 古代凤一类的鸟。/ 99

土蝼 即"土狗子"，农业地下害虫。昆虫纲，直翅目，蝼蛄科。穴居土中，前足变形为挖掘足，用于掘土，并能切断植物的根部、嫩茎及幼苗等。/ 99

胜遇 传说中的怪鸟。/ 102

狡 古代传说中的兽。形状像狗，身披豹纹，角如牛，能发出狗叫的声音。/ 102

狰 传说中的异兽。/ 103

毕方 古代奇鸟。全身有红色羽纹，能高高飞翔。/ 103

狼 一种凶猛的动物。哺乳纲，食肉目，犬科。体长1—1.6米，尾长33—50厘米。足长，体瘦，尾垂于后肢之间。/ 104

天狗 天界神物。/ 105

贝 蛤螺等类有壳软体动物的通称。/ 105

青鸟 一种青色的鸟。/ 106

三青鸟 古代神鸟。红头黑眼。也叫大鸷、少鸷、青鸟。古神话传说中，为西王母的侍从，是赤鸟或三足鸟衍化而来。/ 106

微狪 传说中神异的怪兽。/ 106

鹞 即"鹞鹰"。鹰科，鹞属的通称。中国常见的白尾鹞，雄鸟体长约45厘米，头、颈青灰色，背部为灰色，下体白色泛青，尾部覆白色羽毛。/ 106

谨 古代奇兽。/ 109

乌鸦 鸟纲，通体或大部分羽毛为乌黑色，俗称"乌鸦"，也称"老鸹"。/ 109

鸰鹞 传说中鸟类的一种。形状像鸟，三头六尾，爱笑。/ 109

鸮 也称"猫头鹰"。鸱鸮科各种类的通称。喙和爪皆弯曲呈钩状，非常锐利。所有鸮类均属国家保护动物。/ 114

蛮蛮 獭一类的动物。/ 115

冉遗鱼 传说中的神异动物。/ 116

甲鱼 即"鳖"。爬行纲，鳖科。背甲长达24厘米，通常为橄榄色，边缘有厚实的裙边。腹面为乳白色。生活在河湖和池沼中，能捕食鱼、虾、螺等。／116

穷奇 传说中的神。脚乘两龙，形似虎。／117

刺猬 哺乳纲，猬科。体形肥矮，长约20—25厘米。四肢短小，爪弯而锐利。眼和耳都小。／117

䮝 传说中一种像马的猛兽。／117

鳐鱼 传说中的神异动物。形状与鲤鱼相似。／119

鱥鱼 传说中的鱼类的一种。／119

鼵 鼠名。哺乳纲，食虫目，鼵鼠科。《尔雅·释鸟》："鸟鼠同穴，其鸟为鵌，其鼠为鼵。"／119

䱻鮥 古代一种鱼。长着鸟的面孔和鱼的尾巴，能发出敲击磬石形成的声音。／119

鲭鱼 俗称"泥鳅"。也称"鳛""蝤"。硬骨鱼纲，鳅科。体呈圆筒形，长约10余厘米，黄褐色，身上有不规则黑色斑点。以甲壳等昆虫为食。／127

鳝鱼 也称"黄鳝"。硬骨鱼纲，合鳃科。身体呈鳗形，长约50余厘米。黄褐色，有暗色斑点。头大，唇厚，眼小，无鳞。常栖息于池塘、小河及稻田等处。／127

儵鱼 古代鱼类。／128

孟槐 古代动物。／129

䱱鳎鱼 古代一种神异的动物。／129

骆驼 哺乳纲，骆驼科。头小，颈长，体躯大，背上有一个或两个驼峰，毛褐色，脚有厚皮，适于沙漠行走。尾巴细长，尾端有丛毛。／130

寓鸟 蝙蝠之类的鸟。／131

耳鼠 古代动物。即鼯鼠。哺乳纲。前、后肢之间有宽大而多毛的飞膜，借此在树林间滑翔。以嫩叶、坚果、甲虫等为食。／131

孟极 古代动物。／132

足訾 古代动物。／132

𪃹 一种水鸟。似野鸭而略小，双脚长在接近尾部的地方。／133

诸犍 传说中的异兽。／133

白䳘 传说中一种神异的鸟。／134

牦牛 亦称"犛牛""旄牛""氂牛"。哺乳纲，牛科。一般为家养，也有野生的。／135

长蛇 传说为一种神异的蛇。／136

鲑 一种冷水性鱼类，种类繁多，今天黑龙江流域的大马哈鱼即属于此类。／137

赤鲑 即"河豚"。也称"鲑鳟鱼"。硬骨鱼纲，鲑科类的统称。／137

窫窳 传说中的怪兽。形状如牛，长着人的面和马的脚，能发出如婴儿啼哭声的叫声。本是天神，被危所杀，复活后化成此物。／138

九婴 传说中的古代奇兽。／139

山挥 古代奇兽，也称"山挥"。形状像狗，长着人面，善投掷石块，善笑。／140

诸怀 传说中的异兽。／140

鮨鱼 硬骨鱼纲，鮨科鱼类的通称。中国产此类鱼约33属，常见的有鳜、姬鮨、花鲈、石斑鱼等。／140

龙龟 即吉吊，龙种龟身。／142

𤟤 传说中的神异动物。／142

驳马 一种水兽。牛尾，白身，独角，叫声如虎。／148

饕餮 也作狍，一种贪兽。传说是一种贪食的恶兽，饕餮在殷代青铜器中具有极高的地位，在钟、鼎、彝等器物上多雕刻其头部形状作为装饰。在殷代，饕餮是以两条号称高祖的夔龙形体组合而成。到了殷之后，周人才将其丑化。／149

独狢 传说中的异兽。／150

鸳鹠 古代一种神异的鸟类。／150

居暨 古代奇兽。／151

𩣡 传说中的兽类。形状像羊。长有四只角和马尾。／156

鹅 传说中一种神异的鸟。／156

大鲵 两栖动物。也称"山椒鱼"或"娃娃

575

鱼"。形状似鲇，四只脚，尾长，可爬树，声音如婴儿的啼哭声。／157

鹛鹛 古籍中的鸟类。／158

器酸 一种植物，可治好麻风病。／158

人鱼 即陵鱼。形貌为人面鱼身，有手有脚。／158

飞鼠 哺乳纲，鼯鼠科。形态似松鼠，前后肢之间有宽大多毛的飞膜。一般体长16—20厘米，尾长10—18厘米。毛色随种类而异，有银灰、暗灰、黄灰、黄褐、栗色、赤褐和黑褐色。栖于树上，昼伏夜出，借飞膜滑翔，主要食果实。／159

貂 古动物。大小如獭，尾粗，毛近一寸长，为黄色或紫色。皮能御寒，是珍贵的皮料。古时用其尾作为冠饰。有紫貂、水貂等。／159

鲐父鱼 古鱼类。／161

酸与 古代动物。／163

鸪鹠 鸟纲，雉科。体长约30厘米。食谷粒、豆类及其他植物种子，还有蚱蜢、蚂蚁等昆虫。／164

精卫鸟 神话中的奇鸟。相传为炎帝之女，名叫女娃。因游东海被淹死，便化为精卫，久久衔西山木石而填东海。／165

青蛙 通常指黑斑蛙。泛指黑斑蛙、虎纹蛙、金钱蛙等。／167

鳡鱼 一种鱼类，形状似鲇，灰褐色。／167

狓狓 古代动物。／168

鸺鹠 古代一种猛禽，鸱鸮科。／170

师鱼 即鲵，也称娃娃鱼。／171

豲 古代神话中的一种野猪。／171

蒲夷鱼 古代一种神异的鱼。／172

鳙鳙鱼 也作"禺禺"。传说中的一种怪鱼。形状如犁牛，能发出猪似的叫声。／178

犁牛 一种毛色像老虎的牛。／179

蝌蚪 也作"科斗"。是蛙、蟾蜍、大鲵、蝾螈、小鲵等两栖动物的幼体。体为椭圆形，有鳃，尾大而扁。主食植物。／179

从从 古代动物。形状像狗，六只脚。／179

蛰鼠 一种鸟类。形状像鸡，鼠尾。／180

箴鱼 古代鱼类。／180

鳡鱼 即竿鱼，性情凶猛，善捕食各种鱼类。／180

堪孖鱼 古代动物。／181

儵鳙 传说中的神异动物。形状像黄蛇，却长着鱼的翅膀。／182

狪狪 古代奇兽。形状像豚而有珠。／182

蚌 即河蚌，通常指无齿蚌，泛指多种淡水蚌类。／182

黄蛇 蛇类动物的一种。／182

大蛤 古代动物。／187

蛤 "蛤蜊"的简称，也称"马珂"。壳为卵圆形、三角形或长椭圆形，两壳相等，壳顶稍向前凸出。左壳铰合部有"人"字形主齿，右壳主齿多有"八"字形，前后闭壳肌痕等大。生活在浅海泥沙中，肉味鲜美。／187

犰狳 哺乳纲，贫齿目，犰狳科。头上有鳞片，呈盔状。身体一般分成前、中、后三段，前段和后段有整块不能伸缩的骨质鳞片，中段鳞片分成带状，有筋肉相连，可伸缩。栖息于疏林、草原和沙漠地区。遇敌害时迅速蜷缩成一团。／188

蝗 昆虫纲，蝗科。体有大型或中型，色有绿色或黄褐色。后足强大，善跳跃。产卵管短且弯曲，用此凿土产卵。卵成块状。种类繁多，有1万多种，中国有600余种。／188

獙獙 传说中的兽类。状如狐，有翼，音似鸿雁。／191

茇茇 古代动物。／193

鱣鱼 即"鳣"。《尔雅·释鱼》载：鱣，大鱼，似鳣而短鼻，口在颔下。体有邪行甲，无鳞，肉黄。大者长二三丈。今江东呼为黄鱼。／197

鲔鱼 白鲟的古称。／197

鯮鱼 即鲩鱼，也称嘉鱼，为淡水中鲤科鱼类的一种。／197

鲐鲐鱼 形如鲤，六足，鸟尾。／199

精精 古代动物。／200

獦狚 古代传说中的怪兽。形像狼，红头，鼠目，声如海豚。／205

跂雀 传说中的一种怪鸟。形状像鸡，白头，鼠脚，虎爪。／205

鳝鱼 形状与鲤鱼相似，头略大。人食后可不长疣。／206

当康 古代动物。／208

鲭鱼 中国古代传说中一种能发光的飞鱼。也称"花鳎"。硬骨鱼纲，鲤科。体长达30余厘米。银灰色，侧线上方有一纵行黑斑。／208

合窳 古代动物。／208

蜚 也叫负盘，一种小飞虫，生活在草丛中，以稻花为食，体恶臭。／209

猷鼠 古代动物。／215

胐胐 上古神异的动物。／218

鶌鸟 雉类。羽毛为黄黑色。／222

化蛇 古代动物。神话传说中能飞行的蛇类。／223

蠪蛭 古代神异的动物。长得像有角的猪。／224

夫诸 古代动物。／230

貉 哺乳纲，食肉目，犬科，形似狐，体稍胖，尾短，尾蓬松，耳短圆，两颊有长毛。毛皮可制皮衣、帽等，尾毛可做毛笔。／236

犀渠 犀牛一类的动物。／237

獭 古代动物。／237

鴢鸟 古代动物。／242

文文 古代动物。／263

鲐鱼 传说中的怪鱼。黑鳞，形像鲋鱼，食后不能入眠。／264

鸩 传说中一种毒鸟，体大如雕，紫绿色，长颈赤喙，能食蝮蛇。／275

扬子鳄 即"鼍"。也称"猪婆龙"。爬行纲，鼍科。大者长可达2米。／285

鼍 也称"扬子鳄"，俗称"猪婆龙"。爬行纲，鼍科。大的长可达2米。背面的角质鳞有六横列，背部呈暗褐色，有黄斑和黄条。穴居于池沼底部，以鱼、蛙、螺、小鸟及鼠类为食，冬季蛰居穴中。是中国的特产动物，分布在安徽南部及与安徽南部交界的浙江沼泽地区。／285

狼 古代动物。哺乳纲，食肉目，犬科。／287

长尾猿 哺乳纲，灵长目，猴科。体比猕猴略细小，尾巴极长，有颊囊和臀疣。／288

八哥 也称"鸲鹆"。鸟纲，椋鸟科。我国有三个亚种。其翼羽有白斑，飞时显现，呈"八"字形，所以称"八哥"。主食果实、种子和昆虫等。／296

獏 传说中的怪兽。形如犬，虎爪，有甲。／303

狼 古代传说中的猛兽。形如彙，赤若丹火。／305

颌 古代异兽。形似青狗。／305

水獭 哺乳纲，食肉目，鼠由科。半水栖兽类。体长达70—75厘米，尾长达50厘米。头扁，耳小，趾间有蹼。裸露的鼻垫上缘呈w形。栖息于水边，善游泳，以鱼类为主食。／305

獻鼠 一种鼠类动物。／308

狕即 古代传说中的奇兽。形像狗，喙、目都是红色，白尾。／310

𪂹鵌 传说中的奇鸟。形状如鸟而赤足，可御火。／312

闻獜 古代动物。／313

蛫 古代怪兽。形状似乌龟，身为白色，头为红色。／322

飞蛇 即螣蛇，传说中一种能乘雾而飞的蛇。／323

灭蒙鸟 古代一种奇鸟，即孟鸟。居住于貊国的东北部，羽毛为红、黄、青三色。／331

视肉 即聚肉，传说中的一种牛。此牛在割肉之后不死，肉还会复生。／340

离朱 一种神鸟，羽毛为红色。／340

玄鸟 传说中一种守护天界帝王的神异燕子。／344

鶹鸟 即猫头鹰之类，古人认为是兆祸之鸟。／355

鸾鸟 古人认为是兆祸之鸟，为猫头鹰之类。／355

龙鱼 古鱼类。软骨硬鳞类，龙鱼科。头和身体极长。在浙江省长兴灰岩中发现的始龙鱼是该类鱼的早期代表。/ 358

相柳 也称相繇，是水神共工的臣民。九首蛇身，食于九土。祸害百姓，被禹所斩。/ 365

青马 传说中一种神异的马。/ 375

駮駼 马的一种。/ 375

蛩蛩 传说中的异兽。形状与马相似。/ 376

虹虹 即虹。本是雨后天空水气被日光折射而出现的彩色光带，古人却将其神化为一种两首神兽。/ 382

巴蛇 传说中的一种大蛇。/ 398

旄马 古代神异的怪兽。形象与普通马无异，背膝和尾巴上有很长的毛。/ 399

开明兽 传说中守护黄帝宫殿的九头神兽。/ 405

大鹜 三青鸟之一，赤首，黑目，为西王母的侍者。/ 414

少鹜 三青鸟之一，赤首，黑目，是西王母的侍者。/ 414

吉量 传说中一种似马的兽类。/ 420

蜪犬 传说中北方一种吃人的犬。/ 420

文马 一种毛色有纹彩的马。/ 420

袜 古代怪物。/ 422

阘非 传说中一种人面兽身的怪兽。/ 422

驺吾 传说中的一种异兽，也叫驺虞。据传周文王被囚羑里时，部属向林氏国求得此兽进献给殷纣王，周文王才得以脱身。/ 423

陵鱼 神话传说中的人鱼。/ 428

大蟹 神话传说中的巨蟹。《玄中记》记载："天下之大物，北海之蟹，举一螯能加于山，身故在水中。" / 428

鳊鱼 鲤科鱼类。体侧扁，肉味鲜美。/ 429

凤鸟 与凤凰同类的神鸟。/ 444

孔雀 鸟纲，雉科。雄鸟体长约2.2米。毛羽绚烂，以翠绿、亮绿、青蓝及紫褐色为主，多带金属光泽。中国产的为绿孔雀。/ 444

五彩鸟 属于凤凰之类的神鸟。/ 452

三骓 上古的神兽。形似马，赤色。/ 452

甘华 上古的神兽。形似马，赤色。/ 452

三骓马 一种毛色苍白相杂的马。/ 452

夔牛 一种大野牛，重可达数千斤，古代产于四川。/ 454

趹踢 传说中的神异怪兽。/ 458

玄蛇 传说中守护天界帝王的一种神蛇。/ 459

黄鸟 即皇鸟，一种神鸟。相传，黄鸟就是监视偷食天帝仙药的玄蛇的神鸟。袁珂认为，轩辕山的黄鸟与巫山的黄鸟，不属于一类。/ 459

蜮 相传是一种能含沙射人的动物。/ 462

育蛇 古代蛇类的一种。/ 463

黄鹜 一种黄色的鸟。/ 483

鷊鸟 古代神鸟。/ 489

猎猎 传说中的神异动物。/ 494

九凤 传说中的神鸟。/ 496

白犬 传说中一种神异的狗。/ 503

麒麟 古代神话中的一种动物。形如鹿，独角，全身有鳞甲，尾似牛尾。多为吉祥的象征。/ 512

蝡蛇 古代动物。全身赤红，以树木的果实为食。/ 512

延维 古代动物。大如毂，长如辕，紫衣朱冠。/ 520

崮狗 传说中的怪异动物。/ 521

鸮鸟 古代奇鸟。/ 522

玄豹 传说中守护天界帝王的一种神豹。/ 522

神木

桂树 为植物。桂花，常绿灌木或小乔木，叶对生，椭圆形，全缘或上半部疏生细锯齿。秋季开花，花簇生于叶腋，白色或黄色，极为芳香。/ 24

韭菜 百合科。多年生宿根草本。叶细长扁平

而柔软，翠绿色。夏秋抽花茎，顶部集生小白花，伞形花序。种子小，黑色，可作药用。/ 24

祝余　古代植物。/ 25

椒木　古代树木。果实像奈，红色。/ 26

稻　古时称"稌""秔"等；也称"禾"。禾本科。野生稻多是多年生，栽培稻为一年生。稻属中只有普遍栽培稻和光稃稻属于栽培稻种。/ 35

粟　禾本科，一年生草本植物，古代称为"粱"，今已无此区别。/ 39

牡荆　马鞭草科。一种落叶灌木或小乔木。果实称为"黄荆子"，可供药用。/ 46

枸杞　落叶小灌木，果实和根皮皆可入药，主治头昏目眩、肾虚腰疼等，是补体的良药。为仙药之一，后世的神仙故事中载有人食枸杞成仙之事。/ 46

梓树　一种落叶乔木，木质轻软。可制作器具，种和树皮皆可入药。/ 46

荆棘　荆条，无刺。棘，酸枣，有刺。两者常丛生。/ 51

梧桐　也叫"青桐"。一种落叶乔木。幼树皮为绿色。夏季开花，雌雄同株，花较小，为淡黄绿色。种子为球形，炒熟可食用。/ 54

䕮荔　即薜荔，也称木莲，一种常绿藤本植物，果实可为药用。/ 65

乌韭　一种苔藓类植物，多生在潮湿的地方。/ 65

枣　我国北方果木，枣果远在西周时就被人们食用。相传，西王母将枣作为敬供周穆王的仙物。/ 65

棕树　即棕榈，单子叶植物纲，常绿灌木或乔木，间为藤本。叶互生，多簇生于干顶。/ 66

杻树　可作车材，木质坚硬。/ 66

橿树　古代一种可作车材的木，质地坚硬。/ 66

楠树　常绿乔木，木质好，是制作器具和建筑使用的良材。/ 66

笋　又名"竹笋"。竹类的嫩茎、芽。竹鞭节上生的芽。/ 67

箭竹　竹的一种。/ 67

籈　即籈竹，竹的一种。竹节间距三尺，可作箭杆。/ 67

棫　又叫白桵，木质白，可制作车辐和其他器具。/ 70

薰草　一种香草。/ 70

枳树　也称"枸橘""臭橘"。芳香料。灌木或小乔木。春末开花，花为白色。果实小，呈球形，成熟时为暗黄色。果肉少而酸，不宜食用。/ 70

栎树　又叫枲栎树。/ 73

钩端　竹的名字。/ 73

桃枝　竹的名称。竹节相距四寸的称为桃枝竹。/ 73

菁蓉　多年生草本植物。/ 74

蕙草　一种香草。香气如蘪芜。/ 74

杜衡　也称"苦叶细辛""南细辛"，马兜铃科，多年生草本。叶一二枚，生于茎端，宽心形至肾状心形，有长柄根或全草可入药。/ 75

葵菜　指冬葵，是古代一种重要的蔬菜。/ 75

檀树　常绿小乔木。叶对生，长卵形。花初为黄色，后变血红色。《毛诗》和《本草》所称檀树，似无定指。《植物名实图考》上载的檀树，是豆科的黄檀。/ 85

女床草　古代一种野生杂草。/ 85

樟树　樟科。一种常绿乔木。双子叶植物纲。单叶互生，多数常绿。/ 86

棠梨　落叶乔木，果实像梨但稍小，可食用，味酸且甜。/ 87

棠　木名。有红、白两种。红棠木理坚韧，果实无味。白棠即棠梨。/ 87

丹木　古代树木的一种。神仙用来制作神器的木材，木质为朱红色。/ 94

蓈草　也叫赖草、宽穗碱草。可用来固沙，也作饲料用。/ 99

579

沙棠 一种树木。果实皮黄核红，味道与李子相像。／99

葱 蔬菜的一种。香辛科，也可作药用。／100

稷 是中国古老的食用作物。有两种解释：一指黍的一个变种，通常指秆上无毛，散穗，子实不粘或粘性不及黍者。二是粟的别称。／109

紫草 也称"硬紫草""大紫草"。多年生草本，全株有粗硬毛。根粗壮，外表暗紫色，断面紫红色，叶无柄。根可以作染料，也可入药。／113

榛树 落叶乔木。果实似板栗而略小。／113

桑树 桑科，桑属植物的通称。落叶乔木。叶也饲蚕，叶、果、枝、根皮可用药。／113

柞树 也叫"蒙子树""冬青""凿刺树"。大风子科。一种常绿灌木或小乔木，生棘刺。初秋开花，雌雄异株，花较小，为黄白色。浆果为小球形，黑色。木质坚硬，可制家具等。／113

柏 也称"垂柏"。柏科。一种常绿乔木，高可达30米。叶小，为鳞形，先端锐尖。木为淡黄褐色、细致、芳香，可供建筑、造船、家具等用材。／114

漆树 落叶乔木，树汁可以作涂料。／114

白芷 当归属，有兴杭白芷、安白芷和川白芷等。主要产于中国北部、中部至东部。根可入药。／114

川芎 也称"芎穷"。多年生草本。根状茎可入药，主治活血、调经、祛风、止痛。／114

櫰木 落叶乔木。羽状复叶，小叶7—11枚。夏季开花，总状或复状花序，花冠蝶形，为白色。／117

桤树 桦木科。落叶乔木。春季开花，雌雄同株。木材坚韧，可制作器具、农具及建筑材料。／126

椿树 一种落叶乔木，木质粗硬，叶可饲蚕，根皮可入药。／131

薤 古植物。也称"藠头"。百合科。多年生宿根草本植物。基生叶枚，半圆柱状线形，中空。伞形花序顶生，花为淡紫色，不易结实。薤白可以入药，具有通阳散结的功能。／131

李树 蔷薇科。落叶乔木。叶有锯齿，花白色。果实呈圆形，果皮为紫红、青绿或黄绿色。果肉则为暗黄或绿色，近核部分是紫红色，果味甜，可生食及制蜜饯。果仁、根皮能入药。／133

三桑 木质坚硬，可制作弓和车辕，叶子可饲蚕。／152

柘树 也叫"黄桑""奴柘"。桑科。灌木或小乔木，有刺。叶为卵形或倒卵形。夏季开花，花是雌雄异株。果红色，近球形。／165

芍药 为多年生草本植物，花可供观赏，根可作药用。／167

枸木 一种落叶乔木，树枝可以作杖。／167

桃树 蔷薇科。落叶乔木。叶阔披针形，叶基有蜜腺。花单生，为淡红、深红或白色。核果近球形，表面有茸毛，肉厚汁多，味美。果仁可入药。其花色艳丽，也是重要的观赏树种。／196

槫木 落叶灌木或小乔木，花为黄白色，根、皮、叶、花皆可作药用。／200

扶桑 也叫若木，叶子似桑的一种神木。／200

黍 也称"黍稷"。粳者古代称"稷""穄"，今日称"稷子""糜子"。糯者古代称"黍"，今日称"黍子""粘糜子""黄粟"。禾本科。一年生草本植物。秆直立。叶线状披针形。圆锥花序。子实可供食用或酿酒，秆、叶及种子均可以作饲料。／201

杨树 杨柳科，杨属植物的通称。一种落叶乔木。叶宽阔花单性，雌雄异株，有杯状花盘，雄蕊常多数，种子有毛。／204

箨 俗称"笋壳"。竹类主秆生的叶。竹笋时期包在笋外，竹秆生长过程中陆续脱落。／215

楝树 一种落叶乔木，果实为球形或长圆形，成熟后皮色黄，内有白色黏液。／215

鬼草 传说中的神异植物。/ 217

雕棠树 一种落叶乔木，棠木科。/ 218

榆树 也称"白榆"。榆科。一种落叶乔木，高达 25 米。早春先叶开花，翅果不久成熟。/ 218

荣草 一种神异的仙草。/ 219

芒草 别称"芭茅"，禾本科，多年生草本植物。秆直立，较粗。/ 225

榉柳 一种落叶乔木，高约 25 米。叶互生，排为两列，有毛，叶柄甚短。春季开花，雌雄同株。坚果小且上部歪，直径约 4 毫米。/ 230

茜草 绛色，可做染料。/ 230

荀草 也叫旋花、金沸明，像姜，花为黄色。/ 231

葶苎 十字花科，一年生草本植物，全株有星状毛。花为黄色，总状花序。短角果，为矩圆形或椭圆形。/ 238

白术 菊科，多年生草本。秋季开花，花为紫色。根茎可入药，有健脾益气，利水化湿，安胎等功能。/ 242

秦艽 也称"大叶龙胆"。龙胆科，多年生草本植物。夏秋开花。种子为椭圆形，深黄色。根可入药，有祛风湿、退虚热的功能。/ 243

寇脱草 古代植物。/ 248

菟丝子 旋花科。一年生缠绕寄生草本植物。茎细柔，为丝状，色橙黄，附着寄主在豆科、菊科、藜科等植物上。叶退化或无。夏秋开花，花白色，细小，簇生于茎侧。果呈扁球形。/ 262

凤条 一种植物，可做箭杆。/ 262

䔄草 即瑶草，传说中的仙草。/ 262

蒙木 古树木。/ 263

桂木 古树木。其叶与梨叶相似，色红色。相传食桂木后，就不会患嫉妒病。/ 266

帝屋 古树木。/ 266

花椒 芸香科。一种灌木或小乔木，有刺。羽状复叶，卵形至卵状椭圆形，有圆齿和透明的腺点，叶轴有狭翅。夏季开花，花小。果实为红色。种子黑色。果实可用调味料，也可入药。/ 266

亢木 即矛，也叫鬼箭羽，落叶灌木，枝可入药。/ 267

艾蒿 也称"家艾"。菊科。多年生草本植物，有香气。秋季开花，头状花序。叶可入药，有散寒止痛、温经止血的功能。/ 267

茵草 即"茵草"。也称"茵米""水稗子"。禾本科。一年生草本植物。叶无毛，多长在节间；叶片扁平。夏秋季开花。/ 267

细辛 马兜铃科，细辛属植物的通称。多年生草木植物，花草生叶腋，贴近地面，紫色，钟形。中国约有 35 种，全草可入药。/ 267

橘子树 芸香科，柑橘亚科。柑橘族中柑橘。亚族植物的流林。/ 273

柚子树 果木。又名"栾""文旦""抛"。芳香科。一种常绿乔木。叶大而厚，呈心脏形。花大，常簇生。果实大，呈圆形、扁圆形或阔倒卵形，成熟时为淡黄色或橙色。/ 273

梅树 果木。蔷薇科。一种落叶乔木。叶为阔卵形或卵形，有细锐的锯齿芽是落叶果树中萌发最早的一种。/ 279

菊 通称"菊花"。菊科。多年生草本植物。秋季开花，头状花序，大小、颜色和形状随品种而异。原产于中国，品种繁多，是著名的观赏植物。/ 285

楮树 一种落叶乔木。木质柔软。/ 286

莽草 古植物。有毒。一种常绿灌木或小乔木。果实为 10—13 个木质蓇葖果，有剧毒，误食可致死。/ 300

桐树 一种常绿乔木。质地坚重，可耐久不蛀。/ 306

帝女桑 《广异记》记载，南方赤帝的女儿得道成仙后，居住在宣山的桑树上，赤帝点火焚

烧桑树，其女便升天而去，此桑于是被称为帝女桑。/ 308

筒竹 竹子的一种，细长节稀，皮黑色而涩，可以作箭杆。/ 322

三珠树 神话传说中的神树，长在昆仑丘南面的山上。/ 334

甘华树 传说中一种神异的树木。/ 375

栾树 古植物。无患子科。一种落叶乔木，高近20米。夏季开花，花为黄色，圆锥花序顶生。秋季果熟。种子为球形。花可入药。/ 397

建木 古树木。叶为青色，藤茎为紫色，果实外黑内黄。据说其落地无声无影。/ 397

玗琪树 即赤玉树。/ 407

文玉树 即五彩玉树。/ 407

瑶草 指仙草。/ 415

芥菜 古代蔬菜的一种。十字花科。/ 451

枫木 即枫香树，落叶乔木，叶子秋季变成红色，树脂有香气，可作药用。/ 463

柜格松 植物名。一种常绿或落叶乔木，少数为灌木。树皮大多为鳞片状。结球果。/ 476

白木 一种木质为白色的树木。/ 478

寻竹 一种高大的竹子。/ 497

若木 传说中一种神异的大树。/ 505

菽 本来指大豆，后引申为豆类的总称。/ 512

神物

玉石 古代玉石也是仙药。所指范围非常广，但凡湿润而有光泽的美石，都称为玉石。/ 24

水玉 即水晶。晶莹剔透，非常坚韧。无色透明的石英晶体，常为完好的晶形。/ 27

白银 银白色金属。质软而富有延展性。是导热、导电性能良好的金属。可用于制合金、银币、银箔、首饰、银丝、蓄电池等。/ 29

息壤 古神话传说中一种能自己生长，且不会耗减的土壤。/ 29

青䨼 古代两种可以做颜料的石脂。䨼为红色的石脂。/ 33

丹砂 古代神物。即"辰砂"，也称"朱砂"。古代道家炼药常用朱砂。后用以称谓精制的药物，一般为颗粒状或粉末状。如：丸散膏用；灵丹妙药。/ 39

博石 古石。可做棋具。有说法认为即大石头。/ 47

玉璧 古代玉器。也有用琉璃制作的。平圆形，正中有孔。为古代贵族朝聘、祭祀、丧葬时所用的礼器，也作为装饰品。商周至汉代的墓葬中多有发现。新石器时代也有类似的器物。/ 47

铜 化学元素。淡红色金属。富有延展性和抗蚀性。为热、电的良导体。主要含铜矿物有黄铜矿、赤铜矿等。用以制作导线、电极、开关、电铸板、铜盐及铜合金（如黄铜、青铜等）。也是生命必需的微量营养元素。/ 63

璆琳 古代一种玉石。/ 64

磬石 一种可以制磬的美石。磬，古代用石或玉制成的打击乐器。/ 64

铁 化学元素。银白色，延展性良好。纯铁的磁化和去磁都很快，重要矿物有褐铁矿、赤铁矿、磁铁矿、黄铁矿、菱铁矿、铬铁矿等。/ 65

磬 一种能发出声音的石头。/ 76

珪 是帝王诸侯所执，用来表示符信的玉。/ 79

雄黄 也称石黄、鸡冠石，可以作颜料，也可供药用。/ 83

珍珠 也称"真珠"。某些淡水贝类（如三角帆蚌、马氏珠母贝等），在一定外界条件刺激下，分泌并形成和贝壳珍珠层相似的固体粒状物，具有明亮的光泽。/ 83

碧玉 绿、暗绿色的软玉。矿物成分以阳起石为主。/ 86

垩土 一种白色的土。/ 86

索引

天柱 传说中支撑天界东南西北的四根擎天神柱。／93

瑾 古代的美玉。／95

瑜 美玉的一种。／95

琅玕 一种形似珠玉的美石。／97

辘轳 古代用来汲取井水的起重装置。／97

瑶 一种美玉。／103

吉玉 一种彩色的玉。／109

紫石 传说中一种神异的石头。／113

泠石 也称云泥，为一种柔软如泥的石头。／114

琴瑟 为两种乐器名。琴即"古琴"，是拨弦乐器。瑟，形似琴，为中国古代拨弦乐器，春秋时已流行。／127

磁铁石 中药石。为磁铁矿。有重镇、潜阳、纳气平喘的功能。／135

赭石 中国古代的一种黄棕色矿物染料。／146

苍玉 古代青玉。／147

青碧 一种青色的玉石。／150

箴石 一种可以制砭针以治疗痈肿的石头。／181

龙骨 即各种动物的化石，古人认为是龙骨。／216

礝石 古代一种似玉的美石。／237

车辕 车轴上伸出车舆的直木或曲木。／243

璇玉 一种仅次于玉的美石。／248

天楄 神话传说中仙人所乘坐的交通工具上的短方椽。／263

封石 味甜，无毒，可作药物。／280

珉石 一种似玉的美石。／281

石涅 即黑石脂，又叫画眉石。／284

神地

招摇山 古山。／24

丽䴢水 古代河流。／26

堂庭山 古山。／26

即翼山 古山。也作稷翼山。／27

杻阳山 古山。／28

怪水 古代河流。／29

宪翼水 古代河流。／29

柢山 古山。／30

亶爱山 古山。位于南山的东面。／31

蒙化 古代的地方。在云南省大理白族自治州的南部。／31

青丘山 古山。／33

箕尾山 古山。／35

柜山 古山。／38

诸毗山 古山。／38

英水 古代河流。／38

赤水 古代河流。／38

流黄辛氏 古代国家。位于今山西省代县的北面。／38

长右山 古山。位于南山的东南边。／40

桐柏山 位于今河南省境内。／40

尧光山 即今河南省光山，因山而得名。／41

羽山 古山。在今天山东省郯城东北。传说为舜杀禹父鲧的地方。／42

瞿父山 古山。／43

苕水 古代河流。／43

具区泽 太湖的古称。／43

诸毗水 古代河流。／43

句余山 在今浙江余姚和鄞县交界处。古时在会稽郡的句章县境内，余姚县因此山而得名。／43

浮玉山 即今浙江西北部的天目山，包括其支脉干山。／43

成山 山像土坛一样重叠而形成的山。／44

会稽山 在今天浙江省中部绍兴、嵊州、诸暨、东阳等市县之间。为钱塘江支流浦阳江与曹娥江的分水岭。南北走向，由流纹岩及凝灰岩组成。／45

闽水 古代河流。／45

列涂水 位于浙江涂山之麓，由夏禹娶涂山氏而得名。／45

夷山 古山。在今湖北省境内。／45

583

㳄水　古代河流。在今河南省西北部，源出济源县，东南流入黄河。/ 45

阕泽　古代河流。/ 46

洵山　古山。/ 46

洵水　古代河流，也作旬水。/ 46

区吴山　古山。/ 46

虖勺山　古山。/ 46

鹿吴山　古山。/ 47

漆吴山　古山。/ 47

天虞山　古山。/ 50

祷过山　古山。/ 50

浪水　古代河流。上游为今广西东北部的洛清河，中下游即今柳江、黔江及西江。/ 52

丹穴山　古山。/ 53

阳夹山　古山。/ 54

发爽山　古山。/ 54

灌湘山　也作"灌湖射之山"。/ 54

渤海　古代所称的渤海，范围比之渤海要大，包括今黄河的一部分。/ 54

黑水　古代河流。/ 55

令丘山　古山。/ 55

禺藁山　古山。/ 56

仑者山　古山。/ 56

南禺山　古山。/ 56

钱来山　古山。/ 62

松果山　在今陕西省华阴东南。/ 63

渭水　古代河流。黄河的最大支流，源于今甘肃渭源的鸟鼠山，在今陕西潼关注入黄河。/ 63

太华山　华山的主峰，在今陕西省华阴南。/ 63

华山　位于今陕西省东部。/ 63

小华山　即少华山，在今陕西省华县东南。/ 64

符禺山　在今陕西省华县西南。/ 65

禺水　也名愚水，在今陕西省华县西。/ 66

招水　古河流。西北流注于灌水。/ 66

石脆山　当作"石月色之山"。/ 66

竹山　在今陕西渭南东南，也叫大秦岭，又叫箭谷岭，因多竹而得名。/ 67

洛水　沱江的上源之一，位于今四川省资阳境内，在今四川省泸州注入长江。/ 68

嶓冢山　在今陕西省宁强西北。/ 73

大时山　古山。/ 73

天帝山　古山。/ 74

皋涂山　古山。/ 75

黄山　古时称黑多山，唐时改为黄山。在安徽省南部黄山市境内。由花岗岩构成。南北长约40公里，东西宽约30公里。是中国最富盛名的风景区之一。有三大主峰：莲花峰（1873米）、光明顶（1841米）和天都峰（1810米）。以奇松、怪石、云海、温泉闻名于世，并称为"黄山四绝"。/ 76

翠山　古山。/ 79

钤山　古山。/ 82

泰冒山　古山。/ 82

数历山　古山。/ 83

泾水　渭河的最大支流，源于今宁夏南部六盘山东麓，在今陕西高陵注入渭河。/ 83

女床山　古山。/ 83

龙首山　古山。/ 84

鸟危山　古山。/ 85

皇人山　古山。/ 86

中皇山　古山。/ 87

西皇山　古山。/ 87

莱山　即邛崃山，在今四川省西部，岷江和大渡河之间。/ 87

搏兽丘　古代的地方。/ 90

冢遂山　古山。/ 90

蜗渊　古代河流。/ 90

䍃泽　古代河流。/ 90

昆仑山　即今新疆、西藏交界处的昆仑山。/ 91

长沙山　古山。位于西山经区域的西北边。/ 91

泚水　古代河流。源于长沙山。/ 91

瑶池　传说中西王母所居住的昆仑山上的

仙池。／91

南海 可能是南中国海，中国三大边缘海之一，为中国近海中面积最大、最深的海区。北接广西、澳门、香港、广东、福建、海南和台湾七个省区。／91

不周山 因山形缺损而得名。位于西山经所记区域的西北端。《淮南子·天文训》记载，山形缺损是因共工与颛顼争帝，怒撞此山所致。／93

河水 古代河流。／94

稷泽 河泽名。因后稷葬于此处而得名。／94

泑泽 即泯水。即今新疆境内的罗布泊，因水深而得名。／94

西海 即居延海，在今内蒙古额济纳旗北境内。／96

泰器山 古山。／96

钟山 传说中北方不见日的寒山。／96

槐江山 古山。／96

恒山 古山。在今河北省曲阳西北。相传舜帝巡狩四方时，至此见山势雄伟，于是封为北岳。在山西省东北部，东北至西南走向。／98

洋水 古代河流。／100

丑涂水 古代河流。／100

桃水 即洮水，即今甘肃省境内的洮河。／101

赢母山 古山。／101

流沙 即今新疆境内白龙堆沙漠一带。／101

乐游山 古山。／101

玉山 古山。即今台湾省本岛的中南部，在中尖山脉以西，近南北走向，长约120公里。／101

轩辕丘 古之地。因黄帝轩辕氏曾居于此丘，娶西陵氏女嫘祖而得名。／102

积石山 即大积，在今青海省东南部。／102

章莪山 古山。／103

长留山 古山。位于西山经区域之西。／103

阴山 位于内蒙古自治区中部，东西走向。西起狼山、乌拉山，中为大青山、灰腾梁山，南

为凉城山、桦山；东为大马群山。长约1200公里，海拔1500—2000米。蕴藏有丰富的煤和铁矿。／105

符惕山 古山。／105

天山 指祁连山，在今甘肃省西部和青海省东北部。／107

翼望山 在今河南省内乡、西峡、栾川三县交界处一带。／109

弱水 上游即今甘肃省山丹河，与甘州河合流后称黑河，流入内蒙古后称额济纳河。／113

罢谷山 古山。／113

申山 在今陕西省榆林以北。／113

劳山 在今山东省境内。／113

鸟山 古山。／113

汤水 古代河流。／113

诸次山 即今陕西省北部榆林山。／113

诸次水 即陕西省北部榆林河。／113

号山 古山。／114

白於山 即今甘肃省华池。／114

盂山 古山。／114

泾谷山 古山。／115

刚山 古山。／115

申首山 古山。／115

英鞮山 古山。／116

中曲山 古山。／116

陵羊泽 古代河流。／116

邽山 在今甘肃省陇西一带。／117

濛水 即今甘肃省陇西一带。／119

滥水 即北陇水，源于鸟鼠同穴山西北的高城岭。／119

鸟鼠同穴山 即青雀山，在今甘肃渭源以西。此山有鸟，似燕而黄色，名叫鵌；有鼠如家鼠，短尾，叫作鼵。鸟在外，鼠在内，共处一洞穴之中，故得名。／119

崦嵫山 在今甘肃省天水西。古人认为此山是太阳落下的地方。／120

585

单狐山　古山。／126

求如山　古山。／127

带山　古山。／127

彭水（泽）　即彭蠡，古代的大泽名。在今湖北省黄梅县和安徽省宿松、望江间的龙感湖、大官湖、黄湖及泊湖一带。／128

谯明山　古山。／128

涿光山　古山。／129

伊水　古代河流。／130

虢山　古山。／130

丹熏山　古山。／131

单张山　古山。／133

边春山　古山。位于北山经区域以北。／133

栎水　古代河流。／134

匠韩水　古代河流。／135

灌题山　古山。／135

大、小咸山　古山。／136

敦薨山　在今河北省临城西南。／137

敦薨水　在河北省临城境内。／137

巴陵　古郡。在今湖南省岳阳市。传说夏后羿斩巴蛇于洞庭，积骨如丘陵，故得名。／137

巴丘　古地。在今湖南省岳阳市境内。／137

少咸山　在今山西省昔阳。／138

瀤泽水　古代河流。位于北方的水系。／139

狱法山　古山。／139

雁门水　河流名。即今之南洋河，源于今内蒙古丰镇东北，南流入山西，经今阳高、天镇，东流至今河北怀安与东洋河合流，称为洋河。／139

北岳山　古山。位于北山经区域之北。／140

浑夕山　古山。／141

罴差山　古山。位于北山经区域之北。／141

北鲜山　古山。／141

鲜水　古代河流。／141

隄山　古山。／142

汾水　即汾河。源出今山西省宁武管涔山，在今山西省河津注入黄河。／146

少阳山　在今山西省西交城西南。／146

管涔山　在今山西省宁武，汾水发源于此。／146

县雍山　今名悬瓮山，在今山西省太原西南。／147

白沙山　古山。在今江西省南昌市东北境。／147

诸余山　古山。／147

诸余水　古代河流。／147

尔是山　古山。／147

狂山　古山。／147

邛泽　位于今四川省邛崃市境内。／148

钩吾山　古山。／148

北嚣山　古山。位于北山经区域之北。／150

梁渠山　古山。／151

湖灌山　古山。／152

姑灌山　古山。／152

龙侯山　古山。／156

咸山　即阳山，在今河南泌阳。／159

天池山　古山。／159

阳山　即今河南省嵩县境内的陆浑山。／160

留水　古代河流。／161

潦水　古代河流。／162

教山　在今山西省垣曲。／162

王屋山　在今山西省阳城西南，河南济源西北。／162

景山　又叫马塞山、雁浮山，在今湖北省保康西南。／162

京山　古县。在湖北省荆门市东部、大洪山南麓。／163

平山　在今山西省临汾。／163

虫尾山　古山。位于北山经区域之南。／163

孟门山　古山。／163

黄泽　在今河南省内黄。／164

蚤林水　古代河流。164

虖沱水　即今滹沱河。源于山西省五台山东北的泰戏山，在河北献县与釜阳河汇合成子牙河。／164

谒戾山 在今河南省辉县。/ 165

发鸠山 也称发苞山、鹿谷山及廉山，在今山西省长子。/ 165

丹林水 古代河流。/ 165

丹林 传说是夸父追日经过的树林。/ 165

洹水 古代河流。又称安阳河，在今河南省北部，源出株州，东流至内黄入卫河。/ 165

姜水 古代河流。/ 166

滏水 即今滏阳河，在今河北省西南部，为子牙河的南源。/ 167

锡山 又名堵山，在今河北省武安。/ 167

绣山 古山。/ 167

松山 即今山西省襄垣的好松山。/ 168

濂水 古代河流。/ 168

泜水 即今抵河，即今河北宁晋注入滏阳河。/ 168

泜泽 即宁晋泊。是古代大陆泽的一部分，今已被垦殖。/ 168

白马山 即今山西省孟县北。/ 168

木马水 俗称牧马河，在今山西省定襄东北，入滹沱河。/ 168

空桑山 古山。在今山东省曲阜一带。/ 168

泰陆水 即今河北省巨鹿、任县一带的大陆泽。/ 168

泰戏山 古山。又名武夫山、戍夫山、孤阜山。即今山西省繁峙东北恒山山脉东段。/ 168

童戎山 古山。/ 169

液女水 古代河流。/ 169

溇液水 古代河流。/ 169

燕山 在今河北省河北平原北侧，由潮白河河谷直到山海关。为东西走向。/ 170

燕水 古代河流。/ 170

鄗水 古代河流。/ 170

滱水 其中上游即河北省唐河，下游即今大清河。/ 170

陆山 古地。/ 170

沂山 古地。/ 170

乾山 古山。/ 171

浴水 古代河流。/ 172

伦山 古山。/ 172

碣石山 即今河北省昌黎北的仙台山。由玄武岩、花岗岩等构成。/ 172

雁门山 有人认为位于内蒙古自治区东北部；也有人认为在今山西省代县西北。/ 172

錞于毋逢山 古山。位于北山经区域之北。/ 172

幽都山 古山。/ 172

藟山 古山。/ 179

姑儿山 古山。/ 180

勃壘山 古山。位于东山经区域之南。/ 180

番条山 古山。/ 180

犲山 神山名。位于东山经区域之南。/ 181

泰山 古称东岳。在山东省中部。绵延起伏于长青、济南、泰安之间，长约200公里。为片麻岩构成的断块山地。是全国重点风景名胜区。旧时称妻父为泰山。/ 182

泰水 古代河流。位今山东大汶河中上游及其支流小汶河流域一带。旧时称妻母为泰水。/ 182

竹山 即蜀山，在今山东省汶上。/ 182

潓泽 古代河流。/ 186

曹夕山 神山名。位于东山经区域之南。/ 187

峄皋山 古山。/ 187

葛山 古山。/ 187

余峨山 古山。/ 189

卢其山 古山。/ 189

杜父山 古山。/ 189

姑射山 在今山西省临汾西。/ 190

凫丽山 古山。今山东省邹城市西南。因形如凫飞而得名。相传伏羲于此画八卦，故又称八卦山。/ 191

姑逢山 古山。/ 191

缑氏山 即今湖南省缑氏，乃因山而得名。/ 191

硬山　古山。／193

硬水　古代河流。／193

尸胡山　古山。／196

岐山　与今陕西省岐山东北的岐山同名，但谓异山。／196

中父山　古山。／197

蹄隅山　古山。／200

北号山　古山。位于北海之滨。／204

女烝山　古山。／207

师水　古代河流。／207

余如泽　古代河流。／208

劳水　又叫涝水，西流至今山西省临汾，注入汾河。／209

共水　即今米吕沟，在山西芮城县东北。／214

甘枣山　在今山西省永济南。／214

历儿山　即蒲山，在今山西省永济。／215

脱扈山　古山。／216

葱聋山　薄山的一个山峰。／216

渠猪山　又名渠山、猪山，在今山西省永济，是薄山的一个山峰。／216

渠猪水　古代河流。在今山西省境内。／216

涹山　古山。／216

金星山　古山。／216

泰威山　古山。／217

橘水　古代河流。／217

吴林山　在山西省平陆境内。／217

牛首山　即今乌岭山，即今山西省浮山。／218

霍山　在山西省霍县西。／218

合谷山　绵山的一个山峰，在今山西省灵砾境内／218

鼓镫山　即鼓钟山，在今山西省垣曲。／218

辉诸山　古山。／222

鱼水　古代河流。／223

发视山　古山。／223

豪山　古山。／223

伊水　在今河南省西部，源出熊耳山，在今河南偃临注入洛河。／223

正回水　古代河流。也称疆川水。／224

昆吾山　传说中的神异之山。相传黄帝战蚩尤时，陈丘在此掘深百丈，仍未及泉，只见火光如星。越王勾践时，令人以白马白牛祭祀昆吾之神，然后采金铸造成八剑，都锋利无比，削铁如泥。／224

独苏山　古山。／226

蒌山　在今河南省卢氏西南。／226

蔓渠山　即峦山，是熊耳山的一个山峰，在今河南卢氏。／226

敖岸山　在今河南省巩县北。／230

青要山　即河南省新安西北。／230

騩山　在今河南省孟津境内。／230

宜苏山　古山。／232

和山　古山。／232

潇潇水　俗称长泉水，在孟津北分为二水，注入黄河。／232

扶猪山　古山。／236

鹿蹄山　在今河南省宜阳，因山石上有似鹿蹄印之迹而得名。／236

厘山　在今河南省嵩县西。／237

柄山　在今河南省宜阳、洛宁一带。／238

熊耳山　古山。／238

白边山　在今河南省洛宁、卢氏一带。／238

玄扈　玄扈之水发源于此，在灌举山的对面。／239

玄扈水　即今洛河支流石门河，位于今河南省洛南北境内。／239

苟林山　古山。／242

朝歌山　即今河南省社旗、方城一带，与在河南省淇县的朝歌山同名不同山。／243

槐山　即稷山，在今山西省稷山，相传后稷曾在此播种百谷，故得名。／243

历山　古山。／247

尸山　古山。／248

蛊尾山　古山。／ 248

阳虚山　古山。／ 248

黄酸水　又名千渠水，北流与渭河合流后注入黄河。／ 248

缟羝山　古山。／ 252

平逢山　即北邙山，在今河南洛阳以北。／ 252

谷城山　古山。／ 252

廆山　即今河南省洛阳以西，今称谷口山。／ 253

交觞水　古代河流。／ 254

娄涿山　古山。／ 255

密山　在今河南省新安境内。／ 256

长石山　在今河南省新安境内。／ 256

豪水　古代河流。／ 256

厌染水　古代河流。／ 256

桃林　古代的地方区域。又名桃林塞、桃原。即邓林，相传为夸父弃杖而死的地方。在今河南灵宝市以西、陕西潼关以东地区。／ 257

潐水　古代河流。／ 257

休与山　在今河南灵宝境内。／ 262

姑媱山　古山。／ 262

巫山　山名。在重庆、湖北两地的边境。因山势曲折，形如"巫"字，而得名。北与大巴山相连。东北至西南走向。／ 262

鼓钟山　在今河南省嵩县东北。／ 262

堵山　在今河南省方城境内。／ 263

放皋山　在今河南省鲁山北。／ 263

大苦山　即今河南省登封，今名大熊山。／ 263

少室山　山名。即今河南省登封县以北，嵩山以西。／ 265

讲山　即今河南省登封以北。／ 266

婴梁山　即今河南登封、巩义一带。／ 266

浮戏山　古山。／ 267

少陉山　即嵩渚山，也叫大周山，在今河南荥阳以南，新密以北。／ 267

太水　古代河流。／ 267

太山　在今河南省新密一带。／ 267

嚣难水　古代河流。／ 267

敏山　即今名梅山，位于今河南省郑州以南。／ 268

荆山　位于今湖北保康东南，南漳西南。／ 272

雎水　今名沮水，源出景山，东南流入湖北当阳西南与漳水汇合为沮漳河，南流至江陵西入长江。／ 273

漳水　古代河流。／ 273

骄山　古山。／ 274

女几山　也叫女纪山、女伎山，即今章山。在今四川汶川东，与今河南省洛宁东南的女几山为同名，但不是同座山。／ 275

沦水　位于湖北省当阳一带，不是今湖北松滋一带的沦水。／ 276

大尧山　古山。／ 279

衡山　古称西岳，又名虎山、岣嵝山，在今湖南省中部偏东南部。／ 280

琴鼓山　古山。／ 281

郁水　今广西省的右江、郁江、浔江和广东省的西江，古代都称为郁水。／ 281

岷山　在今四川省西北部，蜿蜒于四川、甘肃两省边境，是长江、黄河的分水岭，长江的支流岷江和嘉陵江都在此发源。／ 284

崃山　古山。／ 286

崌山　古山。／ 286

高梁山　即今剑门山，也称梁山，在今四川省剑阁一带，主峰为大剑山。／ 286

蛇山　古山。／ 287

鬲山　古山。／ 287

隅阳山　古山。／ 288

风雨山　古山。／ 290

首阳山　在今山西永济南。相传，周初伯夷和叔齐隐居此地。／ 294

复州山　古山。／ 295

沅水　又名舞水。出朝歌山后，北流又东流，

在今西平西注入汝水。/ 300
济水 源于今河南省济源西的王屋山，下游屡经变迁，注入黄河。汉时黄河有分流正对着济水入黄河的地方，因此古人将其视为济水下游。/ 300
兔床山 古山。/ 302
湣水 古代河流。/ 302
堇理山 古山。/ 303
毕山 即"旱山"，在今河南泌阳境内。/ 305
溹水 即今河南泌阳、遂平一带的沙河。/ 305
倚帝山 在今河南省镇平西北。/ 307
澧水 在今湖南省西北部，源出于桑植北。/ 308
丰山 在今河南省南阳东北。/ 309
踵臼山 古山。/ 311
龟山 古山。/ 316
风伯山 古山。/ 316
洞庭山 传说中的仙山。在今湖南省岳阳西的洞庭湖中。与今江苏吴县西太湖的洞庭山同名不同山。/ 319
湘水 即今湘江。/ 320
沅水 在今湖南省西部，源于今贵州云雾山。/ 320
结胸国 此国家因国内人的形状而得名。结胸，即胸部向前凸出，即鸡胸。/ 331
羽民国 古代国家。/ 331
青水 出自昆仑山的五色水之一。/ 332
讙头国 《博物志·外国》说，讙头国，其民尽似仙人，国民皆人面鸟口，常捕鱼于海岛中。讙头，又作骥头、讙兜、骥兜、讙朱、丹朱等，传说是尧时的大臣，被尧打败后自投南海而死。讙头国民应当为讙头的后世子孙繁衍而成。/ 333
厌火国 传说厌火国民口中能吐火，长相似猴，黑色。/ 334
三苗国 相传，尧帝让位于舜后，三苗国君王不满舜帝，起兵叛乱，遭舜诛杀，苗民兵败后占据南海地域并建立三苗国。/ 335

载民国 古代国家。/ 335
贯胸国 即"穿胸国"。国民胸口有一大洞，可前后贯穿。/ 336
交胫国 古代国家。/ 337
寿华 也作"畴华"。南方湖泽名。/ 338
三首国 古代国家。/ 338
周饶国 古代国家。/ 339
长臂国 国人手下垂至地，身材如中人，衣服两袖长达三丈。/ 339
大遗野 古代之地。/ 345
九州 九州疆域。古代也指天的中央和八方。九天，即中央的钧天，东方的苍天，东北的变天，北方的玄天，西北的幽天，西方的颢天，西南的朱天，南方的炎天和东南的阳天。/ 347
一臂国 古代国家。/ 349
天宫 神话传说中天帝所居住的宫殿。也指神仙的居住处。/ 349
奇肱国 《博物志·外国》记载：奇肱国民善为拭扛，以杀百禽。能制飞车，乘风远行。汤时刮西风，吹其车到豫州。十年后刮东风，乃复制车返回。/ 350
犬封国 古代国家。/ 352
巫咸国 古代国家。/ 356
登葆山 古山。/ 356
丈夫国 相传，殷帝太戊让王孟去采药，到此地后，粮食吃完，不能继续前进，只能以草木为食，以树皮为衣，终身无妻，却生二个儿子。孩子从自己身体内生出，一旦出世，其父即死。所以称为丈夫国。/ 356
女子国 古代国家。/ 357
轩辕国 古代国家。为黄帝轩辕氏的部族。/ 357
穷山 古山。/ 357
黄池 古代之地。即黄亭。在今河南省封丘西南。春秋初期为卫的地方，后来属于宋。公元前482年，吴王大差与晋定公、鲁哀公等会盟于此，史称"黄池之会"。/ 357

索 引

白民国 古代国家。传说为帝俊的子民国。/ 359

肃慎国 古代国家。/ 359

长股国 位于赤水的东面，长臂，身高如中人，而臂长二丈，脚过三丈。黄帝时代，长脚人经常背负长臂人在海中捕鱼。/ 360

无启国 国人皆穴居，以土为食，没有男女之分，死后葬于土中，其心脏不会腐烂，死后一百二十年后还会复生。/ 364

一目国 国人只有一只眼睛，长于面部正中，姓威，为少昊的子孙，以黍为食。/ 365

柔利国 古代国家。/ 364

雍州 古九州之一。在今陕西、山西一带。/ 367

深目国 古代国家。国人只有一只眼睛，且深深陷在眼眶里。/ 367

无肠国 古代国家。/ 367

儋耳国 古代国家。国人姓任，以五谷为食。/ 368

聂耳国 又作儋耳、耽耳，国族名。《异域志》载，聂耳国民，与兽相类似，在无腹国以东。国人身有虎纹，耳朵长过腰，行走时双手要捧着耳朵。/ 368

拘瘿国 古代国家。/ 370

禹所积石山 古山。在今浙江省境内。/ 370

跂踵国 位于拘瘿国的东面，因国人脚跟不着地，只以五个脚趾走路而得名。/ 371

欧丝之野 位于北海边。/ 371

务隅山 今名广阳山，在河南省清丰以西。/ 375

鳌丘 古代的地方。/ 380

君子国 国人皆衣冠楚楚，带剑，使两虎，好礼让。地广千里，多薰华之草。/ 382

朝阳谷 位于君子国东边的山间水流。/ 383

青丘国 古代国家。位于海外东经之北。/ 383

涂山 相传是夏禹娶涂山氏及会诸侯之处，在今浙江省绍兴市西北。/ 383

黑齿国 古代国家。/ 383

汤谷 传说中的日出之处，因溪中水热而得名。/ 384

雨师妾国 古代国家。/ 384

雕题国 国人因在额头上刺纹而得名。今海南省的黎族女子还有这种习俗。/ 392

伯虑国 古代国家。位于郁水的南边。/ 392

瓯 在今浙江省温州一带。/ 392

离耳国 在今海南省儋县一带。国人将耳朵割成条状作为装饰。其不食五谷，喜食鱼蚌。/ 392

北朐国 古代国家。位于郁水之南。/ 392

枭阳国 古代国家。/ 394

苍梧山 此苍梧与南海苍梧同名不同地。/ 396

丹山 即今巫山，位于今重庆和湖北边境，长江穿贯其中，成为三峡。/ 397

疏属山 又名雕山，在今陕西省富县西南。/ 402

高柳山 在今山西省代县以北。/ 404

流黄酆氏 古代国家。/ 404

东胡国 古民族，因居匈奴（胡）以东而得名。/ 404

貊国 古代国家。位于汉水东北，邻近燕国。/ 405

开明门 即天帝之都中以开明兽命名的神界之门。/ 405

甘水 即醴泉，一种味甜的泉水。/ 408

帝台 即帝尧台、帝喾台、帝丹朱台和帝舜台的统称。/ 422

林氏国 古代国家。/ 423

离戎国 古代国家。/ 423

湘江 湖南省境内最大的河流，源出今广西东北的海洋山西麓，东北流经湖南省东部，在湘阴的芦林潭注入洞庭湖。/ 426

倭国 古代国家。在今日本九州岛，后泛指日本。/ 426

盖国 古代国家。在今朝鲜平安、咸镜两道间的盖马大山一带。/ 426

朝鲜 古代的地方。在今朝鲜平壤一带。/ 427

燕国 周代的国名,在今河北省北部和辽宁省西部一带。/ 427

列姑射山 古代神山。位于海河洲中,山中有神仙出没。/ 427

姑射国 古代国家。/ 428

蓬莱山 传说在渤海中,是海上的仙山之一。/ 429

月支国 古代西域国家。也作"月氏"。秦汉时,其部族游牧于敦煌、祁连一带。后遭到匈奴攻击,大部分西迁到今新疆西部伊犁河流域一带,称作大月氏。少数没有西迁的人进入祁连山,与羌人杂居,称为小月氏。/ 432

竖沙国 即宿沙,古代西域国家。在都库什山与阿姆河上游之间。/ 432

居繇国 古代西域国家。/ 432

白玉山 古西域山。因盛产白玉而得名。/ 434

雷泽 即震泽,指今太湖,在今江苏省南部、浙江省北部。/ 434

琅邪台 在今山东省胶南境内,面向黄海。相传春秋时,越王勾践争霸中原,曾到此山上筑台观海。公元前219年,秦始皇东游到此山,建琅邪台。/ 435

琅邪 春秋时齐国古邑,故城在今山东省胶南夏河城一带。春秋时,勾践灭吴后,想北上争霸,曾经迁都于此。/ 435

始鸠 古代国家。在今山东省境内。/ 436

三天子都 即三天子鄣山。/ 436

浙江 即今钱塘江的别称,又叫之江,上游是新安江。/ 436

庐江 即庐源水,发源于江西省婺源北的庐岭山,为鄱江南源乐安江的上游。/ 436

钱塘江 古称浙江。是浙江省最大的河流。/ 436

汉水 出于今陕西省宁强西北的嶓冢山。/ 436

汶山 即岷山。/ 436

鲋鱼山 古山。传说是帝颛顼的埋葬地。/ 436

淮水 古代的淮河,发源于今河南省桐柏山,流经今河南省南部、安徽及江苏,注入洪泽湖。/ 436

濛水 位于今四川省岷山之西。/ 437

温水 古代河流。在今陕西省临潼一带。/ 437

崆峒山 又叫头山。在今甘肃省平凉以西,属于六盘山脉。/ 437

天息山 优牛山的一个山峰,在今河南省嵩县以南。/ 437

颍水 淮河的最大支流,在今安徽省西北部、河南省东部。/ 437

肄水 即溱水,今北江的西源,源出今湖南省临武。北江在今广东省三水与西江汇合后称珠江,注入南海。/ 438

白水 即白水江。源出四川省松潘东北,在今四川省广元西南注入嘉陵江。/ 438

泗水 源出于山东泗水东蒙山南麓,因有四个源头,故得名。/ 438

赣水 贯穿今江西省全省的大江,有两个源头,西为章水,东为贡水,二水汇合于赣州,始称为赣江,北流注于鄱阳湖。/ 438

象郡 古郡。秦时所设,辖今广西西部、广西西南部、贵州省南部、湖南省西南部及越南北部一带。/ 438

淮阴 古县。即今江苏省淮阴西南甘罗城。/ 438

潢水 即涯水,也称桂水,即今连江。发源于今湖南省临武西南,在广东省英德西南注入北江。/ 439

共山 即王屋山。/ 439

沁水 即沁河,黄河支流,源出今山西省沁源东北太岳山脉的羊头山,于今河南省武陟注入黄河。/ 439

晋阳 古邑。旧城在在今山西省定襄东南。/ 439

井陉山 指今山西中部的太岳山。与今河北井陉西北的井陉山同名不同山。/ 439

漳水 在今河北、河南两省边境。/ 439

甘渊 即汤谷。/ 445

芮国　古代国家。/ 447

中容国　古代国家。/ 448

司幽国　古代国家。/ 448

东极山　古山。传说中的日月所出之山。/ 449

融水　古代河流。发源于招摇山。/ 449

摇民国　古代国家。/ 451

孽摇颎羝山　古山。/ 451

鬺山　古山。/ 452

凶犁土丘　古代的地方。/ 453

荣山　古山。/ 459

荣水　古代河流。/ 459

不姜山　古山。/ 460

不死国　相传，不死民食用员丘山上的不死树，故可长寿不死。/ 460

蜮民国　古代国家。/ 462

融天山　古山。/ 462

云雨山　即巫山。/ 463

焦侥国　国人身长仅一尺六寸，迎风就会仰起，背风则会伏倒，其眉目上都长有脚，居住在山野之中。/ 463

伯服国　古代国家。/ 463

陈州山　古山。/ 463

岳山　即狄山。/ 465

羲和国　古代国家。位于东海之外，甘水之间。/ 465

淑士国　古代国家。/ 473

栗广　古代的地方。/ 473

禹攻共工国山　古山。在今浙江省境内。/ 473

冀州　中国古代九州之一。《书·禹贡》的冀州，西、南、东三方都以当时的黄河与雍、豫、兖、青等州为界，指今山西和陕西间黄河以东、河南和山西间黄河以北和山东西北、河北东南部等地区。/ 474

西周国　古代国家。/ 475

有邰　古代地名。/ 475

北狄国　古代国家。相传是黄帝的子民国。/ 476

西王母山　古山。在玉山以西。/ 477

灵山　古山。指今越南东部大岭角附近的大别山。/ 477

鏖鏊钜山　古山。/ 483

寿麻国　古代国家。/ 484

常羊山　传说中日月所入之山，为埋葬刑天的地方。/ 489

封渊　古代河流。/ 492

帝俊林　据传在北方的王丘，帝俊有一片非常宽阔的竹林，即帝俊林。林中竹子奇大无比，只要剖开一节，便能制成两只船。/ 492

鲧攻程州山　古山。/ 493

大人国　古代国家。位于渤海之内。/ 493

衡天山　古山。/ 493

叔歜国　古代国家。/ 494

北齐国　国民为炎帝神农氏的后裔。/ 494

融父山　古山。/ 503

九阴山　古山。/ 505

章尾山　古代国家。/ 505

衡石山　古山。/ 505

天毒国　古代国家。/ 510

司彘国　古代国家。/ 511

都广之野　在今四川省双流县一带。/ 512

不死山　古山。在流沙之东。/ 512

参卫丘　古代之地。/ 513

神民丘　古代之地。/ 513

孟盈丘　古代之地。/ 513

赤望丘　古代之地。/ 513

武夫丘　古代之地。/ 513

昆吾丘　古山。古传黄帝曾在此活动过。/ 513

黑白丘　古代之地。/ 513

武落钟离山　古山。/ 514

盐阳　即今山西省运城东部的盐池。/ 516

盐水　古代河流。/ 516

巴国　即今重庆市。/ 518

巴遂山 古山。在流黄辛氏国境内。/ 519

渑水 古代河流。源于巴遂山。/ 519

桂山 古山。/ 521

长沙零陵 秦时长沙郡辖今湖南东部、南部及广西、广东北部一带，零陵为属下一县。西汉时将长沙改为国，辖境变小，其南部分出，设零陵郡。/ 522

苍梧渊 古代河流。/ 522

九嶷山 即尧山，为南岭的一部分，在今湖南省蓝山以南。/ 523

钉灵国 古代国家。钉灵，又称丁令、丁零，秦汉时是匈奴属国。/ 524

羽渊 在江苏省赣榆县西北羽山上。/ 528

神仙

雨师 传说中的司雨之神。/ 27

天帝 管理天界的玉皇大帝。/ 42

颛顼 传说中的古代部族首领，号高阳氏。/ 93

烛阴 即"烛龙"。钟山山神。人面蛇身，身长千里，睁眼为白昼，闭眼为黑夜，吹气就北风呼啸，为冬天；呼气则赤日炎热，乃夏天。它不吃不喝不睡，也不呼吸，一呼吸就长风万里。它的光芒能照耀北极的阴暗。95

耆童 即老童，颛顼之子。/ 107

娥皇 神仙名。帝尧之女。/ 320

夜游神 又称司夜，传说中昼伏夜出的神。/ 332

伯益 也作伯翳、柏翳。古代嬴姓各族的祖先，东夷族领袖。相传擅长畜牧和狩猎，被舜任命掌管草木鸟兽，供应鲜食，又令其掌火，烈山泽而焚，禽兽皆逃匿。为禹所重用。还助禹治水有功，被选为继承人。禹死后，禹子启继承王位，他与启争斗，被启所杀。/ 347

彭祖 神话传说中的寿星，据说活了八百岁。/ 357

盘古 开天辟地之神，《广博物志》载："盘古之君，龙首蛇身，嘘为风雨，吹为雷电，开目为昼，闭目为夜。死后骨节为山林，体为江海，血为淮渎，毛发为草本。" / 365

孔壬 古代神灵。帝尧之臣。367

风神 传说中的司风之神。/ 376

奢比尸 古代神灵。/ 382

天吴 古代水神，即水伯。/ 383

危 古代神灵。/ 402

姜太公 即"吕尚"。《封神演义》中的人物。曾在昆仑山学道，学成后奉师命下山辅佐周室。80岁时为周文王拜为丞相，后又助武王伐纣。经过与纣军的激烈斗法，终于完成了兴周大业。然后又奉命发榜封神。/ 420

烛光 古代神灵。/ 426

叔均 帝俊的子孙，为发明之神，牛耕的发明者。/ 459

羲和 传说中的太阳女神，帝俊之妻。/ 465

柏子高 传说中的仙人。/ 512

咸鸟 传说中的神农之子。/ 519

相顾尸 古代神仙。/ 522

延 炎帝的后裔，伯陵之子。传说中的乐神之一。相传，炎帝孙伯陵，与缘妇私通，缘妇怀孕三年，生了鼓、延、殳三子。鼓和延始作钟，并作东曲和音律。/ 524

殳 炎帝后裔，伯陵的第三子。/ 524

晏龙 琴瑟的制作者。/ 527

义均 帝俊之孙。/ 527

巧倕 帝俊的后裔，神话传说中的英雄人物。/ 527

帝王将相

舜 传说中父系氏族社会后期部落联盟的领袖。姚姓，也作妫姓，号有虞氏，名重华，史称虞舜。/ 39

尧 传说中父系氏族社会后期部落联盟的领袖。号陶唐氏，名放勋，史称唐尧。传说他曾

索引

命羲和掌管时令，制定历法。寻访四岳，选定舜为其继承人，史称禅让。/ 39

周成王 西周国君。姬姓，名诵。周武王之子。年幼继位，由武王之弟周公旦摄政。管叔和蔡叔怀疑周公想篡夺王位，于是与武庚联合作乱。周公率领大军东征，三年后，诛杀武庚和管叔，流放蔡叔，平息了暴乱。周公摄政七年之后，将政权归还成王，成王治理时，政局稳定。/ 91

少昊 即少皞，传说中远古东夷族的首领。也是西方天帝，皇娥之子。少昊建立的是鸟的王国，臣下皆鸟。凤凰、燕子、伯劳、鹦雀、锦鸡掌管四季天时；祝鸠等五鸟掌管政事；五种野鸡掌管工业工程；九种扈鸟掌管农业。/ 103

齐桓公 ？—前 643 年，春秋时齐国国君。姜姓，名小白。公元前 685—前 634 年在位。襄公被杀后，从莒回国夺得政权，任用管仲进行改革，国力日渐富强。成为春秋时期第一个霸主。/ 117

管仲 ？—前 645 年，安徽颍上人。名夷吾，字仲，春秋初期齐国著名的政治家、哲学家。/ 117

弃 帝喾之子，姜嫄生，是周民族的祖先。/ 243

周文王 周武王之父。/ 294

仲衍 古人名。/ 344

夏后启 大禹之子，传说是夏朝的建立者。/ 345

王孟 古人名。/ 356

孟涂 夏后启之臣。主管诉讼。/ 397

刘向 约前 77—前 6，西汉经学家、目录学家、文学家。本名更生，字子政，沛人。汉皇族楚元王四世孙。/ 403

刘歆 ？—23，西汉末古文经学派的开创者。目录学家、天文学家。字子骏，后改名秀，字颖叔。刘向之子。/ 403

王子夜 殷商时的王子。《古本竹书纪年》载："殷王子亥宾于有易而淫焉，有易之君绵臣杀而放之。"/ 426

周武王 西周王朝的建立者。姬姓，名发。继承其父周文王遗志，联合庸、羌、髳、微、卢、彭、濮等族，率军攻商。牧野之战时，取得大胜，遂灭商，建西周王朝。/ 427

越王勾践 也作"句践"（？—前 465）。春秋末年越国国君。曾被吴王夫差打败，屈服求和，称为吴国之臣。回国后，卧薪尝胆，励精图治，任用范蠡、文种等人，十年发奋，终于变弱为强，灭了吴国。随后在徐州大会诸侯，成为霸主。/ 435

成汤 又称武汤，为商朝的建立者。/ 486

均国 古人名。/ 495

吴权 古人名。/ 524

奚仲 传说中车的创造者。姓任，黄帝的后裔。夏代为车正（掌车的官），居住在薛（今山东滕州东南），后迁到邳（今山东微山西北）。春秋时代的薛就是他的后裔。/ 524

戏器 炎帝的后裔，节并之子，祝融之父。/ 527

书名

《本草纲目》 药典。明代，李时珍著。全书共有 190 多万字，记载了 1892 种药物，分成 60 类，是几千年来中国药物学的总结。/ 27

《封神演义》 中国神魔小说。俗称《封神榜》，又名《武王伐纣外史》、《封神传》。为明朝陈仲琳（或许仲琳）著。/ 34

《兰亭集序》 又名《兰亭序》，东晋穆帝永和九年三月三日，王羲之在山阴（今浙江绍兴）兰亭所作，记叙兰亭周围山水之美和聚会的欢乐之情。被历代书家推为"天下第一行书"。/ 45

《左传》 是我国现存最早的、较完备的编年体

史书。相传是春秋末年左丘明所作。与《公羊传》、《谷梁传》合称"春秋三传"。／52

《河图》 古代儒家关于《周易》与《洪范》两本书来源的传说。相传伏羲时代，有龙马从黄河出现，背负着"河图"；又有神龟从洛水出现，背负着"洛书"。伏羲根据这种"图"和"书"画成了八卦，就是后来《周易》的来源。／71

《九辩》 《楚辞》篇名。一说为宋玉所作，也有说屈原所作。为一首感情真挚的长篇抒情诗，共250多句。多用双声叠韵和叠字，富有音乐美，艺术感染力强。传说本为天上仙乐，夏启登天听到后窃归人间。／349

《九歌》 《楚辞》篇名。原为传说中的一种远古歌曲的名称。是屈原根据民间祭神乐歌改作加工而成。共十一篇。也有传说认为是天上仙乐。／349

《九代》 乐曲名，又叫《九韶》《九招》，相传为舜时所制。／349

巫祀

巫即 传说中的巫师。灵山十巫之一。／477

巫盼 传说中的巫师。灵山十巫之一。／477

巫彭 传说中的巫师。灵山十巫之一。／477

巫姑 传说中的巫师。灵山十巫之一。／477

巫真 传说中的巫师。灵山十巫之一。／477

巫礼 传说中的巫师。灵山十巫之一。／477

巫抵 传说中的巫师。灵山十巫之一。／477

巫谢 传说中的巫师。灵山十巫之一。／477

巫罗 传说中的巫师。灵山十巫之一。／477

巫咸 也作巫戊。是商王太戊的大臣。相传他发明鼓，是用筮占卜的创始者，又是占星家，后世有他所测定的恒星图。／477

部族

巫支祁 古代部族名。／40

神䰠氏 上古部族姓名。／103

金天氏 传说中的古部族姓名。／103

涂山氏 传说中的部族名。涂山氏为夏禹之妻。／266

防风氏 古代部落姓氏。／336

鸟俗氏 古代部族名。鸟国腾氏族部落，是中国最古老、最庞大，也是影响深广的图腾文化之一。／344

东夷 古民族名。是中国古代对夷东各民族的泛称。如夏至周朝有九夷之称。也泛指四方的少数民族，春秋时的郯国之君就是其后裔。此族以鸟为图腾，据传他们曾以鸟为官名，设有工正和农正，来管理手工业和农业。／348

高辛氏 帝喾联盟的整个部族的通称。／404

慕容氏 鲜卑族的一支。／404

鬼方氏 上古部族姓名。／463

樊氏 古代部族姓氏。／514

曋氏 古代部族姓氏。／514

相氏 古代部族姓氏。／514

郑氏 古代部族姓氏。／514

氐羌 古代民族。羌主要分布在今甘肃、青海、四川一带。／522

赤水氏 传说中的远古部族名。／527

图书在版编目（CIP）数据

山海经 / 徐客编著. -- 北京：现代出版社，2016.8（2023.9重印）

ISBN 978-7-5143-5289-4

Ⅰ.①山… Ⅱ.①徐… Ⅲ.①历史地理 – 中国 – 古代 ②《山海经》 Ⅳ.①K928.626

中国版本图书馆CIP数据核字(2016)第204409号

著　　者：	徐客
责任编辑：	张桂玲
监　　制：	黄利　万夏
营销支持：	曹莉丽
出版发行：	现代出版社
地　　址：	北京市安定门外安华里504号
邮政编码：	100011
电　　话：	010-64267325　64245264（传真）
网　　址：	www.1980xd.com
印　　刷：	艺堂印刷（天津）有限公司
开　　本：	787毫米×1092毫米　1/16
印　　张：	37.5
字　　数：	570千字
版　　次：	2016年8月第1版　2023年9月第14次印刷
书　　号：	ISBN 978-7-5143-5289-4
定　　价：	68.00元

版权所有，翻印必究；未经许可，不得转载